做一个理想的法律人
To be a Volljurist

法律人进阶译丛【法学基础】
李昊 / 译丛主编

德国民法总论

第44版

BGB Allgemeiner Teil,
44. Auflage

〔德〕赫尔穆特·科勒 /著
(Helmut Köhler)

刘洋 /译

著作权合同登记号　图字：01-2019-3475

图书在版编目(CIP)数据

德国民法总论：第44版／（德）赫尔穆特·科勒著；刘洋译. —北京：北京大学出版社，2022.9
（法律人进阶译丛）
ISBN 978-7-301-33224-5

Ⅰ.①德…　Ⅱ.①赫…②刘…　Ⅲ.①民法—研究—德国　Ⅳ.①D951.63

中国版本图书馆CIP数据核字(2022)第142864号

BGB Allgemeiner Teil, 44. Auflage, by Helmut Köhler
© Verlag C. H. Beck oHG, München 2020
本书原版由C.H.贝克出版社于2020年出版。本书简体中文版由原版权方授权翻译出版。

书　　　名	德国民法总论（第44版） DEGUO MINFA ZONGLUN（DI-SISHISI BAN）
著作责任者	〔德〕赫尔穆特·科勒（Helmut Köhler）著 刘　洋　译
丛 书 策 划	陆建华
责 任 编 辑	陆建华　费　悦
标 准 书 号	ISBN 978-7-301-33224-5
出 版 发 行	北京大学出版社
地　　　址	北京市海淀区成府路205号　100871
网　　　址	http://www.pup.cn　http://www.yandayuanzhao.com
电 子 信 箱	yandayuanzhao@163.com
新 浪 微 博	@北京大学出版社　@北大出版社燕大元照法律图书
电　　　话	邮购部 010-62752015　发行部 010-62750672 编辑部 010-62117788
印 刷 者	涿州市星河印刷有限公司
经 销 者	新华书店
	880毫米×1230毫米　A5　18.875印张　541千字 2022年9月第1版　2022年9月第1次印刷
定　　　价	98.00元

未经许可，不得以任何方式复制或抄袭本书之部分或全部内容。
版权所有，侵权必究
举报电话：010-62752024　电子信箱：fd@pup.pku.edu.cn
图书如有印装质量问题，请与出版部联系，电话：010-62756370

"法律人进阶译丛"编委会

主 编

李 昊

编委会

（按姓氏音序排列）

班天可	陈大创	杜志浩	季红明	蒋 毅
李 俊	李世刚	刘 颖	陆建华	马强伟
申柳华	孙新宽	唐志威	夏昊晗	徐文海
查云飞	翟远见	张 静	张 挺	章 程

做一个理想的法律人（代译丛序）

近代中国的法学启蒙受自日本，而源于欧陆。无论是法律术语的移植、法典编纂的体例，还是法学教科书的撰写，都烙上了西方法学的深刻印记。即使是中华人民共和国成立后兴盛过一段时期的苏俄法学，从概念到体系仍无法脱离西方法学的根基。20世纪70年代末以来，借助于我国台湾地区法律书籍的影印及后续的引入，以及诸多西方法学著作的大规模译介，我国重启的法制进程进一步受到西方法学的深刻影响。当代中国的法律体系可谓奠基于西方法学的概念和体系之上。

自20世纪90年代开始的大规模的法律译介，无论是江平先生挂帅的"外国法律文库""美国法律文库"，抑或舒国滢先生等领衔的"西方法哲学文库"，以及北京大学出版社的"世界法学译丛"、上海人民出版社的"世界法学名著译丛"，诸多种种，均注重于西方法哲学思想尤其英美法学的引入，自有启蒙之功效。不过，或许囿于当时西欧小语种法律人才的稀缺，这些译丛相对忽略了以法律概念和体系建构见长的欧陆法学。弥补这一缺憾的重要转变，应当说始自米健教授主持的"当代德国法学名著"丛书和吴越教授主持的"德国法学教科书译丛"。以梅迪库斯教授的《德国民法总论》为开篇，德国法学擅长的体系建构之术和鞭辟入里的教义分析方法进入中国法学的视野，辅以崇尚德国法学的我国台湾地区法学教科书和专著的引入，德国法学在中国当前的法学教育和法学研究中日益受到尊崇。然而，"当代德国法学名著"丛书虽然遴选了德国当代法学著述中的上乘之作，但囿于撷取名著的局限及外国专家的视角，丛书采用了学科分类的标准，而未区分注重体系层次的基础教科书与偏重思辨分析的学术专著，与戛然而止的"德国法学教科书译丛"一样，在基础教科书书目的选择上尚未能充分体现当代德国法学教育的整体面貌，是为缺憾。

职是之故，自2009年始，我在中国人民大学出版社策划了现今的"外国法学教科书精品译丛"，自2012年出版的德国畅销的布洛克斯和瓦尔克的《德国民法总论（第33版）》始，相继推出了韦斯特曼的《德国民法基本概论（第16版）（增订版）》、罗歇尔德斯的《德国债法总论（第7版）》、多伊奇和阿伦斯的《德国侵权法（第5版）》、慕斯拉克和豪的《德国民法概论（第14版）》，并将继续推出一系列德国主流的教科书，涵盖了德国民商法的大部分领域。该译丛最初计划完整选取德国、法国、意大利、日本诸国的民商法基础教科书，以反映当今世界大陆法系主要国家的民商法教学的全貌，可惜译者人才梯队不足，目前仅纳入"日本侵权行为法"和"日本民法的争点"两个选题。

系统译介民商法之外的体系教科书的愿望在结识季红明、查云飞、蒋毅、陈大创、葛平亮、夏昊晗等诸多德小友后得以实现，而凝聚之力源自对"法律人共同体"的共同推崇，以及对案例教学的热爱。德国法学教育最值得我国法学教育借鉴之处，当首推其"完全法律人"的培养理念，以及建立在法教义学基础上的以案例研习为主要内容的教学模式。这种法学教育模式将所学用于实践，在民法、公法和刑法三大领域通过模拟的案例分析培养学生体系化的法律思维方式，并体现在德国第一次国家司法考试中，进而借助第二次国家司法考试之前的法律实训，使学生能够贯通理论和实践，形成稳定的"法律人共同体"。德国国际合作机构（GIZ）和中国国家法官学院合作的《法律适用方法》（涉及刑法、合同法、物权法、侵权法、劳动合同法、公司法、知识产权法等领域，由中国法制出版社出版）即是德国案例分析方法中国化的一种尝试。

基于共同创业的驱动，我们相继组建了中德法教义学QQ群，推出了"中德法教义学苑"微信公众号，并在《北航法律评论》2015年第1辑策划了"法教义学与法学教育"专题，发表了我们共同的行动纲领：《实践指向的法律人教育与案例分析——比较、反思、行动》（季红明、蒋毅、查云飞执笔）。2015年暑期，在谢立斌院长的积极推动下，中国政法大学中德法学院与德国国际合作机构法律咨询项目合作，邀请民法、公法和刑法三个领域的德国教授授课，成功地举办了第一届"德国法案例分析暑期班"并延续至今。2016年暑期，季红明和夏昊晗也积极策划并参与了由西南政法大学黄家镇副教授牵头、民商法学院举办的"请求权基础案例分析法课程暑期培训班"。2017年暑期,加盟中南财经政法大学法学院的"中德法教义学苑"团队,成功举办了"案例分析暑期培训班",系统地在民法、公法和刑法三个领域以德国的鉴定式模式开展了案例分析教学。

中国法治的昌明端赖高素质法律人才的培养。如中国诸多深耕法学教育的启蒙者所认识的那样,理想的法学教育应当能够实现法科生法律知识的体系化,培养其运用法律技能解决实践问题的能力。基于对德国奠基于法教义学基础上的法学教育模式的赞同,本译丛期望通过德国基础法学教程尤其是案例研习方法的系统引入,循序渐进地从大学阶段培养法科学生的法律思维,训练其法律适用的技能,因此取名"法律人进阶译丛"。

本译丛从法律人培养的阶段划分入手,细分为五个子系列:

——法学启蒙。本子系列主要引介关于法律学习方法的工具书,旨在引导学生有效地进行法学入门学习,成为一名合格的法科生,并对未来的法律职场有一个初步的认识。

——法学基础。本子系列对应于德国法学教育的基础阶段,注重民法、刑法、公法三大部门法基础教程的引入,让学生在三大部门法领域中能够建立起系统的知识体系,同时也注重扩大学生在法理学、法律史和法学方法等基础学科上的知识储备。

——法学拓展。本子系列对应于德国法学教育的重点阶段,旨在让学生能够在三大部门法的基础上对法学的交叉领域和前沿领域,诸如诉讼法、公司法、劳动法、医疗法、网络法、工程法、金融法、欧盟法、比较法等有进一步的知识拓展。

——案例研习。本子系列与法学基础和法学拓展子系列相配套,通过引入德国的鉴定式案例分析方法,引导学生运用基础的法学知识,解决模拟案例,由此养成良好的法律思维模式,为步入法律职场奠定基础。

——经典阅读。本子系列着重遴选法学领域的经典著作和大型教科书(Grosse Lehrbücher),旨在培养学生深入思考法学基本问题及辨法析理之能力。

我们希望本译丛能够为中国未来法学教育的转型提供一种可行的思路,期冀更多法律人共同参与,培养具有严谨法律思维和较强法律适用能力的新一代法律人,建构法律人共同体。

虽然本译丛先期以德国法学教程和著述的择取为代表，但是并不以德国法独尊，而是注重以全球化的视角，实现对主要法治国家法律基础教科书和经典著作的系统引入，包括日本法、意大利法、法国法、荷兰法、英美法等，使之能够在同一舞台上进行自我展示和竞争。这也是引介本译丛的另一个初衷：通过不同法系的比较，取法各家，吸其所长。也希望借助本译丛的出版，展示近二十年来中国留学海外的法学人才梯队的更新，并借助新生力量，在既有译丛积累的丰富经验基础上，逐步实现对外国法专有术语译法的相对统一。

本译丛的开启和推动离不开诸多青年法律人的共同努力，在这个翻译难以纳入学术评价体系的时代，没有诸多富有热情的年轻译者的加入和投入，译丛自然无法顺利完成。在此，要特别感谢积极参与本译丛策划的诸位年轻学友和才俊，他们是：留德的季红明、查云飞、蒋毅、陈大创、黄河、葛平亮、杜如益、王剑一、申柳华、薛启明、曾见、姜龙、朱军、汤葆青、刘志阳、杜志浩、金健、胡强芝、孙文、唐志威，留日的王冷然、张挺、班天爪、章程、徐文海、王融擎，留意的翟远见、李俊、肖俊、张晓勇，留法的李世刚、金伏海、刘骏，留荷的张静，等等。还要特别感谢德国奥格斯堡大学法学院的托马斯·M.J. 默勒斯（Thomas M.J. Möllers）教授慨然应允并资助其著作的出版。

本译丛的出版还要感谢北京大学出版社副总编辑蒋浩先生和策划编辑陆建华先生，没有他们的大力支持和努力，本译丛众多选题的通过和版权的取得将无法达成。同时，本译丛部分图书得到中南财经政法大学法学院徐涤宇院长大力资助。

回顾日本的法治发展路径，在系统引介西方法律的法典化进程之后，将是一个立足于本土化、将理论与实务相结合的新时代。在这个时代中，中国法律人不仅需要怀抱法治理想，还需要具备专业化的法律实践能力，能够直面本土问题，发挥专业素养，推动中国的法治实践。这也是中国未来的"法律人共同体"面临的历史重任。本译丛能预此大流，当幸甚焉。

李 昊

2018 年 12 月

译者导读

一、科勒及其学术画像

赫尔穆特·科勒(Helmut Köhler),系德国慕尼黑大学荣休教授,荣休前执掌慕尼黑大学"欧洲与国际经济法"教席(Lehrstuhl für europäisches-und internationales Wirtschaftsrecht),研究重点包括民法(尤其是契约法和债法)、商法和公司法、欧洲和德国竞争法及卡特尔法。

科勒教授于1944年出生于德国拜仁(巴伐利亚)州南部罗森海姆县的巴德恩多夫(Bad Endorf),1964—1968年在慕尼黑大学学习法律,受"德国人民高等教育基金会(Studienstiftung des deutschen Volkes)"奖学金资助,1969年在慕尼黑通过第一次国家法律职业资格考试,1970年在卡尔·拉伦茨教授的指导下,以"债务关系目的障碍案型中的履行不能和交易基础"(Unmöglichkeit und Geschäftsgrundlage bei Zweckstörungen im Schuldverhältnis)为题完成博士学位论文答辩,取得博士学位。从师承与毕业时间来看,科勒教授系德国20世纪下半叶最为权威的民法和方法论学者克劳斯-威廉·卡纳里斯(Claus-Wilhelm Canaris)及华人民法学界广为人知的学术泰斗王泽鉴先生的嫡系师弟。1972年,科勒教授通过第二次国家法律职业资格考试。3年后,科勒教授在慕尼黑大学恩斯特·史泰恩道夫(Ernst Steindorff)教授[1]的指导下,以"经由需方的竞争限制"(Wettbewerbsbeschränkungen durch Nachfrager)为题,撰写完成教授资

---

[1] 史泰恩道夫教授,曾是"二战"后"舒曼计划"德国代表团秘书;在专事学术研究后,尽管研究领域颇为广泛,但亦以欧洲法和经济法为主导方向,并对欧洲一体化发挥过关键性作用,常被认为是"欧洲法之父"。

格论文(Habilitationsschrift)并通过答辩,取得民法、商法和经济法领域的任教资格。

1975—1976年,科勒教授先后于德国哥廷根大学和汉堡大学担任教席代理2年后,转赴德国波恩大学就任学术顾问和校聘正教授,时年恰逢而立,可谓年轻有为。不过,这一经历相对短暂,不足2年。从1977年开始,科勒教授就回归自己的故乡拜仁州,先后执教于那里的三所顶尖大学,直至荣休。具体而言,1977—1985年,科勒教授赴拜罗伊特大学之邀担任教授;随后的11年(1985—1996年),科勒教授服务于奥格斯堡大学;自1996年开始,科勒教授终于得以重返自己曾求学十余年的母校、德国排名第一的精英大学——慕尼黑大学,作为德国民法权威学者沃尔夫冈·菲肯切尔(Wolfgang Fikentscher)教授的继任者,执掌教席和开展学术活动至今。在此期间,亦曾有包括基尔大学、哥廷根大学、帕绍大学、萨尔兹堡大学在内的诸多聘任邀约,但均为科勒教授所婉拒。

科勒教授的学术理念有浓郁的关照实践之风格。这在其博士学位论文、教授资格论文的选题中均有体现。众所周知,20世纪的前30年,欧洲即卷入两次世界大战,不仅造成大量人员死伤,整个经济环境也由此遭遇重创乃至致命性打击。尽管"二战"后,欧洲在美国"马歇尔计划"的扶持下呈现迅速恢复的势头,联邦德国更是从中受益极多;可从20世纪60年代中期开始,一场严重的"滞胀"危机又席卷了资本主义世界,令经济活动和交易往来备受干扰。此种政治、经济、社会方面的宏观背景,大抵在博士学位论文选题方面为科勒教授提供了充分的因由和灵感。当然,其导师拉伦茨教授稍早问世的脍炙人口的专著《交易基础与合同履行》(Geschäftsgrundlage und Vertragserfüllung)显然也对他产生了不可忽视的影响。[1] 其实,在学术史中,这一议题在债法中一直占据重要地位,不论在19世纪后期《德国民法典》的编纂活动中,抑或《德国民法典》施行百余年后重启债法改革工程的千禧年之初,关于法律行为基础与合同目的对

---

[1] Karl Larenz, Geschäftsgrundlage und Vertragserfüllung, 3. Aufl., Verlag C. H. Beck München, 1963.

债务关系及其履行的意义,始终都是学者或实务专家瞩目并乐于奉献心力加以研究争鸣的对象。答辩甫一通过,科勒教授即将其博士论文付梓于德国最大的法律专业出版社——贝克出版社。几乎同时,博伊廷(Volker Beuthien)的教授资格论文《债务关系中的目的达成与目的障碍》(Zweckerreichung und Zweckstörung im Schuldverhältnis)、菲肯切尔教授的经典名篇《交易基础作为合同风险问题》(Die Geschäftsgrundlage als Frage des Vertragsrisikos)亦均出版发行。一时间,交易基础与目的障碍议题"名声大噪",俨然成为显学。这既从侧面反映出社会情势与客观环境为德国学者催生的问题意识,又生动地呈现出科勒教授在学术创作中入世、敏锐的特质。

　　至于教授资格论文选题,不但清晰地显示出科勒教授对企业经济活动场域中的竞争行为及其法律问题的兴趣,更是在相当程度上直接决定了其后续的理论探索和实务发力方向。科勒教授迄今发表的数百篇学术论文中,数量可观的论题皆围绕竞争行为及其法律规制的方向展开。尤其是在反不正当竞争领域,甚至可以毫不夸张地说,没什么关乎不正当竞争行为的学术议题是科勒教授所未曾涉及的。更值得称道的是,科勒教授联合亨宁·皮珀(Henning Piper)首创的《德国反不正当竞争法》(UWG)小型评注(Kurzkommentar)[1],树立了该领域评注作品清晰度和简洁性的新标杆。《德国反不正当竞争法》作为一部早在1909年即已生效的法律,基于其所产生的裁判观点之庞杂性和实务经验之丰富性,是可想而知的。对于该法第1条这样空洞、抽象的一般性条款[2],司法裁量权及其展开的案型建构便愈发重要,前述判断无疑更属不言自明。可这些让人眼花缭乱的素材,经过科勒教授的"大师之手",竟奇迹般地条理再现、层次分明起来。这部经典评注,如今已由科勒教授的慕尼黑同事安斯卡·欧力教授(Ansgar Ohly)及维尔茨堡大学欧拉夫·索斯尼查教授(Olaf

---

　　[1] *Köhler/Piper*, UWG, C. H. Beck München.
　　[2] § 1 UWG: Dieses Gesetz dient dem Schutz der Mitbewerber, der Verbraucherinnen und Verbraucher sowie der sonstigen Marktteilnehmer vor unlauteren geschäftlichen Handlungen. Es schützt zugleich das Interesse der Allgemeinheit an einem unverfälschten Wettbewerb.

Sosnitza)接手并承担续订工作。

对科勒教授而言,竞争法理论研究中更大的挑战,其实源自他从黑佛梅尔(Hefermehl)教授手中接过后者所创建的《德国反不正当竞争法》评注的续写修订任务。尽管数十年来,这一作品早已成为德国反不正当竞争法领域的奠基性文献,然而随着时间推移和补充材料的不断涌入,其亦或多或少给人以"杂乱无章"之感。科勒教授通过与伯恩卡蒙(Joachim Bornkamm)教授通力合作,终使该作品"重返荣耀"。随着科勒教授的加入,这一评注开启了"年更"之旅,并在《德国反不正当竞争法》评注出版物市场日益紧缩的状况下,仍能迅即走上销量塔尖。尤为难能可贵的是,凡出自德国联邦最高法院的反不正当竞争裁判文书,几乎总能在某处发现其对科勒教授所主导此一评注相关观点的引用或参考。

与此同时,科勒教授还自2012年起肩负起德国竞争法领域权威学术期刊《竞争法律和实务》(Wettbewerb in Recht und Praxis)的主编。该刊主要收录竞争法和商标法领域的学术论文、评注、裁判文书、立法更新或动向等各方面作品,以月刊频率发行,每年向竞争法领域的专业共同体供给一百余篇高水平专论,因而已成为此领域备受关注的期刊。

实务方面,科勒教授自1990年受聘担任慕尼黑高等法院兼职法官,并且专以竞争法和卡特尔法为核心业务领域。在立法工作中,科勒教授的专家意见始终扮演着举足轻重的角色,于《德国反限制竞争法》(GWB)固不待言,对《德国反不正当竞争法》就更是如此。在《德国反不正当竞争法》大修的过程中,科勒教授联合伯恩卡蒙、亨宁-博德维希(Henning-Bodewig)两位拟定的草案实质上发挥了主导性功能。科勒教授还应德国联邦司法部之请,作为"反不正当竞争法工作组"成员,深度参与了立法工作。诸此,皆映照出科勒教授着力形塑"回应型"学术风格的追求以及目光往返于规范和事实两重世界之间的基本理念。[1]

作为一名学者,科勒教授的研究方向横跨民商事、经济法两大领域,

---

〔1〕 Vgl. Lettel/Fritzshe/Bucher/Alexander (Hrsg.), Festschrift für Helmut Köhler zum 70. Geburtstag, Vorwort. C. H. Beck, 2014.

同时作品的字里行间散发出"评价法学"方法论的理性芬芳。其文字向来洗练精准、用语考究妥帖,行文间总有批判之态隐约闪现,孜孜于"内在"及"隐藏"法理的提炼发掘;当然也时刻做好了面对质疑、接受商榷和自我纠错的准备。

二、科勒民法总论及其风格

科勒教授的社会角色是多元、立体的。除了学者的身份,他还是一位负有"传道授业解惑"重任的大学教师。在"耳提面命"式的口头讲授之外,借助于专业教科书的创作使知识易于接近并实现广泛的社会传播、可靠的代际传承,无疑是教师的又一崇高使命。科勒教授显然对此深有领悟,其所著《德国民法总论》的发行、更新,便是对其自觉践履这一职责的生动诠释。上文的学术风格素描,已勾勒出科勒教授的治学理念和路径。这必然会渗透入其对专业教科书的认识,对教科书的撰写产生影响。当然,从另一个方面看,深入解读和分析其总论教科书,无疑也能对我们更加全面地了解科勒教授产生反向助力效果。

行文范式上,科勒民法总论将方法与知识熔冶于一炉。如所公认,"授人以鱼不如授人以渔"乃教育实践的高阶段位,这对法科教育同样适用。高层次法学素养的培育及法律人共同体的建设,其成败从来不单纯取决于知识点本身的量上堆砌,而更应当仰赖方法论的发达及其熟稔运用。科勒对《德国民法总论》一书的雕琢,正是在此思维的指引下展开。此亦从侧面反映,德国法学之所以发达,绝非空穴来风,而是其来有自。正是一个又一个、一代又一代如科勒教授这般深具方法论自觉的学者长久的追寻和持续的努力,才令德国得以踏上法学方法论的高地,为其具象制度的理论构造、司法实践和立法质量提供了托底保障。

《德国民法总论》一书第一、四章分别为针对法律渊源和私法的适用、解释与续造所作的阐释,最为直接地流露出方法论思维在科勒教授的学术思想中占据的核心地位。"法源论"作为法学方法论大厦的支撑性梁柱之一,承担着协助"找法"的功能,既可为国民确立行为的应然范式,又可为司法过程中的规范解释提供对象,形成纠纷裁判的直接基准。

于此意义上,"法源论"构成法律适用的前置环节。不过,法源的探寻显然只是一小步,其后还需在法源确定的基础上,进一步展开法律解释的作业,并在法源寻觅遭遇漏洞的场合,启动实证规范的续造程序,令规范漏洞得以有效填补。这就水到渠成地牵引出法律解释及漏洞填补方法的内容。《德国民法总论》在此泼墨铺陈,实属切中肯綮。

除开前述专门的方法论章节,其实在纯粹制度性的释论中,人们也总能感受到扑面而来的方法论气息。不论是关乎自我决定与信赖保护有机协调的条款,还是牵涉私法自治与管制秩序互动接轨的规则,其论证的推进,无一不以利益格局的透彻厘清为前提。这使读者再清晰不过地看到,任何法条的创设和生成,其本身都不过是技术意义上的工具而已。潜伏于背后的利益取舍或衡平整合之目标,才是真正重要并决定规则形塑的支配性力量。言及于此,"评价法学"的思考模式跃然纸上。作为拉伦茨的高徒,科勒教授赓续其导师力倡的思维路径并高扬学派大旗,想来也是情理之中的事。

素材遴选上,科勒民法总论游刃于规范与事实之间,还不忘时刻关切社会基础变迁衍生的规范需求以及规范系统给予的制度回应。作为"上层建筑",法律本身是规范性的。意即法律为其受众设定了应然的行为范式,然其规范意旨的真正实现,仍然有待于转进事实层面,考察其在执行环节的实效性。当然,从反面来讲,现实世界的无限丰富和情景多元,亦属规范滋生的沃土。真正有生命力的规则,必定是取自特定国族生活世界长期积累的行为惯习。也正因此,在法学方法论的主流话语中,一旦面临"超越实证法的法律续造"任务,所谓的"交易需求""法伦理性原则"和"事物本质"作为填补漏洞的依凭[1],本质上都源自对那些深藏于事实表象底层的一贯行为逻辑和固定交往模式的洞悉及提炼。在此背景下,统摄规范和事实的双向互动,可说是精准把握法律制度要义的必由之路。

---

[1] Larenz/Canaris, Methodenlehre der Rechtswissenschaft, 3. Aufl., Springer, 1995, S. 232 ff.

《德国民法总论》虽以规范视角为起点,却因大量案例的汇聚、裁判智慧的充盈而丰满。开卷伊始,即处处可见从联邦层面的最高法院、宪法法院、行政法院至地方各州各级法院的海量案件作为素材,或辅助法条意涵的论证,或服务于一般条款的具体化,或促成理论基础的夯实,或揭示"法官法(Richterrecht)"对于实证规范"无声发展"的渐进式牵引功能,或直接构成批评驳斥的对象。这些案例素材的存在,令原本抽象的法条及理论摆脱了可能陷于凌空蹈虚的窘境,重建了法律这一理念世界的生成物与物质世界的真实联系和隐形线索;也在为规范性的法条找到事实领域对应物的同时,有效地再现:应然如何介入实然,实然又怎样形塑和干预应然的"成长之路"。

　　历时性的视野下,事实本身又是流变的,社会基础无时不在迁进,这呼唤着规范层面的应时更新和积极回应。于是,在稳定的传统教义学范畴及其图景绘制之外,科勒教授还以当仁不让的强烈使命感,巧妙地将互联网上的缔约行为、消费者保护规范群的膨胀、个人数据保护、成年意定监护等一系列伴随社会环境演变和信息技术扩张而显露重要性的议题也纳入阐释范围。这就使传统的厚重感与时代的新潮感得以一并嵌入《德国民法总论》体内,赋予该书一种扎实却不笨拙的美感和新旧交织变奏的灵动感。

　　实际上,如果将视域放宽至更大范围,不单面向未来的姿态能够令人发现社会基础流动与规范更革演化间的联动关系,"回望性"的溯源考察,亦对规范与事实关系问题上迷雾的拨去意义重大。历史思维所以能成其大,相当程度上植根于此。科勒教授大概也是基于这样的考量,专门在该书第三章以细腻但不烦琐的笔触,精心地罗列《德国民法典》从邦法雏形、学说准备和论战、第一草案、第二草案、第三草案到最终颁行的发生成型史,随后还接续以帝国时期、魏玛共和国时期、纳粹统治时期、占领时期、联邦及民主德国分裂期、欧盟一体化时期各个阶段内《德国民法典》受到的改造或适应性的调整。这样大跨度的"纵向镜头",最有利于删繁就简,令规范与事实这两条明暗互现的线索之间的交互模式得以呈现。此处可顺便补充的是,时间维度的纳入,让诸阶段社会基础及客观环境对法律样态的影响力愈发分明,而不同地域在同一时段规范体系面貌的分殊,可谓"法律作为地方性知识"极好的例证和注脚。总之,上述表明,传统与现代的交融汇聚,也是《德国民法总论》的另一闪光名片。

切入视角上,科勒民法总论不因对现行法教义的尊重而抛弃法政策面向上的斟酌。教科书以反映共识为要务,这决定了,其出发点不得不置于教义学的观念之上。尽管在结构编排上,该书并非全然依循《德国民法典》总则编的法条序号顺次展开,可这显然丝毫不会减损其教义学的体裁风格。只要稍加留意即能看到,作者在理论的铺展之中,几乎无处不以现行法规则的解释适用、体系定位作为前置性的内容。

可法典毕竟只是规则的载体,凭借语言将立法意图外在化。于此,必然要承认并接受法典在活法有形化呈现方面的非穷尽性以及语言"所指""能指"之间的隔阂。这样一来,认识法条之时,批判性的态度和法政策角度的揣度便不可或缺。就《德国民法总论》而言,立足于妥当价值取向的批评性评论,从来不是稀缺之物。举例来说,表示意识究竟是否意思表示的必要元素?"社会典型行为"作为缔约渠道是否可行?消费者、企业经营者概念的引入算得上成功的规范设计吗?代理的效果归属功能可否移用于组织体内部的知识、信息知情判断?无权利能力社团的立法初衷正当与否?……诸如此类,皆属此书教义与价值相交融、"服从"和"建构"相配合的证据。

思维路径上,科勒民法总论尤重体系,并善于借助思维导图,经由可视化的途径,提升知识传播的效果。体系属性和思维,是大陆法系法域在立法、学说、裁判方面的关键特点。它要求,不论是法条的创制设计、解释适用,抑或理论建构,皆以一种关联性、整体性的方式,而非片段或碎片化地进行。内容上,体系又有内在、外在两个层次。所谓内在体系,实乃隐藏于法条背后的一般性法律思想(allgemeine Rechtsdenken)和谐兼容而形成的体系,其虽无形,辐射效力却巨大而长期稳定;所谓外在体系,意即有形条文、法律部门相互衔接组合而成的直观可感的体系,其构成人们直接抚触法律、进入内在体系的门径。就外在布局言,科勒民法总论把法律行为论作为贯穿全书的根本线索。撇开第二编完全是法律行为论的本体释论和剖析不说;第三编的权利论中,权利的得丧变更是为内核,而引发权利得丧变更的因素,多数情况下可归结至法律行为;第四编的主体论,实为法律行为的实施者和行为效果的担负者;第五编的客体论,则为法律行为的作用对象。经此整合,看似松散的标题就产生了内在的凝聚力,外在体系由此得以发掘。若再进一步看,法律行为是私法自治的工具,所以将其定为行文主线和根基,背后的意图其实在于突出自由理念和自治精神。以此为中心,渐次旁生出权利作为自由的实证化和规范化的工具、人格平等作为自由自治实现的前提和方向、诚实信用及公序良俗作为自由自治的边界和限定等私法原则和伴生理念。如此,便不难理解,以科勒民法总论为代表的德式教科书中,法律行为论"一家独大"现象何以如此常见?背后奥妙恰在于,愈是发达和完整的法律行为论,就愈能广泛地撒播全面、丰满的自由精神和自决理念。蕴嵌于《德国民法总论》的内在思想体系和观念脉络,借此得以洞悉。

一直以来,民法学界津津于德式、法式民法典的风格比较。前者系"法学家的法",语言抽象乃至晦涩难懂;后者系"老百姓的法",文风通俗以至"常人易解"。德国民法及其理论也就往往成了精英垄断的行业,甚至莘莘法科学子也常因民法理论之艰深而备受困扰。对此,科勒民法总论找到了一个有效纾解的妙招——思维导图。抚卷之际,人们会发现该书几乎每一章节都有知识体系、概念体系概览图。关键性的术语或制度,书中还会特别将其从"文字的汪洋"中"打捞"出来,放入文本框内,以示突出和关注。对"书山"攀登的学子来说,这无异于配备了一把轻便的手杖,不可谓不"贴心"。

总而言之,科勒教授以其深厚的知识积淀、广博的大师视野、精妙的匠心技艺、真挚的育人热忱,撰写并奉献了这样一部集方法和知识于一体、熔理论和实践于一炉,选材上乘、行文流畅、逻辑清晰、微言大义的优质教科书,足为中国法律人一窥德国私法的规范体系、司法实践和理论范式提供便利的窗口。

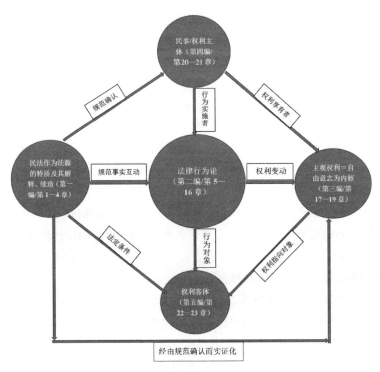

（本书结构布局示意图）

三、如何阅读科勒民法总论

对中国读者而言，在阅读科勒民法总论的过程中，关注如下面向，也许会让获得感倍增：

一是对照法条、尊重教义。教科书毕竟不同于法典本身，其仍是围绕着法典出现的理论言说和学术作品，难免留下作者的个性色彩和主观印迹。理论并无拘束力，却有多元性，故科勒民法总论亦不过一家之言。关键在于，读者应有洞明理论据以衍生的法条或实证规范文本的觉悟。毕竟，法律文本出自权力机关，既有民主正当性，又有较为充分的程序控制，并且具备强制执行的效力，是更加牢靠和值得信任的。这就要求，倘徉于理论海洋的读者，针对科勒民法总论在学理叙说过程中提及的德国法律条文,及时查阅、核对相应的法条文本。如此,既能强化对于理论的印象,又是独立思考和批判的起点。否则,单纯通过教科书习取的理论,亦不过是"无根浮萍",极易因"飘摇不定"而使相应知识点被置于错误的知识树中。值得提示的是,《德国民法典》的法条已有数种中译本问世,晚近较有代表性的,非清华大学法学院陈卫佐教授译注版和我国台湾大学法律学院组织译出的版本莫属。相较而言,前者更为可靠。究其原因,一则,除了单纯将法条内容从语言上转化为中文,陈卫佐教授还结合自己研习德国私法多年的经验,对不少重要概念、制度、法条乃至原则,作了较为到位的说明或标注,以便读者获取更多背景性信息并能了解中文译法的考量机理。二则,得益于多语种的视界优势,陈卫佐教授还阅读法语、日语、英语等语种的《德国民法典》译本。毋庸讳言,这足以为其避免理解偏差、译文失信提供有效的支撑。三则,陈卫佐教授译本认识到《德国民法典》近年来为因应时势而有较频繁的更新,不断有增删修补作业,在防范过时或错讹方面做了努力。对比来看,我国台湾大学法律学院组织出版的《德国民法典》中译本,虽然有不少蜚声两岸的重磅学者站台或背书,然集体作品向来难以完全免除表达风格、行文范式相左的风险,版本上也未见时常更新,比之陈卫佐教授译本见绌也算中肯的评价。不过,这不影响我国台湾大学译本作为读者获取《德国民法典》法条内容的参考性工具书的价值。

二是留意历史脉络、树立历时思维。《德国民法典》施行至今已历百年,迄今仍是德国私法体系中地位最为重要的基本私法规范集群。百余年的发展进程中,《德国民法典》经历了一次债法大修(2002年)、无数次小修,尽管总体框架维系,但微观层面的具体条文,相较于1900年生效伊始的状态,可说早已"换了人间"。而德国民法的理论准备及其演进,历史更是久远。现行《德国民法典》的很多制度,其实都有精彩的故事、厚重的历史。从这个角度出发,如欲更透彻地认识科勒民法总论中阐释的制度及规范,离开了历史观念的辅助和纵向视角的纳入,恐怕难逃"奢谈"的结局。

当然,历史性视角确有"知易行难"的一面。考虑到不少早期文献并无再版，其搜集、归结本就构成一大考验；多项历史性文献的比对、梳理及线索的提炼，还构成智识、精力上的挑战；制度历时性变化现象背后的机理发掘和缘由探求，也离不开系统性知识的调动。是故，这一建议真正的践行，有赖读者诸君"坐冷板凳"。如果是德国这样域外私法的历史轨迹查明，恐怕不得不对读者提出德语学习和掌握的更高要求。其中，辛劳、孤寂是必然的，但认知境界的提升也算有意义的回馈。

这里，有必要提及民国法学家王宠惠先生的作品——《德国民法典》1900年版本的英译本。尽管世易时移，这一作品已属历史遗迹，但其在史料方面的价值依然不容忽视。这一成果如今已进入公共领域，读者可借助网络获取。

三是探求立法目的、揭明价值基础。立法的条文设计、规范的语言选用，本身不过是法技术。真正重要的，还是潜伏于法条之下的立法目的。而立法目的的明确和评价，有赖于价值基础的固定。价值基础和立法目的的究明，必然与社会环境、民族传统相连通，这就在法律安定性得以保持的前提下，赋予了法条以不息的生命力。此亦"评价法学"能被广泛接纳并发展为主流方法论的核心机理。科勒教授本身是"评价法学"的拥趸和传承人，其在《德国民法总论》一书中，对此种方法的运用化入字里行间。读者览其文，不应止步于浅表的具体知识，还应透视其背后的法理。在不少地方，科勒教授其实已将制度意旨明白揭示。但如有朦胧之处，则有待于读者由表及里，通过发掘价值基础，方可"看到别人看不到的东西"。

法学方法论发展到今天，早已跳出了唯形式主义概念推理的泥潭。法技术与法政策的二分、法条背后立法目的的存在及利益衡量的关键性角色，早已得到理论和实务的认可。读者对于科勒民法总论的学习，也有必要穿透知识的散点式累积，不断尝试归纳具体条文内在的价值基础、法政策取向及其意欲追求的目的性效果。如此，才能从阅读中获取更加稳定、持久的信息，以备未来触类旁通、举一反三。

四是横向比较、回归中国。科勒民法总论并未特别强调比较法，这是教科书的体裁使然。否则，其文风可能陷入枝枝蔓蔓、拖泥带水的泥潭，以至于丧失博观约取、言简意赅的美感。不过,读书的过程,却宜采相反的进路,即通过以问题为轴心,横向地考察其他法域尤其是英美法系对于相同议题的处理模式和应对方案,最终落脚于中国规范调整方式对照、反思以及可能的完善空间之形塑。立足于本土和功利主义的视角,了解以德国为代表的域外西方发达国家之法制所以有其必要,恰因"他山之石、可以攻玉"。从这个面向看,横向关联的发散思维和在地转化的效用意识,可能是令科勒民法总论启发功能得到最大程度发挥的"催化剂"。

中国现代化的法治建设起步于改革开放,至今虽不过四十余年的历史,却取得令人瞩目的成就。这背后,译介西方文献功不可没。即便是社会主义法制体系已经基本健全十余年后的今天,引入西方法治发达国家的优秀作品,对于我国深刻掌握法律本身的发展规律和思维方式,培养卓越的法治人才,培育自身法治不断进步的内生原动力依然不可忽视。译者希望并相信能看到,科勒教授《德国民法总论》一书中文版的发行面世,能够对这一进程有所贡献。

刘　洋

2022 年 9 月 1 日

前　言

《德国民法总论(第44版)》已根据最新立法、裁判以及学理中的法律发展状态进行了更新。不足之处,欢迎广大读者批评指正。如果有建议,请不吝赐教:H. Koehler@ jura. uni-muenchen. de。

赫尔穆特·科勒

2020年7月于慕尼黑

目 录

第一编 私法导论

第一章 法与法律渊源 …………………………………………… 003
 一、法 ………………………………………………………… 003
  1. 法的结构 ………………………………………………… 003
  2. 法的任务 ………………………………………………… 004
 二、法律渊源 ………………………………………………… 005
  1. 法律原则与法律规则 …………………………………… 005
  2. 制定法与习惯法 ………………………………………… 005
  3. 法官法与交易习惯 ……………………………………… 007

第二章 私法与公法 …………………………………………… 010
 一、私法与公法的界分及其意义 …………………………… 010
 二、私法与公法的分类 ……………………………………… 012
  1. 私法的领域 ……………………………………………… 012
  2. 公法的领域 ……………………………………………… 013
 三、私法与公法的合作 ……………………………………… 014

第三章 民 法 …………………………………………………… 016
 一、民法的基础——《德国民法典》 ……………………… 016
  1.《德国民法典》的产生 ………………………………… 016
  2.《德国民法典》的精神、政治与经济基础 …………… 018

3.《德国民法典》的结构和内容 …………………………………… 020
　　4.《德国民法典》的语言及其规则技术 ……………………………… 020
　　5.《德国民法典》规范的内容分类 …………………………………… 023
二、民法的继续发展 …………………………………………………………… 027
　　1. 帝国时期 …………………………………………………………… 027
　　2. 魏玛共和国时期 …………………………………………………… 027
　　3. 纳粹统治时期 ……………………………………………………… 028
　　4. 占领时期 …………………………………………………………… 029
　　5. 民主德国（DDR）的发展 ………………………………………… 029
　　6. 联邦德国的发展 …………………………………………………… 030
　　7. 欧盟法对德国民法的影响 ………………………………………… 032
三、《德国民法典》的适用范围 ………………………………………………… 035
　　1. 物的适用范围 ……………………………………………………… 035
　　2. 时间适用范围 ……………………………………………………… 036
　　3. 空间适用范围 ……………………………………………………… 036

第四章　私法的适用、解释与续造 …………………………………… 039
一、法律适用概论 ……………………………………………………………… 039
　　1. 查明针对特定案情事实可得适用的法律规则 …………………… 039
　　2. 检验案情事实是否满足法律规范的构成要件（涵摄）………… 039
　　3. 法律效果的确定 …………………………………………………… 039
二、诉讼程序中的法律适用 …………………………………………………… 040
　　1. 法官的地位 ………………………………………………………… 040
　　2. 法官在诉讼程序中的任务 ………………………………………… 040
三、法律解释 …………………………………………………………………… 042
　　1. 法律解释的必要性 ………………………………………………… 042
　　2. 法律解释的目标 …………………………………………………… 042
　　3. 法律解释的方法 …………………………………………………… 043
　　4. 法律解释过程中对上位法规范的顾及 …………………………… 046

四、法的续造 ··· 047
  1. 法律漏洞的填补 ·· 047
  2. 超越实证法的法之续造 ································· 049

第二编　法律行为论

第五章　法律行为论的基础与基本概念 ························ 053
  一、私法自治的基本原则 ···································· 053
    1. 私法自治的意义 ······································ 053
    2. 私法自治的限制 ······································ 054
  二、法律行为论与信赖责任论 ································ 057
  三、法律行为论的基本概念 ·································· 058
    1. 法律行为的概念与意义 ································ 058
    2. 法律行为的构成要件及其效力 ·························· 059
    3. 准法律行为与事实行为 ································ 060
  四、法律行为的分类 ·· 061
    1. 单方行为与多方行为 ·································· 062
    2. 生前行为与死因行为 ·································· 062
    3. 财产法律行为与人身法律行为 ·························· 063
    4. 负担行为与处分行为 ·································· 064
    5. 信托行为 ·· 069
    6. 消费者合同 ·· 070

第六章　意思表示 ··· 076
  一、意思表示的概念与类型 ·································· 076
    1. 意思表示的概念 ······································ 076
    2. 意思表示的类型 ······································ 080
  二、意思表示的生效 ·· 083
    1. 基本原则 ·· 083

    2. 须予受领与无须受领的意思表示 ……………………… 083
    3. 意思表示的发出 …………………………………………… 084
    4. 意思表示的到达 …………………………………………… 087

第七章　意思瑕疵 ………………………………………………… 104
  一、概览 ………………………………………………………… 104
  二、行为意思的缺失、表示意识的缺失和法效意思的缺失 ……… 106
    1. 行为意思的缺失 …………………………………………… 106
    2. 表示意识的缺失 …………………………………………… 107
    3. 法效意思的缺失 …………………………………………… 109
  三、真意保留、通谋虚伪意思表示和非诚意行为 ……………… 110
    1. 真意保留(《德国民法典》第116条) ……………………… 110
    2. 通谋虚伪意思表示(《德国民法典》第117条) …………… 111
    3. 非诚意行为(《德国民法典》第118条) …………………… 115
  四、错误 ………………………………………………………… 116
    1. 概论 ………………………………………………………… 116
    2. 单个的错误情形 …………………………………………… 117
    3. 界分问题 …………………………………………………… 124
    4. 撤销的限制 ………………………………………………… 132
    5. 撤销及其法律效果 ………………………………………… 136
  五、恶意欺诈与不法胁迫 ……………………………………… 137
    1. 概论 ………………………………………………………… 137
    2. 恶意欺诈 …………………………………………………… 138
    3. 不法胁迫 …………………………………………………… 144
    4. 恶意欺诈与不法胁迫影响表意自由的法律效果 ………… 148
  六、撤销的一般规则 …………………………………………… 153
    1. 可撤销性与撤销的概念 …………………………………… 153
    2. 撤销的前提条件 …………………………………………… 155
    3. 撤销权、撤销的意思表示和撤销相对人 ………………… 157

4. 撤销的效力 ·· 160
　　5. 可撤销法律行为的确认(《德国民法典》第144条) ·············· 162

第八章　合　同 ·· 165
　一、概论 ·· 165
　　1. 合同的功能、概念和类型 ··· 165
　　2. 合同的成立 ·· 166
　　3. 缔约谈判与合同关系 ··· 167
　二、要约 ·· 168
　　1. 要约的前提条件 ··· 168
　　2. 要约的法律效果 ··· 171
　三、承诺 ·· 177
　　1. 承诺的概念和意义 ·· 177
　　2. 承诺的表示 ·· 178
　　3. 经由"社会典型行为"进行的承诺 ······························ 181
　　4. "订单确认函"和"商事确认书" ···································· 182
　四、缔约表示撤回的特殊规则 ·· 185
　　1. 具有消费者保护功能的撤回权 ·································· 186
　　2. 撤回的意思表示、撤回的期限和撤回权的告知 ··········· 186
　　3. 撤回权的法律性质和法律效果 ·································· 187
　五、合意瑕疵(不合意) ··· 188
　　1. 合意作为合同的本质特征 ·· 188
　　2. 公开的不合意 ·· 189
　　3. 隐藏的不合意 ·· 190
　六、合同自由与缔约强制 ··· 191
　七、预约和选择权合同 ·· 194
　　1. 预约 ·· 195
　　2. 选择权合同 ·· 196
　　3. 附论：固定要约 ··· 197

八、互联网上的缔约行为 ······ 198
  1. 导论 ······ 198
  2. 网上缔约的合同成立 ······ 198
  3. 意思表示的生效 ······ 201

第九章　法律行为的解释 ······ 206
  一、法律行为解释的概念和意义 ······ 206
  二、解释标的与解释工具 ······ 207
  三、解释目标 ······ 208
    1. 可能的解释目标与利益格局的意义 ······ 208
    2. 遗嘱的解释 ······ 208
    3. 需受领的意思表示之解释 ······ 209
    4. 向不特定多数人发出的意思表示的解释 ······ 211
  四、意思表示解释的四个一般原则 ······ 211
    1. 禁止拘泥于字面含义 ······ 212
    2. 对诚实信用原则及交易习惯的兼顾（《德国民法典》第157条） ······ 212
    3. 共同真意优先 ······ 214
    4. 要式意思表示的解释 ······ 215
  五、补充性合同解释 ······ 217
    1. 经由任意法的合同补充优先 ······ 217
    2. 补充性合同解释的适用范围和功能 ······ 217
    3. 补充性合同解释与交易基础的基本原则 ······ 219

第十章　行为能力 ······ 221
  一、行为能力、无行为能力、限制行为能力与照管（Betreuung） ······ 221
    1. 行为能力 ······ 221
    2. 无行为能力 ······ 222

  3. 限制行为能力 …………………………………………… 223
  4. 照管 …………………………………………………… 223
 二、无行为能力的法律效果 ………………………………… 225
 三、限制行为能力的法律效果 ……………………………… 227
  1. 无须同意与需经同意法律行为的界分 ……………… 228
  2. 事先许可(Einwilligung) ……………………………… 237
  3. 缺乏许可的法律效果 ………………………………… 240
  4. 经商成年与劳动成年 ………………………………… 243
  5. 未成年人所作的数据保护法上的同意(Einwilligung) ……… 244

第十一章 代 理 …………………………………………… 247
 一、概论 ……………………………………………………… 247
  1. 代理的概念与功能 …………………………………… 248
  2. 代理的前提条件与法律效果 ………………………… 250
  3. 代理的许可性 ………………………………………… 250
  4. 代理的适用范围 ……………………………………… 251
  5. 界分 …………………………………………………… 251
 二、以他人名义从事行为 …………………………………… 253
  1. 发出自己的意思表示(与使者相区分) ……………… 253
  2. 以他人名义从事行为(公开原则) …………………… 254
  3. 隐藏的不具名代理(das verdeckte Geschäft für den,
   den es angeht) ………………………………………… 257
  4. 间接代理 ……………………………………………… 257
  5. 冒名行为(Handeln unter fremdem Namen) ………… 258
 三、意定代理权 ……………………………………………… 260
  1. 意定代理权的概念及其授予 ………………………… 260
  2. 意定代理权与内部关系 ……………………………… 261
  3. 意定代理权的形式和代理行为 ……………………… 262
  4. 意定代理权和意思瑕疵 ……………………………… 264

5. 意定代理权的消灭 ·· 265
四、依权利外观(Rechtsschein)而产生的代理权，尤其是容忍
　　代理权与表象代理权 ·· 270
　　1. 表见代理权(Rechtsscheinvollmacht)的法定案型 ·········· 270
　　2. 容忍代理权和表象代理权 ······································ 273
　　3. 表见代理权的其他前提 ·· 277
五、代理行为(Das Vertretergeschäft) ································ 278
　　1. 解释 ·· 278
　　2. 意思瑕疵 ·· 280
　　3. 相关情况的知悉与应知 ·· 280
　　4. 扩张的知情归属(Erweiterte Wissenszurechnung) ········ 282
六、代理权的范围和界限 ·· 284
　　1. 代理权的范围 ·· 284
　　2. 单独代理与共同代理(Einzel-und Gesamtvertretung) ···· 288
　　3. 代理权滥用与串通行为(Kollusion) ························· 288
　　4. 自我行为(Insichgeschäft) ····································· 291
七、无权代理行为 ·· 293
　　1. 代理行为的效果 ·· 293
　　2. 代理人的责任(《德国民法典》第179条) ················· 296
　　3. 代理人与被代理人之间的关系 ······························· 300
　　4. 被代理人与第三人之间的关系 ······························· 301

第十二章　法律行为的形式 ··· 303
一、形式自由作为基本原则 ··· 303
二、法定形式和意定形式 ·· 304
三、行为形式的目的 ·· 304
四、形式的类型 ·· 306
　　1. 书面形式(《德国民法典》第126条、第127条) ·········· 306

    2. 电子形式(《德国民法典》第126a条及第127条第1、
       3款) ……………………………………………………… 309
    3. 文本形式(《德国民法典》第126b条、第127条第
       1款) ……………………………………………………… 311
    4. 公式公证的形式(öffentliche Beglaubigung)(《德国民法典》
       第129条) ………………………………………………… 312
    5. 公证员公证的形式(《德国民法典》第127a条、
       第128条) ………………………………………………… 313
  五、法定形式条款的违反 ………………………………………… 314
    1. 无效作为违反形式要求的法律效果 ………………………… 314
    2. 形式瑕疵的补正 ……………………………………………… 314
    3. 基于公平考量而忽略形式条款的违反? ………………… 315
  六、意定形式的违反 ……………………………………………… 318

第十三章 法律行为的内容 …………………………………… 320
  一、概述 ……………………………………………………………… 320
    1. 对法律行为上形成权能(Gestaltungsmacht)之限制 ………… 320
    2. 内容形成自由之限制 ………………………………………… 323
  二、违反法律禁令(gesetzliches Verbot)(《德国民法典》
     第134条) ………………………………………………………… 325
    1. 概述 …………………………………………………………… 325
    2. 禁止性法律的存在 …………………………………………… 325
    3. 法律效果 ……………………………………………………… 328
    4. 法律规避 ……………………………………………………… 330
  三、悖于善良风俗(《德国民法典》第138条) ……………………… 331
    1. "善良风俗"的概念 …………………………………………… 331
    2. 悖于善良风俗的确定 ………………………………………… 333
    3. 案例群 ………………………………………………………… 334
    4. 悖于善良风俗的法律效果 …………………………………… 339

四、暴利行为(《德国民法典》第138条第2款) …… 343
  1. 暴利行为的构成要件 …… 343
  2. 法律效果 …… 345

第十四章　同意、条件和期限 …… 348

一、同意 …… 348
  1. 同意的概念和含义 …… 348
  2. 同意的具体细节 …… 349
  3. 无权处分 …… 351
  4. "授权" …… 354

二、条件 …… 356
  1. 条件的概念和含义 …… 356
  2. 条件的许可性 …… 358
  3. 条件的有效性(Wirksamkeit) …… 359
  4. 条件的效力 …… 360

三、附期限(Befristung) …… 363

四、附论：期间与期日的计算 …… 364

第十五章　不生效力的法律行为 …… 366

一、无效 …… 366
  1. 无效的概念和含义 …… 366
  2. 部分无效(《德国民法典》第139条) …… 367
  3. 转换(《德国民法典》第140条) …… 372
  4. 无效法律行为的确认(《德国民法典》第141条) …… 375

二、未决的不生效力 …… 377

三、相对不生效力 …… 377

四、无效与形成权 …… 379

第十六章 一般交易条款的使用 ························ 380
一、概论 ·· 380
二、一般交易条款的概念 ···································· 382
1. 法定概念(《德国民法典》第 305 条第 1 款第 1 句) ············ 382
2. 与个别约定的界分(《德国民法典》第 305 条第 1 款第 3 句) ·· 385

三、消费者合同的特殊规则 ································ 386
1. "消费者合同"的概念 ·· 387
2. "第三人提供的合同条款"的控制(《德国民法典》第 310 条第 3 款第 1 项) ·· 387
3. "一次性条款"的控制(《德国民法典》第 310 条第 3 款第 2 项) ·· 388
4. 扩张的内容控制(《德国民法典》第 310 条第 3 款第 3 项) ·· 388

四、一般交易条款纳入合同 ································ 389
1. 纳入约定 ·· 389
2. 附论:冲突的一般交易条款 ······································ 390

五、意外条款 ·· 392

六、一般交易条款的解释 ···································· 393
1. 客观解释的基本原则 ·· 393
2. 个别约定的优先性(《德国民法典》第 305b 条) ··············· 393
3. 不清晰的处理规则(《德国民法典》第 305c 条第 2 款) ·· 395

七、一般交易条款的内容控制与规避禁止 ············· 396
1. 一般交易条款的内容控制 ·· 396
2. 规避禁止 ··· 397

八、一般条款未纳入及其不生效力的法律效果 ······· 398

第三编　权利

第十七章　法律关系与主观权利 …………………………… 405
　一、法律关系 ……………………………………………… 405
　　1. 概念 …………………………………………………… 405
　　2. 内容 …………………………………………………… 406
　　3. 产生、变更与终结 …………………………………… 406
　二、主观权利 ……………………………………………… 407
　　1. 概念与含义 …………………………………………… 407
　　2. 类型 …………………………………………………… 407
　　3. 取得与丧失 …………………………………………… 412
　　4. 权利的行使 …………………………………………… 414
　　5. 权利行使的边界 ……………………………………… 415
　三、义务与不真正义务 …………………………………… 418
　　1. 义务 …………………………………………………… 418
　　2. 不真正义务 …………………………………………… 419

第十八章　请求权、抗辩与抗辩权 ………………………… 420
　一、请求权 ………………………………………………… 420
　　1. 请求权的概念与含义 ………………………………… 420
　　2. 请求权的类型 ………………………………………… 420
　　3. 请求权基础 …………………………………………… 421
　　4. 一般规则 ……………………………………………… 421
　　5. 多数请求权与请求权基础 …………………………… 422
　二、抗辩与抗辩权 ………………………………………… 423
　　1. 抗辩 …………………………………………………… 423
　　2. 抗辩权 ………………………………………………… 423
　　3. 诉讼程序中对抗辩及抗辩权的考虑 ………………… 424

三、时效抗辩权 · 425
  1. 时效的概念和目的 · 425
  2. 时效的适用领域 · 425
  3. 时效期间 · 426
  4. 时效的起算 · 427
  5. 时效的障碍 · 429
  6. 时效的效力 · 431
  7. 经由法律行为对时效进行的约定 · 432

第十九章　权利的执行与权利的保护 · 434
一、国家的权利保护 · 434
  1. 确认程序 · 434
  2. 执行程序 · 435
  3. 临时性权利保护程序 · 435
二、自卫(正当防卫和紧急避险)和自助行为 · 436
  1. 概览 · 436
  2. 正当防卫 · 436
  3. 紧急避险 · 438
  4. 自助行为(《德国民法典》第229—231条) · 441

第四编　权利主体

第二十章　自然人 · 447
一、人作为权利主体 · 447
二、人的权利能力 · 447
  1. 权利能力的概念和含义 · 447
  2. 权利能力的开始 · 448
  3. 权利能力的终结 · 449
  4. 证据问题与死亡宣告 · 449

    5. 权利能力与广义的法律行为能力(Handlungsfähigkeit) ········ 450

    6. 权利能力和当事人能力(Parteifähigkeit) ················· 450

三、住所 ·· 451

    1. 概念和意义 ··· 451

    2. 自择住所和法定住所 ·· 452

四、姓名与姓名的保护 ·· 453

    1. 姓名的概念与类型 ·· 453

    2. 姓名权 ·· 453

    3. 姓名的保护 ··· 454

    4. 姓名保护的扩张 ·· 457

五、一般人格权的保护 ·· 457

第二十一章 法 人 ·· 459

一、概论 ·· 459

    1. 概念与含义 ··· 459

    2. 法人的类型与产生 ·· 460

    3. 法人的相对化 ·· 461

二、有权利能力社团 ·· 462

    1. 产生 ·· 462

    2. 成员资格 ··· 464

    3. 组织与意思形成 ·· 467

    4. 代理与责任 ··· 471

    5. 董事会成员的责任 ·· 477

    6. 消灭、解散与社团权利能力的丧失 ······································ 477

三、无权利能力社团 ·· 478

    1. 概述 ·· 478

    2. 参与法律交易 ·· 479

    3. 针对社团进行的法律追索以及穿透社团的法律追索
       (Rechtsverfolgung gegen und durch den Verein) ················· 480

4. 责任 ·· 480
四、财团 ·· 481
  1. 概念与意义 ··· 481
  2. 财团的产生、组织与消灭 ··· 482

第五编　权利客体

第二十二章　权利客体、财产与企业 ·· 487
一、权利客体 ·· 487
  1. 概念与含义 ··· 487
  2. 界分 ··· 488
二、财产 ·· 489
  1. 概念 ··· 489
  2. 意义 ··· 489
三、企业 ·· 491
  1. 概念 ··· 491
  2. 意义 ··· 492

第二十三章　物、成分、从物与用益 ·· 494
一、物 ·· 494
  1. 概念和界分 ··· 494
  2. 类型 ··· 495
二、单一物与集合物 ·· 497
三、成分 ·· 498
  1. 概念 ··· 498
  2. 类型 ··· 498
  3. 法律意义与经济意义 ·· 501
四、从物 ·· 502
  1. 概念 ··· 502

  2. 法律意义 …………………………………………… 504
 五、收益、孳息与负担 ………………………………… 504
  1. 概念 ………………………………………………… 505
  2. 意义 ………………………………………………… 506

附录　案例解析的技术 ……………………………………… 508
 一、书面稿的准备 ……………………………………… 508
 二、书面稿的结构和设计 ……………………………… 510
 三、一个附解答的案例模板 …………………………… 515
缩略语表 ……………………………………………………… 520
所引文献的缩略用语表 ……………………………………… 529
参考文献 ……………………………………………………… 531
关键词索引 …………………………………………………… 533

第一编

私法导论

第一章　法与法律渊源

一、法

1. 法的结构

"君子一言"案：v. Z 先生对他的业务负责人（Betriebsleiter）B 说，鉴于其为企业经营作出的优良成绩，将会赠送给他一块建房用地（Hausgrundstück）。但是，当 B 请求 v. Z 先生将该块土地转移给自己并达成物权合意的时候，v. Z 先生却跟他说：不必着急，这块土地肯定会归属于你。B 获得 v. Z 先生可靠的许诺，而他从未食言过。然而，后来依然没有丝毫进展，B 遂再次表达了自己对此事的关切，却得到 v. Z 先生的如下答复：公证文件只不过是表面形式而已，完全没有必要进行公证，他的"君子一言"跟合同一样。其后，由于 v. Z 先生并没有遵循自己的承诺，B 提起诉讼，要求 v. Z 先生转让该建房用地。[1] B 的起诉能得到支持吗？

法具有规范的属性。它调整人类的共同生活，允许或者禁止特定的行为方式。但并非任何调整人类行为的规范均是法律规范。风俗与道德规则同样具有规范属性。法律规范和风俗与道德规则的区别在于，法律背后有国家的支持，国家确保法律规范得到遵循，并且对违反法律的行为加以制裁。

在前述"'君子一言'案"中，尽管 v. Z. 先生负有遵守自己许诺的道德义务，但却无法律上的义务。因为，只有当载入经过公证员公证的合同

---

[1] 根据 RGZ 117, 121 编写。

(参见《德国民法典》第 311b 条第 1 款第 1 句)后,才存在转让建房用地的法律义务。对于性质上并非同时构成法律义务的道德性义务之履行而言,并不能请求国家的介入和保障。故 B 的诉讼请求应予驳回。

2   尽管如此,法律规范与法外规范并非毫无关联,立法者可以链接法外规范并借此使其间接性地取得法律效力。例如,《德国民法典》第 157 条规定,合同的解释应当兼顾"交易习惯"。[1] 再如,依《德国民法典》第 138 条第 1 款的规定,违反"善良风俗"的法律行为,正如人们所说的那样,有悖于"所有公平且正义的思考者之道德感"的法律行为[2],应属无效。

2. 法的任务

3   法应产生两种效果:**法律安宁**(Rechtsfrieden)**与正义**。法律安宁体现为,共同生活中的冲突之决断不受暴力的统治[自助防卫权(Faustrecht)],而是由法律调整。法律为人类的共同生活确立有拘束力的规则,国家则确保这些规则得到遵守。法治国的本质内涵就包括,私人之间的争议在法院程序中进行论辩,并且法院作出的判决对于当事人具有法律拘束力。[3] 然而,法律统治之下不受干扰的共同生活,还必须以**法律规范的确定性**为前提。法律的受众(Adressaten)必须知悉,单个法律规范强加给他们的义务以及赋予给他们的权利是什么,以便他们能够据此进行相应的行为(**法律安定性**的要求)。这样,就能够避免不必要以及高成本的争议产生。因而,缺乏必要程度确定性的法律规范没有法律拘束力。[4] 正义,首先有着形式性的一面,体现为法律对于所有人都是一样的,也就是说,所有人均被同等对待(**法律平等**)。但是,正义还有着实质性的一面,这也是首要的内容:法律应在利益的对峙中寻得一个合适的平

---

    [1] 参见后文边码 13 及以下。
    [2] Vgl. BGHZ 69, 297.
    [3] Vgl. *Canaris*, JuS 1996, 573.
    [4] Vgl. BVerfGE 49, 168(181).

衡。为此,传统上通常区分**补偿性(矫正)正义**与**分配正义**。[1] 私法(市民之间的关系)主要由矫正正义的思想所引领,而公法(国家与公民之间的关系)则主要被分配正义的思想所主导。就个案当中何为正义的主观理解,自然是各异的。也正是且主要是出于这个原因,利益冲突经由法院诉讼程序加以决断才是必不可少的。不过,法律安定性的获取往往以个案正义为代价,反之亦然。

二、法律渊源

1. 法律原则与法律规则

依其内部结构,法律由法律原则和法律规则组成。**法律规则**由对特定生活事实加以描述的构成要件以及连接前述构成要件的法律效果而组成。法律规则构成了直接适用的法。反之,法律原则包含了法律形成的一般性方针,它构成了法律规则发展及其评价的基础,但是并不能被直接用于法律争议的裁判。

法律原则既可以是直接从法律理念或者宪法中推导出的原则,比如尊重人的尊严、禁止专断、比例原则、法律安定性以及诚实信用原则;也可以是作为某一个部门法秩序之基础的原则,比如民法中未成年人保护的基本原则以及权利外观原则(Rechtsscheinsprinzip)。

4

2. 制定法与习惯法

依其产生与适用基础,法律由制定法和习惯法组成。

5

(1)制定法

制定法是由国家机关或者国家授权的机关创制("制定")的法律,包括法律、行政法规(Verordnung)和章程。(形式意义上的)**法律**由立法者(立法机关)公布。对于德意志联邦共和国而言,立法主管权及其程序规

6

---

[1] Vgl. *Dreier*, JuS 1996, 580.

定在基本法(参见《德国基本法》第 20 条第 2 款、第 70 条及以下)和各州宪法中。行政法规由执行机关(行政机关)基于法律授权而发布(参见《德国基本法》第 80 条第 1 款第 1 句)。它的位阶居于形式性的法律之下,故不允许与后者之间存在冲突。章程则是由非国家机关的团体基于法律授予的立法权能发布(比如手工业协会的章程)。应与之区分开来的是私法团体(社团)的章程,后者并不包含法律规范,而仅仅是自治性的规则。

私法几乎完全建立于形式意义上的法律之上(民法典、商法典等)。行政法规中私法的数量很少,比如《德国地上权条例》(Erbbaurechtsverordnung)或《德国民法典信息义务条例》(BGB-Informationspflichtenverordnung)。

(2)习惯法

①习惯法的产生及其概念

7　习惯法之产生,需经长期的实践,且被当事人认可具有法的拘束力。[1] 换言之,必须当统一且具主导性的法的信念(Rechtsüberzeugung)产生[必要性观念或法律观念(opinio necessitatis oder opinio iuris)],才能认为出现了习惯法。

例如:关于律师出庭时需要穿职业装(法袍)的义务,只要就此并无明确的法律规则,即是建立于习惯法的基础之上。[2]

8　对所有市民均有适用效力的习惯法,如今实际上几乎只有通过法官法的方式才能产生。[3] 但从某种一贯性的裁判之中,尚不能径行断定产生了习惯法。因为法院并不受自己或者其他法院针对类似案件所形成的法律观点的拘束。如果他认为自己此前的裁判观点或者其他法院的观点存在错误,那么,其原则上可以偏离此种观点。[4] 但若由此推论,从法官法中根本不可能产生习惯法,也是错误的。在民法发展过程中,许多由司

---

[1] Vgl. BVerfGE 28,21(28); BVerfG NJW 2009, 1469, Rn. 62.
[2] Vgl. BVerfGE 28, 21(28).
[3] 参见下文边码 12。
[4] Vgl. BGHZ 59,343; 69, 323.

法裁判创造的法律制度,在获得学理上的认可之后,如今已经成为习惯法,因为各方当事人均已接受这些法律制度并据此从事行为。

例如:关于让与担保和一般人格权的法律规则可被视为习惯法。另外,在债法现代化的进程中,立法者也将很多经由习惯法而发展出的法律制度都法典化了(如《德国民法典》第 311 条第 2 款关于缔约过失责任的规则;第 313 条关于法律行为基础障碍的规则)。

②习惯法与制定法的同等地位

制定法与习惯法具有同等的地位和价值,至少在德国私法领域是如此。[1] 这在《德国民法典施行法》第 2 条中得到了明确的承认,该条规定,任何法律规范均属民法意义上的"法律"而可得到适用。换言之,在制定法之外,还可能发展出习惯法。习惯法不仅可以对制定法加以具体化[法律之内(intra legem)]或者补充[法律之外(praeter legem)],还可以打破制定法[违背法律(contra legem)]。不过,无论如何,习惯法都不得违背宪法的规定。

9

③习惯法的失效

既然习惯法与制定法具有同等的地位和价值,那么,它就只能因新的法律[新法优于旧法(lex posterior derogat legi priori)]或者对立习惯法的形成而丧失效力。[2] 但只要前述情形尚未发生,法官就应当如同遵循制定法一样受习惯法之拘束。

10

3. 法官法与交易习惯

法官法与交易习惯并非直接的法律渊源,因为它们缺乏规范效力。

11

(1)法官法

法官有义务适用法律,并且在此过程中对法律加以具体化或者进行续造。但与英美法中的判例法不同的是,法官就某一特定法律问题的决定,即便其乃某一最高层级的联邦法院所作的判决,也不能创制出可直接

12

---

[1] BGHZ 37, 219(224).
[2] BGHZ 37, 219(224).

适用且能拘束其他法律适用者的规范。即便是最高法院的判决,也不能与法律相等同,亦无从取得与法律相等同的法律拘束力。[1] 它的有效性仅限于已判决的案件。不过,最高法院的专业权威性以及其未来仍旧会作出相同判决的可能性,使其判决在法律实践中获得了极强的分量。从最高法院就某一个法律问题的判决之中,首先能够成长出法官法。它尚不构成习惯法,但却可能成为习惯法形成的渊源。[2]

法官法的意义在于,它能够为找法者在合同设计[预防法学(Kautelarjurisprudenz)]与诉讼推进方面提供定向辅助。法律交往对于某一特定司法判决的信赖以及与此关联的处分行为,也成为法院致力于司法裁判连贯性的理由。故此,法院不喜偏离一贯性的判决[3],这样就经由《德国民法典》第242条而给予了信赖保护。[4] 联邦最高法院(BGH)也将熟知已经公布的最高法院裁判视为律师的一项法律义务[5];而将有疑问的法律问题置于相关司法裁判之下加以检索亦属法官的职责。[6]

(2)交易习惯

13   **交易习惯**是指事实上主导法律交往的某种行为方式。依其结构,交易习惯也是一个规范。但与习惯法不同的是,当事人并不认为它具有直接的法律拘束力,亦即,其并非法律规范。只有当法律提及交易习惯时,才会从中产生法律效果。

《德国民法典》第157条、第242条即属此种情形。据此,合同的解释与给付义务的履行,均应如同诚实信用原则兼顾交易习惯所要求的那样进行。其原因在于,当事人形塑其自身的法律关系的同时,通常都会将这个交易领域内存在的惯例或者习惯作为基础的预设。

14   交易习惯并不必然是一般性的,它也可能形成于某一限定的空间或者职业范围内。商人之间的习惯被称为**商事惯例**(Handelsbrauch)(参见

---

[1] BGHZ 132, 119(129).
[2] 参见本章边码8。
[3] Vgl. BGHZ 85, 66; 87, 155; 106, 37.
[4] BGHZ 132, 119(129).
[5] BGH NJW 2009, 987 Rn. 9.
[6] BGH NJW 2009, 987 Rn. 14.

《德国商法典》第 346 条)。

例如:在为居家使用而购买煤炭或者燃油的合同关系中,出卖人应将标的物运送至买受人处,此即该领域的一般性交易习惯。另一个商事惯例是,"见票即付"(Kasse gegen Faktura)的合同条款包含了买受人应在收到账单时给付现金的义务。

一项交易习惯若增添了当事人认为其具有法律拘束力的信念(多经由法官法而产生),则亦可强化成为习惯法。

例如:受领人如果并未不加迟延地表示异议,那么商事确认书(kaufmännisches Bestätigungsschreiben)的内容便会成为合同内容的一部分。这一规则本来只是一个商事惯例,但如今已经成为一条习惯法规则。[1]

参考文献:*Langenbucher*, Die Entwicklung und Auslegung von Richterrecht, 1996; *Honsell*, Was ist Gerechligkeit? 4. Aufl. 2019; *Mertens*, Das System der Rechtsquellen, Jura 1981, 169; *Rehbinder*, Einführung in die Rechtswissenschaft, 8. Aufl. 1995; *Zippelius*, Rechtsphilosophie, 5. Aufl., 2007.

---

[1] 就此,参见本书第八章,边码 31。

第二章 私法与公法

一、私法与公法的界分及其意义

1　**禁止擅入案**：K致力于使自己的公司能够从联邦国防部获得研究与发展的委托订单，但却由于其针对公务人员所发表的不实言论而被禁止擅入。K遂向行政法院提起诉讼，要求撤销此项禁止擅入的行政禁令。[1] 行政法院对这一起诉享有管辖权吗？

2　国家法依其内容而可区分为私法和公法。**私法**调整私人[市民(Bürger)]之间的法律关系。对于私法而言，其标志性特征是个体的决定自由(**私法自治**)。典型的行为方式便是**合同**。

市民之间缔结买卖合同、租赁合同或劳动合同，设立公司，发生继承或者被继承，均以私法形式进行，相互之间的法律关系也依据私法加以判断。

3　**公法**则调整国家的高权行为(hoheitliche Handeln)。该高权行为可以命令或强制的方式(行使国家权力)，也可以通过向公民提供生存保障的方式[单纯的或者促进性的高权行政行为(schlichte oder fördernde Hoheitsverwaltung)]来实施。对于公法来说，其标志性特征是，高权行为必须受"法和法律"的拘束(参见《德国基本法》第20条第3款)。其典型的行为形式便是**行政行为**。

如果区县行政机关(Landratsamt)基于"违章建筑"的认定而对房主作出一个责令拆除之处分，这就是当局的行政行为。但国家开办学校、劳动

---

[1] 案例源自 BVerwG DVBl. 1971, 111。

局支付失业救济金、乡镇行政机关图书馆提供运营补助,则属于面向公民提供生存保障的行为。

私法与公法之区分可从如下论述中得出:某一法律规则所调整的法律关系中,若必然有一方当事人属于高权持有者,则该法律规则属于公法规范。反之,如果被调整的法律关系中产生的权利义务原则上对任何人均有可能产生,那么就属于私法规范。这是根据当今占据主流地位的"主体学说"(subjektstheorie)对公法与私法进行的划分,这一理论要追问的是,谁能够成为法律规则的参与主体。[1]

另外,就公法与私法的划分界限,还存在所谓的"从属性理论"(Subjektionstheorie)。该理论认为,公法以当事人之间的上下从属性关系为标志,私法则以当事人之间的平等关系为标志。但这一理论忽略了公权持有者之间也可能存在处于平等层面的关系(比如联邦各州之间缔结的国家条约),而反过来,私人之间也可能存在具有上下从属性的关系(例如企业之间存在的控制合同,参见《德国股份法》第308条)。

公法与私法界分的意义从下述内容中可以得到体现:国家并非只能从事高权行为,它亦可如同私人那般参与法律(在此范围内其以国库的面貌实施行为)与经济的交易往来。

比如,某一个联邦州租赁办公室、购买办公家具或者联邦为联邦国防军购买武器、订立研究委托协议,即如此。尽管这些行为间接地追求公共目的,但这并不会使该行为的法律性质转变成为高权行为。同理,尽管研究委托计划的实施过程中,需要遵循某些特定的法律条款,但不会使该行为作为私法上行为的法律性质有所改变。

所以,国家与公民之间的法律关系及它们之间相应的法律争议,既可以具有公法属性,也可以具有私法性质。至于在个案当中究竟应当认定为二者中的哪一个,对于法律道路的选择具有重要意义:公法争议原则上由行政法院管辖(参见《德国行政法院条例》第40条第1款),私法争议原则上由普通法院管辖(参见《德国法院组织法》第13条)。在一个争议

---

[1] Vgl. BGHZ 102, 280(283).

中,如果国家以公权享有者的身份参与其中,而且其行为需相应地根据公法规范加以判断,那么该争议就是公法属性的。

在前述"禁止擅入案"中,只有当其属于《德国行政法院条例》第40条规定的公法争议时,行政法院才对K的起诉享有管辖权。这取决于,该争议究竟应当按照公法还是私法加以判断。就此,决定性的因素乃是国家(本案中通过联邦国防部而实施行为)究竟是作为公权力的享有者还是以国库的面貌,即如一个私人般出现。鉴于该擅入禁令是在私法合同的谈判过程中(公权者的置办活动)发布的,故行政法院认为,其具有私法属性。

7 不过,由于历史和事实的原因,某些本身具有公法属性的争议,根据明确的法律规定,亦应由普通法院管辖(参见《德国行政法院条例》第40条第2款)。

举例来说,如果区县行政机关的公务员基于过错作出了一个违法的拆除处分,那么,业主可以就由此遭受的财产损失,根据《德国民法典》第839条,结合《德国基本法》第34条,向普通法院提起诉讼,要求国家承担损害赔偿责任。

二、私法与公法的分类

1. 私法的领域

8 私法又可被区分为一般私法与特别私法。**一般私法**乃是市民法(民法),它通过民法典和其他附属法律[比如《德国住房居住权法》(WEG)]调整私人("市民")之间最重要的一般性法律关系。

例如,出生、结婚与死亡的法律效果,协会的建立,合同的缔结及其内容,侵权行为的法律责任,所有权与其他权利的获得等,均如此。

此前规定于特别私法中的**消费者保护性规则**,经由2002年1月1日的《债法现代化法》,已经转移至《德国民法典》中。由此,《德国民法典》内部便出现了规范的分裂,即其中一部分适用于所有人,另一部分却仅适用于企业经营者(《德国民法典》第14条第1款)与消费者(《德国民法典》第 13 条)之间的法律关系。

特别私法尤其是商法、公司法、有价证券法、非物质财产法、经济私法、保险私法与劳动法,均涉及特殊的职业群体或者特殊的生活领域,且由于这些职业群体或生活领域本身的复杂性,其需要更加特殊和更加细致的规则。历史性地来看,它们是作为对诸此生活领域中技术、经济及社会发展之应对,而从民法中独立出来的。

例言之,民法中的合同法就无法满足商事交往的特殊需要。而商法作为商人之间的特别私法,便通过强调商人的自我负责、促进迅速交易结算和提供特殊的合同形式[比如仓储合同、承运合同(Frachtvertrag)、运输合同(Speditionsvertrag)]关照到这一情况。

民法与特别私法之间的关系,乃是一般规则与特别规则之间的关系。故只要没有更加特别的规则加以调整,那么民法同样也能够适用于由特别私法调整的生活领域。

因此,《德国民法典》关于买卖合同的规定(《德国民法典》第 433 条及以下),原则上亦能适用于商人之间的买卖合同。但《德国商法典》就商事买卖设置的规则(《德国商法典》第 373 条及以下)应当附加并优先予以适用。

特别私法大多建立在民法的基本形式之上,且从中分化独立出来。民法上的社团构成了资合公司的基本形式(如有限责任公司、股份公司、股份两合公司),民事合伙(《德国民法典》第 705 条及以下)则构成了人合商事公司(普通合伙、有限合伙)的基本形式。民法上的指示(Anweisung)(《德国民法典》第 783 条及以下),则构成了汇票和支票的基本形式。对于这些特殊的法律制度,只要缺乏特殊的规则,就应当回归民法并补充性地适用其中就诸此法律制度的基本形式所作的规定。如对普通商事合伙,《德国商法典》第 105 条第 2 款便作出了明确规定。

2. 公法的领域

公法最为重要的内容包括:规定了个人相对于国家而享有的基本权利,法律、经济和社会秩序的基本价值以及国家组织的宪法;调整不同生活领域中公共行政的任务和能力(Kompetenz)(比如社会法、警察法、建筑法、商业法、水法)的行政法;将危害社会的特定行为置于刑罚之下的刑法;调整公民缴税的种类与范围的税法;调整实体法执行的诉讼程序的程序法。另外,调整国家之间相互关系的国际法和调整国家与教会之间关系的国家教会法(Staatskirchenrecht)也属于公法的范畴。

三、私法与公法的合作

13　　**零价格案(Nullpreis)**:某一地区的建筑企业家数年来就建设工程招标提前达到了固定价格的协议。他们有计划地在相应的会谈中就最低投标价格("零价格")以及应当给出这个最低出价的企业达成一致意见。其他企业则有义务提出更高的投标价格(保护性投标),以确保给出最低投标价格的企业能够中标。因为此种所谓的投标协议,卡特尔行政机关针对所有当事人作出了罚款决定。[1]

14　　将归属于私法和公法的单个法律领域加以区分的行为会给人如下印象,即这两个领域似乎完全相互隔离地独立存在。但实际上并非如此。就个别生活领域的法律调整而言,立法者常常并非单独使用私法或者公法工具,而是将二者结合并用,以期达成某一特定目标。对此,典型的例子便是经济法,它是由私法性元素(经济私法)和公法性元素(经济行政法)组合而成的。这种现象如今已经获得相当的发展,甚至立法者在同一部法律中,比如在《德国反限制竞争法》中,都会同时利用私法和公法的工具来调整同一个生活事实。

　　立法者为了与卡特尔作斗争(如上述"零价格案"的投标协议),且为了维护市场正常的竞争秩序,同时利用了三种工具:(1)私法上的制裁:根据《德国反限制竞争法》第1条,结合《德国民法典》第134条,令合同无效;(2)行政法上的制裁:根据《德国反限制竞争法》第32条规定的行政行为,拒绝执行此种合同;(3)刑法上的制裁:根据《德国反限制竞争法》第81条第2款第1项规定施加罚金。

---

　　[1] 案例源自 BGH WuW/ E BGH 352。

私法与公法规范不仅能够在同一个生活领域内并行适用,在内容方面也以多种方式相互联结在一起,亦即相互交错。这在私法与程序法的关系上已经有所体现:私法请求权如欲强制执行,原则上只有在诉讼程序中得到从事高权行为的国家机关的协助,方属可能。即便仅在实体法的层面,这种交错关系也同样存在。一方面,违反公法的行为可能会导致私法性的后果。

《德国民法典》第134条规定,若法律之中没有其他不同规定,则违反法律禁止性规定的法律行为归于无效。这一意义上的禁止性规定也可能是公法规范。《德国民法典》第823条第2款规定,违反以保护他人为目的的法律的行为人,应承担损害赔偿义务。这一意义上的保护性法律,也可能是公法上的规范。

另一方面,个人在私法中的形成空间,即个人通过利用自由和所有权这两大根本支柱来进行私生活的设计,也因公共利益而受到多元化的限制和拘束,这些都是应当加以关注的。因为19世纪末以来,国家承担了越来越多的任务,甚至对于某些原本属于纯粹私法性的生活领域,国家也越来越多地以公法的手段介入。

例如,在大量案型中,土地的买卖和让与便受制于公法的规定,即是如此。故而,如果想要检验某一土地买卖的有效性,那么除了私法规范之外,还必须将公法规范纳入考量范围。权利人在利用其土地和地面时,不仅必须遵守私法上的相邻权规范,同时还必须注意大量的公法上的条款(比如建筑法与自然保护法上的条款)。

可见,私法与公法是相互补充的关系。对于特定生活领域的调整,二者究竟在多大的范围内被利用,则应当由立法者在宪法设置的边界范围内作出政治决断,而这又取决于立法者到底是对私法的形成性效力信赖多一点,还是对国家的规制性手段置信强一些。

参考文献:*Renck*, Über die Unterscheidung zwischen öffentlichem und privatem Recht, JuS 1986, 268; *Zöllner*, Die politische Rolle des Privatrechts, JuS 1988, 329.

第三章 民　法

一、民法的基础——《德国民法典》

1　　尽管1896年通过的《德国民法典》（BGB）经过大量的修改，出现众多附属法，存在很多法官续造之法，而且政治、经济和社会格局都发生了相当的变迁，但今天它依然是德国民法的重要基础。

1.《德国民法典》的产生

2　　19世纪末，德国境内民法的图景呈现一幅斑驳的画面。普鲁士的多数邦国适用1794年的《普鲁士一般邦法》（Preußisches Allgemeines Landrecht），而在莱茵河与易北河之间的区域［拜仁、符腾堡（Württemberg）、黑森、汉诺威、汉堡、不莱梅］，则主要适用"**共同法**"，它是由学术与实践继续发展而来的罗马法。但该两者都与大量的特别法（比如，1756年《拜仁邦法》或者1603年《汉堡城市法》）相重叠，并由这些特别法来贯彻执行。在莱茵地区，适用"**莱茵法（Rheinische Recht）**"，亦即1804年《法国民法典》，而在巴登则适用前述《法国民法典》的译本，即1808/1809年《巴登邦法》。在萨克森王国，则适用1863年《萨克森民法典》。

3　　自由战争之后，从国家统一的追求之中生发出对统一民法的要求。

安托·弗里德利希·尤思托斯·蒂堡［Anton Friedrich Justus Thibaut（1772—1840）］在其1814年的论著《论统一民法对于德意志之必要性》中即持此观点。不过，该文被弗里德利希·卡尔·冯·萨维尼（1779—

1861)1814年的论著《论立法与法学的当代使命》反驳。

随着交通、商业和工业的快速发展,以及与此相伴的经济空间的扩大,统一民法的要求占据了相当的分量。随着德意志关税联盟(Deutscher Zollverein)的建立(1834年),德意志联邦走向了部分的法律统一。统一的票据法(1848年《德意志一般票据条例》)和统一的商法(1861年《德意志一般商法典》)应运而生。而统一的债法(1866年《德累斯顿草案》)则由于德意志联邦的解散而未能实现。但是,1871年德意志帝国的建立为法律统一提供了政治基础。1873年《米克维尔-拉斯科宪法修正法》的通过实施(lex Miquel-Lasker),使帝国的立法主管权得以扩张到整个民法领域。由此,整体编纂民法典道路上的障碍便被扫清了。

早在1874年,就立法规划之方案及其方法进行澄清的预备委员会即已成立,同年任命了第一(届)委员会。第一(届)委员会起草了初版草案,并在1887年将该草案连同理由[即"立法动议书"(Motiv)]一并提交。这一主要建立于共同法之上的草案[首席立法委员乃是著名的潘德克顿法学家伯恩哈特·温德沙伊德(Bernhard Windscheid)],在公众之中引发热烈的讨论。

安托·门格尔(Anton Menger)在其1890年的论著《民法与无产阶级》(besitzlose Volksklassen)中,特别批评了对于劳动者之社会保护的缺失。奥托·冯·基尔克(Otto von Gierke)在其1889年的论著《民法典草案与德国法》中责备草案起草人,认为他们未能照顾到德国法的思想财富。

1890年,联邦参议院任命了第二(届)委员会,戈特利布·普朗克(Gottlieb Planck)也在其中工作。1895年,第二(届)委员会提交了第二(版)草案附理由[即"议事录"(Protokolle)],第二(版)草案意图更大范围地脱离共同法,并更多地应对当时的社会和经济问题。

经过司法委员会咨谈,最终形成了第三(版)草案,该草案连同一个备忘录一并被提交给帝国国会。在社团法、婚姻法和继承法几处修改以及经过联邦参议院批准之后,**《德国民法典》**于1896年8月18日颁布,1900年1月1日,《德国民法典》生效。

2.《德国民法典》的精神、政治与经济基础

7   法律起草者(主要是官员和学者)的最高目标,便是在民法领域**达致法律之统一**。他们并不想追求、也不可能实现彻底和广泛的法律变革,更何况这在政治上也不可能实现。其真正的任务在于,从现行不同法秩序的材料之中,起草形成切合实际并可接受的方案。为此,他们部分诉诸共同法(换言之,最终还是罗马法)的思想,部分则诉诸德国法的思想。

    例如:V 向 K 出售一辆自行车(《德国民法典》第 433 条)并向其转移所有权(《德国民法典》第 929 条)。若发现自行车有瑕疵,则 K 可废止该买卖合同(解除)或要求减少买卖价款(减价)。《德国民法典》第 437 条第 2 项的法律救济可回溯至在奴隶或役畜买卖的案型中赋予返还之诉(actio redhibitoria)(= Rückgewährsklage)和减价之诉(actio quanti minoris)(= Minderungsklage)的罗马法。如果该自行车属于 D,而 D 只不过是将该车出借给 V,但 K 却是善意的,那么 K 可依《德国民法典》第 932 条取得所有权。所以,D 不能要求 K 交出自行车,而只能向 V 主张损害赔偿请求权。这一规则源自德国法的基本原则["以手护手"(Hand wahre Hand),也就是说,D 仅可以向与其产生关系的 V 主张权利]。而罗马法在此问题上则作出不同决定["没人能够给出比他自己所享有的更多的权利"(nemo plus iuris transferre potest, quam ipse habet)]。

8   《德国民法典》的**内容**和**基本原则**反映了 19 世纪末主导性的政治、经济和社会观念。中产阶级摆脱了旧的阶级秩序的束缚和当政者的摆布,并作为工商业进步的引领者上升为社会领导阶层。所以,他们的利益和价值观念也在民法典中留下印记。基于已被克服的阶级和当政者的限制所留下的印迹,并作为对此的反应,人们首先寻求在民法中确保**自由**和**平等**。《德国民法典》以所有市民的**权利平等**作为出发点(《德国民法典》第 1 条),并在很大的范围内保障**合同自由**(《德国民法典》第 311 条第 1 款,旧法第 305 条)、**所有权自由**(《德国民法典》第 903 条)和**遗嘱自由**(《德国民法典》第 1937 条)。市民个体原则上得自由地形塑其法律关系、

自由地利用其所有权并自由地传承其财产。《德国民法典》未予言明的制度性政策模式,乃是理性、自我负责和有判断能力的市民能够最好地维护自己的利益,因此应当尽可能少地使其处于法律限制之下。与此相应,除了极端的限制(《德国民法典》第134条、第138条)外,《德国民法典》排斥将合同正义作为控制手段。人们相信,"交易力量的自由主导",亦即自由竞争原则本身便可以产生正当的利益平衡,故只保护并防止缔约时欠缺判断能力和意思形成时存在瑕疵的危险(《德国民法典》第104条及以下、第119条及以下)。

可是,这种极端自由主义的理念却无法解决过渡到工业化时代之后所提出的问题。民法,尤其是继承法与商事公司法之间的协调,就没有被考虑。但最主要的还是,没有就经济上的强者滥用合同自由与所有权自由的问题以及对经济上的弱者予以保护的必要性作原则性的应对。而只是意图通过散点式的保护性条款(《德国民法典》第138条第2款、第343条、第536a条、第566条、第616—619条),或经由特别法,比如1894年的《德国分期付款法》(现行《德国民法典》第491条及以下),来应对"社会问题"。在此意义上,《德国民法典》只是涂上了"一滴社会主义的油"(基尔克语)。

家庭法领域则由**父权保守主义**(patriarchalisch-konservative)的观念所主宰。丈夫拥有婚姻事务中的决定权以及亲权。非婚生子女及其母亲的保护则建构得并不充足。

社团自由,则因当政者享有对那些以政治、宗教和社会政治作为目标的社团的干涉可能性(文化斗争、工人运动)而遭受重大限制,无权利能力社团则因受合伙法(《德国民法典》第54条第1句)调整,行动自由受到妨害。

因而,总体来说,《德国民法典》的在交易法与财产法中承载着强烈的自由之力,但其对"社会问题"的解决却并不充分。其实,《德国民法典》不能也并不想重新开始,而毋宁只是对植根于启蒙时代和经济自由思想结晶之上的法律发展进行总结和综合而已。从帝国国会的咨议中,完全可以了解此点:

如果人们要求,民法典草案主要应当引致一场社会改革,那就是完全误读了民法典的任务。民法典只能够总结,它可以对已经完成的发展进行确认,赋予这些发展以法律所必须呈现出来的艺术性的形式;若仅仅引致社会改革,那就并非民法典。[1]

3.《德国民法典》的结构和内容

11 《德国民法典》承续了潘德克顿体系,分为五编:总则、债法、物权法、家庭法和继承法。

总则(《德国民法典》第1—240条)传承了罗马法关于人(personae)、物(res)、诉讼(actiones)的分类方式,首先包含自然人和法人、物和法律行为的条款。接着是关于期间和期日、请求权时效、权利行使和担保提供的条款。

债法分为总则和分则。总则包含关于债权内容及其命运的一般性规则,尤其是源自合同关系的债权。分则调整各种合同关系(比如买卖、赠与、租赁)和法定的债务关系(比如基于不当得利和侵权行为而产生的债务关系)。

物权法从占有的规则以及关于土地上权利的一般条款开始,过渡至所有权以及与此相关的问题,并将限制物权(地役权、土地担保物权、质权)与所有权相对。

家庭法首先调整与婚姻相关联的问题,比如结婚、婚姻财产法和离婚,而后调整父母与子女之间的关系、监护和保佐(Pflegschaft)。

继承法调整经由继承实现的财产移转,这种财产移转既可基于死因处分(letztwillig Verfügung)(遗嘱、继承合同)而实现亦可在缺乏死因行为时依法实现。

4.《德国民法典》的语言及其规则技术

12 《德国民法典》是由法学家为法学家制定的。其撰写者致力于实现表

---

[1] 冯·库内(von Cuny)语,引自 Mugdan, Die gesamten Materialien zum BGB, 1899, S. 862。

述的精简、概念的精准和结构的清晰。这是以牺牲普通人的可理解性与形象性为代价的。《德国民法典》的标志性特征乃是对抽象性和一般化的追求。为此,立法者采用了多样的技术。

抽象且一般化构成要件的建构。不同于所谓的个案决疑式方法(kasuistische Methode)(这在《普鲁士一般邦法》中占据主导地位),《德国民法典》广泛地放弃了对那些应适用某一特定规则之个案的列举,而代之以抽象且一般化的构成要件的规范设置。这经由使用具有固定甚至法定内涵(**法律定义**)之法学专业语言中的概念而成为可能,并由此便利化。 13

例如:V 向 K 出售一个农场,并移转了所有权。现在,双方均就 K 是否有权要求 V 交付原本归属于农场的拖拉机存在争议。为解决这个以及与此类似的法律案件,立法者在《德国民法典》第 311c 条设置了一个抽象的一般化规则:"某人若有义务出让……一个物,则当有疑问时,该义务延伸至该物的从物。"这条规范中所使用的概念几乎均属于法学专业语言中的概念,其中几个,比如"物"和"从物"的概念,甚至由法律直接予以界定(《德国民法典》第 90 条、第 97 条)。为对"从物"的概念作进一步说明,立法者甚至在《德国民法典》第 98 条进行了个案式的列举。据此可以得出,拖拉机是农场的从物(《德国民法典》第 98 条第 1 项),因而 K 可要求交付。

提炼共通规则。为避免重复,提升体系化建设,立法者致力于将单个规范领域的共同点"提取到括号之前"。此种将一般规则置于特殊规则之前的逻辑或布局原则,在民法典总则置于其他分编之前这一现象之中便已显现出来。不过这种布局原则在其他单个分编中,甚至在民法典总则中也得到了贯彻。如此而生的规则就会愈发抽象,并具有更加宽广的适用范围。但此种技术的弊端在于,为了一个法律关系的判断,要从完全不同的领域当中寻求规则,而这些规则之间的配合又常常难以掌握。 14

例如:农民 A 卖给农民 B 一台拖拉机,那么对源自这一合同的权利和义务,总共适用五个彼此重叠的规则群,他们各自均从一般走向特殊:

——关于债务关系的条款(《德国民法典》第 241 条及以下)

——关于源自合同的债务关系的条款(《德国民法典》第 311 条及

以下)

——关于双务合同的条款(《德国民法典》第 320 条及以下)

——关于买卖的条款(《德国民法典》第 433 条及以下)

——关于买卖中瑕疵责任的条款(《德国民法典》第 433 条第 1 款第 2 句、第 434 条及以下)

15 **对其他法律条款的援引**。为避免重复而使用的另一个手段是对其他法律条款的援引。这可以是对构成要件和法律效果(所谓的法律原因援引)的援引,也可以仅仅是对法律效果(所谓的法律效果援引)的援引。这一技术的弊端在于,尤其是在连环援引的案型中,会导致清晰性的减损。

例如:《德国民法典》第 818 条第 4 款就不当得利受领人自诉讼系属发生之后的责任,援引了"一般条款"。借此,便链接到了债法总则中的条款[1],尤其是援引了《德国民法典》第 292 条。而该条本身又援引了"对于所有权人与占有人之间法律关系自所有权请求权之诉讼系属发生后可得适用的条款",亦即《德国民法典》第 987 条及以下。

16 **拟制及不可辩驳之推定**的运用。拟制和不可辩驳之推定服务于与援引技术相同的目的。拟制是指有意地将一个事实构成与另一个不同的事实构成同等对待,以将适用于此的法律效果延伸于彼。相反,不可辩驳的推定则意在排除针对一个事实构成是否为另一事实构成之亚类型的怀疑。它们之间的区分是流动的,而立法者在这两种情况中也均使用了"视为(gilt)"的概念。

例如:根据《德国民法典》第 612 条第 1 款的规定,当一项劳务给付属于只有在有偿情况下才可能提供的劳务给付时,则视为默示约定了报酬。在此究竟是拟制[2],还是不可辩驳的推定[3],是存在争议的。

17 **证明责任**规则。《德国民法典》虽未言明,但是却从如下基本原则出发,即每一当事人皆需对有利于自己的事实加以证明,并且承担无法证明的风险(证明责任)。民法典若想要偏离这一基本原则,则其会就某一事

---

[1] Vgl. BGH NJW 1982, 1585.
[2] 持此观点者,参见 Larenz/Canaris, SchuldR BT II, § 52 I.
[3] 持此观点者,参见 Palandt/Weidenkaff, BGB § 612 Rn. 5.

实之存在设置(可辩驳的)推定。这从各个条款的语言表述中即可识别。

例如:E 在 K 处发现了一辆自行车,而该自行车是他不久前借给 V 的,于是 E 要求 K 把该车交给自己。K 主张,这车是他从 V 处取得的,他不知道这是 E 的车,因而已经依据《德国民法典》第 932 条基于善意取得了该车的所有权。E 对此表示异议。从《德国民法典》第 932 条第 1 款的表述("除非")中可以得出,K 的善意是被推定的,K 属于恶意的证明责任由 E 承担。

5.《德国民法典》规范的内容分类

就民法典规范的内容理解而言,两种区分是特别有意义的:严法规范与衡平规范的区分,以及强制性规范与任意性规范的区分。

(1)严法规范与衡平规范

年迈的私人住宅申购者案:一位手工艺人在高龄时与一个房屋建设合作社(Wohnungsbaugenossenschaft)缔结了一个"房屋申购合同(Kaufanwärtervertrag)",在合同签订过程中出于"费用原因"而放弃了由公证员进行公证。尽管该手工艺人已经在购置的私人住宅之中居住多年,并且也支付了大部分的买卖价款,但房屋所有权的让与(依《德国民法典》第 873 条、第 925 条)却依然未得到实现。当他起诉要求合作社让与该房屋的所有权时,合作社却以买卖合同因形式瑕疵而无效为由进行抗辩。[1]

旨在促成法律安定性和清晰性的法律规范,被称为严法规范(ius strictum);欲使个案之公正裁判成为可能的法律规范,则被称为衡平规范(ius aequum)。严法规范预防争议,并使判决便利化、简单化。其代价便是规则在个案当中的不公平性。

例如:关于青少年限制行为能力的法律规定(《德国民法典》第 2 条、第 106 条及以下)意在对青少年进行保护,因为他们或许不能正确地评判合同的利弊。然而,为法律安定性之利益计,诸此条款连接着刚性的年龄

18

19

20

---

[1] 案例源自 BGH NJW 1972, 1189。

界限(7岁至18岁),而非以青少年在个案当中的判断能力作为连接点。这是因为,年龄可以轻松确定,而必要的成熟度却并非如此。

衡平规范则通过考虑具体个案中的情事以及对立的利益,而作出公正、适当的判决。这在《德国民法典》第314条第1款中表达得尤为清晰。根据该款之规定,"当考虑个案的全部情事,并对双方的利益加以衡量后,如果将合同关系延续至约定的终止时点或直至终止期限届满,对意欲终止的一方来说属于不可期待之时",继续性债务关系可以随时终止。公正性的代价则是法官判决的不可预测性以及法律争议的增加。

衡平规范的例子,除了已提及的《德国民法典》第314条第1款之外,还包括《德国民法典》第253条("合理的赔偿")、第315条("公平的裁量")、第343条("合适的金额")、第573条("合理的利益")、第829条("公平性")、第281条、第323条("合适的期限")以及首要的"诚实信用"(《德国民法典》第157条、第242条)和"善良风俗"(《德国民法典》第138条、第826条)之一般条款。

21 《德国民法典》大体上是两种规则模式的适当结合。在此过程中,使严法规范得以放松的一个重要工具便是利用诚实信用的一般条款(《德国民法典》第242条)。

在前述"年迈的私人住宅申购者案"中,德国联邦最高法院[1]借助《德国民法典》第242条,打破了因违反《德国民法典》第311b条第1款第1句之规定(原是《德国民法典》旧法典第313条)从而需基于《德国民法典》第125条第1句之规定令买卖合同归于无效的(严格的)法律效果,最终肯定了买卖合同的有效性;对私人住宅的申购者来说,无效的法律效果(某些情况下,会产生清空房屋的义务;货币贬值的后果)无论如何都是无法承受的。

(2)强行性规范与任意性规范:解释规则

22 **维修条款案**:出租人V在其格式租赁合同中使用了如下条款:"租赁

---

[1] NJW 1972, 1189.

标的物的维修义务由承租人负担。"承租人 M 想知道,此种条款是否有效。[1]

强行性规范(ius cogens)与**任意性规范**(ius dispositivum)之间的界分关涉私法自治的基本原则,亦即个体以自我负责的方式对其法律关系加以形构的自由。因考虑值得保护的他人利益或社会利益,对此种自由不可能不加以限制。不得通过法律行为排除其适用的法律规范,乃强行性规范。一个法律规范是否具有强行性,可从其文义或目的(解释!)中得出。物权法、家庭法和继承法的多数规范为强行性规范,债法规范中也有小范围的强行性规范(参见《德国民法典》第 311b 条)。在很多情况下,《德国民法典》明确表示,偏离于法定条款的当事人约定无效,或者经由该条款而受益的当事人不得主张该条款的适用(参见《德国民法典》第 444 条、第 475 条第 1 款第 1 句、第 536d 条、第 619 条)。如果某一规范禁止偏离其规定而对一方当事人施加不利益,但允许向其赋予利益,那么这一规范被称为半强制性规范(参见《德国民法典》第 312f 条、第 651m 条第 1 句)。 23

当事人可排除其适用的规范属于任意性规范。多数债法规范属于任意性规范。其功能在于提供一个利益平衡的合同秩序,并使当事人免于对合同履行中的所有可能性均进行约定。可是,若当事人为其特殊需要及利益而想要设置不同的规则时,这些法律规定却不应当成为障碍。 24

不过,这种可排除性并非毫无限制。否则,经济上或智识上处于优势地位的一方便可恣意对另一方"敲竹杠"或使之遭受不利益。任意性规范的可排除性在**一般交易条款**(AGB)之使用中存在的危险已被立法者所识别(参见《德国民法典》第 305 条及以下、第 307 条及以下)。就任意性规范而言,若其并非单以合目的性权衡为基础,而是也建基于正义性的斟酌之上,那么这些任意性规范也被赋予**秩序性**与**标杆性**功能(Leitbildfunktion)(参见《德国民法典》第 307 条第 2 款第 1 项)。所以,只有在一般交易条款的使用者能够例外地给出重要的,而且即便在充分考 25

---

〔1〕 案例源自 BGHZ 92, 363。

第三章 民 法 025

量客户利益的情况下也属于正当的理由的情况下,一般交易条款中偏离于任意性规范的约定才是被允许的。

前述"维修条款案"便涉及《德国民法典》第 305 条第 1 款第 1 项意义上的一般交易条款,因为其适用于多数合同中。所以,其需接受内容控制[1]之调整,尤其是《德国民法典》第 307 条第 1 款第 1 句。据此,若一般交易条款中的规则背离诚实信用原则,进而给对方当事人带来不适当的损害,则其不发生效力。按照《德国民法典》第 307 条第 2 款第 1 项之规定,当有疑问时,如果一般交易条款中的规则"与被偏离的法定规则之重要基本思想不相吻合",则应肯定存在不合理损害。本案中有疑问的条款事实上偏离了法定规则的重要基本思想,因为《德国民法典》第 535 条第 1 款第 2 句将在租赁期间内使该租赁物处于适于合同目的的使用状态作为出租人的一项主要义务,而维修义务也同样落入这种义务的范围内。然而,只有当"存在疑问时",才应当认定构成不合理损害。所以,应当进行利益的衡量。本案中,该利益衡量将会导致如下结果,即应当否定不合理损害的存在,因为将维修义务转移给承租人已经成为交易习惯,并且维修所产生费用的因素一般会在租金计算中予以考量。尽管该条款是需要解释的(具体而言,哪些会落入维修概念的覆盖之下,以及该维修应当多久进行一次),但其依然满足《德国民法典》第 307 条第 1 款第 2 句意义上的清晰与可理解性之要求。因而,该条款是有效的。[2]

26 **解释性规则**与任意性规范紧密关联。两者均想实现当事人推定的意志,但它们却有着不同的连接点。解释性条款连接着内容在某一特定的事项上存疑的当事人约定,并且使该约定在此一案型中有特定的意义。而任意性或补充性法律规范则连接着对某一事项未做调整的约定,并对该漏洞予以填补。

例如:《德国民法典》第 722 条调整合伙关系中收益共享和损失共担问题:第 1 款是任意性(补充性)规范,第 2 款是解释性规则。

---

〔1〕 进一步阐述,参见本书下述第十六章,边码 28 及以下。
〔2〕 Vgl. BGHZ 92, 363, (368 f.); BGH NJW 2014, 1444 Rn. 19.

二、民法的继续发展

1. 帝国时期

司法实践与法学起初沉迷于新的法典编纂之中,该法典的体系必须完善且必须穷尽其适用领域。在解释法律时,首先还是概念实证主义的方法处于引领性地位,这种方法将法律材料理解为一个概念体系,并且试图从概念和文义中逻辑化地推导出结论。但此种"**概念法学**"渐渐地被"**利益法学**"[主要代表人物:菲利普·黑克(Philipp Heck)]所取代,后者将视线转向法律的字面及其概念表述背后的利益评价,并将其作为法律解释的指南。这种方法在20世纪50年代发展成为"**评价法学**"[卡尔·拉伦茨,哈里·韦斯特曼(Harry Westermann)],尽管遭到某些批评,但至今依然主导着司法实践。

随着时间的推移,就个别的条款发布了越来越多的判决,这些判决塑造了这些规定的内容。除去法律文义,判例法也日益增加。法典中的漏洞给法律续造提供了理由。由此,在履行障碍法领域便发展出"**积极违反合同(positive Vertragsverletzung)**"制度[1],而在侵权法领域,则发展出"已设立并运行中的企业经营上之权利(Recht am eingerichteten und ausgeübten Gewerbebetrieb)"制度以及"预防性的不作为之诉"制度。

第一次世界大战中,战时经济的需要给所有权自由及合同自由带来严重侵害。"强制缔约和指定合同(diktierter Vertrag)"成为调控私人经济生活的工具。

2. 魏玛共和国时期

第一次世界大战后的经济与社会困境迫使魏玛共和国时期在租赁法、劳动法和土地法领域进行了立法上的调整。尤其是,劳动法分离而成

---

[1] 由赫尔曼·史韬布(Hermann Staub)提出,现在已纳入《德国民法典》第280条中。

为一个独立的法律领域。

在司法实践中,人们试图首先借助一般条款来应对变化了的经济环境。"**诚实信用**"的基本原则由此成为整个民法中的主导性规范。以《德国民法典》第242条以及从中发展出的"**交易基础理论**"[1]为支撑,滥用货币贬值(战后年代的通货膨胀)行为的大门被堵住了:债权人再也不能按照"马克等于马克(Mark gleich Mark)"这一面值相等的基本原则,以毫无价值的纸币进行敷衍搪塞了(货币升值的司法裁判)。

3. 纳粹统治时期

29　　1933年掌权的纳粹运动,谋求通过共同体与种族主义思想对国家和法律进行极端化的改造。

由此,立基于自由主义和个人主义的民法典也成为了斗争的对象。民法体系的概念性和抽象性提供了额外可被攻击的点。大量的法学代表性人物投入"民法更新"的任务之中。那时的关键词是"具体的秩序思维":抽象概念和疏离生活之体系的地位,应被具体的意义关联和自然的生活秩序所取代。为制定一部取代民法典的人民法典(Volksgesetzbuch)的准备工作进展顺利,但在第二次世界大战期间陷于停顿。

尽管《德国民法典》仍然适用,但法官却被要求,以纳粹世界观的精神对原来的法律进行解释和适用,为此,一般条款("善良风俗""诚实信用""重大原因")就在相当程度上取得了适用的机会。当时的基本趋势是,强调个人面向人民整体的义务地位,这在个案中还使得特定人群权利可能被剥夺。另外,对于个案的考量、平衡思想以及民法中法官的形象相较于原来都占据更加显著的地位。在财产法领域,实体法基本上保持了未被改动的状态;然而,执行法和法官所作的合同帮助(Vertragshilfe)却放宽了严格的法律适用。而国家对生产和分配过程的调控日益增强,使得私法自治以及民法的实际适用严重退居幕后。

---

〔1〕　由保尔·厄尔特曼(Paul Oertmann)提出,现在规定于《德国民法典》第313条。

立法对于民法的干预,首先出现在家庭法和继承法领域。在这一过程中,尽管采取过一些合法的改革措施,但最终也朝着纳粹主义的方向被消泯[比如,《帝国农场继承法》(Reichserbhofgesetz)、《婚姻法》《遗嘱法》]。《保护遗传病人与德国血统法》及对犹太人和其他族群权利能力的渐进式限制构成了其中最黑暗的篇章。

4. 占领时期

纳粹覆灭之后,占领国也介入了民法:纳粹的法律被废除,凡是有悖于法律面前平等对待的规则均被废除[《管制委员会法》(Kontrollratsgesetz)]。

西德与东德的分裂起初并未影响民法。然而,由于政治及世界观方面的不同发展,法律操作(Rechtshandhabung)走向了分裂,最终立法上也相互分裂。

5. 民主德国(DDR)的发展

民主德国中民法的发展是由从原《德国民法典》中脱离这一思想所主导的。首先在部分领域完成了法典编纂,如家庭法被编纂于1965年的《家庭法典》中,劳动法被编纂于1966年的《劳动法典》中。而后,1975年6月19日颁布的民主德国《民法典》(Zivilgesetzbuch,ZGB)于1976年1月1日起生效,并取代了原来的《德国民法典》(BGB)。

民主德国《民法典》是统一的社会主义法秩序之一部分。它应当"确保个人利益和集体利益与社会需要的一致"(民主德国《民法典》第2条)。同时,这部民法典应担当社会主义国家领导工具的角色。特别是,合同应当作为以计划方式向人民供应货物与服务的型构工具。

随着1990年10月3日民主德国加入联邦德国,私法领域的法律统一基本重新完成(参见《德国民法典施行法》第230条第2款)。但是,对于原属民主德国的区域,仍然适用《德国民法典施行法》中第230—236条的过渡条款。

6. 联邦德国的发展

(1)《德国基本法》的意义

32　　联邦德国中的民法发展是以顺应**《德国基本法》**的价值秩序为特征的。这些价值秩序记载于《德国基本法》的基本权条款之中并尊奉法治国与社会国基本原则,已成为对民法继续适用、解释和续造有拘束力的评价标准。

尽管基本法基本上对民法中确立的秩序进行了确认,并且为作为其根基的合同自由、所有权自由和继承自由配备了实质内容担保。但与此同时,基本法也强调它们所受的社会义务拘束。

33　　但是,婚姻法与家庭法中存在的很多父权式且保守的规则,与《德国基本法》的价值秩序并不吻合。[1] 另外,民法通过**"合宪性解释"**之路径实现了对《德国基本法》的遵循。最重要的是,不确定的法律概念和一般条款从基本法的价值体系中得到内容的具体化以及内容上的重新界定(**"基本权的间接第三人效力"**)。于有法律漏洞之处,法官被授权以"法官之法律续造"的方式创造性地实现基本法的价值秩序。最近,关于基本法对私法之影响的讨论亦活跃起来。在此过程中,基本权作为"侵害禁令(Eingriffsverbote)"与"保护命令(Schutzgebote)"的功能被提出,而立法者与法官在进行私法之建构及适用的过程中均应对这两种功能予以考量。应当与此相区分的一个问题是,联邦宪法法院愈来愈多地决定有关法院适用法律的细节问题,是否有意义。

(2)单个法律领域的发展

34　　过去十年间,在**民法典总则**和**债法**之中,人格权保护,主要是对经济上弱者,尤其是消费者(《德国民法典》第13条)之保护,立于显要地位。举例来说,司法实践利用《德国民法典》第138条的一般条款以禁止负担过重的信贷合同及信贷担保合同。通过信赖责任之扩张,合同责任中的漏洞得以填补。侵权法中为事务辅助人之责任(《德国民法典》第831

---

[1] Vgl. BVerfGE 72, 155.

条)制度的缺陷,乃是缔约过失责任及附保护第三人效力合同制度发展之契机。侵权法自身则通过日益获得认可的"交往安全保障义务(Verkehrspflichten)"和产品责任领域证明责任倒置制度之引入,而愈发强化。立法者则随着(在转化欧共体尤其是欧盟法指令过程中)一系列具有保护消费者属性的规则,特别是在旅游法、货物销售法、消费者信贷法和产品责任法的领域,更多地凸显其地位。一个尤为重要的革新是,保护消费者免于不适当的一般交易条款。2001 年 11 月 26 日《债法现代化法》的颁行,不但对瑕疵责任法进行了彻底的变革,而且对整个时效法与履行障碍法也进行了重新设计。再者,司法实践中创生的法律制度也被法典化,比如缔约过失制度被纳入《德国民法典》第 311 条第 2 款,而附保护第三人效力合同制度则被纳入《德国民法典》第 311 条第 3 款,法律行为基础障碍制度被纳入《德国民法典》第 313 条。此外,早先被规定于特别法中的法律规则也被转移到民法典之中(参见《德国民法典》第 305 条及以下;第 312 条及以下;第 481 条及以下;第 491 条及以下)。

在**物权法**中,房屋所有权法使百姓阶层能够取得自己的住房。所有权保留买卖中"**期待权**"之形塑、"**让与担保**"以及其他形式的担保物权的承认,则服务于信贷担保中的经济需求。动产担保法规则的更新也在讨论之中。

家庭法中出现了以实现《德国基本法》中规定的**男女平权**(《德国基本法》第 3 条第 2 款)为目标的深刻变革。婚姻法和亲子关系法进行了合乎时代的更新,最后一次更新发生在 1998 年。**婚生与非婚生子女地位平等化**的宪法任务(《德国基本法》第 6 条第 5 款)也渐渐得到履行。通过 2001 年《生活伴侣法》之颁行,**生活伴侣**作为法律认可的同性共同生活形式得以创设。从 2017 年开始,同性**婚姻**之缔结也成为可能(《德国民法典》第 1353 条第 1 款)。另外,通过禁治产(Entmündigung)制度的废除以及**照管(Betreuung)**法律制度对监护(Vormundschaft)及老弱监护(Gebrechlichkeitspflegschaft)法律制度的取代,残疾人和精神病人的法律地位也得到改善。

7. 欧盟法对德国民法的影响

(1) 作为欧盟目标的法律统一

37　民法的继续发展越来越多地受到欧盟法(原欧洲共同体)的引导。因为欧盟的目标之一,即是在内部市场运转之必要范围内实现内国法律条款的统一化。法律的统一化可使欧盟内部货物的流转更加便捷,并形成一个内部市场。

(2) 法律统一的工具

38　法律统一化的工具("调和")是法令(Verordnung)和指令。

①法令

按照《欧盟运作方式条约》(AEUV)第288条第2款之规定,法令可直接适用于欧盟全部成员国,不需要再作转化。相对而言,其较少被用作法律统一化的工具。关于法令的具体例子如《关于欧洲经济利益联合会作为欧盟法上公司形式的法令》和《一般数据保护条例》(DS-GVO)。

②指令

法律统一化的主要工具是指令。与法令不同,指令并无直接适用于内国的效力,而是必须通过内国立法者将其转化为内国法。立法者在进行指令的转化时,应受指令所给定目标之拘束,不过其对如何转化指令也有一定的裁量权(参见《欧盟运作方式条约》第288条第3款)。举例来说,对于指令中规定的方针,内国的立法者可以自由决定,究竟是将其置入一部已经存在的法律之中,还是颁行一部独立的法律。同样,立法者也并不受指令表述方式的拘束。

(3) 欧盟指令对民法的影响

39　在民法领域,欧盟指令过去及现在的首要目标均是在**消费者保护**问题上实现法律的统一化。就近期而言,首先应予提及的便是《2011/83/EU消费者法指令》,该指令规定了**消费者合同**(《德国民法典》第310条第3款)中企业经营者的义务和消费者的权利(另参见《德国民法典》第312条及以下、第355条及以下)。而一般交易条款法(《德国民法典》第305条及以下)也可溯源至《13/93/EWG关于消费者合同中权利滥用性条款的指令》。民法典的其他变动,比如旅游合同法(《德国民法典》第651a条及以下)和银行法(《德国民法典》第675a条及以下),同样建基于欧盟指令之上。消费品买卖指令也在债法现代化的框架内得以转化(参见《德国民法典》第434条及以下、第474条及以下)。

(4)合乎指令的法律解释

基于指令之内国法的解释若交由成员国完成,便会存在各个成员国作不同解释的危险。这样一来,经由指令而实现内国法协调的目标便无法完全实现。所以,基于指令之内国法应当尽可能地考虑指令的文义与目的进行解释,以期达成指令所追求的目标。[1] 在此脉络下,解释的意义已超越狭义层面的单纯解释,还包含了经由类推与目的性限缩之路径而进行的法之续造。在此范围内,原则上只是禁止作有悖于法律之法的续造。[2]

然而,可能指令本身也是需要解释的。该解释需统一化并且自治地进行。为实现指令的统一化解释,《欧盟运作方式条约》第267条第2款和第3款所规定了欧洲法院(EuGH)之预决(Vorabentscheidung)程序。内国法院可以(《欧盟运作方式条约》第267条第2款),某些情况下还必须(《欧盟运作方式条约》第267条第3款)在一项法律争议中将指令的解释问题呈交给欧洲法院。只有在毫无疑问且仅存在一种解释[足够清晰之原理(acte clair-Doktrin)],或需要呈交的问题已由欧洲法院在另一个程序中作出了回答的情况下,前述呈交义务才不存在。依据欧洲法院的决定,内国法院可将决定性的内国规范作合乎指令的解释,并通过判决的方式终结该法律争议。但内国法院不能询问欧洲法院,应如何对内国规范进行解释。按照《欧盟运作方式条约》第267条第1款之规定,欧洲法院只享有对欧盟法加以解释的权能(Kompetenz),并不享有对内国法进行解释的权能。根据欧洲法院的司法判决,指令与法令之解释须围绕相应规

---

〔1〕 作**合乎指令之解释**的命令,就此参见 EuGH WRP 2017, 31 Rn. 32 f 关于"丹麦卡纳尔数字电视广告案"(Canal Digtal Danmark); BGH NJW 2014, 2464 Rn. 20; 2016, 1718 Rn. 36; *Herresthal*, JuS 2014, 289。

〔2〕 EuGH NJW 2006, 2465 Rn. 110; BVerfG NJW 2012, 669 Rn. 45ff。

则的文义及目的,并在考虑体系性关联的情况下展开,在此过程中权衡基础亦应被纳入考量。[1] 不过,此时原则上所有语言的版本(现在有超过20个语言的版本)均居于相同顺位,这可能会导致解释出现额外的困难。

(5)指令的瑕疵转化

41 若指令未在欧盟立法者规定的期限内转化为内国法,或未被妥当地转化为内国法,则指令中的条款会例外地在内国发生直接效力。其前提条件是:第一,指令的条款—要调整公共机关与个人之间的法律关系;第二,指令的条款在内容上不附条件且足够确定,在个案当中可以适用。指令规则的直接效力并不以主观公法权利的存在为前提。[2] 按照通说,在私主体之间关系的层面指令并不会发生直接效力。

撇开指令的直接效力[3],若一项指令的不正确转化或不转化给个人造成了不利益,则该个人可向公共机关主张损害赔偿。此种未被明文化的国家责任请求权的基础在于欧盟法。[4]

(6)《欧盟运作方式条约》对民法的影响

42 《欧盟运作方式条约》中以实现各个成员国之间货物、服务、人员和资本的自由流转为内容的基本自由,同样会对民法产生影响。一个例子便能使之清晰地显现出来。

按照《德国民法典》第239条之规定,只有当担保人的一般审判籍在内国时,其才是合适的担保人。这一规范间接地歧视了其他成员国的公民,从而违反了《欧盟运作方式条约》第56条意义上的服务自由。依欧盟法优先于内国法适用的理论,当被违反的欧盟法规范具有直接效力时,内国法规范不再适用。关于基本自由的欧盟法条款是可以直接适用的,也就是说,其在内国法中必须作为规范性的标准而被参考。故此,《德国民法典》第239条第1款必须通过合乎欧盟法之解释的路径,同样适用于那

---

[1] EuGH NJW 2013, 922 Rn. 28.
[2] EuGH EuZW 1995, 743 Rn. 24ff. ,有争议。
[3] EuGH EuZW 1996, 206f. Rn. 20ff. ,有争议。
[4] BGHZ 134, 30.

些在欧盟内部拥有一般审判籍的担保人。[1]

(7) 未来的欧洲民法典

早在1989年与1994年,欧洲议会便已要求欧洲共同体的机构为创制一部欧洲的民法典而展开准备工作。为此而展开的前期工作已在进行中。尤其是在学术层面,这样一部法典的内容引发了热烈讨论。[2] 目前已经出现了一部由专家组完成的共同参考框架草案(DCFR)*,其也许会构成可选择的欧洲合同法的基础。不过,在内国私法秩序被一部统一的欧洲民法典所取代之前,肯定还有很多年的时间。

43

三、《德国民法典》的适用范围

《德国民法典》(及其附属法)原则上可适用于所有民法上的争议。但是,其适用范围在物(相较于州的私法)、时间(相较于此前适用的私法)和空间(相较于外国的私法)层面均受限制。与此相关的规则规定于《德国民法典施行法》(EGBGB)。

44

1. 物的适用范围

根据《德国基本法》第31条的规定,作为联邦法的民法典优先于各州的私法(联邦法打破州法)。尽管在联邦未对其立法权加以利用之前以及未作利用的范围内(《德国基本法》第72条第1款、第74条第1项),原则上由各州享有民法领域的立法权能。[3] 然而,随着民法典之制定,民法已经被综合性地调整,这使得各州立法仅在《德国民法典施行法》允许例外存在的范围内(《德国民法典施行法》第55—152条)才有其空间。今天,仍有个别法律事项(尤其是在土地法领域),留给各州民法调整。为此,各州均颁行了针对《德国民法典》的施行法。

45

---

[1] Vgl. Palandt/*Ellenberger* BGB § 239 Rn. 1.
[2] 就此,参见 Palandt/*Ellenberger* BGB Einl. Rn. 33。
* 原著中误写成"DCRF"。——译者注
[3] 就此,参见 BVerfG NJW 1983, 25——关于国家责任的判决。

2. 时间适用范围

46　　随着《德国民法典》在1900年1月1日生效，其便取代了此前适用的、主要以邦法形式设置的私法规则。《德国民法典》针对其生效前产生的法律关系之适用性的问题今天也已经不会再出现。但也许会出现民主德国加入联邦德国以及民法典之适用延伸至民主德国区域的问题。为此已经创设了过渡性条款（《德国民法典施行法》第230条及以下）。

3. 空间适用范围

47　　当案情事实具有涉外性（Auslandsberührung）时，《德国民法典》之适用可能会存在疑问。比如，当一方当事人的住所地在国外或该当事人是外国籍人，或合同在国外缔结或履行时，即是如此。在此类案件中，德国的准据法抑或外国法的准据规范能否适用，以及在多大的范围内适用，要按照**国际私法**的规范来确定（IPR）。国际私法包含**冲突规范**，冲突规范则确定实际上应予适用的实体法规范，即所谓的**准据法规范**。尽管其名称会引人误解，但国际私法在很大范围内仍属各个国家的法，因此因国而异。德国的国际私法规定于《德国民法典施行法》第3—49条。其他法律渊源便是国际条约。但是，德国的国际私法劣后于欧盟的国际私法。尤其是通过《罗马-I法令》与《罗马-II法令》在合同责任与合同外责任领域实现了规则的统一化。[1] 其间，也已经增加了关涉家庭法和继承法的《罗马III-V法令》。

48　　为将一个与多个法秩序存在关联的案情事实归属于特定的法秩序之下，或是德国的法秩序，或是外国的法秩序，国际私法必须与某一特定因素相连接。此种**连接点**可以是当事人之人身性因素（Person）（国籍、住所地或者行政总部所在地、经常居留地）、当事人之意思表示（比如，约定适用某一特定的法律，所谓的法律选择）或当事人的行为地［比如，侵权行为结果地（参见《罗马-II法令》第4条第1款）］。在人法、家庭法和继承法

---

[1] 就此，参见 Brödermann NJW 2010, 807.

领域,国际私法主导性的连接工具则是国籍。

例如:按照《德国民法典施行法》第7条第1款第1句之规定,外国人的行为能力依其国籍国法确定。若其为17岁,但依其国籍国法已有完全行为能力,则其亦可在德国有效地实施法律行为。若其为19岁,但依其国籍国法(不同于德国法,参见《德国民法典》第2条)却仍不具有完全行为能力,那么为了保护德国境内的法律交易,只有当合同相对人于缔约时知悉或应知此种行为能力欠缺的状况时,其才能主张自己欠缺行为能力。这一规则规定于德国《德国民法典施行法》第12条第1句。

于**债法合同**的情形,按照《德国民法典施行法》第27条第1款第1句(或者《罗马-I法令》第3条第1款)的规定,适用**自由法律选择**(freie Rechtswahl)的基本原则。换言之,可以由当事人来确定,该合同适用何种法律,比如合同应当受德国法抑或奥地利法调整。但是,此种基本原则并非毫无限制。法律选择不得导致保护消费者或劳动者的强行性条款被规避(参见《德国民法典施行法》第29条、第29a条、第30条或《罗马-I法令》第6条、第8条)。如果当事人没有进行法律选择,那么按照《德国民法典施行法》第28条第1款第1句或《罗马-I法令》第4条之规定,该合同适用与之有最密切联系国家的法律。为此,又适用特定规则。

例如:若一个德国的歌剧院与一位生活在法国的歌剧导演缔结了一份关于舞台表演的合同,但却未进行法律选择,则此时应适用《罗马-I法令》第4条第1款b项或第4条第2款。据此,该合同应受服务提供者经常居留地所在国的法律调整,本案中便是法国。由此,该合同将会适用法国法。然而,按照《罗马-I法令》第4条第3款或《德国民法典施行法》第28条第5款之规定,若从情事整体状况中可以确定,该合同明显与另一国家有更加密切的联系,前述规则便不再适用。由于导演的给付应在德国履行,而且还必须由歌剧院给予协助,故应认为该合同与德国存在更加密切的联系,从而应当适用德国法。

参考文献:*Canaris*, Grundrechte und Privatrecht, AcP 184 (1984), 201; *Canaris*, Grundrechte und Privatrecht-eine Zwischenbilanz, 1999; *Doralt*, Rote

Karte oder Grünes Licht für den Blue Button? Zur Frage eines optionalen europäischen Vertragsrechts, AcP 211 (2011), 1; *Grigoleit*, Der Verbraucheracquis und die Entwicklung des Europäischen Privatrechts, AcP 210 (2010), 354; *Hattenhauer*, Die geistesgeschichtlichen Grundlagen des deutschen Rechts, 3. Aufl. 1983; *Herresthal*, Die richtlinienkonforme und die verfassungskonforme Auslegung im Privatrecht, JuS 2014, 289; *Hommelhoff*, Zivilrecht unter dem Einfluss europäischer Rechtsangleichung, AcP 192 (1992), 71; *Krause*, Der deutschrechtliche Anteil an der heutigen Privatrechtsordnung, JuS 1970, 313; *Laufs*, Die Begründung der Reichskompetenz für das gesamte bürgerliche Recht, JuS 1973, 740; *Leenen*, Die Auslegung von Richtlinien und die richtlinienkonforme Auslegung und Fortbildung des nationalen Rechts, Jura 2012, 753; *Lüderitz*, Kodifikation des bürgerlichen Rechts in Deutschland 1873–1977:Entstehung, Entwicklung und Aufgabe, FS „Vom Reichsjustizamt zum Bundesministerium der Justiz", 1977, 213ff. ; *Müller – Graff*, Europäisches Gemeinschaftsrecht und Privatrecht, NJW 1993, 1; *Neuner*, Privatrecht und Sozialstaat, 1999; *Rüthers*, Die unbegrenzte Auslegung, 6. Aufl. 2005; *Wieacker*, Privatrechtsgeschichte der Neuzeit, 2. Aufl. 1967 (Nachdruck 1996).

第四章　私法的适用、解释与续造

一、法律适用概论

被狗咬伤案：B 散养的牧羊犬将 K 的小腿咬伤，K 要求 B 赔偿其医疗费用。B 向自己的律师 R 咨询，他是否应当为此支付损害赔偿费用。　　1

法律适用，是指将一个法律规范适用于某一生活事实。每一个完整的法律规范均由构成要件和法律效果所组成。构成要件是对生活事实的概念化描述。具备这些前提条件时，就会产生相应的法律效果。据此，法律适用者的任务分为三个步骤。

1. 查明针对特定案情事实可得适用的法律规则

在前述"被狗咬伤案"中，律师 R 基于自己所受的法学教育能够看出，《德国民法典》第 833 条第 1 句可能与该案具有相关性。这一法律条款的内容是："动物造成某人死亡、人的身体或健康受损害、物被损害，则拥有该动物的人有义务就由此产生的损害向受害人进行赔偿。"　　2

2. 检验案情事实是否满足法律规范的构成要件(涵摄)

此案中，律师通过检验得出如下结论：牧羊犬是一个"动物"；狗咬伤小腿属于"人的身体被伤害"；B 是拥有狗的人，因为这条狗是他的；由此，就满足了《德国民法典》第 833 条第 1 句的构成要件。　　3

3. 法律效果的确定

《德国民法典》第 833 条第 1 句的构成要件已经满足，所以律师 R 就　　4

能够确定,B 有义务赔偿 K 因此而遭受的损害。

二、诉讼程序中的法律适用

5 　　**基础案情如前**:B 拒绝支付医疗费,其理由是,并没有证据证明他的狗咬了 K 的小腿。况且,他最近才得到这条狗,而且这条狗对人一直都很友好。在律师 R 的建议下,K 提起诉讼,要求 B 支付医疗费。主管法官 J 会如何裁判这个案子?

1. 法官的地位

6 　　存在争议时,法官有义务适用法律。他是第三束(司法)权力(《德国基本法》第 92 条),并且法官在裁判个案的法律争议时"具有独立的法律地位且只服从于法律"(《德国基本法》第 97 条第 1 款)。此种职权行使方面的独立性,经由人身上的独立性(《德国基本法》第 97 条第 2 款)得以补充强化,即法官不可被解职、不可被替代。此外,法定回避理由及当事人申请回避理由也会确保法官的中立地位(参见《德国民事诉讼法》第 41 条及以下)。

　　本案中,若法官 J 与 K 或 B 存在亲属关系,则就本案诉讼程序而言,其应被要求回避,进而不得参与本案的审判。

2. 法官在诉讼程序中的任务

7 　　法官的法律适用是在一个严格的程序中实现的,即民事诉讼程序。为此,应当区分如下步骤:

　　(1)起诉

8 　　诉讼的提起以原告向法庭提交包含特定内容的书面起诉状为前提(《德国民事诉讼法》第 253 条)。主管法官确定一个口头辩论的日期,并向被告送达一份起诉状的副本(《德国民事诉讼法》第 253、271 条)。双方当事人被传唤于规定的日期出现(《德国民事诉讼法》第 274 条),被告可以提交答辩状(参见《德国民事诉讼法》第 275 条及以下)。

在本案中，B 会在他的答辩状中申请驳回起诉，并将前述理由加以陈述。

(2) 口头辩论

在口头辩论程序中(《德国民事诉讼法》第 128 条及以下)，当事人提出自己的诉讼请求(《德国民事诉讼法》第 137 条第 1 款)。

K 会请求判决 B 支付医疗费，B 则会请求驳回前述诉讼请求。

此后，法官会与当事人一起讨论案情事实以及相关的法律问题。对于待适用的法律规范，可能会得出如下结论：一方面，此前陈述说了一些无关紧要的话；另一方面，还有些案情事实的内容需要解释。

此案中，法官 J 会提示，就该争议的解决而言，《德国民法典》第 833 条具有相关性，至于 B 获得这条狗已经有多长时间、这条狗此前是否非常友好，均无关紧要。法官 J 还会提示，K 需要为 B 的狗咬伤了他的主张提供证据，因为 B 并不认同这一主张和陈述。

(3) 证据交换(Beweisaufnahme)

证据交换的程序(《德国民事诉讼法》第 355 条及以下)针对那些对于法律争议的裁判具有重要性，但于当事人之间仍存争议的案情事实而展开。被允许的证据来源包括：目击证人、证人、鉴定专家、书证和询问结果(《德国民事诉讼法》第 371 条及以下)。

例如，如果 Z 看到狗咬 K 的场景，则 K 可以提名他作为证人，那么 Z 就要接受法官 J 的询问，并被要求告知其所知悉的事实。当事人可以就相关问题向其发问(《德国民事诉讼法》第 394 条及以下)。

紧接着证据交换程序的是口头辩论(《德国民事诉讼法》第 370 条第 1 款)。在此过程中，当事人可以就证据交换的结果表明态度和立场(《德国民事诉讼法》第 285 条第 1 款)。

(4) 判决

口头辩论终结后，则由法官作出判决，并将其公布(《德国民事诉讼法》第 310、311 条)。判决书尤其应包括判决主文(Tenor)、构成要件和判决理由(《德国民事诉讼法》第 313 条)。构成要件包含对案情事实和争点的集中描述，并特别强调诉讼请求。判决理由要包含对斟酌权衡的简短总结,而裁判在事实及法律方面也正是立基于此种权衡(《德国民法典》第313条第3款)。换言之,在判决书中,法官必须说明,得到确认的案情事实是否已经满足了待适用法律规范的构成要件。在前述案件中,判决取决于证据交换和证据评价的结果:(a)若证人 Z 以可信的方式证明,B 的狗确实咬伤了 K,那么法官 J 就会判决 B 支付医疗费用;(b)若证人 Z 以可信的方式证明,是另外一条狗咬伤了 K,那么法官 J 就会驳回诉讼请求;(c)若证人 Z 以可信的方式证明,自己也不能辨认出,究竟是 B 的狗还是另外一条狗将 K 咬伤,那么法官就会驳回诉讼请求,因为原则上原告要为利于他的事实承担证明责任。[1]

三、法律解释

1. 法律解释的必要性

12　　法律规则当中包含了对案情事实的概念化描述。但具体"意指"的是哪一个案情事实,在个案中很可能会存在疑问。立法者不得不利用那些意义内容可能不太确定或具有多义性的语言概念。即便是精心制定的法律,也可能在内容或适用范围上留下疑问。且某些特别例外或少见的案型还可能被忽略。即便一开始看上去意义清晰,但其后的经济或者法律情境变化也可能导致语言与概念意义的变迁。故此,法律规则在得以适用之前,均需经过解释。法律解释意味着对法律意义的明确。

2. 法律解释的目标

13　　法律解释的**目标**,并非查明历史上立法者的意志(但所谓的主观解释理论却是此种意思),而是对法律适用时点法律的决定性意义的明确。[2]是故,在法律意义查明的过程中,法律适用者不能单纯被历史上立法者的规范意图所牵制,还应当顾及在此期间出现的立法、司法、学理方面的发

---

〔1〕参见本书第三章,边码 17。
〔2〕此系通说,参见 BVerfGE 11, 126(130)。

展以及政治、经济、社会情境的变迁。[1] 在此意义上,人们称之为立法者客观化于法律中的意志。[2]

3. 法律解释的方法

过去,四种主要的法律解释方法(或标准)逐步发展出来,裁判实践也是围绕着这些方法而展开的。[3] 他们是四种可以并用并且能够相互补充的解释方法,具体而言分别是:规范字面的解释、意义关联的解释、规范目的的解释、立法资料和形成历史的解释。[4]

(1)语言语法上(sprachlich-grammatisch)的解释

蜂群袭击案:蜂群袭击了帝国国防部的一辆马车,导致马死亡。帝国国库要求蜂群所有人根据《德国民法典》第833条第1句承担赔偿责任。蜂群所有人援引《德国民法典》第833条第2句关于家养动物致害责任减轻的规定进行抗辩。帝国法院必须判决,该蜂群是否属于《德国民法典》第833条第2句所规定的"家养动物"。[5]

语言语法解释从**法律的字面**出发并追问,在一般性或专业性的法律语言使用及语法规则之下,其具有怎样的字面意义。法律语言可能的字面含义还决定了解释的界限,超越该界限便开始了漏洞填补或法律续造工作。

在前述"蜂群袭击案"中,帝国法院在解释"家养动物"的概念时,便立足于通常的语言使用方法。据此,只有处于"保有人监管和控制性影响之下"的动物才属于家养动物。由于上述可能性对蜜蜂而言并不存在,帝国法院否认了蜂群作为家养动物的法律属性。

(2)体系解释

体系解释则追问法律规则或单个法律概念立于其中的**意义关联**。[6]

---

[1] BGHZ 85, 64(67f.).
[2] BGH NJW 2012, 376 Rn. 14.
[3] Vgl. BVerfGE 48, 246(256); BGHZ 46, 74(76).
[4] BGH NJW 2012, 376 Rn. 14.
[5] Vgl. RGZ 158, 388.
[6] 就此,参见 Bitter/ Rauhut, JuS 2009, 289(293)。

这对于体系化建构的法典(比如《德国民法典》)来说,尤为重要。

例如:《德国民法典》第833条第1句关于动物保有者责任的规定并不以过错为前提(所谓的危险责任),在这一点上,它与其他侵权行为责任的构成要件相区别(《德国民法典》第823条及以下)。由于动物保有者责任规定于"侵权行为"的章节之下,所以本章中关于赔偿范围的规则(《德国民法典》第846条及以下)同样能够适用。

(3)历史解释

17　　历史解释追问法律颁行当时**立法者的预设与调整意图**,为此,需追溯相关法律的产生史及其立法资料(尤其是联邦国会的印刷资料)。[1] 不过,参与立法程序的机关或其成员就某个条文之意义所形成的观念并非决定性的。[2] 优先围绕法律的客观意义和目的展开的解释,不应受那些尽管在立法程序当中被表达出来,但却无法从法律文字中寻得印迹的动机之拘束。[3] 因此,若要排除疑问,则历史解释就只具有有限的意义。

例如:《德国民法典》第833条第2句责任减轻的规定中所指涉的动物,主要是"确定用于动物保有人之营业活动的动物"。帝国法院需要判断的是,屠夫购入用于宰杀卖肉的公牛是否能为该款所涵盖。[4] 最终,帝国法院通过提示《德国民法典》第833条第2句首要以减轻中小农业者或商业经营者之压力为目标的产生历史,作出了肯定回答。

(4)目的解释

18　　目的解释追问**法律的目的**。立于其背后的考量,是每个法律均应创设公正并合乎事理的规则,而且尤其应当实现合适的利益平衡结果。假如缺乏具体的,尤其是可从立法史中获取的提示,那么**规范目的**(ratio legis)就只能通过考察在理性的情况下该规则可能追求的目的的方式,来加以提炼。所以,目的解释的目标是避免出现不公正和违背事理的解释

---

[1] 就此,参见 BVerG NJW 2018, 2542 Rn. 74; Bitter/ Rauhut, JuS 2009, 289(294); Würdiger, JuS 2016, 1.

[2] BGHZ 195, 297 Rn. 30.

[3] BGH GRUR 2017, 1281 Rn. 40.

[4] RGZ 79, 246(249).

结果。

例如:《德国民法典》第833条第1句将动物之行动所产生的责任苛加给"保有该动物"的人(所谓的动物保有人),但却并没有对这一概念作出界定。若将如此严苛的责任施加给仅仅是短期(比如动物拾得人)并且是为他人利益而将动物纳入自己照护之下的人,则会产生悖于事理的结果。故理性地来看,该责任只能施加给那些为自己的利益,并且并非仅仅是短暂地对动物加以管领控制的人。因为只有他才处于通过采取预防措施,比如缔结保险合同,对风险加以控制的最佳地位和状态。

前述四种解释方法互为补充关系。[1] 不过,重点在于目的解释。根据某一法律概念应作宽泛解释抑或严格理解,法律解释又被称为扩张(extensiv)解释或限缩(restriktiv)解释。但是,即使妥当地运用各种解释方法,也并非总是能够确保取得清晰且唯一"正确"的结论。毋宁,在每一个解释过程中,都会流入个人评价或者个性判断的因素。然而,在进行法律解释的时候,法官只被允许将法律秩序及其"内部体系(inneres System)"中已经确定的价值标准纳入其中。这也是法官受法律拘束之要求的题中之义。

(5)附录:法律的经济分析

法律的经济分析是生发于美国(科斯、卡拉布雷西、波斯纳)的思考方式,在德国也获得了一定的认可。[2] 它追问的是某个法律规范对"分配效率"可能产生的影响。这是指,通过现有资源的配置,而使每个人都获得最大效益的状态。这一思维路径的出发点,在于每个个体都追求自身效益的增加。现有资源之分配若已达到不损害他人收益即无法改善自身收益的状况,那么该资源分配就已经达到了最佳状态(所谓的帕累托最优)。在这一观点之下,某一法律规范若能够为所有参与者均带来利益,或尽管只能给部分参与者带来利益,但却并不会给任何其他人造成损害,或获益者能够用其所获得的利益对受损者进行补偿,并且此后还有剩

---

[1] BVerfGE 11, 130.
[2] 参见 *Ott/Schäfer*, JZ 1988, 213;批评性的观点,参见 *Eidenmüller*, Effizienz als Rechtsprinzip, 1995。

余利益,那么这一法律规范就是有效率的。

例如:①合同自由的基本原则在经济上是有效益的,因为它能够为各方当事人均带来利益:使得基于各方当事人之个人利益而对财货或给付的交换加以调整成为可能,并进而避免了资源的浪费。

②《德国民法典》第164条也是具有经济效益的,因为它既为一方当事人带来了好处(通过代理人来缔结合同的可能性),又不会给他人造成损害。

③此外,《德国民法典》第119条也是具有经济效益的,因为,尽管撤销会给合同当事人带来不利益,但撤销权人却应向其承担损害赔偿责任(《德国民法典》第122条第1款)。并且此后,撤销权人还能够继续保有一定的利益留存(否则撤销权人将不会选择撤销)。

很显然,效率标准也会为法律规范的解释带来好处:人们会追问,就某一法律规范可能存在的数个解释结果中,哪一个更有效率。然而,效率也并非解释(或者规范发展)的唯一指南,其他正义标准也可能扮演一定的角色。[1] 不过经验表明,从长期来看,无效率的法律规范是不会被接受的。比如,关于质权的规则只能在有限范围内满足经济的需要,故其很大程度上被动产让与担保(Sicherungsübereignung)和债权让与担保(Sicherungsabtretung)制度所取代。

4. 法律解释过程中对上位法规范的顾及

另外,法律的解释还必须以更高位阶的法律规范为导向。若某一法律可能存在多种解释方案,那么其中能够更好地符合作为更高位阶法律的宪法之价值导向的解释方法,应当获得优先地位(所谓的"**合宪性解释**")。[2] 对于那些为转化欧盟"指令"而被创制的法律,若某种解释更加符合欧洲法院根据《欧盟运作方式条约》第267条第1款对该指令给定

---

[1] Taupitz, AcP 196 [1996], 114; Eidenmüller, Effizienz als Rechtsprinzip, 1995.
[2] Vgl. BVerfG, NJW 1986, 2054 (2056); BGHZ 101, 24(27).

的解释内容,则其应具有优先地位(所谓的"**合乎指令的法律解释**")。[1]

四、法的续造

1. 法律漏洞的填补

没有法律已经健全到对其适用过程中可能想象到的任何法律问题均给出了答案的地步。[2] 若解释之后仍然留有"法律漏洞"同需须从法律的基本原则出发进行填补("法律内部的漏洞填补")。此时所涉便已不再是法律的解释,而是法律的续造,尽管它们之间的边界是流动性的。

(1) 类推适用

若法律未对某一特定案型设置法律规则(所谓公开的法律漏洞),但却对类似案件设置了规则,那么将已经存在的规则延伸适用于未经调整的案型之上,是符合**平等对待**原则的。这一过程被称为**类推适用**。[3] 相似性是否强大到必须进行类推适用的程度,应根据相关规则的意义和目的("规范目的")加以判断。

例如:根据《德国民法典》第 179 条,无权代理的代理人应根据合同相对人的选择而承担合同履行责任或者损害赔偿的责任。这一规范的目的在于:无权代理的代理人引发了相对人的信赖,随后却使之落空。[4] 此种规范目的决定了,应将该规范类推适用于使者以及冒用他人姓名实施法律行为的案型。[5]

若仅是单个法律规则的类推适用,则称之为法律类推(Gesetzesanalogie)或个别类推。若是一系列以相同原则为基础的法律规则的类推适用,则称之为法的类推(Rechtsanalogie)或整体类推。类推适用始终要以

22

23

---

[1] 参见本书第三章,边码 40; BGH NJW 2009, 427 Rn. 19ff;以及 Herresthal, JuS 2014, 289。
[2] Vgl. Mot. I 16.
[3] 就此,参见 Bitter/ Rauhut, JuS 2009, 289(297f.)。
[4] Vgl. BGHZ 73, 269.
[5] Vgl. BGHZ 45, 193(195)。

法律规则存在"违背计划的不完整性"为前提,判断标准为立法者的规范调整意图。[1] 因此,如果法律对某一法律问题有意不以某种方式加以调整,那么就应当以相反的结论取代类推适用[反面解释(argumentum e contrario)]。

例如:私法中包含一系列关于危险责任的构成要件(比如《德国民法典》第833条;《德国道路交通法》第7条;《德国水利法》第22条),但却没有一般性的、对所有危险源均可适用的规则。不能通过对目前既存的个别规则进行整体类推的方式来建立一条这样的一般性规则,即便从法政策的角度来说是希望如此的,也不能这样操作。[2] 不如说,从各自形成的个别性规则中可以得出一个反面结论,即其他一般性过错责任的案型仍应根据《德国民法典》第823条进行裁判。

(2)目的性限缩

24　　法律规则字面上可能会延伸到其规范目的(法律规则的目的)并不适用的案型之上。换言之,该规则规定得过宽了。此时,便出现了一种**违背计划的法律不圆满状态**,即隐藏性法律漏洞。[3] 该法律漏洞的填补需通过使该规则不适用于此种案型的方式来实现。当其他规范的目的要求限缩时,亦应如此。这一过程被称为"**目的性限缩**"。

例如:《德国民法典》第181条禁止代理人与自己缔结法律行为(所谓的自我缔约),但有两种例外情形。这一规范的目的在于保护被代理人,因为在自我缔约的案型中,存在代理人将自身利益置于被代理人利益之上的危险。但若代理人通过法律行为使被代理人纯获法律上利益,则该规范的保护目的就不会出现。此时若适用《德国民法典》第181条,就会导致父母在不纳入保佐人的情况下,不能向其欠缺行为能力的子女进行赠与这种脱离生活的法律效果。因此,需要对《德国民法典》第181条规则的适用进行目的性限缩,使之不得适用于令被代理人纯获得法律

---

[1] BGHZ 149, 165(174).
[2] 参见 BGHZ 55, 229(234)——"水管破裂案"。
[3] 就此,参见 BGH NJW 2009, 427 Rn. 22; 2014, 3719 Rn. 13。

上利益的法律行为。[1]

2. 超越实证法的法之续造

根据《德国基本法》第 20 条第 3 款之规定,司法裁判应受"法律和法"之拘束。法的概念一方面并非仅是法律的总和,另一方面也与"自然法"的概念不完全等同。不如说,它包含了从作为一个意义整体(Sinnganzen)的合宪法律秩序中流出,并且可以作为成文法之修正手段而发挥作用的法律原则。与此同时,从中也可以得出对法官的授权。即于"法"有需要时,应可超越法律。[2] 不过,仅在例外的情况下才能考虑以**悖于实证法**(contra legem)的方式进行法律续造,因为法官应受法律拘束乃是法治国原则不可分割的组成部分。某一法律规则**不合目的性**还不能直接成为抛弃该法律的原因。法官不应以自己的法政策权衡和正义感考量取代立法者的法政策与正义感判断,而是必须尊重立法者的决定。法官的法律续造不应当超越,也不应以自己的规制范式取代明显可见的立法者意志。[3] 不如说,超越实证法之法律续造的前提条件是,从法律当中无法得出某一被迫切需要的规则,且该规则合乎宪法的价值预设。在私法当中,民法典生效之后的生活情境或法律观念之变迁,及立法者对于新规则的制定的持续不作为恰恰可能催生这种需求。

例如:裁判实践会在某些特定的"一般人格权"侵犯之案型中赋予金钱方式的损害赔偿请求权。这本来会与《德国民法典》第 253 条第 1 款相冲突,因为该条规定,仅能在法律确定的案型中为非物质性损害提供金钱赔偿。这一条款并不允许限缩性解释,也不能将其整体认定为违反宪法。故此,按照流行的观点,此处赋予金钱赔偿请求权属于"悖于法律"的(被允许的)法律续造。但从民法典生效以来法律意识的重大变化,尤其是从《德国基本法》第 1 条和第 2 条第 1 款的价值预设的角度出发,这种超越实证法的法律续造却是有其正当性的。《德国民法典》第 253 条第 2 款的

25

---

[1] BGHZ 59, 236(240).
[2] Vgl. BVerfG NJW 1973, 1221(1225).
[3] BVerfG NJW 2018, 2542 Rn. 73, 75.

引入也不会对此有所改变。[1]

参考文献：*Larenz/Canaris*, Methodenlehre der Rechtswissenschaft, 1995; *Rüthers/Fischer/Birk*, Rechtstheorie mit Juristischer Methodenlehre, 7. Aufl., 2013; *Schäfers*, Einführung in die Methodik der Gesetzesauslegung, JuS 2015, 875; *Würdinger*, Das Ziel der Gesetzesauslegung-ein juristischer Klassiker und Kernstreit der Methodenlehre, JuS 2016, 1.

---

[1] BGH NJW 2014, 2019 Rn. 40.

第二编

法律行为论

第五章 法律行为论的基础与基本概念

法律行为论,乃是《德国民法典》总则部分的核心。故而,对它的理解,尤其对考试而言,具有极大的重要性。接下来的一章,将会对法律行为论的基础与基本概念进行阐释。论述的出发点乃是私法自治的基本原则:每一个个体皆可在规定的界限内通过法律行为自由地形塑其与他人之间的法律关系。那么法律行为论的基本概念就有待澄清:法律行为、意思表示和合同。最后,法律层面可能出现的法律行为会从不同角度进行分类,其中,负担行为与处分行为之间的界分尤为重要。

一、私法自治的基本原则

1. 私法自治的意义

不单是民法,整个私法的基础皆在于私法自治的基本原则:个体应该能够以自我决定并自我负责的方式形塑其法律关系。私人生活领域的法秩序应为其提供尽可能大的自由空间,并尽可能拒绝任何形式的摆布和管束。由此,原则上个体得自主决定,是否以及与谁建立抑或终结租赁、劳动合同关系,是否买入或卖出房屋,从何人处购入食品或者将自己的财产交由谁来继承。

1

> **私法自治**,乃是指个体根据其意志形塑自身法律关系的自由。它是作为《德国基本法》第 2 条第 1 款所规定的一般行为自由的组成部分而受到保护的。[1] 其核心组成部分是**合同自由**。

在一个建立于私法自治之上的法秩序中,合同乃是个体满足其需要的重要形成手段(Gestaltungsmittel)。故此,私法自治首先意味着**合同自由**。个体应被允许自由地决定,是否以及与谁缔结合同(**缔约自由**)以及该合同的具体内容(**内容自由**)。**形式自由**同样可被视为合同自由的表现形式。合同自由使个体拥有按照自己的预想去形塑自己生活关系的可能性。

私法自治或合同自由的政治意义在给付交换或财货交换领域,即经济领域尤为明显。承认私法自治也就意味着,经济生活原则上不应当由国家来操控,而应当通过作为个体自由决定之表达和总和的竞争来运作。

2. 私法自治的限制

法秩序不可能无限制地保障私法自治,它必须对个体与整体之间形色各异的利益作出平衡。当然,关于私法自治之界限何在的观念是随着时间的推移而不断演变的。《德国民法典》产生于当权者针对个体之经济活动自由所设置的障碍已被基本清除的时代:营业自由与择业自由得以确认,设立商业公司的特许制(Konzessionssystem)被废除,自由支配私有财产的自由也得到保障。对于经由民法典再次进行限定,从正义性的观

---

[1] BVerfG NJW 1994, 36(38).

点来看也并无理由。彼时人们普遍相信，竞争本身就能够引致妥当的利益平衡以及充分的财货供给。每个个体均需为自己考量。于是顺理成章地，只有当行为人欠缺基于自由意志的自我决定能力，比如其尚不具备参与法律交易所需的必要的精神成熟度(《德国民法典》第104条及以下)，或者行为人的意思表示受到意思瑕疵的影响(《德国民法典》第116条及以下)时，他才会被保护免遭法律交易中风险的侵袭。对于合同的内容，除去为保护经济上弱势一方而设置的个别强行性保护规范，仅存在外部限制(《德国民法典》第134条、第138条)。只是随着时间的推移，人们才越来越多地发现，当合同一方处于经济上的强势地位时，合同自由以及自由成立合同中的法律制裁可能会转化为其对另一方当事人进行控制的工具。人们认识到，人的自我实现作为合同自由所追求的真正目标，仅于近乎经济平等的场景中方可达成，并且也仅在竞争和机会均等确实存在的情况下，合同自由才能发挥其功能。相应地，私法自治的广泛限制如今已被认为是必要的。简而言之，私法自治的限制可以体现为如下四个方面：

(1) 缔约自由的限制

① 以保护行为人为目的

实施法律行为之人若无法评估或无法充分评估自身行为的后果，那么就有必要对其予以保护，以使其免受行为后果之损害。这种保护可以通过不承认其法律行为之效力的方式或者允许得嗣后重新从该法律行为中脱身的方式来实现。服务于这一保护性目的的制度包括关于行为能力的规定(《德国民法典》第104—113条)和关于意思瑕疵的规定(《德国民法典》第116—124条)。另外，在某些特定的消费者合同中，消费者撤回权(Widerrufsrechte)也是途径之一(比如《德国民法典》第312条第1款、第312d条第1款和第312g条第1款)。

② 以保护第三人为目的

行为人的消极缔约自由，即拒绝缔约的自由，于第三人仰赖该主体的可期待的给付提供时，应当予以限制。此时主要通过**强制缔约制度**来实现对私法自治之限制。[1]

(2) 内容自由的限制

①以保护合同当事人为目的

行为人一方若相较于另一方当事人具有智力和/或经济优势时,双方谈判的平等地位被扰乱,另一方当事人就应受到特殊保护。服务于此种保护目的的主要包括合同法中的强制性条款(主要存在于租赁、旅游与劳动法、一般交易条款法[2]以及特定的消费者合同中)。其他类型的**合同平等性(Vertragsparität)**扰乱,则可通过《德国民法典》第138条、第242条的一般条款克服。[3]

②以保护第三人与多数人为目的

最后,法律行为对第三人和不特定多数人的影响也必须纳入考量。这同样也是《德国民法典》第134条、第138条一般条款的适用领域。举例来说,欧洲和德国卡特尔法中禁止限制竞争性合同的法律条款便是服务于自由竞争的不特定多数人利益的规则(《欧盟运作方式条约》第101条;《德国反限制竞争法》第1条)。

(3) 形式自由的限制

法律行为原则上无须特定的形式(比如口头)即可实施。但为了**防止当事人过分匆忙大意**,法律多规定法律行为必须满足某种特定的形式要求(比如,《德国民法典》第766条为保证合同规定了书面形式;第311b条为土地买卖合同缔结规定了公证员处公证的形式)。当事人也可以约定法律行为的形式(《德国民法典》第127条)。

(4) 防止歧视

《一般平等对待法》中关于"防止民事交往中歧视对待"的条款(《一般平等对待法》第19—21条),服务于防止个体在特定民事债务关系,尤其是大众交易行为的建立、执行和终结过程中遭遇**歧视**。"基于种族或者由于民族出身、性别、宗教、残障、年龄或性取向而进行不利对待

---

[1] 就此,参见本书第七章,边码44及以下。
[2] 就此,参见本书第十六章,边码1及以下。
[3] BVerfGE 89, 214.

的"(《一般平等对待法》第 19 条第 1 款),均属歧视。只要不存在《一般平等对待法》第 19 条第 3 款、第 20 条规定的例外情形,此种歧视原则上就是被禁止的。违反禁止歧视原则的法律效果规定在《一般平等对待法》第 21 条之中。

二、法律行为论与信赖责任论

> 个体通过**法律行为**的方式来实现对其自身法律关系的形塑。

法律行为必须具有法律拘束力(rechtliche Verbindlichkeit),这正是其与其他人类行为之区分所在。行为人受其法律行为意思表示之拘束;权利义务受到该意思表示影响之人,亦应被允许要求行为人受该行为拘束。相反,行为人自己也有权主张该意思表示及其所引发的法律效力。

承认法律行为之法律效力的内在根源何在,尚存争议。有些学者认为其来自信赖保护的思想:外界须可得信任所表示之意思的拘束力并据此采取行动。但这种观点如此倾向于一般化,难谓正确,遗嘱这一简单的例子便已有所体现。即便除了立遗嘱人之外,没有任何人知道遗嘱的存在,该遗嘱仍然是有效的。正确的观点是,法律行为的效力基础只能存在于获得国家认可的自我决定这一"法律渊源"之中。

但这并不意味着,只有当客观上能被作为自我决定之举动而理解的外界行为被内心意志所覆盖时,自我决定的行为(法律行为)才是存在的。这是因为,自我决定的可能性也会将自我负责纳入其中。就此而言,信赖保护思想也是有其正当性的。不过,个体应在何种范围内承担有瑕疵的自我决定行为所产生风险的问题,则是在对对立利益进行评价后才能回答。就该问题的回答,在各个私法秩序中,均可能获得不同答案。而通过规则之设置来明确行为人可以何种方式利用自我决定的可能性,同样是各个法秩序的任务。**法律行为论**要做的则是,对法律行为意义上行为的前提条件及其形式加以明确。

3

4 应与经由法律行为而实现的对法律关系有目的之形塑相区分的是其他对法律交易具有意义的行为方式。它所指涉的案型是,某人在法律交易中实施了某种行为,而第三人又可以从中得出特定法律情况存在的结论,并且调整自身以适应这种情况。法秩序不能将这种行为视为毫不相关,否则,法律交易就会负载过强的风险和不确定因素。因此,很多时候,法律会因为信赖保护的要求,而规定行为人应当负责。这种为他人合理信赖负责的制度,构成了私法自治的必要配合。其结果可能是,将信任者重新置于如同所信赖的法律情况确实存在时其本应处于的地位(履行责任);但也可能是,信赖者仅能获得信赖损害的填补。在与法律行为论的基本价值判断保持一致的前提下,对这些"具有法律上相关性的行为"的不同形式加以探究,并根据现存的制定法或习惯法提炼出一般性的原则,已经属于**权利外观**(Rechtsscheinhaftung)或者**信赖责任**理论的任务。[1] 在民法总则的范围内,权利外观责任首先在代理法部分获得相当的意义(参见《德国民法典》第170—173条以及由此而发展出的容忍代理与表象代理的法律制度)。

三、法律行为论的基本概念

1. 法律行为的概念与意义

5 《德国民法典》在第104—185条规定了法律行为的一般性规则。法律行为论的基本概念是**法律行为**、**意思表示**和**合同**。借此,多样化的法律意志行为,比如买卖、终止(Kündigung)、订立遗嘱等,均得以体系化分析。

出发点是**法律行为**的概念。如前所述,它是以自我决定和自我负责的方式形塑自我法律关系的工具。尽管缺乏法定的定义,但这一概念被理解为**以特定法律效果之发生为指向的行为**。同时,它能够直接引发此

---

[1] 奠基性的著作,参见 Canaris, Die Vertrauenshaftung im deutschen Privatrecht, 1971.

种法律效果,乃因此种法效果为当事人所追求且被法秩序所认可。**意思表示**,乃是法律行为必不可少的构成要素。它是以某一法律效果之产生为指向的人的意思表达。一个法律行为可以由一个或者数个意思表示组成,法律也可以为法律行为列出其他构成要素。法律行为最为重要但并不是唯一的形式,便是**合同**。合同由至少两个相互合致的意思表示所组成。

例如:租赁合同中的通知终止(《德国民法典》第542条及以下)便是仅由一个意思表示所构成的法律行为。而买卖合同(《德国民法典》第433条)作为意思表示,则由买方和卖方分别发出的两个意思表示所组成。动产所有权转移的合意(《德国民法典》第929条第1句)也是法律行为,它不仅由让与方和受让方分别发出的两个意思表示组成,还附加上一个交付的事实行为。

> **法律行为**是以某一法律效果之发生为指向的行为,并且在法秩序所认可的范围内,直接促成法律效果的发生。法律行为的构成要素应根据具体法律规则的要求确定,其既可以由一个意思表示组成,也可以由两个意思表示组成,某些情况下还可能附加上其他因素。
>
> **意思表示**乃是以直接促成某种私法上法律效果之发生为指向的人的意思表达。
>
> **合同**是至少由两个相互合致的意思表示所组成的法律行为。

2. 法律行为的构成要件及其效力

法律行为的生效前提要与其成立要件区分开来。法律行为的成立要件未满足时,(尚)根本不存在法律行为。成立之后的法律行为能否促成所追求的法律效果,则仰赖其他附加性的生效前提,比如当事人的行为能力、特定形式的遵循。

例如:设若B对A提供的二手车买卖要约作出如下回应:"我愿意接受您的要约,但仅付2500欧元。"此时,因并不存在相互合致的要约与承诺,合同本身(尚)不存在(参见《德国民法典》第150条第2款)。如果B

对 A 的要约毫不保留地予以接受,但他本身却是无行为能力人(《德国民法典》第 140 条),则此时合同虽然已经成立,但却不生效(《德国民法典》第 105 条第 1 款)。

成立要件与生效要件之间的区分是有意义的,因为效力瑕疵因素在某些情况下是可以被治愈的。相反,成立要件上的瑕疵却并不可能被治愈。

3. 准法律行为与事实行为

应与法律行为加以区分的,还有两个其他形式的具有法律上相关性的行为:准法律行为和事实行为。

(1) 准法律行为

与法律行为不同,"准法律行为"的法律效果直接依据法律规定产生,并不需要相应法效意思的存在。就典型的情形而言,其主要关涉与请求权或者法律关系存在关联的意思表示,尤其是**提出某种要求的催告**(Aufforderung)(比如《德国民法典》第 108 条第 2 款或第 177 条第 2 款催告作出追认的意思、第 286 条第 1 款履行义务的催告、第 439 条第 1 款要求排除瑕疵的催告)[1]和**通知**(Mitteilung)(比如《德国民法典》第 149 条第 2 句、第 170 条、第 171 条第 1 款、第 651g 条)。[2] 在相关表示的目的、种类及其利益格局允许的前提下,应予准用法律行为的相关条款(《德国民法典》第 104—185 条)。当准法律行为以意思通知(Willensäußerung)的方式存在时,无论如何均应允许准用法律行为的相关规则。[3]

催告:对于催告(《德国民法典》第 286 条第 1 款)而言,第 104 条及以下关于行为能力的规则同样可得准用。故无行为能力人所发出的催告无效(《德国民法典》第 105 条第 1 款类推适用)。相反,限制行为能力人发出的催告却能生效,因为该行为对其仅具有纯粹的法律上利益(《德国民法典》第 107 条类推适用)。另外,《德国民法典》第 174 条第 1 句的规则

---

[1] Vgl. BGH NJW 2002, 1565(1567).
[2] Vgl. BGH NJW 2001, 289(290).
[3] BGH NJW 2001, 289(291).

可得准用,因此若代理人并未出示代理权证书,且相对人亦因此而表示拒绝,则代理人发出的催告不生效力。

> **准法律行为**是表示行为,尤其是通知和催告,它能够依法产生特定的法律效果。

(2)事实行为

与准法律行为不同,事实行为甚至缺乏表示要素的存在。属于事实行为的首先包括占有的获得、转让和放弃,拾得(《德国民法典》第965条)以及物的附合、混合或加工(《德国民法典》第946—950条)。法律行为的相关规则原则上不能适用于事实行为。

拾得金案:6岁的A拾得一个钻戒,并将其交给成年的E。E将这个钻戒上交了失物招领办公室。此案中,法律意义上的拾得人依然是A。尽管A是无行为能力人,但这对拾得人的认定无关紧要(《德国民法典》第104条第1项)。因而,只有A才享有拾得金给付请求权。

不过,若事实行为会给行为人带来不利的法律效果,比如占有放弃,那么原则上需要具备限制行为能力和判断能力,方可实施。

> **事实行为**乃是一个事实上的意志活动,它可以依法产生特定的法律效果。

(3)存疑问题

尽管法律行为、准法律行为与事实行为在理论上可以严格区分,但在个案当中,一个特定的行为应当划归哪个类型,以及在法律上应当如何应对,却完全可能存在疑问。比如对手术之实施所表达的同意应当如何作类型的划归,以及其生效应当符合何种要求,就是存在疑问的。[1]

四、法律行为的分类

借助法律行为,人们可以追求截然不同的人身或者经济利益。但为

8

---

[1] 就此,参见 BGH 29, 33; *Kohte*, AcP 185 [1985], 105。

了保护更高的利益,立法者已经设置了法律行为的特定模型,当事人如欲达成特定的法律效果,则可以对这些模型加以利用。法律行为可以按照不同的标准进行类型划分。

1. 单方行为与多方行为

9   从当事人的数量出发,法律行为可分为单方行为与多方行为。[1] 法律行为若仅仅实现一方当事人的意志,则其是**单方性的**。通常情况下,单方行为仅由一个意思表示组成。例外情况下,如果多人共同作为某一法律关系中的一方当事人,则单方法律行为也可以由多个人作出。

例如:解约的行为即属单方法律行为(《德国民法典》第349条),即便在解约权人一方为数个人时,亦然,只不过按照《德国民法典》第351条第1句的规定,此时需该多数人共同行使解除权方可。

若某一法律行为必须有多人参与其中,则属**多方行为**。最典型的例子便是两个或者多个人缔结的**合同**。它由相互对应的意思表示,即要约和承诺所组成。

例如:A若对B表示:"你可以3000欧元价格买我的车",此即为缔结买卖合同而发出的要约。若B回复:"我愿接受。"那就是承诺。由此,买卖合同就能够成立了。

另一个多方行为是作为人合团体(社团、合伙)之意思表示行为的**决议**。它由团体成员指向相同的单个意思表示组成。决议若采多数决原则,那么经由多数人类决而达成的决议对弃权或投反对票的成员同样具有拘束力。

例如:若在某一社团中,必要的多数人均投票赞成提高会费,那么反对该项决议的人亦需缴纳该会费。他们唯有退出社团才可能避免继续缴纳会费。

2. 生前行为与死因行为

10 **生前行为**,是指法律效果在尚生存的人之间发生的法律行为。与之

---

[1] *Petersen*, Jura 2005, 248.

相对的是**死因行为**,通过死因行为,行为人可为其死亡的情况设置规则[1],为比如**遗嘱**(《德国民法典》第 2064 条及以下)和**继承协议**(《德国民法典》第 2274 条及以下)。死因行为在被继承人生前并不会对他产生法律拘束力,故死因行为无法阻止被继承人在生前对自己的财产加以处分(参见《德国民法典》第 2286 条)。

3. 财产法律行为与人身法律行为

财产法上的行为涉及某个人的财产。首要的是给付义务的建立以及标的物上控制权能的创设(如,买卖合同的订立以及物上所有权的移转,《德国民法典》第 433 条、第 929 条)。**人身法上的法律行为**,则是涉及人本身的行为,尤其是对人身状态加以形塑的行为(比如订婚、结婚、父母的同意、生父的承认)。民法总则中的相关条款原则上亦可适用于这些人身法上的行为。但鉴于诸此法律行为强烈的效力,并从法律安定性和法律清晰性出发,人身法上的法律行为大多受特别规则的调整。人身法上法律行为的典型特征是严格的形式要求、不可附条件性、高度人身性以及效力的持续性。

11

例如:缔结婚姻的行为虽然也是合同,但却必须满足特定的形式要求,并不得附条件,且仅能以高度人身性的方式(即不得通过代理人完成)缔结(《德国民法典》第 131 条第 1 款),而且其具有更高的效力持续性(比如,不得主张自己就结婚存在错误,进而主张撤销婚姻,参见《德国民法典》第 1314 条)。

并非所有家庭法上的法律行为均具有人身法的属性。婚姻财产法以及与此相关的法律行为即具有财产法属性。反过来,财产法上的合同关系也可能具有人身法的特征,合伙合同、劳动合同以及部分情况下的租赁合同均是如此。这意味着,正此等合同关系中,合同当事人之间存在更加强烈和深入的联结关系,相应地其义务强度也更高。

---

[1] 就此,参见 *Köhler*, BGB AT PdW,案例 72。

4. 负担行为与处分行为

(1)概念、意义与区别

12　　法律行为最重要的分类,大概就是负担行为与处分行为之间的区分了。这一分类最好通过一个标的物买卖的基础性案例来阐明。

摩托车买卖案:K 在摩托车销售商 V 处发现一辆摩托车,价格为 2000 欧元。然后,他就此而缔结了买卖合同。

买卖合同为出卖人建立了供货义务,更精确言之,使出卖人承担转移标的物所有权并交付标的物的义务(《德国民法典》第 433 条第 1 款第 1 句),使买受人承担付款和受领标的物(第 433 条第 2 款)的义务。故从法律意义上来说,买卖合同是一项负担行为,并且是一个双边负担行为,因为它使双方当事人均负担给付义务,并建立起另一方当事人主张给付的请求权(《德国民法典》第 194 条)。

> **负担行为**,是一个能够使一方当事人承担给付义务,并使另一方当事人获得**请求权**的法律行为。

负担行为同时也是《德国民法典》第 241 条意义上的**债务关系**。因为它的产生,原则上需要**合同**的存在(《德国民法典》第 311 条第 1 款)。只有在法律许可之时,才能够通过单方行为的方式建立负担行为。

例如:悬赏广告,《德国民法典》第 657 条;盈利允诺,《德国民法典》第 661a 条。

正如所述,负担行为仅仅建立给付义务。对该义务的**履行**则应与之区别开来。根据义务类型和内容的不同,债务之履行可通过纯粹的事实行为或者法律行为而落实。通过事实行为即可完成合同义务履行的,比如劳务承担者提供劳务的义务(《德国民法典》第 611 条第 1 款)。若义务指向所有权的取得,如在买卖合同当中,则为合同义务之履行,还必须实施一个另外的法律行为,即买卖标的物物权让与的行为。可见,单单是买卖合同并不会改变所有权的状态。在前述"摩托车买卖案"中,V 在买卖合同缔结之后也依然保持着摩托车所有权人的地位。他只不过是有义务向K移转所有权和占有。根据《德国民法典》第929条第1句之规定,这是通过所有权移转与直接占有移转的合意来实现的。

因而,在前述"摩托车买卖案"中,V必须将机动车交付给K(通过车钥匙交付的方式),并与K就该车的所有权转移到后者身上[标志:机动车行驶证(Kfz-Brief)的交付]。

只有所有权移转的合意,才能产生物权和占有向买方转移的效果。

该物权移转的合意构成法律意义上的**处分**(参见《德国民法典》第185条、第816条),因为它以一项权利(此处乃所有权)向另一个人的移转为内容。但处分行为的概念更加宽泛,它还包括以权利之消灭、权利内容之变更或权利上负担之设立为内容的法律行为。反之,纯粹的权利取得[比如通过先占(Aneignung),第958条第1款]并非处分行为。由此,得出处分行为的如下定义:

13

> **处分行为**是指直接对现存权利产生影响的行为,它可以通过权利的移转、消灭、内容变更或者设立负担的方式来产生影响。[1]

处分行为的典型例子是:(1)权利的移转:动产所有权的转让(《德国民法典》第929—931条)或土地所有权的让与[通过不动产物权让与的合意(Auflassung)和登记,《德国民法典》第873条、第925条];债权的让与(《德国民法典》第398条);(2)权利的消灭:所有权的放弃(《德国民法典》第959条);(3)权利内容的变更:土地债务中利率的变化;(4)权利负担的设立:质权的设立(《德国民法典》第1205条)或用益物权的设立(《德国民法典》第1030条)。

处分行为原则上通过当事人之间订立合同的方式来实现。物权法上的处分行为所需的合意通常称为"物权合意(Einigrng)"(参见《德国民法典》第873条、第929条、第1205条)。仅在例外的情况下,才可以通过单方行为进行处分(参见《德国民法典》第959条)。

在负担行为与处分行为之间,还存在其他区别:

---

[1] Vgl. BGHZ 101, 24(26).

对负担行为原则上适用内容自由。换言之,当事人可以在强行性规范的限制内,任意确定合同的内容。

以前述"摩托车买卖案"为例:V 和 K 可以对交付时间、交付地点和瑕疵责任进行进一步的约定。

相反,处分行为的内容却被立法者精确地固定下来(**类型强制**),以使标的物(物、权利)上的法律关系对第三人来说更加容易识别。[1]

以前述"摩托车买卖案"为例:该摩托车所有权移转的合意只能够通过法律为此专门规定的方式(《德国民法典》第929—931条)来实现。

负担行为虽不适用**特定性原则**,但处分行为却适用。这意味着,虽然多个标的可以同时成为一个负担行为的内容,可是对于一个标的都必须实施一个单独的处分行为。

以前述"摩托车买卖案"为例:除了摩托车之外,还可以将头盔纳入买卖合同的标的物。但是,为该买卖合同之履行,却必须达成两个物权让与的合意,一个是摩托车所有权的让与合意,另一个则是头盔所有权的让与合意。

(2)区分原则与抽象原则

如前所述,负担行为(比如买卖合同)及与其相应的处分行为(比如买卖标的物所有权移转的合意),是两个不同且相互区隔的法律行为。故人们称之为**区分原则**。即便从经济的角度来看(正如日常生活中现金买卖的多数情况那样),这两个法律行为构成一个统一的行为过程,这两个行为亦需予以区分。

区分原则在德国法中的执行是如此地一以贯之,以至于这两个法律行为,即负担行为和处分行为及其法律效力也是相互独立的。也就是说,其中一个法律行为的法律效力应当脱离("抽象")另一个法律行为的效力加以判断。即便一个法律行为不生效力,另一个法律行为也可能生效。这可借助**抽象性原则**的概念进行表达。

以前述"摩托车买卖案"为例:

---

[1] 就此,参见本书第十三章,边码3。

变形1:K在订立买卖合同之时尚未成年,而且其父母拒绝追认,则该买卖合同不生效力(《德国民法典》第107条、第108条第1款)。但V向K移转摩托车所有权的行为却能生效,因为该法律行为对K来说属于纯获法律上利益的行为,故并不需要父母的同意。亦即,买卖合同不生效力并不会损及所有权让与合意的效力。K已经成为摩托车的所有权人。

变形2:也可以想象上述变形的反面情况,即买卖合同生效,但是物权让与的合意却不生效力。比如,K虽然在订立买卖合同的时候取得了父母的同意,但是在达成物权让与合意的时刻,V却由于此间发生精神疾病而成为无行为能力人(此时,根据《德国民法典》第104条第2项、第105条第1款,物权让与合意无效)。

变形3:毋庸置疑,同一个效力障碍事由既涉及负担行为,又触及处分行为的案型也可能发生。比如,V在缔结买卖合同时便已成为无行为能力人(此时,据《德国民法典》第104条第2项、第105条第1款之规定,两种法律行为皆属无效)。

(3)仅负担行为不生效力场合抽象原则的法律效果(给付返还)

若负担行为(买卖合同)不生效力,而处分行为(买卖标的物所有权让与合意)已经生效(见上述案例变形1),则处分行为之实施欠缺必要的法律义务作为基础。

以前述"摩托车买卖案"变形1*为例:V使K取得了该摩托车的所有权,尽管其并无此种法律义务。

此种案型中,尽管嗣后再有效地实施负担行为(在避免原先效力瑕疵的前提下)也是可以想象的。但若此种情况不可能或不被当事人所追求,那么再停留于目前的法律状态就是缺乏正当性基础的。在此情况下,本无义务却提供给付的行为人对于给付之取回便享有值得保护的利益。

《德国民法典》中关于**"不当得利"**的条款(第812条及以下),更精确

15

---

* 原著中遗漏"变形1",但从此处对案例内容的描述来看,作者本意应指向"摩托车买卖案"的变形1。——译者注

地说,是第 812 条第 1 款第 1 句第 1 种情况[所谓的"**给付型不当得利返还**":"欠缺法律原因,却因他方当事人之给付(……)而有所获得之人,应负返还所获利益之义务。"]即以实现当事人之间的利益平衡为意旨。

该条中"无法律上原因"的构成要件应当理解为缺乏移转所有权的法律义务。换句话说,负担行为构成了嗣后给付行为的"法律原因"。也正是在此意义上,人们借助罗马法中的"法律原因(causa)"概念,在法律原因意义上的将负担行为称为**原因行为**。

以前述"摩托车买卖案"为例:K 有所获得,即摩托车的所有权及其占有。这必须通过 V 的**给付行为**而完成。这里的给付行为原则上是指"有目的、有意识增加他人财产"的行为。[1] 本案中,V 知道通过自己让与所有权的合意,K 的财产将会得到增加,并且他也是有目的地实施行为,即借此履行(想象中生效的)与 K 缔结的买卖合同。最后,此一给付行为也"**没有法律原因**",因为买卖合同并未生效。由此,K 必须根据《德国民法典》第 812 条第 1 款第 1 句第 1 种情况将其"**所获得的**",即摩托车的所有权与占有予以交还。在法技术上,这只能依《德国民法典》第 929 条之规定,通过(返还性的)物权让与合意的方式实现。而在返还性的物权让与合意达成之前,K 均为标的物的所有权人。这对 V 来说可能会产生不利的后果,因为 K 的债权人可能会对摩托车加以扣押,而 V 却无法采取对抗性的措施。

> 如果负担行为(原因行为)不生效力,处分行为却生效,该不当产生的权利获得需通过《德国民法典》第 812 条第 1 款第 1 句第 1 种情况规定的方式来进行平衡(所谓的**给付型不当得利返还**)。

16 **补充提示**:为使表述完整全面,尚需补充提示的是,并非任何负担行为均同时属于原因行为,某些负担行为被立法者塑造成抽象行为。其中包括债务承诺(《德国民法典》第 780 条)和债务承认(第 781 条)。但这两个负担行为本身也各自存在一个其他的负担行为(=原因行为)作为基

---

[1] BGHZ 69, 186(188f.).

础。当此种原因行为未能(有效地)存在时,前述无因债权行为本身必须接受《德国民法典》第812条第1款第1句第1种情况的调整,正如第812条第2款所明定的那样。

(4) 仅处分行为不生效力场合抽象原则的法律效果

若负担行为生效,但为债务之履行而实施的处分行为却不生效,则并不产生债务履行(《德国民法典》第362条)的法律效果。不过该负担行为仍保持有效的状态,债务履行请求权仍然存续。

在前述"摩托车买卖案"中,若买卖合同本身生效,而移转物权的合意却由于V无行为能力而未能生效,那么移转物权的义务将继续存在。这一义务也可以通过V的代理人(《德国民法典》第164条)来履行。

5. 信托行为

在信托行为的案型中,委托人将某一特定权利转移给受托人,而受托人有义务以规定的方式行使与该权利相联结的权能。信托可以服务于不同的经济目的[1]:

非利己型信托主要服务于委托人的利益。尽管受托人大多取得报酬,但其却是从事利他型活动,目的可能是财产的管理或者变现。

例如:一位老妇人作为信托委托人将自己的建设土地和有价证券的所有权均移转给受托人,并委托其对此等财产的价值进行管理,但不许其进行财产处分(管理信托)。同样,她也可以将自己的首饰转让给受托人,委托其以最好的价格将自己的财产变卖(变现信托)。

担保信托则服务于受托人的利益,后者应可利用信托财产清偿自己的债权,从而获得利益满足。换言之,受托人首先是为自己的利益活动。主要的例子便是动产的让与担保(Sicherungsü-bereignung)。

例如:前述案例中的老妇人作为信托委托人,将自己全部首饰的所有权均让与给银行,以作为从银行获得贷款的担保。当贷款偿还之后,银行必须将这些首饰归还给老妇人。

---

[1] Vgl. *Gernbuer*, JuS 1988, 355.

19　　在信托关系中,(正如在意定代理权的情形)受托人与第三人间的外部关系与委托人和受托人之间的内部关系应予区分。外部关系中的"法律权能(rechtliche Können)"超过了内部关系中的"法律许可(rechtliche Dürfen)"。是故,若信托受托人对权能的行使利用违反了内部关系中所负担的义务,则实施的法律行为仍然生效,但受托人应向委托人负担损害赔偿义务。

例如:在变现信托的法律关系中,如果受托人非因紧急情况而以低价贱卖首饰,那么此时尽管其实施的处分行为(《德国民法典》第929条)仍旧生效,但受托人却须依《德国民法典》第280条就贱卖导致的价差向老妇人承担损害赔偿责任。

在强制执行和破产的情况下,对于信托所有权适用特殊规则。

6. 消费者合同

20　　合同法曾经普遍适用于所有人,并不区分主体在经济生活中的地位。专门针对特定群体(比如商人)而设置的规则多存在于民法典之外(例如《德国商法典》)。但在欧盟法的影响之下,在民法典内部也出现了规则的区分性适用:对**企业与消费者之间的特定合同(消费者合同**;参见《德国民法典》第310条第3款),适用更加有利于消费者保护的特殊规则。《德国民法典》第433条及以下用于调整可适用于"所有人"的买卖合同,而第474—479条则是专门适用于消费品买卖的特殊规则,即企业向消费者出售动产的合同。这种合同中,企业首先应向消费者履行广泛的**信息义务(Informationspflichten)**(参见《德国民法典》第312a条,结合《德国民法典施行法》第246条;《德国民法典》第312d条,结合《德国民法典施行法》第246a条和第246b条)。在某些合同类型中,尤其是在**营业场所以外订立的合同**(《德国民法典》第312b条)与**远程销售合同**(《德国民法典》第312c条),企业一方还应承担特殊的信息告知义务,消费者则额外享有《德国民法典》第355条所规定的撤回权(参见《德国民法典》第312g条)。

(1)"消费者"与"企业经营者"的概念

21　　与消费者合同相关的特殊规则适用的前提条件是,买卖合同双方当事人分别为消费者和企业经营者。为确保概念适用上的统一性,立法者在总则部分为这两个概念专门设置了法定的定义。

①消费者

> 消费者是指非主要为其商业或者自身独立执业活动需要之目的而缔结法律行为的自然人(《德国民法典》第13条)。

22

故此,某人是否可被视为消费者,并非从一开始即已确定,而是取决于相应法律行为的目的。所以,《德国民法典》第13条意义上的消费者也可能是商业经营者(比如商人)或自由职业者(比如律师),只要其缔结法律行为乃以私人使用为目的即可。可见,具有决定性的原则上是法律行为客观追求的目的,除非合同相对人所显见的情况清晰且无疑地显示,该自然人乃为追求其经营性或自由执业活动而从事该法律行为。[1] 若从客观角度观察,该法律行为同时服务于私人使用和营业活动(所谓的两用行为),那么只要营业活动并非占据主导地位,应以消费者属性的存在作为出发点。

蔬菜商电脑案:一个蔬菜贩卖商购入一台电脑,他想将该电脑同时用于私人使用和商业使用。此种情况下,除非商业使用目的占据主导地位,否则便应将其视为消费者。嗣后,如果产生争议,且蔬菜商想向出卖人主张自己具有消费者的身份,则其需证明,该电脑至少在一半的情况下被用于私人目的。

缔结法律行为时违反真实情况,而以企业经营者的面貌出现并且以欺诈方式指出自己为商业目的从事法律行为者,不得主张自己是消费者。[2] 对于《德国民法典》第13条的适用,尚有一系列的存疑问题:A. 私法法人(比如《德国民法典》第21条意义上的精神性社团)或者公法法人(比如市镇),若非为追求商业或者独立执业活动之目的而从事法律行为,是否亦应与自然人等同对待(第13条的类推适用)? 对此,原则上应

---

[1] BGH NJW 2009, 3780 Rn. 11.
[2] BGH NJW 2005, 1045.

作否定回答,因为就典型状态而言,相较于自然人,法人通常不具有同等程度的保护必要性。B. 由自然人组成的民事合伙,若非为追求商业或者独立执业活动而从事法律行为,是否属于消费者?司法实践对此作肯定回答[1],尽管民事合伙已被认可为"有权利能力的人合会社"[2]。因为就自然人的保护必要性而言,不论其单独抑或共同从事法律行为,均不应因此而有所不同。但是如果某一法人亦称为合伙人,就不适用上述结论了[3]。C. 以劳动者身份从事法律行为之人是否应被视为消费者?对此,原则上应作肯定回答,并且即便法律行为是劳动合同,亦如此[4]。不过在适用那些以消费者身份作为连接点的具体法律规范时,始终要追问的是,从该条文的规范意义和目的来看,此等规则是否亦应适用于劳动者[5]?以《德国民法典》第312g条为例,该条款对劳动者的可适用性即应予否定[6]。

②企业经营者

23 **企业经营者**是指缔结法律行为时乃以经营性或独立执业活动之开展为目的而从事活动的自然人、法人或有权利能力的人合会社(《德国民法典》第14条第1款)。

企业经营者的概念应以合乎指令的方式,按照欧盟指令2011/83/EU第2款第2序号所规定的标准加以解释。其比商人(《德国商法典》第1条)的概念更加宽泛,它还包括小商人、自由职业者、农民和自由艺人。有权利能力的人合会社(rechtsfähige Personengesellschaft)的概念也由《德国民法典》第14条第2款给出了法定的定义,它不仅包括公开的商事合伙(《德国商法典》第105条)和两合合伙(《德国商法典》第161条),还将民事合伙涵括在内(《德国民法典》第705条及以下)。企业经营者身份的存

---

〔1〕 BGH NJW 2002, 368.
〔2〕 BGHZ 146, 341.
〔3〕 BGH NJW 2017, 2752 Rn. 32.
〔4〕 BVerfG NJW 2007, 286(287);有争议。
〔5〕 BAG NJW 2005, 3305.
〔6〕 BAG NJW 2006, 938(941)针对民法典旧版规则第312条第1款之论述。

在需客观地予以确定。[1] 换言之,企业经营者不能通过违反真实情况地宣称自己是消费者,而逃避自己作为企业经营者所应承担的义务和责任。

辅导老师案: 退休教师 E 想私下提供有偿的数学课后辅导服务,为此,她通过互联网在书商 B 处网购了几本专业用书。嗣后,她发现自己购入的书并不合适。只有当她在缔约时属于"消费者"并且该合同构成《德国民法典》第 312c 条意义上的远程销售合同时,她才能根据《德国民法典》第 312g 条第 1 款结合第 355 条撤回这一订单。但本案中却应否定上述情形的存在,因为该行为是为开展独立执业活动(所谓的**营业设立**)而缔结,进而应归属于企业实施的行为。[2] 从《德国民法典》第 512 条的反面推论中也可以得出这种结论。至于相关行为人是否已经具备商事从业经验,则并无决定性的意义。

自然人在 eBay 网站上进行供应和销售行为的案型中,其是否构成以企业经营者的身份从事行为是存疑的。但这一判断又具有决定性的意义,因为买方是否拥有《德国民法典》第 312g 条第 1 款结合第 355 条所规定的撤回权,就是取决于此种身份属性的认定。这一问题只能根据个案的情形来回答。不管怎样,单凭某人在网络上提供并销售一系列新的或者二手的货物这一事实,并不足以将之认定为企业的经营性行为。[3]

(2) 消费者合同的个别规则

《德国民法典》中关于消费者合同的特别规则主要包括:营业场所以外所缔结合同与远程销售合同的相关规则(《德国民法典》第 312b—312h 条)、电子交易合同的相关规则(《德国民法典》第 312i—312k 条)、消费品买卖合同(《德国民法典》第 474—479 条)及分时居住权合同的特别规则(《德国民法典》第 481—487 条)。在《德国民法典》之外,则存《远程授课保护法》(FernUG)。另外,《德国民法典》第 310 条第 3 款也是有意义

---

[1] BGHZ 162, 253(257); NJW 2008, 435 Rn. 6.

[2] BGH NJW 2008, 435 Rn. 6; Palandt/ Ellenberger BGB, § 13 Rn. 3;其他观点如 Schünemann/Blomeyer JZ 2010, 1156.

[3] 参见 EuGH GRUR 2018, 1154 Rn. 35 ff——关于卡莫诺娃(Kamenova)作为被告的案件中所作的判决。

的,因其将一般交易条款法的部分条文扩张适用到消费者合同上。诸此合同类型中的消费者保护,主要是通过前合同或合同中的**信息告知义务**(参见《德国民法典》第 312a 条结合《德国民法典施行法》第 246 条以及《德国民法典》第 312d 条结合《德国民法典施行法》第 246a 条和第 246b 条)、撤回权的赋予(《德国民法典》第 312g 条)和**禁止特定的合同设计形式**(《德国民法典》第 312k 条、第 475 条)来实现。

营业解散案:制裤厂老板 P 因为个人年纪原因解散其营业,并将一辆营业用车出卖给赛车手 N。在该车买卖过程中,已经排除了车辆可能出现的瑕疵担保责任。后来,由于发现该车有不可消除的瑕疵,N 想解除该买卖合同。P 则拒绝解除合同,他认为瑕疵担保责任已经被排除。由于本案中的车辆买卖服务于商事营业的清算,且其性质上仍属于《德国民法典》第 14 条第 1 款意义上营业活动的开展[1],所以《德国民法典》第 474 条意义上的消费品买卖合同仍然能够成立。此时,瑕疵担保责任之排除乃是偏离于第 437 条且对消费者不利的条款约定。根据《德国民法典》第 475 条第 1 款第 1 句之规定,P 不得主张瑕疵担保责任排除的约定内容,也就是说,该约定不生效力。

(3)消费者保护规则的落实

25　　消费者合同的规则,性质上属于《德国不作为之诉法》(UKlaG)第 2 条第 1 款第 1 句和第 2 款意义上的**消费者保护法**。其相关规则的遵守可以经由特定团体和机构起诉的方式实现(参见《德国不作为之诉法》第 3 条)。与此同时,它还属于《德国反不正当竞争法》第 3a 条意义上的**市场行为规则**。因而,此等规则还可以通过同业竞争者与协会根据《德国反不正当竞争法》(参见《德国反不正当竞争法》第 8 条第 1、3 款)得到强制执行。

参考文献:*Bayerle*, Trennungs-und Abstraktionsprinzip in der Fallbearbeitung, JuS 2009, 1079; *Canaris*, Die Vertrauenshaftung im deutschen Privatrecht, 1971; *Canaris*, Die Bedeutung der iustitia distributiva im deutschen Vertragsrecht, 1997;

---

[1] Vgl. *Palandt/Ellenberger*, BGB § 14 Rn. 2 a E.

Coester-Waltjen, Die Grundsätze der Vertragsfreiheit, Jura 2006, 436; *Hönn*, Entwicklungslinien des Vertragsrehcts, JuS 1990, 953; *Herresthal*, Scheinunternehmer und Scheinverbraucher im BGB, JZ 2006, 695; *Jauernig*, Trennungsprinzip und Abstraktionsprinzip, JuS 1994, 721 ff.; *Petersen*, Einseitige Rechtsgeschäfte, Jura 2005, 248; *ders.*, Verbraucher und Unternehmer, Jura 2007, 905; *Singer*, Selbstbestimmung und Verkehrsschutz im Recht der Willenserklärungen, 1995.

第六章　意思表示

　　法律行为论的基石是意思表示、法律行为与合同。每一个法律行为皆由一个或数个意思表示(以及某些场合所要求的其他要素)组成。本章接下来将会更加精确地阐释:意思表示如何理解,个案当中应当如何判断意思表示存在与否,存在哪些类型的意思表示以及意思表示如何生效。

一、意思表示的概念与类型

1. 意思表示的概念

1　　《德国民法典》在很多地方(参见第 105 条、第 107 条、第 116 条及以下、第 130 条及以下)使用了意思表示的概念,但却并未对其予以界定。一般来说:

> **意思表示**是直接以某一私法上法律效果之产生为指向的人的意思表达。[1]

　　需要补充的是,意思表示只要被法秩序所认可,便能直接促成所追求法律效果的产生。为更加精确地理解,有必要区分意思表示的客观要素与主观要素。

　　(1) 构成要件的客观内容

2　　意思表示之存在,必不可少的前提条件之一便是法效意思的**对外表**

---

[1] BGH NJW 2001, 289 (290).

达。促成特定法律效果的意志,比如终止租赁合同关系或设立遗嘱,均必须对外表达出来。仅存在于内心而(尚)未对外表达的意思表示不能产生法律效果。[1]

只有当相关行为从客观评判者(外部人)的视角出发可被视为法效意思之**向外传递**时,方可肯定法效意思之表达行为的存在。鉴于意思表示会使表意人受其所表示内容的法律拘束,故而亦可称之为**法律拘束意志的表达**。[2]

法律拘束意志的表达大多不会存在疑问。比如,出租人向承租人表示,想要在季度结束时终止合同便是很清楚的案型。但法院总是需要处理那些比较难以确定意思表示存在与否的案型。下述案型便是一个典型例子:

避孕药案:A向她的男朋友B承诺自己会服用避孕药,但后来却在未告知B的情况下停止服药。随后,她怀孕并生下了一个孩子。B主张他们之间存有约定,并据此向A要求返还自己因成为父亲而不得不支出的抚养费用。A则抗辩称,双方之间关于服用避孕药的约定并没有法律拘束力。

具有法律拘束力的意思表示与日常生活中常见的不具法律拘束力的所谓"**施惠表示**(Gefälligkeitszusage)"之间的**界分**,只能在个案中通过对有疑问的相关行为予以**解释**的方式来完成。[3] 解释过程中,必须从客观观察者的视角出发,根据诚实信用原则、兼顾交易习惯(《德国民法典》第133、157条),并对整体情况,尤其是基础性的经济与社会状况和利益格局进行评价。[4] 如果能够明显看出,对于意思表示的受领人而言,相关行为具有重要的经济利益,而且他很信赖该承诺,或者承诺人在相关事务之上存在法律或经济上的利益,那么就可以由此推导出法律拘束意志和合

---

[1] BGHZ 88, 373, 382.
[2] Vgl. BGHZ 97, 372(377f.).
[3] *Paulus*, JuS 2015, 496; *Lorenz/ Eichhorn*, JuS 2017, 6 (7).
[4] Vgl. BGH NJW, 1985, 313.

同拘束意志的存在。[1] 若事实情况并非如此，那么只有在特殊的情况下才能认为存在法律拘束意志。[2] 通常而言，在纯粹的社交领域（比如邀请吃饭）或类似情形下所做的承诺（比如顺路车载），应当否定法律拘束意志的存在。[3] 另外，如果对承诺人来说，承认合同法律拘束力会附生很高的责任风险，则亦应否认法律拘束意志的存在。最终可知，对于有无法律拘束意志情形的界分，实际上还是基于规范性标准进行的风险分配而已。[4]

在前述"避孕药案"中，联邦最高法院即对 A 是否存在法律拘束意志表示质疑。因为，非婚生活共同体的伴侣将他们自己的个人私生活关系作为合同拘束力的标的，会显得令人难以理解。联邦最高法院对此问题可以不作表态，因为相应拘束力在法律上是无论如何都不被允许的，并且由此而不生效力。[5]

更多的案例包括：若两对父母双方相互接受双方的孩子探访自己的住处并相应地对孩子加以照管，此种行为不应被评价为缔结了以照管为内容的合同（参见《德国民法典第》832 条第 2 款），而应当仅被视为向另一方父母施惠的行为。[6] 若某一个设备爱好者承担了设备专业咨询人的任务，则应承认咨询合同的成立。[7] 若某工作人员在上班时间接受其身体不适的同事之请求，将该同事送回家，则原则上只能承认纯粹好意施惠行为的存在。[8] 但在驾驶共同体（Fahrgemeinschaft）中，通常可以肯定合同拘束力（《德国民法典》第 662 条）的存在[9]，因为，共同体的参与者必须可以信赖，借此能够及时地出现在上班地点。若家庭成员同意将一个体育协会的未成年成员载到体育赛事的现场，则仅存在——即便相

---

[1] BGH NJW 2015, 2880 Rn. 8.
[2] 参见 BGH NJW 1992, 498；另参见 BGH NJW-RR 2017, 272。
[3] BGH NJW 2015, 2880 Rn. 8.
[4] 同旨，参见 Medicus/ Petersen AT BGB Rn. 192ff。
[5] BGHZ 97, 372(378f.).
[6] BGH NJW 1968, 1874.
[7] BGHZ 100, 117.
[8] BGH NJW 1992, 498.
[9] BGH NJW 1992, 498.

较于体育协会而言——好意施惠的行为而已。[1] 同样,在邻居因度假而离家期间给他的花园浇水,也只是构成单纯的好意施惠行为而已。[2]

好意施惠法律关系中若出现某一方当事人遭受损害的情况,则需根据侵权法的规则判定责任的承担(《德国民法典》第 823 条及以下)。针对类似案型设置的合同法上责任减轻规则可以类推适用。[3]

例如:假如在一次聚会请客时,客人的大衣被偷。那么,邀请者根据侵权法而需承担的责任,应当根据《德国民法典》第 690 条、第 277 条的规定予以减轻。

(2) 构成要件的主观内容

对外作为法效意思之表达,并由此被视为意思表示的行为背后,通常还存在一个与之相对应的主观意思。但是,意思与表示之间却可能存在不一致的情况:对外传达的内容,未必就是表意人内心想要的。为对这种情况体系化地加以解读,人们将意思表示区分为三个层次:行为意思、表示意识和法效意思。

若被评价为意思表示的行为本身就不是行为人想追求的,则为**行为意思之欠缺**。

例如:行为人在被催眠的状态下签署了一张支票。

若行为人根本没有对外表达法效意思的意愿,则为**表示意识之欠缺**。

例如:行为人将订单误认为是对代理人造访行为的确认,从而进行签署。

若对外表达的意思并非本来想要的法律效果,则属于**法效意思欠缺**的案型。

例如:出卖人售货收银的时候,错误地键入了一个更高的金额。

对于意思与表示不一致的案型,《德国民法典》仅作出了部分规定(第 116—124 条)。故此,针对行为意思、表示意识、法效意思是否以及在多大范围内应被视为意思表示的构成要件或生效条件的问题,尚存争议。就

---

[1] BGH NJW 2015, 2880 Rn. 11.
[2] BGH NJW-RR 2017, 272.
[3] *Medicus/ Petersen* AT BGB Rn. 186ff.

此,嗣后将与意思瑕疵一起进行论述。

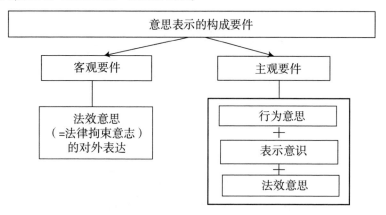

2. 意思表示的类型

(1) 明示与默示的意思表示

意思表示可以**明示地**表达出来。

例如:A 向他的承租人写信说:"兹通知您即刻终止合同。"

不过,它也可以通过"**可推断的行为**"被表示出来,即从某一个特定行为中能间接地推断出某一特定法效意思的存在(可推断的意思表示)。

例如:利用仅在有偿情况下方予提供的服务,比如开车驶入需缴纳过路费的公路、乘坐公共汽车等,均可推断出缔结合同的意思表示。反之,从承租人搬离租赁的商业用房,并将钥匙退回的行为中,则可推断出终止合同之意思表示的存在。

意思表示究竟是明示还是默示地表示,原则上并不会有什么区别(参见《德国民法典》第 164 条第 1 款第 2 句)。不过,若法律或法律行为本身对于某一意思表示规定了特定的形式要求,那么借助可推断行为发出意思表示就不再足够了。

例如:根据《德国商法典》第 48 条第 1 款之规定,经理权之授予仅得"通过明示的意思表示"为之,换言之,不能通过以经理权存在为前提的行为任务之委托,来实现经理权授予的目的。按照《德国民法典》第 568 条第 1 款之规定,对于住房租赁合同关系之终止的意思表示必须通过"书面的形式"完成。

有时,法律也会基于一个特定的行为而直接**推定**某一法律效果意志的存在,甚至是**拟制**出一个意思表示。

案例:被继承人若将遗嘱证书(Testamensurkunde)销毁,则根据《德国民法典》第2255条第2句之规定,可推断出取消遗嘱意思的存在。但是该推定是可推翻的(参见《德国民事诉讼法》第292条),比如证明该遗嘱乃是由于行为人的疏忽而被销毁,即可推翻前述推定。在分期付款买卖的法律关系中,如果出卖人将标的物重新取回,则会被视为(gilt)解除权的行使(《德国民法典》第508条第5句)。鉴于此时乃是对意思表示的拟制,所以,相应意思表示存在与否并不是决定性的。

(2)沉默作为意思表示

①沉默作为表示行为

单纯的沉默行为本身没有表示的价值。然而,在某些情况下,尤其是当存在特别约定时(参见《德国民法典》第308条第5项),也可能推导出经由单纯的沉默而进行某一特定意思表示的结论。此时存在的意思表示,同样需通过一般性的规则加以调整(《德国民法典》第104条及以下、第116条及以下)。

例如:对于缔结合同之要约表示沉默的行为,并无任何意思表示的内容,既非拒绝亦非承诺。但是若当事人已经事先约定,就某一缔结合同的要约,如果没有在特定的时间段内明示地予以拒绝,则视为该要约已被接受,那么沉默将意味着对意思表示的承诺。当然,如果仅仅是要约人在其要约中单方面提出,沉默被视为同意,则并无拘束力。

②具有表示效力的沉默

在某些特定的案型中,法律直接赋予沉默行为以意思表示的效力,即将沉默拟制为意思表示(所谓的"规范性沉默"或"沉默代替表示")。当事人是否意欲发生此种法律效果,则无关紧要。

例如:在《德国民法典》第108条第2款第2句、第177条第2款第2句规定的情形中,沉默即被评价为拒绝的意思;在这两种情形中,法律行为的相对人均需于特定期限经过之后,明确某一尚未终局不生效力之合同的效力。比如,在《德国民法典》第455条第2句(试用买卖收到买卖标的物之后保持沉默的案例)、第516条第2款第2句(针对赠送性加利保持沉默的案型)、第545条(针对租赁时间经过后继续利用租赁标的物的行为保持沉默的案型)、《德国商法典》第362条(商人对缔结事务处理合同之要约保持沉默的案型)的情形,沉默均被视为同意。前述法律规则的理据在于沉默人若未发出反对性的意思表示,则其对合同缔结表示同意之推定;或者基于权利外观的基本思想。

7 　　其间,在习惯法上受到承认的是,对**商事确认书**的沉默在某些情况下会被视为同意。[1] 另外,司法实践中[2],如果根据正义的交易习惯,意思表示受领人有义务就其异议或保留性的态度加以表达,以致在受领人未表示其异议或保留性态度的情况下,表意人得信任受领人已经表示同意,则此种商事交易中,沉默将会例外地被视为同意。根据事物本身的性质,此种案型实质上属于权利外观责任或信赖责任的问题。[3] 换言之,此时的一个必要条件是,沉默者因其可归责的行为而引发了同相对人对合同有效性的信任(或者使其相信该合同中包含特定内容,且相对人基于前述信任实施了特定的处分(Dispositionen)行为。在此前提下,如果沉默者嗣后再主张合同无效(或者主张合同具有不同的内容),则应被判定为自我悖反,属于违背诚实信用原则的行为。

　　(3) 自动化的意思表示

8 　　借助自动化的数据处理设备产出的法律行为性意思表示(所谓"自动化的意思表示"),性质上属于真正的意思表示。因为,该设备并非作出自己的自主决定,而是基于事先设置好的程序完成了逻辑性的操作。立于其背后的乃是设备经营者的意志,也正是由他操控和决定,是否将此等自动化完成的意思表示带入法律交易的实践当中去。因而,关于意思表示和法律行为的规则,均可以适用于这种案型。只不过,此种自动化完成的

---

〔1〕　就此,参见本书第八章,边码30。
〔2〕　Vgl. BGH NJW 1981, 43(44).
〔3〕　就此,参见 Canaris, FS Wilburg, 1975, 77(82ff.)。

意思表示自身附带的特点必须特别加以关注。[1]

例如:对缔结保险合同之要约的承诺以及保险合同的成立,基本均通过保险公司将保险证明(发票)寄送给合同相对人的方式完成。该保险证明基本借助数据处理设备来完成。保险要约的相关数据被输入电脑,并通过相应的程序加以处理。最后电脑再将保险证明打印出来。

(4)网上发出的意思表示

意思表示也可以在网上,即通过互联网上的数据电子通讯技术而发出并发生效力。[2] 关于网上订购法律关系中企业经营者所承担的特殊法律义务,参见《德国民法典》第312j条的规定。

8a

二、意思表示的生效

1. 基本原则

意思表示何时发生法律效力?就此,《德国民法典》仅设置了不完全的规则(第130—132条)。不过,可以作为一般性原则的是:须予受领的意思表示于意思表示发出和到达之后生效;无须受领的意思表示随着其被发出,即生效。其详如下:

9

2. 须予受领与无须受领的意思表示

> **须予受领的意思表示**是指对某一特定相对人,即受领人发出的意思表示。

10

《德国民法典》将须予受领的意思表示称为"向另外一个人发出的意思表示"(《德国民法典》第130条第1款第1句)。它是意思表示的常态,**无须受领的意思表示**则是例外情形。

---

[1] Vgl. BGH NJW 2005, 53(54); 2005, 976(977).

[2] 参见 BGH NJW 2002, 363(364)和 NJW 2005, 53;关于网上拍卖的论述,参见 Lettl, JuS 2002, 219。

例如,所有权放弃的行为,《德国民法典》第 959 条;悬赏广告的法律行为,《德国民法典》第 657 条;遗嘱行为,《德国民法典》第 2247 条。

必须向官方机构或法院发出的意思表示,称为须由官方受领的意思表示(例如,土地所有权的放弃,《德国民法典》第 928 条;子女收养的同意,《德国民法典》第 1750 条第 1 款第 1 句),即其适例。不过,这仅适用于私法上的意思表示,而不能适用于公法领域的表示行为,比如报税意思表示的发出。

3. 意思表示的发出

11 《德国民法典》仅在第 130 条规定须予受领的意思表示之时,提及了"发出"的概念。因为,其理所当然地(由此也就不需要专设规则予以调整)从如下预设出发,即无须受领的意思表示随着它的发出便已经发生法律效力。但对发出的要求却是不同的。

> **无须受领的意思表示**,表意人将其意思以可识别的方式终局性地向外传达之时,便已经发出(并且由此直接产生法律效力)。

至于在个案当中是否确实如此,就可能要通过解释的方式予以认定。

遗嘱案:遗嘱以及其中包含的意思表示,随着被继承人在遗嘱证书上签字,便已经发出。但若行为人于该证书上标注"草稿(Entwurf)"字样,则严肃认真且终局性的遗嘱意思是否存在,仍然是存在疑问的。[1]

12
> **须予受领的意思表示**,当表意人将其意思朝向受领人的方向对外传达之时,便已经发出(不过该意思表示此时尚未生效)。

具体而言,要区分在场人之间的意思表示和不在场人之间的意思表示:

受领人**在场**的情况下,书面(或者其他有体化)的意思表示,其可供受领人支配之时,已被发出。受领人对意思表示的占有并非必要条件。

---

[1] Vgl. BayObLGZ 70, 173.

在场人之间通过(远程)口头进行意思表示的场合,当受领人客观上处于能够对意思表示加以理解的状态之时,意思表示即已发出。

受领人**不在场**的情况下,以书面形式发出的意思表示,当该书面文件基于表意人的意志而进入法律交易,表意人能够估计并且亦已确实估计到,该书面文件将会到达受领人之时,便已到达。[1] 不在场人之间口头发出的意思表示,当为意思表示之传达而确定的使者已被派出时,便已发出。

例如:以信封装载的意思表示,随着该信被投入邮局的信箱便已发出(却尚未到达)。如果出租人委派其妻子亲自至承租人处,以口头方式告知其终止合同的意思,那么该终止合同的意思表示在此刻即已发出。

意思表示的完成应当与(须予受领)意思表示的发出区分开来。因为此时,表意人尚未将其意思终局性地对外传达。

案例:V欲通过一封代理权授予证书授予D意定代理权,但在V将该代理权证书交付之前,D即自行偷偷地将该代理权授予证书拿走。不幸的叔叔在为其侄子签署完保证意思表示之后,即陷入昏迷。其侄子将他手中的书面文件拿走,并携带至银行办理信贷手续。前述两种案型中,意思表示均尚未被发出。善意信赖的第三人无法经由《德国民法典》第122条的类推适用而获得保护[2],而只有当表意人过失导致意思表示脱离控制的情况下,方可根据《德国民法典》第311条第2款、第241条第2款(缔约过失)而获得保护[3]。即便该意思表示脱离控制并非过失导致,表意人亦应于知悉该等情况之后,不加迟延地向相对人发出通知,以使其免于实施对己不利的处分行为。

意思表示如果被**疏忽地**,换言之,在表意人或其工作人员不知情且不愿意的情况下,被带入法律交易之中,则该意思表示亦属未被发出。[4]

---

〔1〕 BGH NJW 1979, 2032f.

〔2〕 但 *Wolf/Neuner*, BGB AT § 32 Rn. 18. 却肯定此种方案。

〔3〕 BGHZ 65, 13(14).

〔4〕 通说,参见 *Neuner*, JuS 2007, 881(884);*Neuner* BGB AT § 32 Rn. 17;不同观点,参见 *Leenen* BGB AT § 6 Rn. 73.

这种情况与《德国民法典》第 120 条意义上的传递错误或表示意识欠缺的情形并不具有可比性,因为在此种表意人对意思表示不知情的案型中,行为意思或者沟通意思本身便已欠缺。[1]

商人要约案:网上订购的情况下,因疏忽而点击了鼠标,导致订单发出。商人事先草拟好缔结合同之要约以作为预防措施,秘书却在该商人不知情的情况下疏忽地将其发出。这两种情况下的要约均没有被发出(有争议)。

若意思表示并非由表意人发出,那就会产生如下问题,即该意思表示是否仍会随着其嗣后到达受领人处而生效。在受领人知悉意思表示发出之欠缺的前提下,无论如何应对此问题作否定回答。

例如:在前述"商人要约案"中,商人获知该疏忽发出的意思表示,并在该意思表示到达之前通过电话向对方告知这一事实。

存在争议的情形是,受领人若为善意,应如何处理?一种观点认为,这种情况下,应当与表示意识欠缺的案型等同视之。[2] 据此,这种情况下,如果表意人本来可以识别并阻止意思表示进入法律交易的实践中去,那么该意思表示就应当有效。不过,表意人应可通过类推适用《德国民法典》第 119 条第 1 款的方式主张撤销,与此同时,表意人还必须根据第 122 条承担信赖损害的赔偿责任。然而,这种思路违反了《德国民法典》第 172 条第 1 款所体现的规范评价:根据该条法律的规定,仅当代理权证书的出具人自行将该证书交付给他人时,其才应当为该证书中的内容负责。如若该意思表示在欠缺表意人意志的前提下进入法律交易的实践中(并且表意人在诉讼程序中也确实能够加以证明),那么——即便是在权利外观思想的视角之下——该意思表示不应当归属于表意人。故此,也就不需要行使撤销权。但是,如果表意人只要尽到规定的注意义务,就本句在意思表示发出时识别并防止该种情况的发生,那么他就必须基于**缔约过失**而承担信赖损害的赔偿责任(《德国民法典》第 311 条第 2

---

[1] 就此,参见 Köhler BGB AT PdW,案例 44。
[2] *Palandt/ Ellenberger* BGB § 130 Rn. 4; *Medicus/Petersen* AT BGB Rn. 266ff.

款、第241条第2款)。[1] 表意人获悉疏忽导致意思表示被发出的事实之后,必须向相对人进行解释说明,以免其继续遭受更多损害。至于第122条的类推适用,则并非必要。

例如:在前述商人秘书疏忽地向供货商发出意思表示的案型中,虽然该意思表示到达供货商处,且供货商确实向商人供货,但合同并未成立。商人必须向供货商进行解释说明。供货商不能要求货物价款的支付,但却可以要求商人赔偿因货物送达及运回而产生的不利费用支出。

4. 意思表示的到达

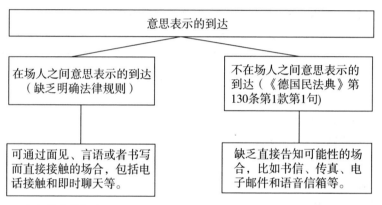

(1) 到达的概念

取信通知单案:A 想终止与 B 订立的租赁合同。根据合同的约定,终止合同的时间应在每个月的15号。A 在10号的时候通过书面函件的方式将终止函投到邮局。邮差在11号送信的时候没有遇到 B,便给他留下了一个取信通知单,通过该取信通知单 B 可以得知,他有一份书面函件待取,15点之后可以从邮局取回。B 在完成公务旅行返回之后,于16号的傍晚回到家中并于次日去邮局取回了这封函件。前述通知终止合同的意思表示是否生效?

13

《德国民法典》的立法者在通过第130条第1款第1句进行规则设计

---

[1] BGHZ 65, 13(14); *Jauernig/ Mansel* BGB § 130 Rn. 1.

时，仅对**不在场人**之间意思表示的生效进行了调整。其所指的乃是，表意人与受领人之间没有直接沟通机会的情境。故而，应视为非在场人之间意思表示的案型，不仅包括寄信、传真发送或者电子邮件，还包括向受领人的语音信箱留言。若表意人与受领人之间存在通过面见、语言或者书写而直接接触的机会，则应界定为**在场人**[1]之间的意思表示。[2]这不仅指意思表示的受领人身体与表意人同在一个物理空间的情形，当表意人可与意思表示的受领人进行直接的电话沟通以及通过屏幕与受领人展开网上沟通时，亦应认为属于在场人之间的意思表示。

《德国民法典》第130条第1款第1句规定，须予受领的意思表示若于受领相对人不在场的情况下**发出**，则只有当其**到达相对人的时刻才生效**。亦即，单纯意思表示之发出尚不足够，该意思表示还必须到达受领人才行。因为该意思表示专门为相对人而产生，相对人必须能够自我调整以适应因意思表示而引起的相关变化，所以应至少在相对人拥有了解意思表示内容的可能性时，方可允许其生效。

然而，立法者却并未对"**意思表示到达**"的概念加以定义。与此同时，从规则产生的历史之中仅可知悉，为促成意思表示之生效，单纯表意人方面将意思表示发出抑或相对人事实上已经了解意思表示的内容，均非必要。[3]该意思表示必须确实抵达受领人处。立于其背后的利益衡量是，意思表示传达过程中的风险和责任必须在表意人及受领人之间进行妥当的分配。这对于意思表示发送人的要求是，他应将意思表示带至受领人一边，以使其在通常情况下能够了解该意思表示的内容。而后，对传达过来的意思表示之了解可能性加以利用便是受领人的事情了。这意味着：

> 意思表示进入受领人所控制的领域，令其在通常情况下能够获悉该意思表示的内容之时，该意思表示才能被判定为**到达**。[4]

---

〔1〕 就此，参见本章边码19。
〔2〕 Vgl. Neuner BGB AT § 33 Rn. 26.
〔3〕 Vgl. Medicus/Petersen AT BGB Rn. 268ff.
〔4〕 BGH NJW 2014, 1010 Rn. 8.

就意思表示传达风险之分配而言,意味着:意思表示根本没有到达受领人,或没有及时、正确、完全地到达受领人之风险,皆应由表意人承担。但意思表示到达受领人方面之后,受领人根本没有知悉或者没有及时、正确、全面了解前述意思表示内容的风险,则由受领人自身承担。

就意思表示之形式或其传达,只要并无法律的特殊规定或当事人之间的特别约定,则意思表示的表意人如何设法使该意思表示确实进入受领人所控制的领域,完全是表意人自身的事情。以要约为例,表意人可以借助邮寄的方式将其向受领人发出,比如通过简单的平信、投入登记信件(挂号信)或者要求寄送收信回执的方式来完成。但是,他也可以亲自或通过信使将该信投递入受领人的信箱。再或者,他也可以通过发送传真、电子邮件[1]或语音信箱留言的方式,将该要约发出。意思表示若未进入受领人控制的领域,则其并未到达。至于表意人方面有无过错,则非所问。例如,信件在邮局丢失、传真因受领人设备的瑕疵而未能抵达相对人处,均属应由表意人承担的风险。同样,受领人若通过拆卸信箱或关闭传真机等方式,人为地阻止意思表示进入自己控制的领域,亦应认为该意思表示并未到达受领人方面。不过,这种情况下又会产生如下问题,即受领人是否应如同该意思表示已经到达那样被对待?[2]

另外,对意思表示的到达来说,其仅仅是在客观上进入受领人所控制的领域,也还并不足够。[3] 应该说,受领人还必须在交易观念之下能获悉该意思表示的内容。[4] 这首先指涉**如何**获悉意思表示的内容。举例来说,表意人如果将信件置于人们通常难以预料到的会放置信件的地点,比如塞入脚垫之下,就并不足够(不过,即便是在这种情况下,只要受领人事实上确已知悉意思表示的内容,也应认定意思表示已经到达)。但借此主要言明了所期待的**何时**知悉之判定。这取决于交易习惯当中,已经进入受领人控制领域的意思表示通常在哪个时点会被获悉。与此相

---

〔1〕 *Ultsch* NJW 1997, 3007; *Taupitz/Kritter* JuS 1999, 839.
〔2〕 就此,参见本章边码 30。
〔3〕 不同观点,参见 *Leipold* FS Medicus, 2009, 251.
〔4〕 BGH NJW-RR 2011, 1185 Rn. 15.

应,意思表示究竟以私人抑或商人作为其指向的对象,会有一定的区别。例如,周日发送的传真,若以私人为其相对人,就仍可期待相对人于同日获悉其内容;反之,当相对人为企业时,就只能等到周一正常营业时间开始时,才可期待该意思表示被知悉。[1] 在无法确定交易习惯的前提下,则取决于从哪一时点开始可以期待受领人获悉意思表示的内容或者根据个案的情况,对该意思表示内容的知悉能够被表意人所期待。假如系因受领人自身的原因,比如度假外出或生病住院,而无法获悉意思表示的内容,则是他自身的风险。可见,受领人负有采取相应预防措施,以确保相关信息能够到达他所在地方的不真正义务(Obliegenheit)。[2]

如果意思表示内容的获悉早于其在通常情况下能够被期待知悉的时点,则应认定该意思表示于这一更早时点即已到达。

再者,就意思表示的到达而言,受领人对获悉其内容之机会的确实利用,则并非必要条件,因为表意人对此并无施加影响的可能性。换言之,即便意思表示实际上处于未被阅读的状态,亦不影响它的到达。甚至,即便已进入受领人控制领域的意思表示于受领人获悉其内容之前就已经被销毁、偷窃或者移位,就其到达时点之判断,具有决定性的依旧是通常情况下可得期待该意思表示被知悉的时点。受领人若误将信函当成广告而扔掉,或者受领人在尚未听取或阅读之前,便疏忽地将语音信箱或邮箱中的消息删除,亦无法阻碍意思表示到达的判定。

意思表示还可以包含在互联网的要约页面中。[3] 当利用者点开此页面时,该意思表示即已到达。不过,始终需要考察的是,这是否仅仅属于要约邀请而已。[4]

(2)个别问题

①经由邮局送达

若信函在邮局丢失或被延迟送达,则该意思表示同样没有生效或者

---

[1] Vgl. BGH NJW 2008, 843.
[2] BGH NJW 2004, 1320(1321).
[3] Vgl. BGH NJW 2002, 363(364); 2004, 53(54).
[4] 参见本章边码18。

没有及时生效。表意人有权自主选择意思传达的工具,当然也必须承受因意思表示传达工具之选择而引发的风险。但若信函已被投入受领人的家庭或营业信箱中,则该意思表示已于该信箱通常情况下会被清空的期待时点到达。[1] 如果收件人在通常情形所期待的时点之前便已经知悉了意思表示的内容,那就应当认定该事实上知悉意思表示内容的时点为意思表示到达的时点。这对撤回的可能性(《德国民法典》第130条第1款第2句)是有意义的。反之,受领人对意思表示的内容事实上是否意欲或能否知悉,则无关紧要。换言之,即使受领人出于疾病或者暂时性的不在场而一时无法知晓意思表示的内容,同样不会影响意思表示的到达。[2] 即便受领人处于度假在途的状态,而表意人也知道这一情况,同样适用上述规则:某人若基于既有或者磋商中的合同关系而可得预估对方当事人将会发出具有重要法律意义的意思表示,则其必须通过采取适当的预防措施,以确保此等意思表示能够到达己身所在之地[3],比如通过向邮局申请转送服务、将度假期间的收信地址告知表意人或者委托第三人清理在此期间到达的信件。若当事人申请了转送服务,那么只有当信函被转交到度假期间的逗留地点时,相关的意思表示才算到达。[4]

有问题的是,信差传送函件时未能亲遇受领人,而只是留下了取件通知单的案型。一种观点认为[5],在此场合,随着取件通知单的留下,该意思表示便已到达。但可以提出的反对论据在于,此种情况下,该意思表示尚未进入受领人所控制的领域,亦尚无获悉其内容的可能性。而另一种观点认为[6],只有在通常情况下能够预计的受领人将会取走函件的时点,换言之,通常是在下一个工作日,方可认定意思表示到达。可是,针对这种观点同样可以提出如下反对意见,即于该时刻,意思表示也还没有处于受领人的控制领域。另外,取件通知单上并不会说明,谁是信件的发送

[1] BAG NJW 1984, 1651.
[2] BGH NJW 2004, 1320(1321).
[3] BGHZ 137, 205(208).
[4] *Palandt/ Ellenberger* BGB § 130 Rn. 6.
[5] *Flume* § 14/3c.
[6] *Neuner*, BGB AT § 33 Rn. 12, 16.

者以及该信件所涉为何事宜。故此,应当采纳司法实践的观点[1],即意思表示仅在信件确实被取走的时刻才算到达。与此相区分的另一个问题是,收件人若没有及时取走该信函,那么是否应当照诚实信用原则的要求,如同该函件已经及时到达那样对待他。就此问题,如果受领人能够预估到表意人会发出具有重要法律意义的意思表示,则要作肯定回答。[2]

在前述"取信通知单案"中,A 与 B 之间存在一个租赁合同,所以 B 必须预见到,A 可能发出此种终止合同的意思表示。据此,相较于正常情况更晚取回意思表示的风险,便应由其自行承担。B 就必须如同该终止合同的意思表示已经及时到达一般被对待。[3]

②纳入中间人

15 意思表示纳入中间人的场合,需依该中间人究其意思为表意人(此时乃表意使者),还是受领人(此时为受领使者)从事活动,而作进一步判断。[4] 若是第一种案型,则意思表示根本未能、未正确或者未及时到达受领人的风险,由表意人承担。反之,若为第二种案型,则前述风险转由受领人承受。

16 **表意使者**是指,由表意人为意思表示向受领人之传递而委托之人。**受领使者**是指,由受领人为意思表示之受领而明示或默示授权之人。此外,根据通说[5],若从交易观念出发有受领授权之存在,便已足够。对于私人而言,亲人家属、家庭雇员和房东等皆可成为受领使者,而对于商人而言,商事雇员即使并非已经属于受领代理人(《德国民法典》第 164 条第 3 款),其也可能在法律性质上属于受领使者。正确的见解应当是,交易习惯仅能引征受领授权的存在。同时,亦应允许受领人通过提出反对证据来证明,自己并不同意由此人进行意思表示的受领。

例如:学生 M 因房东私自拆阅自己的信件而心存怨愤。鉴于此,其遂

---

〔1〕 BGH NJW 2017, 68 Rn. 23.
〔2〕 BGH NJW 1996, 1967(1968).
〔3〕 就此,参见*Köhler* BGB ATPdW,*案例* 45。
〔4〕 就此,参见*Köhler* BGB AT PdW,*案例* 47。
〔5〕 Vgl. BGH NJW 2002, 1565(1566); BAG NJW 2011, 2604 Rn. 12; *Palandt/Ellenberger* BGB § 130 Rn. 9.

禁止该房东再替自己接收邮件。在此情况下，M不再是其受领使者。

另外，也不能简单地进行千篇一律的判断。个案当中的指南性规则，是根据相关的情况，能否预见到意思表示的可靠性转达。如若不能，则为意思表示而被纳入的中间人便应被视为表意使者。

例如：承租人写好了终止租赁合同的函件，偶遇出租人6岁的儿子正在放学回家的路上，遂将该函件交给出租人的儿子，嘱其转交给出租人。该案型中出租人的儿子不应被视为出租人的受领使者，而应被视为承租人的表意使者。由此，只有当孩子持函件到家并事实上将其转交给出租人之时，才能认为意思表示已经到达。

意思表示于交付或者通知受领使者之时尚不算到达。因为，使者仅具有"人体受领机器"的功能。[1] 只有于受领人而言，意思表示的获悉在通常情况下是可能且可得期待的时刻，意思表示方属到达。[2]

例如：K遇到了商人V从事信差工作的办公室使者，遂交给他一封写给V的信件，以便节约一点邮资。只有当（可预见的）使者返回到营业空间时，意思表示方算到达，因为最早只有在这个时刻，才能预见到V知悉该意思表示的内容。至于使者事实上是否真的将该信件转交，或由于无法预料的原因而迟延转交，则无关紧要。A给B公司打电话，想要对一个缔结合同的要约表示承诺。该呼叫由B公司的秘书接听。此案中，转告给B公司所需的时间可以直接缩减为零。[3]

若中间人的法律属性乃是意思表示受领人的**受领代理人**，就要另当别论了（《德国民法典》第164条第3款）。此时，只要意思表示到达该代理人，即足够。[4] 对于受领的意定代理权而言，容忍代理权或者表象代理权同样有适用空间。[5]

17

---

[1] BGH NJW 2002, 1565(1567).
[2] Vgl. BAG NJW 2011, 2604 Rn. 18.
[3] BGH NJW 2002, 1565(1567).
[4] BGH NJW 2002, 1041(1042).
[5] 参见本书第十一章，边码42。

③借助电子通讯系统实现的送达

18 　　关于意思表示到达的规则,在运用现代化**通讯系统**工具(传真、语音信箱、电子邮件、互联网等)的情况下,也能够适用。如果这些现代化通讯系统工具的利用者(比如在信笺纸的头部注明电子邮箱地址或传真号码)告知,可以通过此等方式向其发出通知,则于这些意思表示通常情况下可以被提取的时刻(在交易实践中,仅指在上班时间),意思表示即属到达。利用**电子邮件**进行意思表示的场合,只有当该意思表示进入受领人的邮箱("电子化的信箱")并且随时可被提取时,方算到达。[1] 对于电子交易实践中的合同而言,其意思表示的到达适用《德国民法典》第312i条第1款第2句的规定。利用**传真**的场合,与之类似的是,意思表示储存于受领人的传真设备中。[2] 不过,在该两种案型中,只有当受领人获悉意思表示内容是可能的或根据通常的交易观念是可得期待的时候,意思表示之到达才算完成。[3] 相关的通告若根本没有或者以残缺不全、无法辨认的状态到相对人处,则应否认意思表示的到达。至于该设备瑕疵是存在于表意人一方(发送设备;网络障碍),还是受领人一方(受领设备),则并非决定性的。[4] 受领人若并未明确指出,相关通知可通过此等方式到达他(比如仅仅是私人电子邮箱地址的情况),那么就只能等到相对人确实知悉意思表示的内容时,才能认定其到达。[5]

　　网上发出要约的场合,首先应当追问,它是否仅仅是一个不具法律拘束力的要约邀请,还是直接构成一个向不特定人发出的真正的要约(echtes Angebot ad incertas personas)。若为后者(比如在网上拍卖的场合)[6],则当网络利用者将该网页打开时,该要约的意思表示便已经到

---

〔1〕 关于利用客户线上邮箱(Kunden-Online-Postfächer)案型中意思表示到达的判断,参见 *Thalmair* NJW 2011, 15。
〔2〕 BGH NJW 2006, 2263(2265)。
〔3〕 BGH NJW-RR 2011, 1184 Rn. 15。
〔4〕 *Fritzsche* JZ 1995, 630;不同观点,参见 *Ebneth* NJW 1992, 2985(2990)。而在BGH JZ 1995, 629(629)裁判中,则对此问题留白。
〔5〕 *Taupitz/Kritter* JuS 1999, 839(841)。
〔6〕 相关论述,参见 BGH NJW 2002, 363; 2004, 53(54)。

达。反之,如果供应页面(Angebotsseite)仅仅是一个要约邀请(而通常情况下也确实如此),那么通过点击鼠标发出的订购意思就是客户发出的要约。当网上供应者在通常情况下能够提取查看该订单时(多数情况下,此即通常的营业时间),该要约的意思表示便已经到达。网上供货者对客户的要约进行承诺并因而发出意思表示的案型(受领确认),同样适用与前述相应的规则。对于电子交易往来中企业和消费者之间缔结的远程销售合同,法律(《德国民法典》第312i条第1款第2句)也作出了规定。

④**在场人之间的意思表示**

意思表示受领人在场情况下,表意人所发出的意思表示如何生效缺乏法定规则。不过,从《德国民法典》第130条第1款第1句的法理思想来看,该条可得类推适用。在场人之间的意思表示若通过**书面**方式发出,一旦受领人获得对该书面文件的事实性支配权能,并且其在通常情况下能够获悉该意思表示的内容,即应当认定该意思表示到达。而对该意思表示事实上的知悉则并无必要。反之,在场人之间的意思表示若通过**口头**(以及远程口头,参见《德国民法典》第147条第1款第2句)的方式发出,则根据"**理解可能性理论**"[1],受领人对该意思表示的内容确实获悉便是必要的。该结论的理论依据在于:此种情况下,受领人并未获得任何有形的依据,来确保自己对意思表示内容的理解,而且若受领人未能正确理解,通常也缺乏进一步追问的动机。但也不能将所有理解错误的风险均转嫁到表意人方面。鉴于此,可以对应不在场人之间意思表示到达的基本法理思想。若是理性地审视,表意人对自己的意思表示已被正确且完全地理解不持任何怀疑[2],那么就已经能够判定意思表示的到达。否则,就会存在难以克服的证明困难。[3]

19

---

[1] *Jauernig/ Mansel* BGB § 130 Rn. 12; *Schack* Rn. 187; *Neuner* NJW 2000, 1821(1825).

[2] *John* AcP 184[1984], 385, 394; *Medicus/Petersen* AT BGB Rn. 289; *Palandt/Ellenberger* BGB § 130 Rn. 14.

[3] 就此,参见***Köhler* BGB AT PdW,案例46**。

⑤要式的意思表示

20 　　意思表示若为**要式行为**,则其必须以此形式达到之后,方可生效。[1]

　　例如:B 签署完一个保证的意思表示之后(《德国民法典》第 766 条规定,其必须以书面形式完成),却仅向债权人 G 发出了该保证证书的传真版本。此时,该意思表示并未有效到达,B(尚)不受法律拘束。

⑥到达的证明

21 　　意思表示**到达的证明**,适用一般性规则,即表意人需就其到达承担证明责任,且某些时候还需证明其到达时点[2];仅提供意思表示发出的证据,还不足够。为求保险,表意人在选择意思表示传递的形式时,就应当选择便于自己证明意思表示到达的传递方式。[3]

　　例如:当着证人的面将终止合同的函件投入承租人家庭信箱;通过法院执行官送达(《德国民法典》第 132 条)。但仅证明将函件寄出却并不足够[4],因为这只能证明意思表示的发出。在简单的信件投递场合[5],要想证明意思表示的到达,一个必要条件是必须证明,信件确实被投入受领人的信箱之中。带回执函件的证明价值也存在疑问,因为争议可能产生于哪一书面文件被交付的问题。以传真方式传递意思表示的情况下,寄送记录("OK"的标注)本身并不能证明意思表示的到达[6],即便是运用表面证据的规则也不能证明意思表示的到达。电子邮件的发送也不能证明意思表示的到达,为此,需要受领人发出确认阅读的意思表示。[7]

⑦当事人不同于法定规则的特殊约定

22 　　《德国民法典》第 130 条第 1 款第 1 句是任意性规范。[8] 换言之,当事人完全可以自主约定,意思表示即便尚未到达,亦可生效。不过,当事

---

〔1〕　BGH NJW 1993, 1126(1127);1995, 2217;批评性的观点,参见 Leenen BGB AT § 6 Rn.63ff。

〔2〕　BGHZ 101, 49(54)。

〔3〕　关于细节,参见 Mrosk NJW 2013, 1481。

〔4〕　BGHZ 24, 312。

〔5〕　就此,参见 LG Potsdam NJW 2000, 3722。

〔6〕　BGH JZ 1995, 628;IBR 2011, 733。

〔7〕　*Mrosk*, NJW 2013, 1481(1484)。

〔8〕　BGH NJW 1995, 2217。

人的自主约定若以一般交易条款[比如到达拟制(Zugangsfiktionen)的条款]的方式实施,则必须特别注意《德国民法典》第308条第6项就一般交易条款所设置的界限。《德国民法典》第151条中同样包含了一条不同于第130条的规则。

(3) 意思表示的撤回

撤回的意思表示若在意思表示之前或者与其同时到达受领人,则该意思表示将不再生效(《德国民法典》第130条第1款第2句)。因为,在此种情况下,相对人就意思表示之存在尚无值得保护的利益。具有决定性的,是意思表示与撤回的意思到达的时点,而非对其内容事实上知悉的时点。[1]

传真案:制造商H于早上9点收到一封传真,他推断,这是自己的客户K想要取消某一个订单的意思表示。商人又看了看自己尚未开启的信箱,并在其中发现了K的订单。此案中,该订单并未被有效地撤回,因为该订单中包含的意思表示已经到达。即便制造商主张撤回的意思表示存有迟延,也并不违反诚实信用原则。[2]

与《德国民法典》第130条第1款第2句中规定的撤回应予区分的是消费者保护规则中专门向消费者提供的**撤回权**(比如《德国民法典》第312g条第1款、第495条)。后者是指,只要消费者在规定的期限内行使了撤回权,其便不再受自己以订立合同为导向之意思表示的拘束(《德国民法典》第355条及以下)。[3]

(4) 表意人的死亡及其成为无行为能力人(《德国民法典》第130条第2款)

表意人于意思表示发出之后死亡或成为无行为能力人的,根据《德国民法典》第130条第2款的规定,意思表示的生效并不会受到影响。这是有着充分理据的:在此时点,意思的形成已经完成。另外则是对可能尚不知晓表意人死亡或者行为能力丧失之意思表示受领人的保护必要性。所

---

[1] Vgl. BGH NJW 1975, 382(384).
[2] 通说,比如 Palandt/Ellenberger BGB § 130 Rn．11．
[3] 就此进一步的论述,参见本书第八章,边码35及以下。

以,意思表示到达受领人之后,就会继续生效。当表意人在意思表示发出之后被置于照管(Betreuung)之下并且由此产生法律规定的同意保留时,则应适用《德国民法典》第130条第2款(反之,若意思表示的受领人死亡,则意思表示只有当到达其继承人之后,才会生效)。

意思表示若为缔结**合同的要约**,便会产生进一步的问题,即相对人可否向要约人的继承人或其法定代理人发出承诺的意思表示,并借此使合同成立。就此,《德国民法典》第153条给出了回答:只要"无法得出要约人存在不同的意思",则该合同便可成立。[1]

(5)受领人成为无行为能力人与限制行为能力人(《德国民法典》第131条)

25 《德国民法典》第131条为无行为能力人与限制行为能力人之保护而设置了**特殊的规则**。因为通常来说,意思表示会使某种法律行为性决定的作出成为必要,而这些法律行为又非此等人所能胜任。由此,意思表示若针对无行为能力人发出,则根据《德国民法典》第131条第1款第1句的规定,"在其未到达法定代理人之前,不发生法律效力"。根据《德国民法典》第131条第2款第1句的规定,向限制行为能力人发出的意思表示适用相同规则。鉴于此,从合目的性的角度来看,为确保意思表示能够(及时)生效,人们通常会直接向受领人的法定代理人发出意思表示(如此一来,便根本不再需要援引和适用第131条)。[2] 例如,未成年人作为承租人的法律关系中,出租人终止合同的函件最好直接向未成年人的父母发出。但是,假设该意思表示向该无(限制)行为能力人发出了,应当适用什么规则呢?尤其是表意人并不知晓相对人欠缺完全的行为能力时,这种案型尤其容易发生。部分观点认为,此种情况下,意思表示必须向法定代理人发出。由此,若法定代理人只是偶然地知悉了向无(限制)行为能力人发出的意思表示,则对意思表示的到达而言并不足够。[3] 另有部分观点认为,只要意思表示(至少)为法定代理人发出(即便并非以法定代理

---

〔1〕 就此,参见本书第八章,边码19及案例。
〔2〕 *Staudinger/ Singer/ Benedict* BGB § 131 Rn. 5.
〔3〕 *Palandt/Ellenberger* BGB § 131 Rn. 2.

人为指向),并且进入了法定代理人的领域,便足以认定为该意思表示已经在法定代理人处到达。[1] 但正确的观点应当是,直接以法律规范所使用的文字作为连接点,《德国民法典》第131条第1款和第2款第1句称之为向无行为能力人或限制行为能力人发出的意思表示,其恰恰是指向无行为能力人和限制行为能力人作为意思表示相对人的案型。按照《德国民法典》的规定,此种情形中,在意思表示到达法定代理人之前,意思表示并不生效。由是可知,就意思表示之生效而言,其必要条件仅仅是,意思表示进入法定代理人控制的领域,并且法定代理人有机会知悉其具体内容。至于该意思表示如何进入法定代理人控制的领域,是否仅是因为意外甚或是在无(限制)行为能力人的协助下实现,则无关紧要。借此,无(限制)行为能力人的保护必要性也得到了充分的顾及。所以,表意人承担了该意思表示没有(及时)到达法定代理人处的风险。其仅需要如下前提条件,即法定代理人(比如照管人)在意思表示发出的时点便已经存在。

例如: 若V通过书面函件的方式,以未成年承租人M为相对人发出终止该租赁合同的意思表示,则只有当法定代理人取得该书面函件时,其中所包含的意思表示才会生效。如果M单纯通过电话的方式向其法定代理人通知该书面函件的内容,也不足够,因为该(有体化)意思表示尚未进入法定代理人控制的领域。

只在**例外的情况下**,法律才规定意思表示仅需到达限制行为能力人本身(《德国民法典》第131条第2款第2句),该意思表示仅会使之纯获**法律上利益**或法定代理人已经事先表明其**同意**,即其适例。《德国民法典》第107条就限制行为能力人所发出意思表示之案型所设定的规范性评价,同样可以适用于意思表示的到达。[2]

例如: 向未成年人发出的订立买卖合同的要约可以有效到达,因为该意思表示只会给未成年人带来法律上的利益。他由此获得了进行承诺的机会与可能性,却无须受其拘束和束缚。[3]

---

[1] BAG NJW 2011, 872 Rn. 24 ff.
[2] 就此,参见Köhler BGB AT PdW,案例48。
[3] Lettl WM 2013, 1245.

27 　　显然,《德国民法典》第 131 条第 2 款第 2 句仅提及"同意(Einwilligung)",却并未提及**追认**(Genehmigung)。在单方行为的场合,比如通知终止合同的意思表示之案型,此规则有其正当性理由:若非如此,就会产生为交易安全所无法容忍的不安定性。但在合同法律关系的场合,从中就会导出错乱的结果,因为《德国民法典》第 108 条明确规定,限制行为能力人所缔结的合同可被嗣后追认(genehmigt)[1],并且借此所有当事人的利益也均得到了维护和保障。因而,《德国民法典》第 108 条优先于第 131 条第 2 款第 2 句适用。[2]《德国民法典》第 130 条第 1 款第 2 句、第 131 条第 2 款第 2 句并不适用于向未成年人发出的对缔结合同要约的承诺。据此,向未成年人发出的承诺,即便未经法定代理人对合同之缔结表示同意,亦随其到达该未成年人处而生效。但要注意的是,对于整个合同的生效而言,法定代理人的追认依旧是必不可少的。在法定代理人发出其同意的意思表示之前,相对人均可依据《德国民法典》第 109 条(但已不再是根据《德国民法典》第 130 条第 1 款第 2 句)将其意思表示撤回。

28 　　对于暂时性丧失其精神状态之人(《德国民法典》第 105 条第 2 款),《德国民法典》第 131 条并未专门设置相关规则加以保护。意思表示到达之后却无法及时获悉其内容的风险,为法律安定性利益之考量,被法定地分配给他们来承担。

　　例如:为终止合同而作成的书面函件被投入信箱之后,该意思表示于此时此刻便已经到达,即便受领人在完全喝醉且并未阅读的状态下便将该函件撕毁,亦是如此。

　　不过,对于在场人之间的意思表示,若表意人显然知道,受领人在目前的状态下(比如醉酒、欠缺语言知识、耳聋)明显不可能理解该意思表示的,意思表示的到达即应被排除。

　　(6)送达作为到达的替代

29 　　若表意人无法经由通常手段实现意思表示的到达,则其仍旧可以借

---

[1] Vgl. BGHZ 47, 352, 358.
[2] *Jauernig/Mansel* BGB § 131 Rn. 3; *Brauer*, JuS 2004, 472.

助法院执行官送达的方式,来促成意思表示的到达(《德国民法典》第132条第1款第1句)。具体要根据民事诉讼法的相关法律条文来确定。

例如:若承租人拒绝接受出租人终止合同的意思表示,并且将其住处及信箱均保持封锁关闭的状态,那么出租人可以委托法院执行官来完成这项任务。执行官可以根据《德国民事诉讼法》第119条及以下之规定将该书面函件送达。

如果表意人并不认识意思表示受领人或者并不知晓其居住地点,则其可以根据《德国民法典》第132条第2款将该意思表示**公开送达**(**öffentlich zustellen**)。具体的程序内容根据《德国民事诉讼法》第185条及以下确定。

(7)到达障碍,尤其是到达的落空或延迟

如何使意思表示到达受领人,乃是表意人自身的事情。受领人无须专门为此而采取特殊措施(比如安装家庭信箱,通知地址的变化)。但若某人基于此前的缔约谈判或者已经存在的合同关系,可预见到他人的意思表示者,就必须采取相关的措施,以确保该意思表示能够及时地到达于他。[1] 如果他不这样做,就可能违反前合同义务或者合同关系上所应承担的义务,进而必须承担由此产生的损害赔偿责任(《德国民法典》第280条第1款)。意思表示若未到达相对人,则表意人于知晓该尚未成功的意思表示之后,原则上应**再次尝试意思表示之送达**。至于表意人为此应当如何行为,完全取决于个案当中的具体情况,尤其是意思表示的意义、相对人此前的行为、当地的情境与表意人的行为可能性。[2] 原则上不允许受领人援引意思表示未能到达或延迟到达作为抗辩理由。另外,意思表示的重新送达,对于表意人来说应当是可以期待的。[3]

至于受领人**无正当理由拒绝受领**或**恶意地使意思表示到达落空**的案型,则应另当别论。此时,应当根据诚实信用原则,如同该意思表示已经

---

[1] BGHZ 137, 205(208).
[2] BGHZ 138, 205(208).
[3] BGH NJW 1983, 929(931).

(及时)到达那般对待相对人。[1]

例如:出卖人V无理由地拒绝接收买受人K的一封信函[2],但按照布莱门(Brehm)的观点,此时应当认为意思表示已经到达。可是,这种观点并不妥当,因为这种情况下,意思表示尚未进入受领人所控制的领域。相反,如果必须补缴邮资,则拒绝接收信函就是有正当性的。A向B发出了一个截至明天中午12点的合同要约,并附加通知,可通过电话的方式联系他。嗣后,A对这个合同要约感到后悔,遂不接听电话。[3] 该案例的变形:A向B告知了自己的传真机号码,却将该设备关闭或故意不在传真机里装入打印纸。[4] 出租人A将自己的营业场所搬迁,但并未通知其承租人B,以至于B终止合同的意思表示延迟到达。[5]

第三人(比如受领使者)导致意思表示到达落空的场合,只有当该第三人经过受领人同意而从事相关行为时,受领人才有必要将该行为及其法律效果归属于自己。[6]

意思表示的相对人不顾书面通知,不去取回向其发出、存于邮局处的函件的,亦不能仅仅因此便将其认定为欠缺正当性基础的意思表示之受领拒绝或者恶意导致意思表示到达落空的行为。因为相对人自己也并不知道,该函件中包含什么样的意思表示,当然,他也完全有可能直接忘记取回该函件。[7] 关于此种案型,参见本章边码14。

参考文献:*Alexander*, Neuregelungen zum Schutz vor Kostenfallen im Internet, NJW 2012, 1985; *Canaris*, Die Vertrauenshaftung im deutschen Privatrecht, 1971; *Dörner*, Rechtsgeschäfte im Internet, AcP 202 (2002), 363; *Faust*, BGB Allgemeiner Teil: Zugang von Willenserklärungen, JuS 2012, 68;

---

[1] BGHZ 137, 205(209).
[2] BGH NJW 1983, 929.
[3] RGLZ 1925, 252.
[4] Vgl. Fritzsche/ Malzer, DNotZ 1995, 14.
[5] OLG Hamm NJW-RR 1986, 699.
[6] BAG NJW 1993, 1093(1094).
[7] BGHZ 13, 205(208ff).

Fischinger, Grundfälle zur Bedeutung des Schweigens im Rechtsverkehr, JuS 2015, 294, 394; *Hackenbroich*, Das Wirksamwerden von Willenserklärungen im System des Schutzes nicht voll Geschäftsfähiger, JA 2019, 136; *Köhler*, Die Problematik automatisierter Rechtsvorgänge, insbes. von Willenserklärung, AcP 182 (1982), 126; *Leipold*, Der Zugang von Willenserklärungen im 21. Jahrhundert, FS Medicus, 2009, 251; *Musielak*, Zum Verhältnis von Wille und Erklärung, AcP 211 (2011), 769; *Neuner*, Was ist eine Willenserklärung?, JuS 2007, 891; *Paulus*, Die Abgrenzung zwischen Rechtsgeschäft und Gefälligkeit am Beispiel der Tischreservierung, JuS 2015, 496; *Taupitz/Kritter*, Electronic Commerce-Problem bei Rechtsgeschäften im Internet, JuS 1999, 839; *Weiler*, Der Zugang von Willenserklärungen, JuS 2005, 788; *Wertenbruch*, Abgabe und Zugang von Willenserklärungen, JuS 2020, 481.

第七章　意思瑕疵

　　前一节论述了意思表示之存在所必须满足的要求。本章则围绕着意思表示之发出被意思瑕疵所影响时，应当适用何种规则而展开。这主要是指，如果意思表示不为表意人相应的意志或者意识所覆盖，或者表意人的决定自由遭受侵害时，如何适用相关规则加以调整。本章将会展示，《德国民法典》关于意思瑕疵的法定规则（《德国民法典》第116—124条）并不完整，从体系的角度考量，应当区分行为意思的欠缺、表示意识的欠缺和法效意思的欠缺。嗣后，再对单个法定规则进行分析，即关于真意保留（geheimer Vorbehalt）、通谋虚伪意思表示、非诚意行为（Scherzerklärung）（《德国民法典》第116—118条）的规则以及关于错误（《德国民法典》第119—122条）、恶意欺诈和不法胁迫（《德国民法典》第123、124条）的重要的法律规则。

　　通常情况下，对外表达的意思与表意人内心真正追求的意思是相互覆盖和一致的。但是，若表意人对外发出的意思表示并不为其所追求或者并非如此追求，则应适用何种规则？此种情形下，表意人是否仍旧应受该意思表示的拘束，或者他至少能够脱离该意思表示？对于诸此关涉意思瑕疵的问题，将会在接下来的一章中进行阐释。

一、概览

1　　　意思表示之瑕疵是否以及在多大范围内应被考虑和顾及，乃是19世纪"意思说"与"表示说"之间争论的对象。"**意思说**"单纯立足于表意人的意志。当表意人内心的意志与外在的表示不一致时,该理论即令意思表示丧失其效力。"**表示说**"则仅立足于外在的表示行为。当表意人内心的意志与外在的表示不一致时,表示说为保护意思表示受领人的利益,要求表意人依然受其意思表示之拘束。《德国民法典》的立法者并未明确地表示,他们究竟选择了哪一种学说,而且他们也并不想解决所有问题。关于意思表示生效的单个规则(《德国民法典》第 116 条及以下)实际上是两种学说妥协的结果。

而后的时间里,在法律规则确定的框架内,学说与裁判实践越来越倾向于朝着利于"表示说"或曰"效力说"(Geltungstheorie)(拉伦茨)的方向发展。立于其背后的乃是如下考量:伴随着自我决定的可能性,当事人亦必须自我负责,况且表意人本身能够决定如何选择意思表示的工具。但对受领人而言,他只能获得他能识别的部分,而事实上多数情况下仅仅是意思表示的客观意义和内容。所以,意思表示相对人的信赖是值得保护的。而交易安全的保护亦要求,尽可能地不考虑未曾对外表达的意思。不过,也不能基于对相对人及交易安全的保护而完全忽视对表意人的保护。   2

在《德国民法典》第 116—124 条中,法律就各种具体的意思瑕疵形式及其对意思表示生效的意义进行了规定。第 116—118 条(真意保留、通谋虚伪意思表示、非诚意行为)[1]调整所谓"有意的意思表示瑕疵":即表意人明知,他内心并不追求该意思表示。而第 119 条、第 120 条(表示错误、内容错误、性质错误和传达错误)则对"无意的意思瑕疵"加以规制:亦即表意人就其意思表示存在错误认识。[2] 第 123 条(关于恶意欺诈和不法胁迫的规则)以意思形成自由受到不被容许的侵害为其调整对象。[3]   3

---

[1] 就此,参见本章边码 7 及以下。
[2] 就此,参见本章边码 15 及以下。
[3] 就此,参见本章边码 37 及以下。

```
                    ┌─────────────────┐
                    │  意思瑕疵之概览  │
                    └─────────────────┘
          ┌────────────┬──────┴──────┬────────────┐
   行为意思之欠缺   真意保留          错误        恶意欺诈
   表示意识之欠缺   通谋虚伪意思表示  —表示错误   不法胁迫
                    非诚意表示        —内容错误
                    （第116—118条）   —性质错误
                                      —传达错误
```

但是，关于意思瑕疵的制定法规则并不完整。故此，关于意思层面的瑕疵应如何作体系划归和处理，尚存在争议。在传统观念中，会区分行为意思、表示意识和法效意思存在瑕疵三种案型。就此，可参见本章边码 6 的概览图。

二、行为意思的缺失、表示意识的缺失和法效意思的缺失

1. 行为意思的缺失

4   在外部被评价为意思表示的行为若根本不被追求，则属行为意思的欠缺。[1]

例如：A 将 B 催眠，然后令其于票据上签名背书。在一个通过举手进行投票的表决场合，X 以武力强制举起 Y 的手 [所谓的绝对违背表意人意志(vis absoluta)]。

根据通说[2]，**行为意思**乃是意思表示必不可少的构成要素。因而，于其欠缺的场合，只是存在意思表示的表象而已。对(表象上的)表意人的法律拘束，却并不存在。

---

[1] 就此，参见 *Köhler* BGB AT PdW, 案例 49。

[2] BGH DB 1975, 2075; *Palandt/Ellenberger* BGB Einf. v. § 116 Rn. 16; 不同观点，参见 *Leenen* JuS 2008, 577(579): 只涉及表示不生效力。

2. 表示意识的缺失

表意人虽然有意识地从事行为,但他却并不知道,自己的行为在外部看来,构成法律拘束意志的对外表达,此种情形即属于表示意识欠缺的案型。〔1〕

例如:游客 T 在一个葡萄酒拍卖会中举手向自己的一个熟人致意,但他却不知道,该举手行为会被视为竞价的意思表示("特里尔葡萄酒拍卖案")。G 是一个客栈经营者,他在放下眼镜之后签署了一个订购单,但他误认为,自己签署的文件只不过是一个对商事代理人访问行为加以确认的单据而已。驾驶员 A 开着他的车驶入一个停车场,但他并不知道,该停车场是一个付费停车场。

表示意识的欠缺是否会以及将如何产生影响,并未被立法者所确定。从《德国民法典》第 116 条及以下,尤其是第 118 条、第 119 条中,并不能完全确定地判定,表示意识对意思表示之成立而言,究竟必不可少还是无关紧要。如此一来,学理观点就会存在争议。〔2〕 有一种少数派观点认为〔3〕,如果不想放弃自我决定这一作为法律行为拘束力之归属根据的制度,而且不想危及交易安全,那就应当将表示意识界定为意思表示不可或缺的组成部分。据此,一旦表示意识欠缺,便只存在信赖责任产生的可能性:以行为引致意思表示之表象,并且本来能够认识到其行为法律意义之人,应当通过《德国民法典》第 118 条、第 122 条类推适用的方式,对相对人所遭受的信赖损害承担赔偿责任。

与前述所谓"自我决定"相对立的观点却并不认为意思表示之成立必以表示意识之存在为前提。不如说,只要表意人拥有对其自身法律关系以自主决定的方式加以形塑之可能性,即为已足。表意人还必须自我负责。故应当适用如下规则:

---

〔1〕 就此,参见 *Köhler* BGB AT PdW,案例 50。
〔2〕 参见 BGHZ 91, 324(327)中的证据。
〔3〕 比如,*Canaris*, NJW 1984, 2281。

> 即使表意人**欠缺表示意识**,但如果其尽到合理的注意便能够意识到并避免其表示行为在诚实信用原则和交易习惯的调整下被视为意思表示,并且受领人事实上确实已将其理解为一个意思表示的行为,那么就应当认为存在**意思表示**的行为。[1]

上述规则同样适用于表示意识欠缺场合的可推断行为之案型。[2] 之所以将某一行为界定为意思表示,无非是出于保护意思表示受领人对意思表示之特定内容合理信赖的需要。是故,若受领人知道表意人表示意识欠缺,则此时不能再将表意人的行为归类为意思表示或者法律行为。

然而,与自我决定可能性相伴生的自我负责之要求,并不必然要求表意人严格地受其意思表示之拘束。此时的利益格局与法效意思欠缺场合的利益格局并无不同[3]:"某人是追求与表示在外的内容完全不同的另一种法律效果,还是根本不想让任何具有法律行为意义的内容发生效力",二者之间并无不同。[4] 因此,如果在欠缺表示意识的情况下仍然应当肯定意思表示的存在,那就应当类推适用《德国民法典》第 119 条第 1 款第 2 选项之规定,承认**撤销权**的存在。不过,在意思表示被撤销时,表意人还必须根据第 122 条的类推适用,承担**信赖损害**的赔偿责任。[5] 如果表意人已经接受了对方当事人的履行,则应根据《德国民法典》第 812 条第 1 款第 1 句之规定承担不当得利返还或者折价返还的义务(第 818 条第 2 款)。

但是,若意思表示会导致不利于受领人的法律效果,则裁判实践认为,表示意识的欠缺会具有重大意义[6],换言之,这种情况下,表意人若

---

[1] BGH NJW 2010, 861 Rn. 19;绝对的通说。
[2] BGHZ 109, 171(177);BGH NJW 1995, 953.
[3] 参见本章边码 6。
[4] Bydlinski JZ 1975, 1(5).
[5] 不同观点,参见 *Medicus/Petersen*, AT BGB, Rn. 608. 这一引注文献认为,此处仅属《德国民法典》第 311 条第 2 款、第 241 条第 2 款、第 280 条中规定的责任,亦即缔约过失责任。
[6] BGH NJW 1995, 953.

发现意思瑕疵,通常希望该表示行为被视为意思表示发生效力。不过,具有决定性的并不是该意思表示究竟会给相对人带来利益还是不利益[1],更何况二者常常也难以区分。当相对人能够将表意人的行为理解为意思表示,并且其确实也已将其理解为意思表示,则表意人可以要求相对人受该意思表示的拘束。

例如:驾驶员 A 不知某停车场系收费停车场,便直接开车驶入停车位,他的该行为因此被停车场经营者视为对其缔约要约的承诺,则 A 必须(当然仍保留 A 行使撤销权的可能性)受其拘束。反过来,A 也完全可以为自己的利益,而主张自己的行为已经被视为对缔约要约的承诺,比如当涉及因合同违反而产生的相关请求权之主张时,A 即可以此为据提出相关请求。如果 A 撤销此前的意思表示,则他可能需根据《德国民法典》第 122 条向停车场经营者承担信赖损害的赔偿责任,或根据第 812 条第 1 款第 1 句和第 818 条第 2 款填补相关用益的价值。

3. 法效意思的缺失

法效意思并非意思表示必不可少的构成要素。但它的缺失依然可能对意思表示的存续产生一定影响。法效意思的缺失是指,表意人虽然想要实施法律行为,但其客观上表达出来的行为却与其真正意欲实施的行为并不相同,换言之,行为人实际上想要实施的是另外一个法律行为。此一"**错误**"并不会影响法律行为的成立,这从《德国民法典》第 119 条及以下的规则中已可得出。此种情况下,表意人至多有权主张撤销权的行使。[2]

---

[1] 妥当的观点,Vgl. Habersack Jus 1996, 585; Jauernig/Mansel BGB Vor § 116 Rn. 5。
[2] 就此,参见本章边码 15 及以下。

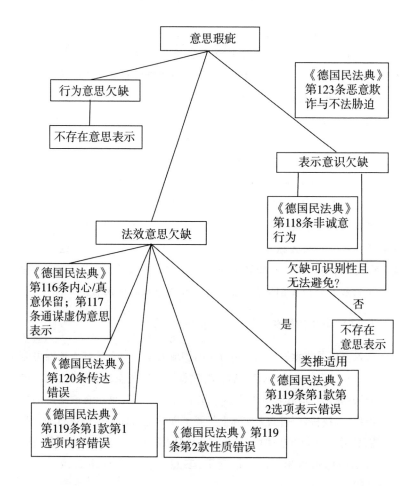

三、真意保留、通谋虚伪意思表示和非诚意行为

1. 真意保留(《德国民法典》第 116 条)

7　　**最高出价案**：A 知道，他的敌人 B 想在一个艺术品拍卖会上拍得某幅画。A 为了激怒 B，便在拍卖会一开始的时候就给出了一个特别高的价格，尽管他其实并没有购买这幅画的意图。最后，A 却违背预期地拍得了这幅画。

某一意思表示,并不会仅仅因为表意人存在真意保留或者实际上并不想要追求表达于外的意思而无效(《德国民法典》第116条第1句)。[1] 该规则具有不言自明性,否则交易安全之维护将不可想象。

在前述"最高出价案"中,A不能通过主张自己本来并没有购买这幅画的意图而摆脱该法律行为的拘束力。

然而,根据《德国民法典》第116条第2款之规定,如果向他人发出意思表示,而该他人知悉表意人真意保留的情况,则该意思表示无效。[2] 按照立法者的观点,在此种可视的内心保留之情形下,意思表示的相对人并不值得保护。

在前述"最高出价案"中,拍卖者如果已经知道,A并没有真正的购买意图,则A的出价(购买要约)直接根据《德国民法典》第116条第2款归于无效。于是,买卖合同无法有效成立。

从法政策学的角度观察,《德国民法典》第116条第2款规则并非无懈可击。这一规则不能类推适用于无须受领的意思表示(极富争议)。

若第三人相信依据《德国民法典》第116条第2款的规定被判定为无效的意思表示能够生效,那么,对该第三人的保护就应通过权利外观责任(Rechtsscheinhaftung)的方式来实现。举例来说,内部授权若基于被授权人知晓的真意保留而实现,则根据《德国民法典》第116条第2句的规定,该授权行为性属无效[3],即便法律行为的相对人并不知晓该真意保留的情况,亦无不同。然而,为了保护相对人,应适用容忍代理权和表象代理权的相关规则对此种案型加以调整。[4]

2. 通谋虚伪意思表示(《德国民法典》第117条)

(1)通谋虚伪意思表示的概念与意义

根据《德国民法典》第117条第1款之规定,须予受领的意思表示若

---

[1] 就此,参见BGH NJW 2002, 363(365)。
[2] 就此,参见*Köhler* BGB AT PdW,**案例51**。
[3] 有争议,不同观点,参见BGH NJW 1966, 1915(1916)。
[4] 就此,参见本书第十一章,边码42及以下。

仅仅是在受领人同意的情况下作为表象被发出,则其归于无效[所谓的"通谋虚伪意思表示"或"模拟行为"(simuliertes Geschäft)]。[1]

> 若根据当事人共同的意思,合意约定的行为不应产生法律效力,即属**通谋虚伪意思表示**。[2] 尽管从外观看来,存在缔结法律行为的表象,但是,与该法律行为相伴的法律效果却并非当事人所追求。此时,当事人缺乏法律拘束意思。

意思表示相对人的同意并非法律意义上的意思表示。[3] 通谋虚伪意思表示通常与影响或者欺诈第三人的意图相联系,不过,也并非必然如此。

例如:将买卖合同之缔结作为表象,乃以从银行处获得为该买卖而设立的信贷借款为目的。在拍卖会中事先与拍卖人达成一致意见,行为人提出某一出价只是表象,目的是希望获得更高的出价。就某一标的物之买卖约定较低的价格作为表象,目的是节省公证费用和税款(所谓的"黑色买卖")。

通谋虚伪意思表示无效的法律制度之所以正当,是因为意思表示受领人对意思表示的生效欠缺正当利益。主张法律行为无效之人,应当承担与此相联系的证明责任。[4]

(2)界分

10 假如当事人严肃认真地希望法律行为产生法律效力,那么该行为就并非通谋虚伪意思表示。为规避本来可适用于某一法律行为的规则(例如,法律禁令、缴税义务的规范和资产负债表注解义务)而订立的**规避行为**[5],即此种情形:当事人意欲获得法律行为的经济效果,他们只是不希望法律适用于该法律行为而已。至于某一规避行为在个案中是否产生效

---

[1] 就此,参见 *Köhler* BGB AT PdW,**案例 52**。
[2] BGH NJW 2011, 2785 Rn. 6.
[3] BGH NJW 2000, 3127(3128).
[4] BGH NJW 1988, 2597(2599).
[5] 就此,参见本书第十三章,边码 7。

力,则是另外一个问题了。

信托行为[1]亦非通谋虚伪意思表示。授予受托人更多法律权能,但也在债法层面对该法律权能的行使设置相应限制,常常是达成某一个特定经济效果的唯一路径。可见,信托的法律结构是被当事人所严肃认真期待的。

纳入"**假手**"(Strohmann)的场合通常也是与信托相同的案型。"假手"会作为直接的合同当事人被推向前台,以达成某一特定经济效果。为此,少不了会使该"假手"自行取得权利、负担义务,即便该行为事实上乃是为了立于背后的他人而计算的。换言之,纵使合同相对人知晓行为人本质上作为"假手"的法律属性,也无关紧要。[2]

如果一方当事人本来是为通谋虚伪法律行为之缔结而发出意思表示,但另一方当事人却并未如愿识别对方当事人的意图,进而期待该法律行为产生法律效力,则被称为"**失败的通谋虚伪意思表示**"。在此案型中,这一法律行为应当根据《德国民法典》第118条的规定被判定为无效,相对人则可以根据第122条(该条本身也指涉第118条)的规定获得相应保护。[3]

(3)通谋虚伪意思表示场合的第三人保护

通谋虚伪意思表示无效的规则亦可向第三人主张。一定程度上的第三人保护则可通过关于善意取得的规则(若为物之善意取得,则适用《德国民法典》第892条、第932条及以下;若为债权之善意取得,则适用第405条)来达成。

例如:A以通谋虚伪意思表示的方式向B让与一个价值10000欧元的证券包。而后,A又以通谋虚伪意思表示的方式向B作出了一个8500欧元的债务承诺,其目的在于使B在与C银行为信贷之提供展开谈判时显得更加值得信赖。最后,C银行提供了信用贷款,却要求B将该证券转让给自己用作担保,并且要求B将源自该债务承诺的债权让与自己作为担

---

〔1〕 就此,参见本书第五章,边码18。
〔2〕 Vgl. BGH NJW 2002, 2030(2031).
〔3〕 BGH NJW 2000, 3127(3128).

保。在这一案型中,C银行可以根据《德国民法典》第932条及以下以及第405条,善意取得该证券以及该债权。

另外,在学理层面,还有观点要求根据"权利外观责任"的基本原则对第三人给予更加宽泛的保护:某人若以某种方式对外显现出通谋虚伪行为具有法律效力的外观,则不得向善意信赖者主张该通谋虚伪行为乃属无效。

若通谋虚伪意思表示乃为损害第三人利益而实施,则该第三人可以要求实施该通谋虚伪意思表示的行为人,向其承担侵权责任(比如,根据《德国民法典》第823条第2款结合《德国刑法典》第263条;《德国民法典》第826条)。

(4)隐藏行为

12 在通谋虚伪行为背后,常常还存在一个法律行为。尽管该法律行为被当事人所真正期待,但当事人却并不愿意该行为被公开或者被曝光,意在借此避免某一不利法律效果的发生。最为常见的便是"**黑色买卖**"的案型:土地买卖合同的当事人在公证合同(参见《德国民法典》第311b条第1款第1句)中有意地给出一个比实际约定更低的价格,以期节省公证费用和税收。[1]

该**被隐藏的**[= 隐秘的(dissimulierte)]行为原则上能够产生法律效力,因为它是当事人所真正追求的,只是当事人无法逃避或者摆脱对该行为具有适用效力的法律规范。《德国民法典》第117条第2款规定,对隐藏行为具有适用效力的法律规范应当予以适用。这里所谓的"法律规范"还包括了关于法律行为之形式的相关规定(Formvorschriften)。通谋虚伪意思表示对形式的遵守,并不等同于隐藏行为也遵循了形式上的要求。在前述"黑色买卖"的案型中,这意味着:被公证的行为作为通谋虚伪意思表示根据《德国民法典》第117条第1款归于无效,真正被当事人所追求的法律行为(以更高价格进行土地买卖的合意)则因未经公证而根据《德国民法典》第311b条第1款第1句、第125条第1句无效。不过,若满足

〔1〕 Vgl. BGH NJW 1980, 451.

了《德国民法典》第311b条第1款第2句规定的履行补救之构成要件,该买卖合同也可以生效。

3. 非诚意行为(《德国民法典》第118条)

(1)概念与意义

解雇案:一位客户抱怨企业的一个雇员,并要求将其解雇。企业经营者遂将该雇员喊过来,并以书面的方式向其发出终止劳动合同的意思表示(参见《德国民法典》第623条)。该企业经营者以为,雇员注意到了这只不过是为了抚慰客户而发出的意思表示而已。然而,该雇员却对该终止劳动合同的意思表示信以为真。该终止劳动合同的意思表示是否生效?

表意人发出意思表示时,本来并不严肃认真,但却被相对人误信为真,此时表意人应当受该意思表示拘束吗?[1]《德国民法典》第118条以利于表意人的方式对该问题加以规范:"因相信法律行为欠缺严肃性而不会被错误识别,进而发出的非诚意的意思表示,是无效的。"不过,表意人应向善意信赖的相对人承担信赖损害的赔偿责任(《德国民法典》第122条)。

也就是说,在前述"解雇案"中,终止劳动合同的意思表示依《德国民法典》第118条而属无效。可是,假如该雇员同时也通过电话的方式发出了求职广告,那么企业经营者应当根据《德国民法典》第122条第1款规定向其承担费用补偿责任。

如果表意人发现,相对人对自己的意思表示信以为真,则根据诚实信用原则,表意人有义务不加迟延地(《德国民法典》第121条第1款类推适用)向相对人说明自己欠缺诚意和严肃性的情况。否则,表意人就必须如同该意思表示自始发生法律效力一样被对待。

然而,实践当中,《德国民法典》第118条的适用范围并不大。大多数情况下,相对人均能够立即发现意思表示欠缺诚意或者严肃性的情况。如此一来,根据须予受领意思表示解释的基本原则,意思表示的构成要件

---

[1] 就此,参见Köhler BGB AT PdW,案例53。

自始便未被满足。假设意思表示显得格外理性,那么对主张该意思表示无效的行为人来说,证成意思表示并非诚意行为的证明责任就会非常沉重。再者,将《德国民法典》第 118 条的适用范围扩张及所谓的"痛苦表示",亦即身处心理压力之下而发出的意思表示之案型[1],也因《德国民法典》第 123 条所包含的价值判断而不可行。[2]

从法教义学的角度来看,第 118 条调整的是欠缺表示意识的案型。但从该条款中却并不能直接得出,表意人欠缺表示意识的场合意思表示始终无效的一般性规则。不如说,《德国民法典》第 118 条更应当被视为例外规则。

(2)界分

14　　根据《德国民法典》第 116 条第 1 句的规定,基于真意保留而作出的意思表示原则上能够生效,非诚意行为则基于其公开性而可与前者区分开来:在真意保留的场合,根据表意人的真实意图,其欠缺法律拘束意志的内心意愿是被隐藏的;而在非诚意行为的案型中,法律拘束意志之欠缺却恰恰应被相对人所知悉。与通谋虚伪意思表示不同的是,非诚意行为的场合,表示的相对人并未与表意人就法律行为不生效力达成一致意见。故此,在前述所谓"失败的通谋虚伪法律行为"案型中,表意人错误地认为其与相对人就法律行为不生效力存在合意,亦应纳入《德国民法典》第 118 条的调整之下。[3]

四、错误

1. 概论

15　　因受错误之预设或想象影响而发出意思表示之人,对摆脱该意思表示之拘束存在正当的利益诉求。可是,如果承认每一个错误均具有重大

---

〔1〕 *Tscherwinka* NJW 1995, 308.
〔2〕 *Weiler* NJW 1995, 2608.
〔3〕 BGH NJW 2000, 3127(3128).

性,就会与法律交易之保护不相吻合:因为这样会导致无人再敢相信他人的意思表示。

《德国民法典》对此一问题的解决路径是,仅在某些特定的错误类型中,并且仅在某些特定前提条件的基础上,才赋予表意错误之人撤销权(《德国民法典》第119条、第120条)。至于该错误是否可避免,或者该错误对相对人而言是否具有可识别性,则无关紧要。经由撤销权的行使,表意人可以从其意思表示中脱离,因为撤销令相应的法律行为被溯及既往地消除(《德国民法典》第142条第1款),但是撤销人必须向相对人承担由此导致的信赖损害赔偿责任(《德国民法典》第122条)。

只有当表示与内心的想法无法相互合致时,才会产生错误撤销的问题。故而,首先需通过**解释**的方式查明,实际表示出来的内容究竟是什么。[1] 如果相对人对意思表示的理解方式与表意人想要追求的理解方式一致,或者相对人必须如同表意人所追求的那样去理解意思表示,那么就直接按照这样的理解方式,赋予该意思表示以意义即可。[2] 解释先行于撤销。

2. 单个的错误情形

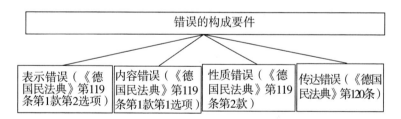

(1)表示错误(《德国民法典》第119条第1款第2选项)

根据《德国民法典》第119条第1款第2选项的规定,撤销权仅限于"根本不想以该内容发出意思表示"(所谓的表示错误=表示行为中的错

---

[1] 参见本书第九章,边码13。
[2] BGH LM § 119 Nr. 6.

误)之人享有。在此案型中,外部的构成要件便已经不符合表意人的意志。[1] 它所指向的案型主要表现为**说错、写错或者拿错**。其所涵盖的案型包括,某一意思表示借助自动化的方式产生,但由于输入错误或者软件瑕疵,导致在数据加工处理之后,一个不同于最初追求的意思表示被产生出来。[2] 它与内容错误[3]之间的区分和边界是流动的,但这种区分是没有意义的,因为两种案型的法律效果完全相同。[4]

例如:商人 A 在采购的时候出现输入错误,以致订购了 1000 批某原材料,而非 100 批原材料。商人 B 在找零钱时,本想找回一个 10 欧元的纸币,却因为错拿而找回了一个 20 欧元的纸币。

假设表意人根本没有进行意思表示的意图,那么就直接适用表示意识欠缺的规则。[5]

例如:在一个社团成员大会召开的过程中,会场中传递着一个签名簿,该签名簿乃是一个书籍订购单以及参加徒步旅行的登记表。该社团的成员 A 因为疏忽而在书籍订购单上面签了名。对此情形,只有其行为作为书籍订购行为的法律性质可归责于 A 的时候,才能认为存在 A 的意思表示。也只有当这一前提条件满足时,《德国民法典》第 119 条撤销权规则的类推适用才是必要的。

(2) 内容错误(《德国民法典》第 119 条第 1 款第 1 选项)

17 根据《德国民法典》第 119 条第 1 款第 1 选项的规定,"**发出意思表示之时,对该意思表示的内容理解有错误**之人"(所谓的内容错误=于表示意义之上存在错误),享有撤销权。与表示错误不同的是,内容错误的案型中,尽管外部的客观行为符合表意人的内心意志(换言之,表意人知道自己在说什么或者写什么),只不过,表意人对于自己意思表示的**意义**或者范围存在错误理解[6],也就是说,表意人赋予该意思表示的意义,相较

---

[1] BGHZ 177, 62 Rn 14.
[2] BGH NJW 2005, 976(977).
[3] 参见本章边码 17。
[4] 就此,参见 Köhler BGB AT PdW,**案例** 59。
[5] 就此,参见本章边码 5。
[6] BGH NJW 2017, 1660 Rn. 25.

于其经由解释而可获取的意义,并不相同。[1]

厕纸订购案:某女子中学的校长在一份由商事代理人出具的事先填写好了的订购单上签名,该订购单上面写明:"25 批成卷(Gros Rollen)厕纸,每卷 1000 片。"但是校长不知道,这里所谓"批"(Gros)的概念是指代 12 打——144 个的意思,校长仅认为自己只不过是订购了 25 大卷(große Rollen)厕纸而已。在此案型中,如果通过解释的方式查明,该订单中"批"的概念应当按照通常的意义去理解,则会引致 3600 个厕纸的订购效果,但该订单可以因为内容错误而被撤销。[2]

内容错误的典型例子是对法律行为类型存在的错误认识(**error in negotio**)、对法律行为相对人人身存在的错误认识(**error in persona**)以及对法律行为标的物之同一性存在的错误认识(**error in objecto**)。

例如:A 自认为发出的意思表示乃是缔结买卖合同的要约,而实际上,该意思表示在客观的角度上却应被理解为赠与的要约(法律行为的类型错误)。A 在商家 Jakob Müller, München 处订购货物,但却不知道,该商号的主人实际上已经变更了(对法律行为相对人人身存在的错误认识)。A 误以为 B 的狗是一只牧羊犬,遂将其购入,但实际上,B 的牧羊犬已经死亡,B 另养了一只圣伯纳犬(对法律行为标的物之同一性存在的错误认识)。

应与内容错误区分开来的案型包括所谓的**动机错误**和所谓的**法律效果错误**,后两种案型原则上不会导致撤销权的产生。[3] 就动机错误而言,它通常涉及意思形成或塑造阶段因疏忽而发生错误的行为动机。

例如:A 错误地以为,自己可以在某一时间段内度假消遣,遂直接预定了一个度假的旅行行程。

在法律效果错误的场合,意思表示建立在对那些并非源自表示内容,而是源自法律规则规定的法律效果的错误认识之上。

例如:商人 V 向其客户 K 出售一辆二手机动车,并错误地以为,该车

---

[1] 就此,参见 *Köhler* **BGB AT PdW**,**案例 56**。
[2] 案例源自 LG Hanau NJW 1979, 721。
[3] BGH NJW 2008, 2442 Rn. 15.

的瑕疵担保责任期间仅为 6 个月。

(3)性质错误(《德国民法典》第 119 条第 2 款)

18　　根据《德国民法典》第 119 条第 2 款的规定,"**交易中重要的人或物之性质上的错误**"被视为意思表示内容的错误。此种所谓的性质错误在其性质上是否属于内容错误,抑或其是否属于(要特别注意)动机错误,是存在争议的。[1] 就此问题,正确的说法应当是:该人或物之性质如果被明确或者默示地约定了,就属于内容错误;如果未被约定,就属于(要特别注意)动机错误。

19　　***物的性质***是指,因其本身特质而能够长期持续地对物的可使用性及价值产生影响的事实或法律状况。[2]

　　物与外部环境之关系,必须植根于该物本身或由该物本身源出,并且不能仅间接地对该物产生影响。

　　据此,物之性质尽管包括了所谓"**建构物之价值的因素**"(比如画的著作权[3]、首饰的含金量),但就其本身的**价值**(市场价格)或采购价格而言,若该标的物的价格形成乃经由市场实现,则价值或采购价格就不属于物之性质。因为在此状况下,价格本身并非固定且直接附着于该物之上的性质,而是根据供求关系受到当事人自由约定的控制。标的物的价值评估仅具有主观性质,正如他们经由特定价格表现出来的那样。假如因为对标的物价格的错误认识而赋予表意人以撤销权,并且还不问该错误究竟是涉及出售价格还是购置价格,那么将对法律安定性构成一种难以容忍的威胁。

　　例如:K 错误地以为"黑白牌"啤酒已经降价,便在 V 处购买了一瓶这个牌子的啤酒。这种情况下,K 不得主张撤销。

　　这里"物"的概念应当被宽泛地理解为法律行为标的物,亦即,它不仅包含了有体的标的物(《德国民法典》第 90 条),而且还涵盖了无形的标的

---

[1] 就此,参见 *Köhler* BGB AT PdW,**案例** 61。
[2] BGH NJW 2001, 226(227).
[3] BHG NJW 1988, 2597(2599).

物,比如权利、债权、物的集合体和企业。

> **人的性质**是指在一定期间内附着于人身之上或者赋予该人以某种属性特征的标志。

据此,属于人之性质的因素包括职业、健康状况、犯罪前科、名望和支付能力,但在买卖合同法律关系的场合,重新出售的意图并非所谓"人之性质"。[1]《德国民法典》第 119 条第 2 款意义上的人是指法律行为所涉的任何一个人,某些情况下,它甚至可以是法律关系当事人之外的第三人。[2]

例如:利益第三人合同(《德国民法典》第 328 条)中受利益的第三人,如租赁合同中与承租人一起住进房间的家属,都可能与《德国民法典》第 119 条第 2 款所规定的人的性质相关。

该性质还必须具有**交易上的重要性**。[3] 但这一要求的意义究竟是什么,却存在很大争议:(1)根据"法律行为上性质错误"理论[4],该性质必须在合同当中以明示或者默示的方式被提及,并且借此成为合同的内容;(2)按照裁判实践的观点[5],该性质必须被表意人以某种方式可得辨识地作为合同基础,同时,它还不能直接成为该意思表示的内容;(3)不过,前述两种观点都显得过分狭隘。

> 当某一性质不但根据表意人自身的观点是重要的,而且从交易观念出发,其对该具体法律行为的缔结亦具有重要性,那么就可以认定为"**具有交易上的重要性**"。

为确定前述条件是否被满足,首先需要追问的是,该性质是否已经被提升为合同的内容。在肯定回答的情况下,该性质始终是重要的。假如

---

[1] BGH NJW 1992, 1222.
[2] 就此,参见 Köhler BGB AT PdW,案例 62。
[3] 就此,参见 Köhler BGB AT PdW,案例 61。
[4] *Flume* § 24/2.
[5] BGH NJW 2001, 226(227).

无法认定该性质已经被直接纳入合同内容,则需要进一步追问,从交易观念出发,该性质对法律行为的缔结是否具有决定性的意义。[1]为此,又必须兼顾法律行为的内容、意义和目的。

例如:在二手车买卖的法律关系中,买受人大都会对车的新旧程度有一个内心预设。假如买受人对车的制造年限存在错误认识,则其可根据《德国民法典》第119条第2款主张撤销意思表示(预留《德国民法典》第434条及以下的优先适用顺位),而无须买受人将其内心就车之新旧程度形成的预设直接提升为合同内容[2],亦无须此种内心预设以可得识别的方式被设定为合同基础。因为,根据交易观念,机动车的新旧程度对其价值评估具有重要意义。

某一法律行为的典型经济目的常常会使反面结论成为可能。

例如:在信贷借款合同法律关系的场合中,借款人自身的信用状况就是"具有交易重要性的人之性质",而借款人存在视力障碍的情况则不属于。在与驾驶员缔结的劳动合同法律关系中,结论就会完全相反。

立足于交易观念,就具有**投机**特质的法律行为之判断而言,也是特别有帮助。例如,在于跳蚤市场上进行的法律行为中,买受人可能就存在以低廉的价格购入价值很高的标的物的投机动机。但是,若他的期待未能实现,他也不能以此为由,主张根据《德国民法典》第119条第2款撤销。反之,即使出卖人卖出的标的物嗣后被证明价值连城,他也不被允许撤销。因为,在这些投机性的法律行为中,从交易观念出发,任何一方当事人均应自行承受买卖标的物之性质存在错误认识的风险因素。

莫扎特乐谱案:A在一个跳蚤市场将各种各样的乐谱出售给了K。嗣后,A才发现,这些乐谱当中有莫扎特的乐谱。在此情况下,A不能根据《德国民法典》第119条第2款要求撤销。[3]

正如从《德国民法典》第122条第2款中可以推导出来的那样,性质

---

[1] Vgl. *Köhler*, JR 1984, 324.

[2] Vgl. BGH NJW 1979, 160(161).

[3] AG Coburg NJW 1993, 938 判决仅仅是结果上正确;不同观点,参见 *Palandt/Ellenberger* BGB § 119 Rn. 27。

对表意人所具有的意义,并不一定要为相对人所知悉或者可能知悉。这只在撤销权行使的法律效果中起作用。

性质错误仅赋予表意人以撤销负担行为(比如买卖合同)的权利,而非**处分行为**(比如让与物权的合意)。因为,处分行为仅以特定标的物上权利的移转作为对象,而非以标的物的性质作为内容或对象。[1]

(4)传递错误(《德国民法典》第120条)

根据《德国民法典》第120条的规定,意思表示如果被"传递该表示的人或机构错误地传递",则该意思表示可以被撤销。[2] 这时便涉及法律特别规定的表示错误案型。[3] 原则上,表意人必须让该错误传递的意思表示归属于自己。不过,他可以通过行使撤销权的方式从该意思表示中脱身。

例如:翻译人员未能正确地翻译,导致发出的意思表示存在错误;接受指令出去采购的学徒工将数个订单混淆,导致发出的意思表示存在错误。

《德国民法典》第120条意义上的传递错误,不仅表现为某一意思表示以错误的内容被传递给了正确的相对人,还可以表现为某一意思表示以正确的内容被传递给了错误的相对人。

《德国民法典》第120条仅适用于**表意使者**,并不适用于代理人。因为代理人并非传递他人的意思,而是发出自己的意思表示(即便代理人是以他人的名义作出意思表示)。代理人意思瑕疵之案型应当适用《德国民法典》第166条第1款。

受领使者应与表意使者区分开来,前者是受意思表示受领人之委托而受领意思表示之人。[4] 若受领使者接受了意思表示,却并未将该意思传达给相对人或在传递给相对人的过程中发生了错误,则属于相对人应当承受的风险。

---

[1] Vgl. *Grigoleit* AcP 199 [1999], 379, 396;有争议。
[2] 就此,参见*Köhler* BGB AT PdW,案例65。
[3] BGH NJW 2005, 976(977).
[4] 就此,参见*Köhler* BGB AT PdW,案例66。

例如：A 让他的同事 S 通过电话向 B 传递一个要约。如果 S 在电话当中说错了，那么意思表示就以说错的内容为准，不过 A 可以主张撤销。如果 S 向 B 的秘书 T 正确地完成了意思表示的传递，那么该意思表示就已经到达了。至于 T 是否将这个意思表示正确地向 B 传递，则无关紧要。

如果表意人根本未曾委托使者进行意思表示的传递，或者即便确实委托了，却在其实施传递行为之前撤回了该委托，那么《德国民法典》第 120 条就丧失其可适用性。[1]

关于《德国民法典》第 120 条是否亦可用于调整**故意**进行错误传递的案型[2]，目前尚存争议。在某些学者看来，应作肯定回答，因为委托人通过纳入使者的方式引发了出现故意错误传递的风险。[3] 不过，单是这一点，还不足以使该错误传递的意思表示直接归属于表意人自己。质言之，在此种案型中，并不存在委托人自己的意思表示，因此也就不再需要行使撤销权。[4] 不过，可以考虑要求委托人基于缔约过失责任的规定（《德国民法典》第 311 条第 2 款、第 280 条第 1 款）承担信赖损害的赔偿责任。此外，由于《德国民法典》第 177—179 条也可以通过类推适用的方式调整使者的行为[5]，因此意思表示受领人的利益已经得到了充分的保护。

3. 界分问题

(1) 签署未读文件

23 某人若**有意在不知晓**某一书面文件内容的情况下对其进行签署，那么他不会发生错误，因而也不得主张撤销自己的意思表示。[6] 这一观点值得赞同。原因在于，对自己所表示意思之内容感觉无所谓之人，也就必须承受由此引发不利效果的法律风险。但多数情况下，签署人基于当事

---

[1] BGH NJW 2008, 2702 Rn. 35, 36.
[2] 就此，参见*Köhler* BGB AT PdW，案例 57。
[3] Vgl. *Marburger* AcP 173[1973], 137；*Wolf/Neuner*, § 41 Rn. 40.
[4] 通说，参见 *Palandt/Ellenberger* BGB § 120 Rn. 4.
[5] Vgl. OLG Oldenburg NJW 1978, 951.
[6] BGH NJW 2014, 1242 Rn. 8；就此，参见 *Köhler* BGB AT PdW，案例 55。

人相关情况,都会对意思表示的内容存在一个大概的想象或预设。效果上,表意人所应承受的风险,也就仅能延伸及他的想象或预设范围那么远。这意味着,若表意人的内心想象或主观预设乃是自己根本没有对具有法律行为效力的意思表示进行签署,则其应当能因为表示意识之欠缺,依据《德国民法典》第119条第1款之类推适用而主张撤销。[1] 反之,如果表意人知悉了表示的法律行为性质,则当他虽然对意思表示的内容也有较为确定的想象及预设,但实际上却是错误的时候,他能够主张撤销。[2] 可是,在个案中,表意人内心的主观预设或想象可能是空泛模糊的。此时应当适用的规则则是:若意思表示的客观内容仍然能够在表意人的主观预设范围内徘徊游移,那就应当排除撤销权。反过来,一旦意思表示被确认的客观内容完全超越了表意人主观预设的范围,并且根据当时的相关情况,表意人也不可能预见到意思表示会包含这种内容,则撤销权的主张和行使即应是被允许的。[3]

签名文件袋案:女企业家U时间紧张,故凡是她的秘书S放在签名文件袋中交给她签名的材料,她基本上都是完全不阅读就直接签名了。该文件袋中放着一个由S偷偷塞进去的为其个人借贷提供保证的文件。此种情况下,U可以根据《德国民法典》第119条第1款主张撤销,因为从当时的情况来看,U不可能预见到工作文件袋中会混入这种文件。

假如意思表示能够撇开载体上的字面表述,直接按照表意人赋予它的主观意义发生效力,那就不再需要撤销权的行使了。当意思表示的相对人引起表意人的此种主观预设,并且相对人对此也知晓的时候,便属于这种情况。此处,当事人所共同追求的内容具有优先适用性。

未经阅读即被签署的合同中若包含一般交易条款,则表意人不能仅通过主张自己不知晓该一般交易条款的内容便要求撤销。只有当由此产生了错误的主观预设或内心想象时,才能够考虑赋予其撤销权。不过,若

---

[1] BGH NJW 2014, 1242 Rn. 9.
[2] BGH NJW 2017, 1660 Rn. 27; 2014, 1242 Rn. 8.
[3] BAG NJW 1971, 639(640);另参见 BGHZ 71, 260(262)关于漏听(überhören)的案子。

该一般交易条款性质上属于《德国民法典》第305c条第2款意义上的"意外条款",亦不能行使撤销权,因为这些意外条款根本不会成为合同内容。[1] 然而,如果问题所涉乃是根据《德国民法典》第307条及以下不生效力的条款,便要另当别论了。因为,合同的(部分)无效并不会排除合同的(部分)撤销。[2] 二者区别在于,不生效条款被撤销的场合,整个合同都会根据《德国民法典》第139条的规定而消灭;而根据第306条第2款的规定,部分无效的场合,部分不生效力的条款会被法定的条文直接取而代之。

(2)法律效果错误

24　　根据裁判实践[3],就某一意思表示之法律效果存在错误的案型,应做如下区分:错误所指向之法律效果若为经由该法律行为所追求之法律效果,则应将之界定为内容错误,并可直接导致撤销权的产生。但是,若错误仅指向法律行为的**法定附随效果**,而该法定附随效果不为表意人所知晓,且不被其追求,那么就应排除撤销权的存在。

　　例如:如果对A与B之间所缔结合同的解释结果是该合同并非劳务合同,而是承揽合同。那么,当B错误地以为,自己因合同之缔结而仅负有劳务给付,而非完成并提供特定劳动成果的义务时,其便可以主张撤销[法律行为的类型错误(error in negoito)]。但是,如果B仅是不知道承揽合同中瑕疵担保责任的范围,则应排除其撤销权。[4]

　　这一区分虽然不是逻辑上的必然结果[5],但从事理的角度来看却是妥当的。因为,如果不做这种区分,撤销权将会过分扩大,以致侵害法律的安定性。可是,它并不包表意人(比如基于不当的法律咨询结果)对其意思表示的法定附随效果存在错误认识的案型。从结果上来看,也应当否定此时的撤销权。至于表意人对于法律格局是否存在不充分或错误的

---

〔1〕 同旨,参见 Medicus/ Petersen, AT BGB, Rn. 754。
〔2〕 不同观点,参见 Medicus/Petersen AT BGB Rn. 754;与本书采相同观点者,参见 Neuner BGB AT § 41 Rn. 100f.。
〔3〕 BGH NJW 1997, 653; 2008, 1442 Rn. 15, 19.
〔4〕 Vgl. OLG Karlsruhe NJW 1989, 907(908).
〔5〕 Vgl. Medicus AT Rn. 751.

主观预设,则并不会对风险承担产生影响。

根据裁判实践,如果因为该法律行为不仅会产生表意人所追求的法律效果,还会引致与其所追求法律效果差别很大的其他法律效果,而使表意人对其意思表示的法律效果存在错误认识,该种情形就会被判定为意思表示的内容错误。[1]

应与法律效果错误相区分的是对意思表示中所使用的某一**法律概念**的意义存在错误认识,比如对"从物"(参见《德国民法典》第 97 条、第 311c 条)这一法律概念的意义存在错误认识。后者是一个能够导致撤销权产生的内容错误。[2]

(3)计算错误与双方动机错误

在合同要约中所包含的某一给付之价格可能是内部计算错误的结果,出卖人对标的物的数量、大小、重量、进货价格或者增值税等存在错误认识,即属此类。如果内部的计算没有被纳入意思表示当中(所谓**隐藏的计算错误**),则其仅属于无须关注的动机错误。[3] 此种情况下,《德国民法典》第 119 条第 2 款规定的撤销权也不能适用,因为给付义务的价值并非具有交易重要性的物之性质。亦即,要约人应承受自己计算错误的风险。至于意思表示相对人能否识别或者是否积极地发现了计算错误的情况,原则上是无关紧要的。[4]

竞标案:城市 S 为一幢新建筑的木工进行招标。木匠 T 给出自己的要约,其最终价格为 305000 欧元。嗣后,T 发现自己计算价格时没有将运输和安装费用考虑在内。T 向 S 通知了这一情况,并表示想要撤回自己的要约。尽管如此,S 依然向 T 宣布了其中标的结果,因为 T 是出价最为便宜的要约人。合同本身也发生效力,因为 T 不得主张撤销。

在某些个案中,撤销权的排除可能会导致毁灭性的后果。对此,裁判实践通过适用《德国民法典》第 242 条进行解决。具体而言,如果相对人

---

[1] BGH NJW 2008, 1442 Rn. 19.
[2] Vgl. RGZ 70, 391.
[3] BGH NJW 2002, 2312.
[4] BGHZ 139, 177(181ff).

知道计算错误(或者能够强制其知悉该情形),并且合同的执行对要约人来说完全是不具有期待可能性的,相对人却仍旧对该要约加以承诺并且要求该合同的贯彻和履行,那么可能会构成不被允许的权利行使。[1] 在公权委托人进行招标的场合,如果从一个正直理性的公权委托人的角度来看,由于给付义务与对待给付义务之间存在不当的偏差,以至于难以期待投标人会满足于被错误计算的价格,那么此时如果依旧通知该竞标人中标,甚至可能构成对《德国民法典》第241条第2款所规定照顾义务的违反。在此情况下,针对合同上的履行请求权或损害赔偿请求权,投标人可以提出履行拒绝权加以抗辩。[2]

可是,如果双方当事人共同从某一个被视为决定性的计算基础出发,就要另当别论了。若计算因素明显突出,则价格计算只不过是一个运算过程而已,且对当事人来说决定性的根本不是计算得出的绝对数值时,就应当适用"**误载不害真意**"的基本原则(Falsa demonstratio non nocet)[计算错误无害(Unschädlichkeit einer Falschbezeichnung)]。

著名的"**卢布案**"[3]即误载不害真意的典型例证:当事人在莫斯科缔结借贷合同,标的为30000卢布,但按照当事人的约定,该笔借款的返还义务应当在德国以当时的帝国马克货币来履行。借款人履行还款义务时,给出了一个7500马克的债务凭证,因为双方当事人共同认为,1卢布等于25芬妮的价值。但事实上,1卢布仅有1芬妮的价值。对此案型,帝国法院根据《德国民法典》第119条第1款赋予当事人因(扩张的)内容错误的撤销权,而其他观点却主张通过法律行为基础障碍的理论解决。然而,此种情况下完全可以通过解释的方式认为,该借贷合同中还款义务的履行应当根据当时的货币兑换汇率换算成马克并以马克来完成,至于这个借款凭据当中的不正确数字,只不过是一个错误的标记而已。[4]

如果经由(某些情况下补充性的)合同解释无法达致意欲追求的目

---

[1] BGHZ 139, 177(181ff).
[2] BGH NJW 2015, 1513; *Riehm* JuS 2015, 644.
[3] RGZ 105, 406.
[4] 同旨,参见 *Medicus/ Petersen*, AT BGB, Rn. 758.

标,则可以从**法律行为基础丧失**的角度(《德国民法典》第313条第1款)考虑共同的计算基础。[1] 相较于根据《德国民法典》第119条第1款(扩大的内容错误)赋予撤销权的解决路径,这一方案更加合理,因为它能够避免向遭受不利益的一方再次苛加信赖损害赔偿责任的负担,且它使合同的调整成为可能。

错误咨询结果案:基于对某城镇建筑用地平均价格上的不正确咨询结果,双方当事人合意将土地买卖的价格定在200000欧元,但实际上,市场交易价格应为300000欧元。此案当中,该错误的咨询结果构成了《德国民法典》第313条第2款意义上的法律行为基础,因为正是这一咨询结果使得双方当事人如此缔结合同,而非以其他价格缔结关于这块土地的买卖合同。所以,出卖人可以根据《德国民法典》第313条第1款之规定,要求将土地买卖价格进行适当提高(将该合同按照真实情况进行调整)。因为对出卖人来说,严守合同更显得不具有期待可能性。如果土地买卖价格的提高对于买受人而言是不可期待的,那么出卖人可以根据《德国民法典》第313条第2款解除合同。

但需要注意的是,单方的动机错误,比如计算错误,不能仅仅因为对方当事人也有这种错误,例如表意人向对方当事人公开了自己的计算基础(Kalkulationsgrundlage),便直接按照法律行为基础丧失的规则来调整。[2]

例如:V以100欧元的价格向K提供某货物,并附加指出,他自己的成本费用为80欧元。但实际上,该成本乃是90欧元。在此情形下,这种错误就是无关紧要的。即便K同样出现了这种错误,也不会对该情形有根本上的影响。

(4)自动化的意思表示

《德国民法典》第119条、第120条原则上亦可适用于经由机械化方式发出的意思表示(保险单据)。不过,应做如下区分:数据输入过程中的

---

[1] 就此,参见*Köhler* BGB AT PdW,**案例**63。
[2] BGH NJW 2001, 2464; NJW 2002, 2312(2313); *Köhler* BGB AT PdW,**案例**60。

错误(错误键入、对某一符号意义理解的错误)乃是准备阶段的错误,而非意思表示发出阶段的错误。只有当该错误延续到表示阶段时,它们才能构成表示错误或者内容错误,进而允许被撤销。[1] 其余情况,就仅是纯粹的计算错误而已。[2] 在所使用软件程序存在瑕疵的场合,也适用相同的基本原则。例如,买卖合同价款输入时尚正确,但由于**软件本身存在的瑕疵**,转换成要约时却出现了错误,那么这就会产生表示错误。[3] 但是,若错误仅涉及计算基础,就有所不同了。在此情况下,也只是存在一个计算错误[4]而已。[5] 假设这一错误导致了明显不被期待(比如毫无意义)的意思表示,那么根据意思表示解释的基本原则,该意思表示应被判定为没有法律效力。

(5)违反约定填写空白单据

28　　**保证格式合同案:**银行 K 与 S 约定,只要 S 能够找到一个保证人,就愿意向其提供信贷借款。S 请求 B 担任自己的借款保证人。考虑最终的贷款金额尚未完全确定下来,B 表示,愿意承担最高额度为 40000 欧元的借款保证义务。B 在 S 携带的一张由银行提供且尚未填写的保证单上签名,并与 S 约定,此保证只允许被用作 40000 欧元借款的担保。但 S 却违背约定,在该空白保证单上面填入了 60000 欧元的借款额度,并将该保证合同交给银行。嗣后,银行要求 B 依据该金额承担保证责任。银行的请求是否合理?

　　交易实践当中,很多场合存在提供空白签名,并且委托他人填写或者完善合同本身的内容,或者为此而向其授权的情形。这种"分工"完成意思表示的方式,原则上是允许的。可是通过这种方式,签名人也有意地制造悖于约定对空白合同加以填充的风险。此时,相较于善意信赖的第三人,该签名人不值得受到保护。在第三人获得某一经签署的完整证

---

〔1〕 BGH NJW 2005, 976(977); OLG Oldenburg NJW 1993, 2321.
〔2〕 BGHZ 131, 177(180f.); *Köhler* AcP 182 [1982], 135;有争议。
〔3〕 BGH NJW 2005, 976(977).
〔4〕 参见本章边码 25。
〔5〕 BGH 139, 177(181).

书,并且可得认为,该意思表示源自签名人自己,换言之,第三人并不能知晓该证书是由一个未经有效授权的人补充完整的情况下,该第三人就是善意的。[1] 就此,裁判实践提出了如下准则[2]:

> "如果某人将经其签署完成的**空白单据**交于他人,那么,当该空白单据的填写不符合其本人真实意思,且承载这一内容的证书被交给一个正直善意的第三人时,他就必须受该证书上所载明的意思表示的约束。"[3]

这意味着,签署人嗣后不得根据《德国民法典》第119条第1款主张自己就证书上所载明的意思表示存在错误,进而要求撤销。他必须对自己所引发的**权利外观**(Rechtsschein)负责(《德国民法典》第172条第2款、第173条的法理思想)。

在前述"保证格式合同案"中,只要银行是善意的,B就不能主张撤销其保证的意思表示,进而逃避自己基于《德国民法典》第765条所应承担的责任。该案中,鉴于银行收到的是一个填写完整的保证单,并且可得认为,这一意思表示完全源自B自己的意思表示,故银行的善意信赖状况应予肯定。

然而,若空白单据的签署人在出具或者交出该空白单据之时存在意思瑕疵,情况就有所不同了。

签名时间案: 流行歌手U给他人签名时,其中夹杂着一张票据单,该歌手于不知情的情况下在该票据上面签了名。在此种案型中,鉴于歌手欠缺表示意识,根本不想发出具有法律行为效力的意思表示,故其可以根据《德国民法典》的119条第1款的类推适用主张撤销意思表示。[4] 该撤销权不应被"权利外观"的基本原则排除,因为U并未以可归责的方式引发相关的权利外观。

---

[1] BHGZ 132, 119(128).
[2] Vgl. BGHZ 40, 65(68); 132, 119(127f.).
[3] 就此,参见 Köhler BGB AT PdW,案例135。
[4] 参见本章边码5。

4. 撤销的限制

(1) 错误的主观与客观重大性

29 只有"当能够判定,假设表意人知道了事情的真实状况,并且在对案情进行理性判断的前提下将不会发出该意思表示之时",他才被允许(《德国民法典》第119条第1款后半句)撤销其意思表示。亦即,撤销权人必须证明,错误(=对于真实状况的不知情)与意思表示的发出之间存在**因果关系**(错误的主观重大性)。除此之外,该意思表示还必须在"理性评价"之时不会发生(错误的客观重大性)。为此,应当站在理性人的立场,并以该理性人没有任性或者不曾发生理性欠缺的因素时所作的决定为准据。[1]

例如:A 不知道 Jakob Müller, München 的企业经营者更换,而直接在该公司订购货物。此种情况下,虽然 A 对行为相对人的人身存在错误认识(内容错误中的"行为相对人同一性错误"),但是这一错误对于合同的缔结难谓重大。

(2) 撤销的期限(《德国民法典》第121条第1款第1句)

30 撤销的可能性使得交易的法律状态变得不清晰。为了缩减此种不清晰的状态,并确保法律安定性的实现,法律规定,撤销权的行使只有在规定的期间内才被允许。根据《德国民法典》第121条第1款第1句之规定,错误撤销必须在撤销权人知悉撤销的基础之后,"不存在过失拖延(毫不迟延)"地予以实施。

由上可见,撤销权期间从权利人**知悉撤销权的基础**(以及撤销相对人)时起算。而前述事实的知悉,又必须以撤销权人知悉自己的错误或者对该错误严肃地加以对待和审视为前提。是故,撤销权人不能一直等到他完全弄清楚事实之时,才主张撤销权的行使。相反,撤销权期间也并不会在纯粹的怀疑、不确定推论或过失不知的情况下就直接开始起算。再者,撤销人为维护自身交易利益而委任的使用人知情的,亦应视为其自身

---

[1] Vgl. BGH NJW 1988, 2597(2599); 1995, 190(191)。

知悉。

撤销权期间并非完全固定,而是直接由《德国民法典》第 121 条第 1 款第 1 句设置了一个灵活的边界范围。撤销权必须"**不加迟延**"地行使,其在法律中被界定为"**不应过失地拖延**(ohne schuldhaftes Zögern)"。这首先表明,撤销权并非必须马上行使。而是撤销权人应当能够对撤销的正反两面,尤其是撤销的法律效果加以检验,某些情况下也可以征求法律咨询的意见。不过,还是必须尽快完成,其等待期间不能超过撤销权人对自己或者相对人利益加以合理检验并作出决定所必要的时间。至于何为合理,则要根据个案的相关情况,尤其是法律行为的意义及复杂性程度,加以判断。但通常而言,要求撤销权人在几天时间内作出决定,是妥当并可期待的。

就表意期间之遵循而言,只要撤销权人在规定的期间内将其意思表示发出,即足矣(《德国民法典》第 121 条第 1 款第 2 句)。换言之,只要撤销权行使的意思表示并非经由特别烦琐的途径来传送(比如以诉讼方式,而非简单地通过直接向对方发出通知、作出意思表示的方式进行撤销),则意思表示迟延到达就仅能给撤销权的相对人增加负担。[1] 但是,撤销权行使之意思表示的生效依然少不了到达(《德国民法典》第 130 条)这一构成要件。意思表示发出十年之后,原则上应当排除撤销权(《德国民法典》第 121 条第 2 款)。换言之,错误是否直到十年期间届满之时仍保持不被知悉的状态并不重要。

(3)其他限制

①相对人同意以所欲内容缔结法律行为

撤销权意在使表意错误之人免受错误附生的不利影响,而非给予其不应得的好处。因此,假如相对人愿意如表意人在没有错误情况下本来想要表达的那样对意思表示加以理解,则针对意思表示的撤销权就应当被排除。[2] 此时就应当按照"误载不害真意"的规则来处理[3],该法律

---

〔1〕 Vgl. BGH NJW 1975, 39.
〔2〕 Palandt/Ellenberger BGB § 119 Rn. 2; Müller JuS 2005, 18.
〔3〕 Köhler/ Fritzsche JuS 1990, 16(19).

行为也应当被视为自始有效。

例如：买卖合同中，若买受人将订购标的物的数量100错误地写成了1000，则买受人可以主张撤销。其结果是，买受人根本不必再接受任何标的物了。但是，如果出卖人愿意接受数量为100的订购单，那么该撤销权就会被排除。

假如无法确定表意人内心的真实意思，而仅能确定其可推断的意思，那么就只存在《德国民法典》第140条规定的法律行为之转化而已。[1]

例如：出卖人误将莱布尔的画作当作迪文尼克的画作予以出卖。此时即无法确定，假如出卖人知道该画作由莱布尔创作，他是否仍然愿意出卖该画，因为出卖人并未就此形成内心的主观预设及考量。但是，如果通过推断双方当事人意思的方式能够查明，即便在这种情况下这幅画也会被卖出，并且会被买入，那么就可以直接考虑将该合同转化成以莱布尔的画作买卖为内容的合同。

②交易上典型风险配置结构的优先性

假如根据某一合同类型的意义和目的，一方当事人应当承受特定的风险，那么关于该种风险形成的错误就是无关紧要的，亦不予考虑。

例如：在保证合同的法律关系中，保证人不能主张其对主债务人的支付能力存在错误认识，进而要求依据《德国民法典》第119条第2款撤销保证合同。因为保证合同的意义恰恰在于，保护债权人免于债务人支付不能的风险。同样地，某人若在跳蚤市场上以5欧元的价格购入一幅画，那么他嗣后不能主张，自己原以为该画作是一幅经典旧作才购入，进而要求撤销合同。

③瑕疵担保责任优先于《德国民法典》第119条第2款的撤销？

根据通说[2]，对交易中重要的物之性质存在错误的场合，若该物之性质欠缺对表意人来说，同时能够产生**瑕疵担保的请求权**(《德国民法典》

---

[1] Köhler/Fritzsche JuS 1990, 16(19).

[2] 比如，BGHZ 78, 218; Palandt/Ellenberger BGB § 119 Rn. 28; Jauernig/Berger BGB § 437 Rn. 32。

第434条及以下、第536条及以下、第633条及以下、第651c条及以下),那么基于意思表示错误的撤销权就应当予以排除。因为,瑕疵担保责任的相关规则应当将债权人基于物上瑕疵而享有的权利完整并排他地予以规定。而且,若买受人在瑕疵担保责任请求权的行使之外,还能够主张撤销权,那么就难以与《德国民法典》第437条及以下(关于后续履行权具有优先地位、出卖人享有"二次服务权"的规定)、第442条第1款第2句(关于买受人因重大过失而不知瑕疵场合限制瑕疵担保责任请求权行使的条款)以及第438条(关于诉讼时效的规范)完全吻合。[1]尽管有反对学说认为,在错误撤销的场合,买受人必须承担消极利益损害赔偿的义务(《德国民法典》第122条),出卖人的利益可借此得到保护。[2]可是,这样一来,出卖人通过后续履行促成合同依约执行的正当利益就无法得到充分的维护和保障。因而,仍然应当采纳和遵循主流学说的观点,即瑕疵担保责任相较于撤销权的行使具有优先的法律地位。

若出卖人想要经由《德国民法典》第119条第2款所规定的错误撤销权的行使而逃避自己的瑕疵担保责任,那么,同样应当排除其撤销权。[3]但是当买卖标的物具有比合同约定更高价值或不同于合同约定的其他性质时,则不适用上述规则[4],并且即便买受人同时享有瑕疵担保请求权,原则上也应如此。[5]

④**劳动合同与合伙合同中撤销的限制**

在**劳动合同**的法律关系中,若该合同已经进入履行阶段,那么,尽管该撤销权是被允许的[6],但从社会与经济的观点考量,仅允许该撤销权产生面向未来[7]的法律效果。[8]

---

[1] BGHZ 63, 369(376).
[2] Vgl. *Wasuth* FS Piper, 1996, 1083.
[3] Vgl. OLG Oldenburg NJW 2005, 2556(2557).
[4] BGH NJW 1988, 2597.
[5] Vgl. *Köhler/Frizesche* JuS 1990, 16.
[6] Vgl. BAG NJW 1991, 2723.
[7] Vgl. BAG NJW 1980, 1302; *Picker* ZfA 1981, 1.
[8] 就此,参见*Köhler* BGB AT PdW,**案例64**。

合伙合同若已经进入履行阶段,则从债权人及共同合伙人保护的角度出发,因错误而撤销合伙合同的权利,应当缩减为基于重大理由而终止合同的权利(**瑕疵合伙**的基本原则)。[1]

⑤撤销的合意排除

35　　撤销权还可以经由特约的方式被排除,但不可以通过一般交易条款(《德国民法典》第307条第2款第1项)的方式来实现这种排除的法律效果。[2]

5. 撤销及其法律效果

36　　撤销权的行使,乃是通过不要式、需受领意思表示的方式而实现(《德国民法典》第143条第1款)。[3] 撤销的效果是,法律行为应被视为自始无效(《德国民法典》第142条第1款)。假如当事人已经基于嗣后被撤销的合同实施了给付行为,则应根据《德国民法典》第812条及以下的规定予以返还。

根据《德国民法典》第122条第1款之规定,撤销权人应向相对人赔偿其因相信意思表示有效而遭受的损失(所谓的**信赖损害**)。换言之,相对人可以要求被置于如同其根本未曾进入该法律行为时所应处的状态。所以,该赔偿义务中除了包括为该法律行为之缔结而支出的徒劳费用还应涵括**某一**其他法律行为未能缔结而丧失的利益。[4] 不过,该赔偿义务"不能超过相对人于意思表示有效时所能享有的利益额度范围"(所谓的**以履行利益为限**)。因为在法律行为被撤销的场合,相对人不应处于比撤销权未行使时更加有利的地位。

例如:V以12000欧元的价格购入一个巴洛克式的柜子,并通过书信向K提出出售要约。K表示,若V将该柜子免费运送给自己,他就愿意出20000欧元购买这个柜子。V对此表示同意。随后,第三人D也向V表示,自己愿意出价25000欧元购买这个柜子,并且表示可以自行取运柜

---

[1]　Vgl. BGHZ 63, 343.
[2]　Vgl. BGH NJW 1983, 1671(1672).
[3]　就其细节,参见本章边码76。
[4]　BGH NJW 1984, 1950.

子。V拒绝了第三人D的要约,并将该柜子运送交付给K。接着,K主张自己存在错误,撤销了合同。V为该柜子的运去和运回分别支出250欧元的费用。在此案中,V的信赖损害额度为13500欧元(本来有机会与D签订合同,却因信任V而未能与D缔结买卖合同,因而损失了13000欧元;为标的物之运送而徒劳支出了500欧元费用)。然而,V的履行利益额度仅为7750欧元(与K所缔结合同若未经撤销可获取的利润;在此场合,V只会产生运去的成本)。因此,V只能向K要求最高为7750欧元的信赖利益损害赔偿。

如果受损者**知道**了撤销权产生的基础或因为过失而未能知道撤销权产生的基础(**即应当知道**),则应按照《德国民法典》第122条第2款之规定排除撤销权人的损害赔偿义务。至于表意人的错误可否避免,则无足轻重。另外,即便相对人并不知道或并不应当知道撤销权产生的基础,但却恰恰是他(可能在没有过错的情况下)导致了该错误的产生,则同样应当排除其损害赔偿义务。在与有原因的场合,应当根据《德国民法典》第254条第1款,在当事人之间对损害进行分担。[1]

《德国民法典》第122条规定的责任并不以表意人的过错为前提。它的本质是一个纯粹的**信赖责任**。[2] 不过,若表意人同时也有过错,那么,除了主张第122条的请求权,表意人还可以主张**缔约过失**(《德国民法典》第280条、第311条第2款)或侵权行为的请求权。在此范围内,并不适用《德国民法典》第122条第1款规定的责任限制条款,而仅能适用第254条取代第122条第2款。

五、恶意欺诈与不法胁迫

1. 概论

为法律行为上决定自由之保护,《德国民法典》在第123条中专门列

---

[1] Vgl. BGH NJW 1969, 1380;就此,参见*Köhler* BGB AT PdW,**案例**57。
[2] Vgl. *Neuner* BGB AT § 41 Rn. 157.

举和规定了两种意思受到不被容许的影响之情形:通过恶意欺诈和不法胁迫对意思表示进行影响。受到此种影响之人可以撤销此前发出的意思表示。其与错误撤销有三个区别:首先,因恶意欺诈产生何种错误在所不问,况且于恶意胁迫的场合,本来就缺乏发生错误的可能性。其次,基于《德国民法典》第 123 条规定而产生的撤销权应在发现错误或者受强制状态终结后一年内行使,错误撤销权则应不加迟延地(《德国民法典》第 121 条)加以行使。最后在恶意欺诈、不法胁迫两种情况下,撤销权行使人无须承担信赖损害的赔偿责任。

2. 恶意欺诈

38 因恶意欺诈导致意思表示被撤销的情形,需要以如下条件为前提[1]:

(1)欺诈

39 欺诈意味着,就某事实引发、强化或者维持错误的状态。若某人价值判断只是对缺乏可得客观检验内容的主观产生信赖,则其并非被欺诈。

例如:某时装销售商奉承其女客户:"这件衣服真是非常适合您。"该女客户回到家之后,她丈夫却说她穿的这件衣服"完全不行",必须把衣服退回去。此种情况下,基于恶意欺诈的撤销权已被排除。

欺诈行为可以表现为积极主动的作为(**虚构事实**)。

例如:二手车交易商令其客户知悉,该车配备可更换的轮胎。

当然,欺诈也可以表现为消极不作为的行为(**隐瞒真相**),但其前提是行为人负有**说明或告知的法律义务**。至于此种义务何时存在及其范围大小,则要根据交易观念、诚实信用原则(《德国民法典》第 242 条)以及个案的相关因素,进行判断和考量。[2]

40 一旦相关的事实**被问及**,则行为人始终负有对相关事实加以告知的义务。

---

[1] 就此,参见 *Köhler* BGB AT PdW,案例 68。
[2] Vgl. BGH NJW 1983, 2493; 2001, 64.

例如:设若二手车交易商被问到,该车是否发生过事故,那么该二手车交易商就必须依照真实情况加以回答,即便该事故仅仅导致车的"表面损伤",亦无不同。[1]

然而,相对人对相关信息的追问必须是**被允许的**。如果该问题涉及合同相对人的私人领域并且与所欲签订合同本身并没有事实上的联系,那么该问题就不被允许。[2] 对于此种问题,相对人有权错误回答或仅给出不充分的答案(正当防卫的思想,《德国民法典》第227条)。

例如:会计员在招聘的场合被问及前科状况时,他必须如实告知自己曾经因职务侵占(Unterschlagung)而被判刑,但若仅仅是与招聘及职业无关交通肇事前科记录,他则无须予以告知。

反之,一方当事人并无一般性的义务,就其未被问及但对相对人决定的作出有意义的问题加以告知。[3] 尤其是在交换性的合同类型中,鉴于当事人之间利益存在冲突,更不得期待对方当事人在未被专门问及的情况下就可能的不利属性、关系情景或发展状态予以告知。据此,买方原则上没有义务向卖方告知,他将怎样利用标的物。[4] 行为人若很重视某一个特殊因素,就必须有意进行追问。[5]

例如:卖方没有义务告知其客户,某一货物将会在次日降价,或近期内将会有一款优化升级的产品面世。

但是,若某一因素对相对人决定的作出具有决定性的意义,并且相对人根据交易习惯也确实能够合理期待被告知,那么就存在着告知或说明的义务。[6] 在此过程中,特别重要的一点是,相对人是否严重仰赖此方当事人的专家身份,或者对方当事人是否能够非常容易地自行获取相关信息。

例如:在油罐车买卖的法律关系中,即便在未被追问的情况下,制造

---

[1] Vgl. BGH NJW 1977, 1914(1915).
[2] Vgl. BAG NJW 1985, 645.
[3] BGH NJW 2012, 296, Rn. 38.
[4] BGH NJW 1992, 1222.
[5] BGH NJW 1989, 763(764).
[6] BGH NJW 2012, 296, Rn. 38.

商也应当告知买方,在运载量较大的液体经弯道路段或紧急刹车时,可能存在倾覆的危险。

如果合同关系当事人之间存在特殊的信义或者信赖关系,亦应认定存在广泛的说明与告知义务。

> 就某一事实存在的错误被激发、强化或者被维持时,应当认定为**欺诈行为**。这可以通过虚构事实的方式产生。存在说明告知义务却依旧保持沉默、隐瞒真相的行为,可与虚构事实的积极行为做相同对待。
>
> 就某一特定事实的**说明义务**,在下列情况下始终存在:
> ——以法秩序所允许的方式,就某一事实加以追问;
> ——该事实对行为相对人决定的作出具有决定性的意义,并且根据交易习惯,相对人可以期待被告知;
> ——当事人之间建立了特殊的信任关系。

(2)欺诈与意思表示之间的因果关系

欺诈行为必须在表意人处引发、强化或者维持一种**错误**的状态,不论该错误是何种类型,且该错误促使其发出意思表示。只要除去其他动机,表示决定的作出也还受到欺诈行为的共同刺激或影响,就应当肯定原因关联的存在。[1] 但若表意人从一开始就已经知道事实的真相或者预计到欺诈行为(在此种范围内)的存在,仍然无论如何都要发出此种意思表示的,则欺诈行为与意思表示之间的因果关系就并不存在了。

例如:K是艺术收藏爱好者,从古董商A处购买到一个宗教人物雕塑。他了解到,这个艺术品系从教堂中抢劫而来,不过这对K来说无关紧要。嗣后,K不得通过主张所有权欠缺的欺诈行为之存在,而要求撤销此前进行的合同交易与法律行为。

表意人本来能否很轻易识破欺诈行为,或者在合理评价的基础上,表意人是否本来在知道欺诈的场合依然发出该意思表示,并不重要。

例如:二手车交易商将车龄标注为5年,但事实上该车的年龄是6年。

---

〔1〕 BGH NJW 1991, 1673(1674); WRP 2005, 749(750)。

此种场合,即便买方本来能从该机动车证书当中很轻易知晓生产年份,也并不妨碍其撤销权的存在。

(3)恶意

该欺诈必须是**恶意**为之,而恶意的判断又以故意的行为为前提。为此,间接故意(bedingter Vorsatz)已经足够了。[1] 换言之,行为人必须在知道或认为可能的情况下,还容忍了自己说出并非真实的情况或对非真实的情况表示沉默。[2] 只要行为人并不知晓事情的真实情况,即便其乃是出于重大过失而不知,同样应当排除恶意的存在。[3] 至于陷入错误的一方相对人是否由于过失而未能发现事情的真实情况,则无足轻重。[4]

例如:仍以二手车买卖为例,在被问及该车是否未曾发生过车祸时,出卖人作出了肯定回答,因为该车的前所有权人向该二车交易商作出了此种保证,此时就应当否认出卖人存在恶意。即便他本来可以通过检查的方式对此问题加以查明,亦复如此。反之,对于该车此前的行驶状况,出卖人若在毫无事实根据的情况下,就信口开河(ins Blaue hinein)地给出一些并不正确的事实说明,则应当肯定恶意的存在,因为出卖人知道这可能不正确,并且对此加以容忍。[5]

此外,行为人还应当存在如下意图,即刺激被欺诈人发出意思表示,或至少意识到,如果没有被欺诈,则相对人可能根本不会或者并不会以这样的内容发出意思表示。[6] 至于致生损害的意图或促成财产损害发生的意图,则并非必不可少。反过来,即便欺诈人想把"最好的"给被欺诈人,这点也并非决定性的。[7] 欺诈人的动机即便是值得尊敬的,也无关紧要。不过,就不被允许的问题给出错误答案则不能被认定为恶意欺

43

---

[1] BGH NJW 2010, 596 Rn. 41.
[2] BGH NJW 2001, 64.
[3] Vgl. BGH NJW 1977, 1055.
[4] BGH WRP 2005, 749(751).
[5] 参见 BGH NJW 1995, 955(956);BGHZ 168, 64;批评性的观点,参见 *Faust* JZ 2007, 101。
[6] BGH NJW 1991, 1673(1674);1996, 1205;*Kolbe* JZ 2009, 550(555).
[7] BGHZ 109, 327(333).

诈行为。

> 欺诈行为于如下情况下构成恶意:
> ——欺诈行为人知道或者可能知道,自己所说并非真实或自己对真实情况保持了沉默,但依然对此事加以容忍;并且
> ——他想要促使被欺诈人发出意思表示,或者知道被欺诈人在没有该欺诈行为的场合并不会以此种方式发出意思表示。

(4) 欺诈之人

44 若并非意思表示的受领人,而是**第三人**实施了欺诈行为,则只有当意思表示受领人"知道或者应当知道该欺诈行为(《德国民法典》第 123 条第 2 款第 1 项)"时,才允许表意人主张撤销。[1]

例如:银行要求债务人提出保证人。债务人便通过恶意欺诈的方式,说动自己的一个亲属向银行提供担保。在此场合,只有当银行也存在恶意时,表意人(担任保证人的亲属)才能够主张撤销保证合同(《德国民法典》第 765 条)。

45 《德国民法典》第 123 条第 2 款第 1 项意义上的"第三人",不能是站在意思表示受领人一边而对法律行为之缔结具有决定性影响的人。这种人的行为应如意思表示受领人自己的行为一样被对待,这样一来,就可以直接适用《德国民法典》第 123 条第 1 款规定的撤销权。不过,双方当事人圈子的确定稍显困难,截至目前还没能得到完全充分的说明。[2] 但没有争议的是,如果发出欺诈性表示之人被撤销相对人知悉且同意,进而作为其信赖人或代表人出现,则其并非第三人。[3] 属于此种案型的包括法定或者意定**代理人**,此外,由撤销相对人委派的**谈判执行人**(Verhandlungsführer) 或者**谈判辅助人**(Verhandlungsgehilfe),亦属其中。否则,事务主导人自己就能够躲在恶意实施相关行为的辅助人背后,而无须承受任何风险。在此范围内,适用于《德国民法典》第 278 条所规定的

---

[1] 就此,参见 *Köhler* BGB AT PdW,案例 68。
[2] Vgl. BGH NJW 1996, 1051; *Martens* JuS 2006, 887.
[3] BGH NJW 2011, 2874 Rn. 15.

辅助人之行为归属相同的利益衡量。此外的情形则取决于相应的整体情况或者相关利益的衡量。

例如：在融资买卖(finanzierter Kauf)法律关系中，出卖人与贷款人共同的代理人与客户进行谈判时，在与借贷合同缔结相关的问题上实施了恶意欺诈的行为，此时该行为人不能被认定为《德国民法典》第123条第2款所规定的"第三人"。该客户可以直接根据《德国民法典》第123条第1款主张撤销，贷款人本身的恶意状况则并非决定性因素。可是，在合同缔结过程中仅发挥促成或中间作用的主体，比如居间人，便应当被界定为"第三人"。另外，在保证合同的法律关系中，若主债务人经由恶意欺诈的方式使保证人向债权人发出提供保证的意思表示，则该主债务人可被认定为此处所说的"第三人"，因为该主债务人所代表的首先是自己的利益，但当债权人委托主债务人进行保证合同相关的谈判磋商时，主债务人自身的利益就无须关注了。[1]

然而，裁判实践中[2]，"第三人"的概念往往还会被进一步限缩，并借此提高《德国民法典》第123条第1款规定的撤销权行使的可能性：某一参与人若因与意思表示受领人之间存在特别紧密的联系或者由于其他特殊因素，进而从公平性的角度出发须将其行为归属于意思表示受领人，那么他就不应当被界定为"第三人"。不过，这会导致无法在"第三人"与"非第三人"的主体之间划定一个可靠的界限，而且也无法再识别固定的归属原则。

假如基于意思表示，非意思表示受领人的第三人能够直接获得权利(主要案型：利益第三人合同，《德国民法典》第328条[3])，则根据《德国民法典》第123条第2款第2项的规定，若第三人知悉或者应当知悉该欺诈行为的存在，表意人可直接向该第三人主张撤销。这一条款仅仅是第123条第2款第1句的扩张而已。易言之，如果意思表示能够直接根据第123条第1款或者第2款第1句撤销，那就无须再考量意思表示受益人

---

[1] Vgl. BGH NJW-RR 1992, 1005.
[2] Vgl. BGH NJW 1996, 1051.
[3] 就此，参见 *Köhler* BGB AT PdW，**案例69**。

(Erklärungsbegünstigt)的主观恶意状态。

48 《德国民法典》第 123 条第 2 款仅指涉须予受领的意思表示。无须受领意思表示的场合(主要案型:悬赏广告,《德国民法典》第 657 条;《德国民法典》第 2078 条针对遗嘱的特殊规则),若第三人实施了欺诈的行为,亦可予以撤销,且不受任何限制。

(5)证明责任

48a 主张存在恶意欺诈行为之人,亦应就此事实承担相应的证明责任。即其必须证明,虽有告知说明的义务,却未能得到妥当履行。不过,若能对相对人关于其已告知说明的陈述进行有效地反驳,也就足够了。[1] 就欺诈因果关系的证明而言,被欺诈人必须至少能够指出对其决定的作出有意义的相关因素,并且从生活经验出发,该恶意欺诈在该类型的相关法律行为中影响了表意人决定的作出。其后,就应当由另一方反驳或推翻此表面证据。[2]

3. 不法胁迫

49 根据《德国民法典》第 123 条第 1 款之规定,因不法胁迫而作出意思表示之人,亦可主张撤销。[3] 其细节如下:

(1)胁迫

50 胁迫,是指宣告若不按照要求发出相应的意思表示,将会导致不利的后果,且胁迫人声称自己能够对不利后果的出现施加影响。[4] 该不利结果并不需要非常严重,也并非必须指向表意人本身。该不利后果的宣告只要能够在表意人处引发主观上的强制状态(《德国民法典》第 124 条第 2 款第 1 句),即为足够。

例如:雇员对雇主威胁道,若雇主不收回其终止劳动合同的意思表示,自己就将自杀。

---

[1] BGH NJW 2001, 64(65).
[2] BGH NJW 1995, 2361(2362).
[3] 就此,参见*Köhler* **BGB AT PdW**,**案例 70**。
[4] Vgl. BGH NJW 2005, 2766(2769); BGHZ 184, 209 Rn. 35.

与恶意欺诈的案型不同的是,在胁迫行为的场合,该胁迫究竟源自意思表示的受领人还是第三人,并不具有特别重大的意义。[1]

例如:专业经营商 F 向供货商 L 威胁道,如果 L 不终止与雇员 A 之间的劳动合同关系,他就将停止与 L 之间的供货关系。

依规范目的(意志自由之保护),胁迫人是否真的能够并且愿意实现该胁迫的内容,并不是决定性的,可以说,表意人宣称和发出威胁,并且相对人也确实相信了该胁迫,才是最为重要的。[2]

例如:在前述案例中,即便 F 只是吓唬 L,但只要 L 相信了,就应当肯定胁迫行为的存在。

胁迫人还必须以影响相对人的表意自由为目的,或者至少能够意识到,他的行为能够对表意人的意思表示产生影响。至于胁迫人是否具有《德国民法典》第 827 条和第 828 条规定的意义上的过错能力,并不是决定性的。因为《德国民法典》第 123 条的规范目的并非在于制裁胁迫人,而在于保护受胁迫的相对人。另外,胁迫人对足以导致胁迫不法性的因素存在错误,亦无足轻重(有争议)。

直接使用武力完全排除自我决定空间的案型[直接强制(vis absoluta)],应当与胁迫[间接强制(vis compulsiva)]区别开来。前者甚至根本不存在意思表示。

例如:在举手投票的场合,若某一投票权人的手被强制抬起,则因为缺乏行为意思而根本不存在意思表示。但若只是有人用枪指着他,并强制他举手。那么,由此作出的意思表示就仅仅是可撤销的。

若表意人处于事实上或者想象中的迫不得已的处境,且这种处境被他人所利用,以求达致意欲追求的意思表示结果,则此时并不存在胁迫。[3] 在前述第一种情形下,由此而成立的法律行为可因悖于善良风俗(尤其是暴利行为,《德国民法典》第 138 条第 2 款)而无效,而在第二种情

---

[1]《德国民法典》第 123 条第 2 款的反面推论;限缩性的观点,参见 Martens, AcP 207 [2007], 371.
[2] Vgl. BGH NJW 2005, 2766(2769).
[3] BGH NJW 1988, 2599(2601).

形下,则可能因恶意欺诈而可撤销。可是,若某一不利后果的除去以特定意思表示的作出为前提,那么当存在介入义务时,就同样应当认为存在(不作为方式的)胁迫。

例如: 医生使对病人的继续治疗是由于该病人向其出售一块土地。

表意人错误地以为存在胁迫的场合,为了保护表意人,可以类推适用《德国民法典》第123条第1款的规定。鉴于此种情况下,撤销的基础如同错误那般源自表意人,所以也必须类推适用《德国民法典》第122条。

> **胁迫**,是指宣称若受胁迫人不发出胁迫人所希望的意思表示,则将在未来遭受不利的后果,而且胁迫人声称自己对该不利后果的发生能够施加影响。

(2)胁迫与意思表示之间的因果关系

53   表意人必须基于被胁迫而发出意思表示,换言之,胁迫与意思表示之间必须存在因果联系。此处,具有共同的因果关系(Mitverursachung)已经足够。然而,若表意人在没有胁迫的情况下,同样会基于自己独立的考量而发出此种意思表示,那就应当排除撤销权。至于该胁迫在客观上是否能够促使某人发出意思表示,则属无关紧要。但撤销权人必须证明,假如没有受到胁迫,他本不会发出该意思表示。

(3)行为的不法性

54   《德国民法典》第123条第1款还要求,经由胁迫而对他人的意志施加影响的行为具有违法性。该违法性可能源自手段的违法性、目的的违法性或手段与目的之间的不相当性。[1]

①手段的不法性

55   就影响他人意思表示行为违法性之判断而言,被威胁的行为本身具有违法性,比如悖于法律、违反合同或者有悖善良风俗,即为足够。

例如: 债权人威胁债务人,假若债务人不在票据上签名,将会把他的房子烧毁。

---

[1] BGHZ 184, 209 Rn. 33; BGH NJW 2005, 2766(2767).

②目的的不法性

若被追求的法律效果,亦即被胁迫人发出的意思表示本身具有违法性,也是足够的。若胁迫人对所追求的意思表示存在法律上的请求权,或者其对意思表示的发出存在正当的利益[1],或者其相信自己的立场具有正当性是可以理解的,则欠缺不法性。[2]

例如:某一雇员在扒窃当时被抓现行,雇主遂威胁该雇员,必须在解除劳动合同的协议上面表示同意。否则,雇主就会直接无期限地终止劳动合同。该案型中,雇主的目的本身并不具有违法性。

就目的本身违法性的判断而言,必要的不如说是,被追求的效果是被法律禁止或者悖于善良风俗的。诸此案型中,法律行为大多会根据《德国民法典》第134条或者第138条被判定为无效。

③手段与目的之间的不相当性

最后,就算单独从手段和目的各自来看均不具有违法性,但手段与目的之间的联结关系,亦即利用某一手段达成某一目标,违背了所有公平正义思考者的法感情或者有悖于诚实信用原则,那么同样应当肯定其违法性。[3] 其评价之展开,需将个案的全部因素考虑在内。具有决定意义的因素,通常是胁迫人在所追求的意思表示之上是否存在正当的利益,亦即其为实现该利益而实施的胁迫行为是否看上去还是合理的。[4]

借民事诉讼进行威胁的行为原则上是被允许的,因为这是为法秩序所允许的实现请求权的手段。但当胁迫人知道自己并无请求权或者当他的立场并不正当时,就要另当别论了。此种情况下,也可以考虑赋予受胁迫人基于恶意欺诈的撤销权。同样地,借助于终止合同手段实施的胁迫原则上也是被允许的,除非胁迫人自身都不相信自己的权利或者他的法律立场不再是合理正当的。[5]

---

[1] BGHZ 184, 209 Rn. 36.
[2] BGH NJW 2005, 2766(2771).
[3] BGH NJW 2005, 2766(2771).
[4] Vgl. BGH NJW 2013, 1591 Rn. 10.
[5] BGH NJW 2005(2766), 2769; BAG NZA 2006, 841.

就借刑事告发或者媒体曝光进行的威胁而言,在被要求进行的意思表示与该犯罪行为之间存在内在的关联时,换言之,被要求进行的意思表示是追求将已经出现的损害恢复原状或者采取保护措施防止进一步损害的发生,此种威胁便是被允许的。

例如:某一收银员存在不忠诚行为,为要求其在承认损害赔偿义务的债务承诺书上签字,遂以检举告发相威胁。此时的威胁应当是合理正当的。反之,如果为了促使某人向红十字无偿捐献,或者为使犯罪行为人的家属将损害恢复原状,遂以刑事检举告发相要挟,则是不被法秩序所允许的。同样,在为了实现将合同解除的目的而威胁行使基于重大事由的终止权(außerordentliche Kündigung)的案型中,如果理性的雇主并不会严肃认真地考虑这种策略或者行为的话,这种威胁就是不被允许的。[1]

58　　从胁迫制度的规范目的(不同于通说[2])来看,胁迫人对于导致其行为具有违法性的因素是否知晓或者应当知晓,并不具有决定性的意义[3],并不需要胁迫人对违法性存在明确的意识。

> 当手段或目的本身,或者为目的之追求而投入的手段具有违法性时,可认定胁迫行为存在**违法性**。

4. 恶意欺诈与不法胁迫影响表意自由的法律效果

(1) 可撤销性与撤销

59　　基于恶意欺诈或者不法胁迫而成立的意思表示,在《德国民法典》第123条第2款限制的范围内,是**可以撤销的**。[4] 只要其对表意自由的影响具有延续性,则不仅负担行为本身,就连履行行为也是可以撤销的。

例如:一名古董柜子收购商就一个柜子的年限恶意地欺骗了一个农民。此时,该农民不仅可以撤销买卖合同,还可以撤销转让所有权的

---

[1] BAG NJW 2004, 2401.
[2] BGH LM Nr. 28 关于《德国民法典》第123条的判决。
[3] 与本书持相同观点者,参见 *Medicus/Petersen*, AT BGB Rn. 820。
[4] 就此,参见本章边码68。

行为。

行使撤销权的行为(《德国民法典》第143条第1款),将会溯及既往地导致法律行为无效(《德国民法典》第142条第1款)。但此处(不同于错误撤销的案型)并不会产生向意思表示受领人承担赔偿其信赖损害的责任。只要该意思表示的受领人自己实施了欺诈或胁迫的行为,或者他是恶意的,那么这种结果也是合理的。可是,若该胁迫行为由第三人实施,且意思表示的受领人是善意的,那就应该类推适用《德国民法典》第122条的规定。[1] 因为,在表意人与意思表示受领人的关系中,没有理由将源自受胁迫人行为的风险苛加到意思表示受领人的身上。该受胁迫人可以自行向胁迫人进行追索或者追偿。

例如:企业经营者因客户以停止商业交易关系之威胁而终止了与一个雇员的劳动合同关系。嗣后,该企业经营者又撤销了终止劳动合同关系的意思表示。该雇员为寻找新的工作职位而支出了费用。此时,他可以要求企业经营者承担由此导致的费用支出。

(2) 可撤销性的限制

若《德国民法典》第123条规定的撤销权之行使将导致有悖于诚实信用原则(《德国民法典》第242条)的结果,则此种权利行使是不被允许的。若仅仅是恶意可以归责于撤销权人一边,尚非属于前述情形。只有当受欺诈人或者受胁迫人的法律状态不再受侵害,该撤销权基础也由此而丧失其意义时,才属于上述撤销权行使有悖于诚实信用原则的案型。[2]

例如:A 与 B 订立了一个次租赁合同(Untermietvertrag),A 以恶意欺诈的方式告知 B 已经获得了主出租人的同意。此时,若主出租人(Hauptvermieter)嗣后重新授予 A 表示同意的意思,则该撤销权被排除。

在**合伙法**与**劳动法**领域,《德国民法典》第123条所规定的撤销权也是受到限制的。在加入商事合伙的案型中,为了保护合伙债权人和其他合伙人(Mitgesellschafter)的利益,不能允许溯及既往地撤销该加入行

---

[1] 不同观点,参见 *Medicus/Petersen*, AT BGB, Rn. 822。
[2] BAG NZA 1988, 731.

为,不如说,该恶意欺诈或者不法胁迫仅仅构成了以通知终止方式解散合伙的重大理由或者原因而已。[1] 而在解散之前,该合伙均应被视为有效(所谓**瑕疵合伙**的基本原则)。在劳动合同的法律关系中,只要劳动给付已经开始履行,撤销劳动合同的行为就只能面向未来产生(*ex nunc*)法律效果。

61a　　基于恶意欺诈而产生的撤销权**不能事先以合同的方式被排除**,因为如此将会使表意人的命运完全听任其合同相对人的恣意妄为。况且,这也与《德国民法典》第 123 条第 1 款对自由进行自我决定加以保护的规范意旨不相吻合。故此,当欺诈行为由法律行为相对人自己或者由并非《德国民法典》第 123 条第 2 款意义上的第三人所实施时,对撤销权的排除就是不生效力的。[2]

(3)撤销的期限

62　　相较基于错误产生的撤销权,《德国民法典》第 123 条规定的撤销权并非必须不加迟延地予以行使,第 124 条第 1 款规定了一年的行使期间。该期间之计算,于恶意欺诈的案型,当以恶意欺诈被发现之日开始;而于不法胁迫的场合,则于强制状态终结之日开始计算(《德国民法典》第 124 条第 2 款第 1 句)。不过,若自意思表示发出之日起已经经过了 10 年,那么根据《德国民法典》第 124 条第 3 款的规定,就应将该撤销权一般性地予以排除。

(4)竞合问题

①与无效及其他撤销权基础之间的关系

63　　尽管恶意欺诈与不法胁迫是悖于善良风俗的,但并不会导致《德国民法典》第 138 条所规定的法律行为无效的法律效果。[3] 就此而言,第 123 条是特殊规则,它允许受欺诈或者受胁迫之人自行决定,是否继续坚持该意思表示。不过,若还有其他因素出现或者发生,也可能有悖于善良风俗进而引发第 138 条所规定的法律行为无效的后果。然而,这原则上并不

---

[1] Vgl. BGHZ 159, 280(291); BGH NJW 2010, 596 Rn. 49.
[2] BGH NJW 2012, 298 Rn. 27ff.
[3] BGH NJW 2013, 1591 Rn. 8.

会导致撤销权被排除的法律效果。[1]

假如除了第123条规定的撤销权行使可能性,还存在主张第119条所规定错误撤销的可能性,则撤销权人可以自行选择,或者(实践当中,比如在举证困难的场合,具有意义)同时基于两种撤销权的基础而主张撤销。撤销若可以建立于第123条之规定的基础之上,则第122条所规定的损害赔偿义务便应消灭。即便起初根据错误制度的规范主张撤销,亦复如此。

② 与履行障碍法规则之间的关系

基于恶意欺诈产生的撤销权,并不会因为权利人事先主张了其他导致法律关系转变(Umgestaltung)的法律救济路径(比如通知终止、解除、减价、损害赔偿等)而被"用尽(verbraucht)"[2]。但在个案当中,如果受欺诈人的法律处境没有受到侵害或者不再受到侵害,则撤销权的行使可能因违背诚实信用原则而不被允许。[3]

③ 与损害赔偿请求权之间的关系

恶意欺诈与不法胁迫同样可以导致损害赔偿请求权的产生,比如基于侵权行为(《德国民法典》第823条第1款;或者《德国民法典》第823条第2款结合《德国刑法典》第253条、第263条;或者《德国民法典》第826条)、缔约过失(《德国民法典》第280条、第311条第2款)或者基于合同(《德国民法典》第280条、第281条)。除了合同上的损害赔偿请求权,这些请求权即便在行使撤销权的情况下也能够主张。

例如:K想要购买一个企业。他拒绝了A发出的要约,因为B借恶意欺诈的方式告诉他自己的企业才更加盈利,于是K就购买了B的企业。假设最后K撤销了与B订立的企业买卖合同,那么尽管他不能根据《德国民法典》第280条、第281条的规定主张替代给付的损害赔偿,但他可以根据《德国民法典》第823条第2款结合《德国刑法典》第263条的规定,要求B赔偿自己因为拒绝A的要约而遭受的损失。这时的信赖损害赔偿可以比履行利益的损害赔偿还高。

---

[1] 参见本书第十五章,边码25。
[2] BGH NJW 2009, 1266 Rn. 33ff.
[3] BGH NJW 2009, 1266 Rn. 43.

66 　　　另一个问题是,能否借助侵权行为或者**缔约过失**(《德国民法典》第280条、第311条第2款)的损害赔偿请求权,进而依据《德国民法典》第249条的规定(恢复原状的基本原则)要求将在先缔结的合同恢复到原来没有缔结的状态。就结果而言,这样的请求权与撤销权具有相同的功能,却无须遵守第123条、第124条就撤销权所规定的严格的前提条件(恶意欺诈场合对行为人主观恶意的要求以及一年的撤销权除斥期间限制)。最后,即便是因为过失而被欺诈的人,也可以从合同中脱离出来。

　　　臆想的税费节省案:教师L从开发商B处购入了莱比锡的一个区分所有的商品住宅,基于对B向其提供的计算账单的信赖,L认为自己可以通过将房屋出租获利以及税务节省的方式覆盖分期支付的购房款,从而无须自行承担费用。否则,他根本就不会签订这份买卖合同。然而,开发商B提供的计算账单客观上并不正确。假如B在计算的时候更加细心地从事,这些错误本来是可以被发现的。此处,L不能根据《德国民法典》第123条第1款的规定要求将买卖合同撤销,因为B仅属过失,而并非故意。第119条第2款规定的撤销权或者基于物上瑕疵而可主张的解除权(《德国民法典》第434条、第437条第2项)同样无法行使,因为付款的资金来源与标的物本身的性能并无关联。故该案中,L至多可以主张基于缔约过失(《德国民法典》第280条、第311条第2款)的损害赔偿请求权,并在损害赔偿的实现方法上,根据第249条第1款要求将该合同恢复原状至订立前的状态。

67 　　　可是,反对观点认为,这样的损害赔偿请求权会使《德国民法典》第123条、第124条被架空。[1] 而裁判实践[2]原则上却对此种指向合同解除(或者价款削减[3])的损害赔偿请求权表达了肯定态度,因为撤销权规则与损害赔偿请求权规则具有不同功能:前者以法律行为上的决定自由作为保护对象,后者则以保护表意人,防止其因对方违反义务的过错行为遭受损失为目的。但司法实践也有所限制:单纯是负担合同义务本身,并

---

〔1〕　Vgl. *Medicus/Petersen* AT BGB Rn. 450.
〔2〕　BGH NJW 1998, 302;就此,参见 *Lorenz*, ZIP 1998, 1053。
〔3〕　BGH NJW 2006, 3139;就此,参见 *Kersting*, JZ 2008, 714。

非自动地就属于《德国民法典》第249条及以下所规定的"损害"。只有该合同的缔结会导致相对人财产状况的恶化时,才能构成损害。只有当该成立的合同对于所涉主体而言,是经济上的不利或者非理性时,才属于前述情形。经济上的不利,意味着不利超过了利益。合同非理性,则意味着从客观的角度评价,合同相对人履行的义务对所涉主体的目的并非完全可以利用。这一观点值得赞同,因为在撤销权与损害赔偿之间还存在其他区别:针对损害赔偿请求权可以主张与有过错抗辩权(《德国民法典》第254条),而针对恶意欺诈的撤销权却并不可以。再者,《德国民法典》第124条规定的期间属除斥期间;基于缔约过失产生的损害赔偿请求权则仅受诉讼时效(《德国民法典》第195条、第199条)的调整,且必须经相对人主动提起抗辩,方可适用。

六、撤销的一般规则

撤销
1. 撤销权的许可性
2. 撤销权的基础
3. 撤销权行使期间的遵守
4. 向正确的撤销相对人发出撤销的意思表示

1. 可撤销性与撤销的概念

(1) 可撤销性的概念

单纯的可撤销性应与法律行为的无效区别开来。某一法律行为(或意思表示)若仅是"可得撤销的",则其并非直接无效,而仅是**可被清除**(vernichtbar)。据此,该法律行为**一开始是生效的**。撤销权人能自主地决定,是否对自己的撤销权加以利用。若他并不行使自己的撤销权,则该法律行为会保持生效的状态。反之,若他在法定期间内撤销该法律行为,这一法律行为就会"被视为自始无效"(《德国民法典》第142条第1款)。

(2) 撤销的标的

69 关于撤销所涉的标的,法律并未明确定义:在《德国民法典》第 119、120、123 条当中被称为"**意思表示**"的撤销;而在第 142 条第 1 款当中,却被称为"**可撤销的法律行为**"。这种不统一性可通过如下方式来消除:若瑕疵意思表示本身就是某一法律行为不可分割的组成部分,那么可撤销的属性便会直接指涉整个法律行为。[1]

书写错误案:商人 V 向 K 发出了一个出售电脑的要约,价格为 1000 欧元。但事实上,他本来想要写的是 1200 欧元(表示错误的案型[2])。此时,出卖人可以根据《德国民法典》第 119 条第 1 款的规定撤销要约(意思表示)。可是,若 K 已经对该要约表示了承诺,则该合同便会因此而成立。此时,撤销权行使的标的便成为合同本身了。

(3) 界分

70 《德国民法典》第 119—124 条规定的撤销应当与如下几种撤销区分开来:**父亲身份的撤销**(《德国民法典》第 1599 条及以下);丧失继承权时对继承资格取得的撤销(《德国民法典》第 2340 条及以下)以及偏颇清偿导致**债务人行为被撤销**(《德国破产条例》第 129 条及以下、《德国撤销权法》第 1 条及以下)。这些撤销权仅仅是与《德国民法典》第 119—124 条规定的撤销权共享相同的名称而已,在内容上它们则是完全独立的法律救济手段。

例如:假设债务人在其即将陷入破产境地之前,还将某一个价值连城的珠宝首饰赠与自己的女友,那么破产管理人可以根据《德国破产条例》第 129 条、第 134 条第 1 款、第 2 款的规定,将债务人的此种行为加以撤销。其法律效果是,作为债务人的女友必须将该首饰归还给破产财团(《德国破产条例》第 134 条)。

---

[1] Vgl. Leenen, Jura 1993, 393; Medicus/Petersen AT BGB Rn. 243; 不同观点,参见 Brox/ Walker, BGB AT, Rn. 439。

[2] 参见本章边码 16。

2. 撤销的前提条件

法律行为于下列情况下为可撤销：该撤销是**被许可的**；存在**撤销权发生的基础**；**撤销权行使的期间**尚未经过。

(1) 撤销的许可性

原则上所有法律行为均可被撤销，不单单合同，单方行为（比如终止合同、追认）亦是如此。甚至，行使撤销权的意思表示本身也能够被撤销。

撤销也并不必然以法律行为生效作为前提条件。这看上去似乎是不合逻辑的，因为撤销本身就以法律行为效力的清除作为目标。可是，从如下两个原因考量，**不生效法律行为的撤销**却应当是被允许的：撤销权的基础（比如《德国民法典》第123条）可能比不生效力的原因（比如《德国民法典第》138条）更加易于被证明。从诉讼经济的角度观察，强迫撤销权人必须首先对导致不生效的事实加以证成，也是不合理的。况且，从《德国民法典》第142条规定的内容来看，在某些个案当中，撤销权的行使可能产生比法律行为不生效力更加丰富的（其他）法律效果。[1]

如果某一法律行为具有《德国民法典》第139条规定的可分性，那么撤销也完全可以仅限于法律行为的一部分。该部分撤销是否会导致法律行为的整体无效，则需根据第139条的规定具体判断。

《德国民法典》第119—124条规定的撤销，在**婚姻缔结**[代之以《德国民法典》第1313条及以下的婚姻关系解除（Eheaufhebung）]、父亲身份的承认（代之以《德国民法典》第1600条及以下的撤销之诉）以及已经进入执行阶段的**合伙合同**（代之以基于重大原因的终止权[2]）等法律关系中，应当**被排除**。在已经开始履行的**劳动合同**法律关系中，尽管尚允许撤销，但不同于《德国民法典》第142条第1款的规定，该撤销行为仅具有面向未来（ex nunc）的效力。

与《德国民法典》第119—124条规则不同，第2078条及以下包含了

---

[1] Vgl. *Medicus/Petersen* AT BGB Rn. 729.

[2] Vgl. BGH WM 1993, 1279；细节参见 *Roth* in：Baumbach/Hopt, HGB, 38. Aufl., 2018, § 105 Rn. 75ff。

针对**死因处分行为之撤销**的特殊规则,第1954条及以下则包含了**继承接受或者放弃行为撤销**的特殊规则。

(2)撤销权的基础

73　　撤销权的基础规定在《德国民法典》第119条、第120条(内容错误、表示错误、性质错误和传递错误)和第123条(恶意欺诈和不法胁迫)中。另外,基于表示意识之欠缺而产生的撤销权,可通过第119条类推适用的方式获取其规范基础。[1]

撤销基础存在与否需要就个别法律行为独立地加以检验。这首先对**负担行为**(比如就某一标的物的买卖合同)与**处分行为**(比如买卖标的物所有权转移的合意)之间的关系很有意义。这两个法律行为需在法律上区分开来,并且在效力上互不依赖(抽象性原则)[2]。这种区分性与抽象性原则对于撤销同样适用。据此,负担行为的撤销并不会影响处分行为的效力状态。以买卖合同为例,若出卖人错误写下一个过低价款(表示错误),尽管出卖人可以撤销买卖合同,但移转所有权的合意却并不因此而受到任何影响。该处分行为也不能单独地被撤销,因为该移转所有权的合意并未受到意思瑕疵的影响。不过,在某些个案情境中,某个相同的因素可能使负担行为和处分行为均变成可撤销的行为(所谓的"**瑕疵同一**")。

衣柜案:古董商A就某一衣柜的"年龄"对农民B实施了恶意欺诈的行为,进而令该衣柜以100欧元的价格被售出并完成所有权的移转。本案中,B可以根据《德国民法典》第123条第1款,同时将买卖合同与移转标的物所有权的合意加以撤销。[3]但是,若仅仅是B自己对衣柜的"年龄"产生了错误认识(由此构成《德国民法典》第119条第2款意义上"交易中重要的标的物之性质错误"),那么就不再适用上述规则。此种情况下,B就只能撤销买卖合同,而不能根据第119条第2款主张撤销处分

---

〔1〕　就此,参见本章边码5。
〔2〕　参见本书第五章,边码15。
〔3〕　Vgl. BGH NJW 1995, 2361(2362).

行为。[1]

(3) 撤销的期限

错误撤销权的**期限**规定在《德国民法典》第 121 条[2];基于恶意欺诈或者不法胁迫所产生撤销权的期限则规定在第 124 条。[3] 这些期限乃是除斥期间,即权利随着期间的经过而消灭。

3. 撤销权、撤销的意思表示和撤销相对人

(1) 撤销权

撤销权性质上属于**形成权**,由发出该可撤销意思表示之人或被代理而发出意思表示之人所享有。换言之,即便可撤销意思表示的发出者乃是**代理人**,撤销权的享有者依然是被代理人。这意味着只有被代理人才能决定该法律行为应否被清除。至于代理人能否再代理被代理人而将此前已经发出的意思表示予以撤销,则属于另外一个问题了。关于这一问题,主要取决于代理权的范围。在意定代理权的场合,需通过解释的方式明确,该意定代理权是否延伸及意思表示的撤销。

撤销权并非孤立的,而是必须与基础性的法律地位(即与可得撤销的意思表示相结合)结合在一起方**可转让**或者**继承**。

在前述"衣柜案"中,B 在表示行使其撤销权之前即已死亡,则因该合同产生的权利义务以及撤销权,均转移至 B 的继承人。

(2) 撤销的意思表示

撤销权通过向撤销相对人发出**意思表示**的方式来行使(《德国民法典》第 143 条第 1 款)。即便被撤销的法律行为本身是要式行为(比如土地买卖合同,《德国民法典》第 311b 条第 1 款第 1 项),撤销权行使的意思表示也可能是**非要式**行为。就撤销权行使的意思表示之**内容**而言,"撤销"这一概念本身的使用并非必要条件。不如说,应当通过解释的方式查明,是否存在要求撤销的意思表示。也就是说,其中必须非常明确地表达

---

[1] *Grigoleit* AcP 199 [1999], 379, 396ff; 争议很大。
[2] 参见本章边码 30。
[3] 参见本章边码 62。

出某一法律行为因存在意思瑕疵而必须溯及既往地被消除的意思。[1]为此,就某一义务的存在提出反驳,或者对该义务不予承认,或者提出异议,均足矣。可是,非法律专业人士并不熟悉溯及既往效力的要求。只有当(溯及既往性的)撤销权虽已生成,撤销权人表达的却是(仅面向未来的)形成性意思表示(Gestaltungserklärung)时,表意人意思表示的精确性才会变得重要。只有在此案型中,才会要求表意人明确指出,他到底是要求该法律行为溯及既往地丧失效力,还是仅仅想面向未来地从该行为中脱离出来。[2]

撤销的意思必须非常**明确地**被表达出来。[3] 鉴于撤销权行使行为的形成性法律效果,相对人必须能够明晰自己的处境何。故此,撤销权人不能在表示撤销买卖合同的同时,又要求替代给付的损害赔偿(《德国民法典》第281条),因为这两种法律效果本来就是相互排斥的(但解除权适用不同的规则;参见《德国民法典》第325条)。

因撤销权具有形成的性质,故其行使原则上**不得附条件**(Bedingungsfeindlich)。不过,若当事人提出的是**备位性质的撤销请求**(Eventualanfechtung),例如当在先提出的履行请求权或损害赔偿请求权并不存在,或者某一法律行为并非当然无效时,则继续要求将该法律行为撤销,却又是被允许的。[4]

法律规范并未要求就撤销权的基础加以说明。不过,为使撤销相对人能够检验撤销的效力,并且能够调整自身以适应撤销的法律效果,只要撤销权的基础并非基于相关附随情况而可被相对人所了解**识别**,撤销权人就应当同时向其告知具体的**撤销权基础**。[5]

若撤销权基础此前未被表达且无法识别,则其后不可**再进行补充**。即便再进行补充,也发出是一个新的行使撤销权的意思表示,且该新意思表示还必须在撤销权的期限内表达。[6] 不过,对可以印证初始撤销权基

---

[1] 有争议的裁判;BGH NJW 2017, 1660 Rn. 29。
[2] *Neuner* BGB AT § 41 Rn. 13.
[3] BGH NJW 2017, 1660 Rn. 29.
[4] BGH NJW 2017, 1660 Rn. 31.
[5] *Staudinger/ Roth*, BGB § 134 Rn. 11.
[6] BGH NJW 1995, 190(191).

础的事实加以补充的行为,却并非必然被排除。

要求撤销的主张若基于恶意欺诈而发出,则其中(**解释!**)包含了错误撤销的意思。[1] 这对恶意欺诈无法被证明,而(重新)主张撤销却又由于期限经过(《德国民法典》第121条)而被排除的案型具有意义。

(3)撤销相对人

大件垃圾案:A将自己的一把旧椅子放到大街上,因为它是一个大件垃圾,要等待拖运。但他并不知道,该椅子事实上是一个价值连城的古董。从路边经过的古董商人H看到这把椅子之后,将它带走了。嗣后,A在H处发现了这把椅子,遂要求其返还。A的要求是否合理?

撤销行为的相对人应根据法律行为的具体类型加以确定。在**合同关系**中,另一方合同当事人为撤销的相对人(《德国民法典》第143条第2款)。若另一方相对人为多数,则该撤销权行使的意思表示必须向所有相对人发出。[2] 若被撤销的法律行为**需受领的单方行为**,比如终止合同的意思表示,则该意思表示的受领人同时也是撤销权行使的相对人(《德国民法典》第143条第3款第1句)。若为**无须受领的单方行为**,则基于该法律行为直接获得法律利益的主体才是撤销权的相对人(《德国民法典》第143条第4款第1句)。

在前述"大件垃圾案"中,按照《德国民法典》第959条之规定,存在一个由A发出的放弃所有权的意思表示;同时,按照《德国民法典》第958条第1款之规定,还存在一个由H发出的先占所有权的意思表示。该放弃所有权的行为是一个无须受领的单方行为。[3] A可根据《德国民法典》第119条第2款之规定(对该椅子交易中重要性质的认识错误)主张撤销。撤销权行使的相对人则是H,因为他从该放弃所有权的行为中直接获得了法律利益。在A要求返还的主张中,可以看出其撤销此前放弃所有权行为的意思表示。根据《德国民法典》第142条第1款的规定,一旦该行为被撤销,则A并未丧失其所有权;相应地,H也就根本未曾获

---

[1] BGHZ 78, 216(221);参见本书第十五章,边码10。
[2] BGH NJW 1986, 918.
[3] 关于放弃大件垃圾上所有权的许可性,参见LG Ravensburg, NJW 1987, 3142。

得该标的物的所有权。故 H 必须根据《德国民法典》第 985 条的规定返还该椅子。

也可以或者仅能针对官方机构实施的法律行为(比如《德国民法典》第 875 条、第 928 条)则适用特殊的法律规则(《德国民法典》第 143 条第 3 款第 2 句、第 4 款第 2 句)。

4. 撤销的效力

(1)溯及力

78　　按照《德国民法典》第 142 条第 1 款的规定,撤销权行使的主要效力是该法律行为被视为**自始无效**。由此,因该法律行为而产生的法律效果便被溯及既往地[面向过去(ex tunc)]消除。这种溯及既往的效力使撤销与解除(《德国民法典》第 349 条)相互区分开来,后者仅能对未来[面向未来(ex nunc)]产生法律效果。

在**负担行为**(比如买卖合同)被撤销的场合,由此产生的请求权也溯及既往地消灭。以买卖合同为例,当出卖人迟延履行其给付义务时,只要买受人行使了撤销权,则其基于出卖人迟延而享有的迟延损害赔偿请求权(参见《德国民法典》第 280 条第 2 款、第 286 条)就将溯及既往地丧失其基础。[1] 假如已经基于嗣后被撤销的负担行为进行了给付,则随着撤销权的行使,此前给付义务履行的"法律原因(causa)"也会溯及既往地丧失。此时,已经履行了给付义务的一方当事人,可以根据《德国民法典》第 812 条第 1 款第 1 句(或者 812 条第 1 款第 1 句第 2 选项)的规定,要求给付受领人予以返还(不当得利返还请求权)。

在前述"书写错误案"中,若出卖人在电脑所有权转移完成之后,发现自己存在认识错误的情形而将买卖合同撤销,则他可以根据《德国民法典》第 812 条第 1 款第 1 句的规定,向买受人要求以第 929 条所规定的重新达成转移所有权合意的方式,将该电脑返还给自己。不过与此同时,他也不得再主张买卖价款的给付,因为该价款给付义务已经随着撤销权的

---

[1] Höpfner NJW 2004, 2865;不同观点,参见 Derleder, NJW 2004, 969。

行使而溯及既往地消灭了。

在**处分行为**(比如转移买卖标的物所有权的合意)(也)被撤销的场合,物权上的法律状态(也)会受到影响。

在前述"衣柜案"中,假设 B 不仅将买卖合同撤销,还基于恶意欺诈而撤销了转移所有权的合意,那么 A 作为所有权人的法律地位也会溯及既往地丧失。其法律效果是,B 不仅可以基于买卖合同的撤销而享有不当得利的返还请求权,还同时可以按照《德国民法典》第 985 条的规定向 A 主张所有权返还请求权。在这一案件中需要注意的是,不当得利请求权并非指向所有权的回复(基于撤销权的行使,此前完成的所有权移转合意已经被消除),而是(正如源自《德国民法典》第 985 条的请求权)交还(Herausgabe),亦即占有的创设。

在第三人获得标的物权利的情形中,处分行为的撤销具有关键性的经济意义。在前述"衣柜案"中,如果 A 将该柜子放置于自己承租的房间,则某些情况下,出租人可能会获得一个针对该柜子的出租人质权(Vermieterpfandrecht)(参见《德国民法典》第 562 条及以下)。不过,此种质权只能存在于承租人自己的标的物,亦即承租人享有所有权的标的物之上。因而,若 B 撤销此前转让所有权的合意,则他可以根据《德国民法典》第 985 条的规定要求 A 返还柜子,出租人则不能以前述质权进行抗辩。因为,该担保也溯及既往地消灭了。

(2)对可撤销性知悉或者应知的效果

撤销的另外一重法律效果,是**知晓或者应当知晓**法律行为可撤销性之人,应当如同知晓该法律行为无效或者应当无效之人那样被对待(《德国民法典》第 142 条第 2 款)。这一条款对于负担行为和处分行为的撤销,均有意义。

在前述"衣柜案"中,B 若发出了进行撤销的意思表示,则基于买卖合同被溯及既往消灭的法律效果,A 应根据《德国民法典》第 812 条第 1 款第 1 句之规定向 B 返还该柜子。鉴于 A 已经知晓了该买卖合同的可撤销性,故其应受《德国民法典》第 819 条第 1 款、第 818 条第 4 款加重不当得利责任的调整。假如在此期间,A 将这个柜子转卖给自己的朋友 F,并且向其讲述了自己诈骗 B 的经历,则 B 也可根据《德国民法典》第 985 条的规定,向 F 要求柜子的返还。因为,通过对从 B 向 A 转移所有权合意的撤销,A 的所有权人地位溯及既往地丧失了(《德国民法典》第 142 条第 1 款)。A 向 F 转移所有权的合意也应被视为无权处分的行为。此种状况下,F 只能通过《德国民法典》第 932 条规定的善意取得方式获得该标的物的所有权。但由于 A 知道了该转移所有权合意的可撤销性,故根据《德国民法典》第 932 条第 2 款、第 142 条第 2 款的规定,他是恶意的,无法根据善意取得制度获得标的物的所有权。

(3) 对第三人的效力

81 撤销权的行使不仅在法律行为的当事人之间产生效力,还会在与**第三人**的关系上产生法律效力。比如,可信用借款存在保证人的法律关系结构中,若保证人被债权人要求承担保证责任,则其可以以主债务人已经成功地撤销了借款合同为抗辩。可是,保证人却无法对主债务人事实上是否行使其撤销权施加影响。正因如此,为保护保证人,法律赋予保证人以主债务"**可撤销的抗辩权**":"在主债务人有权将作为其债务基础的法律行为加以撤销的情况下,保证人可以拒绝债权人要求其承担保证责任的请求。"(《德国民法典》第 770 条第 1 款;另参见第 1137 条、第 1211 条)

5. 可撤销法律行为的确认(《德国民法典》第 144 条)

82 撤销权人对可撤销法律行为加以**确认**的,排除撤销权(《德国民法典》第 144 条第 1 款)〔1〕,换言之,撤销权人表明其想要保持该法律行为效力的,该法律行为不再可撤销。其前提条件是,撤销权人知晓法律行为的可撤销性,或者至少认为该法律行为的撤销是可能的。〔2〕该确认行为不应被界定为重新实施了一个法律行为(无效法律行为的场合即如此,《德国民法典》第 141 条),而应当被界定为对撤销权的放弃。故此,该确认行为不需要法律行为本身所需的形式性要件(《德国民法典》第 144 条第 2 款)。

---

〔1〕 就此,参见 Köhler BGB AT PdW,案例 85。
〔2〕 BGH NJW 1995, 2290(2291)。

该确认行为通过发出**意思表示**的方式来完成。根据通说,该确认行为之生效并不需要其到达撤销相对人处。[1] 但此种见解不值得赞同,因为撤销相对人就自己是否必须继续顾及法律行为的可撤销性,享有值得保护的正当利益。[2]

该确认行为既可以通过明示的意思表示,也可以通过**默示的行为**来实现。不过,在此问题上应当坚持比较严格的要求,因为通常来说,权利人并不会轻易地放弃撤销权;撤销权人的行为不应当允许其他解释途径或方式。[3]

例如:在二手车买卖的法律关系中,K发现在该车行驶里程数的问题上,自己被卖方恶意欺诈了。那么嗣后K依然支付了剩下的买卖价款,或者在并无经济需求的状况下继续使用该车的行为就应当被评价为可推断的确认行为。[4] 反之,K在知晓该买卖合同可撤销的情况下仍然主张瑕疵担保责任的请求权(《德国民法典》第437条及以下),这种行为就不应当被视为放弃撤销权的行为。

从前述"臆想的税费节省案"中可以得出:B过失地(过失足矣!)违反了其基于缔约谈判而产生债务关系中的信息告知义务。这一义务违反的行为与合同缔结之间存在因果关系。L也因此而遭受了损害。因为从他的目的观察,获得该房屋的所有权对他来说并不太实用,原因是若不通过额外融资的方式,L很难从该买卖合同中脱身。所以,他可以根据《德国民法典》第249条第1句之规定,要求将自己置于如同没有此前的损害事件之时他本来应该处于的状态。考虑在获取正确信息的状态下,L本不会缔结这样的合同关系,故其可以要求将该合同解除并回复到缔约之前的状态。这应通过解约协议(Aufhebungsvertrag)重新返还当事人以及双方各自完成的履行方式来实现。

---

[1] *Palandt/Ellenberger* BGB § 144 Rn. 2.
[2] 与本书持相同观点者,参见 *Staudinger/ Roth*, BGB § 144, Rn. 4.
[3] Vgl. BGHZ 110, 220(222).
[4] Vgl. BGH NJW 1971, 1795(1800).

第七章 意思瑕疵 163

参考文献：

总论性文献： *Bydlinski*, Erklärungsbewußtsein und Rechtsgeschäft, JZ 1975, 1; *Canaris*, Die Vertrauenshaftung im deutschen Privatrecht, 1971; *Jahr*, Geltung des Gewollten und Geltung des Nicht-Gewollten, JuS 1989, 249; *Lorenz*, Grundwissen - Zivilrecht: Willensmängel, JuS 2012, 490; *Singer*, Geltungsgrund und Rechtsfolgen der fehlerhaften Willenserklärung, JZ 1989, 1030; *ders.*, Selbstbestimmung und Verkehrsschutz im Recht der Willenserklärungen, 1995.

关于通谋虚伪法律行为的文献： *Michaelis*, Scheingeschäft, verdecktes Geschäft und verkleidetes Geschäft im Gesetz und in der Rechtspraxis, FS Wieacker, 1978, 444.

关于错误的文献： *Adams*, Irrtümer und Offenbarungspflichten im Vertragsrecht, AcP 186 (1986), 453; *Birk*, § 119 BGB als Regelung für Kommunikationsirrtümer, JZ 2002, 446; *Brehm*, Zur automatisierten Erklärung, FS Niederländer, 1991, 233; *Cziupka*, Die Irrtumsgründe des § 119 BGB, JuS 2009, 887; *Coester-Waltjen*, Die fehlerhafte Willenserklärung, Jura 1990, 362; *Grundmann*, Die Anfechtung des Verfügungsgeschäfts, JA 1985, 80; *Höpfner*, Vertrauensschaden und Erfullungsinteresse, AcP 212 (2012), 853; *Kötz*, Risikoverteilung im Vertragsrecht, JuS 2018, 1; *Leenen*, Die Anfechtung von Verträgen, Jura 1991, 393; *Marburger*, Absichtliche Falschübermittlung und Zurechnung von Willenserklärungen, AcP 173 (1973), 137; *Musielak*, Die Anfechtung einer Willenserklärung wegen Irrtums, JuS 2014, 491; *Spieß*, Zur Einschränkung der Irrtumsanfechtung, JZ 1985, 593.

关于恶意欺诈和不法胁迫的文献： *Arnold*, Die arglistige Täuschung im BGB, JuS 2013, 865; *Breidenbach*, Die Voraussetzungen von Informationspflichten beim Vertragsschluß, 1989; *Kolbe*, Vorsatz und Arglist, JZ 2009, 550; Martens, Wer ist „Dritter" ? -Zur Abgrenzung der §§ 123 I und II 1 BGB, JuS 2005, 887; *ders.*, das Anfechtungsrecht bei einer Drohung durch Dritte, AcP 207 (2007), 371; *Rösler*, Arglist im Schuldvertragsrecht, AcP 207 (2007), 564; *Windel*, Welche Willenserklärungen unterliegen der Einschränkung der Täuschungsanfechtung gem. § 123 Abs. 2 BGB?, AcP 199 (1999), 421; *Wagner*, Lügen im Vertragsrecht, in: Zimmermann (Hrsg.), Störungen der Willensbildung bei Vertragsschluss, 2007, 59.

第八章 合 同

如同第七章关于意思表示的内容一样,本章关于合同的内容(《德国民法典》第145—157条)也属于法律行为论的核心主题。首先应当澄清的是,什么是合同以及缔约谈判的行为有着怎样的法律意义。然后,需要进一步解释考试中常常出现的为缔结合同而发出的有效要约以及有效的承诺需要满足什么要求。随之,有几个特殊问题,即消费者可以在某些条件下通过行使撤回权(《德国民法典》第355条及以下)的方式从合同中脱离出来吗?当事人就合同之成立或其内容达不成合意时,应当适用什么规则(《德国民法典》第154条、第155条)?可以在某些前提下强迫被与他人缔结合同(强制缔约)吗?当事人如何才够确保将来会成立具有某一特定内容的合同(预约与选择权合同)?

一、概论

1. 合同的功能、概念和类型

原则上个体应当能够自由地决定其生活关系的法律形塑(私法自治的基本原则)。不过,个体想要达成自己的目标并满足自己的利益,通常还少不了仰赖他人的协力行为,而他人同样也追求自身目标或者利益的实现。平衡(大多不同的)个人利益并实现目标的法律手段便是合同这一经由两方或多方主体同意且具有法律拘束力的制度。依其法律构造,合同是由至少两个内容相互合致的意思表示(典型表现是要约与承诺)所组成的多方法律行为。

1

> 合同是由(至少)两个内容相互合致的意思表示(典型表现是要约与承诺)组成,并且能够在当事人之间建立起具有法律上拘束力之规则的法律行为。

2 　　合同的基本形式是债法上的合同,它能够在当事人之间产生财货交换领域的权利和义务(比如买卖、租赁、承揽)。《德国民法典》总则中关于合同的相关规则(《德国民法典》第145—157条)主要就是为它而设计的。不过,合同在私法的其他领域也会出现,但会部分地适用特殊规则。物权法上的合同("合意",参见《德国民法典》第929条第1句、第873条)涉及物权的设立、变更或移转。家庭法上的合同(夫妻共同财产制合同、扶养协议)涉及家属之间的财产性关系。继承法上的合同(继承合同或者继承放弃的行为)涉及遗产的继承。另外,还有社团法或者会社法上(gesellschaftsrechtlich)的合同(为社团以及会社的成立而缔结的合同)。

2. 合同的成立

3 　　合同常经由具有某一特定内容且为某一合同之缔结而发出的**要约**,以及针对该要约而发出的**承诺**而成立。[1] 但是,缔约当事人的意思表示也并不必然是先后发出,亦可同时发出。[2]

例如:两方当事人同时在分别为对方当事人准备好的合同证书上签字(参见《德国民法典》第126条第2款第2句)。双方对由第三人提出的和解建议同时点头表示赞同。

合同成立的前提条件是,当事人的意思表示相互指涉且内容相互吻合。当事人之间必须就合同的内容达成合致(合意)。为此,所设置的**规则内容必须确定**,或者(借助补充性的实证法规范或补充性合同解释的方法)**可得确定**。否则,就无法通过诉讼或强制执行方式来实现合同内容。

例如:若当事人约定的合同义务为成立"一个民法上的合伙、股份公

---

[1] 就此,详见本章"二、三"。
[2] 就此,参见 Leenen, AcP 188 [1988], 381 (399); Leenen, FS Prölss, 2009, 153 (164)。

司或者有限公司",就会因为欠缺足够的确定性或者可确定性而不生效力。

最后,该共同商定的规则还必须由当事人确定产生**法律上的拘束力**。意思表示如果不在当事人之间产生法律拘束力,那就不是民法意义上的合同。

例如:仅为展示当事人之间的商业道德,但不产生法律上拘束力的君子协定;社交关系,尤其是邻里关系上的纯粹施惠允诺。[1]

3. 缔约谈判与合同关系

缔约之前,当事人必有合同谈判与准备阶段:必须选择缔约伙伴、确定合同内容。人们将从商事联系的建立到合同正式缔结(或不缔结)的阶段称为**缔约谈判**阶段。

进行缔约谈判之人,相信其合同伙伴会实施忠诚的行为。该信任可指向自身法益的完整性,亦可关涉将要缔结之合同相关信息的正确性和及时性。

例如:意欲购买新车的客户,可得信任其进行试驾的车是可以保障交通安全的。商业用房的购买者受邀查看房间时,能够信任该房间尚未被出卖给其他人。

此种信赖不应处于无所保护的状态。正是从这一视角出发,发展出了习惯法上的[2]**缔约过失制度**(合同谈判阶段存在的错误,《德国民法典》第280条、第311条第2款):随着缔约谈判的开始,便出现了一种法定的"**从缔约磋商中产生的债务关系**",其内容是保护、照顾和顾及义务(《德国民法典》第241条第2款),并且对这一义务的违反能够根据合同上的基本原则产生损害赔偿责任(《德国民法典》第280条、第282条)。原则上,前述"从缔约磋商产生的债务关系"并不能导出缔结所欲追求之合同关系的义务;恰恰相反,在某些情况下倒是可能导致排除或取消已经

---

[1] 就此,参见本书第六章,边码2。
[2] Vgl. BGHZ 66, 51(54).

缔结之合同关系的请求权。与此紧密相关的是网络服务提供者向客户确保其在发出定购单之前能够识别或者纠正自己的输入错误(《德国民法典》第312i条第1款第1句第1项)。

  缔约谈判在**合同解释**中具有重要意义：从当事人的在先磋商中有可能得出，对于某一个特定的表达方式或者某一个特定的合同条款，缔约双方当事人赋予其不同于交易实践中通常所具有的内涵。只有通过考察缔约谈判的过程才能够判断，某一个特定的合同条款究竟应当被界定为一般交易条款还是个别磋商条款。因为根据《德国民法典》第305条第1款第3句，"只要是在双方当事人之间进行过单独或个别磋商的合同条款"，就不能算作是一般交易条款。从缔约谈判当中更能够发现，应当就合同中的哪些要点达成一致意见。据此，假设就某一要点尚未能达成共识，即便就剩余各个要点均已达成一致意见，仍旧应当根据《德国民法典》第154条第1款第1句的规定，于存在疑问的场合，判定合同尚未被缔结或者尚未成立。

6   随着合同的缔结，**合同关系**得以产生。合同关系超越了源自合同的所有请求权和义务的总和。合同当事人基于相互的信任关系中，合同上的联系越持久和紧密，这种信任关系也就越密切。根据利益格局、关系的发展和当事人的行为，还可以从合同关系中发展出其他权利或义务(参见《德国民法典》第241条第2款)。

二、要约

1. 要约的前提条件

7   并非一方当事人为合同之缔结而发出的任意一个表示或宣告，均属要约。根据法律的规定，要约乃是以缔结合同为导向的意思表示。根据法律规定，合同乃通过要约与承诺的方式成立，并且当事人需受合同之拘束[合同信守(pacta sunt servanda)=合同必须被遵守]，故其必须满足特定的前提条件。

(1) 要约的确定性

内容上的确定性或可确定性,乃是任何一个合同(未被言明)的效力前提。[1] 是故,合同若要通过要约与承诺的方式缔结和成立,那么要约本身必须已经在内容上具备必要的确定性或可确定性。而承诺只不过是对缔结合同之要约的同意而已。确定性并非意味着,合同执行过程中所涉任一个别问题,均已有规则加以确定。就此,立法者提供了补充性的实证法律规范,以供备用。可是,通常所谓的"合同要素(essentialia negotii)(重要的合同之点)"却必须是已经确定或可得确定的。据此,只要买卖要约中注明了买卖的标的物及其价款,便可认为已经具有足够的确定性。要约内容的确定也可以交给要约的受领人或者第三人来完成(《德国民法典》第315条及以下),在此场合也已经满足了可确定性的要求。

例如: 某股份公司委托一位教授出具一份鉴定报告却并未明确指出其工资报酬之具体数额。尽管如此,亦应认为合同已经成立,因为可以运用《德国民法典》第316条的解释性规则对此加以填补。

在个案当中,确定性或者可确定性是否已经满足,需要通过解释的方式加以明确。

(2) 要约的拘束性

要约必须将缔结合同的严肃且终局性的意思以可识别的方式表达出来。以至于相对人能够说,"只要我表示同意,合同便能成立"。

> **要约**乃是以合同之缔结为导向的意思表示,它必须将合同内容具体到只要受领人单纯地表示同意(承诺)合同即能成立的程度。

应当与(有拘束力的)要约区分开来的是,缔约谈判进程中发出的一些没有法律拘束力的对外表示,或者单纯以某个特定内容缔结合同之可能性的信息提供。个案当中究竟有哪种情况,则需要通过解释的方式加以查明。

---

[1] 本章边码3。

举例来说,商业广告、活动预告、菜单、报纸广告、电视广告等均仅具有信息提供的功能。在此意义上,人们称之为**要约邀请**(invitatio ad offerendum)。发出前述通知的人还不想使其对自己产生拘束力,实际上只是想让受众来发出要约(以发出订单的方式),自己则能够自由地决定,到底是接受还是拒绝这些要约。单纯要约邀请与真正的要约之间的界限却并不容易划清。[1] 没有指明具体的某个主体并非必然不存在拘束意志,因为这也完全可能是向**不特定人群发出的要约**("ad incertas personas"),只不过限定于现有的履约存量能力而已。[2] 故意思表示的解释必须与具体的利益格局相联结,并且追问,对于宣告者来说,提前令其接受拘束是否具有不利效果,且这对相对人来说是否可以识别。

10　　据此,在**橱窗**摆出货物尚非直接构成要约,否则商贩就必须向客户立即交出货物并进行包装和装饰。如同时出现多个有意购买者,就会不清楚合同是否已经成立以及与谁成立了。相反,设置和摆放自动售货机的行为几乎均会被一般性地认定为向大众发出的要约,而该要约可以通过投入(真的)硬币的方式被承诺和接受。但实际上,更加妥当观点不如说是,让要约从客户方面发出,承诺则蕴藏于出货的行为当中:一旦自动售货机"罢工停运",客户就可以基于合同尚未成立的事实,依据《德国民法典》第812条的规定享有要求返还货币的请求权,而非根据《德国民法典》第433条的规定要求继续交付货物,这样也是符合交易观念的。

11　　在**自助商店**当中摆出货物的行为并非要约,因为商人完全可能有正当的理由,不将已经摆出的货物卖给或者不以其所欲的范围(比如特供货物)卖给某一特定客户。[3] 应该说,客户将货物放到收银台的行为,才属于发出要约,将账单金额加以登记的行为则构成承诺。

12　　在**自动加油站**,买卖的要约从加油站的经营者一边发出;该要约化体

---

〔1〕 关于互联网上的要约页面,参见 BGH NJW 2002, 363(364); 2005, 976(977)。关于目录的法律属性判断,参见 BGH NJW 2009, 1337 Rn. 12。

〔2〕 参见 BGH NJW 2002, 363(364)和 NJW 2005, 53(54),这两个案例涉及在**互联网上发出要约**,而仅于规定的时间段内发出最高出价者才能导致合同成立。就此,参见本章边码 57 及以下。

〔3〕 就此,参见 *Köhler* BGB AT PdW,**案例** 96。

于准备停当的加油泵中,并且以客户确定的燃料数量及事先规定的单价作为内容来缔结买卖合同。客户的承诺则可从加油的行为中推断出来(《德国民法典》第151条第1句)。该买卖合同随着加油过程的终结就已经成立,而非直到收银之时。[1] 有争议的问题仅仅在于,这是否同样适用于所有权移转的行为(《德国民法典》第929条第1句)[2],抑或其所有权只能伴随着付款而移转。[3] 按照正确的观点,只要加油站的经营者并未明确表达特殊的意思(比如所有权保留),原则上客户在加油的时候便已经获得了该燃料的所有权(此时要注意《德国民法典》第947、948条的相关规则)。

在**拍卖**的场合,买卖要约由出价者发出,承诺则借助**击锤**(《德国民法典》第156条第1句)这一无须受领的意思表示来完成。[4] 某一出价者所发出的要约,随着他人发出更高价格的要约或者该拍卖在未曾击锤的情况下就被关闭而失效(《德国民法典》第156条第2句)。在网上进行,且在规定时间内出价最高者方可获取该标的物的拍卖并非《德国民法典》第156条意义上的拍卖,因为这里并不存在"击锤行为"[5]。这一情形因买方基于《德国民法典》第312g条可能享有的撤回权而显得重要,因为在网上拍卖的案型中,《德国民法典》第312g条第2款第10项设置的例外规则不能适用。[6]

12a

2. 要约的法律效果

(1)受要约之拘束

要约是否存在,需要通过解释的方式加以查明。应当与此相区分的问题是,要约是否可嗣后再行撤回以及应在哪个时点之前撤回。某些法律秩序(以及《联合国国际货物买卖合同公约》第16条)规定,在承诺的意

13

---

[1] BGH NJW 2011, 2871 Rn. 13.
[2] *Jauernig/Mansel* BGB § 145 Rn. 7.
[3] *Palandt/Ellenberger* BGB § 145 Rn. 8.
[4] Vgl. BGHZ 138, 339(342).
[5] BGH NJW 2005, 53(54).
[6] Vgl. BGH NJW 2005, 53(54).

思表示发出之前,要约均可自由地被撤回,要约的受领人则仅享有损害赔偿的请求权。《德国民法典》的立法者则明确拒绝了此种解决方案:要约不受限制的可撤回性违背了交易实践对商事行为应迅速顺畅地完成交易结算的基本要求。要约的受领人也必须能够信赖要约,并相应地实施处分行为。

故此,《德国民法典》第145条规定了要约人应受其要约拘束的基本原则。根据《德国民法典》第130条第1款第2句之规定,要约的撤回只有在其到达相对人之前方为可能,这就意味着,待要约到达相对人之后再行撤回的权利是被排除的(不过很多特殊规则为消费者之保护规定了嗣后可以行使撤回权)[1]。

歌德书信案:古董商A向收集爱好者S发出一个书面要约,以12000欧元的价格出售一封歌德的书信。该要约函在2月1日抵达S。几天之后,A找到另外一个有兴趣的买家,该买家愿意支付更高的价格。古董商A遂电话通知S,此前的要约在此期间已经"了结"了。S可否仍旧通过发出承诺的方式促成合同成立?

不过,法律也尊重要约人的意思自治,并赋予其排除要约拘束力的可能性(《德国民法典》第145条:"除非要约人排除了要约的拘束力")。是故,要约人也可以保留**撤回权**。至于在个案当中是否确实如此,则需要通过解释的方式来查明和确定。[2]

在前述"歌德书信案"中,从A的要约中并不能得出他保留了撤回权的结论。鉴于该撤回的意思表示是在要约到达相对人之后才表达的,所以该撤回的意思表示不生效力。故此,只要该要约尚未依据《德国民法典》第147条第2款的规定消灭,S就仍可以有效地对其加以承诺。

即便是要约中预留了撤回权[3],该撤回权的行使也不能任意拖延,因为相对人必须能够知晓自己目前所处的法律状态。尚有争议的,仅仅是该行使撤回权的意思表示必须在哪一时点之前到达相对人。值得考

---

〔1〕 就此,参见本章边码35及以下。
〔2〕 参见BGH NJW 2011, 2643 Rn. 17ff 针对网上拍卖情况下撤回要约的判决。
〔3〕 参见BGH NJW 1984, 1885 一案:"有无拘束力,要视我们的供给能力而定"。

虑的路径是,从相对人利益保护的视角出发,仅允许在承诺的意思表示发出之前进行撤回。可是,大量观点却认为,在承诺的意思表示到达之前[1],甚至在承诺的意思表示到达之后的很短期间内[2],撤回均是被允许的。在现代通信工具条件(电话、传真、电子邮件、网上点击)的背景下,意思表示的发出与到达大多落在同一时点,故争论就集中在,能否在承诺的意思表示到达之后再不加迟延地撤回要约。更为正确的思路应当是,撤回要约的行为,只在承诺的意思表示到达之前方被允许,否则就会给投机行为留下空间和机会。

在前述"歌德书信案"中,若古董商 A 在其要约中附加写上"保留再次卖出的权利",则可通过解释的方式从中推导出出卖人保留撤回权的意思。所以,A 如果计划将该书信重新卖给其他人,则其必须先撤回自己此前发出的要约。否则他就可能因为受双重合同拘束,但最终却只能履行其中一个,而面临不得不向其中一个合同当事人承担损害赔偿责任的风险。故此,为确保安全,A 必须努力使自己撤回的意思表示在承诺的意思表示之前到达。

在商业实践当中,很多情况下发出的要约中会附加"不受拘束"(freibleibend)的补注。在这些案型当中,通过解释的方式得出的结论大多是,此一意思表示并非为自己的要约预留了撤回权,而仅仅是发出了一个要约邀请。[3] 相对人的"承诺"实际上不过是要约而已。但是,要约的受领人必须不加迟延地表示拒绝该要约,否则他的沉默就会被视为承诺。

(2)要约受领人的法律地位

由于要约具有法律拘束力,故对要约受领人来说,从中可以产生一个**受法律保护的确定的机会**,即通过承诺的方式促成合同成立。这一机会大多被称为"选择权"。事实上,还不能直接将之称为受领人的形成权。因为,这一所谓"选择权"的行使(承诺意思表示的发出)并非通过单方法律行为的方式来完成,而是仅当要约与承诺联结在一起时,法律行为才

14

---

[1] Palandt/Ellenberger BGB § 145 Rn. 4.
[2] Vgl. Staudinger/Bork BGB § 145 Rn. 27.
[3] BGH NJW 1996, 919(920);另参见 BGH NJW 1984, 1885。

成立。

承诺的可能性(Annahmemöglichkeit)原则上是可继承且可转让的(并且由此也具有可抵押、可扣押的属性),只要相应的要约根据其内容或者根据其意义和目的并非必须限定于要约受领人自身。只要从该待缔结的合同中产生的请求权不具有可继承或可转让性(参见《德国民法典》第399条),则应认为,相应的承诺可能性亦无可继承、可转让的属性。此外则需要根据具体情形来决定。

例如:叔叔A以特别优惠的价格向其尚属大学生身份的侄子B就一辆宝马轿车发出出卖要约。在此案型中,根据当事人显而易见的意志,A所发出要约的可转让性(及可抵押性)也应当被排除。

(3)要约的消灭

15 根据《德国民法典》第146条之规定,若要约被拒绝或未能按照第147—149条之规定被及时承诺,则要约消灭。对要约的**拒绝**是一个需受领的意思表示,《德国民法典》第130条及以下可得适用。该拒绝的意思若由限制民事行为能力人发出且未经法定代理人许可,则不生效力(《德国民法典》第107条、第111条第1句)。关于要约最迟在哪一时点可以被承诺,或者说要约人最晚在哪一时点之前仍应受其要约之拘束的问题,回答不尽相同。为此,《德国民法典》第147—149条设置了进一步的规则加以调整。

16 从私法自治的基本原则出发,《德国民法典》在第148条中允许要约人自由地对要约设置期限。此时,该承诺便只能在规定的期限内发出,而不论其长短。假如该承诺源自**无权代理**的行为,则被代理人加以追认的意思表示(《德国民法典》第177条第1款)仍需在规定的承诺期限内完成。尽管追认行为的效力原则上得溯及至法律行为实施的时点(《德国民法典》第184条第1款),但该溯及效力不应对要约人产生不利效果,因为在期限经过之后,他应当能够重新处于自由的法律地位。[1] 当合同承诺的行为由未成年人发出时,亦适用相同的基本原则。

---

[1] BGH NJW 1973,1790;有争议。

若没有设置受领期限,则必须对在场人与不在场人的要约做出区分。

根据《德国民法典》第 147 条第 1 款第 1 句的规定,向**在场人**发出的要约只能即刻被承诺。"借助电话或其他技术设备实现的从人向人发出的要约"也适用前述相同的规则。所谓"其他技术设备",主要是指视频会议和聊天室,而非电子邮件(《德国民法典》第 147 条第 1 款第 2 句)。"即刻"意味着,受领人必须不加迟延地作出意思表示。不过,这并非将适当的考虑期间(比如在复杂或者重大要约的场合)排除在外。此外,还取决于要约人愿在多长期间内接受承诺(某些情况下可能默示地提供了受领期间)。但该承诺必须在在场人之间完成。

例如:A 以电话的方式向 B 发出针对一个大型证券包的出卖要约。B 并非必须在一秒钟的时间内作出决定,相反,他可以先在大脑中考虑一下这个事情。可是,若考虑持续太久,则 A 可以通过明示或者默示(如挂断电话)的方式使该要约消灭。

若为在场人之间发出**书面**要约的情形,则应区别对待。这时取决于,要约人根据具体情况能否合理地期待受领人马上作出答复,或者应当给予受领人书面答复的机会。在后者,《德国民法典》第 147 条第 2 款可以被类推适用。

根据《德国民法典》第 147 条第 2 款的规定,**不在场人**之间发出的要约,只能在要约人根据通常情况能够期待收到答复的时点之前被承诺。该承诺期限根据客观标准算定,并随着意思表示的发出而开始。该期间的长度则适用如下规则:要约人将要约传递至受领人的通常期间、适当的处理和考虑期间以及答复传递至要约人的通常期间纳入考量范围。[1] 处理和考虑期间的计算要结合要约的内容,尤其是法律行为的意义和紧急性。[2]《德国民法典》第 147 条第 2 款意义上的通常情况,还包含要约人知悉或应当知悉的可能导致延迟的因素,比如内心意思形成的必要性。[3] 传递期间的长度则根据传递的方式加以确定。就此,要约人得以

---

[1] BGHZ 209, 105 Rn. 20.
[2] 就此,参见*Köhler* BGB AT PdW,**案例 97**。
[3] BGHZ 209, 105 Rn. 21.

期待受领人与自己使用相同的方式(所谓传递方式的对应性)。

例如：某人若通过传真或者电子邮件的方式发出要约，则可期待对方快速思考并借助相同的手段作出回答。

如果要约根据《德国民法典》第147条第2款的规定已经消灭，则根据《德国民法典》第150条第1款的规定，迟延的承诺性质上属于新要约。鉴于承诺及时性的判断取决于要约人的视角，故要约迟延到达的场合，受领人需通过加速回复的方式来填补要约迟延导致的时间损失。

例如：若受领人通过邮戳发现，包含要约的信件在途递送消耗了5天时间，而通常的运输仅持续3天时间。此时如果还想要及时作出承诺，则他必须通过传真、电子邮件或者电话的方式加以答复。

受领的意思表示虽及时发出却迟延到达的风险原则上由要约受领人承担。但如果要约人能够发现承诺意思发出的及时性(例如通过邮戳的方式)，则根据《德国民法典》第149条的规定，他应当不加迟延地通知承诺人。假设他迟延发出承诺迟延的通知，则该承诺视为没有迟延。合同就会成立。

19 要约并不会仅仅因为要约人在承诺之前死亡或者成为无行为能力人而消灭，除非要约人存在相反的意志(《德国民法典》第153条；亦参见第130条第2款，该条涉及要约发出与到达之间的时间区间)。要约人相反的意志需通过对意思表示解释的方式来确定。[1]

例如：跛足的A通过书信的方式订购了一个轮椅。而在订单确认函到达之前，他就去世了。他的继承人无须受领该轮椅亦无须支付价款。但类推适用《德国民法典》第122条对信赖损害的赔偿责任却应当予以肯定(有争议)。

20 若作为要约存在之基础的情况(法律行为基础)发生变动，则只有当令要约人继续受该要约拘束显得不可期待之时，该要约才会在要约拘束期间届至之前消灭。在此范围内，适用与已缔结合同之法律行为基础丧

---

〔1〕 就此，参见 *Köhler* **BGB AT PdW**，**案例**98。

失相同的基本原则(《德国民法典》第313条)。[1] 更进一步,如果主观使用目的的落空能够在承诺之前被承诺人所知悉或者其应当知悉,则应当同样允许对此种情况加以顾及并考量。[2]

案例:A通过书信的方式报名参加一个课程。而在课程举办者发出同意之前,A便通知他,自己因为生病而无法参加该课程了。此时,该要约便不能够再被承诺了。

三、承诺

1. 承诺的概念和意义

合同须以(至少)两个相互合致的意思表示为前提,即一方当事人为缔结合同而发出的要约以及另一方当事人对该要约的承诺。通常情况下,首先出现要约,而随着该要约被承诺,合同便会成立。然而,一个有效的承诺也可能早在相应的要约发出之前便被表示。[3]

由于合同须以双方当事人之间的合意为前提,故承诺可被界定为对要约不加保留的同意。

> 承诺是对要约不加保留的同意。

由此,《德国民法典》第150条第2款也得到解释:承诺之意思表示的内容若与要约有偏差,则视为对要约的拒绝,并在性质上属于新要约。该偏差也可能非常微小,并且在所有重要之点上均达成一致,但这并不会改变前述结论。不过,偏差的存在不应当单纯通过将要约与承诺进行字面对照的方式来确定,而是应当通过对要约加以解释的方式来确定。

例如:A以某一特定价格向B提供10000个瑞典手锯,B则仅同意购买5000个。如果能够确定,A自始就愿意接受相同价格但较低数量的订

---

[1] Vgl. OLG Düsseldorf NJW-RR 1991, 311.
[2] 怀疑观点,参见 Medicus/ Petersen, AT BGB, Rn. 369.
[3] BGH NJW 2008, 2702, Rn. 24.

单,便可针对该5000个手锯立合同。

另外,要约的受领人必须根据诚实信用原则(《德国民法典》第242条)将具有偏差性的意思在承诺的意思表示中明确且无疑义地表达出来。若其对合同文本的变更过于轻微,以致该变更非常难以辨认,则《德国民法典》第150条第2款对此不具有适用性。在此场合,该合同以要约设定的条件而成立。[1]

2. 承诺的表示

要约人应当清晰知晓相对人是否同意缔结合同。因此,承诺原则上应当向要约人表示,并且随着到达要约人而发生效力(《德国民法典》第130条第1款第1句)。承诺也可以通过可推断行为(默示)的方式来完成。

例如:房屋所有权人A向能源供应商E发出了一个缔结供应电力、暖气和水的合同要约。如果E由此而向A进行供应,则这其中存在着一个对要约默示的承诺。所以,A也必须支付价款。[2]

但是,表意人必须意识到,对合同的成立来说,至少还有一个意思表示可能是必要的。[3]

例如:K向V发出了一个买卖要约,V对该要约加以承诺,但却未能根据《德国民法典》第147条第2款之规定及时作出表示。因此,合同并未成立。不过,根据《德国民法典》第151条第1款之规定,V所表示的这一承诺被视为一个新的要约。如果K支付价款,则不应当认为该行为当中存在一个借默示行为发出的承诺。因为双方当事人均认为,该合同已经成立,而且K只不过是想要履行该合同而已。

根据《德国民法典》第151条第1句的规定,"如果此种意思表示根据交易习惯无从期待,或者要约人放弃这一意思表示的到达","面向"要约

---

[1] BGH NJW 2014, 2100 Rn. 17.
[2] BGH NJW-RR 2011, 409.
[3] BGH NJW 2010, 2873 Rn. 18.

人发出的意思表示则并非必要。不过根据通说[1],即便在如此案型中,通过**意思表示**进行承诺也是必要的,法律所放弃的只不过是该意思表示的到达而已。对于承诺而言,一个向外显现出来,且能够从中明确地推断出承诺之意志(**意思确认**)[2]的行为便已足够。至于个案当中此种行为是否存在,则需结合全部外部因素并通过解释的方式加以确定。这并非取决于相对人的观点,而是取决于当事人以外的客观第三人的观点。[3]

> 《**德国民法典**》第151条第1句意义上的承诺,是一个能被评价为**意思确认**,并且从非当事人的客观第三人立场出发、基于全部外部因素能够推断出真正的承诺意思的向外显现的受领人的行为。

典型的例子如**履行行为**、**利用行为**或**据为己有的行为**。单纯愿意承诺的内心意志并不足够。但在个案当中(尤其是在令相对人**纯获法律上利益**的行为),单纯的沉默,也就是说,对要约并不加以拒绝,也可以被评价为承诺。[4]

例如:旅行者通过电报的方式预订了一个旅馆房间,则在旅店老板将该房间预留出来的时点,该住宿合同便已经成立。在以书信方式订购货物的案型中,买卖合同随着发货行为而成立。在向债权人发送保证意思表示的场合,保证合同随着该意思表示证书的收取和保留便已经成立。[5] 担保合同则在向客户交付担保卡的时点便已经成立。[6]

能够导致意思表示的到达成为不必要的**交易习惯**,在对相对人有利的法律行为,特别是无偿给予行为的场合(《德国民法典》第516条第2款第1句),比较常见。对意思表示到达的**放弃**可以明示地加以表示,如果

---

[1] 不同观点,参见 *Schwarze* AcP 202 [2002], 607。
[2] BGHZ 209, 105 Rn. 38.
[3] BGH NJW 1999, 2179; 2004, 287f.
[4] 参见本书第六章,边码5及以下;以及 BGH NJW 2000, 276(277)。
[5] BGH NJW 2000, 1563.
[6] BGHZ 104, 85.

从相关的情境可以得知要约人对于承诺意思的通知并无利益,则该**放弃**亦可默示地加以表达。不过,需受领的承诺意思表示保留之缺失并不足够。[1]

23 《德国民法典》第151条第1句使缔约更加容易且获得加速。这既可对承诺人产生有利影响,也可产生不利影响。之所以有利,是因为自承诺行为实施的时刻起,承诺人便可以主张合同的法律效力。不利则体现为(《德国民法典》第130条第1款第2句)不再可以行使撤回权。

例如:旅馆老板若预留了房间,则即便旅行者在去程中失事罹难,其亦可要求价款的支付(《德国民法典》第153条不适用)。与此同时,若旅馆老板将该预留的房间派给他人使用,进而该旅行者必须另寻住处的,旅馆老板必须承担损害赔偿责任。供应商若已将货物发送,则买方必须承担货物意外灭失的风险(《德国民法典》第447条)。与此同时,该供货商也不能再在不违约的前提下将该货物取回。

24 根据《德国民法典》第151条的规定,要约人在合同被承诺时,尚不清晰针对该合同的承诺是否以及何时发生。由此,就会存在相对人投机的危险。为求救济,《德国民法典》第151条第2句便规定,要约消灭的时间点必须"根据源自要约或者个案情境而得出的要约人的意志"确定。通常来说,要约是具有短期限的,但视个案的相关情况而定。[2]

假如某一行为看上去似乎能够从中推断出承诺的意思,但此种意思实际上却并不存在[3],那么便属于表示意识欠缺的案型。由于欠缺意思表示之到达,因而并不存在值得保护的相对人的信赖,故此时,通说[4](区别于通常情况[5])认为并不存在有效的承诺行为。

案例:A收到一张由"残疾儿童"活动主动寄送的圣诞卡片,且附带一张存单。他的妻子将该卡片放在他的书桌上。A以为是他妻子购买的

---

[1] BGH NJW 1999, 1328.
[2] BGH NJW 1999, 2179(2180).
[3] 参见 Köhler BGB ATPdW,**案例99**。
[4] 参见 BGH NJW 1990, 1656(1658);不同观点,参见 *Brehmer*, JuS 1994, 386(389)。
[5] 就此,参见本书第七章,边码5。

这张卡片,便直接予以使用。此种情况下,并不存在有效的买卖合同。因而,寄送人不享有价款支付请求权,且根据《德国民法典》第241a条第1款之规定,也不享有其他请求权。

如果行为人能够成功举证证明自己欠缺表示意识,则他不受合同的拘束。对于要约人所遭受的财产上不利益,尽管由于行为人并未损及对方的信赖而无须根据《德国民法典》第122条的类推适用承担责任,但却可能根据侵权行为的相关条文(《德国民法典》第823条及以下)、不当得利的规则(《德国民法典》第812条以下)和占有人——所有人关系的法律条文(《德国民法典》第987条及以下)导致法律责任成立。

对根据《德国民法典》第151条的规定所实施承诺行为的撤销,比如因为对要约人或者交易中重要属性的错误认识,则应适用一般性规则。

3. 经由"社会典型行为"进行的承诺

合同成立的规则本来是专为单独协商式的给付交换设计的。然而,这些规则却同样适用于典型的大众化供给行为案型,在此等场合,给付按照标准化的条件向任意人提供,例如对公共交通工具、有人看守停车场或者电力、煤气或水的利用等,即属适例。

按照既定条件提供给付的行为被评价为针对任意人的要约(**现物要约**)。若并不存在明示承诺(比如通过购买车票),则该承诺就默示地(通过**社会典型行为**)通过对给付加以利用的方式实现。[1]

但若客户同时表示,其并不想缔结合同(或者并不想以所要求的条件来缔结合同),那么又应当如何适用规则呢?根据通说[2],无须关注此种由客户在个案当中表达的反对意思,因为该意思与外在的行为不相吻合[所谓"**与实际行为不相吻合的保留**"(protestatio facto contraria)]。因为顾客知道,这种给付行为通常只会为取得对待给付而被提供。无论如何,也应当类推适用《德国民法典》第612条和第632条。[3]

---

[1] Vgl. BGHZ 202, 17 Rn. 10.
[2] Vgl. BGHZ 202, 17 Rn. 10.
[3] *Medicus/Petersen* AT BGB Rn. 250.

29　　但是,此种"无须关注保留"(unbeachtliche Verwahrung)的理论与私法自治的基本原则并不吻合,因为该基本原则同样包含了消极的合同自由。这意味着,应当尊重表示不想缔结合同之人的意志。给付提供者的利益保护也并非必然要求作出相反决定,他已经经由侵权行为(《德国民法典》第823条及以下)、不当得利(《德国民法典》第812条及以下)和占有人——所有人关系(《德国民法典》第987条及以下)的相关法律条文获得了充分保护。另一方面,给付利用者也不应当享受合同上请求权的利益。[1]

4. "订单确认函"和"商事确认书"

(1)界分

30　　当合同仅以口头或者远程口头的方式被缔结时,由于缺乏确定的材料,因而很容易就合同是否成立及其以何种内容成立产生争议。为消除此种不确定性,商业实践习惯于通过书面确认的方式("商事确认书"),以文件形式将合同的成立以及合同的内容固定下来。与此应予区分的是所谓的"订单确认函"[2]。这一函件并非对合同的成立加以确认,而是导致合同成立,换言之,该订单确认函是对要约的承诺。[3]

> **订单确认函**是对合同要约的书面承诺。
>
> **商事确认书**是一个包含了商人对(被认为)已经缔结了的合同的内容加以重新表述的证书。

订单确认函若在内容上与要约存在偏差,则构成对要约的拒绝,并且被视为新要约(《德国民法典》第150条第2款)。对此种"更新的订单确认函"保持沉默(只要其并非属于完全不重要的变更)原则上还不能被视为默示的承诺意思表示。[4] 然而,对合同约定给付不加异议地予以接受

---

[1] Vgl. Köhler JZ 1981, 464; Jauernig/Mansel BGB Vor § 145 Rn. 20.
[2] 就此,参见 *Köhler* BGB AT PdW,案例101。
[3] 关于界分,参见 BGH JZ 1977, 603。
[4] BGHZ 61, 282(285).

利用却可以被认为存在默示的承诺。[1]

例如: A 在纺织品生产商 T 处订购了一匹织物,而 T 在其订单确认函中指出,只有在延长所有权保留的条件下,他才愿意供货。此时,即使 A 并未提出反对,这一条款也并不会直接成为合同的内容。而只有当其不加异议地对 T 供应的货物加以利用时,前述"延长所有权保留"的条款才会成为合同的内容。

(2) 对商事确认书保持沉默的意义

商人们就快速且有拘束性地澄清合同关系所享有的利益导致一个(如今已经强化成为习惯法)基本原则的产生[2]:

> "在对商事确认书保持沉默的场合,通常而言,合同会按照确认书的内容而成立。"

这一原则尤其适用于如下情形:①当事人之间因欠缺实际的合意而没有合同;②欠缺有效的代理而不存在有效的合同;③合同乃是以其他内容成立。

受领人若不同意,则其必须不加迟延地(《德国民法典》第 121 条)对该确认书表示异议。否则,他的沉默将会被评价为同意。[3] 对于此种沉默的教义学定位是有争议的。关此,不应认为存在沉默的意思表示,因为即便在受领人完全不知晓其沉默的意义时(欠缺表示意识的案型),该沉默同样具有相关性。将沉默的效力归结为受领人对义务或者不真正义务(Obliegenheit)的违反(及时表达异议的义务)也是不合适的,因为一般性的义务违反仅会导致损害赔偿请求权,不真正义务违反也仅会导致自身权利的丧失而已。对此,可以认为是**权利外观责任**(Rechtsscheinhaftung)的一个类型(根据合乎交易的典型行为)[4]:虽然受领人不想同意,但是他却通过自己的沉默创设了同意的权利外观。

---

[1] BGH NJW 1995, 1671(1672).
[2] Vgl. BGH NJW 2007, 987 Rn. 21; 2011, 1965 Rn. 22.
[3] 就此,参见 *Köhler* BGB AT PdW,案例 102。
[4] *Canaris*, HandelsR § 23 II 1 a.

(3)信赖保护的前提条件

32　　必须存在一个**确认函**,也就是说,存在一个包含将此前缔约谈判的结果以有拘束力的方式固定下来的约定的证书。[1] 该函件到达受领人必须与合同谈判的行为存在直接的时间关联。它不需要满足特殊的形式要件,亦即其若包含于传真、电子邮件甚或短信中也是可以的。双方当事人都必须是《德国商法典》第 1 条及以下意义上的**商人**,或者至少**如同商人**那样独立地、在多数情况下参与到交易往来中。[2] 故此,仅具有《德国民法典》第 14 条第 1 款意义的企业经营者属性(Unternehmereigenschaft)尚非当然充分。在确认函发出之前,当事人之间必须已经进入**法律行为性接触**(合同谈判或合同缔结)的阶段[3],不论该接触为口头、远程口头抑或书面形式,均可。最后,该确认函还必须在(被声称完成的)合同缔结之后**即刻发出**,并**到达**(《德国民法典》第 130 条)受领人。

(4)信赖保护的界限

33　　在三种案型中,确认函的发送者不受保护。其一是他**有意没有正确地**起草该确认函的案型。反之,因过失而不知的情形并不妨害对他的保护。[4] 其二是若该确认函的内容偏离合同合意过远,以致从理性的角度考量,发送人不会预估到受领人对其加以同意的案型。[5] 例如,确认函中添加了行业中不常见或不可期待的合同条款,或者确认函与初始约定的合同内容存在真正的矛盾,即属之。其三是发送人方面收到了相对人内容不同的确认函的案型。

例如:如果确认人在确认函中补充性地提及他所提供的一般交易条款,则按照通说,若相对人没有不加迟延地表示异议,该一般交易条款原则上会成为合同内容。然而,如果在此前的谈判中,当事人尽管尝试在合同中纳入其一般交易条款却最终未果,或者确认人的一般交易条款中包含了不

---

[1] BGH ZGS 2011, 177 Rn. 23.
[2] BGH ZGS 2011, 177 Rn. 23.
[3] BGH NJW-RR 2001, 680.
[4] 不同观点,Canaris, HandelsR, § 23 II 5b 认为:应类推适用《德国民法典》第 173 条和《德国商法典》第 54 条第 3 款。
[5] BGH NJW 2011, 1965 Rn. 23.

常见或不可期待的内容,那么该一般交易条款就不得成为合同内容。

但是,对"更新的订单确认函"和"商事确认书"的沉默作出不同处理,尤其是关涉一般交易条款的纳入问题,从事理来看却并无正当性。更加正确的应当是,在这两种案型中,均仅在属于"非重要的"偏离时,沉默才可被评价为同意。

(5) 受领人的不知与意思瑕疵

受领人不得主张,他对于自己沉默的意义存在错误认识,或者他并不知悉确认函(的到达)。在此范围内,错误撤销的可能性被排除。[1] 此种风险应由作为商事交易参与者的受领人承担。受领人不能抗辩称,他错误地认为谈判结果与确认函相一致。因为这仅属纯粹的动机错误而已。当受领人对确认函的内容存在错误,并因此而没有表示异议时,就要另当别论了。此时,他可以根据《德国民法典》第119条第1款的类推适用而主张撤销。原因在于,他不应当处于比自己明确地表示同意时更加恶劣的地位。[2] 反之,在此等情况下,其他观点则出于交易安全保护的考虑,想要完全排除撤销的可能性[3],或者将撤销权的排除限定于因过失而出现错误的场合。[4] 由于受领人需要对自己的错误承担证明责任,而该错误很少能够得到证明,故该问题少有实际意义。

四、缔约表示撤回的特殊规则

撤回
1. 撤回权
2. 撤回的意思表示
3. 撤回期间的遵守

---

[1] BGHZ 11, 5; *Palandt/Ellenberger* BGB § 147 Rn. 8.
[2] *Neuner* BGB AT § 37 Rn. 56.
[3] Koller/Kindler/Roth/Drüen, HGB, 9. Aufl. 2019, HaB § 346 Rn. 34.
[4] *Medicus/Petersen* AT BGB Rn. 442.

1. 具有消费者保护功能的撤回权

电话中的买卖案：旧书商 V 给她的一位老顾客文学研究家 H 打电话，想要以 1200 欧元的价格向 H 出售初版的《布登勃洛克一家》(Buddenbrooks)。H 即刻表示同意。几天后 H 才发现，自己已经有这套作品了。于是他便给 V 回电话，告知自己存在错误，并想要取消预订。然而 V 却拒绝了。尽管如此，H 是否仍然可以摆脱其与 V 订立的合同？

35　　合同法从合同信守(pacta sunt servanda)的基本原则出发：订立合同之人，亦必须遵守合同。他不能仅因为嗣后后悔了，便要求摆脱合同。故此，按照《德国民法典》第 130 条第 1 款第 2 句的规定，对于其意思表示，不论为要约还是承诺，合同一方当事人均仅能在到达合同另一方当事人之前予以撤回。但欧盟法的立法者为保护消费者免于过分匆忙和未经考虑即缔结合同，便在几个规则中脱离了前述基本原则。这些规则规定，即便消费者缔结合同的意思表示已经到达相对人，其亦可在特定期间内被撤回。此等规则包含于《德国民法典》第 312g 条(营业场所意外缔结的合同与远程销售合同)和第 510 条(分期供应合同)。撤回的前提条件和法律效果在《德国民法典》第 355 条及以下被进一步确定下来。

在前述"电话中的买卖案"中，H 不能基于错误而主张撤销买卖，因为《德国民法典》第 119 条所规定的构成要件并未得到满足。不过，H 可以根据《德国民法典》第 312g 条第 1 款的规定主张撤回，因为已经具备《德国民法典》第 312c 条意义上的远程销售合同之要件。该合同乃是一个企业经营者(《德国民法典》第 14 条第 1 款)和一个消费者(《德国民法典》第 13 条)通过排他性地利用远程通信工具，即电话(《德国民法典》第 312c 条第 2 款)而订立。该撤回行为应根据《德国民法典》第 355 条和第 356 条实施。

2. 撤回的意思表示、撤回的期限和撤回权的告知

36　　若基于消费者保护的规则而存在一项撤回权，那么要注意如下几点。[1]

---

[1] 另参见 PdW 2, 案例 97 和 98。

(1)撤回的意思表示

该撤回必须通过向企业经营者发出意思表示(《德国民法典》第355条第1款第2句)的方式来实施。此意思表示并无形式要求。该表示中必须能清晰凸显出消费者意欲撤回合同的决定(《德国民法典》第355条第1款第3句),故仅将标的物寄回尚非足够。不过,该表示并不需要包含理由(《德国民法典》第355条第1款第4项)。

例如,在前述"电话中的买卖案"中,H可通过电话的方式来行使其撤回权。但出于证据留存的考量,这种方式并不值得推荐。

(2)撤回的期限和撤回权的告知

撤回期限是14天,并且如若无其他规定,原则上随着合同的缔结而开始起算(《德国民法典》第355条第2款)。但就营业场所以外缔结的合同和远程销售合同两种以消费品买卖作为标的的合同类型,撤回权的期限在消费者收到标的物之后才起算(《德国民法典》第356条第2款第1a项)。另外,在企业经营者向消费者告知其撤回权之前,该期间亦不起算(细节规定于《德国民法典》第356条第3款第1句中)。撤回权的告知和撤回存在模板(《德国民法典施行法》第246a条之一第2款第2句的附件一、第246a条之一第2款第1句第1项和该条之二第2款第2项的附件二)。为避免不利后果的产生,企业经营者应使用该模板。

在前述"电话中的买卖案"中,如果没有进行过撤回权的告知,那么即便是从收到书之日起已过14天,撤回权也依然存在(《德国民法典》第356条第2款第3句)。然而,V在缔约之后也仍然可以进行撤回权的告知,并借此使期间的起算成为可能。

3. 撤回权的法律性质和法律效果

正如从其与解除效果之法定规则(《德国民法典》第346条及以下)的关联中可以得出的那样,撤回权是一个与解除权存在亲缘关系的形成权。随着撤回权在规定的期限内通过意思表示的方式被行使,消费者或企业经营者受其缔约意思表示之拘束的效力状态也得以终结(《德国民法典》第355条第1款第1项)。但撤回并不以有效合同的存在为前提,尤其是

36a

在有争议的情况下,相较无效而言,撤回的前提条件更加易于确定。因而,消费者原则上可以选择,他究竟援引无效并产生《德国民法典》第812条及以下的法律效果,还是表示撤回。[1]《德国民法典》第355条第3款规定了消费者撤回合同的一般法律效果。营业场所以外缔结的合同和远程销售合同则适用《德国民法典》第357条这一特殊的、非常详细的条款。

在前述"电话中的买卖案"中,已受领的给付至迟应当在表示撤回后的14天内返还。只有在V向H告知了费用承担义务的前提下,H才应当承担返还的直接费用(《德国民法典》第357条第6款第1句)。

> 在消费者保护规则中(例如《德国民法典》第312g条),消费者被赋予一项类似于解除权的**撤回权**。撤回权的形式、期限和法律效果规定于《德国民法典》第355条及以下和《德国民法典施行法》第246a条。

五、合意瑕疵(不合意)

1. 合意作为合同的本质特征

37　　合同以当事人相互合致的意思表示为前提。合同要求必须就所欲的合同内容存在合意(Konsens)。实际上是否如此,则需通过解释的方式予以查明。就此,要注意两点:如果双方当事人共同意欲追求相同的内容,则以所欲为准,即便他们使用了错误或引人误解的表达方式,亦无不同[误载不害真意(falsa demonstratio non nocet)]。[2] 如果双方当事人虽然主观上追求不同的内容,但通过解释却得出,双方的表示应理解为同一个特定含义,那么就存在合同上的合意。某一方当事人若将其表示赋予不同于客观意义的其他主观内涵,则他至多能够根据《德国民法典》第119条第1款的规定撤销其意思表示。但是,该合同却已经在先成立。

解释的结果若是双方当事人没有或者没有完全合意,则存在合意瑕

---

[1] BGH NJW 2010, 610 Rn. 16ff.
[2] 参见本书第九章,边码13。

疵(不合意)。根据不合意为当事人所明知或不知,可分别称为公开的不合意或隐藏的不合意。

2. 公开的不合意

若当事人尚未就不可或缺(重要)的合同之点(要素 essentialia negotii)达成合意,合同自然就还没有成立。例如,当事人就买卖合同的价款高低仍存在不同想法,即属此例。不过,若不合意仅涉及纯粹附属性的合同之点,而在其他问题上已经达成了合意,便需另当别论了。

担保期间案:A 与 B 就一台机床的交付进行谈判。在涉及担保期间的问题之前,当事人就其他方面已达成完全的合意。由于交货期间临近,为防止交货受到影响,担保期间的问题暂且搁置不问。随后该机床被交付,价款亦被支付。嗣后,双方就担保期间产生争议。

当还有个别(某些情况下也可能是重要)合同之点双方当事人未达成合意之时,合同的拘束力是否仍然被当事人所期待,便需要通过解释的方式予以查明。支持此一拘束意志的一个重要标志是,当事人已经开始进行合同的履行。[1] 如果拘束力为当事人所欲,则当嗣后仍未就遗漏之点形成合意时,便需通过任意法规范(例如《德国民法典》第 612 条第 2 款、第 632 条第 2 款)或补充性合同解释,根据合同目的或《德国民法典》第 315 条及以下的类推适用(公平性)来加以填补。[2]

在前述"担保期间案"中,应认为存在合同拘束的意志,因为双方当事人已经履行了合同。其合同漏洞若无法通过补充性合同解释的方式加以填补,则需通过任意性法规范进行填补(此处,该任意性法规范为《德国民法典》第 438 条)。

反之,如果无法清晰确定,当事人是否就所表示之点意欲追求合同的拘束力,则应适用《德国民法典》第 154 条第 1 款第 1 句的解释规则:"只要当事人并未就所有的合同之点达成合意,且关于这些合同之点,也只是

---

[1] BGH NJW 1983, 1727(1728); 2002, 817.
[2] 参见 BGHZ 41, 271 (275); BGH NJW 1983, 1189 (1190); 1983, 1777 (1778); 1997, 2671 (2672)。就此,参见 *Köhler BGB AT PdW*, 案例 105。

根据一方当事人的意思表示应当作出约定之时,若存在疑问,应认为合同并未缔结。"(理由:消极合同自由的保护;当事人不应受其所不欲缔结的合同之拘束。)根据《德国民法典》第154条第1款第2句之规定,就个别之点进行的沟通并不具有拘束力,即便已经进行了记录(所谓草案)亦复如此。若当事人约定就意欲缔结的合同制作合同书(Beurkundung),则根据《德国民法典》第154条第2款之规定,"在合同书制作之前,若有疑问,应认为合同尚未缔结",即便当事人已经就所有的合同之点形成合意,亦无不同。可是,如果书面形式对当事人并无根本性的意义(konstitutive Bedeutung),则前述解释规则不应予以适用。若书面形式只服务于证据留存,或者当事人一致对合同加以履行,即足以表明书面形式并无根本性意义。[1]

3. 隐藏的不合意

41　　如果当事人未曾就不可或缺的合同之点形成合意,毋庸置疑,合同并不存在。即使当事人错误地认为合同已经成立,亦不影响前述结论。在当事人客观上发出多义性表示并且内心所欲不同的案型中,尤其容易出现此种误解。[2] 但是,此时也应当检验,是否通过解释的方式,某一个特定的表示意义单独具有决定性,此即所谓的"规范性合意"。

　　关于此问题的教学案例便是"美元案"(以美元确定买卖价款,但一方当事人想的是美国美元,另一方想的却是加拿大美元)和"酒石酸案"(双方当事人都想出售,但他们却未在电报中清晰地表达)。[3]

42　　继而可以想象如下案例,即意思表示从外观上看已相互偏差,当事人却相互错误地理解了意思表示,并且信赖合同的成立(此即所谓的表示不合意)。然而,此种案型也许仅仅存在于理论中。

43　　最后可以考虑的案型是,当事人之间的合意并不完全(部分不合意)。当事人认为他们已经达成了完全的合意,而事实上,就某一个本来应当达

---

　[1]　BGH NJW 2009, 433 Rn. 27, 28.
　[2]　就此,参见*Köhler* BGB AT PdW,案例107。
　[3]　RGZ 104, 265.

成合意的附属之点,他们却未予合意调整。

在前述"担保期间案"中,当事人忘记了本来意欲达成合意的担保期间规则,但他们却认为自己形成了完全的合同合意,即属部分不合意的案型。

在此种案型中,还是首先要通过解释的方式查明,一致约定的合同之点上的合同拘束力是否为当事人所意欲。若为肯定回答,则合同漏洞应通过任意性规范、补充性合同解释或《德国民法典》第315条之类推适用填补。[1] 反之,若无法确定合同拘束意志的存在,则适用《德国民法典》第155条的解释规则:当事人在缺乏尚属空白的合同之点的情况下仍然愿意缔结合同的,就适用当事人合意约定的内容。主张合同有效之人,亦必须阐释并证明,从当事人的视角来看,未经约定的合同之点对合同的缔结而言并不重要(参见《德国民法典》第139条)。

六、合同自由与缔约强制

停止供货案:L是德国境内唯一一家"罗辛格瑙尔滑雪板(Rossignol-Skiern)"的供应商。它停止向某一大型体育专卖店S供货,因为S以低于预期终端售价的价格销售滑雪板,并因此在市场上引起了动荡。S起诉要求继续供货,因为如果它要想保持在市场上的竞争力,就必须使用"罗辛格瑙尔"品牌的货品。[2]

私法自治的一个重要组成部分是消极的合同自由,即能够对被提出的合同之缔结加以拒绝的自由。然而,对此种自由的法律保护却不应将经济与社会关系的现实置之不顾。否则,它就会成为特权和权力工具:之所以成为特权,是因为仰赖某一特定给付之人无法放弃合同的缔结,从而无法行使消极的合同自由;之所以会成为权力工具,是因为对于仰赖合同之缔结的一方当事人来说,他方当事人拒绝缔结合同(或者威胁拒绝缔结

44

---

[1] 就此,参见 *Köhler* BGB AT PdW,**案例** 106。
[2] 案例源自 BGH NJW 1976, 801。

合同)将可能关涉其经济上或社会上的生存(或者让他被迫服从)。不受限制地承认消极合同自由将意味着屈从于恣意和权力滥用。故此,在对更重要的社会利益或个人利益之保护有所要求时,合同自由也必须退让。此时,便以缔约强制取代缔约自由(缔约义务或缔约强制)。

> **缔约强制**是依法存在的与另一方当事人缔结一个其所意欲之合同的义务。

45 　　缔约强制可能建立于**特别法上的**规定,并且大多关涉法律创设或承认的市场垄断地位享有者[例如,客运企业,《德国客运法》(PBerfG)第22条、《德国铁路交通条例》(EVO)第3条、《德国航空交通法》(LuftVG)第21条第2款;《德国能源经济法》(EnWG)第22条]。

46 　　另外,在对终端消费者来说属于**生存供应**的领域,具有**垄断地位**的**机构**原则上处于**间接**缔约强制的调控之下。根据通说,《德国民法典》第826条可被用作法律基础:具有此种垄断地位的主体,若在欠缺足够正当性基础的情况下,拒绝向有意缔约者提供具有生存重要性的给付,或者仅在不合理条件下才提供前述给付,则此行为属于悖于善良风俗。[1] 其应以缔结并履行所欲的合同的方式来承担损害赔偿责任(《德国民法典》第249条第1款)。但在部分情况下,此等案型中的缔约强制也会建立于社会国原则和对现行特殊规范的整体类推适用基础之上。尚未得到穷尽性说明的问题是,缔约强制是否仅在对于生存而言必不可少或者无论如何具有生存重要性的给付义务中才被考虑,还是在普通民众日常生活范围内的任何需求中都会出现。针对这一问题,具有决定性的是,应否承认个体在相关给付上具有值得保护的利益。举例来说,于文化设施的利用(比如博物院)场合,应予肯定;相反,若为进入赌场,则应否定。[2]

47 　　在企业活动领域,卡特尔法上的歧视禁止(Diskriminierungsverbot)使《德国民法典》第826条的适用实际上没有必要。它的基础在于《德国反

---

〔1〕 BGHZ 63, 282(284f.); BGH NJW 1990, 761(762).
〔2〕 BGH MDR 1995, 105.

限制竞争法》第19条第1款,既可用于调整**具有市场支配地位的企业**与**消费者**之间的关系[1],又可用于调整具有市场支配地位的企业与其他企业之间的关系(《德国反限制竞争法》第19条第2款第1项)。根据《德国反限制竞争法》第20条第1款第1项的规定,这也适用于调整**具有强市场地位**的企业与**依赖它的企业**之间的关系。歧视应被理解为不当阻碍以及没有实际正当理由的不平等对待。由于歧视也可以并且恰恰存在于拒绝供应的行为中,故从中可以间接地得出缔约强制。被拒绝的合同之缔结,可以经由相关消费者或企业依《德国反限制竞争法》第33条第3款结合《德国民法典》第249条第1款(通过合同之缔结而恢复原状)的规定提起损害赔偿之诉,或者经由提起排除妨害之诉(《德国反限制竞争法》第33条第1款)的方式实现。

在"停止供货案"中,S依赖L,因为S要想维持市场竞争能力,就必须使用"罗辛格瑙尔"品牌的货品。该停止供货也并非具有实质上正当的理由,因为转售商在价格的确定上应当是自由的。所以,L有义务继续供货。

在违反民法上**歧视禁止**的案型中(《德国一般平等对待法》第19条),受歧视者可以根据《德国一般平等对待法》第21条第1款第1句的规定,要求**排除妨害**(Beseitigung)。并且于存在重复危险的场合,得根据《德国一般平等对待法》第21条第1款第2句的规定要求对方承担**不作为义务**。此外,受歧视者还可以根据《德国一般平等对待法》第21条第2款第1句的规定要求**损害赔偿**,除非该义务违反不可归责于歧视者(《德国一般平等对待法》第21条第2款第2句)。若为非物质性损害,则受歧视者可根据《德国一般平等对待法》第21条第2款第3句的规定要求歧视者以金钱方式给予其适当赔偿(Entschädigung)。如果没有该义务违反行为本会缔结合同,则受歧视者也可例外地要求缔结合同。[2]

47a

拒绝入内的门卫案:一个迪斯科舞厅(Diskothek)的门卫拒绝一个黑皮肤的年轻人入内,其理由是,里面已经"够黑了"。本案即存在《德国

---

[1] BGH NJW-RR 2011, 774 Rn. 54ff.
[2] *Palandt/Grüneberg* AGG § 21 Rn. 7.

《一般平等对待法》第 19 条第 1 款意义上不被允许的基于种族和性别的歧视行为。门卫的行为应当归属于该迪斯科舞厅的经营者。故此，他必须就该歧视行为向该青年支付合理数额的金钱。[1]

48　　缔约强制并不会替代缔约义务人必不可少的承诺之意思表示。若缔约义务人对相应的缔约要约保持沉默，那么通常会被评价为可被推断的承诺。然而，这一问题没有太大实践意义。亦即给付义务未得到履行时，意欲缔约者也必须诉请给付。不过，他也可以将要求承诺的诉讼与要求给付的诉讼结合起来。缔约义务人应以何种条件缔结合同从各个规范中获取，原则上存在以通常条件或非歧视性条件缔约的义务。有意缔约者如果因为缔约被拒绝而遭受了财产上的损失，那么他可以根据《德国民法典》第 823 条第 2 款的规定要求损害赔偿，并且可以（当存在故意时）根据《德国民法典》第 826 条的规定要求损害赔偿。

不情愿的出租车司机案：出租车司机 T 拒绝将商人 G 运送到机场，因为他与 G 结仇了。G 因无法找到其他出租车而未能及时到达机场，进而错过了飞机和一个重要的约谈安排。G 可以根据《德国民法典》第 826 条的规定向 T 要求损害赔偿，也可根据《德国民法典》第 823 条第 2 款结合《德国客运法》第 22 条的规定要求损害赔偿，因为这一条款同时也属于保护性法律。

七、预约和选择权合同

49　　在经济生活中，某些情况下终局性的合同缔结尚非可能或者暂无意义，但出于一方或双方当事人利益之考虑，并为确保未来合同的成立，从合目的性的角度讲却应承认一定程度的法律拘束力。此时，预约和选择权合同就具有特别意义。

---

[1] 参见 OLG Stuttgart NJW 2012, 1085：该案判令赔偿 900 欧元。

1. 预约

预约是一个合同,其中包含一方或双方将来缔结另一个合同,即所谓主合同的义务。[1] 它因合同自由原则而被允许,并且可在主合同之缔结尚存在法律上或事实上的障碍时加以利用。

例子:(1)食品销售商 A 想要从 B 处租赁一个待建房屋中的房间。目前尚不能确定,该房间何时能够使用以及在此房间内经营商店能否被官方机构所批准。另外,租赁合同的细节也还有待明确。A 和 B 现在即可通过预约的方式确保租赁合同在未来得以缔结。

(2)A 与 B 想要设立一个有限责任公司,但先要延揽其他股东。他们可以通过预约的方式确保未来会设立公司。

在个案当中,当事人究竟是仅进行了纯粹的合同谈判行为,或者已经缔结了预约,还是已经缔结了本约,乃是一个解释的问题。[2] 纯粹的合同谈判行为尚不具有拘束力。只要当事人尚未就从他们的角度来看有必要予以调整的全部合同之点达成合意,那么根据《德国民法典》第 154 条第 1 款第 1 项之规定,于有疑问时,应认为合同尚未成立。但这并不排除当事人通过预约的方式先就个别合同之点进行有拘束力的约定,并将遗留合同之点的约定交给嗣后达成的合意。所以,预约的判定应以合意已经达成为前提。[3] 此外,预约的有效性还必须以主合同重要组成部分的确定性或可确定性为前提。[4] 在有争议的案型中,被允诺的主合同之内容至少可以通过补充性合同解释的方式加以查明。举例来说,就买卖合同的预约而言,买卖标的物及其价款应当能够通过案件整体情境加以查明。至于预约是否同样需要满足主合同本身的形式要求,则根据各个形式条款的规范意义和目的确定。[5]

50

51

---

[1] BGHZ 102, 384(388).
[2] Vgl. BGH NJW 1980, 1577.
[3] BGH NJW 2006, 2843 Rn. 10.
[4] BGH NJW 1990, 1234(1235); 2006, 2843 Rn. 13.
[5] 就此,参见 *Köhler* BGB AT PdW,案例 103。

例如:针对土地买卖合同而缔结的预约即应满足《德国民法典》第311b条第1款第1句规定的形式,因为该形式条款旨在保护行为人,使之免于受过于草率所缔结的合同的拘束,而该规范保护目的对预约同样适用。[1]

52 预约的任何一方当事人都可以要求另一方当事人在主合同条件的谈判上进行协力配合。[2] 就主合同之缔结进行协力配合的义务可通过不同方式履行[3]:如亲自发出要约或者对要约加以承诺(《德国民法典》第145条、第147条)、授权(《德国民法典》第164条)第三人进行合同缔结或对由第三人缔结的合同加以许可(《德国民法典》第177条、第182条)。

应与预约区分开来的是**框架性合同**(Rahmenvertrag)。框架性合同的目的在于建立一个长期的交易关系,并对尚待缔结之合同的特定细节加以确定。[4] 即使基于一个框架性合同(由于欠缺内容的确定性)而诉请缔结单个合同,但当事人也仍要承担谈判义务。该谈判义务如果因为单个合同未能缔结而过错地被违反,可能会产生损害赔偿义务。

2. 选择权合同

53 选择权合同为受益人创设了一种通过单方意思表示成立或延长一个内容已经固定下来的合同关系之权利(选择权)。就其构造而言,可有两条路。

(1)通过该合同建立一个有拘束力的合同要约,并且将受益人何时能够对此要约予以承诺的条件(加上所谓的拘束力对价)固定下来(所谓的要约合同)。可见,此种情况下,实际上存在两个合同,即选择权合同本身和通过该选择权合同被准备的主合同。

(2)该合同已被订立,但附有选择权行使的停止条件。受益人可以自由决定,是否行使其权利(所谓的主合同附有选择权保留)。

---

[1] Vgl. BGH NJW 2006, 2843 Rn. 15.
[2] 就此,进一步论述参见 BGH NJW 2006, 2843 Rn. 26。
[3] BGH DNotZ 1990, 728.
[4] Vgl. BGH NJW-RR 1992, 977.

当事人所欲究竟是何者,必须通过解释的方式予以查明。

换言之,在选择权合同的关系中,选择权的提供者确定愿意以特定的条件缔结合同,而选择权的取得者仍然保留了决定权。通过选择权合同的缔结,选择权的取得者可以确保,选择权的提供者在此期间不会与另一个客户缔结合同。此种构造可能性在经济生活中存在很大需求。

例如:(1)A 的一个发明被授予专利,他想将该发明进行商业化利用。A 向 B 发出缔结许可使用合同的要约。对此,B 原则上表示同意,但仍想首先对该发明的技术上的可利用性和经济上的可利用性进行检测。为确保许可使用合同的缔结,B 可以通过合同的方式使自己取得选择权。[1]

(2)融资租赁公司 L 向 N 出租了一辆机动车。合同中赋予 N 一项权利,使其得于经过一段时间后,在扣除此前已经支付的租金的前提下,以买卖的方式取得该机动车的所有权(买卖选择权)。

(3)企业经营者 U 从 B 处租赁了商业用房 15 年,并取得了三次延长合同的权利,每次延长期限为 5 年(选择期间)。

主合同的形式同样适用于选择权合同。相反,选择权的行使(所谓选择的意思表示)是否同样需要满足该形式要求,则存在争议。正确的观点应当是对此予以肯定,而无须取决于各个选择权合同的法律性质(见上述)。

例如:若 K 通过选择权合同的方式获取了购得一块土地的权利,则不单单选择权合同本身需要满足《德国民法典》第 311b 条第 1 款第 1 句所规定的形式要求,选择权行使的意思表示同样也需要满足该条款的形式要求。理由在于,对 K 来说原先并不存在取得土地所有权的义务,而该义务恰恰是通过选择权行使的意思表示而产生的。因此,《德国民法典》第 311b 条第 1 款第 1 句的规范保护目的同样适用于它。

3. 附论:固定要约

选择权合同的经济目的常常也可以通过固定要约(Festofferte)的方式

---

[1] 就此,参见 *Köhler BGB AT PdW*,**案例 104**。

来达成。固定要约是一个合同要约,但其特点在于规定了更长的承诺期间,甚至根本没有规定承诺期间。这会存在于土地交易和有价证券交易的实践中,并使受益人能够在决定承诺之前,观望此间的经济发展。通常会约定一个所谓的拘束补偿金(Bindungsentgelt),以作为对要约人长期受拘束的补偿。

八、互联网上的缔约行为

1. 导论

57　　企业经营者与消费者之间的法律行为,以及私人之间的法律行为,越来越频繁地在网上进行。邮售企业已不再单单通过橱窗向客户提供货物,而是同样在其网站主页上提供货物;旅馆和旅程可以在网上预订;货物可以通过 eBay 网或 eBay 小广告的网站进行售卖;银行客户可以在网上完成银行业务(家庭银行)。新技术提供的可能性也带来了一系列新的法律问题。

eBay 网上的网络拍卖案:教职候选人 L 在 5 月 24 日傍晚于 eBay 网上放置了一个二手大众帕萨特轿车(VW Passat)的网络拍卖公告,拍卖期间为 10 天,起价为 1 欧元。法科学生 S 在同一天以起价 1 欧元的价格对该要约进行了承诺。次日,L 中断了拍卖。截至此时,S 是唯一的出价人。在收到询问之后,L 向 S 表示,以 1 欧元的价格将该机动车交给 S 是他无法接受的。S 的行为构成权力滥用,即便买卖合同已经成立,其也有悖于善良风俗。此外,他还主张基于错误而撤销自己的要约。S 可否仍然要求 L 以 1 欧元的价格提供该机动车?[1]

2. 网上缔约的合同成立

58　　意思表示原则上也可以通过网络中的数据电子传输(**在线**)进行发送

---

〔1〕 案例源自 BGH NJW 2015, 548。

和生效。相应地,在网络中也完全可以通过《德国民法典》第 145 条及以下所规定的要约和承诺方式实现合同的缔结。对此,原则上也适用《德国民法典》第 133 条、第 157 条的**一般性解释原则**。[1] 可是,若涉及企业经营者(《德国民法典》第 14 条第 1 款)与消费者(《德国民法典》第 13 条)之间的合同,那就必须注意**远程销售合同**的法律条款(《德国民法典》第 312c 条及以下)以及关于**电子交易往来中合同**的特殊规范(《德国民法典》第 312i 条、第 312j 条)。另外,企业经营者需承担大量的**信息义务**(《德国民法典》第 312d 条及以下,《德国民法典施行法》第 246a 条之一至之四,第 246c 条),该信息义务的违反在某些情况下会对合同的成立产生影响。

(1)要约

若某一企业在网上向不特定人群提供货物或者劳务给付,则需通过解释(《德国民法典》第 133 条、第 157 条)的方式查明,这是否已经属于真正的要约,还是仅属于要约邀请。通常来说,尤其是在邮售企业进行货物提供时,若有疑问,应认为仅属于要约邀请。[2] 因为,假如认定其属于要约,企业就会面临成立合同的数量比它能够提供货物的数量还要多的风险。此外,企业还无法检测客户的付款能力。是故,在此等案型中,要约乃由客户发出,客户可以直接在线发现要约(通过点击)。[3] 但若合同给付义务的内容是可以任意复制的,比如以可下载的电子数据提供为内容的给付义务,便要另当别论了。相反,在**网络拍卖**的场合,要约通常是由出卖人发出的。[4] 该要约指向那些在拍卖期间内发出最高报价的人。不过,在作为拍卖基础的一般交易条款中,比如 eBay 拍卖时,eBay 网的一般交易条款中[5],可能会以法律所允许的方式规定,出卖人在特定前提条件下可以向所有投标人或单个投标人撤回要约。比如,规定当拍卖

---

[1] BGH NJW 2011, 2643 Rn. 15; 2013, 598 Rn. 19.
[2] BGH NJW 2012, 2268 Rn. 11.
[3] 参见本章边码 65。
[4] BGH NJW 2011, 2643 Rn. 16.
[5] Vgl. BGH ZIP 2017, 928 Rn. 12.

物品在无过错的情况下丢失或者他无法确定某一特定投标人的身份时，撤回要约，即属此案型。若他在拍卖结束之前即以正当的方式予以撤回，则合同不会成立。[1] 拍卖期间的设置为《德国民法典》第148条意义上的承诺确定了期间。

(2)承诺

60 合同要约如通常那样由客户发出，那么为合同之缔结，企业经营者需要进行承诺。该承诺的意思表示并非必然可从对电子预订单的到达确认(Bestätigung)之中导出，对于前述到达确认，《德国民法典》第312i条第1款第1句第3项规定应不加迟延地以电子方式完成。客户借此仅可获悉，他的预定已经到达了。亦即，该确认仅属观念通知(Wissenserklärung)，而非意思表示。不过，企业经营者也可以同时将承诺的意思表示纳入预订单的到达确认中。[2] 至于是否确实如此，则需通过解释的方式予以查明。[3] 如果仅是到达确认，那就还需要一个单独的承诺，只不过该承诺也可以按照《德国民法典》第151条第1句规定的方式(比如通过货物的寄送)完成。[4] 在**网络拍卖**的案型中[5]，比如在eBay网上的拍卖，对出卖人要约的承诺是通过那些在拍卖期间内发出最高报价之人的意思表示来完成的。[6] 其特殊之处不过在于，只有当拍卖的期间结束之后才能确定，谁作为最高报价人而成为要约人的合同相对人。在法律意义上，这意味着，承诺的意思表示以附停止条件的方式发出，该条件为相应的投标人在拍卖结束之后给出了最高报价。[7] 出卖人通过开设第二个账户自行竞买报价，意图借此提高价格的行为(虚假出价)是不生效的，因而也无须予以考虑。[8] 如果基于法律关系的具体构成，比

---

[1] BGH NJW 2016, 395 Rn. 15ff.
[2] BGH NJW 2013, 598 Rn. 19.
[3] Vgl. Kimmelmann/Winter JuS 2003, 532(535).
[4] BGH NJW 2013 598 Rn. 19.
[5] 参见本章边码59。
[6] BGH NJW 2005, 53(54).
[7] 参见eBay网站一般交易条款的第6条第5款。
[8] BGH NJW 2017, 468 Rn. 23 ff.

如通过一般交易条款,认为要约由客户发出,那么为了实现合同的缔结,就必须借助出卖人事先发出的承诺意思表示:该承诺作为对拍卖期间内最高报价的同意被事先发出。[1] 该意思表示也具有足够的确定性。尽管其并未指向一个具体指明的人,但毫无疑问可以明确的是,拍卖人仅愿意与那个在拍卖期间内发出最高报价的人缔结合同(德国联邦最高法院)。不论对该合同缔结进行怎样设计,它也不属于《德国民法典》第156条意义上的拍卖。[2]

(3)一般交易条款的纳入

企业经营者若如通常那样利用一般交易条款,那么只有通过一般交易条款纳入的方式,其才会成为合同内容。就此,适用《德国民法典》第305条第2款。亦即,首先需要企业经营者明确地提示该一般交易条款(《德国民法典》第305条第2款第1项),这可以很简单地在网站上完成。随后,企业经营者还必须在缔结合同的时候按照《德国民法典》第312i条第1款第4项的规定,向客户提供取得包括一般交易条款在内的合同条款的可能性(比如在"供应页面"复述一般交易条款的内容或者提供"链接"),并能以可重复的方式(比如通过下载)加以存储。由此,《德国民法典》第305条第2款第2项的要求也同时得到了满足。

3. 意思表示的生效

(1)发出与到达

在线意思表示的发出通常经由点击网络页面上框格(Feld)的方式实现。当该意思表示在通常情况下可于受领人提取之时(参见《德国民法典》第312i条第1款第2句),即为到达(《德国民法典》第130条第1款第1项)。至于受领人在个案当中出于实际原因(比如技术瑕疵)而无法将其提取,则属于他的风险。在此范围内,适用与有体化的意思表示之到达相同的基本原则。

---

[1] Vgl. BGH NJW 2002, 363(364); *Lettl* JuS 2002, 219(222).
[2] BGH NJW 2017, 468 Rn. 19.

(2)意思瑕疵

63 在线的意思表示中也可能出现意思瑕疵。举例来说，在客户由于**输入错误**而订购了一个本来并不想要的标的物时，即存在表示错误，该错误可依《德国民法典》第119条第1款的规定产生撤销权。[1] 如果他根本就不想发出订购的意思表示（比如行为人仅仅是出于好奇而点击了订购的框格），那就会出现表示意识欠缺的案型。但通常来说，这并不会导致意思表示不生效力（Unwirksamkeit）。因为，订购流程一般在网络页面上非常明显，客户只要尽到交易中必要的注意义务，便能够识别并避免其行为基于诚实信用原则和交易习惯而被视为意思表示。[2] 他至多可以类推适用《德国民法典》第119条第1款主张撤销其意思表示。应当与意思瑕疵问题相区分的是企业经营者向网络客户应当履行的**信息义务**（就此，参见《德国民法典》第312i条和第312j条）。由此，企业经营者还必须根据《德国民法典》第312i条第1款第1句第1项的规定，向客户提供"合适、有效并可利用的技术手段，借助该技术手段，客户能够在其订购单发出之前识别和修正输入错误"。另外，企业经营者必须根据《德国民法典》第312i条第1款第2项结合《德国民法典施行法》第246c条第3项的规定，以清晰且易于理解的方式在消费者发出订购的意思表示之前向他加以通知。企业经营者若违反此项义务，则其在客户主张撤销时不得要求《德国民法典》第122条所规定的信赖损害赔偿（《德国民法典》第122条第2款的类推适用或第242条）。

(3)形式

64 如果对某一意思表示规定了书面形式（《德国民法典》第126条），那么在以电子方式发出意思表示的案型中，应以**电子形式**取代书面形式（《德国民法典》第126a条）。在此情况下，表意人必须将其姓名添加到该意思表示中，并且为该电子文件附上合乎《签名法》（Signaturgesetz）要求的电子签名（《德国民法典》第126a条第1款）。然而在实践中，电子签名

---

[1] Vgl. Dörner AcP 202 [2002], 363, 380.
[2] Vgl. BGH NJW 2002, 363(365).

(尚)未发挥功能,尤其是排除了以电子形式实施最为重要之要式行为的可能性(参见《德国民法典》第 484 条第 1 款第 2 句、第 492 条第 1 款第 2 句、第 766 条第 2 句、第 780 条第 2 句和第 781 条第 2 句)。

(4)借助按钮完成订单

在网络上进行的货物和劳务的预订大多通过如下方式组织实施,即客户做出选择,而后在按钮上点击确认。此种可能性常常被企业经营者所滥用,以遮掩该订购行为并欺骗消费者("网上订阅陷阱")。所以,《德国民法典》第 312j 条第 3 款第 2 句规定了一个完全确定的按钮设计形式:它必须"易读,且仅能附有'订购并承担付款义务'或者与前述对应的意义清晰的文字表述"。因而,按钮上若仅附有"现在登记并产生拘束力"(jetzt verbindlich anmelden)的文字,则并不足够,因为这并没有清楚地显示出付款义务的存在。经营者未履行此等义务时,按照《德国民法典》第 312j 条第 4 款的规定,合同将不会成立,消费者也就不会受其订购的拘束,也就不需要《德国民法典》第 119 条或第 123 条的撤销权。相反,违反该义务甚至还会使消费者依《德国民法典》第 280 条、第 311 条第 2 款的规定享有损害赔偿请求权。[1]

关于前述"eBay 网上的网络拍卖案"的**解答提示**[2]。

(1)合同是否成立?

合同通过要约与承诺的方式成立。或者可以认为,要约由报价人 S 发出,而 L 的承诺则通过开通要约页面,并附有如下明确表述,即他现在已对有效发出的最高购买价格进行承诺的方式来实现。不过,也可以将 L 的意思表示视为要约,而将 S 的最高报价视为承诺(两种观点都可以持有)。

(2)标的物供应者的意思表示不生效力?

L 的意思表示已经足够确定,因为毫无疑问可以看到,L 仅想与那些在拍卖期间内给出最高报价的人缔结合同。L 也不能主张由于欠缺表示

---

[1] Vgl. *Weiss* JuS 2013, 590(593).
[2] BGH NJW 2015, 548;就此,参见 *Oechsler* NJW 2015, 665。

意识或者因表示错误或内容错误而根据《德国民法典》第 119 条进行撤销。即便在 L 发出其意思表示时,他所预估的是一个远远高于 S 所给出报价的价格,但这只是无须关注的动机错误而已。L 也不能主张,以 1 欧元的价格缔结价值 5250 欧元机动车之买卖合同令人无法接受,进而以此为理由认定 S 构成权利滥用(《德国民法典》第 242 条)或者该法律行为有悖于善良风俗(《德国民法典》第 138 条)。因为网络拍卖的动机恰恰在于:一方面,某一个投标人可能以相当低廉的价格获得标的物["捡便宜的买卖"(schnäppchenkauf)];另一方面,出卖人也可能通过溢价投标机制(Mechanismus des Überbietens)最终取得一个对其有利的价款金额。出卖人可以通过设置最低价格的方式排除贱价出售的风险。[1] 因此,在 L 和 S 之间已经成立了一个有效的买卖合同。S 可以依《德国民法典》第 433 条第 1 款第 1 句的规定要求 L 以 1 欧元的价格转让该机动车的所有权,并交付该车的占有。

参考文献:

总括性文献: *Brehmer*, Die Annahme nach § 151 BGB, JuS 1994, 386; *Eichelberger*, Versteigerungen nach BGB, ZPO und ZVG, Jura 2013, 82; *Kramer*, Grundfragen der vertraglichen Einigung, 1972; *Hilger*, Die verspätete Annahme, AcP 185 (1985), 559; *Ripgen*, Abschied von der Willensbestätigung, AcP 200 (2000), 533; *Schwarz*, Kein Zugang bei Annahmeverweigerung des Empfangsbotens, NJW 1994, 891; *Schwarze*, Die Annahmehandlung in § 151 BGB als Problem der prozessualen Feststellbarkeit des Annahmewillens, AcP 202 (2002), 607; *Volp/Schimmel*, § 149 BGB – Eine klare und einfache Regelung?, JuS 2007, 899.

社会典型行为和禁止自相矛盾行为: *Köhler*, Kritik der Regel „protestatio facto contraia non valet", JZ 1981, 464; *Teichmann*, Die protestation facto contraria, FS Michaelis, 1972, 295.

---

[1] BGH NJW 2012, 2723 Rn. 20; 2015, 548 Rn. 12.

商人确认书: *Deckert*, Das kaufmännische und berufliche Bestätigungsschreiben, JuS 1998, 121; *Lettl*, Das kaufmännische Bestätigungsschreiben, JuS 2008, 849.

撤回: *Petersen*, Anfechtung und Widerruf des Vertrags, FS Leenen, 2012, 219; *Reiner*, Der verbraucherschützende Widerruf im Recht der Willenserklärungen, AcP 203 (2003), 1.

缔约强制: *Bydlinski*, Zu den dogmatischen Grundfragen des Kontrahierungszwangs, AcP 180 (1980), 1; *Kilian*, Kontrahierungszwang und Zivilrechtssystem, AcP 180 (1980), 47.

合意瑕疵: *Leenen*, Abschluß, Zustandekommen und Wirksamkeit des Vertrags, AcP 188 (1988), 381; *Leenen*, Faktischer und normativer Konsens, FS Prölss, 2009, 153.

预约和选择权合同: *Freitag*, „Specific performance" und „causa-Lehre" über alles im Recht des Vorvertrags, AcP 207 (2007), 287; *Weber*, Der Optionsvertrag, JuS 1990, 249.

网络上的合同缔结: *Braun*, Fehlentwicklungen bei der rechtlichen Behandlung von Internet-Auktionen, JZ 2008, 330; *Dörner*, Rechtsgeschäft im Internet, AcP 202 (2002), 363; *Lettl*, Versteigerung im Internet-BGH NJW 2002, 363, JuS 2002, 1247; *Oechsler*, Der Allgemeine Teil des Bürgerlichen Gesetzbuchs und das Internet, Jura 2012, 422, 497, 581; *ders*, Der vorzeitige Abbruch einer Internetauktion und die Ersteigerung unterhalb des Marktwerts der Sache, NJW 2015, 665; *Petersen*, Allgemeiner Teil und Internet, Jura 2002, 387; *Pfeiffer*, Von Preistreibern und Abbruchjägern–Rechtsgeschäftslehre bei Onlien-Aukionen, NJW 2017, 1437; *Sutschet*, Anforderungen an die Rechtsgeschäftslehre im Internet, NJW 2014, 1041; *Taupitz/Kritter*, Electronic-Commerce-Probleme bei Rechtsgeschäften im Internet, JuS 1999, 839; *Weiss*, Die Untiefen der „Button"-Lösung, JuS 2013, 590.

第九章　法律行为的解释

很多时候存在争议或者不清楚的问题是，一项意思表示或一个合同具有怎样的意义。这个时候就必须对它进行解释。本章将会阐述，解释一般意味着什么，解释的标的、工具和目标是什么，以及对于解释，包括补充性合同解释在内，存在哪些一般性或特殊性的规则。

一、法律行为解释的概念和意义

1　　解释即意义查明。在私法领域，应区分**法律解释**和**法律行为解释**。法律解释尝试探究法律规范的相关含义。适用于法律解释的基本原则[1]，并非能够径直转用于具有特殊功能的法律行为之解释。法律行为解释的任务是查明**私人之行为在法律行为方面的意义**。在当事人之间存在不确定性或者就特定法律效果的出现存在争议时，它就得以适用。若进入诉讼程序，则由法官承担解释的任务。

法律行为的解释也包含检查一个法律行为上的行为究竟是否存在的任务。亦即，首先要检验，**是否**可以在一个特定的行为中发现一个意思表示或者法律行为。[2] 第二步就需要明确，该意思表示或法律行为具有怎样的**内容**。

遗嘱草案案：去世的 V 遗留下一份亲手书写并签名的书面材料，其标题部分写着"草案"，内容却是侄子 N 应当"继承"他的房屋。本案中，首

---

[1] 参见本书第四章,边码12及以下。
[2] BGH NJW 1986, 3131(3132).

先必须检验,究竟是否存在一个有效的遗嘱,而非仅仅是一个草案。若肯定其具有遗嘱的法律属性[1],则应追问的是,该"指定继承"(Erbeinsetzung)具有怎样的法律意义。

二、解释标的与解释工具

在进行解释之前,还必须首先确定解释标的和解释工具。**解释标的**是指需要从中提取出意思表示的具体行为或表示(Äußerung)(比如电话、书面文件、点头)。**解释工具**是指被用来查明该行为之意义的情况(比如合同谈判、交易习惯、地点和时间、职业、教育、当事人的出身等等)。它们构成了意思表示的语境(Kontext)。解释标的与解释工具的厘清,乃是**事实查明**的工作。接下来的解释,则是**法律上的评价性工作**(rechtliche Würdigung)。

2

终止(Kündigung)合同案:A 起诉自己的雇员 B,要求他承担损害赔偿责任,因为 B 无理由擅离岗位。在诉讼中,B 抗辩道,A 对他说滚蛋吧(sich zum Teufel scheren),而他将此理解为无期限立即终止合同的意思。A 则对此种表示提出异议。此时,B 必须证明,该表示确曾发生(解释标的的确定)。如果他成功地完成了此项工作,那么法官就必须进一步检验,该表示中是否包含了终止合同的意图(解释)。

很多时候,绝对**明确**的意思表示被认为无须解释。可是,意思表示究竟明确与否,却恰恰必须经由解释确定。因而,任一个行为,只要其法律行为上的意义可能导致疑问,就需要进行解释。这同样适用于如下主张:**矛盾性**的或者**无意义**的表示无法进行解释。一个表示是否会产生意义,只有经过解释才能确定下来。解释并不能(这才是该主张的正确内核)向任一个表示强加理性的意义。但是,原则上每一个行为都是可以解释的。

3

---

[1] Vgl. BayObLGZ 70, 173.

三、解释目标

1. 可能的解释目标与利益格局的意义

4 《德国民法典》第133条要求,就意思表示之解释,应当探求当事人的**真意**(wirkliche Wille)。但这意味着什么本身又是有疑问的,因为解释的目标可能是不同的。一个可能的目标是,查明表意人赋予其表示的意义。另一个目标是,厘清受领人赋予该意思表示的内涵。最后,揭明意思表示的客观意义也可能成为解释的目标。哪一个解释目标应当具有决定性,乃是利益评价的问题。对表意人和直接或间接对意思表示享有利益之人的相对利益之评价,自然显得各不相同,且分别取决于实际所涉乃何种意思表示。故此,法律行为之解释也并不承认统一的解释目标,反而应当根据解释的种类进行区分。

2. 遗嘱的解释

5 就遗嘱而言,并不存在通过解释保护其利益的直接受领人。是故,表意人**内心**的真实意志必然具有决定性的意义。[1] 此时,《德国民法典》第133条所确立的基本原则应当按照其文义执行。[2] 即就遗嘱的解释而言,应当探求被继承人的内心真意(所谓的**自然解释**)。为此,意思表示之外的所有因素,只要其能够为意思表示的解释提供启发,均应当加以考量。意思表示具有何种客观意义,以及遗嘱人曾经求助过的人群会有何种理解可能性,均非决定性的。被继承人若以一种不同于通常语言习惯的方式使用某一概念、赋予其意义,则被继承人的理解仍然是决定性的,即便继承人并不了解此种意义,亦复如此。[3]

图书馆案:A通过遗嘱将自己的"图书馆"遗赠给他的侄子N,而实际

---

[1] 就此,参见 *Köhler* BGB AT PdW,**案例92**。
[2] Vgl. BGH NJW 1993, 256.
[3] Vgl. BGHZ 86, 41(45f.).

上他是指(通过他先前的对外表示可以推导出)自己的酒窖。如此,N仅享有请求继承人交付酒瓶的请求权(《德国民法典》第2174条),而不享有交付书的请求权。

虽然遗嘱是**无须受领的**意思表示,但这并不能导致相同的标准被转用于其他无须受领的意思表示。故就**悬赏广告**(《德国民法典》第657条)而言,由于它会要求第三人实施一定行为,故其解释应立足于被指向人群的理解可能性。[1]

6

3. 需受领的意思表示之解释

意思表示的普遍情形是需受领的意思表示,它直至到达相对人才生效(《德国民法典》第130条第1款第1项),以期相对人能够取得知悉该意思表示内容的可能性。需受领的意思表示触及受领人的利益范围,该意思表示会刺激受领人实施一定行为,例如在合同要约的情形;或者,此等意思表示会直接进入受领人的法律关系,比如撤销或终止的案型。故此,若仅将表意人赋予相应意思表示的意义作为决定性的,将会与需受领意思表示的前述功能不相吻合。并且,错误撤销制度(《德国民法典》第119条)也反对此种思维,否则该制度将会在很大程度上变得多余。另一方面,其也不能取决于受领人事实上向意思表示所赋予的内涵。这将会以牺牲表意人为代价而利于受领人,因为表意人通常根本无法预见受领人会如何理解该意思表示。因此,决定性的只能是**客观的(规范性的)表示价值**[2]:根据诚实信用原则并顾及交易习惯,受领人应当对意思表示作何种理解,该意思表示就应当如何解释(**规范性的解释**)。亦即,在解释中,应当从**受领人的视角**或者**受领人理解可能性**的视角出发。[3] 受领人知悉或者应当知悉的因素应当作为解释的工具,即使其他人或者大众并不知悉,亦无影响。在此过程中,合同谈判、行为目的、利益格局和其

7

---

[1] 就此,参见 *Kornblum*, JuS 1981, 801。
[2] Vgl. BGH NJW 2008, 2702 Rn. 30; 2013, 598 Rn. 18.
[3] 就此,参见 *Köhler* BGB AT PdW,**案例 88**。

他伴随性的情况均扮演一定角色。[1]

厕纸订购案：其女子中学的校长 K 对代办商 V 以 0.40 马克（DM）/个的价格缔结"25 批成卷厕纸（Gros Rollen Toilettenpapier）"的要约表示承诺。然而，K 将之理解为 25 大卷厕纸，代办商所用的"批（Gros）"则意指 144 个。决定性的乃是在顾及受领人理解可能性的前提下所呈现出的客观表示价值。"批"一词指代 144 个，即便可能渐成旧语，但确实还属于一般性的语用习惯。鉴于 K 自身的教育状况以及其他因素（仅仅订购 25 卷对一个女子中学来说有点太少了），她不能认为此仅属偏离正确拼写（Orthographie），从而应当意指大卷（große Rollen）。因而，决定性的应当是"144 个"的含义。K 至多能够享有主张撤销的可能性。[2]

立于此种客观意思表示价值理论背后的，乃是利益衡量和风险的归属：一方面，要求表意人在宣布其意志时，应当顾及受领人的理解可能性；另一方面，也要求受领人以可被期待的注意程度去正确地理解表意人所追求的含义。所以，应当予以顾及的仅仅是那些从受领人的视角来看也被表意人所知悉的因素。

该客观表示价值的理论可以从《德国民法典》第 133 条、第 157 条中提炼出来：这两条规范相互补充。《德国民法典》第 133 条立足于表意人的真实意志，而该真实意志也仅在其被表示出来的范围内才会具有意义，无须关注停留于内心的意志。《德国民法典》第 157 条不仅如其文义显示的那样适用于合同，也适用于意思表示。该条增加了诚实信用原则的解释标准，并且（也）指涉受领人可被期待的理解可能性。

> 在需受领意思表示的案型中，决定性的乃是**客观的意思表示价值**。也就是说，按照受领人根据诚实信用原则并顾及交易习惯所能理解的那样确定意思表示的内容。

---

〔1〕 参见 BGHZ 103, 275(280) 关于合同条款中的"技术监测协会最新检验"（TÜV neu）表述；BGH NJW 1995, 955(956) 关于"一般陈旧"的合同条款；关于饮料瓶上"押金（Pfand）"字样的意义，参见 BGH NJW 2007, 2912 Rn. 9；关于在线预订航班，参见 BGH NJW 2013, 598 Rn. 19ff.

〔2〕 案例源自 LG Hanau NJW 1979, 721。关于撤销，参见本书第十四章，边码 17。

4. 向不特定多数人发出的意思表示的解释

向不特定多数人发出的意思表示是指,对**不特定数量的人能够产生意义的意思表示**。举例来说,其中包括承载于**流通性证券**(Umlaufpapieren)(汇票、支票、无记名债券)并构成第三人取得权利之基础的意思表示;章程及为授权不特定数量的人实施行为而颁发的授权证书;悬赏广告(《德国民法典》第657条)和生产者的允诺。在此等意思表示的解释中,应当注意第三人的利益。所以,该种意思表示之解释只需要考虑未曾参与意思表示的第三人可能知悉或者毫无困难地应当知悉的因素。[1] 原则上,从证书当中可以得出的典型意义具有决定性。

收集的可退押金瓶案:矿泉水生产商 M 销售 1.5 升的瓶装水,瓶身上附有"押金"字样,且有一个条带写着"0.25 欧元押金"字样。S 收集了 10000 个这种瓶子,并且现在想要从 M 处获得 2500 欧元,同时返还这些瓶子。此处,"0.25 欧元押金"的概念,应当被理解为向所有人发出的内容为"以 0.25 欧元的价格回购瓶子"的要约。就此而言,决定性的仅仅是意思表示的客观内容而已,因为其可能在不特定多数人中产生意义。故此,表意人自身不同的主观想法无关紧要。[2] 所以,S 享有相关权利。

四、意思表示解释的四个一般原则

《德国民法典》的立法者有意地未在第 133 条和第 157 条之外设置其他**法律行为解释的一般原则**,而是将此项任务交给了裁判实践和学理。

---

[1] Vgl. BGHZ 64, 11(14).
[2] BGH NJW 2007, 2912 Rn. 10.

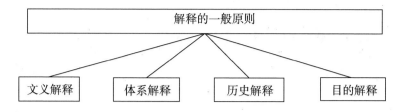

1. 禁止拘泥于字面含义

11　　根据《德国民法典》第 133 条的规定,解释"不应拘泥于表示的字面含义"。据此,解释虽应从表示的**字面含义(语法解释)**及其**客观含义**出发,[1]但应当追问意思表示对于一个处于表示相对人处境的客观观察者而言意味着什么。在此过程中,表意人知悉或者可得知悉的**个案的全部因素**皆应予以考量。然而,若有迹象表明意思表示乃以不同于一般语言使用习惯的方式被使用,那么解释就不应止步于该意思表示的字面含义,纵使从字面来看该意思表示似乎意义清晰明确,亦无不同。[2]　不同于一般语言使用习惯的意义可能从表示的来历(Vorgeschichte),尤其是合同谈判中(**历史解释**)[3],从行为目的(**目的解释**)和表达方式在意思表示的整体关联所处的地位(**体系解释**)中获取。例如,在个案当中,注明为"保证"的合同可能会被解释为担保合同。[4]

2. 对诚实信用原则及交易习惯的兼顾(《德国民法典》第 157 条)

12　　根据《德国民法典》第 157 条之规定,合同(和意思表示也)"**应当如诚实信用原则并兼顾交易习惯所要求的那样加以解释**"。诚实信用原则要求,合同之解释应当兼顾该合同的**目的**及各方当事人的**利益格局**。解释必须朝着契合双方当事人利益的方向为之。[5]　此故,某一方合同当事人不应将于有利于自己的解释方案上所享有的利益作为解释基准,双方当

---

[1]　BGHZ 121, 13(16); BGH NJW 2011, 1666 Rn. 11.
[2]　Vgl. BGH NJW 2001, 144(145); 2002, 1260(1261).
[3]　BGHZ 86, 41(47).
[4]　Vgl. BGH WM 1975, 348.
[5]　BGHZ 131, 136(138).

事人的利益都应当予以考虑。然而,这并非促成合同具有法官在判决的时点所认为公正合理的内容。当事人的利益对其意思表示在发出之时所具有的客观影响才是决定性的。

禁赌案:S沉迷于赌博,他请求赌场B发布一个针对自己的禁赌公告,从而使自己能够摆脱对赌博的狂热。B如其所愿,发布了该禁令。尽管如此,S后来又重新造访赌场。S无法自控,遂再次参赌并赌输。此时,他不得就赌输的损失要求B承担责任。因为,从解释中可以得出,并没有成立针对S负担相应保护性义务的合同关系。[1]

此外,解释时还应顾及**交易习惯**。此处的交易习惯,应为在当事人所处行业的交易中事实上占据主导地位的惯常实践(Übung)。[2] 在商人之间存在的交易习惯被称为**商事习惯**(Handelsbrauch)(《德国商法典》第346条)。它并非对解释具有拘束力的法律规范,而仅仅是一个事实上的解释工具。顾及交易习惯符合一般性的生活经验,即当事人会遵守该习惯,尤其是会以交易中特定的表达方式来表达惯常的意义。由此,首先可以得出的是,若当事人并不归属于某一交易圈子,那么便无须考虑相应的交易习惯。反之,若双方当事人均归属于某一特定的交易圈子,那么只要没有相反的约定,就始终应当考量相应的交易习惯,纵使该交易习惯为某一方当事人所不知,亦无不同(决定性的乃是客观的意思表示价值)。

样品原样(Tel Quel)案:某商人对一个关于100批"依样品原样"(laut Muster tel quel)棉布的要约进行承诺。嗣后他不得主张,自己并不知道该合同条款依据商事习惯是指允许交付该种类货物中最差质量的标的物。

若某一交易习惯限定于有限的地域或者职业范围内,而且只是一方当事人归属于该范围,那么该交易习惯的意义就取决于另一方当事人是否能够估计到或者应当估计到该交易习惯的存在。一个限定于特定地域的交易习惯,通常只有当合同的重点落在此地域范围内时,尤其是当合同需在该地履行时,才应予以考虑。

---

[1] BGHZ 131, 136(138).
[2] 就此,参见*Köhler* **BGB AT PdW**,**案例94**。

一楼案:"一楼(1. Stock)"的表达方式在某些地区是指底层,而在某些地区是指第二层(1. Obergeschoss)。假设针对"一楼中"(im 1. Stock)某一房间缔结了租赁合同,那么原则上房屋所在地的语言使用习惯对合同的解释具有决定性意义,即便承租人并不知晓该语言使用习惯,亦无不同。

3. 共同真意优先

13   如果当事人共同将一个意思表示理解成某一特定意义,那么这一意义就具有决定性,此时不再取决于该意思表示客观上具有何种表示价值。[1] 至于意思表示或者合同所使用的词句本身看上去是否有矛盾,甚至毫无意义,也都没有什么影响。解释必须服务于当事人真实意志的实现。若存在合意,则其亦应予以关注。[2] 这一基本原则同样构成了《德国民法典》第116条第2句和第117条的基础。

> 当事人所欲的真实意义优先于故意甚至错误使用的不当符号[**误载不害真意**(falsa demonstratio non nocet)]。这既适用于债法上的合同,也适用于物权行为(dingliche Rechtsgeschäfte),比如不动产所有权让与的合意(Auflassung)(《德国民法典》第925条)。[3]

"**鱼肉案**":出卖人和买受人共同认为,以"Haakjöringsköd"[挪威语:鲨鱼肉(Haifischfleisch)]一词标注的货物乃是鲸鱼肉(Walfischfleisch),而事实上它的含义是鲨鱼肉。此时,应认为已经成立了针对鲸鱼肉的买卖合同。[4]

就此的**证明责任**适用如下规则:主张意思表示的内容应以不同于其字面含义和客观含义之方式被理解的一方当事人,也必须对此加以

---

〔1〕 Vgl. BGH NJW 2001, 486(487); 2008, 1658 Rn. 12.
〔2〕 就此,参见*Köhler* BGB AT PdW,**案例**89。
〔3〕 就此,参见 BGH NJW 2002, 1038, (1039); 2008, 1658 Rn. 12; NJW-RR 2013, 789 Rn. 20。
〔4〕 RGZ 99, 148.

证明。[1]

4. 要式意思表示的解释

意思表示若存在形式要求(比如公证证书的形式),则需追问,在要式的意思表示之外,是否以及在何种范围内应当顾及其他因素。[2]

依裁判实践的观点,要式意思表示的解释应以"**双层式**"的方法展开。首先,应在考虑所有因素的前提下查明法律行为的意义内容。在此过程中,即便是未曾在公证证书中提及或反映的因素亦应加以考量。而后要检验,作成证书形式的法律行为是否以及在多大范围内符合形式要求的规定。对此,则应适用"**暗示理论**"(Andeutungstheorie):按照该理论,只要经由解释路径查明的意思表示的内容在公证证书中至少得到了暗示,纵然只是一个不充分的表达,亦应认为此种意思表示已经符合了法定形式的要求。[3] 但是,这并不适用于"**误载**"(falsa demonstratio)的案型[4]:若当事人在无意中错误地表达了共同的内心意志,则直接当事人共同所欲的内心意志作为被公证的内容,而非当事人所表示的内容。

因此正确的是,这一问题并不能一般化地查明,而是只能根据各个形式要求的规范目的加以确定。[5] 若设置形式要求的条款乃以**合同当事人的保护**为目的,比如(《德国民法典》第 311b 条第 1 款第 1 句)仅意在使合同当事人免于草率地订立合同,并确保相关约定的证据得以保全,那就不需要顾及第三人的利益。为意思表示之解释,可将所有被当事人知悉或者可得知悉的因素加以考量。这些因素也不需要在证书当中留下印记。故此,只要从当事人的视角出发,合同证书已将约定内容完整地包括在内,换言之,需要满足形式要求的所有需经合同调整的项目从当事人理解可能性的视角出发均已作成证书,便已足够。证书之外的因素,若其未

14

15

---

[1] BGH NJW 1995, 3258.
[2] 就此,参见 *Köhler* BGB AT PdW,**案例 90**。
[3] Vgl. BGH NJW 2011, 209 Rn. 15.
[4] Vgl. BGHZ 74, 116(119); BGH NJW 2008, 1658 Rn. 13.
[5] Vgl. *Jauernig/Mansel* BGB § 126 Rn. 7.

曾在证书的文本内容中得到暗示,只有在超出了对不完善的公证合同证书加以完善的范围时,才不应予以考量。[1]

小块土地案：A 和 B 就编号为 729、边界为上门钦(Obermenzing)的一小块土地缔结买卖合同,且完成了公证。然而,从合同之外的因素(土地实地查看、谈话等)可以毫无疑问地得出,本应出售的乃是编号为 731 的地块,当事人只不过是在编号上出现了错误。此种情况下,应判定公证书指向的内容为当事人所意欲的土地,而非表示在合同文字上的内容(误载不害真意)。换言之,此时就编号为 731 的土地成立了有效的买卖合同。[2] 反之,若针对一个待区分的小块土地缔结的买卖合同尚未说明土地的界限在何处,则虽然当事人指明了土地的面积,但这对于从相关因素中得出土地的界限何在依然于事无补。因为此时,即便从当事人的视角来看,合同内容也并未被完全地纳入证书当中。[3]

16 如果形式要求还以第三人利益之保护为目的,则在进行法律行为的解释时,应将第三人所无法知悉的因素排除在外。

在前述"小块土地案"中,若所有权让与的合意(《德国民法典》第 873 条、第 925 条)针对编号为 729 的小块土地作出,相应的土地登记簿中的登记也指向 729 号土地,那么该法律行为,尤其是登入土地登记簿的行为,不应按照当事人的内心意志进行解释。因为,登入土地登记簿的行为不仅与当事人之间的现存法律关系有关,还为第三人提供信息。是故,就登入土地登记簿行为的解释而言,只能考量那些任何人都能够轻易知悉的合同之外信息。[4] 由此,不应进行土地登记簿的更正(《德国民法典》第 894 条),而应当由买受人将这块土地通过合意的方式返还回去,他仅享有要求让与第 731 号土地所有权的请求权。

---

[1] Vgl. BGH NJW 1989, 1484 关于保证。
[2] Vgl. BGHZ 87, 150(152f.).
[3] BGHZ 74, 116.
[4] Vgl. BGH NJW 1972, 1465.

五、补充性合同解释

1. 经由任意法的合同补充优先

如果在合同执行过程中出现了当事人未作约定的问题,那么通常而言,他们是想借助任意性法规范来实现相互间关系的进一步调整。[1]

例如:买卖合同当事人若并未就物上瑕疵设置规则,则可适用《德国民法典》第434条及以下的规定。此时,补充性合同解释并无操作空间。

当待决案件无论从案件事实还是当事人约定来看,均无特殊之处,反倒是合乎法律调整的案型时,就应当通过任意性法规范进行合同内容的补充。[2]

然而,倘若能够确定,当事人并不希望法定规则介入时,便不能再通过任意性的法规范来进行合同内容的补充。[3] 当虽然不能清晰地确定此种排斥任意性法规范进行合同内容补充的消极意志存在与否,而偏离于法定规则的合同设计又属于常见现象时,上述规则的适用就会出现困难。在合伙合同中就是如此。在此案型中,应由个案中的因素决定,合同在其具体内容的设计上是否偏离于法定的合同类型,或者任意性法规范的适用是否会因经济状况的变化而导致悖于事理的结果。[4]

2. 补充性合同解释的适用范围和功能

仅当经由任意性法规范的合同补充被排除时,**补充性的合同解释**才得以适用。[5]

(1)前提条件

补充性合同解释以合同成立为前提。当合同中某一需要调整的事项

17

18

19

19a

---

[1] Vgl. BGHZ 77, 301(304); 146, 250(261).
[2] Vgl. BGH NJW 1979, 1818(1819).
[3] Vgl. BGH NJW 1975, 1116.
[4] Vgl. BGH NJW 1979, 1705(1706); 1993, 3193.
[5] 就此,参见 BGH NJW 2013, 678 Rn. 15, 16。

缺乏约定,该合同在其本身所建立的框架中或者在客观上所欲的合意中需要补充时,就应考虑补充性合同解释。合同约定的规则必须是**有漏洞的**,也就是说,合同呈现出**违反计划的不圆满状态**。[1] 相反,该合同漏洞建立于什么之上,则无关紧要:当事人究竟是忽略了一个需要调整的事项[2];还是在缔约之时认为该事项无须设置规则加以调整而有意地留下空白,嗣后却证明此种观念并不正确,并不会有什么区别。即便嗣后发现,当事人约定的某一规则并不适合用来实现所期待的目的,或者经济或法律状况此间发生了变化[3],再或者设置的规则无法确定,也应认为存在漏洞。[4] 但**违反计划**的不圆满状态只存在于如下情况,即合同遗漏了某一就实现作为该合同基础的当事人规范计划而言必不可少的条款,以至于若不对合同加以完善,就无法取得合适且对双方当事人利益均属公正的解决方案。[5]

(2)执行

19b　　补充性合同解释必须基于现存的合同条款及其意义和目的,对合同内容作合乎意旨(sinngemäß)的补充。在此过程中,也应考虑的是,假如当事人预料到了他们所未能合意调整的案型,那么他们作为正直的合同当事人在对自己的利益作妥当权衡的情况下,依照诚实信用原则和交易习惯,本来会作出怎样的约定。[6] 换言之,这时所涉及的乃是对**假设的当事人意志**的查明。[7]

责任排除案:A将一块土地出售给B,却没有告诉他,该土地由于石油沉淀而被污染了。B又将这块土地转卖给C,并且排除了物上瑕疵的担保责任。由于B对该瑕疵并不知情,故该瑕疵担保责任的排除有效(《德国民法典》第444条)。不过,C可以根据补充性合同解释的基本原则,要求

---

[1] BGH NJW 2013, 678 Rn. 15.
[2] 就此,参见*Köhler* BGB ATPdW,**案例105**。
[3] BGH NJW 1993, 3193 (3194).
[4] BGH NJW 2013, 678 Rn. 15.
[5] BGH NJW 2013, 678 Rn. 15; 2015, 1167 Rn. 24; 2017, 2025 Rn. 25.
[6] BGH NJW 2013, 678 Rn. 16; 2016, 1718 Rn. 70.
[7] 就此,参见*Köhler* BGB AT PdW,**案例95**。

B将其针对A所享有的瑕疵请求权(《德国民法典》第437条第3项)转让给自己。[1]

具体的合同以及其中所表达出来的当事人的真实意志,不能因为寻找一个利益平衡的规则之目标的存在而被忽视:补充性合同解释不能被用来修正或者拓宽合同内容[2],更不能被用来宣告合同不生效力。亦即,补充性地合同解释不应导出明显有悖于合同当事人意志的结果。[3] 若有不同的补充性合同解释可能性,那么从合同中必然会得出有利于一者或者另一者的线索。[4] 如果存在多个价值相同的解释可能性,则无法适用补充性合同解释。[5]

3. 补充性合同解释与交易基础的基本原则

补充性合同解释原则上亦可适用于"隐藏性"合同漏洞的案型,此种案型是指一条款专为某一特定情况而设置,然而这一情况却并不存在或者不复存在。如果当事人合意对于双方目的和利益的整体调整允许得出如下结论,即他们本来会以某一特定方式对空白事项进行调整,则可以适用补充性合同解释。[6] 换言之,必须有可能与合同约定的内容之间存在具体的联系。只有当合同中并无线索表明应以某一特定方式进行合同的补充,或者解释得出的结果是当事人在此种情况下根本不会或者不会以此种内容缔结合同时,适用法律行为基础障碍的规则(《德国民法典》第313条)才是正当的。[7] 这一条款主要规定,若无法期待因情况变化而遭受不利益的一方当事人固守合同,则他们可以要求调整合同以适应变化了的情况。若合同调整不可能或不可期待,则他们可以要求解除合同。当然补充性合同解释与法律行为基础障碍原则(情势变更原则)的适用之

---

[1] BGH NJW 1997, 652.
[2] BGH NJW 2002, 2310(2311).
[3] BGH NJW 1995, 1212(1213).
[4] Vgl. BGH NJW 1974, 1322(1323); BGHZ 77, 301(304).
[5] BGH NJW 2002, 2310(2311).
[6] Vgl. BGH NJW 1978, 695.
[7] BGH NJW 1993, 3193(3194).

间的界限是不清晰的。

碎铁块案:在出售废旧金属时,一堆碎铁块被估算为可装满40节火车车厢,并且为此设定了一个总体价格。该总体价格乃是以特定废旧金属种类的时价为基础计算得出。嗣后发现,这些碎铁块总共装满了80节火车车厢。[1] 如果没有迹象表明,买受人可以要求以约定的价格交付所预想的40节车厢碎铁块,或者相反,出卖人可以要求对方以双倍的价格受领80节车厢碎铁块(补充性合同解释),那就只能适用关于法律行为基础障碍的规定。从中可以得出,(为实现风险和机会在双方当事人之间的合理分配)买受人必须对60节车厢碎铁块加以受领并支付相应的更高价格。

参考文献:*Graf*, Vertrag und Vernunft, 1997; *Hager*, Gesetzes-und sittenkonforme Auslegung und Aufrechterhaltung von Rechtsgeschäften, 1983; *Jahr*, Geltung des Gewollten und Geltung des Nichtgewollten, JuS 1989, 249; *Kötz*, Dispositives Recht und ergänzende Vertragsauslegung, JuS 2013, 289; *Leenen*, Faktischer und normativer Konsens, FS Prölss, 2009, 153; *Reimann*, Falsa demonstratio und Erwerberverhältnis bei der Auflassung, NJW 2008, 1773; *Scherer*, Die Auslegung von Willenserklärungen „klaren und eindeutigen Inhalts", Jura 1988, 302; *Wieling*, Die Bedeutung der Regel „falsa demonstratio non noncet" im Vertragsrecht, AcP 172 (1972), 297; *Wieser*, Empirische und normative Auslegung, JZ 1985, 407.

---

[1] RGZ 90, 268.

第十章 行为能力

本章的内容涉及无行为能力人或限制行为能力人参与法律交易的情形。尤其是未成年人的法律行为引发了多种多样的问题。

一、行为能力、无行为能力、限制行为能力与照管（Betreuung）

1. 行为能力

> 行为能力乃是有效地发出并受领意思表示和借此参与法律交易的能力。

行为能力应当与权利能力区分开来，后者是指成为权利与义务担负者的能力。任何人均拥有权利能力，而行为能力只能由自然人（Mensch）享有，法人则无法拥有。法人只能通过为其实施行为的机关来参与到法律交易当中。

只有当行为人具有一定的精神成熟度和意志能力时，令其受意思表示的法律拘束才是正当的。不具有前述精神成熟度和意志能力之人，则应被保护以免受法律交易所产生的风险的影响。在法律技术层面，这通过不赋予或不完全赋予其行为能力，或者为其设立照管者的方式来实现。所以，应当区分有行为能力、无行为能力和限制行为能力。为法律交易的清晰性、安定性和便捷性（Leichtigkeit），必须存在固定的规则用以明确，某一自然人究竟是有行为能力人、无行为能力人还是仅属限制行为能力人。为此，法律首先要求符合特定的年龄限制。仅在例外的案型中，才会立足

1

于进行自由意志决定的具体能力。

对于家庭法和继承法上的特定法律行为存在特殊的规则,比如关于**结婚能力**(参见《德国民法典》第1303条及以下)和**遗嘱能力**(参见《德国民法典》第2229条)的规则。[1]

2. 无行为能力

2　　根据《德国民法典》第104条第1项的规定,"未满七周岁之人"没有行为能力。此处关于年龄的计算,适用《德国民法典》第187条第2款第2句的规定。

3　　根据《德国民法典》第104条第2项的规定,精神活动处于病态紊乱状态并且足以排除自由意志决定能力,且该状态的性质也并非暂时之人,乃属无行为能力人。[2]

换言之,相关的自然人必须由于其精神状态而无法按照理性的权衡作出决定。[3] 该状态必须具有持续性,以致出现一般性的无行为能力之格局。只是**暂时性地**处于精神活动紊乱状态之人(比如高烧、醉酒)是有行为能力的。[4] 处于此种状态下的人虽然无法有效地发出意思表示(《德国民法典》第105条第2款),但也许可以有效地受领意思表示。他只是在精神活动病态紊乱的状态**期间**无行为能力,在他**清醒的时刻**(lucida intervalla)则是有行为能力的。[5]

4　　精神活动的病态紊乱可能仅局限于**某一特定的生活领域**(所谓的**部分无行为能力**)。例如,病态的嫉妒可能在婚姻问题上排除行为人的行为能力,病态的偏执(Querulanz)则可能在法律争议问题上排除行为人的行为能力。但在诸此领域之外的法律行为,行为人则具有行为能力。另一个问题是,应否承认仅限定于某些**困难行为**的无行为能力状态(所谓的

---

[1] 就此,参见 *Köhler* BGB AT PdW,案例13。
[2] 就此,参见 *Köhler* BGB AT PdW,案例24。
[3] BGH NJW 1970, 1680(1681).
[4] 就此,参见 *Köhler* BGB AT PdW,案例25。
[5] BGH NJW 1988, 3011.

相对无行为能力)。[1] 这对于那些由于其精神状态(比如精神低能者、年老而智力耗弱者)而仅能够处理日常生活的简单事务,却无法处理复杂事务的人群具有意义。承认此种意义上的相对无行为能力状态将会产生严重损及法律安定性的后果,因为复杂事务和简单事务之间的界限并非可以简单划定。对此等人群的妥当保护应当通过设立**照管者**(《德国民法典》第1896条)的方式来实现。另外,《德国民法典》第105a条已经为日常生活的法律行为提供了补救。[2] 所以,与司法实践相一致[3],相对无行为能力的法律制度应当予以否定。

3. 限制行为能力

> 根据《德国民法典》第106条之规定,"已满七周岁的未成年人"具有**限制行为能力**。

根据《德国民法典》第2条之规定,年满18周岁即属成年,故介于7周岁和18周岁之间的未成年人仅具有限制行为能力。

例如:A在1998年9月12日出生。他在2005年9月12日凌晨0:00的时候成为限制行为能力人,并且在2016年9月12日凌晨0:00的时候成年,并由此成为完全行为能力人。(《德国民法典》第187条第2款第2句)。

4. 照管

> 若**成年人**不(再)能自行处理其事务,则**监护法院**(Betreuungsgericht)可以为其设立**照管人**。该照管人享有**法定代理人**的法律地位。必要时,法院还可以规定**许可保留**(Einwilligungsvorbehalt)。此时,被照管人的意思表示需经照管人的许可。

---

[1] 就此,参见 *Köhler BGB AT PdW*,**案例**26。
[2] 就此,参见本章边码8。
[3] BGH NJW 1970, 1680.

(1) 照管人的设立

6　　一个成年人若由于心理疾病,或者由于身体、精神或心灵的障碍而完全或者部分无法处理其自身事务,那么**监护法院**(依《德国法院组织法》第23a条为地方法院)依其申请或者依职权为其设立**照管人**(《德国民法典》第1896条第1款第1句),但只是针对那些照管属于必要事务领域(《德国民法典》第1903条第1款第1句)。至于被照管人根据《德国民法典》第104条第2项的规定是否有行为能力,则无关紧要。

(2) 被照管人与照管人的法律地位

7　　不同于原来法律中的禁治产宣告(Entmündigung),照管人的设立对被照管人现存的行为能力并无影响。换言之,有行为能力的被照管人原则上仍可有效地实施法律行为。但是,他需要被保护以免受法律交易所产生的风险的影响。因而,只要对于使被照管人的人身或者财产免受巨大风险的影响[1]来说是必要的,照管法院就必须规定一个所谓的"**许可保留**"(《德国民法典》第1903条第1款)。[2] 在此案型中,被照管人所发出的意思表示若落入照管人负责事务的领域,则需要照管人进行《德国民法典》第183条意义上的许可。该许可保留不能延伸于具有高度人身属性的法律行为(比如缔结婚姻、死因处分)(《德国民法典》第1903条第2款)。纯粹给被照管人带来法律上利益的意思表示(参见《德国民法典》第107条为未成年人所作的规定)应被排除在许可保留之外。同样,意思表示若仅涉及日常生活中的细微事务,原则上亦从许可保留中予以排除(《德国民法典》第1903条第3款)。被照管人若在未经必要许可的情况下实施了行为,则准用《德国民法典》第108条至第113条、第131条第2款(《德国民法典》第1903条第1款第2句)。在许可保留的范围内,被照管人的法律地位接近未成年人的法律地位。

照管人在其负责的事务领域具有被照管人之法定代理人的法律地位(《德国民法典》第1902条)。他应当以符合被照管人利益的方式处理其

---

[1] Vgl. LG Köln NJW 1993, 207.
[2] 就此,参见*Köhler* BGB AT PdW,**案例** 12。

事务(《德国民法典》第 1901 条第 1 款)。若欠缺照管保留(Betreuungsvorbehalt),则存在"双重行为"的危险,而且该双重行为在某些情况下可能相互矛盾。

双重买卖案:被照管人 A 在即将搬进养老院之际,将一个柜子出卖给 K;而照管人 B 在不知悉前述事实的情况下,将该柜子出卖给 L。两个买卖合同均有效,但能被履行的只有一个。对于"空手而归"的买受人,出卖人某些情况下可能会依《德国民法典》第 280 条、第 281 条和第 283 条的规定产生损害赔偿的义务。

二、无行为能力的法律效果

无行为能力人不能有效地参与法律交往:他既不能有效地发出意思表示(《德国民法典》第 105 条第 1 款),也不能有效地受领意思表示(《德国民法典》第 131 条第 1 款)。在此过程中,不论涉及哪一意思表示,无行为能力人究竟以自己的名义还是以他人的名义(也就是说,作为代理人)从事法律行为,均属无关紧要。若无行为能力人缔结了合同,则对他及合同相对人均不产生请求权。已经提供的给付应当按照《德国民法典》第 812 条及以下的规定进行返还。然而,在向无行为能力人提供劳务给付的案型中,根据司法实践的观点,会产生无因管理的请求权(《德国民法典》第 683 条、第 670 条)。[1] 对于"**日常生活中以小额金钱进行履行的法律行为**",《德国民法典》第 105a 条第 1 句规定了无效这一基本原则的例外条款。[2] 如果一个成年的无行为能力人从事了此种法律行为,则考虑给付和(只要约定了)对待给付,一旦给付和对待给付已经履行,该合同就视为有效。与《德国民法典》第 110 条规定的案型不同,此处合同的履行并不会导致整个合同的有效,而仅仅是阻止已经提供的给付被按照《德国民法典》第 812 条第 1 款第 1 项第 1 种情形要求返还。但是,该法律条

8

---

[1] Vgl. BGH NJW 2005, 3786.
[2] 就此,参见 *Casper*, NJW 2002, 3425; *Heim*, JuS 2003, 141。

款不应当保护法律交易,而应当强化无行为能力人的自我负责,并促成其社会解放。所以,当"对于无行为能力人的人身或财产存在巨大风险时",该规则不予适用(《德国民法典》第 105a 条第 2 句)。另外,在适用《德国民法典》第 105a 条第 1 句之前,始终应当检验的是,实施此种法律行为的时点是否属于当事人"清醒的时刻",并且因而使行为人在此刻具有行为能力。

酒鬼演员案:演员 S 因嗜酒而无行为能力,但他深受公众喜爱。他刚刚获得一笔 10000 欧元的薪俸,他用这笔钱在一个超市中购买了 20 欧元的食品。接着,他为了下一场演出而乘坐出租车从柏林到汉堡,花费 300 欧元。在汉堡,他花费 40 欧元购买了 2 瓶伏特加,用来给演出壮胆。若 S 在购买食品及实施附属的履行行为时并不处于"清醒时刻"(lichten Moment)(事实问题!),则这些行为根据《德国民法典》第 104 条第 2 项、第 105 条第 1 款的规定不生效力(unwirksam)。然而,考虑本案中的给付与对待给付,前述行为应当按照《德国民法典》第 105a 条第 1 句的规定被视为有效,因为其仅涉及"日常生活的交易,且可以小额金钱加以履行",而该合同确实也已经由双方进行了履行。但与此相反,为乘坐出租车而缔结的合同(承揽合同)却保持不生效力的状态,因为其并不属于日常生活中可"以小额金钱"进行履行的行为。因为就前述之判断而言,并不取决于无行为能力人个人的财产状况,而是要立足于平均的价格和收入水平。[1] 换言之,S 能否毫无困难地从其薪俸中承担此种开支对于前述判断并不重要。同样,购买伏特加以及隶属于此的履行行为也应根据《德国民法典》第 105 条第 1 款的规定不生效力。《德国民法典》第 105a 条第 1 句的例外规则并不适用于此,因为该行为"对于无行为能力人的人身意味着(《德国民法典》第 105a 条第 2 句意义上)巨大的危险",亦即,由此而发生的酒精摄入可能会进一步伤害他的身体健康。

为保护无行为能力人的利益,他会有一个法定代理人,由该法定代理人为其实施法律行为。法定代理人可以是父母(《德国民法典》第 1626 条

---

[1] Vgl. *Palandt/Ellenberger* BGB § 105a Rn. 4.

及以下)、监护人(《德国民法典》第1793条及以下)或者照管人(《德国民法典》第1896条及以下)。无法从外观上识别欠缺行为能力的人群(所谓无法识别的精神病患者),对于其交易相对人而言构成风险。不过,允许通过(单独)合意的方式约定,某一完全行为能力人若嗣后出现无行为能力的状态,则其应赔偿交易相对人因此而遭受的损失。但是,此等约定如果包含于一般交易条款之中,则应根据《德国民法典》第307条第1款的规定被判定为不生效力。[1]

根据《德国民法典》第105条第2款之规定,"在丧失意识或暂时性精神活动紊乱状态中发出的意思表示"亦属无效。处于此种状态之人(例如完全醉酒、吸毒后出现精神恍惚、发烧导致神志昏迷),尽管因具有行为能力而可以有效地受领意思表示(《德国民法典》第131条第1款的反面结论),但自己却并不能有效地发出意思表示。

醉酒的研讨课学员案:在一个修辞学研讨课上,学员A在完全喝醉之后去参加课程,他进入研讨教室之后起哄。当被活动举办者B叫去谈话时,A说要终止合同(kündigen)。而B同样也口头表示要终止合同。本案中,A终止合同的意思表示根据《德国民法典》第105条第2款的规定不生效力。尽管B终止合同的意思表示原则上可以有效地到达,但由于其属口头的意思表示,而A显然无法理解该表示的意义,故该意思表示并未到达,也就不生效力。

三、限制行为能力的法律效果

限制行为能力人拥有一个法定代理人(父母,《德国民法典》第1626条;或者监护人,《德国民法典》第1793条),由后者代其在法律交易中实施行为,行为的有利与不利效果(für und gegen)均对限制行为能力人发生。与无行为能力人不同的是,限制行为能力人并未被完全地排除于独立参与法律交易的可能性之外。他只不过应当被保护免于因不利法律行

---

[1] BGHZ 115, 38(42ff.);反对 BGHZ 52, 61(62)的观点。

为之缔结而遭受风险。只有在获得对其享有监护权的法定代理人同意的前提下,限制行为能力人才能够有效地实施此等法律行为。故此,应当在限制行为能力人所实施的无须同意和需经同意的法律行为之间加以区分。

1. 无须同意与需经同意法律行为的界分

11 **友情价案**:V将一个自己很少使用的赛车(自行车)以100欧元的友情价出售给未成年人M。M从其祖母G处"借到"100欧元的纸币,且在其父母不知情的情况下购买了该赛车。M支付现金,而该赛车也同时交付于他。V在此从事的各法律行为是否有效?

按照《德国民法典》第107条之规定,未成年人"之意思表示若并非纯粹给其带来法律上利益,则该意思表示需经其法定代理人之许可(Einwilligung)"。在此条款中,许可意味着"事先的同意"(《德国民法典》第183条第1句)。在此范围内,人们称之为"需经同意的法律行为"。据此,如果一个法律行为并不会给未成年人带来法律上的不利益,则其"无需同意"。但在实践中,很难想象一个不会带来法律上不利益的法律行为,即便远期的不利益也是法律上的不利益。所以,有必要对此进行界分。该界分不能够(不同于以往的通说)按照该不利益是否被当事人的法律意志所涵盖,或者其是否根据法定规则而出现来进行。[1] 因为,根据《德国民法典》第107条的保护目的,不能取决于上述标准。依司法实践的观点,这一规范首先旨在保护未成年人的财产免受侵害。[2] 可是,这种见解似乎有些狭窄。[3] 正确的理解应当是,此中所涉,乃对未成年人物质和人身利益之保护(未成年人保护),对父母通过授予或拒绝同意而行使其照护权的保护(父母照护权的保护),以及对交易因清晰界分可能性而享有之利益的保护(交易安全的保护)。为此,应当根据法律行为的种类区别对待。

---

[1] BGHZ 161, 170 = NJW 2005, 415(418); BGH NJW 2005, 1430(1431).
[2] BGH NJW 2005, 415(418).
[3] Vgl. Köhler JZ 1983, 225.

(1) 负担行为

未成年人因合同承受负担会产生法律上的不利益,并无争议,故其属需经同意的行为。[1] 即便也会有法律上的利益与法律上的不利益相对应,并且在将不利和利益相互结算之后,该合同在经济上对于未成年人来说可能是有利的,但这并不影响上述判断。因为,某个法律行为在经济上是否有利,在个案当中可能是存疑的(危及交易安全)。可是,即便该法律行为在经济上确实是有利的,它对未成年人的人身利益以及父母的教育目标也可能是不利的。

12

在前述"友情价案"中,该买卖合同(负担行为!)对于 M 并非纯获法律上利益的行为。因为,该合同将会产生使 M 支付买卖价款的义务(《德国民法典》第 433 条第 2 款)。为使买卖合同之缔结有效,M 本来需根据《德国民法典》第 107 条的规定取得其父母的许可。由于该许可并不存在,故该买卖合同根据《德国民法典》第 108 条第 1 款的规定处于未决的不生效力状态(schwebend unwirksam)。前述结论同样也适用于 M 与 G 之间缔结的借贷合同,因为该合同将会产生 M 返还所"借"款项金额的义务(《德国民法典》第 607 条)。

12a

这不仅适用于双务合同,比如买卖和互易,也可适用于那些仅仅给未成年人带来附随义务的合同关系。

13

借帐篷案:未成年人 M 在其父母不知情的情况下,从 L 处借来一个帐篷,想要在一个骑行出游的活动中使用。尽管 M 无须为该帐篷的使用支付价款(《德国民法典》第 598 条),但该合同会使他负担返还帐篷的法律义务(《德国民法典》第 604 条)。就此而言,使用借贷合同(Leihvertrag)会对他产生法律上的不利益,因而根据《德国民法典》第 107 条的规定是需经同意的。M 在因过错违反此项义务时,须承担损害赔偿责任。

与未成年人缔结的合同,即便是在未成年人成年之后才使其负担义务,同样构成法律上的不利益。[2]

13a

---

[1] 就此,参见 *Köhler BGB AT PdW*,**案例 27**。
[2] *Latzel/Zöller* NJW 2019, 1031.

网球俱乐部案:网球俱乐部 T 向青少年提供免费的成员资格,直至他们成年为止,但成年之后他们即需正常缴纳会员费。

13b 再者,在无偿合同框架下,为广告目的而令未成年人负担提供个人信息的义务同样构成法律上的不利益。[1] 应当与此相区分的一个问题是,未成年人在何种前提条件下才能对信息的处理作出有效的同意。[2]

13c 可见,只有当未成年人仅会从中取得请求权,而无须负担义务时,负担行为才是无须同意的。如向未成年人所作的赠与承诺(《德国民法典》第 518 条)和债务允诺(《德国民法典》第 780 条)或债务承认(《德国民法典》第 781 条)。不过,若赠与承诺附有解除权之保留(《德国民法典》第 346 条),则同样适用《德国民法典》第 107 条的规定。[3] 因为,于解除权行使的场合,未成年人将有义务进行价值补偿或损害赔偿(参见《德国民法典》第 346 条第 2—4 款)。

(2) 处分行为

14 处分行为应与负担行为区分开来(区分原则和抽象原则!)。换言之,处分行为是否需经同意,原则上应当专门检验。[4] 处分行为,是指直接对现存权利产生影响,尤其是导致权利转让或消灭的法律行为。[5] 若处分行为会导致未成年人权利的丧失,则其需经同意。

在前述"友情价案"中,以百元面值纸币进行付款的行为构成 M 的处分行为,亦即根据《德国民法典》第 929 条的规定将钞票的所有权转让给 V 的行为。该处分对 M 具有法律上的不利益,因为他将会由此丧失钞票的所有权(假设他此前已经有效地从 G 处获得了该钞票的所有权)。鉴于 M 未经其父母许可即实施了行为,故该让与所有权的合意行为(Übereignung)(因属合同)根据《德国民法典》第 108 条第 1 款的规定处于未决的不生效力状态(schwebend unwirksam)。

---

[1] *Staudinger/Klumpp* BGB § 107 Rn. 30.
[2] 就此,参见欧盟《一般数据保护条例》(DS-GVO)第 8 条第 1 款,结合第 6 条第 1 款字母 a;另参见本章边码 37。
[3] BGH NJW 2005, 1430(1431).
[4] BGH NJW 2005, 415(417);BGHZ 161, 170(174).
[5] 就此,参见本书第五章,边码 13。

反之,若处分行为会使未成年人取得权利或者其他法律上的利益,则 15
其(原则上)无须经过同意。[1]

　　在前述"友情价案"中,交付自行车的行为应当评价为《德国民法典》
第929条第1句所规定的所有权让与行为(让与合意和交付)。该法律行
为仅会对M产生法律上的有利效果,因为他借此取得了自行车的所有
权,且不会承受任何法律上的不利益(至于在某些情况下,M可能因为买
卖合同无效而须根据《德国民法典》第812条第1款的规定向V返还该自
行车,属于并不重大的法律上不利益,从而无须予以关注。因为通过《德
国民法典》第818条第3款的规定,M已经得到保护且使自己的其他财产
免遭侵害)。G将百元面值纸币所有权转让给M的行为也适用相同的
规则。

　　复杂并且存在争议的问题是,如何评价向未成年人赠与土地的行 16
为。[2] 就此,首先应当(与区分原则和抽象原则相对应)在负担行为(赠
与承诺)和处分行为(根据《德国民法典》第873条和第925条的规定进行
的土地所有权让与)之间进行区分。[3] 前者无须同意,因为未成年人由
此只会取得一个要求进行所有权让与的债法上请求权。至于所有权移转
的行为是否同样无须同意,则由于伴随着所有权的取得会产生一定的义
务和负担,故该问题仍有疑问。

　　该土地可能附有土地担保物权(Grundpfandrechten)负担。土地的所有
权人可能要承受私法上的义务(比如出租人的义务、相邻权上的义务和交
通安全保障义务,因作为业主共同体之一员而应承担的义务)或公法上的
负担[比如沿街居民应缴纳的费用和开发费用(Anlieger-und Erschließungsbeiträge)]。另外,还有税务负担(比如赠与税、土地税和土地取得税)。

　　依《德国民法典》第107条的规定对此种义务进行判断时,并不取决
于其是否为法律行为的当事人所追求,只要它们是法律行为的法定(或间

---

　　[1] 参见本章边码16。
　　[2] 就此,参见*Köhler* **BGB AT PdW**,案例29。
　　[3] BGH NJW 2010, 3643 Rn. 6; BGHZ 161, 170 = NJW 2005, 415(417);不同观点,另参见 BGHZ 78, 28(30ff.);该案认为,应"将债权合同与物权合同一体看待"。

第十章　行为能力　231

接)效果,即为已足。[1] 因为,即便在不利效果并不为法律行为的当事人所欲,而是由法律规定为其效果的情况下,对未成年人财产的危害也不会有所减少。[2] 正确的应当是,从规范保护目的出发[3]对《德国民法典》第107条作限缩性解释:**当法律上的不利益根据其抽象性质,典型的情况下并不会产生危及未成年人的后果时,该条款不得适用**。因为,在此种案型中,法定代理人本来也并不会拒绝表示同意。[4] 对于未成年人取得土地的案型,这意味着:①那些仅仅会削减或消耗权利取得所带来利益的负担,无关紧要。附有土地债务的负担,即属之,因为所有权人只是承担对强制执行加以容忍的义务,而不会以自己的个人财产承担责任。[5] ②某些负担如果要求所有权人自身为其承担责任,则其原则上属于法律上的不利益。[6] 只有当此等负担在其范围上受到限制,并且通常可以被源自土地的常项收益(Laufende Erträge)所覆盖、典型状况下不会导致财产被危及之时,才可以认为这种负担并不重大。土地税所衍生的负担,即属之。[7] 开发费用导致的负担却并不归属于其中。同样可以被评价为重大法律上不利益的案型是,该土地被出租或被许可使用。因为,在此情形中,根据《德国民法典》第566条、第581条第2款的规定,租赁合同或许可使用合同会使土地的取得人承担义务。[8] 相同的规则也适用于住宅所有权的赠与,因为随着房屋的取得,受赠人并非单单取得了财产标的物,他同时也成为业主共同体的成员。与此相伴且使其个人承受的义务并非无足轻重,故无从正当地拒绝法定代理人(第三人赠与的案型)或补充监护人

---

[1] BGH NJW 2010, 3643 Rn. 6.
[2] BGH NJW 2005, 415(418).
[3] 参见本章边码11。
[4] BGH NJW 2005, 415(418).
[5] BGHZ 161, 170.
[6] BGH NJW 2005, 1430(1431);BGHZ 161, 170(175f.).
[7] BGHZ 161, 170(178).
[8] BGH NJW 2005, 1430(1431).

(Ergänzungspfleger)(父母赠与的案型[1])对此种情形行使同意的权利。[2]

若确定需经同意,那么在父母向其未成年子女赠与土地的案型中,将必须引入补充监护人(《德国民法典》第 1909 条)。[3] 因为,在对让与所有权的要约(Übereignungsangebot)进行承诺时,由于禁止自我缔约规则的存在(《德国民法典》第 181 条),父母并不能有效地代理其子女,父母根据《德国民法典》第 107 条的规定进行许可的权利也就被排除。尽管《德国民法典》第 181 条针对债务履行的情形规定了一个例外,并且从文义来看,这里确实属于这种债务履行的案型,因为所有权让与的合意乃为履行赠与的承诺而作出。然而,从《德国民法典》第 107 条的规范保护目的出发,这一例外又需予以限缩[4],否则保护未成年人的宗旨将会落空。[5]

(3) 受领给付作为债务之履行

遗赠案:被继承人 E 通过立遗嘱的方式遗赠与他未成年的侄子 M 5000 欧元。继承人 A 在没有向 M 的父母进行通知的情况下,便将该金额支付给了 M。M 将该款项挥霍一空。M 的父母可否以 M 的名义再次要求给付该笔金额?

未成年人能否按照《德国民法典》第 362 条第 1 款的规定,有效地受领给付,并以之作为债务的履行,从而导致其所享有请求权的消灭,是存在争议的问题。[6] 有学者[7]对此予以肯定:该给付受领的行为只会给未成年人带来法律上的利益,因为在他的财产中(应更高估价的)给付标的物取代了债权的位置。根据通说[8],尽管未成年人在物权层面有效地取得了给付标的物,但是在欠缺许可的情况下并不会产生债务履行的效果,因为这将会导致请求权丧失的法律上不利益效果。

---

[1] 就此,参见本章边码 17。

[2] BGHZ 187, 119 = BGH NJW 2010, 3643 Rn. 13;批判性的观点,参见 *Hager*, FS Leenen, 2012, 43,该文献提及《德国民法典》第 1629a 条。

[3] BGH NJW 2010, 3643 Rn. 16;就此,参见*Köhler* BGB AT PdW,**案例 30**。

[4] *Jauernig* JuS 1982, 576.

[5] 结论上同样持此观点的判例,参见 BGHZ 78, 28(30),该案例与 BGHZ 15, 168 相反。

[6] 就此,参见*Köhler* BGB AT PdW,**案例 31**。

[7] 比如 *Harder*, JuS 1977, 151。

[8] 比如 *Wacke*, JuS 1978, 83。

其理由是有争议的:根据一种观点[履行约定理论(Theorie der Erfüllungsvereinbarung)],之所以如此,乃是因为根据《德国民法典》第107条的规定,未成年人并不能有效地缔结对于债务之履行而言属于必要的合同。根据另一种观点[事实给付清偿理论(Theorie der realen Leistungsbewirkung)],之所以如此,乃因为未成年人欠缺应根据处分的基本原则(即亦根据《德国民法典》第 107 条)加以判断的受领权限(Empfangszuständigkeit)。

原则上应当赞同通说,因为伴随着给付之受领并以之作为债务之履行,未成年人的财产可能遭遇危险,并且恰恰是未成年人的鲁莽行为所致(正如前述"遗赠案"所展示的那样)。未成年人在未经许可的情况下不能就金钱所有权的让与达成有效合意,从而可根据《德国民法典》第812条的规定要求金钱之返还,亦非充分的保护,因为返还债权常常是难以实现的。所以,债务人原则上只有通过直接向法定代理人给付,或者在法定代理人同意的前提下向未成年人进行给付,才会产生免责的效果。在某些例外案型(比如,将所负担的金额以转账方式划到未成年人的账户上)中,也可能会出现不同情况。

是故,在前述"遗赠案"中,M的父母可以M的名义要求再次给付相应金额,因为向M进行支付的行为并不会发生债务履行效果(《德国民法典》第362条第1款)。(A针对M享有《德国民法典》第812条第1款第2句第2种情况所规定的返还给付请求权,但M可以根据《德国民法典》第818条第3款提出抗辩,该得利已经丧失)。

(4)形成权的行使与要约的拒绝

19　　撤销、终止、解除和(《德国民法典》第355条意义上的)撤回权的行使,只要其指涉一个[并非完全负担性的(belastend)]合同,即需经同意。其中法律上的不利益在于,合同中产生的权利将因此而丧失,并可能产生赔偿义务或者清算义务(Abwicklungspflichten)(比如源自《德国民法典》第122条的赔偿义务、第346条及以下的清算义务)。相反,未成年人终止无息借贷合同或者进行催告的行为则无须同意,因为此时的法律格局完全朝着有利于未成年人的方向变化。至于缔结合同的要约,未成年人则只能在获得法定代理人的许可后才可予以拒绝,因为此处的拒绝乃是一个需受领的意思表示,而且这会使未成年人丧失一个在法律上得到保障的缔约机会,从而给未成年人带来不利益。[1]

(5)法律上中立的行为

与法律规范文义不同的是,根据通说,所谓的"中立行为"同样无须同意。[2] 某些法律行为虽然未给未成年人带来法律上的利益,却也并没有给其造成法律上的不利益,即便是保护未成年人的规范目的也并不要求此等行为需经同意。举例来说,未成年人以他人代理人身份实施的行为即属此种行为(《德国民法典》第 165 条),因为未成年人既不会因此而取得权利,也不会因此而承担义务。未成年人对他人权利的处分也落入这一范畴。[3] 至于未成年人可能会根据《德国民法典》第 816 条第 1 款或《德国民法典》第 823 条的规定而向权利的拥有者承担责任,但这并不会妨碍前述结论的得出,因为此时又会有其他规范(参见《德国民法典》第 818 条第 3 款、第 828 条)介入,以实现对未成年人的保护。[4]

假设在前述"借帐篷案"中,未成年人 M 将借来的帐篷出售给 K(《德国民法典》第 433 条),并且向其移转了所有权(《德国民法典》第 929 条),则根据《德国民法典》第 107 条和第 108 条第 1 款的规定,该买卖合同处于未决的不生效力状态。因为,这一买卖合同对于 M 来说并非纯获法律上利益的行为。对于移转所有权合意的效力状态而言,就并非如此了:M 并非所有权人,故其并不会因为让与所有权的合意而遭受权利损失。尽管 K 可根据《德国民法典》第 932 条的规定善意取得所有权(《德国民法典》第 935 条并不适用,因为该帐篷对于 L 来说并非脱手物),从而导致出借人 L 丧失所有权,但这并不会损及 M 的财产权。可见,该让与所有权的合意对 M 来说,在法律上是中立的。纵使 M 在某些情况下可能会根据《德国民法典》第 989 条和第 990 条的规定向 L 承担损害赔偿责

20

[1] 参见本书第八章,边码 15。
[2] 就此,参见 *Köhler* BGB AT PdW,**案例** 28。
[3] *Jauernig/Mansel* BGB § 107 Rn. 6;不同观点,参见 *Medicus/Petersen*, AT BGB, Rn. 568。
[4] *Neuner* BGB AT § 34 Rn. 34.

任,但这也不会改变前述结论,因为这只不过是该法律行为所产生的一种间接不利效果而已。但也可进一步抗辩指出,《德国民法典》第932条仅仅是补正(überbrücken)了让与人所有权欠缺的瑕疵。因而,取得人可以要求,将自己置于如同让与人是所有权人时其所应当处于的状态。假设未成年的让与人成为所有权人,则根据《德国民法典》第107条的规定,他本来不能有效地转让其所有权。[1] 然而,问题恰恰在于,《德国民法典》第107条在此种情况下究竟可否适用。因为这一规范只是意在保护未成年人,从中并不能得出,其对(原先的)所有权人和取得人之间的关系作出了怎样的评价。所以,遵从主流学说的看法,此处让与所有权的合意应当根据《德国民法典》第932条的规定被视为有效。

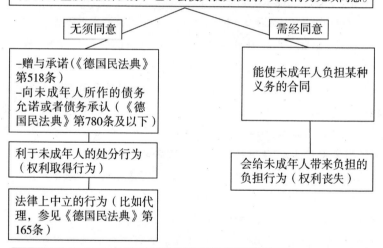

---

[1] *Medicus/Petersen* AT BGB Rn. 568.

2. 事先许可(Einwilligung)

(1)许可的概念

《德国民法典》第107条规定的法定代理人的许可,是其提前针对未成年人实施的某一法律行为所授予的同意(《德国民法典》第183条第1句)。它通过向未成年人或交易相对人发出意思表示的方式来实现(《德国民法典》第182条第1款)。在法律行为实施之前,该许可均得自由撤回(《德国民法典》第183条第1句),该撤回的意思表示既可向未成年人发出,亦可向交易相对人发出(《德国民法典》第183条第2句)。可是,如果该许可(也)向交易相对人发出,而随后进行的撤回却仅仅向未成年人进行了表示,那么,就应当通过类推适用《德国民法典》第170条、第173条的方式对信赖许可存续之交易相对人加以保护。

(2)许可的类型

① 个别许可

许可可以为某一单个的法律行为而授予,比如为某一买卖合同之缔结授予许可。至于该许可是否亦延伸于与此相关联的辅助性法律行为抑或后续法律行为,比如是否及于解除、撤销或者合意解除合同之上,则需通过对许可这一意思表示的解释加以查明。于有疑问时,应对此问题作否定回答。因为,只要涉及协议解除,法定代理人始终可以嗣后进行追认(genehmigen)。但在单方法律行为的案型(比如撤销)中,则只有对与此相关的利与不利进行慎重权衡之后,始能作出决定。

② 概括许可

《德国民法典》第107条规定的许可并不要求以细节完全确定的法律行为为前提。据此,该许可可以指涉在某一特定商人处购买一辆自行车,或者在1000欧元的价格以下购买一辆自行车。甚至,许可还可以概括地针对一系列起初并未被特定化的法律行为而授予(所谓的概括许可或者概括同意)。举例来说,允许进行假期旅行的许可,便包含了针对其中必要的法律行为,比如购买车票、餐食和饮料,预订房间等行为的事先许可。[1] 不过,概括许可不能过分扩张,以至于未成年人超越《德国民法典》第112条、第113条所设置的界限,进而部分地具有了行为能力,因为这是与法律规定存在冲突的。例如,许可未成年人自行管理其财产便是不被允许的。为未成年人之保护计,于有疑问处,应对概括许可作限缩性解释。[2] 另外,如若只有当可能面临着未成年人的代理困境时才允许概括许可,又会显得过分狭窄。

③借金钱交付而为许可(零用钱条款,《德国民法典》第110条)

24　　属于许可这一问题范畴的还包括《德国民法典》第110条的规则:"未成年人未经法定代理人同意而缔结合同时,如果其为依约履行给付义务所使用的金钱,乃是在代理人或者经代理人同意前提下由第三人专门为此目的或者供其自由使用而给予,那么该合同视为自始有效。"该条款须以相应的法律行为在"未经法定代理人同意"的情况下实施为前提。有些学者恰从该授予金钱的行为(比如给予零花钱或允许保留劳动收入)中,提炼出针对所有利用该金钱履行的法律行为进行概括许可的意思。据此,《德国民法典》第110条的适用便仅在两种案型中有其空间:一是该金钱在合同缔结之后才被给予;二是该金钱不够用来立即完全履行合同义务。

25　　然而,前述关于概括许可的观念,并不符合法定代理人的意志(解释!)。因为,这将会使得未成年人所缔结的合同立即有效,而无须考虑他还能不能履行该合同。广而言之,授予金钱的行为只应当被评价为,针对未成年人确实利用该金钱加以履行的原因行为加以同意的意思。[3] 该原因行为不应当在其缔结之时就生效,而是直到其被履行之时才溯及既

---

[1]　就此,参见 *Köhler* BGB AT PdW,案例32。
[2]　BGHZ 47, 359.
[3]　就此,参见 *Köhler* BGB AT PdW,案例34。

往地生效。这恰恰是《德国民法典》第110条想要表达的意思。因此,该条实际上并没有为合同生效创设额外的构成要件,而只不过构成一个解释性的规则而已。[1]

收音机买卖案:M获得了200欧元用于购买一台收音机。由于想要购买的收音机在A商店中并无库存,故M在一个订购单上签名确认了。不久后,他在B商店发现了自己寻找的收音机,并且给付价款、买下了它。此时,如果认为存在《德国民法典》第107条意义上的正常情况下的同意,则第一个买卖就是有效的,第二个买卖却会由于许可的"用尽"("Verbrauch" der Einwilligung)不生效力。然而,嵌套于金钱给付行为中的许可意思仅指向未成年人实际履行的合同,亦即第二个买卖合同。仅仅是这一个合同已经生效,第一个合同则根据《德国民法典》第108条第1款的规定处于未决之不生效力状态。

如果给付与对待给付是可分的,那么部分履行的行为可以使合同部分有效(《德国民法典》第139条!)。

例如:一个未成年人在未经同意的情况下缔结了一个人寿保险合同。随着各个到期保险费的支付,该保险合同在相应的期间内已经生效。

同意覆盖的范围当然也包括履行行为,否则未成年人就无法有效地进行履行。在履行之前,法定代理人均可撤回其同意(参见《德国民法典》第183条第1句)。

杂志预订案:A是未成年的小工(Hilfsarbeiter),他可以自由支配自己的工资。他订阅了一份昂贵的杂志,该杂志每月会按照姓氏送达。当A已经收到几次送达的杂志并且也付了钱之后,其父母对此表示并不同意。尽管如此,A也还是继续领取该杂志。

就此前已经受领并付款的杂志,该合同保持有效,因为给付与对待给付是可分的,并且在此范围内已经完成了部分合同的履行。

反之,就嗣后送达的杂志而言,由于欠缺许可的意思而不再有有效的债权合同,履行行为(付款)也同样不生效力。

---

[1] 就此,参见*Köhler* BGB AT PdW,**案例35**。

27 　　未成年人缔结的原因行为必须停留于法定代理人设置的界限内。同意的范围应以解释的方式查明。即便给付"可作自由支配"的金钱,在有疑问的案型中,也应仅覆盖那些与该零花钱的教育目的相吻合的法律行为(换言之,某些情况下,并不包含为购买黄色书籍而缔结的买卖合同)。

　　未成年人用交给他的金钱进行赠与行为是被否认的,因为法定代理人自己也无权从事这种行为(《德国民法典》第 1641 条),自然就不能对此加以许可。不过,这仅适用于由未成年人保留的金钱(比如劳动报酬),但不适用于专门为此目的而交付给他的金钱。法定代理人究竟是以自己的金钱向第三人进行赠与,还是将该金钱移转给未成年人,并允许他对这些金钱进行自由赠与,两者之间不应有所区别。

　　经由解释应进一步查明,未成年人能否对那些利用被给付的金钱取得的标的物加以处理以及如何处理。在此过程中,相应的目的设定具有意义。[1]

　　幸运彩票案:未成年人 M 利用其零花钱购买了一张彩票,该彩票中了大奖。他利用中奖金额购买了一辆摩托车。[2] 此处,购买摩托车的行为已经不再能被给予零花钱行为的目的所涵盖。

3. 缺乏许可的法律效果

　　(1) 单方法律行为

28 　　根据《德国民法典》第 111 条第 1 句之规定,未成年人在未经法定代理人必要许可情况下实施的单方行为不生效力。[3] 这原则上既适用于无须受领的意思表示,(比如悬赏广告,《德国民法典》第 657 条;所有权放弃,《德国民法典》第 959 条),又适用于需受领的意思表示(比如撤销、终止和解除)。此处的不生效力不能够通过法定代理人追认的方式补救。鉴于此等法律行为通常具有形成性的效力,相对人应当对其发生效力或不生效力的状态立即获得清晰的认识。

---

〔1〕 就此,参见 *Köhler* BGB AT PdW,**案例** 36。
〔2〕 案例根据 RGZ 74, 234 改编。
〔3〕 就此,参见 *Köhler* BGB AT PdW,**案例** 38。

例如:未成年的中学生 M 居住在一个经其父母同意而租赁的配备家具的房间中。他书面通知出租人 V 终止合同,但其父母对此并不知情。根据《德国民法典》第 111 条第 1 句的规定,该终止合同的意思表示不生效力,即便其父母嗣后表示同意也是如此。此时,该合同只能在下一个约定的日期被有效终止。

然而,如果某一单方行为(比如意定代理权的授予行为)与一个合同(比如买卖合同)结合成为法律行为的统一体(《德国民法典》第 139 条),则不适用《德国民法典》第 111 条,而适用《德国民法典》第 108 条。[1]

不过,需受领的法律行为存在两个特殊之处。即便法定代理人对此种法律行为作出了许可,但"未成年人并未以书面形式出示该许可,致使相对人不加迟延地对这种法律行为予以拒绝",那么该法律行为仍将不生效力(《德国民法典》第 111 条第 2 句)。该条款乃为保护那些不知道究竟能否信任未成年人所宣称的许可存在的交易相对人。因而,"当法定代理人使交易相对人知晓许可意思表示之存在时,"相对人拒绝的可能性便被排除了(《德国民法典》第 111 条第 3 句)。反过来,若交易相对人同意未成年人在未经许可的情况下实施法律行为,则应准用关于合同的相关条款(《德国民法典》第 108 条、第 109 条)。[2] 也就是说,此时,该法律行为处于未决的效力未定状态,而且尚可被追认。

案例续编:如上所述。V 接受了这一终止合同的意思表示,尽管他知道 M 并未经过其父母的许可。如果其父母嗣后对该终止合同的行为表示同意,则 V 不得再援引《德国民法典》第 111 条第 1 句作为抗辩理由。

(2)合同

若未成年人未经法定代理人的必要许可而缔结合同,那么该合同的有效性取决于法定代理人的追认(《德国民法典》第 108 条第 1 款)。如人们通常所说,该合同首先处于"未决的不生效力(schwebend unwirksam)"

---

[1] BGHZ 105, 363(370).
[2] RGZ 76, 91.

状态。追认行为(= 嗣后的同意,《德国民法典》第 184 条第 1 款)既可向未成年人表示,也可向合同相对人表示(《德国民法典》第 182 条第 1 款)。该追认的意思表示被作出时,合同应视为自始有效(《德国民法典》第 184 条第 1 款);追认若被拒绝,则合同终局不生效力。

31　　为缩短不确定状态并取得清晰的效力格局,合同相对人可以催告(auffordern)法定代理人就追认与否加以表示。此种情况下,追认的意思表示仅得向相对人发出,此前已经向未成年人进行的追认或者拒绝追认的意思表示不生效力(《德国民法典》第 108 条第 2 款第 1 句)。该追认的意思只能在相对人收到催告(Aufforderung)之后的两周内发出;如果未作追认,则视为拒绝追认(《德国民法典》第 108 条第 2 款第 2 句;意思表示的拟制!)。合同相对人在终局清晰的效力状态上所享有的利益,要求将《德国民法典》第 108 条第 2 款也适用于许可的案型。[1]

例如: 未成年人 M 就请人修理他的摩托车(Mofa)一事获得了父母的口头同意。他与修车厂主人 W 缔结了一个承揽合同。此后,W 怀疑 M 的父母是否已经对此表示许可,遂以书面形式向 M 父母加以问询。由于 M 的父母度假去了,该封函件便始终未被回复。两周之后,本来有效的合同便因类推适用《德国民法典》第 108 条第 2 款而不生效力。

32　　未成年人若在效力未定期间内成为完全行为能力人,"则以他自己的追认取代法定代理人的追认"(《德国民法典》第 108 条第 3 款)。这意味着,此时只有他自己有权追认或者拒绝追认。[2] 要求就追认加以表示的催告通知(《德国民法典》第 108 条第 2 款第 1 句)也只能向他发出。[3]

33　　合同相对人在效力未定期间受该合同拘束,但原则上可以通过撤回的方式消除该拘束力。该撤回的意思表示可以向未成年人加以表示(《德国民法典》第 109 条第 1 款)。但是,若其知悉对方未成年,那么他就是在

---

〔1〕 此处存在相当的争议;不过,与本书持相同观点的文献,参见 *Plandt/Ellenberger*, BGB § 108 Rn. 7; *Jauernig/Mansel*, BGB § 108 Rn. 3;不同观点,参见 *Bork*, BGB AT § 23 Rn. 103。

〔2〕 就此,参见 *Köhler* BGB AT PdW,**案例 33**。

〔3〕 BGH NJW 1989, 1728.

明知的状态下进入此种效力未定的风险中。在此种情形,只有当未成年人悖于事实地宣称已经取得法定代理人的许可时,相对人才能要求撤回。即便是在此种案型中,如果相对人事实上知道缔约时法定代理人并未表示许可,那么撤回权也会被排除。

4. 经商成年与劳动成年

未成年人可依法定代理人"授权"而经商成年和劳动成年(Handels- und Arbeitsmündigkeit)(《德国民法典》第112条、第113条)。此种授权本质上是对特定行为的概括许可,但其特殊性在于,未成年人在该事务领域具有完全的行为能力(部分行为能力):只要授权存续,法定代理人就不能在此范围内代理他实施行为。

(1)经商成年

根据《德国民法典》第112条第1款之规定,未成年人在经其法定代理人授权,并由家事法院(Familiengericht)追认的情况下,可独立地经营商事营业。此时,针对商事营业所产生的法律行为,他均有完全的行为能力。法定代理人本身也需要家事法院的追认才能实施的法律行为应被排除在外。这些被排除的法律行为的范围并不相同,分别根据父母或者监护人担任法定代理人而有所区别(参见《德国民法典》第1643条、第1821条、第1822条)。

(2)劳动成年

根据《德国民法典》第113条之规定,法定代理人可以授权未成年人"提供服务或者劳动"。这种情况下,对于那些涉及劳务或劳动关系缔结、解除和履行的法律行为(不包括教育法律关系,因其本身以教育为目的,尚有争议),未成年人均取得完全的行为能力。

上述法律行为的范围被宽泛地解读,它还延伸到此等劳动关系中常见的事务。故参加工会的行为或许也被《德国民法典》第113条所涵盖。[1]

---

[1] 有争议;就此,参见 *Köhler BGB AT PdW*,**案例 39**。

就工资支付而言[1]，应作如下区分：未成年人虽然得有效地受领劳动工资(《德国民法典》第362条!)，并且也可以为此目的而开设银行账户，但是他在未经额外许可的情况下不得处分该工资收入。很多时候，此种情况下，《德国民法典》第110条会得以适用。

为个别情形而进行的授权，在有疑问时，视为允许提供劳务或劳动的一般授权(《德国民法典》第113条第4款)，即其涵盖了职位的更换。另外，法定代理人可以径直撤回或者限缩其授权。这亦可通过向合同相对人作出表示来实现(类推适用《德国民法典》第182条第1款；有相当争议)。在此案型中，未成年人只有经其法定代理人的许可，才能有效地实施行为，或者法定代理人又重新可以有效地代理其实施行为。

在未成年人具有完全行为能力的范围内，法定代理人不能再有效地代理他实施法律行为。换言之，法定代理人不能够再以未成年人的名义缔结另一个劳动合同。可是，法定代理人可以通过撤回其授权的方式重新建立起代理权。该撤回行为亦可向合同相对人表示，那么一个由法定代理人发出的终止劳动合同的意思表示中可能同时包含了(被推断)撤回授权的意思表示。

5. 未成年人所作的数据保护法上的同意(Einwilligung)

自然人就其个人信息之处理加以同意被规定于欧盟《一般数据保护条例》第6条第1款a项结合第4条第11项和第7条。若涉及直接向孩子发出信息社会服务(Diensten der Informationsgesellschaft)之提供的要约，那么就孩子所作的同意而言，应额外地适用欧盟《一般数据保护条例》第8条第1款第2句的规定。在此案型中，只有当孩子已年满16周岁时，其对个人信息的处理才是合法的。借此想要达到的目的是，保护未满16周岁的未成年人并使其免于互联网所附生的特殊危险。不过，依欧盟《一般数据保护条例》第8条第3款之规定，成员国的一般合同法，比如关涉孩子的合同之效力、成立或者法律效果的法律条款，不受影响。在德国

---

[1] 就此，参见 *Köhler* BGB AT PdW，案例40。

法中,这些条款是指《德国民法典》第 104—113 条。根据欧盟《一般数据保护条例》第 4 条第 25 项结合欧盟指令 RL 2015/1535 第 1 条第 1 项 b 项的规定,"信息社会服务",是指"任何原则上有偿且电子化地通过远程方式,并基于受领人个性化请求而提供的服务,比如加入脸书(Facebook)的要约、基于请求而下载手机铃声或视频的要约等"。

案例:15 岁的 M 在其父母不知情的情况下,在网上于商人 H 处以 7.99 欧元的价格订购了专为青少年设计的电脑游戏"泥沼小鸡回击"(Das Moorhuhn schlägt zurück),并且已通过从其银行零用钱账户转账的方式完成了付款。后来这个游戏玩腻了,他就想把自己的钱要回来,因为他的父母根本没有对这一合同表示同意,而他自己也并未作出有效的同意。

尽管此一电脑游戏"买卖"的行为因其并非纯获法律上利益的行为,从而根据《德国民法典》第 107 条之规定需经未成年人父母之同意。但此处同意的欠缺并不影响,因为依《德国民法典》第 110 条的规定,该合同已经通过利用那些交给未成年人自由支配的零用钱履行对待给付的方式成为完全有效的合同。虽然 M 由于尚未满 16 周岁而不能对利用其个人信息的行为,即商人 H 利用其电子邮箱地址或者收信地址的行为作出有效同意,但按照欧盟《一般数据保护条例》第 8 条第 3 款的规定,这对于合同法上的判断并不重要。而数据保护法上同意的欠缺同样无关紧要,因为依欧盟《一般数据保护条例》第 6 条第 1 款 b 项的规定,此等信息之利用对于合同的履行而言是必要的,因此也就是合法的。

参考文献:*Derleder*, Handys, Klingeltöne und Minderjährigenschutz, NJW 2006, 3233; *Hager*, Schenkung und rechtlicher Nachteil, FS Leenen, 2012, 43; *Heim*, Gesetzgeberische Mondifizierung der Auswirkungen der Geschäftsunfähigkeit Volljähriger beim Vertragsabschluss, JuS 2003, 141; *Jauernig*, Noch einmal: Die geschenkte Eigentumswohnung – BGHZ 78, 28, JuS 1982, 576; *Köhler*, Das Minderjährigenrecht, JuS 1979, 789; *Köhler*, Grundstücksschenkung an Minderjährige – ein „lediglich rechtlicher Vorteil"?, JZ 1983, 225; *Latzel/Zöllner*, Anfänglich kostenlose Verträge mit Minderjährigen, NJW 2019, 1031;

Lettl, Vertragsschluss unter beschränkt geschäftsfähigen Minderjährigen (§§ 2, 106 BGB), WM 2013, 1245; *Lipp*, Das Verbot des Selbstkontrahierens im Minderjährigenrecht, JA 2015, 477; *Pawlowski*, Willenserklärungen und Einwilligung in personenbezogene Eingriffe, JZ 2003, 66; *Preuß*, Das für den Minderjährigen lediglich rechtlich vorteilhafte Geschäft, JuS 2006, 305; *Röthel/ Krackhardt*, Lediglich rechtlicher Vorteil und Grunderwerb, Jura 2006, 161; *Schmitt*, Der Begriff der lediglich rechtlich vorteilhaften Willenserklärung i. S. des § 107 BGB, NJW 2005, 1090; *Staudinger*, Abschied von der Gesamtbetrachtungslehre?, Jura 2005, 547; *Staudinger/Steinrötter*, Minderjährige im Zivilrecht, JuS 2012, 97; *Stürner*, Der lediglich rechtliche Vorteil, AcP 173 (1973), 402; *Wedemann*, Die Rechtsfolgen der Geschäftsunfähigkeit, AcP 209 (2009), 668; *Wilhelm*, Das Merkmal „ lediglich rechtlich vorteilhaft " bei Verfügungen über Grundstücksrechte, NJW 2006, 2353.

第十一章 代 理

无法自行参与法律交易之人,需要有人代其并以其名义行事,法律意义上称之为"代理人"。这包括无(完全)行为能力的自然人、法人和有权利能力的人合会社,他们都必须有一个法定代理人。即便是有行为能力之人,很多时候亦不得不借助代理人维护自身的利益。本章首先论述代理的许可性及其前提条件,并将之与其他相近的法律制度区分开来。[1]然后,再对意定代理权的特殊之处加以阐释。接着,讨论被代理人、相对人与代理人之间的法律关系。最后,分析无权代理行为的法律效果。

一、概论

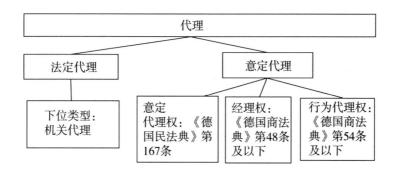

---

[1] 参见本章边码47所绘制的概览图。

1. 代理的概念与功能

1 | **代理**,即代替他人从事法律行为。

代理人乃为被代理人发出(积极代理)或者接受(消极代理)意思表示。其行为的法律效果并不涉及代理人自身,而是涉及被其代理人。在交易发达的社会中,代理并非可有可无。代理有两种形式,分别是"法定代理"和"意定代理"。

(1)法定代理

2　　某些自然人必须有一个代理人,因为他们或者根本无法料理自己的事务,或者处理自己事务的能力受限。因此,需要为他们设定**法定代理人**。此种代理多以保护为其主要功能。

未成年人的法定代理人是其父母(《德国民法典》第1629条第1款);被监护人的法定代理人是其监护人(《德国民法典》第1793条);保佐(Pfleger)人与照管人在其职责范围内,亦担任被保佐者(《德国民法典》第1915条)或被照管者的法定代理人(《德国民法典》第1902条)。

法人虽然具有权利能力,但其亦只能借助自己的**机关**参与法律交易。这些机关则享有法定代理人的地位(参见《德国民法典》第26条第1款第2句第2半句针对社团理事会所作的规定);他们通过被聘任(Bestellung)为机关取得代理权。在此意义上,他们这种代理权也被称为**机关代理权**。[1] 此种代理的功能,在于为法人参与法律交易提供可能性。

据此,社团被其理事会代理(《德国民法典》第26条第1款第2句),有限责任公司被其经理人代理(《德国有限责任公司法》第35条第1款),股份有限公司则被其董事会代理(《德国股份法》第78条)。

若自然人或法人失去其唯一的法定代理人,则必须重新为他们确定一个法定代理人,以期保障代理及其借此参与法律交易的可能性。

---

[1] *Beuthien* NJW 1999, 1142.

例如:未成年人的父母若不幸身亡,那么就必须通过家事法院为其设立监护人(《德国民法典》第 1773 条、第 1774 条)。社团理事会若因职务侵占被告发,且没有后继者,那么主管的地方法院就必须在当事人的申请下,比如经由社团债权人的申请,指定一个紧急理事会(《德国民法典》第 29 条,此乃适用于所有法人的法律条款)。

(2)意定代理

即便是有行为能力之人,也可能在某些事务上需要经由他人代理而从事一定行为。这适用于私人生活,但更主要的是适用于商事交易。故此,法律允许某人通过**授权**的方式,赋予另一个人代理其从事相关行为的权能。这种通过法律行为建立的代理权被称为**意定代理权**(《德国民法典》第 167 条)。对于商事交易,法律还设置了固定且范围宽广的代理权形式以供使用(**经理权**,《德国商法典》第 48 条及以下;**行为代理权**,《德国商法典》第 54 条及以下)。此种"意定的"代理权(因为建基于当事人的自由决定)拥有劳动分工的功能。借此,个人得以极大扩展其行为和影响力的范围。

3

例如:K 想要从商人 V 处购买一辆二手车,但他自己必须出远门一趟。所以,他授权自己的朋友 A 为自己从事这项买卖行为。商人 V 则授予自己的雇员 B 从事此项二手车买卖业务的行为代理权。由此,K 和 V 虽然无须自己亲自实施相关的交易行为,却依旧可以于他们两人之间成立有效的买卖合同。

即便个案当中不(再)存在有效的授权行为,但出于对善意相对人保护的考量,亦可肯定**表见代理权**(Rechtsscheinvollmacht)*的存在。[1]

---

* 此处所谓表见代理权,乃《德国民法典》中已经规定的表见代理权(比如,因外部授权但内部撤回、代理权被撤回但代理权证书被遗留于代理人处等案型)与《德国民法典》所未规定的表见代理权[如容忍代理权、表象代理权(Anscheinvollmacht)]的上位概念,主要是指基于权利外观之存在而被视为存在意定代理权,以达到保护善意第三人及交易安全的效果。——译者注

[1] 就此,参见本章边码 35 及以下。

2. 代理的前提条件与法律效果

4 有效的代理还以如下条件为前提：①代理人**以被代理人的名义**从事；②代理人**在代理权的范围内行为**。[1]

上述条件满足之后，代理人所发出（**积极代理**）或受领（**消极代理**）的意思表示就会**直接针对被代理人发生法律效力**。亦即，法律行为的效果并非在代理人处，而是在被代理人处产生。

例如：若 A 有效地代理 K 在 V 处订立了一个二手车买卖合同，亦即，其为该二手车买卖有效地代理 K 发出和受领了相关的意思表示。那么，只有 K 才能基于该合同享有相关的权利、承担相应的义务。换言之，只有 K 才享有针对 A 的标的物交付请求权（《德国民法典》第 433 条第 1 款第 1 句）。而就买卖价款的支付（《德国民法典》第 433 条第 2 款）而言，V 也只能向 K 提出主张和行使请求权，而非针对 A 实施相应的行为。

5 代理权可以基于法律（**法定代理权**）、法律行为（**意定代理权**）或者权利外观（**表见代理权**）而产生。假如代理人虽以他人名义实施行为，但他却并不具有（充分的）代理权，就出现了**无权代理**。其法律效果规定于《德国民法典》第 177—180 条之中。

例如：K 如果并没有授予 A 代理权（也没有表见代理权的产生[2]），则 A 签订的合同就处于未决的不生效力状态。也就是说，只有当被代理人 K 对该缔约行为加以追认（《德国民法典》第 177 条）之后，该合同才能最终生效。反之，若未经追认，A 就只能作为"无权代理人"自行承担个人责任（《德国民法典》第 179 条）。

3. 代理的许可性

6 代理原则上可存在于所有的法律行为中。但它也可能基于合同或者

---

[1] 就此，参见 *Köhler* BGB AT PdW，案例 119。
[2] 就此，参见本章边码 35 及以下。

依法被排除。此等行为被称为**高度人身性**的法律行为。

前述高度人身性的法律行为包括：遗嘱(《德国民法典》第2604条)、继承合同(《德国民法典》第2274条)和婚姻缔结(《德国民法典》第1303条及以下，在其他某些法律体系中，婚姻缔结的行为曾经被允许代理，或者现在依旧允许经由代理的方式进行)。

4. 代理的适用范围

代理不仅可适用于法律行为的场合，还可适用于**准法律行为**的案型[1]，比如催告(《德国民法典》第286条第1款)。相反，**在事实行为**之中，比如占有的取得(《德国民法典》第854条)、占有的放弃(《德国民法典》第856条)、物之加工(《德国民法典》第950条)等场合，代理之适用则均被排除。诸此情形中，他人行为效果之归属应根据其他因素来确定(参见《德国民法典》第855条)。

例如：雇员B向A交付二手车及其证书，借此完成动产物权移转的意思表示(《德国民法典》第929条第1句)。物权合意(dingliche Einigung)性质上属于法律行为，故B乃以商人V之代理人的身份实施(参见《德国商法典》第56条)；反之，交付行为(Übergabe)法律性质上属于事实行为，B则以商人V之占有辅助人(《德国民法典》第855条)的身份完成。

5. 界分

代理，正如其规定于《德国民法典》第164条及以下那样，应与为他人之利益而实施行为的其他相近形式区分开来。

(1)使者

使者并非代理人，他们只是将他人的意思表示加以传达(表意使者)或者为他人接收意思表示(受领使者)。[2]

---

[1] 就此，参见本书第五章，边码7。
[2] 关于其与代理人之间的界分，参见本章边码16。

(2)缔约居间人

10　　缔约居间人只是受托为别人撮合法律行为,也就是说,通过与第三人谈判的方式促成合同的缔结。但他无权自行缔结合同(参见《德国商法典》第84条第1款之规定,该法律条文中区分了缔约居间人和缔约代理人)。

(3)谈判辅助人

11　　如缔约居间人一样,谈判辅助人系受托而为他人之利益在缔约谈判及磋商过程中展开活动,但他自己无权缔结合同。亦即,他并非代理人。但某些情况下,委托人却必须将谈判辅助人的行为归属于自己(比如,在缔约过失的情形下依《德国民法典》第278条的效果归属,或者第123条规定的恶意欺诈的效果归属)。

(4)间接代理

12　　间接代理人与代理人的区别是,前者虽然也是为他人利益而实施行为,但其在行为实施时却是直接以自己的名义开展。[1]

(5)信托

13　　信托关系中的受托人行使为"信托目的"而移转给他的特定财产标的之上的权利。但是,就信托财产而言,他却并不作为他人的代理人而从事活动,而是以自己的名义实施法律行为。他与信托人之间的法律关系则通过信托约定的方式确定。[2]

(6)法定财产管理人

14　　某些情况下,为某人财产之管理,需确定一个管理人(比如遗嘱执行人、遗产管理人、破产管理人)。这些人是否以及在何种范围内以代理人的身份从事相关行为,则应根据法律规则确定。比如,遗嘱执行人就既非遗嘱人的代理人,亦非继承人的代理人,而只是一个具有信托人的地位私法上职位的拥有者。[3] 但在事理上,若涉及诉讼担当人(Parteien kraft

---

[1] 就此,参见本章边码22。
[2] Gernhuber, JuS 1988, 355 以及本书第五章,边码18、19。
[3] BGHZ 25, 275.

Amtes)的身份,则此时他即属法定代理人了。[1]

(7)知情代理人(Wissensvertreter)

"知情代理人",指的是一个人所了解的信息或者拥有的知识(而非其所实施的法律行为),能否如同另一个人自己也知晓那般,进而得以将相关的法律效果归属于他。[2]

二、以他人名义从事行为

1. 发出自己的意思表示(与使者相区分)

取报纸案:6岁的F走到Z的售报亭,对他说:"我父亲让我代他向您问好,我过来取周末画报。"Z便将该报纸递给他,并收取了F给付的现金。该法律行为是否有效?

代理人发出的是自己的意思表示,尽管该意思表示以他人的名义发出。换言之,代理人自己形成表示意志,虽然在某些个案的场合,该表示的内容可能已经由被代理人作出规定。据此,有效的代理应以代理人具备行为能力为前提。[3] 但代理人具有限制行为能力即为已足(《德国民法典》第165条),因为代理的法律效果并不直接指向代理人自身。与代理人相区分的是使者,使者仅仅将别人已经形成的意思加以传达,因而无须具备行为能力("小孩虽小,却已经可以充任使者的角色")。至于在个案当中,某人的身份究竟应当界定为使者还是代理人[4],则应根据其对外的表现和行为确定(有争议)。

在前述"取报纸案"中,F显然是以其父亲使者的面貌出现的。具体来说,对其父亲的意思表示而言,他担任了表意使者;对Z的意思表示而言,他则担任了受领使者。至于F自身是否具备行为能力,则无关紧要。

---

[1] Vgl. *Medicus/Petersen* AT BGB Rn. 925.
[2] 就此,参见《德国民法典》第166条以及本章边码49及以下。
[3] 不同观点,参见 *Canaris*, JZ 1988, 494。
[4] 就此,参见*Köhler* BGB AT PdW,**案例** 121。

因此,该案中发生的法律行为均为有效。

17　　使者与代理人之间的区分在其他情况下同样具有意义。例如,意思表示如为要式行为,则在代理的案型中,该形式应由代理人完成;而在使者传达意思的场合,应由表意人自行遵循该形式要求。

　　例如:V 与 M 之间订立的租赁合同中约定,通知终止合同的意思表示须以书面方式发出。V 写好并签署终止合同的书面通知后,委托房屋管理员 H 将该通知单转交给 M。H 想要表现得更加强硬,遂将 V 提供的通知单保留下来,并给 M 重新写了一张通知单:"我经过与 V 协商,在此通知您终止合同。签名为 H。"M 拒绝了该终止合同的通知单,因为 H 已经超越了他的权能范围。如果 H 的行为被视为使者对意思的传达活动,那么,尽管该通知终止租赁合同的意思表示已经以符合形式要求的状态由 V 发出,但并未以合乎形式要求的方式到达相对人。[1] 如果 H 以代理人的身份实施行为,而且该通知单的字面用语和外观也支持这种观点,那么该通知终止租赁合同的意思表示就已经以合乎形式要求的方式被发出,而且到达了承租人。不过,根据《德国民法典》第 180 条的规定,该通知终止的意思表示仍旧未能生效,因为 H 并不享有相应的代理权。而且,M 对此加以拒绝了。

2. 以他人名义从事行为(公开原则)

18　　**票据签名案**:Jakob Müller 是一个商号"Firma Jakob Müller"的所有者,他把自己的这个商号连同其营业,一起转让给了自己的妻子。但此后他仍然以该家商号雇员的身份进行经营。某一天,他在一个供货商 L 给出的支票上签署了自己的名字,并且盖上了所在营业商号"Firma Jakob Müller München"的公章。L 把该支票交给银行 B 用于贴现。若该票据嗣后到期,那么 B 银行究竟应当向该商号目前的所有人 Klara Müller 要求支付,还是向她的丈夫要求支付呢?

　　代理人必须以被代理人的名义实施法律行为。也就是说,他必须明

---

〔1〕 参见本书第六章,边码 13。

确表示,该行为的法律效果并不指向他自己,而是另外一个人。此即所谓的"**公开原则**",它的正当性来自法的安定性和对交易安全的保护:交易相对人必须明确知悉,他与谁建立了法律关系。因为通常情况下,对他来说,面向何者产生权利和义务,或者自己提供的给付流入何人的财产,并非均属无关紧要的问题。不过,被代理人也并不一定必须在实施代理行为的当时即已确定(所谓的"**公开的不具名代理**")。只要被代理人可得确定,即为已足。故而,将被代理人的嗣后确定交由代理人去完成,也是可以的。[1]

就算代理人并未明确地以他人名义对外实施行为,但如果从外部情事可以推断出其实际上是为他人实施行为,那么公开原则也已经得到满足(参见《德国民法典》第164条第1款第2句)。

一个行为究竟是以**自己的名义**,还是以**他人的名义**实施的(并且或许要指明以谁的名义),需要在估计利益格局的前提下经由**解释**查明:具有决定性的是,行为相对人能够如何理解该行为("客观解释价值")。若通过解释未能获致单一清楚的结果,则只能认其为行为人自己的法律行为,正如从《德国民法典》第164条第2款中可推导出的那样。如果行为人想要主张,他并非以自己的名义,而是以他人的名义从事相关行为,那么就应当由他来承担该主张的证明责任。[2] 在其举证未能成功的情况下,相关法律行为就仅对他本人产生法律拘束力。他也不能主张根本没有想要以自己的名义进行相应的法律行为,进而以内容错误(《德国民法典》第119条第1款)为由要求撤销。这也是(并不容易理解)《德国民法典》第164条第2款的意义。[3] 反之,若从客观的角度来看,行为人系以他人名义实施了相关的法律行为,那么,他也不能主张实际上想要以自己的名义从事法律行为,进而要求撤销此前的法律行为。[4] 因为,一旦撤销成功,被代理人的法律地位将会被清除,而且代理人无须向被代理人承

---

[1] BGH NJW 1989, 164(166).
[2] BGH NJW 1986, 1675.
[3] Vgl. BGH NJWRR 1992, 1011; *Neuner* BGB AT § 49 Rn. 66.
[4] 不同观点,参见 *Neuner*, BGB AT § 49, Rn. 67。

担信赖损害(《德国民法典》第122条)的赔偿责任。

20　　另外,对于所谓的"**涉企业行为**"[1],裁判实践中发展出了一条解释性规则。[2]

> 如果某人很明显不是以私人身份,而是为**某一个特定的企业**从事相关行为,那么根据当事人的意思,于有疑问时,应认为只有(真正的)企业经营者才基于该法律行为享受权利并承担义务。至于行为相对人将行为人误认为企业经营者,或者相对人并不知悉真正的企业经营者,则无关紧要。

在前述"票据签名案"中,从相关情况(对于商号公章的使用)中可以得出,Jakob Müller 乃是以企业经营者的名义,即其妻子的名义,进行相关法律行为。至于他被认为是企业经营者,或者说他可能会被认为是企业经营者,则根本无足轻重。仅仅他的妻子才应当基于该票据行为的实施而承担相应的法律责任。

但在企业经营者之外,行为人可能也会出于权利外观而承担相应的法律责任。[3] 举例来说,若行为人表现得如同他自己以负无限责任的方式而经营被代理的企业,但事实上该企业却只是一个有限责任公司而已[4],则行为人须承担个人责任。不过反过来,他的行为若使相对人认为,自己乃是与一个有限责任公司从事相关交易,而实际上该企业经营者乃是一个承担无限责任的自然人,那么该行为人无须承担责任。原因在于,权利外观责任不能够比该表象假如符合真实情况时还要宽泛。[5] 然而,若行为人未获得对企业经营者的代理权或者该企业经营者根本不存在,那么他就应当根据《德国民法典》第179条的规定承担法律责任。[6]

---

[1] 就此,参见 *Köhler* BGB AT PdW,**案例** 121。
[2] BGH NJW 1996, 1053(1054)附有进一步明证。
[3] Vgl. BGH NJW 2012, 3368 Rn. 12.
[4] BGH NJW 1990, 2678(2679).
[5] BGH NJW1998, 2897.
[6] BGHZ 91, 148(152).

3. **隐藏的不具名代理**(das verdeckte Geschäft für den, den es angeht)

新婚夫妇案：新娘 B 从其父母处获得金钱，用于购入家具。她和新郎 A 一起走进家具商 M 的家具店中，并一起挑选出中意的家具。而后，B 将商事交易的相关事情交由 A 来完成。A 遂进行买卖磋商和谈判，以自己的名义签署了订购单，并支付家具款项，要求家具商 M 将该家具运送给自己。[1] 谁会成为该家具的所有权人？

如果对于交易相对人来说，谁会成为自己的合同相对人完全不重要，那么公开原则就必须作出让步。此种情况下，即便代理人根本没有明确指出自己是想要为他人缔结相关的法律行为，该代理人行为的法律效果亦应归属于被代理人。不过前提条件是，该被代理人客观上已被确定或者可得确定。[2] 对此，人们称之为"隐藏的不具名代理"[3]。比较典型的例子是"**日常生活中的现金交易**"。与授信交易行为不同，在现金交易的案型中，对于商人来说，究竟谁是他的客户并不重要：他愿意将自己的货物卖给任何人。

在前述"新婚夫妇案"中，A 显然并非为自己，而是为 B 取得家具的所有权，因为是该 B 提供了购买家具的金钱。至于 A 对外以自己的名义从事相关行为，则无关紧要。因为对于家具商 M 来说，像这种现金交易的情形，自己将该家具的所有权移转给谁并不重要。因此，B 直接从家具商 M 处获得了家具的所有权。[4] 尽管就该所谓隐藏的不具名代理的基本原则是否不仅可以适用于所有权移转的合意，还可适用于作为负担行为的买卖合同的问题尚存争议，但是仍然应当作出肯定的回答。

4. **间接代理**

艺术品交易案：A 在艺术品交易商 K 处购买了画家 M 的一幅画。不

---

[1] Vgl. RGZ 100, 190.
[2] *K. Schmidt* JuS 1987, 425(429).
[3] 就此，参见 *Köhler* **BGB AT PdW**, **案例 122** 以及 *Einsele*, JZ 1990, 1005。
[4] Vgl. RGZ 100, 190.

久之后,他想把自己付出去的钱要回来,因为这幅画的底漆存在瑕疵,从而出现了颜色剥落的状况。K 却让 A 自己去找画家 M,因为他只不过是以行纪的方式从画家 M 处收入这幅画。并且,在扣除佣金之后,他已经将其余全部价款转交给画家 M 了。K 的说法正确吗?

《德国民法典》在第 164 条及以下仅仅规定了显名代理,而并未规定间接(隐名)代理。间接代理,是指受他人之托并且以自己的名义从事行为。[1] 在间接代理人所缔结的合同中,他自己就是合同当事人,而非他的委托人。间接代理人规则主要适用于存在行纪人的案型(《德国商法典》第 383 条及以下),他们乃为委托人购入、出售货物或者有价证券。

在前述"艺术品交易案"中,K 作为行纪商从事相关行为。他以自己的名义缔结合同,当然也应自行承担相应的法律义务。所以,应当向 A 承担瑕疵担保责任的人是他,而非 M(《德国民法典》第 433 条及以下)。此案中,该责任的承担方式主要表现为买卖价款的返还(《德国民法典》第 437 条第 2 项、第 326 条第 5 款和第 346 条)。

将代理人与委托人间的内部关系和其与行为相对人间的外部关系进行严格区分的基本原则存在几个例外情形:在经收行纪的案型中,某些情况下,委托人可根据隐藏的不具名代理之基本原则[2]直接取得所购入标的物的所有权。于发生违约的场合,间接代理人可以主张其委托人受到的损害(所谓的第三人损害清算[3])。

5. 冒名行为(Handeln unter fremdem Namen)

23　　**恶作剧案:** A 想要对他的邻居 N 来一次恶作剧。于是,他模仿 N 的声音给聚会服务商 P 打电话,并以 N 的名义订购了一个次日晚上的 30 人份冷自助餐。翌日,当 P 把自助餐送到并想要摆上桌子的时候,N 睁大了双眼,完全不知所措。此后,N 拒绝付款。其后,N 偶然间才发现,原来 A 才

---

〔1〕 就此,参见 *Köhler* BGB AT PdW,案例 120。
〔2〕 参见本章边码 21。
〔3〕 Vgl. BGHZ 25, 258.

是打电话的人。谁应当为该自助餐支付价款?[1]

若行为人并未以他人名义,而是**冒用他人名义**从事相关法律行为,亦即,行为人直接使用他人姓名对意思表示进行签署或将自己说成是其他人,那么就应当区分如下情况进行处理:若该姓名对于相对人而言并没有个性化的特征,换言之,合同相对人是谁对于相对人来说并不重要,而且行为人本来也是想为自己缔结法律行为,那么,此时就应当认定为行为人自己的法律行为("借错误姓名从事的法律行为")。例如,旅馆客人以错误的姓名登入旅馆信息系统,以使自己处于匿名的状态,即属此种情况。可是,若相对人本来就想与真正的姓名持有人缔结法律行为,又要另当别论了。在以书面或者电话方式进行法律行为缔结的案型中,于有疑问时,就应当认定为此种情形。[2] 应将《德国民法典》第164条及以下或者第177条及以下类推适用于此种案型,而究竟应当适用哪一规范,则需根据行为人是否拥有代理权而作出不同决定。[3] 裁判实践中[4]容许代理人直接以被代理人的姓名签署相应的法律行为,其实与前述案型相符合。

在前述"恶作剧案"中,N无须为该自助餐付款,因为他并未授权A进行此项订购行为。A应根据《德国民法典》第179条第1款的类推适用,向P承担合同的履行或者履行利益的赔偿责任。

若第三人利用他人设置密码保护的账户(比如eBay账户)在互联网上出售、订购货物或者服务,但并未告知其真实身份,则同样属于冒用他人姓名从事法律行为。[5] 因为对于意思表示的受领人来说,会产生如同账户所有人自己在从事相关法律行为的表象。若账户的所有人向第三人授权从事该项订购行为,则适用《德国民法典》第164条。否则,就必须类推适用容忍代理或者表象代理权的基本原则[6]进行调整。[7] 如果根据

---

[1] 参见*Köhler* BGB AT PdW,**案例 123**。
[2] BGH NJW-RR 1988, 814(815).
[3] BGH NJW 2011, 2421 Rn. 12; 2016, 2024 Rn. 64.
[4] Vgl. RGZ 74, 69.
[5] BGH NJW 2011, 2421 Rn. 10.
[6] 就此,参见本章边码42及以下。
[7] BGH NJW 2011, 2421, Rn. 14ff.; *Faust* JuS 2011, 1027; *Hauck* JuS 2011, 967.

代理法相关规则进行法律效果归属的可能性被排除,那么,行为人就必须根据《德国民法典》第 179 条的类推适用承担无权代理的责任。另外,还可考虑账户所有者本人基于《德国民法典》第 311 条第 2 款、第 241 条第 2 款和第 280 条的规定所应承担的责任。[1]

三、意定代理权

1. 意定代理权的概念及其授予

24   代理人的代理权建立于法律(法定代理权)或者法律行为(意定代理权)。经由法律行为而授予的代理权被称作"意定代理权"(《德国民法典》第 167 条*)。根据《德国民法典》第 167 条第 1 款之规定,该意定代理权的授予是通过向被授权人或者将面向其从事代理行为的第三人发出(需受领且原则上非要式的,《德国民法典》第 167 条第 2 款)意思表示的方式来实现。前者被称为**内部代理权**,后者则被称为**外部代理权**。该授权可以通过明示方式进行,尤其是通过意定代理权证书之交付行为,但也可通过默示行为,比如托付一项以代理权存在为前提之任务的方式来进行。[2] 在个案当中,某一行为能否被视为授权行为,则需通过解释的方式(《德国民法典》第 133 条、第 157 条)确定。

另外,代理权的授予还可以通过向公众发出意思表示(比如悬挂告示、登载报纸广告)的方式来完成。但在这种情况下,可能此前便已经进行了内部代理权的授予。若是如此,前述向公众发出的意思表示在法律性质上就只能界定为《德国民法典》第 171 条意义上的公开告知。最后,鉴于《德国民法典》第 167 条第 1 款并非强制性规范,代理权当然也可以通过合同的方式授予。[3] 在此种情形中,就要偏离于《德国民法典》第

---

[1]　*Borges* NJW 2011, 2400.

*　原著中误写成《德国民法典》第 166 条第 2 款。——译者注

[2]　就此,参见 BGH NJW 2015, 1510 Rn. 9。

[3]　OLG Karlsruhe NJW-RR 1986, 101。

168条第2句的规定了,代理权授予的行为便不再可以由授权人直接撤回;反之,被授权人也不得随意拒绝该代理权授予行为。

《德国民法典》第104条及以下关于意思表示的规则可适用于代理权授予的行为。因此,无行为能力人不能有效地授予代理权。限制行为能力人若未经法定代理人的许可,则仅当该授权行为对其来说是纯获法律上利益之时(比如接受赠与),才能进行有效的代理权授予行为。除此以外,如果未成年人未经必要的许可而授予了代理权,那么根据《德国民法典》第111条的规定,该意思表示不生效力。但是,若该代理权授予的行为与合同的缔结相关,比如在信托合同缔结的同时向受托人授予代理权,那么将《德国民法典》第108条、第109条一体化地适用于合同缔结与授权行为乃是事理上有正当性的。[1]

2. 意定代理权与内部关系

代理权的授予通常会以授权人与被授权人之间的法律关系为基础:亦即所谓的内部关系或者基础关系。该内部关系可能是委任合同(《德国民法典》第662条)、劳务合同(《德国民法典》第611条)或者事务处理合同(《德国民法典》第675条)。不过,相对于内部关系而言,该代理权却存在独立性(代理权的抽象性)。意定代理权涉及的是外部的法律权能(rechtliche Können),而该内部关系却规定了法律上的允许(rechtliche Dürfen),亦即允许被授权人在何种范围内使用其代理权。

出卖委托案:A委托她的朋友V将其机动车以最高价格卖出,并为此以书面形式授予其出售代理权。V收到来自K和L的两个购买要约,二者分别愿意以3000欧元和4000欧元的价格购买该机动车。V便以A的名义将该车出售给K,售价3000欧元,因为他无法忍受L。该买卖合同已经针对A产生法律效力,因为其为代理权所覆盖。尽管V在内部关系上因其未能以最高价格将该车出售而违反了其基于委托合同应负担的义务,但这对买卖合同的成立和生效并无根本性的影响,亦无须考量。不

---

[1] BGH NJW 1990, 1721(1723).

过,V 却应当依《德国民法典》第 280 条第 1 款、第 3 款和第 283 条的规定,向 A 承担损害赔偿责任。

26 从代理权自身的法律独立性可知,内部法律关系上的瑕疵并不必然触及代理权。亦即,可能存在意定代理权并不以(有效的)内部关系为基础的情形(所谓的"孤立代理权")。例如,向未成年人进行的委托根据《德国民法典》第 108 条的规定属未决的不生效力的状态,而同时向其授予的代理权却能够根据《德国民法典》第 165 条的规定产生效力。[1] 如果法定代理人拒绝追认,则未成年人与委托人之间的内部关系须根据无因管理的相关规则(《德国民法典》第 682 条!)加以确定。

在某些个案情形中,基础行为与代理权也可能构成《德国民法典》第 139 条意义上的法律行为统一体。[2] 此时,基础行为的无效亦将导致代理权授予行为无效;反之亦然(只要并非已经存在所谓"瑕疵同一"的情形),但依然可能出现表见代理的结果。[3]

3. 意定代理权的形式和代理行为

27 **保证授权案**:S 与他的叔叔 B 一起来到银行 G,想要申请获得额度为 50000 欧元的贷款,B 为此提供担保。银行 G 同意提供贷款,但要求 B 的妻子也提供保证。鉴于当时比较紧急,B 就直接通过电话的方式获得了其妻子同意授予代理权的意思表示,并且在保证证书上面也签署了妻子的名字。B 的妻子应否承担保证责任?

代理权相对于代理人将要实施的法律行为,即所谓的代理行为而言,也具有法律上的独立性。这在《德国民法典》第 167 条第 2 款中得到了表达。据此,代理权授予行为无须具备"为代理权所指涉法律行为应当具备的形式"。换言之,代理权授予行为原则上并无特殊的形式要求,即便代理行为本身被规定为要式行为,亦复如此。但某一要式规定若以警告功能为其主要规范目的,即防止行为人过分匆忙大意,则《德国民法典》

---

[1] 不同观点,参见 Medicus/Peterson,AT BGB, Rn. 949。
[2] BGH NJW 1990, 1721(1722);2005, 2983。
[3] BGH NJW 2005, 2983(2984);2005, 2985(2987)。

第167条第2款的规则就并非无懈可击。因为,在代理行为的实施过程中,代理人可能经由要式规定而获得了警示。可是,代理行为的法律效果并不直接涉及代理人,而仅涉及被代理人,故该要式规定并不能发挥同等的警示效果。因而,在裁判实践中,从相关条款要式规定的规范目的出发,《德国民法典》第167条第2款常被作目的性限缩。[1] 在土地买卖的案型,因其本身依据《德国民法典》第311本条第1款第1句的规定需要经公证员公证,故若为此而授予的代理权是不可撤回的[2],或者代理权授予的行为会导致土地交易的行为实际上提前产生拘束效力,则该代理权授予的行为亦必须满足土地买卖合同本身的形式要求。在保证合同的案型中,为确保《德国民法典》第766条的保护目的得以落实,也会要求保证人以书面方式授予代理权。[3]

因此,在前述"保证授权案"中,B的妻子并未承担保证义务,因为她由于欠缺书面授权而并未被其丈夫有效地代理。此案中的保证合同尚处于未决的不生效力状态(《德国民法典》第177条)。但B的妻子可以嗣后再对该行为进行追认(《德国民法典》第177条第1款、第182条)。追认的意思表示本来并不需要具备特别形式(《德国民法典》第182条第2款),但在本案的情境中,因存在与《德国民法典》第167条第2款相同的利益衡量,故此处的追认行为同样需要《德国民法典》第766条规定的书面形式。

除了上述个别案件,就代理权授予行为的形式要求还必须提出如下一般性规则:在形式条款(Formvorschrift)规范目的要求的范围内,代理权授予行为亦应具备代理行为本身所需满足的形式要求。故依正确的观点,例如为土地买卖行为授予代理权的情形,该代理权授予的意思表示始终需要《德国民法典》第311b条第1款第1句所规定的形式,而非仅仅是在司法裁判所认定的案型中。另外,代理行为的内容应否以及在多大范围内需记载于代理权证书中,同样取决于形式条款的保护目的。

由此,在前述"保证授权案"中,其代理权授予证书中便应将保证意思

---

[1] BGHZ 132, 119(124f.); BGH NJW 1998, 1857(1858f.).
[2] 就此,参见 *Köhler BGB AT PdW*,**案例127**。
[3] BGHZ 132, 119(124f.); BGH NJW 1998, 1857(1858f.).

表示的必要内容(债权人及主债务人的姓名或名称、主债务以及承担的保证份额)均涵括在内。[1] 关于借款人为消费借贷合同之缔结而授予意定代理权的案型,立法者在《德国民法典》第492条第4款为其制定了特殊规则。

4. 意定代理权和意思瑕疵

28 意定代理权的授予经由意思表示实现,该意思表示的瑕疵原则上可以适用《德国民法典》中的一般条款(《德国民法典》第104条及以下和第116条及以下),但在内部代理权撤销的过程中却会产生问题。

衣柜专家案:牙医Z误以为她的熟人V是古董内行。于是,Z便委托V替自己购入一个古董衣柜,并为此授予其购置代理权。V遂在废品商T那里购入了一个衣柜。然而,该衣柜事实上却并非古董。Z想要摆脱这个合同,因为她对V的专业素养作出了错误评估。Z的请求能实现吗?

尽管外部代理权的撤销(通过向第三人为意思表示的方式)毫无争议是可能的,但内部代理权的撤销却是有争议的[2]:有观点认为,只要该代理权授予的瑕疵并未同时影响代理行为,该瑕疵就无须涉及行为相对人。但只有当相对人并未因为内部代理权的撤销而处于无所保护的状态时,此种见解才是正确的。即便允许撤销权的行使,前述对相对人的保护也可以通过如下方式达成:根据《德国民法典》第143条第3款第1句之规定,内部代理权撤销的相对人原则上是被授权人。但若被授权人已经行使了代理权,那么撤销权行使的行为就不会仅以代理权(溯及既往,《德国民法典》第142条第1款)的消灭为目标,从经济的角度考量,它还会追求代理行为法律拘束力的去除(参见《德国民法典》第177条)。而相对人就知晓代理权撤销的事实,存在合法正当的利益。因而,此时正确的观点应当是,对于代理权已被"动用"的情形,撤销权行使的意思表示也要向交易相对人发出。[3]

在前述"衣柜专家案"中,Z原则上可以依据《德国民法典》第119条第2款的规定主张自己就V存在交易中重要的性质错误,进而要求撤销

---

[1] Vgl. BGHZ 132, 119(122f.).
[2] Vgl. *Eujen/Frank* JZ 1973, 232.
[3] *Medicus/Petersen* AT BGB Rn. 945.

意定代理权授予的意思表示。但是,这一意思表示必须也要向 T 发出。由此,V 便溯及既往地(《德国民法典》第 142 条第 1 款)成为无权代理人。该买卖合同也变成由 V 无权代理所订立的合同(《德国民法典》第 177 条第 1 款)。换言之,Z 并不受该买卖合同的拘束。

鉴于从经济的角度观察,该撤销权的行使能够导致代理权授予人重新从与相对人订立的合同中脱身出来,故而只有他向相对人赋予《德国民法典》第 122 条规定的信赖损害赔偿请求权时,结果上方为妥当。[1]

在前述"衣柜专家案"中,这意味着,尽管 T 必须从 Z 处取回衣柜并将买卖价款退还,但他同时也可以要求额外开支的赔偿(T 依《德国民法典》第 179 条第 2 款的规定对 V 也享有此种请求权,但 V 又可以根据《德国民法典》第 122 条的规定向 Z 主张使自己免于承担该损害赔偿的请求权)。

然而在个案中,撤销可能是没有用处的,因为关于表见代理权的基本原则会介入并得以适用。[2]

5. 意定代理权的消灭

意定代理权可以基于各种不同的原因而消灭,但这在法律中仅得到了部分规定。

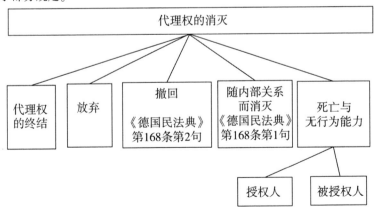

---

[1] Vgl. *Schwarze* JZ 2005, 588.
[2] 就此,参见本章边码 35 及以下。

(1)意定代理权的终结

代理权可能自行终结,这首先适用于代理权"用尽"的案型:若代理权仅针对某一完全特定的法律行为而被授予(所谓特定代理权),那么随着该法律行为的有效实施,该代理权也归于消灭。即便并未被"用尽",但当授予代理权所意欲的目的无法再实现时,比如待取得的标的物灭失,该代理权(不取决于作为基础的内部关系[1])也消灭。代理权附有期限的场合(比如就授权人出国旅行的期间授予代理权),随着该期间的经过,代理权亦归于消灭。若代理权附有解除条件,那么条件的成就也将导致代理权消灭。

(2)意定代理权随内部关系而消灭

30　　尽管代理权相较其内部关系具有法律上的独立性,但其亦"随基础性法律关系的消灭而消灭"(《德国民法典》第168条第1句)。这意味着,意定代理权依赖内部关系的存续。但该内部法律关系并未有效成立或已经被撤销并不必然会直接斩断意定代理权。[2] 而只有当内部关系与代理权之间构成《德国民法典》第139条意义上的法律行为统一体时,代理权才会随着内部关系的撤销而溯及既往地消灭。相反,《德国民法典》第168条第1句则涉及内部关系的终结。

举例来说,如果意定代理权以委托合同(《德国民法典》第662条)为基础关系,则意定代理权会随着委托人方面撤回委托或者受托人方面通知终止委托合同(《德国民法典》第671条)而消灭。在有疑问时,基于受托人死亡而产生的委托关系终止(《德国民法典》第673条第1句)会消灭代理权,不过委托人的死亡并不会产生此种效果(《德国民法典》第672条第1句)。受托人可能根本不知道委托关系的终结以及自己的代理权的消灭。此时,法律对其予以保护:依《德国民法典》第674条之规定,在受托人知悉或者应当知悉委托关系消灭之前,委任关系以利于受托人的方式被视为继续存在。而《德国民法典》第169条又以委任关系的拟制存续

---

[1] 就此,参见本章边码30。
[2] 参见本章边码26。

为连接点,拟制了代理权的存续。

但前述规则不应用来保护那些在法律行为实施时已经知悉或者应当知悉委托关系消灭的第三人。

财产管理案:寡妇 E 委托 V 在她生前对其财产加以管理,并为此以公证的方式授予他代理权。若 E 在某次国外旅行的过程中丧生,则其与 V 之间的合同关系亦因此终结,因为《德国民法典》第 672 条第 1 句的解释规则于此无法适用。此时,根据《德国民法典》第 168 条第 1 句的规定,V 的代理权也随之自动消灭。如果 V 并不知悉,且也不可能知悉 E 的死亡,并在此种情况下将一块土地出卖给第三人 D,那么在此范围内视为原来的事务处理合同和代理权均存续(《德国民法典》第 675 条、第 673 条、第 169 条)。故该土地买卖合同(对于 E 的继承人来说)也是有拘束力的,除非第三人 D 于进行前述买卖行为时已经知悉或者应当知悉 E 死亡的消息。

代理权若以劳务或者劳动合同作为基础,那么当前述合同关系因时间届至或通知终止的意思表示而终结时,代理权亦消灭。营业转让(Betriebsübergang)(《德国民法典》第 613a 条)导致劳动关系依法移转给新的经营者时,由此前经营者授予的代理权也归于消灭[1],不过,也可能作为容忍代理权和表象代理权继续存在。[2]

授权人破产时,此前授予的代理权若指涉归属于破产财团的财产,那么该代理权同时消灭(《德国破产条例》第 117 条)。

(3)意定代理权的放弃

意定代理权还可能因为被授权人向授权人单方作出放弃代理权的意思表示而消灭。因为,对于未经其参与而被授予的(《德国民法典》第 167 条)代理权,被授权人必须拥有拒绝的机会与可能性。至于被授权人放弃代理权是否会违反其基于内部关系所应履行的义务,则属于应作区分的另外一个问题。

---

[1] Köhler, BB 1979, 912; Baumbach/ Hopt, HGB, 37. Aufl., 2016, § 52 Rn. 5; Neuner BGB AT § 50 Rn. 56.

[2] 就此,参见本章边码 42 及以下。

(4)意定代理权的撤回

32 即便是在内部关系尚存续期间,只要从该关系中不会导出其他结论(《德国民法典》第168条第2句),那么授权人亦可随时撤回其授权。撤回意思表示的相对人既可以是交易相对人,也可以是被授权人(《德国民法典》第168条第3句、第167条第1款)。若代理权的授予通过向第三人发送意思表示的方式实现或者向该第三人进行了告知(外部代理权),而撤回代理权的意思表示仅通过向被授权人发送的方式完成,以致第三人起初并不知晓代理权的消灭,那么第三人对于代理权存续的信赖可以通过《德国民法典》第170—173条获得保护。

从《德国民法典》第168条第2句可以得知,代理权可以以内部关系存续期间以不可撤回的方式授予。[1] 但由于不可撤回代理权本身伴随着对授权人的极大限制,故只有当代理人对于代理权的利用存在正当利益时,对代理权的此种设计方式才是被允许的。

例如:A向V出售一块土地,而V又将该土地重新向B转售。V已经支付了土地价款,并且为该土地所有权之转让被授予了不可撤回的代理权。此案中,V对于代理权的行使存在正当的自身利益诉求,因为他已经履行了自己的对待给付义务,并且A对代理权的撤回并没有值得保护的利益。

但只要存在重大的理由,即便是不可撤回的意定代理权也依然可以被撤回。[2]

例如:在上述案例中,若最终发现买卖价款的支付并未成功,或者被授权人超越了自己的代理权,并且由此导致授权人的信任被打破。此时即可认为存在上述重大理由,进而可导致代理权的撤回。

当不可撤回代理权的存在没有内部关系作为基础[3],或者被授予的是概括代理权(Generalvollmacht)时[4],代理权的撤回甚至根本不需要重

---

[1] 就此,参见 *Köhler* BGB AT PdW,案例128。
[2] BGH NJW 1988, 2603.
[3] BGH NJW 1988, 2603(2604).
[4] BGH WM 2010, 1218 Rn. 16.

大理由的存在。这实际上意味着,这两种情况下关于代理权不可撤回的约定被视为不生效力。

(5)授权人死亡及其行为能力丧失

若授权人死亡、成为无行为能力人或者被纳入照管之下,代理权并不必然消灭。此等情事之法律效果的具体内容又取决于代理权或者内部关系的目的。对于委托合同以及事务处理合同而言,法律(《德国民法典》第672条第1句、第675条)直接规定,于有疑问时,这两种合同关系并不直接消灭。相应地,根据《德国民法典》第168条第1句的规定,于有疑问时,代理权也保持存续。对于经理权(Prokura),法律甚至明确规定,其并不直接伴随商人的死亡而消灭(《德国商法典》第52条第3款)。这一规则是有意义的,因为只有如此方可保证商事交易过程中不产生损失。不过,授权人的继承人或者照管人可以将代理权撤回。

33

(6)被授权人死亡和行为能力丧失

通常而言,被授权人死亡时代理权均会消灭,而非直接转移到被授权人的继承人身上。因为代理权授予的行为通常是针对某一特定人之特殊信任的外在表达。代理权若以委托合同或事务处理合同为基础,则从《德国民法典》第675条、第673条与第168条第1句的结合中即可得出代理权与基础关系消灭的法律效果。但是,如果内部关系由被授权人的继承人继续执行,那么只要代理权不具有高度人身性的特征,其就同样也将由该继承人继续执行。另外,代理权之授予若纯粹为被授权人之利益,并且在此范围内于性质上构成一种具有财产价值的法律地位,那么代理权亦不受前述限制,而是直接转移到继承人身上。

34

例如:向土地买受人授予进行所有权移转合意的代理权,但买受人在能够对此项代理权加以利用之前即已死亡的场合,该代理权即会转移到继承人身上。

当被授权人变成无行为能力人,进而根据《德国民法典》第105条第1款的规定无法再从事有效的代理行为时,也适用上述相同的基本原则:这种情况下,于有疑问时,代理权亦须消灭,而不能由被授权人的照管人(以次代理人的身份)继续行使。

第十一章 代 理 **269**

四、依权利外观（Rechtsschein）而产生的代理权，尤其是容忍代理权与表象代理权

35   若代理人于从事法律行为时并无代理权，则被代理人并不会因代理行为之实施而承担义务。代理权的欠缺可能基于多种原因而发生：代理权授予行为可能自始不生效力，也可能嗣后被撤销或被撤回，亦有可能是代理行为无法为代理权所覆盖。而相对人却常常根本无法或者不能轻易确定，代理权究竟是否（还）存在。法律通过承认相对人针对无权代理人享有请求权的方式（《德国民法典》第179条），向信赖代理权存在的相对人提供保护。换言之，无代理权而实施行为的风险，原则上由代理人承担。但是，若被代理人以可归责的方式为善意信赖的第三人创设了代理权存在的权利外观，那么就有正当理由如同他确实已经被有效地授予了代理权那样来对待他。[1] 此种情况被称为依权利外观而产生的代理权。

1. 表见代理权（Rechtsscheinvollmacht）的法定案型

36   **保险柜钥匙案**：F女士以书面方式授予其丈夫V出卖她的土地的意定代理权。嗣后，她又让其丈夫交回代理权证书并将其锁进一个保险柜中。之后她将保险柜的钥匙保管在衣柜中。她丈夫找到了钥匙，并通过此种方式私自取回了代理权证书。他通过出示代理权证书的方式出售了一块土地给K。[2] 该买卖合同是否有效？

《德国民法典》第170—172条以代理权授予行为的公告作为连接点，并调整依权利外观所产生代理权的三种案型。

（1）外部代理权存续的权利外观

37   外部代理权也可以通过向被授权人表示撤回的方式而消灭（《德国民法典》第168条第3句），但第三人却可能对此毫不知情。第三人是值得

---

[1] BGH NJW 2005, 2985(2987).
[2] 根据BGHZ 65, 13改编；参见*Köhler* BGB AT PdW, 案例134。

保护的,因为基于外部代理权授予行为的存在,他可得期待代理权授予人向他发出该撤回代理权的表示,或者至少会告知他代理权的消灭。所以,在代理权授予人向第三人通知代理权的消灭之前,该代理权对第三人均保持有效的状态(《德国民法典》第170条)。但根据《德国民法典》第173条之规定,若第三人此前已经知悉或者应当知悉代理权的消灭,则不适用上述规则。

该通知必须到达第三人方可产生法律效力。不过它并非意思表示,而是一个准法律行为。《德国民法典》第104条及以下、第119条及以下可准用于该准法律行为。

(2)基于授权公告而产生的权利外观

若某人通过专门通知或者公开公告的方式向其交易相对人显示,他向某人进行了授权,然而事实上却并不存在有效的代理权,则其通过此种行为引致了代理权存在的权利外观。该权利外观只有通过对等的撤回告知的方式才会被消除(《德国民法典》第171条)。[1]但部分观点认为,该告知行为本身即属外部授权行为。[2] 在个案当中可能确实如此,但《德国民法典》第171条却并非意指此种案型,从这一条款的字面和《德国民法典》第173条的限制中便能得出该结论。该告知行为可以说属于准法律行为,《德国民法典》第104条及以下、第119条及以下应准用于该行为。不过,在通过公开公告的方式进行告知时,必须排除撤销权。

奇怪的是,《德国民法典》第173条没有援引《德国民法典》第171条第1款。这是前后不一致的,所以此处应肯定类推适用的空间才是正确的。[3]

(3)代理权证书的交付

若本人向代理人交付代理权证书,且代理人将该证书向交易相对人出示,则当不(再)存在有效的授权时,同样会因此而产生代理权的权利外观(《德国民法典》第172条第1款)。只有通过交回代理权证书或宣告该代理权证书失效的方式(《德国民法典》第176条)才能消除该权利外观

---

[1] 就此,参见 *Köhler* BGB AT PdW,**案例126**。
[2] Vgl. *Pawlowski* JZ 1996, 125, 127.
[3] *Medicus/Petersen* AT BGB Rn. 947.

(《德国民法典》第172条第2款)。

该权利外观效力的产生,首先以向代理人**交付**代理权证书为前提。这以自由的交付行为为前提。交付证书的行为同样属于准法律行为。

在前述"保险柜钥匙案"中,代理权已经通过F要回代理权证书的方式而被默示撤回了,代理权也由此消灭,故V不再拥有法律行为上的代理权。依权利外观而产生的意定代理权至多只能根据《德国民法典》第172条的规定出现。可是,这又必须以向代理人"交付"代理权证书为前提。(已经交回的)代理权证书以违反被代理人意志的方式而脱手,与"交付"的案型并不相同。[1] 由于欠缺可归责的授权表象,F并未被V有效地代理。该买卖合同处于未决的不生效力状态(《德国民法典》第177条第1款)。至于F是否应向K承担信赖损害赔偿的责任,则属于另一个问题了。若F过错地未能妥善保管证书,则可考虑缔约过失责任(《德国民法典》第311条第2款、第280条第1款)。[2] 不过,也可考虑《德国民法典》第122条的类推适用。[3]

40　　另外,权利外观效力的产生还要求以原件的形式向相对人**提示**证书,或者当代理权证书经过公证时以文本的形式向相对人**出示**。就此而言,副本、传真复制件或影印复制件的出示均非足够。[4] 这是因为,一方面,相对人无法确定代理权证书原件究竟是否仍然存在,原件也许已经被交还;另一方面,副本可能被无限量制作,而证书的出具人却对此根本不知情,以致他无法要回该复制件。单纯提及代理权证书并不能与代理权证书的出示相等同。不如说,第三人必须能够取得直接知悉该证书内容的机会。[5] 代理权证书至迟必须在合同缔结时被出示,因为相对人的信赖所指涉的正是代理权能。[6]

表见代理权的范围源自代理权证书的内容。按照《德国民法典》第172

---

〔1〕　BGHZ 65, 13.
〔2〕　BGHZ 63, 13 (15).
〔3〕　Canaris JZ 1976, 132(134).
〔4〕　BGH NJW 1997, 312(314); 2002, 2325(2326).
〔5〕　BGH NJW 1988, 697(698).
〔6〕　BGH NJW 2008, 3355 Rn. 19.

条第 2 款之规定,权利外观的效力只是随着代理权证书被交回或者被宣告失效而终结。被授权人若拒绝返还代理权证书,对于证书出具人来说,便会产生风险。不过,他可以通过对等地向第三人或公众告知该代理权不(再)存在的方式消除该权利外观(《德国民法典》第 171 条第 2 款的类推适用)。

(4) 其他案型

从《德国民法典》第 170 条及以下的规定可以提炼出一条一般性的基本原则:通过专门向第三人告知的方式有意识地创设了代理权存在的权利外观之人,在其与该第三人的关系上亦应受该表见代理权的拘束。[1] 故在其他案型中,只要与《德国民法典》第 170 条及以下规则的价值判断并不冲突,就应承认表见代理权的存在。[2]

2. 容忍代理权和表象代理权

除去法定的表见代理权案型,裁判实践当中还承认容忍代理权和表象代理权的存在。[3]

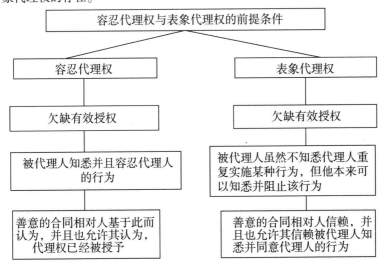

----

[1] BGH NJW 1988, 697(698).
[2] Vgl. BGH NJW 1997, 312.
[3] Vgl. BGH NJW 2001, 165(166); 2006, 1971 Rn. 17; 2016, 2024 Rn. 61.

(1)容忍代理权

43 **皮袄案**：V 想要在傍晚的时候去接他经营精品皮装店的女朋友 B 吃饭，但却发现他女朋友还在营业。当一个女顾客 K 将一件皮袄放在收银台的时候，B 不在现场，V 表现得仿佛他自己就是销售者一样，并将该皮袄卖给了 K。B 在后台看到这一切，却什么也没做以免在商店引起躁动。稍后，B 才发现，V 卖的价格太低了。此时，她还能不能向 K 主张 V 并没有代理权？

若某人没有代理权却冒充他人的代理人，那么尽管该人引致了其被授权之权利外观（且某些情况下应为此负责，参见《德国民法典》第 179 条），但这并不足以将该权利外观归属于被代理人，而是必须要求被代理人本人以可归责的方式引致了权利外观的产生。例如，这可能基于对无权代理人行为的容忍而发生。根据一贯的裁判实践[1]，在此范围内，应当承认**容忍代理权**的存在。[2] 当被代理人有意地容许某人冒充其代理人实施行为，并且交易相对人基于诚实信用原则而将此种容忍理解为，并且也应允许相对人将此行为理解为，以代理人身份实施行为之人已被授权从事该意思表示时，便出现了容忍代理权。这意味着如下的检验顺序：①**欠缺代理权**。不应当已经授予代理权，可被推断地授予代理权也不行。②**引致权利外观产生**。被代理人对此加以容忍，也就是说，被代理人明知某人冒充其代理人而实施行为却不介入阻止，而允其发生。③**对于权利外观的信赖**。交易相对人是善意的，即其并不知悉代理权的欠缺，并且也不必知悉（《德国民法典》第 173 条的类推适用）。同时，交易相对人将此种行为理解为代理权已被授予，而且根据诚实信用原则他也被允许作如此理解。尽管就容忍代理权之认定而言，对代理人一次行为的容忍即为已足；但通常来说，代理行为一定程度的频繁度和持续性也是必要的。[3] 不过，始终必要的是，被代理人对代理行为的知悉应当在合同缔结之时便

---

[1] BGH NJW 2011, 2421 Rn. 15；就此，参见 Faust, JuS 2011, 1027；Herresthal, JZ 2011, 1171。

[2] 就此，参见 *Köhler* **BGB AT PdW**,**案例 132**。

[3] BGH NJW 2005, 2985(2987)。

已存在。嗣后知悉只会在对代理人行为可能的默示追认问题上(《德国民法典》第 182 条)扮演一定角色。[1]

在前述"皮袄案"中,K 从外部情况,即 V 在 B 的服装店从事行为的现象中,可以推断出 V 也享有代理权。由于 B 知悉 V 的行为并且予以容忍,K 也不可能知道 V 并未被授权,故该买卖行为已经被容忍代理权所覆盖,并因此而生效(注意:《德国商法典》第 56 条在此处并不适用,因为 V 并没有被"雇佣")。

容忍代理权**范围**的确定取决于,相对人依诚实信用原则并照顾交易习惯(《德国民法典》第 157 条)可对被代理人的行为作何种评价。容忍代理权的**终结**,取决于被代理人对于代理人的行为知悉和容忍多久。代理人若在被代理人并未知悉和容忍的情况下继续该行为,则该行为便不再为容忍代理权所覆盖。不过,在此范围内,可以考虑表象代理权[2]的存在。[3]

容忍代理权的**法律性质**是存在争议的。部分观点认为,此种情况下存在基于可推断的行为而被授予的外部代理权,因为授权意志的欠缺并不妨碍对意思表示的肯认。[4] 对此,正确的是,表示意识并非必要。其与默示授权(在个案中当然可能存在)的区别在于,此处外部行为的"表示价值"并非朝向代理权之授予,而是朝着代理权此前已经被授予的方向去发展。[5] 因而,按照通说[6],应认为属于表见代理权的案型。

(2)表象代理权(Anscheinvollmahct)

私人买卖案:律师助理 G 总是以其领导 R 律师的名义在 B 书店订购书籍,用以满足个人需求。R 未检查账单的内容即直接付款。直到某次意外的情况下,R 律师才知道 G 的行为。他可否要求返还账单的金额?

如果从外部情况中产生了授权行为的权利外观,而被代理人却并不

44

---

[1] BGH NJW 2002, 2325(2327).
[2] 参见本章边码 44。
[3] BGH LM § 167 BGB Nr. 10.
[4] Vgl. *Palandt/Ellenberger* BGB § 172 Rn. 8.
[5] 妥当的观点,参见 *Medicus/Petersen*, AT BGB, Rn. 930.
[6] Vgl. BGH NJW 2005, 2985(2987).

知悉代理人的行为,此时并不存在容忍代理权。但是,如果被代理人在足够细心的情况下本来能够知悉并且阻止此种行为的发生,而且交易相对人也被允许认为被代理人知悉并且准许代理人的此种行为,就会产生**表象代理权**。[1] 不过,代理人的相应行为还要持续一定期间,并有一定的频繁度。[2] 另外,合同相对人必须为善意,即其既不知悉授权的欠缺,亦不应知(《德国民法典》第173条的类推适用)。[3]

在前述"私人买卖案"中,G并不拥有缔结买卖合同的代理权。可是,如果R尽到合乎义务要求的注意程度(pflichtgemäßer Sorgfalt),即其如果对账单进行检验,本来是可以识别并阻止G以他的名义实施订购行为的。由于B依据当时的事态(Lage der Dinge)信赖,并且其也被允许信赖G拥有代理权,故此处出现了表象代理权的情形。所以,该买卖合同有效,R无权要求返还。

与容忍代理权一样,表象代理权的**范围**确定亦取决于,相对人可以对被代理人的行为作出何种评价。当被代理人消除了权利外观,或者不能再识别或阻止代理人的行为时,表象代理权便走向**终结**。为此,若仅仅是禁止代理人继续实施行为[4],而客观上仍然存在继续实施行为的风险,表象代理权尚未终结。被代理人还必须采取额外措施,比如向交易相对人发出通知(《德国民法典》第172条第2款)。[5]

表象代理权的**适用领域存在很大争议**。一部分学说欲将其限定于商事交易中,因仅此时更高的交易安全保护才是允当的。[6] 在私人之间的法律交往中,被代理人的责任应当根据缔约过失责任的基本原则被限定于消极利益的范围内。但此种限缩被通说正确地拒斥。[7] 这是因为,于

---

[1] 参见 BGH NJW 2016, 2024 Rn. 61;就此,参见*Köhler* BGB AT PdW,**案例 133**。
[2] BGH NJW 2016, 2024 Rn. 61.
[3] 关于表见代理权的其他前提条件,参见本章边码 45。
[4] BGH NJW 1991, 1225.
[5] Vgl. BGH NJW 1998, 1854(1)855.
[6] Vgl. *Canaris* HandelsR § 16 III 2b; *Medicus/Petersen* BGB AT Rn. 971, 972.
[7] BGH NJW 1991, 1225; *Palandt/Ellenberger* BGB § 172 Rn. 11.

此处对商人和参与经济生活的其他人（比如律师）[1]或者国库（öffentliche Hand）[2]进行区分,在事理上并不具有正当性。如果在纯粹的私人交易往来（rein privater Geschäftsverkehr）中涉及表象代理权,则可通过在行为归属（Verhaltenszurechnung）之标准方面相应地设置更高要求的方式,对私人所具有的值得保护的利益加以照顾。过失足以使权利外观的归属成立这一现象,也并非体系中的异质物:于欠缺表示意识,却依旧将行为归为意思表示的场合,只要行为人在尽到充分注意义务的情况下,本来能够识别并阻止其行为被他人视为意思表示,对前述行为的归属便已足够。[3] 而《德国民法典》第170—172条也连接着被代理人在消除权利外观上的不作为,其并未考虑该不作为是故意还是过失。

3. 表见代理权的其他前提

权利外观的归属以行为能力的存在为前提,在此范围内《德国民法典》第104条及以下可以类推适用。就权利外观之引发能否通过类推适用《德国民法典》第119—124条而成为可撤销的,尚有争议,但原则上应予肯定。[4]

例如,在《德国民法典》第172条的情形下,代理权授予人若因错误认识（versehentlich）而在代理权证书上签字并将其交付,那么他可以根据《德国民法典》第119条第1款的类推适用而撤销由此产生的权利外观。不过,他仍应根据《德国民法典》第122条的规定向交易相对人承担责任。

但是,不应将此一问题与借法律行为进行授权时的意思瑕疵相混淆。因意思瑕疵而被撤销的意定代理权仍可能作为依权利外观所生代理权而存续。意思瑕疵虽得打破（durchschlagen）授权行为,但却并不径直排除权利外观的归属,尤其是被代理人仍然经由《德国民法典》第173条和第142

---

[1] BGH NJW 1991, 1225.
[2] BGH NJW 1972, 940.
[3] 参见本书第七章,边码5。
[4] Vgl. *Medicus/Petersen*, AT BGB Rn. 947, 948; *Neuner* BGB AT § 50 Rn. 74.

条第 2 款得到保护。[1]

举例来说,代理权授予人若对代理人在交易中具有重要意义的人身属性存在错误认识,则其当然可以根据《德国民法典》第 119 条第 2 款的规定主张撤销[2]授权行为,但若他向代理人交付了代理权证书,而代理人又向第三人出示该证书,那么撤销行为仍然无济于事。这是因为,此时根据《德国民法典》第 172 条的规定存在表见代理权。

在交易相对人一边的前提条件是,他对代理权存在的权利外观产生信赖且允许其产生此种信赖,且这种信赖与交易关系之缔结存在因果关系。如果他知悉或者本来应当知悉代理权不(再)存在的事实,那么他不需要被保护(《德国民法典》第 173 条)。这不仅适用于《德国民法典》第 170—172 条的事实构成(Tatbestände)(《德国民法典》第 173 条明确地对此加以规定)[3],还适用于容忍代理权和表象代理权。[4]

五、代理行为 (Das Vertretergeschäft)

46　合同行为的法律效果虽然指向被代理人,但它却是由代理人实施的,亦即代理人才是交易相对人的谈判对象(并且因此在某些前提条件下,他自身应基于过错的义务违反而按照《德国民法典》第 311 条第 3 款、第 280 条第 1 款承担责任)[5],代理人发出和受领意思表示。当主观预想在意思表示的发出和受领过程中扮演着一定的角色时,这一点就很重要。

1. 解释

47　由此,在对交易相对人的合同要约进行解释时,就应当考虑代理

---

[1] BGH NJW 1989, 2879(2880).
[2] 参见本章边码 28。
[3] 就此,参见 BGH NJW 1985, 730。
[4] BGH NJW 2006, 1971 Rn. 17.
[5] 关于原先的法律状况,参见 BGH NJW 1990, 1907;NJW-RR 1992, 605。

人,而非被代理人的理解可能性。

上层楼案:K 在旅行社 A 预定了一个包价旅游,并且明确表示,他只想要顶层的旅馆房间。A 在将该预订信息转交给旅游举办者 B 时使用了容易引人误解的标记"上层楼"(obere Etage)。旅游举办者对此预订信息加以确认。由于旅行社作为旅游举办者的商事代理人(《德国商法典》第 84 条)而被授权接受订单(受领代理人),故该订单的内容应当如同 A 所理解或者其所应当理解的那样确定。订单以引人误解的方式被转达的风险由旅游举办者承担。[1] 故此,假如 K 因为误解只获得了一间上层的房间,而非顶层的房间时,他根据《德国民法典》第 615a 条及以下的规定享有合同上的损害赔偿请求权。

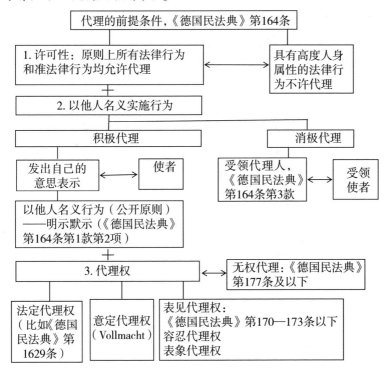

---

[1] BGHZ 82, 222.

2. 意思瑕疵

48 对于意思瑕疵的考量(《德国民法典》第 116—123 条)具有决定性意义的是代理人,而非被代理人的主观预设。《德国民法典》第 116 条第 1 款明确地用如下语句表达了这一含义:"若一项意思表示的法律效果因意思瑕疵……而受到影响,则不应考虑被代理人,而应考虑代理人的因素。"相应地,仅在代理人存在错误时才允许撤销,被代理人存在错误时则不允许撤销。

画作赝品案:赚到钱的企业经营者 U 委托其朋友 K 为自己购入"有些吸引人的"画作,并为此向其授予代理权。K 在一个拍卖会上为 U 买入了一幅画,但 K 知道这幅画是赝品。在此情况下,《德国民法典》第 119 条第 2 款所规定的基于性质错误的撤销权就被排除了,即便 U 相信该幅画乃是原件,亦复如此。在此范围内,U 不能以自己不知为由主张行使撤销权。

应当与此相区分的一个问题是,当代理人发生错误时,个案当中谁有权进行撤销。该撤销权由被代理人享有,因为此处涉及被代理人应受法律行为之拘束。代理人仅在享有撤销的代理权时才能够撤销其所发出的意思表示。在意定代理权的案型中,这需要经由代理权解释的方式确定。

3. 相关情况的知悉与应知

49 根据《德国民法典》第 166 条第 1 款,意思表示的法律效果若受"某些因素的知悉或应知"的影响,则其取决于代理人的因素。因为,若某人在法律交易中使用代理人,则为交易相对人值得保护的利益之考量,必须容许将代理人主观知悉的状况归属于被代理人,而使其不能援引自己的不知进行抗辩。[1] 其中,"应知"(Kennenmüssen)应被理解为因过错而不知(《德国民法典》第 122 条第 2 款)。此规则的适用案型包括《德国民法典》第 116 条第 2 句(真意保留的知悉)、117 条第 1 款(对虚伪行为的同

---

[1] BGHZ 106, 163(167).

意)、第138条(对导致悖俗状况的知悉)、第442条第1款第1句(瑕疵的知悉)以及善意取得的构成要件(《德国民法典》第932条及以下,第892条等)。

出借物案:E将一幅画作为出借物交给S,用以在一场艺术展览活动中展出。由于S正处于经济困境,便将该画出卖给艺术品交易商K。工作人员A在K缺席的情况下为其购买了这幅画,因为他以为S是这幅画的所有权人。K根据《德国民法典》第932条的规定取得了此幅画的所有权,即便他自己知道该画属于E。这是因为,按照《德国民法典》第166条第1款的规定,此时取决于代理人的善意信赖,而非被代理人的主观状态(反之,如果K是善意的,而A却是恶意的,则无法实现善意取得)。

可是,如果不加限制地适用《德国民法典》第166条第1款,就会为该规则的滥用打开了大门:"恶意之人"只需将一个"善意"的代理人推向前台,便可规避自身"恶意"的法律效果。因此,《德国民法典》第166条第2款便为"代理人按照授权人的特定指示"而实施行为的案型设置了限制:此时,"恶意的"授权人不能援引其代理人的"善意状况"进行抗辩。在此过程中,为相关主体之保护(Schutz des Betroffenen),**指示**的概念在司法实践中被宽泛地解释。[1] 只要被代理人对于将从事的法律行为知情,而且他本来可以介入,却并未介入,即为已足。[2]

在前述"出借物案"中,假如S与A进行谈判时,K也在场,但他在知道这幅画属于E后却离开了。其后,按照《德国民法典》第166条第2款的规定,他不得援引A的善意状态作为抗辩,因为他本来可以直接介入。

《德国民法典》第166条第2款并不调整向被授权人进行指示的意思存在瑕疵的案型,如相对人以恶意欺诈的方式促使授权人为某一特定法律行为之缔结而向被授权人进行指示。[3] 在此案型中,代理行为本身并不能根据《德国民法典》第123条的规定被撤销,因为按照《德国民法典》第166条第1款之规定,意思瑕疵之考量应以代理人的主观状况为准,而

---

[1] 就此,参见*Köhler* BGB AT PdW,**案例131**。
[2] Vgl. BGHZ 50, 364(368).
[3] 就此,参见*Köhler* BGB AT PdW,**案例129**。

此时的代理人并未遭受欺诈。然而在此情形中,《德国民法典》第166条第2款的法理思想却要求为授权人之保护而适用该条款。[1] 易言之,被代理人亦可就代理行为存在意思瑕疵,从而根据《德国民法典》第123条的规定主张撤销。

4. 扩张的知情归属(Erweiterte Wissenszurechnung)

(1)法人代理人情形的中知情归属

52 如果多人均有代理权(这对于法人来说属于常态),则全部代理人均掌握决定性的情况(比如知悉物上瑕疵的存在)并非必要,其中一个代理人知道该事实便已足够(理由见《德国民法典》第28条第2款)。该知悉事实的代理人自身是否参与了该法律行为抑或究竟是否知悉该法律行为,均无影响。按照裁判实践的观点,法人还必须容许已经退出或死亡的机关成员的知情状态归属于自身。[2] 这是因为,合同相对人不应因法人在结构上的特殊性(代理权人的变换)而遭受不利。但是,该规则仅适用于那些在典型情况下已记录在案(aktenmäßig festgehalten)而应被知悉的事实。

(2)"知情代理人"(Wissensvertretern)场合的知情归属

53 司法实践将《德国民法典》第166条第1款类推适用于"知情代理人"的案型。知情代理人,是指那些受本人(Geschäftsherrn)托付而在其组织或事务领域范围内独立完成一定任务、但并非作为代理人参与法律行为之缔结的人[3],其中包括但不限于那些对某一法律行为之成立可能施加决定性影响的"谈判辅助人"。本人(或者为本人而实施行为的代理人)必须容许将前述人群在其活动范围内获得的知识归属于自己。[4]

例如:二手车交易商G的工作人员A受托将收入的机动车数据进行录入,并转达给销售部门。他有意地就其中一辆车登入了比他被告知的数据更低的里程数。G却对此一无所知,并因而告知(客户)不正确的里

---

[1] BGHZ 51, 141.

[2] Vgl. BGHZ 109, 327(331); BGH NJW 1995, 2159(2160).

[3] BGH NJW-RR 2004, 1196.

[4] BGHZ 106, 163(167); 109, 330; 117, 104(106); BGH NJW 1996, 1205.

程数,且将该车卖给了 K。K 可以主张根据《德国民法典》第 123 条第 1 款的规定撤销合同,因为 G 必须知悉 A 所获取的信息。

(3) 组织内部的知情归属

司法实践并没有在"知情代理人"的法律制度上驻足不前,而是接受了卡纳里斯(Canaris)、梅迪库斯(Medicus)和陶毕茨(Taupitz)的见解,通过《德国民法典》第 166 条第 1 款类推适用的方式,发展出了关于知情归属更加一般化的规则。[1] 这种一般化规则的起点是交易保护以及从中发展出来的组织义务:行为人在和一个参与法律交往的组织体(法人、合伙或企业)缔结合同时,不应当处于比他与一个自然人交易时更加恶劣或者更好的状态。[2] 组织体的特殊之处在于,由于劳动分工的存在,可能会出现"**知识割裂**"(Wissensaufspaltung)的局面,并且单个的知识掌握者无法始终处于可支配的状态(比如由于度假、生病、离职、死亡)。于是,组织体就必须致力于将那些对未来交易明显有意义的信息加以记录,并且使之在一段时间内处于可供支配利用的状态。在此意义上,人们称之为"典型情况下记录在案的知识"(typischerweise aktenmäßig festgehaltenen Wissen)[3]。此外,还必须顾及那些在组织体内部明显对于其他人有意义的信息,也被转达给这些人(信息保存和转达义务)。如果组织本身已经采取了相应的预防措施,而该义务却由于某一工作人员的疏忽而未能履行,由此使该信息无法供支配和利用("丢失的知识"),那么在此范围内就排除知情归属。[4] 最后,组织体还必须促使那些为其实施法律行为的人取用(abrufen)这些现成的信息。不过,不应过分扩张在信息存储和信息转达以及信息取用上设置的要求。某一信息应否储存以及应当储存多久(比如在档案文本中还是在电脑中)需根据该信息所具有的意义加以决定。行为人是否以及在何种范围内必须容许组织体内存储的知识如同自己的知识那样归属于自己,取决于是否存在刺激他去取得该信息的特

54

---

[1] Vgl. BGHZ 132, 30(36ff.).
[2] BGH NJW 1997, 1917.
[3] BGH NJW 1995, 2159; 1996, 1205(1206).
[4] BGH NJW 1996, 1205(1206).

别理由。[1] 组织体中的机关成员和工作人员,即便他们并未亲自参与某一合同的缔结,但若在合乎制度地加以组织的情况下,他们的知识应当被记录在案并加以转达,且在合同缔结之前加以取用,则此等机关成员和工作人员的知识亦应被归属于组织体。[2] 不过,对知情归属的教义学基础和妥当边界作出周延的说明仍属尚未完成的工作。[3]

六、代理权的范围和界限

1. 代理权的范围

(1) 法定代理权

55   法定代理人的**法定代理权**(父母、监护人)原则上是不受限制的(但有例外,参见《德国民法典》第 1629a 条),不过,特定的重大行为仍需要家事法院的批准(《德国民法典》第 1643 条及以下、第 1821 条及以下)。照管人的代理权限定于其任务范围(《德国民法典》第 1902 条),对于特定的行为,他需要监护照管法院的批准(《德国民法典》第 1904 条及以下)。

(2) 机关代理权(Organschaftliche Vertretungsmacht)

56   法人机关的代理权(参见《德国股份法》第 82 条第 1 款;《德国有限责任公司法》第 37 条第 2 款)和人合商事合伙中有代理权合伙人的代理权(参见《德国商法典》第 126 条、第 161 条第 2 款)都是不受限制、也不可限制的。例外仅仅存在于已登记的社团(《德国民法典》第 26 条第 2 款第 2 句、第 70 条)。

(3) 意定代理权

①概述

57   意定代理权的范围由代理权授予人确定,于有疑问时,应经**解释**予以

---

[1] BGHZ 132, 30(36ff.); BGH NJW 1996, 2734(2736).

[2] BGH NJW 2001, 359 (360). 这一判决的结论获得了广泛的赞同。参见 Schwab JuS 2017, 481。

[3] Vgl. Grigoleit ZHR Bd. 181, 160.

查明。换言之,具有决定性的乃是,意思表示的受领人得如何理解授权人的行为。在**内部代理权**的情形中,则取决于被授权人这一受领人的视角。此时,尤其应当关注源自授权人与被授权人之间内部关系的代理权目的。不过,需要提示的是,基于授权而产生的代理权的范围(**法律上的能为**)和源自内部关系的事务处理权限的范围(**法律上的应为**)并不必然相互覆盖[1]。相反,在**外部代理权**或(为向交易相对人出示而确定的)**代理权证书**解释的场合,则取决于交易相对人这一受领人的视角。[2] 在解释的过程中,虽然应顾及相关伴随性的因素,尤其是代理权的目的以及授权人与被授权人之间的内部关系,但仅在此等因素为第三人所知悉[3],或者对第三人来说是可以知悉时[4],方可如此。这可能会导致对代理权证书作出悖于其字面含义的限缩性解释。但是,该解释尤其要按照诚实信用的标准(《德国民法典》第157条)展开。所以,不能从代理权中推导出实施一个完全非同寻常,以致授权人显然不可能预料到的法律行为的权能。

土地出让代理权案:A是一栋内设24间居室房屋的所有权人,他想把这些居室分割成不同的房屋所有权进行出售。为此,他以公证证书的方式向V授予了代理权,使V在出让房屋所有权时可以"面向官署(Behörde)和私人在所有方面均代理"他,尤其是为他实施土地出售相关的法律行为。V通过出示前述代理权证书的方式,以A*的名义与M缔结了一个合同。该合同中,M负有进行居间活动的义务,并可获得15%的佣金。此案中,通过解释可以得出,该代理权亦使代理人有权缔结居间合同,因为为土地出让目的之达成通常都会缔结居间合同。并且,该居间合同的内容也并非特别离谱,以致M本来也能够推断出,代理权的范围不会延伸至此种居间约定。[5] 因为,在解释的过程中也应顾及法律交易对法律安定性的需求和利益。所以,此种居间约定同样被代理权所覆盖。不

---

[1] 参见本章边码25。
[2] BGH NJW 1991, 3141.
[3] BGH NJW 1991, 3141.
[4] BGH NJW 1988, 3012.
* 原著中误写成"E",但从案情语境推测,应当是A。——译者注
[5] BGH NJW 1988, 3012.

过，在此等案型中，始终还应当检验是否可能会存在代理权滥用的情况。[1]

若涉及**交易中典型的**(verkehrstypische)代理权(比如向建筑师或房屋管理员授予代理权)，则于有疑问时，该代理权的范围应按照交易中通常的范围确定。[2]

②**次代理权**(Untervollmacht)

58　　代理人不得在未经授权人同意的情况下将其代理权转移给第三人。但应当与此相区分的另一个问题是，是否允许代理人向第三人授予**次代理权**。这取决于其代理权的范围。在法定代理权和机关代理权的案型中，次代理权的授予可直接实施。而在意定代理权(rechtsgeschäftliche Vertretungsmacht)的案型中，授予次代理权行为的许可性(只要未经明确准许)应通过对(主)代理权加以解释的方式确定。在此过程中，决定性的因素是被代理人对(主)代理人亲自实施法律行为是否存在显见的利益。例如，假设对授权人来说，具有决定性的恰恰是被授权人的谈判技巧，那么次代理权的授予就应当被排除。次代理权的范围必须由次代理权的授予人来确定。相较于主代理权人的代理权，次代理权可以被限定得更为狭窄，也可以与主代理权有相同的范围，但不可能有更宽的范围。同样，在其他方面它也不可能比主代理权更加宽泛。[3] 比如，主代理权如果是可以撤回或者附有期间的，那么次代理权便不能是不可撤回或者不附期间的。[4]

次代理人以本人的名义实施行为，行为效力由本人承受。不过，为使次代理人能够有效地代理本人，主代理权和次代理权必须均被有效地授予。若主代理权欠缺，则次代理人亦属无权代理[5]。[6]

③**个别代理权**(Spezialvollmacht)、**种类代理权和概括代理权**

---

[1] 就此，参见本章边码63。
[2] Vgl. *Palandt/Ellenberger* BGB, §167 Rn. 5.
[3] BGH NJW 2013, 297 Rn. 12.
[4] 参见 *Palandt/Ellenberger* BGB, §167 Rn. 12;有争议。
[5] 当只是主代理权不生效力时，次代理人所需承担的责任问题，参见本章边码73。
[6] BGH NJW 2013, 297 Rn. 12.

代理权授予人可以将代理权限定于一个绝对特定的法律行为之上（比如出售某一块特定土地）。在此案型中，人们称之为**个别代理权**。

但是，授权人也可以将其延伸于一个特定种类或类型的法律行为。此种案型尤其常见于商人的意定代理权（比如购货代理权、雇员的聘用和解聘代理权或售货代理权）。在《德国商法典》第54条、第56条中，为商事交往中信赖保护之利益计，此种**种类代理权**的内容已经被典型化了。另一个例子是**诉讼代理权**（《德国民事诉讼法》第80—84条）

最后，授权人基于其意思自治，甚至可以授予**概括代理权**。也就是说，只要代理权被法律所许可（zulässig），即可在所有法律行为中均使被授权人有权实施代理行为的不受限制的意定代理权。然而，鉴于此种代理权宽泛的法律效果，恰需检验的是，是否真的所有事务都被该代理权包含其中。通常而言，只要没有明示或者清晰地说明，则概括代理权并不会延伸于非财产性的法律行为[比如加入非营利性社团（Idealverein）]。[1] 此外，应当认为，特别非同寻常或者对本人明显具有不利效果的法律行为不再被该代理权所覆盖。[2] **经理权**（Prokura）属于受限的概括代理权（参见《德国商法典》第49条、第50条）。

④**跨越死亡代理权和死后代理权**（Transmortale und postmortale Vollmacht）

代理权的授予可以在授权人死亡后仍然有效（所谓的"**跨越死亡代理权**"）（若代理权的授予行为乃以委任关系为基础，则在有疑问时，甚至可径直推定代理权延续并逾越授权人死亡的时点；参见《德国民法典》第168条第1句结合第672条第1句）。不过，代理权恰恰也可以专为授权人死亡的情形而授予（所谓的"**死后代理权**"）。借此，授权人便可确保，即使在其死后，他的事务也能得到处理。从被授权人所实施的法律行为中将会产生授权人的继承人取得权利、承受义务的法律效果，尽管该继承人可能根本不知道有此死后代理权的存在。[3] 继承人只能撤回代理权。跨

59

60

---

[1] 参见 Neuner BGB AT § 50 Rn. 40.
[2] 参见本章边码63。
[3] Vgl. BGH NJW 1995, 250(251).

越死亡代理权或死后代理权的范围应通过解释的方式确定。一项"账户代理权"虽然可以使被授权人有权从该账户中取款或者转账,但于有疑问时,应当认为其无权将该账户转写成自己的,进而导致债权人变更。[1]

⑤排他性代理权(Verdrängende Vollmacht)?

61　　代理权不能以授予人本人不得再于代理权的范围内从事法律行为的方式被授予(所谓的"排他性代理权")。授权人只能使自己承担在此领域不再自行实施法律行为的义务。这可以从《德国民法典》第 137 条的价值判断中得出。

2. 单独代理与共同代理(Einzel-und Gesamtvertretung)

62　　当代理权由多个人共同(gemeinsam)享有时,即属共同代理。这在法定代理权(比如《德国民法典》第 1629 条第 1 款第 2 句规定的父母作为法定代理人)、机关代理权(比如股份公司的董事会存在多个董事时,《德国股份法》第 78 条第 2 款第 1 句)以及意定代理权(比如共同经理权,《德国商法典》第 48 条第 2 款)的场合,均存在。共同代理权的行使适用如下规则:若为**积极代理**,原则上须所有共同代理人共同参与,不过如果一个人实施行为而其他人表示许可或追认,亦为已足。[2] 对于**消极代理**,亦即意思表示的受领,每一个代理人均有权(源自《德国民法典》第 26 条第 2 款第 2 句的一般法理思想)。

3. 代理权滥用与串通行为(Kollusion)

63　　如果代理人虽未有超越其代理权,但他对代理权的利用却为内部关系所不许,那么这本身尚不会触及其意思表示的有效性。[3] 这可从代理权相较内部关系的独立性得出。不过,此种独立性的意义在于保护交易相对人。因为,原则上不应当使交易相对人负担审查代理人在内部关系上是否以及在何种范围上受到拘束的义务,从而使其仅能有限地利用外

---

[1] BGHZ 180, 191 Rn. 13ff.
[2] Vgl. BGHZ 64, 75.
[3] 参见本章边码 25。

部未受限制的代理权。[1] 据此,原则上由被代理人承受代理权滥用的风险。[2]

当交易相对人根本不值得被保护时,则应适用与上述不同的规则。首先,交易相对人**知道**代理人以客观上违反义务的方式行使其代理权的,便属于该种情形。[3] 例如,当交易相对人向代理人行贿,以求达到缔结合同的目的时,即如此。[4] 代理人是否过错地违反义务并非决定性的。[5] 可是,交易相对人知悉代理权的逾越这一事实却很难证明。在司法实践中,[6] 如果代理权的滥用对于交易相对人来说是可以**轻易识别**的,那么也会认为交易相对人不值得被保护。不过,如果交易相对人只是由于过失而不知道代理权滥用的情形,则还不能直接认定他不值得被保护(有争议)。司法实践还正确地要求,代理人必须以明显可疑的方式行使其代理权,以致交易相对人有正当理由怀疑代理人存在针对被代理人的背信行为。为此,必不可少的乃是(以存在坚实的生疑论据(massive Verdachtsmoment)为前提)代理权滥用的客观证据。[7] 尤其是当交易相对人在被代理人处进行追问几乎成为必然的时候,应认为前述客观证据已经存在。[8]

婚姻骗子案:A 对有钱的寡妇 W 所发布的征婚启事作出回应,与之联系,并骗取了 W 的信任。毫不猜疑的 W 向 A 授予了其在 B 银行所开设全部账户的代理权。A 立即通过出示代理权(证书)的方式取走了这些账户上的全部钱款。收到 A 的转账委托的银行工作人员知道,A 曾经因为诈骗而被判过刑。本案中,坚实的生疑论据(A 曾被判过刑;完全取空所有余额便已存在),这使代理权的滥用在客观上已非常明显。该银行必须容

---

[1] BGH NJW 1994, 2082(2083).
[2] BGHZ 127, 239(241).
[3] 就此,参见*Köhler* **BGB AT PdW**, **案例 137**。
[4] BGHZ 141, 357(361).
[5] BGH NJW 1988, 3012(3013).
[6] BGHZ 127, 239(241).
[7] BGH NJW 2008, 69 Rn. 69.
[8] BGH NJW 1999, 2883; 另参见 BGH NJW 2006, 2276。

许将其职员的知情归属于自己。[1]

如果交易相对人按照上述条件不值得被保护,则被代理人可以向其主张不被许可的权利滥用(《德国民法典》第242条)之抗辩。换言之,交易相对人必须如同欠缺充分代理权的案型那样被对待。所以,《德国民法典》第177条及以下亦应适用于被实施的法律行为。[2] 在主张代理权滥用之抗辩的行为中通常会存在拒绝追认的意思。代理人根据《德国民法典》第179条第1款的规定承担的责任往往也会根据《德国民法典》第179条第3款第1句的规定被排除。

> 如果代理人以违反义务的方式行使其代理权,并且交易相对人**知悉代理权的滥用**,或者该代理权滥用具有客观的明显性,则《德国民法典》第177条及以下可以类推适用(entsprechend anwendbar)。

若代理人与交易相对人合谋,想要合作以损害被代理人的利益(所谓的**串通行为**),则该法律行为已经根据《德国民法典》第138条第1款的规定而无效。[3] 除此以外,双方均应根据《德国民法典》第826条的规定向被代理人承担损害赔偿责任。

中介佣金案: V公司的经理P与电脑销售商C就20台新电脑的买卖进行谈判。他们两个达成协议,C以定价(Listenpreis)供应设备,并交给P一台电脑供其私人使用,以作为其"中介的佣金"。鉴于此处关于中介佣金的约定乃是以合意方式导致公司V的不利益,故其悖于善良风俗。悖俗属性同样也将主合同涵括在内,因为应当认为,P在合同缔结时受到前述佣金许诺的影响,进而会产生违反公司V的意志而使其遭受损害的结果。[4] 在正确实施行为的情况下,P本来应当为其公司约定"实物优惠"(Naturalrabatt)。所以在本案中,V公司无须受领订购的电脑并付款。

---

[1] 参见本章边码53。
[2] BGHZ 141, 357(364).
[3] BGH NJW 2000, 2896(2897).
[4] Vgl. BGH NJW 1989, 26(27);BGHZ 141, 357(361).

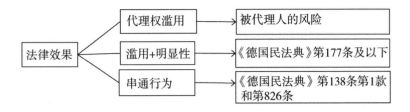

4. 自我行为(Insichgeschäft)

代理人与自己缔结法律行为被称为"**自我行为**"。可以想到的有两种类型:一个是**自我缔约**(Selbstkontrahieren),在此情形,代理人同时也是自己的交易相对人。换言之,他同时以自己的名义和他人的名义实施行为。

例如:V 取得了 A 的代理权,用以将 A 的机动车以不低于 5000 欧元的价格出售。他自己以该价格购买该车。

另一类型是"**多方代理**"(Mehrvertretung),在此情形中,代理人同时也是另一个第三人的代理人。

例如:V 取得了 A 的代理权,用以将一辆机动车卖出;同时,V 也取得了 B 的代理权,用以购买一辆机动车。V 遂将 A 的机动车出卖给 B。

在自我行为的场合,存在利益冲突和将(一个)被代理人的财产利益置于劣后地位的危险("没人能够同时服务两个主人")。所以,《德国民法典》第 181 条规定,代理人不能从事自我行为(代理权的法定限制,其法律效果规定在《德国民法典》第 171 条及以下)[1],除非其**被允许**从事此等行为,或者该行为仅仅是为**债务之履行**而已。

故在上述两个例子中,只要不存在(以法律行为或者法定方式设置)许可,则买卖合同均根据《德国民法典》第 177 条第 1 款的规定处于未决的不生效力状态。但被代理人的追认可使该行为有效。

尽管利益冲突的危险并不必然存在,但《德国民法典》第 181 条的适用不能受制于个案当中确认没有利益对立的危险。因为,在个案中查明

---

[1] Vgl. BHGZ 65, 125.

利益冲突情况并不符合法律安定性的需求。[1] 故原则上应取决于法律行为实施的种类。当为同一个人时，纵使个案中并无利益冲突的危险，《德国民法典》第181条亦可适用。但如果利益冲突会基于行为性质而被一般性地排除，那么法律的安定性就不会遭受减损。这种情况下，就要对《德国民法典》第181条的适用范围予以限制（通过所谓的"目的性限缩"[2]）。司法实践中[3]，若法律行为仅会给被代理人带来纯粹法律上的利益（参见《德国民法典》第107条），则也会肯定《德国民法典》第181条适用范围的目的性限缩。[4]

例如：父母可以通过自我缔约的方式将存放于银行的一宗股票（Aktienpaket）赠送给他们6岁的孩子（孩子根据《德国民法典》第104条第1项的规定无法自行受领该赠与）。

但另一方面，《德国民法典》第181条的保护目的又要求进行"目的性扩张"：如果代理人想要通过纳入次代理人的方式规避《德国民法典》第181条的禁令（Verbot），那么就意义而言，《德国民法典》第181条亦可适用，因为在典型的情况下，次代理人会受次代理权授予人指示的约束。[5] 反之，若代理人实施了一个经济上对自己有利的行为（比如主债务人代理保证人缔结了一个保证合同），也并不一定导致《德国民法典》第181条的适用。《德国民法典》第181条是任意性规范，也就是说，被授权人可以通过与授权人达成合意的方式从"《德国民法典》第181条的限缩中脱身"。但是，如果被授权人在缔结自我行为的过程中滥用了代理权，进而给被代理人带来不利益，则该自我行为无效。[6]

---

[1]　BGHZ 50, 11.
[2]　参见本书第四章，边码24。
[3]　BGHZ 94, 232(235).
[4]　不同观点，参见 *Jauernig/Mansel*, BGB § 181, Rn. 7. 就此，参见*Köhler* BGB AT PdW, **案例138**。
[5]　Vgl. BGHZ 56, 97(102).
[6]　BGH NJW 2002, 1488.

七、无权代理行为

1. 代理行为的效果

如果代理人没有代理权,则由其或针对其实施的法律行为不会对被代理人产生法律效力。不过,被代理人可能会对法律行为的嗣后追认享有一定利益。另外,也要照顾到相对人对法律行为"命运"的尽快清晰所享有的利益。《德国民法典》第177条、第178条和第180条为此设置了规则,诸如此类规则与未成年人法(Minderjährigenrecht)中的第108条、第109条和第111条相互对应。

(1)合同

模特服装案:F女士在B精品服装店以其丈夫的名义购买了一件昂贵的服装,并且将账单寄给她丈夫。她希望丈夫不会注意到这回事。她丈夫并没有进一步核实情况便支付了账单。在妻子向丈夫"坦白"之后,丈夫向B服装店要求返还金钱。是否有理?

无代理权而缔结的合同处于未决的不生效力状态,但可以经被代理人追认而生效(《德国民法典》第177条第1款)。该追认行为可使合同溯及既往地生效(《德国民法典》第182条、第184条第1款)。[1]按照《德国民法典》第182条第2款的文义,即便作为基础的法律行为(比如《德国民法典》第311b条第1款第1句之规定)是要式行为,该追认行为也是非要式的。[2]这并非毫无疑问[3],至少在那些代理权被视为要式行为从而构成《德国民法典》第167条第2款之例外的案型中[4],与之相应的追认行为也必须是要式的。[5]追认的意思可以明示的方式,亦可通过可推

65

66

---

[1] 就此,参见 *Köhler* BGB AT PdW,**案例 142**。
[2] BGHZ 125, 218.
[3] Vgl. *Einsel* DNotZ 1996, 835; *Medicus/Petersen* AT BGB Rn. 976.
[4] 就此参见本章边码27。
[5] *Jauernig/Mansel* BGB § 177 Rn. 6.

断的行为加以表示。按照裁判实践的观点[1]，后一情形的前提条件是，追认人知悉追认的必需性，或者至少预估到了需要追认的可能性，并且他的行为应当视为令此前无拘束力之法律行为变成有拘束力之意志的向外表达(严格来说，此处所涉乃表示意识的问题)。[2]

在前述"模特服装案"中，F乃以无权代理人的身份缔结了买卖合同(《德国民法典》第1357条在本案中不适用)。所以，该合同根据《德国民法典》第177条第1款的规定处于未决的不生效力状态。然而，支付买卖价款的行为构成了默示的追认。因为，如果丈夫进一步查明情况，他就能预估到需要追认的可能性。出于这一原因，以错误为由主张撤销追认意思的可能性应予排除。因而，该买卖价款不得被要回。

被代理人若拒绝追认，则该合同会终局地不生效力。[3]

66a　　交易相对人就不确定效力状态的迅速消除所享有的利益可通过《德国民法典》第177条第2款和第178条得到保护(《德国民法典》第108条、第109条中包含类似的规范模式)。按照《德国民法典》第178条第1句之规定，相对人在追认之前可**撤回**其缔结合同的意思表示，并且这种撤回既可向被代理人表示，也可向代理人表示(《德国民法典》第178条第2句)。但他的意思表示必须明确体现出，该合同因代理权之欠缺而不应生效。[4] 向代理人主张《德国民法典》第179条所规定请求权的行为可被看作默示的撤回行为。[5]

66b　　但若相对人在缔结合同时已经知悉代理权欠缺的事实，则其不享有撤回权，这在《德国民法典》第178条第1句中已有明确规定。因为在这种情况下，相对人已经自行承担了追认被拒绝的风险。[6] 不过，相对人也可以**催告被代理人就追认与否进行表示**，并借此终结效力未定的状态

---

[1]　Vgl. BGH NJW 1997, 312(313).
[2]　就此，参见*Köhler* BGB AT PdW,**案例 141**。
[3]　就此，参见*Köhler* BGB AT PdW,**案例 125**。
[4]　BAG NJW 1996, 2594(2595).
[5]　BGH NJW 1988, 1199(1200).
[6]　*Medicus/Petersen* AT BGB Rn. 979.

(《德国民法典》第 177 条第 2 款)。这一结果待定(ergebnisoffen)[1]的催告行为性属准法律行为[2],可通过《德国民法典》第 104 条及以下准用的方式加以调整。如果相对人进行了催告,那么追认的意思就只能向他发出(《德国民法典》第 177 条第 2 款第 1 句第 1 半句),催告之前已经向代理人表示的追认或拒绝追认的意思就不会发生效力(《德国民法典》第 177 条第 2 款第 1 句第 2 半句)。另外,该追认只能在收到催告之后的两周内作用。如果未作表示,则视为拒绝追认(《德国民法典》第 177 条第 2 款第 2 句)。沉默视为对追认的拒绝。嗣后再进行追认的可能性也被排除。被代理人不能主张对自己沉默的意义存在误判。换言之,基于错误而撤销的可能性在此被排除了。

(2) 单方行为

在单方行为的场合,按照《德国民法典》第 180 条第 1 句的规定,为第三人于法律关系清晰性上之利益保护计,无权代理不被允许,故追认也被排除。但是,根据《德国民法典》第 180 条第 2、3 句的规定,对于需受领的法律行为(比如终止、撤销、解除)存在例外:若交易相对人于此等法律行为被实施时并未对代理人声称存在的代理权表示异议(beanstanden),或者他对无权代理的行为表示同意,则应准用关于合同的相关规则(《德国民法典》第 164 条、第 177—179 条)。反之,不存在有效代理权的场合,若相对人表示了异议,则会导致前述意思表示不生效力。与此相对,于存在代理权的场合,只有当相对人基于代理权证书未被出示的事实而根据《德国民法典》第 174 条第 1 句的规定表示拒绝时,意思表示才会在不生效力。异议和拒绝可能被包含于一个,且是同一个意思表示当中,如果从该意思表示清晰地显示出代理权的存在被指责,并且法律行为也由于欠缺代理权证书的出示而被拒绝之时,即是如此。[3] 拒绝的可能性在**法定代理权和机关代理权**的案型中被排除。易言之,因此种代理权存在与否的

---

[1] BGH NJW 2000, 3128(3129).
[2] 就此,参见本书第七章,边码 7。
[3] BGH NJW 2013, 297 Rn. 9.

不清晰状态而产生的风险原则上由交易相对人承受。[1]

2. 代理人的责任(《德国民法典》第 179 条)

68　　尽管某人若作为代理人而从事行为只是为了使被代理人而非自己负担义务,但(在此范围内)他宣称自己拥有代理权会导致交易相对人的信赖。如果他并不拥有代理权且被代理人嗣后也未予追认,进而导致相对人的信赖被辜负,那么为了保护交易安全,他就应当向交易相对人负责。此即《德国民法典》第 179 条责任规则的法理思想。[2] 在此范围内,涉及的乃是以法定担保责任方式(gesetzliche Garantiehaftung)表现出来的信赖责任。也就是说,宣称自己拥有必要代理权之意思表示正确性的风险由代理人承担,且不论其对此是否存在过错。[3] 但是,《德国民法典》第 179 条设置了一个不同的规则。

(1)知悉代理权欠缺时的责任(《德国民法典》第 179 条第 1 款)

69　　如果代理人缔结合同时知道自己并没有代理权,那么他就有意地引发了交易相对人无法针对被代理人取得请求权的风险。故此,当被代理人拒绝对合同加以追认时,代理人应按照《德国民法典》第 179 条第 1 款之规定,"依交易相对人的选择而向其承担履行或者损害赔偿的义务"。此处的损害赔偿意指替代给付的损害赔偿。若交易相对人选择了要求履行,则本人本来是否能够履行合同就不再重要。[4] 该请求权的诉讼时效与合同的履行请求权相同。[5] 不过,被要求履行合同义务的代理人自然也有权要求合同上的对待给付。

仓促的买卖案:A 请求他的朋友 V 帮忙了解一下二手车的行情,但并没有授予他购入代理权。V 为了抓住一个他自认为千载难逢的机会,遂以 A 的名义从 B 处购入了一辆二手车,并且期待 A 将会予以追认。如果

---

[1] BGHZ 200, 195 Rn. 14.
[2] Vgl. BGHZ 73, 266(269).
[3] BGH NJW 2000, 1407(1408).
[4] Hilger, NJW 1986, 2237(2238);不同观点,参见 *Samhat*, JuS 2016, 6(11)。
[5] BGHZ 73, 266(271);就此,参见 *Köhler* BGB AT PdW,案例 149。

A并未如所期待的那样予以追认,反而加以拒绝,那么B可以作如下选择:他可以要求V进行"损害赔偿",并且是赔偿履行利益。本案中的履行利益意味着出售的利润。B也可以要求"履行"。这意味着,V必须支付买卖价款并受领该车的交付(《德国民法典》第433条第2款)。V虽然并没有借此成为合同当事人,但他却应当享有源自合同的请求权。换言之,他自己可以要求让与该车的所有权(《德国民法典》第433条第1款第1句),并且或许还能主张《德国民法典》第320条及以下和第433条及以下所规定的权利。[1]

《德国民法典》第179条第1款的请求权以假设代理权存在时该合同本来会有效成立为前提。所以,如果还存在其他效力瑕疵(比如《德国民法典》第125条、第134条、第138条和第142条第1款),那么代理人只会因《德国民法典》第311条第3款、第280条第1款的前提条件具备而承担责任,并不会基于《德国民法典》第179条的类推适用而承担责任。[2] 如果相对人恶意地欺诈了代理人,则代理人享有基于《德国民法典》第123条而产生的独立的撤销权,并可以此对抗基于《德国民法典》第179条产生的责任。[3] 易言之,他无须等待被代理人是否撤销。同样,当相对人根据《德国民法典》第178条的规定撤回其缔结合同的意思表示时,代理人同样无须负责。[4] 正确的观点应当是,相对人自己也可以通过撤回的方式阻止合同因被代理人的追认(《德国民法典》第177条第1款)而生效。然而,实证法(Gesetz)却并行式地赋予了相对人《德国民法典》第178条和第179条的权利,并且撤销甚至成了即刻(并且无须此前就追认与否发出催告即可直接)根据《德国民法典》第179条主张权利的前提条件。如果想要作出不同决定,就必须强迫相对人在主张《德国民法典》第179条规定的请求权之前,先行催告被代理人进行追认,或者等待两周。如

---

[1] Vgl. *Medicus/Petersen* AT BGB Rn. 986.
[2] 但是 RGZ 145, 40(43)却赞同通过类推适用《德国民法典》第179条的方式,使代理人承担责任。
[3] BGH NJW 2002, 1867(1868).
[4] *Jauernig/Mansel*, BGB § 179, Rn. 4;可能不同的观点,参见 BGH NJW 1988, 1199(1200)。

此,相对人的撤回权事实上就被剥夺了。

(2)不知代理权欠缺时的责任(《德国民法典》第179条第2款)

70　　反之,若代理人在合同缔结时(也可能没有过错)并不知道自己欠缺代理权,则根据《德国民法典》第179条第2款之规定,他只承担(更轻的)信赖损害责任,且该信赖损害的额度(正如在《德国民法典》第122条那样)被限定于履行利益之内。如果代理人根本不能知悉自己欠缺代理权的状况(比如,被代理人存在无法识别的精神疾病,致使代理权授予行为不生效力),那么该责任并不妥适。然而,由于被授权人以代理人的身份对外实施行为,故还是要认为,相较相对人,代理人对于损害的承担处于更近的位置。[1]

(3)责任的排除(《德国民法典》第179条第3款)

71　　当交易相对人"知悉或者应知代理权的欠缺"时(《德国民法典》第179条第3款第1句),《德国民法典》第179条的请求权被排除,因为此时他并不值得被保护。[2] 不能仅仅因为相对人未对代理权的存在及其范围进行调查便判定应知,亦即因过错而不知的状态(《德国民法典》第122条第2款)成立。因为,原则上应当允许相对人对代理人宣称自己有代理权的状况加以信任。反倒是要基于个案情况而展开前述调查才应当存在正当理由。[3] 如果相对人存在过错,那么纵使代理人知道自己欠缺代理权,代理人的责任也会被排除。

为保护限制行为能力的代理人(参见《德国民法典》第165条),《德国民法典》第179条第3款第2句规定,只要该代理人的行为并未经过法定代理人的同意,其即无须承担责任。该同意只需指涉代理的行为。所以,法定代理人是否知悉代理权欠缺的情况并不重要。[4]

(4)证明责任以及相对人在表见代理权案型中的选择权问题

72　　如果就代理人是否享有代理权存在争议,则按照《德国民法典》第179

---

[1] Medicus/Petersen AT BGB Rn. 994.
[2] 就此,参见 BGH NJW 2009, 215 Rn. 16 和 *Köhler* BGB AT PdW,案例125。
[3] Vgl. BGH NJW 2000, 1407(1408).
[4] 不同观点,参见 *van Venrooy*, AcP 181 [1981], 220。

条第 1 款之规定("只要他没有证明自己享有代理权"),由代理人承担证明责任。只要他能够证明依权利外观产生代理权的前提条件的具备,即为已足。在此案型中,相对人不享有选择权,即其无权选择究竟是依表见代理权而向被代理人主张权利,还是基于《德国民法典》第 179 条而向代理人主张权利。[1] 因为,如果表见代理权存在,则被代理人就被有效地代理了。有一种强烈反对的观点认为[2],前述方案并不令人满意,且主要是因为与该方案相伴随的诉讼风险:相对人若是先起诉被代理人,而被代理人宣称并证成表见代理权的前提条件并不具备,则相对人就会承担被驳回诉讼请求的风险。相对人若是首先起诉代理人,而代理人证成表见代理权前提条件的具备,他也会面临着被驳回诉讼请求的风险。可是,这是相对人始终,亦即在就意定代理权效力存在争议时,就需要承担的风险。另外,如果赋予相对人以选择权却没有正当理由,那么他将会处于比授权行为有效时更好的状态:例如,当被代理人欠缺支付能力时,他将可以向代理人主张权利。故此,应当遵循司法实践的观点。

若代理人未能证明代理权的存在,则只有当证明了《德国民法典》第 179 条第 3 款所规定的免责要件具备时,他才可以免于承担责任。若对后者他亦未能举证成功,则他至少还可以通过证明自己并不知悉代理权的欠缺而只按照《德国民法典》第 179 条第 2 款的规定承担责任,进而摆脱《德国民法典》第 179 条第 1 款所规定的严格的责任(strenge Haftung)

(5) 个别问题

就**次代理人**基于《德国民法典》第 179 条所须承担的责任问题[3],应作如下区分:对于次代理权的瑕疵,他始终应依《德国民法典》第 179 条负责。如果只是主代理权存在瑕疵,那么按照通说[4],就要取决于次代理人如何行为。如果他并未向相对人披露代理的多层级性,则他应根据《德

---

[1] BGH NJW 1983, 1308.
[2] 比如 Canaris, NJW 1991, 2628; Chiusi, AcP 202 [2002], 494, 509 ff.; Neuner, BGB AT § 50, Rn. 112。
[3] 就此,参见 *Köhler* BGB AT PdW,**案例 136**。
[4] Vgl. BGHZ 68, 394; *Neuner* BGB AT § 51 Rn. 34ff.

国民法典》第 179 条的规定承担责任。相反,若他告知相对人,自己的代理权源于主代理人,则《德国民法典》第 179 条规定的责任并不由他承担,而是由主代理人承担。主代理人间接地(通过纳入次代理人为其实施行为的方式)引发了针对其主代理权存在的信赖。

若代理人**超越**了代理权,则首先要分析,该行为是否可以分成被代理权所覆盖的部分和没有被代理权所覆盖的部分。如果这一思路不可行,则整个法律行为均应适用《德国民法典》第 177 条及以下的规定。反之,若前述分割考察的思路可行,那么法律行为的部分有效性应按照《德国民法典》第 139 条的规定判断。如果法律行为部分地不生效力,那么在此范围内,可适用《德国民法典》第 179 条。[1]

《德国民法典》第 179 条的基本原则还可以准用于如下案型:**代理一个(尚且)不存在的人**实施行为[2];**冒用他人姓名实施行为**;**使者**传递了**伪造**的或者故意篡改了的**意思表示**;在省略《德国有限责任公司法》第 4 条规定的责任形式附款(Formzusatz)的情况下,代理一个有限责任公司实施行为。[3]

3. 代理人与被代理人之间的关系

74　若代理人基于《德国民法典》第 179 条的规定而被要求承担责任,则在某些情况下,他可能针对被代理人享有补偿请求权(Ausgleichsansprüche)。若代理人系依适法无因管理之法律关系而实施行为(《德国民法典》第 683 条、第 670 条)或者因信赖代理权存在(存续)而实施行为,且该信赖值得保护,即属之(《德国民法典》第 122 条,可能是类推适用)。

若被代理人对合同加以追认,并借此保护代理人,使之免于《德国民法典》第 179 条规定的责任承担,那么在某些前提条件下,他同样也针对

---

[1]　BGHZ 103, 275(278).
[2]　BGH NJW 2009, 215 Rn. 10;特别法规则见《德国有限责任公司法》第 11 条第 2 款;《德国股份法》第 41 条第 1 款第 2 项。
[3]　BGH NJW 2012, 2871 Rn. 9.

代理人享有补偿请求权。《德国民法典》第 280 条第 1 款所规定的合同义务违反、不适法无因管理(《德国民法典》第 678 条)和侵权行为(《德国民法典》第 823 条以下)的案型,即属之。

4. 被代理人与第三人之间的关系

被代理人可能会因缔约过失而向第三人承担责任(《德国民法典》第 311 条第 2 款、第 280 条第 1 款)。当他知道或者应当知道,由自己纳入交易的"中间人"(Mittler)并不享有代理权,因而不可能成立有效的合同时,便属之。当第三人基于对合同有效性的信赖而已经向被代理人进行给付时,该第三人可以依《德国民法典》第 812 条第 1 款第 1 句的规定要回此项给付。被代理人不得以其可依《德国民法典》第 179 条的规定向代理人主张权利进行抗辩。[1]

参考文献:

总论性文献: *Beuthien*, Zur Theorie der Stellvertretung im Bürgerlichen Recht, FS Medicus, 1999, 1; *Canaris*, Die Vertrauenshaftung im deutschen Privatrecht, 1971; *Giesen/Hegermann*, Die Stellvertretung, Jura 1991, 357; *Grigoleit*, Zivilrechtliche Grundlage der Wissenszurechnung, ZHR 181, 160; *Hager*, Die Prinzipien der mittelbaren Stellvertretung, AcP 180 (1980), 239; *Hauck*, Handeln unter fremdem Namen, JuS 2011, 967; *Koller*, Wissenszurechnung, Kosten und Risiken, JZ 1998, 75; *Lieder*, Trennung und Abstraktion im Recht der Stellvertretung, JuS 2014, 393; *Lorenz*, Grundwissen Zivilrecht: Stellvertretung, JuS 2010, 382; *Mock*, Grundfälle zum Stellvertretungsrecht, JuS 2008, 309, 391, 486; *Pawlowski*, Die gewillkürte Stellvertretung, JZ 1996, 125; *Schilken*, Wissenszurechnung im Zivilrecht, 1983; Schmidt, Geschäftsführung ohne Arftrag und Stellvertretung, JZ 2019, 543; *Schwab*, Wissenszurechnung in arbeitsteiligen Organisationen, JuS 2017, 481.

意定代理权: *Buck-Heeb/Dickmann*, Der Franchisenehmer als Vertreter des

---

[1] BGHZ 36, 35.

Franchisegebers, JuS 2008, 583; *Borges*, Rechtsscheinhaftung im Internet, NJW 2011, 2400; *Bornemann*, Rechtsscheinvollmachten in ein - und mehrstufigen Innenverhältnissen, AcP 207 (2007), 102; *Brox*, Die Anfechtung bei der Stellvertretung, JA 1980, 449; *Canaris*, Die Vertrauenshaftung im deutschen Privatrecht, 1971; *Chiusi*, Zur Verzichtbarkeit von Rechtsscheinwirkungen, AcP 2002 (202), 494; *Einsele*, Inhalt, Schranen und Bedeutung des Offenkundigkeitsprinzips, JZ 1990, 1005; *Hauck*, Handeln unter fremdem Namen, JuS 2011, 967; *Kindl*, Rechtsscheintatbestände und ihre rückwirkende Beseitigung, 1999; *Kleinhenz*, Der Widerruf der Vollmacht gegenüber dem beschränkt Geshcäftsfähigen, Jura 2007, 810; *Lorenz*, Grundwissen - Zivilrecht: Die Vollmacht, JuS 2010, 771; *Petersen*, Die Anfechtung der ausgeübten Innenvollmacht, AcP 201 (2001), 375; *K. Schmidt*, Offene Stellvertretung, JuS 1987, 425; *Schwarze*, Die Anfechtung der ausgeübten (Innen-) Vollmacht, JZ 2004, 588; *Stöhr*, Rechtsscheinhaftung nach § 172 BGB; JuS 2009, 106.

代理权的界限:*Kern*, Wesen und Anwendungsbereich des § 181 BGB, JA 1990, 281; *Petersen*, Insichgeschäfte, Jura 2007, 418; *Oechsler*, Die Bedeutung des § 172 Abs. 1 BGB beim Handeln unter fremdem Namen im Internet, AcP 208 (2008), 565; *Vedder*, Neues zum Missbrauch der Vertretungsmacht-Vorsatzerfordernis, Anfechtbarkeit, negatives Interesse, JZ 2009, 1077.

无权代理:*Bühler*, Grundsätze und ausgewählte Probleme der Haftung des ohne Vertretungsmacht Handelnden, MDR 1987, 985; *Fehrenbach*, Die Haftung bei Vertretung einer nicht existierenden Person, NJW 2009, 2173; *Jauernig*, Zeitliche Grenzen für die Genehmigung von Rechtsgeschäften einer falsus procurator, FS Niederländer, 1991, 285; *Prölss*, Vertretung ohne Vertretungsmacht, JuS 1985, 577; *ders.*, Haftung bei der Vertretung ohne Vertretungsmacht, JuS 1986, 169; *von Venrooy*, Zur Dogmatik von § 179 Abs. 3 S. 2 BGB, AcP 181 (1981), 220.

第十二章　法律行为的形式

一、形式自由作为基本原则

握手案（Handschlag）：农业机械的销售商 L 和农民 B 通过握手的方式就一台拖拉机的买卖达成合意。嗣后，B 不想受领该拖拉机，也不想付款。他的理由是：自己并没有签名，因此不负有任何义务。这种说法是否有理？

《德国民法典》从法律行为**形式自由**的基本原则出发。换言之，法律行为性的意志要想获得法律的认可，只需以某种形式（irgendwie）向外表达即可，并非必须以某一特定形式向外表达。仅在法律明确规定时，特定的形式要求才是必要的。[1] 形式自由的基本原则照顾到了如下法律伦理的要求，即任何人均须为其言论负责（jeder zu seinem Wort stehen muss）[2]，同时也借此使法律交易得以简化。

在前述"握手案"中，当事人通过握手的方式已经表明了他们想要缔结合同的严肃态度。由于对买卖合同而言，原则上并无特殊的形式要求（例外是《德国民法典》第 311b 条第 1 款第 1 句、第 2371 条），故该买卖合同有效。

---

[1] BGH NJW 2016, 2035 Rn. 15.
[2] Vgl. Mot. I 183.

二、法定形式和意定形式

2 《德国民法典》对几种**法律行为**和**准法律行为**(比如出示收据的行为,《德国民法典》第368条)规定了必须遵守的特定形式(法定形式)。除此之外,正如从《德国民法典》第127条中可以推导出的那样,当事人也可以自由约定特定法律行为的缔结或者意思表示的发出必须受特定形式的拘束,并借此创设形式强制(约定或意定的形式)。

在实践中,一般交易条款中设置的**书面形式条款**具有特殊意义。根据此等书面形式条款,口头的附属协议、合同变更和品质保证若要有效,必须作成书面确认书。[1]

三、行为形式的目的

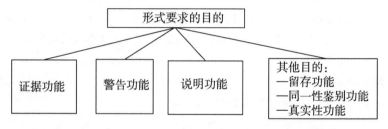

3 **建筑用地案**:A以公证合同的方式,向B出售了一块土地。B还想在合同中再加上一个内容为A保证该土地可以立即用于建设的条款。这个内容在此前已经由双方口头约定了。而A认为,这种事情并不属于公证的买卖合同的内容。对此,公证员将会怎样说呢?

法律行为的特定形式要求可能有不同的原因。形塑出这些原因是有必要的,因为正如所有其他法律规范一样,形式条款也应当根据其目的进行解释,并且适用范围也要取决于规范目的。

---

[1] 就此,参见本书第十六章,边码23和*Köhler BGB AT PdW*,**案例75**。

形式条款服务于**私法自治的保护**,准确地说,或者服务于法律交易之整体的保护,或者服务于所有参与法律行为之人的保护,或仅仅服务于特定人的利益。前述第一种情形中的形式条款应当使法律行为对于第三人来说也是有形的,如就家庭法上得以导致特定地位成立的法律行为所设置的形式条款,比如结婚、生父的承认(Vaterschaftsanerkenntnis)(《德国民法典》第1597条第1款)。在剩下的两种案型中,书面形式的固定应使法律行为之缔结及其内容得以文件的形式被记录,并且由此消除争议和不确定(**证据功能**)。除此之外,在重大的或者高风险的法律行为中,形式要求应当保护法律行为的参与者或者相关人,使其免于粗心马虎和匆忙草率(**警告功能**)。若规定了公证证书的形式要求,则其还具有**说明的功能**(Belehrungsfunktion),因为公证员有义务对当事人进行说明(《德国公证法》第17条)。另外,还有其他功能(留存功能;同一性鉴别功能;真实性功能)。

形式条款的目的还决定了,哪些约定被其所包含,哪些不被其所包含。这可通过《德国民法典》第311b条第1款第1句加以展示。该条款的目的主要是保护土地让与人和取得人,使其免于过分粗心马虎和匆忙草率。此外,公证员还应当给予当事人专业的咨询意见。最后,强制公证还服务于法律交易的安全:相关约定的举证能够更加容易,不清晰或者错误的合同撰写也被阻止,嗣后关于合同内容的争议也被预防。为达成此种目的,有必要将整个合同都进行公证。换言之,按照合同当事人的意志构成债法性法律行为的所有约定内容均须予以公证。[1]

在前述"建筑用地案"中,公证员将会提示当事人,土地的可建设性保证内在地归属于买卖合同的内容,故其同样受《德国民法典》第311b条第1款第1句调整,并且该条款未被公证将导致整个合同无效(《德国民法典》第139条!)。

---

[1] Vgl. BGH NJW 1981, 222.

四、形式的类型

5 《德国民法典》主要区分了五种形式：书面形式、电子形式、文本形式、公式公证和公证员公证。

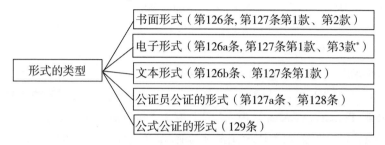

1. 书面形式(《德国民法典》第 126 条、第 127 条)

6 **辅助书写案(Schreibhilfe)**：病危的 A 想为他女儿 T 的利益立一份遗嘱。由于他自己的手几乎不能动了，所以他请求女儿移动他的手进行书写，T 这样做了。以此种方式成立的遗嘱有效吗？[1]

举例来说，**书面形式**规定于如下情形：在《德国民法典》的总则部分，规定于第 32 条第 2 款、第 37 条第 1 款、第 81 条第 1 款、第 111 条第 2 句；在债法部分，规定于第 368 条、第 409 条、第 410 条、第 416 条第 2 款、第 550 条、第 623 条、第 761 条、第 766 条、第 780 条、第 781 条、第 793 条；在物权法部分，规定于第 1154 条。按照《德国民法典》第 126 条第 1 款的规定，为法定书面形式要求之遵守，必要的是证书由出具者以签名的方式加以签署。若为合同，则双方当事人都必须根据《德国民法典》第 126 条第 2 款第 1 句的规定在证书上签字。假如针对某一合同制作了多个内容相同的证书，那么按照《德国民法典》第 126 条第 2 款第 2 句的规定，只要每一方当事人在为另一方当事人制作的证书上签字，即为已足。根据《德

---

* 原著中误写成"第 2 款"。——译者注
[1] 另参见 BGH NJW 1981, 1900。

国民法典》第 127 条第 1 款的规定,于有疑问时,这些条款也适用于意定的形式要求,不过《德国民法典》第 127 条第 2 款规定了一定的放松要求的内容。此外,于有疑问时,"远程通讯的通信"亦为足矣(比如传真、电子邮件)。

签名的要求,表明证书必须由其出具者(表意人)签署。这可满足四项功能:**完成功能**(Abschlussfunktion)(该意思表示已经被完成,而非单纯的草案);**身份(同一性)识别功能**(Identitätsfunktion)(该签名使表意人的身份清晰显现出来);**真实性功能**(该意思表示源自签署人);**警告功能**(签署人被保护免于匆忙草率)。书面意思表示的文本既不需要具备特定的内容,也不需要以特定形式(手写体、打印体等等)被固定下来,它甚至不需要源自表意人。但针对某些案型规定了趋严的书面形式(qualifizierte Schriftform)。比如遗嘱必须是自书并且自行签名(《德国民法典》第 2247 条);在消费者借贷合同中,合同证书必须具备某一特定的最少内容(《德国民法典》第 492 条)。

在前述"辅助书写案"中,按照裁判实践的观点[1],具有决定性的是该字迹是否为遗嘱人的意志所控制,抑或遗嘱人的手完全处于书写辅助人的控制和引导之下。外观显现的字样都只是次要的。这当然会提出复杂的区分难题。在上述案件中,书写辅助人的存在还是被允许的,因为 A 尚具有意志自控的能力。

为能确认签署人的身份同一性,签署必须是**姓名签署**。该签署不一定要易于阅读。按照司法实践的观点[2],只要存在一个一次完成、具备相应特有属性且能够充分标记签署人身份的个性化字迹,且该字迹能够作为姓名的再现,并将进行完整签署行为的意图展现出来,便已经足够。所以,通常情况下,以姓氏进行签署是必要的,也是充分的。单纯的姓名代码(Paraphe)并不足够。在通过**代理人**缔结法律行为的场合,适用如下规则:代理人必须使用自己的名字进行签署,不过,代理关系必须通

---

[1] Vgl. BGH NJW 1981, 1900.
[2] BGH NJW 1996, 997.

过在签名处增加附款的方式[比如,"代理(i. V. = in Vertretung)"]彰显,或者能够从证书中得出,否则形式的要求就没有被遵守[1],或者代理人自己被作为合同相对人了(《德国民法典》第 164 条第 2 款)。然而,根据裁判实践的观点[2],代理人也被允许以被代理人的名义进行签署。这种见解不值赞同,因为意思表示的受领人可能会被另一种字样弄糊涂,或者他陷入不清晰的状态中,从而不知道该意思表示是由姓名的担负者发出的,还是由另一个人发出的。况且,也不存在以被代理人的姓名进行签署的现实需求。[3] 签署必须以**亲笔书写**的方式完成。所以,只要未在法律中针对书面的大众交易被明确准许,通过机器产生,以模具复制、影印复制或者传真印章方式进行的签名均非足够。[4] 同样,以电子邮件或者传真的方式对出具人的姓名进行传递[5],也不足以被认定为满足了法定的形式要求。[6] 而根据《德国民法典》第 127 条第 2 款的规定,于有疑问时,这两种形式对于意定的形式要求却是充分的。[7] 在传真的情形,签名虽然已经在证书原件上进行,但该原始意思表示并未到达,所以(还)没有生效。在此范围内,所关涉的并非形式问题,而是到达问题。[8] 诉讼程序中的书面诉讼则适用宽松慷慨的规则。[9]

9 《德国民法典》第 126 条第 1 款并未要求签名只能在文本完全之后进行。所以,**空白签名**原则上合乎形式条款的要求。当然,只有当文本被插入或者补充完整之后,该意思表示才完成。[10] 可是,从形式条款的保护目的中也可能得出,授权第三人填写空白文本是要式的,比如在保证的场

---

[1] BAG NJW 2005, 2572.
[2] Vgl. BGHZ 45, 193(195).
[3] Vgl. *Köhler* FS Schippel, 1996, 209.
[4] 比如,参见《德国民法典》第 793 条第 2 款第 2 句;《德国股份法》第 13 条。
[5] 就此,参见*Köhler* **BGB AT PdW**,**案例 76**。
[6] BGH NJW 1993, 1126:本案涉及通过传真方式提供保证。
[7] BGH NJW 2004, 1320.
[8] 参见本书第六章,边码 18。
[9] 参见 BGHZ 144, 160 关于附有扫描签名的电脑传真案。
[10] BGHZ 132, 119(123).

合(《德国民法典》第766条)。[1] 另一个问题是,某一意思表示如果根本不为签署人所欲,则其在多大范围内受该意思表示的拘束。[2] 原则上,签名必须在文本下方。关于"**上方签名(Oberschrift)**"或者"**侧边签名(Nebenschrift)**"是否足够,则是一个有争议的问题。[3]

2. 电子形式(《德国民法典》第126a条及第127条第1、3款)

只要在法律当中并未针对某一法律行为规定特定形式,则其可径直以电子的方式,尤其是通过电子邮件,或者在网上通过鼠标点击的方式实施。企业和消费者很早就开始利用此种可能性,通过简单、迅速的方式来缔结合同。[4] 但若就某一法律行为规定了书面形式,就要另当别论了。因为,亲笔签名的要求(《德国民法典》第126条第1款)并不能通过意思表示的电子传递方式被满足。为书面形式要求之遵守,表意人还必须向受领人送交证书原件,通常体现为书信。这将会导致拖延。而对受领人来说,他是否以及何时能够收到有效的意思表示也是不确定的。所以,便存在在电子交易的情形创设一个与书面形式相当的形式需求。人们将其称为"**电子签名**"。此处的"电子签名"描述了这样一个过程,即电子数据借助一个仅由一个人拥有的钥匙被加密的程序,与其产生者(erzeuger)合乎逻辑地相互关联起来,而且该数据也无法由第三人以不被发现的方式进行篡改。通过这种方法,以电子方式所发送的意思表示的真实性和完整性就得到了保障。[5]

9a

关于以电子形式来满足书面形式要求是否被许可,应当区分两个问题:其一,在哪些法律行为中,电子形式可以取代书面形式?其二,电子形

---

[1] 就此,参见 BGHZ 132, 119(123);更为广泛的论述见 *Binder*, AcP 207 [2007], 155, 182ff。

[2] 就此,参见 BGHZ 132, 119(123);本书第七章,边码28; ***Köhler* BGB AT PdW,案例135**。

[3] 持否定观点的文献,参见 BGHZ 113, 51; *Weber*, JuS 1991, 543;肯定的观点,参见 *Köhler*, JZ 1991, 409。

[4] 关于互联网上的合同缔结,参见 BGH NJW 2002, 363。

[5] Vgl. *Roßnagel* NJW 2001, 1817。

式作为书面形式的替代,应当满足哪些要求?

第一个问题已由《德国民法典》第126条第3款作出回答。据此,"当从实证法中无法得出不同结论时",书面形式即可为电子形式所替代。换言之,在所有规定了书面形式的条款中均应检验,电子形式的使用是否被排除了。在民法领域,恰恰在很多实践中重要的受书面形式拘束的法律行为中,电子形式均被排除了。比如,在终身定期金承诺(《德国民法典》第761条第2句)、在保证合同(《德国民法典》第766条第2句)、在债务约束(《德国民法典》第780条)、在债务承认(《德国民法典》第781条第2句)以及经由终止方式而终结劳动合同或者解除协议(Aufhebungsvertrag)(《德国民法典》第623条)、服务证明书的授予(Zeugniserteilung)(《德国民法典》第630条第2句)中,电子形式均被排除。由此,电子形式只是在剩下的、相较而言不重要的案型中,才与亲笔签名的形式等同。例如,在收据的给予(《德国民法典》第368条)、房屋租赁合同的缔结与终止(《德国民法典》第550条第1句、第568条第1款)和抵押权及土地债务的让与中,均可以电子形式替代书面形式。另外,在消费者合同的关系框架中,针对消费者对于撤回权告知的签署,同样明确规定了电子形式与书面形式具有等同的价值(《德国民法典》第355条第2款第2句)。所以,电子签名在交易实践中只不过扮演着受限的角色,也就不足为奇了。

第二个问题则由《德国民法典》第126a条来回答:"如果法律规定的形式要求被电子形式所替代,则意思表示的出具者必须为该意思表示附具其姓名,并为该电子文档配备签名法所规定的合格的电子签名"(《德国民法典》第126a条第1款)。就合同关系而言,各方当事人均应在一份内容相同的文件上以此种形式进行电子签名(《德国民法典》第126a条第2款)。电子文件应当被理解为所有以电子形式存在、并且可以文字方式阅读的数据。而"合格的电子签名",是指电子文件由出具者以基于合格证书而划归并仅仅由他掌握的密钥,通过特定方式予以加密,从而使嗣后的改动可被识别。受领人可以借助一个公钥来将此电子文件解密,也就是说使之可以被阅读。为了防止滥用,密钥只能由被批准的认证服务提供者进行分配[1]。

按照《德国民法典》第127条第1款之规定以**法律行为**方式约定的电子形式准用《德国民法典》第126a条的规则。不过,《德国民法典》第127条第3款规定了降低要求的内容。

3. 文本形式(《德国民法典》第126b条、第127条第1款)

如果仅仅是想为交易相对人提供意思表示的书面文本以作支配利用,那么亲笔签名就显得没有必要。鉴于此,立法者通过在《德国民法典》第126b条中引入文本形式的方法对这一点予以顾及。举例来说,对于**消费者合同关系中撤回权的告知**(《德国民法典施行法》第246条第3款第1句)、授权终止一项继续性合同关系(《德国民法典》第312h条)以及与租金提高相关联的特定意思表示(参见《德国民法典》第556a条第2款、第556b条第2款、第557b条第3款、第559b条第1款、第560条)均可以纯文本形式替代书面形式。文本形式也可通过法律行为加以约定。此时,按照《德国民法典》第127条第1款的规定,可以准用《德国民法典》第126b条的规范内容。

9b

就文本形式之履行,依据《德国民法典》第126b条第1句之规定,如下方面是必要的:①存在可以阅读的意思表示;②在该意思表示中,表意人被提及;③承载于一个永久性的数据介质(dauerhafte Datenträger)之上而被发出。按照该条第2句之规定,**永久性的数据介质**,"是指能够同时满足如下两点要求的媒介:①该媒介允许受领人将存储于其中并且单独向受领人发出的意思表示加以保管和存储,以便于该意思表示在依其目的合适的期间内能够被受领人所利用(zugänglich);②该媒介适于将该意思表示以不被变更的方式进行再现"。这些要求尤其意指**纸**、**USB 存储器**、**只读 CD 盘**、**DVD 光盘**、**存储卡**或者**电脑硬盘**以及**传真**和**电子邮件**。存储信息的**网站**则**不能**为上述内涵界定所涵盖。就此而言,文本形式之

---

[1] 详细内容参见 Roßnagel NJW 2001, 1817; Boente/Riehm, Jura 2001, 793。

满足和遵守,必要的是受领人将通知打印出来或下载。[1] 只有当此种通知的形式以被允许的方式和受领人约定时,单纯的打印或者存储可能性才是充分的。[2] 与旧法不同的是,《德国民法典》第 126b 条不再要求以签名或者类似的方式完成意思表示。对于单纯的信息传递而言,很多情况下,仅仅要求以纸质或者另一种永久性的介质传递信息即可(参见《德国民法典》第 312f 条及以下)。

例如: 消费者 V 通过一个订购卡在邮售商 Q 处订购了一本书,该邮售商通过电话的方式对此订购表示接受。但是,由于此处涉及《德国民法典》第 312c 条规定的远程销售合同,故 Q 还必须额外地根据《德国民法典》第 312f 条第 2 款第 1 句的规定向 V 提供一个承载于永久性介质之上的合同之确认,并且还要将合同的内容再现于其中。这可以通过书信或者电子邮件的方式来实现。

4. 公式公证的形式(öffentliche Beglaubigung)(《德国民法典》第 129 条)

10   经由公共机关的公证的形式要求比书面形式还要严格。举例来说,在申请作社团登记(《德国民法典》第 77 条)、就债权之让与出具证书(《德国民法典》第 403 条、第 1154 条)、遗产继承之放弃(《德国民法典》第 1945 条)、向土地登记机关所作的意思表示(德国《土地登记条例》第 29 条第 1 款)中,均规定了此种认证的形式。按照《德国民法典》第 129 条第 1 款第 1 项之规定,满足经由公共机关公证的形式要求必须具备如下要素:意思表示应以书面形式起草,且表意人的签署由公证人员加以公证。这必须按照《德国公证法》第 39 条和第 40 条的规定来完成。而空白签名的公证仅在特定前提条件下(《德国公证法》第 40 条)才能进行。

经由公共机关公证的形式要求服务于签名人身份同一性的证明。它建立了签名和公证时点的完整证据(《德国民事诉讼法》第 418 条),而非

---

[1] KG NJW 2006, 3215(3216).
[2] Vgl. BGH NJW 2009, 3227 Rn. 13, 14.

意思表示发出的证据。意思表示本身仍然是私人证书。

5. 公证员公证的形式(《德国民法典》第 127a 条、第 128 条)

在特别重大法律行为的场合,法律规定了公证员公证的形式。这可以是**单方**法律行为,比如收养子女的情形中子女的同意(《德国民法典》第1746 条、第 1750 条)、继承合同之撤销或解除(《德国民法典》第 2282 条、第 2296 条)。但多数情况下,所涉情形乃为**合同关系**。此时,通常双方当事人的意思表示均应公证。例如:现有财产的让与合同(《德国民法典》第 311b 条第 3 款)、关于土地让与或取得的合同(《德国民法典》第 311b 条第 1 款第 1 句)、继承抛弃合同(《德国民法典》第 2348 条)和遗产买卖合同(《德国民法典》第 2371 条)。不过,在例外的情况下,也可仅公证一方当事人的意思表示,比如赠与承诺(《德国民法典》第 518 条)。

有时,比如在不动产让与合意(《德国民法典》第 925 条)、夫妻财产制合同(Ehevertrag)(《德国民法典》第 1410 条)和继承合同(《德国民法典》第 2276)的情形下,还会额外要求当事人在公证时必须同时在场。最后,公证证书的形式要求还可以通过法律行为约定设立。人合会社合同(Personengesellschaftsverträgen)经常会被要求合意满足公证员公证的形式。如果就特定法律行为规定了书面形式或者认证形式,那么公证员所作的公证自然也满足这一形式要求(《德国民法典》第 126 条第 4 款、第 129 条第 2 款)。

公证员的公证如何操作,由公证法予以调整。根据该法之规定,在对意思表示进行公证时,必须以笔录的方式对谈判加以录入(《德国公证法》第 8 条)。笔录中必须包含公证员和当事人的名字以及当事人的意思表示(《德国公证法》第 9 条)。该笔录必须在公证员和当事人在场的状态下进行宣读,由他们同意并亲笔签名,同样,公证员也必须亲笔签名(《德国公证法》第 13 条)。在对合同进行公证时,按照《德国民法典》第 128 条之规定,只要未作其他规定,则由公证员先对合同的要约进行公证,然后再对合同的承诺进行公证,便已足够。在法庭和解的情形,按照《德国民法典》第 127a 条之规定,和解的内容会被记录在一份根据《德国民事诉讼法》第 160 条及以下设立的协议书(Protokoll)中,公证员的公证便被其取代。

13　　公证员公证形式的诉讼法意义体现在它的证据效力上。根据《德国民事诉讼法》第 415 条第 1 款之规定,公证证书构成被公证事实的充分证据(voller Beweis)。亦即,借此得以证明,意思表示确实依其内容及附随的情事(时点和地点)被发出。相反,该意思表示的内容是否正确且有效,则需受法官依《德国民事诉讼法》第 286 条所进行的证据评价(Beweiswürdigung)之调整。

五、法定形式条款的违反

1. 无效作为违反形式要求的法律效果

14　　法律行为未遵循法定形式要求者,无效(《德国民法典》第 125 条第 1 句)。当事人不许忽略此点,并共同有意地将因形式瑕疵而无效的法律行为作为有效加以对待。法官必须依职权确认法律行为无效。另一个问题是,一个法律行为何时会在具体个案中成为要式行为,附属约定、合同变更或解消等是否同样应当满足特定的形式要求。正如上文(本章边码 4)所述,这应当根据形式条款的目的加以判断。如果仅仅是法律行为的一部分基于形式瑕疵无效,那么根据《德国民法典》第 139 条之规定,这通常会导致整个合同无效。

2. 形式瑕疵的补正

15　　当事人如果想要使基于形式瑕疵而无效的合同产生法律效力,那么他们就必须重新缔结该合同,并且遵守形式要求(《德国民法典》第 141 条)。不过,立法者在几种案型中规定了形式瑕疵的补正。如在赠与承诺(《德国民法典》第 518 条第 2 款)和保证合同(《德国民法典》第 766 条第 3 句)中,形式瑕疵便可以通过履行所承诺之给付的方式得到补正;而在土地让与或者土地取得的场合,则可通过让与所有权的合意及登记(《德国民法典》第 311b 条第 1 款第 2 句)的方式实现形式瑕疵的补正。诸此"补正条款(Heilungsvorschriften)"的基本思想是,考虑当事人已经自愿完成了履行(或者,在土地取得义务的情形中:对于履行行为的协力配合),警告功能已经实现。《德国民法典》第 494 条第 2 款设置的形式瑕疵补正条款则以另一个不同的理念为基础:合同以另一种对于消费者有利的内容而生效。

在基于形式瑕疵而无效的其他剩余案型中,立法者有意地没有规定瑕疵补正条款:"如果……形式要求是由法律所规定的,那么当事人自愿履行合同也并不会对合同无效及其法律效果有所改变。"[1]所以,司法实践[2]原则上拒绝在这些个别的形式瑕疵补正条款之后提炼出可得类推适用的一般性原则。这意味着,尽管已经开始履行,但由于法律原因之欠缺,已经进行的给付仍可按照《德国民法典》第 812 条第 1 款第 1 句的规定被要求返还。相反,学理文献则分别从各个形式条款的功能出发,在其他案型中(《德国民法典》第 761 条、第 2033 条、第 2371 条)也肯定了瑕疵补正规则的适用。[3]

3. 基于公平考量而忽略形式条款的违反?

(1)问题:法律安定性反对公平性考量

法定形式的遵守符合强制形式条款的秩序建构任务。只有无效法律效果的威胁和贯彻才能强制实现此种使人不快的(lästig)规则。所以,《德国民法典》第 125 条第 1 句规定的无效后果原则上不应被动摇。但在个案中,无效可能会对相关当事人产生刺痛性的后果(schmerzliche Folgen)。

房屋申购合同案(Kaufanwärtervertrag):一位年迈的手工艺人将其全部积蓄都用来购买一处私人住宅,用以安度晚年。在作为出卖人的一个共益的住房建设合作社(gemeinnützigeWohnungsbaugenossenschaft)的鼓动下,他放弃了将该房屋申购合同交由公证员公证的要求。当他嗣后要求

---

[1] Mot. I 453.
[2] Vgl. BGH NJW 1967, 1128.
[3] 比如,参见 *Schlüter*, JuS 1969, 10。

出卖人完成房屋所有权让与合意时,该住房建设合作社以该债法合同按照《德国民法典》第311b条第1款第1句、第125条第1句的规定基于形式瑕疵而无效进行抗辩。某些情况下,这将会导致高龄当事人必须从住宅当中搬离的后果,而用他当初交付的买卖价款已经无法再次购得住宅所有权了。[1]

(2)负担行为的法律格局

17   经过最初的犹疑之后,司法实践越来越倾向于经由诚实信用原则而打破严格的无效后果,并通过《德国民法典》第242条来限制《德国民法典》第125条的适用。后来,裁判实践又反对基于公平性判断而使《德国民法典》第125条空洞化(Aushöhlung):法定形式条款的遵守乃为法律安定性的利益而设,故不应当基于一般化的公平性衡量而将其忽视。[2] 仅在例外的案型中,对于形式瑕疵的主张才构成不被允许的权利行使。[3] 若当事人在违反形式要求的情况下缔结法律行为,那么只有在不承认该法律行为的效力,会引致不仅严厉甚至对相关当事人来说难以接受的后果时,该法律行为才应当被认定为有效。[4] 此种前提条件在如下两种案型中会具备:一是**危及生存**(Existenzgefährdung)的案型;二是另一方当事人**特别严重地违背信义义务**(Treupflichtverletzung)的案型。[5]

在前述"房屋申购合同案"中,德国联邦最高法院认为[6],如果判定合同无效,案中手工艺人的生存将会受到威胁,进而引发令人难以接受的后果。由此,其最终肯定了该合同的效力。

18   "严厉的后果"和"简直令人难以接受的后果"之间的界限在个案当中并不容易作出界分,以致法律争议的出发点必然会处于不清晰的状态。因此,有必要进行详细说明。就细节而言,应当作如下区分:源自侵权行为或缔约过失(《德国民法典》第311条第2款、第280条第1款)的请求

---

[1] 根据 BGH NJW 1972, 1189 改编。
[2] BGH NJW 2004, 3330(3331)。
[3] Vgl. BGHZ 121, 224(233); NJW 1995, 2217(2218)。
[4] BGH NJW 2004, 3330, (3331);就此,参见*Köhler* BGB AT PdW,**案例74**。
[5] BGHZ 138, 339(348); BGH NJW 2004, 3330(3331)。
[6] BGH NJW 1982, 1189。

权是没有问题的。如果一方当事人过失地导致了形式瑕疵的出现,则其中可能会存在侵权行为(比如《德国民法典》第823条第2款、《德国刑法典》第263条;《德国民法典》第826条)或缔约过失。可是,从中只能得出针对信赖损害的赔偿请求权,却无法取得要求履行或履行利益赔偿的请求权。

履行只能在例外的情况下被请求,这种例外的情况是指:鉴于事态的发展,若以形式瑕疵为由拒绝履行将构成**对于自己先前行为不可忍受的悖反**[禁止自我矛盾行为(venire contra factum proprium)]。[1] 就此,若受损的一方当事人基于信赖合同有效而进行了处分,并且如此呈现的格局可以一般化地归属于另一方当事人,并不足以导致前述自我矛盾行为的判定。同样,权利失效的前提条件具备[2]也并非认定自我矛盾行为的充分基础[3],还必须出现使得局限于损害赔偿请求权、费用赔偿请求权或不当得利请求权之实现显得并不充足的额外因素。例如,就合同的要式性进行**恶意欺诈**即属前述情形。某人悖于其更好的知识背景,宣称未以特定形式缔结的合同有效时,就必须容许善意信赖的对方当事人要求其遵守诺言,并且不得嗣后再基于形式瑕疵之理由而主张合同无效。另外,除去**形式条款的目的**[4]和**形式瑕疵的程度**[5],合同履行的拒绝是否会危及受害人的**生存**也有着特别的意义。[6] 并且,相对人是否负有特殊的**照顾义务**可能也会有决定性的影响。[7] 最后,当事人是否长期以来即从该合同中取得**利益**,且通过其行为建立起了对方当事人就合同有效性的正当信赖,而对方也恰鉴于此才提供给付的情况,可能也会有一定影响。[8]

19

---

[1] Vgl. BGH NJW 1983, 563(564).
[2] 就此,参见本书第十七章,边码42。
[3] BGH NJW 2004, 3330(3331).
[4] BGH LM § 566 Nr. 15.
[5] BGHZ 29, 6.
[6] BGH NJW 1972, 1189.
[7] BGHZ 16, 334.
[8] BGHZ 132, 119(128f.).

(3) 其他法律行为的法律格局

20　　在处分行为的场合,形式要求的秩序建构任务主要从交易安全出发来确定,以致如果要发生当事人意欲的法律效果,就必须毫无例外地遵守形式要求。举例来说,土地所有权让与的合意如果欠缺《德国民法典》第925条所规定的形式就不可能发生效力。此外,这种情境中对形式要求的违反几乎不会引发社会问题:或者作为基础的负担行为有效,而后处分行为就能够以合乎形式要求的方法被重新实施;或者该负担行为不生效力,则处分反正也必须被返还。

在家庭法和继承法领域的法律行为中,也不会有因出现困难案型而忽视强制形式要求的情况。据此,在因形式瑕疵而无效的遗嘱中,被指定的继承人并不能通过援引诚实信用原则的方式主张对遗产享有权利。

六、意定形式的违反

21　　意定的形式(《德国民法典》第127条)要求是否得到遵守,不应当按照形式标准确定,而应依所约定形式的目的确定。如果形式要求只是为了确保获悉某一意思表示的内容(比如约定,通知终止合同的意思表示必须通过"挂号信"的方式发出),那么,即便只是以简单的书面形式进行通知,只要其被受领人所知悉,就可以认为形式要求已经满足。《德国民法典》第127条第2款也列举了为遵守约定的书面形式而可采用的替代形式(远程通信和合同缔结过程中的书信往来)。

如果查明意定的形式要求并未被遵守,法律行为并不会径直无效。按照《德国民法典》第125条第2句的解释规则,只有在有疑问时,亦即无从明确查知当事人的其他意志的前提下,才可认定合同无效。对解释而言,首先还是约定形式要求的目的最为重要。若当事人并非想要将形式要求的遵守作为合同生效的前提条件,而只是想要创设清晰的法律关系状态,那么就不会出现无效的结局,而仅倒会存在要求追补形式的请求权。[1]

当事人嗣后也可自由地重新取消形式约定。按照绝对主流的观点[2],嗣后的约定无须满足任何形式上的要求:恰恰在口头或者默示(konkludent)约定的合同变更或合同解除之中可能包含着此种对形式要求的取消。必要的只不过是当事人达成如下合意,即对于他们的合同关系而言,除了以书面形式固定下来的约定,未按特定形式达成的约定同样有效。[3]

参考文献:*Binder*, Gesetzliche Form, Formnichtigkeit und Blankett im bürgerlichen Recht, AcP 207（2007）, 155; *Böhm*, Das Abgehen von rechtsgeschäftlichen Formgeboten, AcP 179（1979）, 425; *Boente/Riehm*, Das BGB im Zeitalter digitaler Kommunikation-Neue Formvorschriften, Jura 2001, 793; *Häsemeyer*, Die Bedeutung der Form im Privatrecht, JuS 1980, 1; *Köhler*, Die Problematik automatisierter Rechtsvorgänge, insbes. von Willenserklärungen, AcP 182（1982）, 126; *Mankowski*, Formzwecke, JZ 2010, 662; *Roßnagel*, Das neue Recht der elektronischen Signaturen, NJW 2001, 1817; *Thalmair*, Kunden-Online-Postfächer: Zugang von Willenserklärungen und Textform, NJW 2011, 14; *Westerhoff*, Wie begründen wir Formnichtigkeit? AcP 184（1984）, 341; *Zenker*, Textform im WWW, insbes. bei eBay, JZ 2007, 816.

---

[1] 另参见《德国民法典》第127条第2款第2句、第3款第2句。
[2] Vgl. BGH NJW 1985, 320(322).
[3] 关于在一般交易条款中所设置的"书面形式条款"的特殊之处,参见本书第十六章节边码23。

第十三章　法律行为的内容

根据私法自治的基本原则,个体得自由决定以何种内容实施法律行为。不过,为合同一方当事人或公共利益计,此种内容或者形成自由并非不受任何限制地予以保护。其中各种限制将在本章作进一步阐释。

一、概述

1. 对法律行为上形成权能(Gestaltungsmacht)之限制

1　　私法自治的限制首先体现在,实证法对法律上的形成可能性(法律上的"可能")进行了限缩。其中特别包括关于类型强制和转让自由的规则。

(1)法律行为上的类型强制

2　　**继承条款案**:一个有限合伙(Kommanditgesellschaft)的合伙合同[1]包含如下条款:"如果应负个人责任(persönlich haftend)的合伙人 Hermann Z.去世,则其儿子 Heinz Z. 顶替去世父亲的位置。"[2]此种条款是否被允许?

法律行为性的行为只有通过利用被法秩序所提供的建构形式(Gestaltungsform)才是可能的(**类型强制的基本原则**)。但此种类型强制在私法的各个领域中被以不同强度加以设计。在**债法**领域中,法律为个性化地型构源自债务关系的权利和义务提供了很大的空间;当事人不必拘束

---

[1] 参见《德国商法典》第161条及以下。
[2] 案例根据 BGHZ 68, 225 改编。

于法律预先提供的合同类型(比如买卖合同、租赁合同和承揽合同)。但是,按照《德国民法典》第 311 条第 1 款的规定,只要法律未作其他规定,那么为债务关系之建立,当事人之间的合同就是必须的。在此范围内,可以认为也是存在类型强制的。借此,便排除了通过单方行为建立债务关系(例外:《德国民法典》第 657 条、第 661a 条)的可能性。根据《德国民法典》第 328 条的规定,也可能出现第三人不从事任何行为即取得合同上权利的现象(利益第三人合同);相反,第三人未实施任何行为即被施加合同义务的现象应当被排除(**向第三人施加负担的合同**不被允许)。

在前述"继承条款案"中,该规则会导致 Heinz Z 基于一个生前法律行为(Rechtsgeschäft unter Lebenden)(合伙合同)而在其未从事任何行为的情况下便取得他父亲的合伙份额以及与此相关联的权利,但他也将因此承担义务。鉴于在第三人未从事行为的情况下不得向其施加合同义务,故这一条款不被允许,并由此成为无效。它至多可以被转换(《德国民法典》第 140 条)成一个所谓的"加入条款"(Eintrittsklausel),此种条款只不过给予了 Heinz Z 加入该合伙的权利。[1]

物权法对法律行为上的类型强制要求尤为明显。据此,物上权利不能以任意内容被创造;而且仅存在固定数量[**数量限制**(numerus clausus)]的物权,且此等物权的内容与转让也被固定下来。举例来说,动产物权的转让只能按照《德国民法典》第 929-931 条所提供的形式来实现。当事人不得偏离于此。其理由在于保护法律交易在所有权关系上的易于检验性上所享有的利益。同样,在**家庭法**和**继承法**的领域,类型强制也被设计得相当严格,以致仅允许追求特定的目的,且这些特定化的目的也只被允许经由专门为此规定的法律行为类型来实现。

3

(2)经由法律行为的让与禁止不被许可(《德国民法典》第 137 条第 1 句)

家庭首饰案:侯爵夫人 F 为其女儿 T 的婚礼而赠送她一个价值连城的别针,该别针来自她的家财。嗣后,她与女儿约定,这个别针"绝对不允

4

---

[1] BGHZ 68, 25.

许进入他人之手"。T在处于窘境之时向珠宝商J出让了该别针。这里的买卖以及向J让与所有权的合意是否有效?

按照《德国民法典》第137条第1句的规定,一项可让与权利上的处分权能不得经由法律行为而被排除或限制。相反,依《德国民法典》第137条第2句的规定,施加不得处分此权利的义务,却是被许可的。

在前述"家庭首饰案"中,买卖合同径可有效。而T也可以根据《德国民法典》第929条的规定有效地进行所有权让与的行为。她是所有权人,她亦可对其所有权实施有效的处分。因为,她与母亲之间的约定虽然应当解释为她不能对该别针加以处分。但根据《德国民法典》第137条第1句的规定,此种约定并不可能。这种约定仅可被解释为或者被转换为,T负有不对该别针实施处分的义务。故而,随着向J实施的让与行为,T只不过是应当向其母亲承担损害赔偿的义务。J则已经有效地取得了别针的所有权。

《德国民法典》第137条第1句的规则并非《德国民法典》第134条意义上的禁止性法律(Verbotsgesetz)。亦即,它并未禁止对处分权能的限制,而是从一开始就排除了此种限制。这一规则的目的不应在权利拥有人之个人自由的保护中去探寻,在《德国民法典》第137条第2句中也可得出此项结论。相反,《德国民法典》第137条第1句的规定首先旨在保护法律交易的安全,尤其是确保物权法和强制执行法中的数量限制能够得到维持。[1]

《德国民法典》第137条第1句与第399条第2半句之间会出现冲突。依《德国民法典》第399条第2半句的规定,债权(或一项其他权利,《德国民法典》第413条)之让与可以通过债权人与债务人之间的约定被排除。有观点也将这一条款视为《德国民法典》第137条第1句的例外规则,但这是不正确的。因为,《德国民法典》第137条第1句以"可让与的权利"为前提,而《德国民法典》第399条第2半句则恰恰准许将一项债权或者

---

[1] BGH NJW 1997, 861(862).

一项其他权利(《德国民法典》第413条)变成"不可让与的权利"[1]。当约定了债权让与之排除时,债权让与行为不生效力。[2] 在此范围内,债权人欠缺对该债权的处分权能。

2. 内容形成自由之限制

瑕疵担保责任排除案:退休人员G向他的邻居K出售一辆二手车,并使用了格式合同(Vertragsformular),其中包含如下条款:"二手,如已查看的状态,并且排除所有瑕疵担保责任。"该合同条款有效吗?当G恶意地向K隐瞒了车辆瑕疵时,前述条款仍然有效吗?

5

在由法秩序给定的法律行为类型以及法律行为上形成权能的框架内,当事人原则上得自由地决定如何建构其法律行为的内容,借以实现其利益和目标。然而,正如缔约自由一样,为交易相对人、第三人或公共利益之保护,形成自由也需要受到限制。

(1)经由强制性法律规范的限制

尽管法律为债法合同的内容制定了大量规则,但此等规则大多是任意性规范。换言之,它们可由当事人约定排除,所以只有在当事人并未约定不同规则时,法定的任意性规范才可适用。只有很少的条款为另一方合同当事人或第三人提供保护而成为强制性规范,并因而不能被排除。这些条款散点式地限缩了内容上的形成自由。他们主要见于消费者保护法、租赁法和劳动法中。多数情况下,立法者通过附属内容规定,以不利于一方当事人或第三人方式作出的不同约定不生效力,或者仅在特定的前提条件下才有效,从而表明一个条款的强制性规范属性(参见《德国民法典》第312k条、第475条第1款、第506条、第558条第6款、第558b条第4款、第559条第3款、第619条和第651m条)。

6

在前述"瑕疵担保责任排除案"中,买卖合同的当事人得自由地对出卖人应为物上瑕疵承担的责任进行约定。为此而存在的法定条款(《德国

---

[1] Vgl. *Staudinger/Köhler* BGB § 137 Rn. 18.
[2] BGHZ 102, 301.

民法典》第 433 条及以下)是任意性规范。故此,上述提及的合同条款原则上是被允许的(《德国民法典》第 475 条第 2 款不予适用,因为此处的出卖人并非企业经营者)。然而,若 G 恶意地针对车辆的某一瑕疵保持沉默,则按照《德国民法典》第 444 条的规定,其不得援引合同约定的责任排除条款以为抗辩。这一规定是强制性规范。

(2)经由一般交易条款法的限制

7 在一般交易条款中(AGB)设置了偏离于法定任意性规范的条款的,只有当这一条款在《德国民法典》第 307—310 条的范围内时,才是可行的。[1]

(3)经由一般条款的限制

8 在经由单个的强制性规范和一般交易条款控制对内容形成自由进行的具体限制之外,《德国民法典》还通过三个一般条款的设计开启了基于特定秩序和社会政策之价值导向而展开进一步限制的大门。即其主要处理被法律所禁止和悖于善良风俗之法律行为的《德国民法典》第 134 条和第 138 条(就此,参见下述),以及诚实信用原则(《德国民法典》第 242 条)。

(4)合同正义问题

9 合同法中的一个永恒性问题乃是合同正义问题,它会以许多形式(不单单以正当价格的问题形式)表现出来。尤其是在一方当事人基于其经济、信息或心理上的劣势地位而无法在形成合同内容时合理地维护自己的利益时,更会出现合同正义问题。德国联邦宪法法院在劣势一方合同当事人之私法自治保护的角度,来看待这个问题。根据其裁判实践,法院在对民法上的一般条款进行具体化和适用时有义务注意基本法中对私法自治的保障(《德国基本法》第 2 条第 1 款)。从中可以推导出"**合同对等性遭遇阻碍**"的案型中对合同内容进行控制的义务。当涉及一种典型的案型,其使一方合同当事人的结构性劣势地位显现,并且导致合同的效果对于该处于劣势地位的合同一方负担异常沉重之时,便属于合同对等性

---

[1] 就此,参见本书第十六章,边码 28。

受到阻碍的情况。[1] 此间,在消费者保护领域,经由**欧洲的立法**(指令),合同法已经通过消费者保护的特殊规则得到了广泛补充(参见《德国民法典》第312—312k条、第474—479条)。

二、违反法律禁令(gesetzliches Verbot)(《德国民法典》第134条)

黑工案:A想要建造一个车库。由于当地建筑企业的要约出价对他来说太过昂贵,他便找到了失业的泥水工M。M表示,愿意以1800欧元的价格为其建造该车库,但价款应当以现金方式支付,不附账单,并且不交流转税。在车库建造完成之后,A发现了建造瑕疵。A可以要求M消除瑕疵(《德国民法典》第634条第1项、第635条)吗?M可以要求A支付约定的报酬吗?

1. 概述

某些行为方式若对社会有害,则法秩序(Rechtsordnung)可对其予以禁止。只要此等行为方式成为法律行为的标的,即会产生其在民法上有效性的问题。《德国民法典》第134条对此给出了答案,根据这一条款,在某一法律行为违反法律禁令时,若从法律中无法得出其他结论,则其归于无效。

《德国民法典》第134条的双层检验:

第一层——禁止性法律的存在	第二层——法律效果
——通过解释的方式查明	——通过解释的方式查明
——标志:刑罚/罚金	——负担/履行行为的区分

2. 禁止性法律的存在

禁令必须源自**法律**(Gesetz)。此处的法律,正如在《德国民法典》其

---

[1] Vgl. BVerfGE 89, 214(231ff.); BVerfG NJW 1994, 2749(2750).

他地方规定的一样,应当理解为全部法规范(jede Rechtsnorm)(《德国民法典施行法》第2条)。法规范属于哪一法域则并不产生影响(刑法、公法、经济法等)。按照司法实践的观点[1],规范并非必须被明确地固定下来,而是也可以从法秩序的精神中得出。基本法规范(比如《德国基本法》第3条)只有在关涉国库法律行为时,才属于《德国民法典》第134条意义上的法律。[2] 因为,仅仅在此范围内,它们才能够发挥直接效力。对于私人之间的法律行为,基本权利只是间接地通过一般条款(《德国民法典》第138条、第242条、第315条)的方式发生效力。[3] 若相关条款本身已经规定了法律行为无效的后果(比如《欧盟运作方式条约》第101条第2款),则根本无须再援引《德国民法典》第134条。

12　　此处所涉之法律必须表达出**禁止**一项法律行为之意,亦即反对该法律行为之实施。至于其事实上是否如此,则需要通过对相关法规范进行**解释**的方式查明。[4] 尽管法条文义["不能"(kann nicht)"不得"(darf nicht)"不允许"(ist unzulässig)]能够为此提供线索,但最重要的还是**规范目的**。换言之,具有决定性的是,假如接受和认可经由法律行为形成的规则并允许其存在,是否会与相关条款的规范意义及目的不相吻合。[5] 通常而言,如果相关条款不准许法律行为的内容,则属此处所称禁止性规范。

就此而言,法定禁止的一个重要标志即是,某一行为的实施将会给**双方当事人**带来**刑罚**或者**罚金**的威胁。反之,如果刑罚或罚金威胁仅仅针对**一方**当事人,则该法律行为通常有效;但此时,规范的目的也可能要求判定该行为无效。

12a　　在前述"黑工案"中,A和M均违反了禁止"打黑工"的法律[参见《德国黑工法》(SchwArbG)第1条第2款]。该法主要是考虑"打黑工"对社

---

[1] Vgl. BGHZ 51, 255(262).
[2] BGHZ 68, 280(286).
[3] 参见本章边码20。
[4] 就此,参见*Köhler*, BGB AT PdW,**案例**77。
[5] BGH NJW-RR 2011, 1426 Rn. 12.

会的危害性影响,进而对其进行打击,故属于《德国民法典》第134条意义上的禁止性法律。只有通过宣告以打黑工为指向的合同为无效的方式,才能得到实现该法的目的,因为此时合同当事人才会被阻吓而不再订立此种打黑工的合同。所以,于双方当事人均违反法律禁令,或者承揽人(M)故意违反法律禁止性规定,而定作人(A)知悉承揽人的此种违反禁止性规定的行为,并有意地利用其为自己谋取利益之时,该种打黑工的合同便应当根据《德国民法典》第134条的规定被认定为无效。[1] 由此可以得出,由于欠缺有效的合同,A不享有瑕疵救济请求权;另一方面,M也不享有合同上的价款支付请求权。

然而在例外的情况下,为法律目的之达成,**单方的法律禁令**也可能会使法律行为不生效力。[2]

据此,**不法法律服务之禁止**(Verbot des unerlaubten Rechtsdienstleistung)(《德国法律服务法》第3条)虽然仅指向不法法律服务的提供者一方,但针对不法法律服务之提供而订立的合同仍属无效。[3] 因为只有这样,意图寻求法律救济的公众才能免于遭受不当法律咨询的危险。民法上的**歧视禁止之规定**(《一般平等对待法》第19条)虽然只是针对特定给付内容的提供者,但《德国民法典》第134条依然可以介入适用。据此,"歧视者"所实施的单方法律行为[比如某位顾客通过电话租赁了一间客房,但酒店经营者却因为他是黑人(dunkler Hautfarbe)而终止合同]无效。那些偏离了禁止歧视法律规范的当事人约定适用《一般平等对待法》第21条第4款的特殊规则,也就是说,歧视者不得主张实现约定的内容。

相反,如果法律并不禁止合同的内容,而只是反对法律行为实施的**外部环境**(地点、时间、人群),那么通常应当承认其效力。不过,具有决定性的始终是各个法律的规范保护目的。

由此,禁止在商店关门之后再销售货物的规定(《商店歇业法》第3

---

[1] BGH NJW 2017, 1808 Rn. 15.
[2] BVerfG NJW 2016, 3153 Rn. 46,但这一裁判是有争议的。
[3] 就《德国法律咨询法》(RBerG)旧版本第1条,参见 BGH NJW 1995, 3122(3124);该裁判存在争议。

条、第24条)并不指向合同内容,只不过是反对法律行为的外部环境而已。这一法律并非意在禁止商店关门之后成立的合同之效力。但是,商店所有者有权拒绝在商店关门之后履行合同义务,以免违反《商店歇业法》的规定。

3. 法律效果

(1) 负担行为

13　　如果法律禁止某一特定负担行为,则其并不会自动无效,"只有当从法律中无法得出其他结论时",《德国民法典》第134条才规定了无效的法律效果。换言之,违反一项禁止性法律规范时,究竟导致**无效抑或其他法律效果**,还是要通过禁止性规范的**解释**来查明,但也可通过其他法律规范的解释加以查明。[1]

据此,对**最高价格条款**的违反仅会导致在过高价格范围内的约定无效,其结果是该合同会在允许的价格范围内保持有效的状态。[2] 否则,对于价格条款本来意欲保护的一方合同当事人来说,这种保护就是口惠而实不至(Steine statt Brot erhalten)。违反《德国商法典》第90a条第1款第2句第1半句(超越法律所允许的后合同**竞业禁止**期间长度)的规定,只不过会导致以两年的法定最高期间取代不被允许的期间长度之结果。[3] 尽管根据通说[4],违反职业法上的活动禁令(比如,未经主管机关相应许可即禁止从事医疗行为)会导致合同无效的结果。但更加合适的观点似乎是,为合同当事人利益之保护计,应当援引并适用法律上不能的基本原则(Grundsätze über die rechtliche Unmöglichkeit)(《德国民法典》第311a条)。

(2) 履行行为

14　　此外,通过禁止性法律之解释还应当查明,在负担行为之外,履行行

---

〔1〕　参见BGHZ 197, 312 Rn. 14ff. 针对《德国股份法》第57条、第62条所作的裁判。
〔2〕　BGH NJW 2008, 55 Rn. 14 针对建筑师报酬所作约定的裁判。
〔3〕　BGH NJW 2013, 2027 Rn. 32.
〔4〕　BAG BB 2005, 782.

为是否也会无效。[1]

大麻买卖案:一名警察的秘密情报人员(V-Mann)从一个毒贩处购买大麻,并且为此支付了25000欧元。此处,不但买卖合同因为违反麻醉品法[《麻醉品法》(BTMG)第29条]而无效,而且毒品所有权让与的合意以及金钱所有权让与的合意也无效。因为,毒品所有权的转让恰恰是应当被阻止的。金钱所有权的让与本来是价值中立的。但由于它使本来被禁止的毒品取得成为可能(同时履行的交易),故其亦应受禁令之调整。[2]

如果法律禁令仅仅指向履行行为,那么隶属于该履行行为的负担行为也势必基于《德国民法典》第134条的规定而无效。

报酬债权案:律师在未经委托人同意的情况下将其报酬债权进行转让的行为违反了《德国刑法典》第203条第1款第3句(保密义务)的规定,因为按照《德国民法典》第402条的规定,律师作为让与人将会负有向受让人提供与债权相关的必要信息的义务。由此,该让与行为根据《德国民法典》第134条的规定而无效。[3] 作为债权让与之基础的债权买卖合同也归于无效。[4]

(3)返还清算

如果无效的合同已经实施了给付,则其原则上可依《德国民法典》第812条及以下的规定被要求返还。[5] 可是,如果给付人故意违反法律禁令而进行给付,则其返还债权(Rückforderung)应依《德国民法典》第817条第2句的规定被排除。如果给付人草率地忽略对其行为违法性的认识,也会与上述情况等同对待。[6]

故此,在前述"黑工案"中,不但定作人不得要求返还其已给付的金钱;打黑工的泥水匠也不得依《德国民法典》第812条、第818条第2款的规定要求就其给付的劳务给予价值补偿。

---

[1] BGHZ 71, 358(361).
[2] BGH NJW 1983, 636.
[3] BGH NJW 2005, 1505(1506).
[4] BGH NJW 1995, 2026(2027).
[5] BGH NJW 2011, 373 Rn. 19.
[6] BGH NJW 2011, 373 Rn. 20.

然而,当只有一方当事人履行了给付时,《德国民法典》第 817 条第 2 句排除返还债权的规则可能会导致不当的窘境出现。

在前述"黑工案"中,这就体现得很清晰:如果打黑工的人完全提供了自己的给付,而随后定作人却拒绝支付报酬。此时,定作人实际上免费地享受了建筑劳务的给付。但这并不足以导致基于公平性之考量(《德国民法典》第 242 条)而对《德国民法典》第 817 条第 2 句之适用予以限缩,以使打黑工的人能够依据《德国民法典》第 812 条第 1 款和第 818 条第 2 款的规定取得报酬请求权。因为有意违反《德国黑工法》之人应依立法者之意图处于不受保护的状态,借以促使其不去进行被禁止的法律行为。[1]

(4) 损害赔偿请求权

16　再者,于合同无效的场合,也可能依《德国民法典》第 311 条第 2 款第 3 项和第 280 条第 1 款的规定产生损害赔偿请求权。

4. 法律规避

17　如果当事人选择了不同于禁止性法律所规定的形式,并期待借助此种方式促成恰恰是禁止性法律所想要禁止的经济效果,便属于法律规避的行为。此种**规避行为**(Umgehungsgeschäft)并非《德国民法典》第 117 条意义上的通谋虚伪行为(Scheingeschäft),因为其法律效果确实为当事人所意欲。某些条款对法律规避进行了明确规定。其规定的内容是,某些特定的法律规则即便经由其他方式而被规避,也应当予以适用(参见《德国民法典》第 306a 条、第 312k 条第 1 款第 2 句和第 475 条第 1 款第 2 句)。不过,禁止法律规避可一般化地适用。但其并非独立的法律制度(有争议),它只不过是申明,一个规范的适用范围并非仅仅从其字面文义中得出,更是从其规范**保护目的**中得出。某种形式行为的经济效果如果被法律规范所禁止,则那些看上去似乎并未被包含的行为形式,只要其能引致规范目的所禁止的经济效果,那么前述禁止性规范应可适用于这些规避性的行为。这也同样适用于那些本身并非《德国民法典》第 134 条意

---

〔1〕　BGHZ 201,1 Rn. 26ff.；206,69 Rn. 17;不同观点,参见 BGHZ 111,308(311)。

义上的禁止性法律的强制性条款。

土耳其外籍劳工案:雇主 A 发现其土耳其籍员工在家乡度假返回时经常迟延。故此,他在向该土耳其员工批准度假时,让其在一个表格上签字。该表格中写着:"如所约定,我在 1973 年 4 月 9 日重新投入工作,否则不论缺席的原因为何,劳动关系均在这一天终止。"[1]该约定不生效力,因为它属于对劳动合同终止保护之相关规定(尤其是《德国民法典》第626)的规避。

三、悖于善良风俗 (《德国民法典》第 138 条)

1. "善良风俗"的概念

头衔交易案:A 向实业家 B 承诺,若 B 向其支付 125000 美元,则 A 可使他被任命为塞拉利昂共和国的名誉领事。此种约定是否有效?

立法者不可能为所有能想象到的案型均规定禁令条款。但另一方面,其又必须考虑某些特定的伦理上的基本要求在法律行为性的交易中能够得到遵循。为照顾这一需要,《德国民法典》第 138 条第 1 款规定,悖于善良风俗的法律行为无效。

(1) 社会的价值观念

为善良风俗概念之填充,司法实践[2]乃立足于"所有公平正直地进行思考之人的道德感(Anstandgefühl)"之上。

> 当一个法律行为有悖于所有公平正直地进行思考之人的道德感时,则其**悖于善良风俗**。

道德感,是指社会伦理性的价值观念,亦即"社会中基础性的道德价值与规范"[3]。提及"公平正直的思考者"乃是为了表明,就法律行为之

---

[1] 案例根据 BAG NJW 1975, 1531 改编。
[2] Vgl. BGHZ 179, 213 Rn. 10.
[3] Vgl. EuGH GRUR 2020, 395 Rn. 39.

评价而言,既非以具有高位道德要求的敏感思维类型[比如职业义务(Standespflichten)],亦非以感情麻木之人[比如陋习(eingerissene Unsitten)]作为判断标准,而是应当从社会的平均观念或者行为人属于其中的群体之平均观念出发。法官必须尝试,在关注当事人群体可能不同的观点之前提下,获取一个自足的判决,并对此种价值观念加以说明。[1] 然而,在具有高度观念分歧的当今多元化社会中,"善良风俗"的内容已经无法通过求助单纯的社会伦理性价值观念得到填充。

(2)法律评价

为使善良风俗概念具体化,必须提及整体法秩序的秩序原则和价值评判标准(Ordnungsprinzipien und Wertmaßstäbe der Gesamtrechtsordnung)。[2] 所以,善良风俗的概念包括了"**公共秩序**"[公序(ordre public)]。就此,**基本法的价值秩序**具有特殊意义。在此范围内,人们称之为**基本权的间接第三人效力**,该间接效力通过一般条款辐射到民法之上。[3] 更加正确的观点应当是,以基本权禁止侵犯和要求保护的基本功能作为立足点,法官在对"善良风俗"的概念进行具体化时亦应顾及前述两项功能。[4]

所以,以给付金钱为条件来换取虚假结婚(《德国基本法》第6条)或者进行宗教信仰变更(《德国基本法》第4条)的合同是悖于善良风俗的。

当社会价值观念与法律价值判断存在冲突时,应以后者优先,因为法官首先应受法与法律之拘束。[5] 这在社会价值观念与法律发展并不同步的案型中具有意义。

(3)判断时点

在一个快速发展的多元社会中,善良风俗的内容也必然处于变动之

---

[1] Vgl. *Sack* NJW 1985, 761.
[2] Vgl. BGHZ 80, 156; 106, 338.
[3] Vgl. BVerfG NJW 1994, 36(38); BGHZ 70, 313(324).
[4] Vgl. *Canaris*, Grundrechte und Privatrecht, 1999, S. 47ff.
[5] 《德国基本法》第1条第3款、第20条第3款,参见 *Neuner*, BGB AT § 46, Rn. 16。

中:昨天作为善良风俗而存在的,今天不一定再是善良风俗了,反之亦然。[1] **价值变迁**可能基于变动规范的投射或者欧盟法的辐射,也可能基于变动的社会观念。比如此前,所谓的"情妇遗嘱"(Geliebtentestament)以及律师事务所或者诊所的出卖曾被认为是悖于善良风俗的,如今却原则上被允许。[2] 为依《德国民法典》第 138 条第 1 款的规定对法律行为进行判断,按照绝对主流的观点[3],应取决于**法律行为实施的时点**。只是在**遗嘱**的情形,对于究竟是以遗嘱设立的时点还是继承开始的时点作为判断的准据时点存在争议。[4] 如果一个法律行为在其实施的时点于道德上并无问题,那么其也并不会基于情势或者价值观念的变迁而悖于善良风俗。可是,如果境况的变迁导致法律行为嗣后展示出悖于善良风俗的效果,则对合同的固守可能会构成不被容许的权利行使,或者其可能破坏交易基础,进而导致合同必须变更(《德国民法典》第 313 条第 1 款)。举例来说,就遗嘱而言,若境况的发展演变完全不同于遗嘱人最初的想象,并且该变动可能给受遗赠人(Bedachten)带来严重的不利益,即属之。如果一项法律行为在其实施时即已有悖于善良风俗,那么它也不会由于如今被视为合乎善良风俗而生效。其仅可能通过确认(《德国民法典》第 141 条)的方式取得效力。

2. 悖于善良风俗的确定

一项法律行为是否悖于善良风俗,应当通过**整体评价**(Gesamtwürdigung)加以确定。在此过程中,应当顾及法律行为的内容与附随因素(比如时间紧迫性),法律行为的效力和当事人的观念、动机与目的。[5]

个案当中,法律行为悖于善良风俗的属性从其**客观内容**中即可得出。

---

[1] 就此,参见 *Schmoeckel*, AcP 197 [1997], 1。
[2] 关于"情妇遗嘱"问题,参见 BGH NJW 1983, 674;关于律师事务所或者诊所的出卖,参见 BGH NJW 1989, 763。
[3] BGH NJW 1996, 1274(1276).
[4] 就此,参见 *Staudinger/Sack*, BGB § 138 Rn. 861f 及其他论据。
[5] Vgl. BGH NJW 2005, 1490(1491); 2005, 2991(2992); 2008, 2026 Rn. 21.

当法律行为的执行构成对公共秩序(ordre public)的违反时,更是如此。在此范围内并不取决于一方或者双方当事人的主观观念。

前述"头衔交易案",便是如此。在道德层面,以公共职务和头衔取得为内容的有偿合同应予否定,因为按照正直之人的观点,公共职务和头衔不应当通过金钱取得,而应借助辛勤努力和服务来取得。可买卖性将会导致头衔的意义被架空,并使公共职务的运转能力遭到侵害。至于当事人是否认为其约定是被允许的,以及其后隐藏了何种动机,则是无关紧要的。[1]

一项从其内容本身来看并非可疑的行为可能会由于其他因素以及当事人的动机和意图,尤其是一方或双方当事人应受谴责的想法。

股份出售案:以高于市场价的价格出售股份本身并不可疑。但若是为了欺诈性转售而进行出卖,则应当肯定其悖于善良风俗的属性。[2]

23 当事人是否具有悖于善良风俗的意识并不重要,否则无异于向那些缺乏悖于善良风俗意识的人颁发了特许状。只要当事人知悉此等导致法律行为悖于善良风俗的因素,即为已足。不过,该知悉状态却是难以举证证明的。鉴于此,在司法实践中[3],如果某人有意地将其对这种情况的知悉视而不见,或者至少存在重大过失,便会将其与知悉等同对待。

如果对善良风俗的违反指向交易相对人,那么相对人自然无须知悉此等会导致悖于善良风俗的情况。[4] 在类似于高利贷的行为中,即如此。[5]

3. 案例群

24 悖于善良风俗的可能性多种多样,并且对此的认定也取决于如此多的因素,以致一种囊括所有的阐述既不可能,也无意义。所以,对集中案

---

〔1〕 BGH NJW 1994, 187.
〔2〕 Vgl. BGH DB 1971, 39.
〔3〕 BGH NJW 2005, 2991(2992).
〔4〕 BGHZ 50, 70.
〔5〕 就此,参见本章边码30。

例群加以提示,便已足够。

(1) 权力滥用

悖于善良风俗可能基于一方当事人滥用权力而成立。比如,一个占据垄断地位的能源供应企业在欠缺正当理由的情况下要求客户支付过高的价款。在此场合,悖俗性的判断便不能不受卡特尔法上对滥用权力的规范评价之影响。[1] 当既有的权力地位被用于达成先决"搭配交易"(Koppelungsgeschäft)之缔结时,也可能会出现悖俗性。例如,一个不属于区、县管辖的乡镇如果根据向其转让一块土地而授予建筑许可,但该二者之间并没有正当关联,即属上述悖于善良风俗的情形。[2]

(2) 危及第三人或者社会

当某一法律行为危及第三人或者社会利益时,它也可能出现悖俗性。[3] 在债务人与债权人之间缔结担保合同的案型中,**自始超额担保**(ursprüngliche Übersicherung)的存在尤其会危及第三人的利益。[4] 依据裁判实践的观点[5],就未来债权概括让与的约定而言,如果按照当事人的意志,债务人基于延长的所有权保留而让与且必须让与给其供货人的债权也被包含在内,那么此种约定通常构成悖于善良风俗,从而应当无效。因为,如果债务人(正如多数情况下那样)仰赖所有权保留前提下的货物供应,那么前述概括债权让与约定的存在往往会诱使债务人对其供货人进行欺诈,从而危及供货人的财产。而相反,**嗣后出现超额担保的**,担保提供者仅享有一项免于裁量的退还请求权。[6]

(3) 奴役合同(Knebelungsverträge)

另外,如果一个合同以欠缺正当性基础的方式对一方当事人的经济行动自由进行过分的限制,则其亦可能悖于善良风俗[7],这可能会出现

25

26

27

---

[1] 参见《德国反限制竞争法》第 19 条、第 20 条。
[2] Vgl. BGH NJW 1972, 1657.
[3] 参见 BGH NJW 2010, 610 Rn. 13 关于雷达警报设备买卖的判决。
[4] BGH NJW 1998, 2047.
[5] Vgl. BGH NJW 1995, 1668(1669).
[6] 就此,参见 BGH NJW 1988, 671.
[7] BGHZ 106, 338.

在约定**长期关系拘束**的案型(比如加油站合同、自动售货机设置合同和啤酒供应合同)中。裁判实践中[1],最长的允许期间在 15 年至 20 年,超出时间只有通过特殊情事才能够获得正当化基础。正确的应当是把最长期间设置在 10 年。在债务人的近亲属(子女、婚姻配偶、生活伴侣、兄弟姐妹)承担**保证**(《德国民法典》第 765 条)或者其他形式的共同责任(Mithaftung)的案型中,如果该保证或共同责任会对近亲属造成**财务上的极端过分要求**,则同样会出现悖于善良风俗的情形。[2] 当保证人的财务资力相较被承担的责任而言完全不够充分,以致会出现终身负债的危险时,通常应当认定为构成前述案型,即悖于善良风俗。因为,在此范围内应当推定保证人只不过是出于其与主债务人之间的情感联系而承担了责任,但债权人(Kreditgeber)却以悖于善良风俗的方式对此进行利用。

(4) 竞业禁止

28　　很多情况下,在**劳务合同**或者**合伙合同**中,会约定退出合同关系的合同当事人即便在合同关系终结之后也不得从事竞争行为。竞业禁止在**企业买卖的合同关系**中同样也会以不利于出卖人的方式被约定。这意在阻止应受拘束的一方利用其在原来的活动中获取的内幕知识和联系展开竞争,从而以不忠实的方式给他方当事人造成不利益。可是,这种约定损害了义务承受者在其职业活动或者营业活动中的自由。对相互对立的利益应当进行平衡。至于判断的标准,只要并没有法定规则(正如《德国商法典》第 90a 条第 1 款第 2 句),就应适用比例原则(der Grundsatz der Verhältnismäßigkeit)。因而,竞业禁止的约定如果在**地点**、**时间**和**标的**上逾越了**必要程度**,便是不被允许的。[3] 在时间方面,若竞业禁止的约定期间超越了 2 年,那么它通常是不合适的[4],5 年则构成了绝对的上限。在地点方面,只有当在某一空间范围内存在挖取客户资源的隐忧和危险时,在相应空间内的竞业禁止约定才是被允许的。在标的方面,竞业禁止

---

[1] Vgl. BGH NJW 1992, 2145.
[2] BGH NJW 2009, 2671 Rn. 18.
[3] BGH NJW 2005, 3061(3062).
[4] BGH NJW 2002, 2584; 2005, 3061(3062).

的约定不允许延伸于并非义务承担者原先经营活动之标的的领域。同时,竞业禁止的约定还可能违反《德国反限制竞争法》第1条或者《欧盟运作方式条约》第101条第1款的规定。[1] 但在此范围内,评价标准(关于竞争之一般性利益的保护)已经不同了。由此,如果相当数量其他竞争者的存在使竞业禁止的约定对相关市场上竞争的影响微乎其微,卡特尔法便不应当介入和得到适用。

(5)违背性道德

对触及性道德之合同的评判在过去数十年内已经发生了变迁。由此,关涉电话性服务(Telefonsex)和性工作者(Prostituierten)的合同已经不再被认为是悖于善良风俗的。[2] 根据明确的法律规定[《德国性服务法》(ProstG)第1条第1句],如果性工作者"以此前约定的报酬为前提而实施了性行为",那么其可享有有效的报酬债权。

(6)类暴利行为(Wucherähnliches Geschäft)

如果暴利行为的前提条件(《德国民法典》第138条第2款)[3] 并未完全具备,则《德国民法典》第138条第1款可作为**类暴利行为**的兜底条款予以适用。裁判实践中[4],如果在给付与对待给付之间存在**特别明显**的不成比例性,并且至少出现另一种使该合同在综合主观与客观要素时看上去会悖于善良风俗的因素,则《德国民法典》第138条第1款会被适用。尤其是当受益一方合同当事人存在值得谴责的主观想法时,比如有意地或至少是重大过失地利用另一方当事人的困难处境时,更是如此。在此过程中,若给付与对待给付之间存在特别严重的不成比例关系,应可推定值得谴责的主观想法的存在。[5] 例如,当给付的价值高于或者低于对待给付价值的两倍时,便可认定为出现了此种严重不成比例的关

---

[1] Vgl. BGH NJW 1994, 384(386).
[2] Vgl. BGH NJW 2008, 140 Rn. 1ff.
[3] 就此,参见本章边码36及以下。
[4] Vgl. BGH NJW 2012, 1570 Rn. 8; 2012, 2723 Rn. 17.
[5] BGH NJW 2012, 1570 Rn. 10, 19.

系。[1]至于受益方是否知悉此种价值比例关系,则并非决定性的。[2]总而言之,借此展开的是一种针对暴利的纯粹客观性判断,正如共同法中将其认定为"严重侵害"(laesio enormis)一样。[3]不过,司法实践[4]允许就此种可谴责主观状态之事实推定进行反驳。比如,若当事人合乎事实情况地努力查明价值关系,或者价值关系基于情感因素而对于受不利益之人而言无关紧要,即属上述情形。在**网络拍卖**的场合(比如在eBay网上拍卖),若竞拍者(Bieter)的出价与被拍卖标的的实际价值之间存在严重不成比例的关系,则同样适用上述规则。[5]

eBay网上的廉价商品买卖案:V在eBay网上提供一辆二手的大众帕萨特轿车(当时市场价为5250欧元)用以拍卖,起价设定为1欧元。但在7个小时之后,他中断拍卖,因为他在该拍卖之外另寻到了一位买家。在此期间,K已经以起价对该拍卖要约予以承诺,并且设置了最高出价55555欧元。鉴于V并无权中断拍卖,并且K在这个时段内是唯一的竞买者,故V与K之间已经成立了价款为1欧元的买卖合同。由于V无法交付标的物,K向V主张5249欧元的损害赔偿。[6]该损害赔偿请求权以有效的买卖合同为前提。对此,本案中应作肯定回答,因为此合同不会依《德国民法典》第138条第1款关于类暴利行为的基本原则而被认定为悖于善良风俗,进而成为无效。尽管给付与对待给付之间存在严重不成比例关系的客观事实并不欠缺,可是K并没有应予谴责的主观状态。因为,网络拍卖的诱惑力恰恰在于其对于当事人而言同等的投机性特质:竞买者有机会以"贱价"(Schnäppchenpreis)取得标的物;而另一方面,出卖者也有机会通过溢价投标机制来获取对他有利的价款。出卖人设置太低的起价则是他自己的风险。故此,竞买者要求损害赔偿的行为并非权利

---

〔1〕 BGHZ 146, 298 (303); BGH NJW 2012, 1570 Rn. 8;2015, 1510 Rn. 19;就此,参见*Köhler*, BGB AT PdW,案例81。
〔2〕 BGHZ 146, 298(303); BGH NJW 2006, 3054 Rn. 34.
〔3〕 Vgl. *Bork* JZ 2001, 1138.
〔4〕 Vgl. BGH NJW 2002, 3165(3166); 2006, 3054 Rn. 34.
〔5〕 Vgl. BGH NJW 2012, 2723 Rn. 20; 2015, 548 Rn. 9, 10.
〔6〕 案例根据BGH NJW 2015, 548 改编。

滥用(《德国民法典》第 242 条),其请求权基础为《德国民法典》第 280 条第 1 款、第 3 款和第 281 条。[1]

4. 悖于善良风俗的法律效果

(1)概述

根据《德国民法典》第 138 条的规定,悖于善良风俗的行为无效。与第 134 条不同的是,此处无效的法律效果不受限制。该法律行为完全不受法律的认可。很多时候,此种法律效果被认为是并不合适的。相应地,学理上试图寻找方法以放宽此种严格效果。[2] 但是,这不能使悖于善良风俗的行为以道德上尚被允许的内容被维持下来[**禁止"效力维持性限缩"**(Verbot der "geltungserhaltenden Reduktion")],尤其不应将悖于善良风俗的行为转换(《德国民法典》第 140 条)为(尚)合乎道德要求的行为。因为,代替当事人去寻找规则,而使法律行为一方面免于悖俗,另一方面又能顾及当事人不同的利益诉求,并非法官的任务。否则,悖于善良风俗的行为人(比如高利贷者)就能够完全没有任何风险地设置不合理条件。[3]

只有当法律行为**可分**,并且善良风俗之违反仅限于法律行为之一部时,才会适用不同的规则。此时,如果合乎当事人被推知的意思,则法律行为得依《德国民法典》第 139 条的规定以排除悖于善良风俗部分的状态保持其效力。[4] 然而,在认定法律行为可分性方面,司法实践常常走得太远。[5]

如果一个供应合同由于时间上过分长期的拘束力而悖于善良风

---

[1] Lorenz LMK 2015, 365443 (第 2d 节); Riehm BGB JuS 2015, 355(357).
[2] Vgl. Hager JuS 1985, 264; Staudinger/Sack BGB § 138 Rn. 95ff.
[3] BGH NJW 1987, 2014(2015).
[4] Vgl. BGHZ 52, 24; BGH NJW 1989, 2681(2682).
[5] 参见 BGH NJW 1987, 2014(2015):关于对夜间酒吧访客的债务承认进行缩减;BGHZ 52, 23:关于对悖于善良风俗之情妇遗嘱(Geliebtentestament)进行缩减。

俗[1]，则其仍可以法律上允许的期限（15 年至 20 年）保持存续。[2] 在竞业禁止的案型中，固然可以考虑将过长时间的拘束加以扣减。但是，如果悖俗同时由于空间和标的上针对受拘束者的职业活动存在过分的限制而成立，那么就不能再使该行为以合适的条件维持存续。[3]

在个案当中，主张因悖于善良风俗而无效的法律效果也可能违反诚实信用原则（《德国民法典》第 242 条），并因而属于**权利滥用**的行为。[4] 比如，一方当事人已经从合同中取得了利益，而后又主张合同无效，并想要借此使自己无须进行给付，便属于前述情形。

(2) 履行行为的无效

32　　负担行为基于悖于善良风俗而无效者，履行行为并非亦必然如此。

昂贵的土地案：在土地买卖的案型中，如果买卖价款严重过高（给付与对待给付不成比例），并且出卖人具有可谴责的主观状态，则此种合同可能会由于买方过分吃亏而被认定为"类暴利行为"[5]，进而构成悖于善良风俗。[6] 土地所有权让与合意则由于其作为道德无涉（sittlich indifferentes）的行为而在效力上不受影响。

仅在恰恰就是履行行为导致道德上不被允许的效果发生时，比如危及债权人[7]或者侵入公共利益的案型，才会出现履行行为因悖于善良风俗而无效的状况。

便宜的土地案：G 镇的镇长将该镇的一块土地以远低于当时市价的价格出售给自己的党内好友 P，并且完成了所有权让与的合意。这种情况下，不但买卖合同，而且所有权让与的合意也会因为悖于善良风俗而无效，因为恰恰是该所有权的转移导致镇属财产以不被许可的方式

---

[1] 参见本章边码 27。
[2] BGH NJW 1992, 2145.
[3] BGH NJW 2005, 3061(3062); 不同观点，参见 *Staudinger/Sack*, BGB § 138 Rn. 138.
[4] BGH NJW 1981, 1439.
[5] 参见本章边码 30。
[6] Vgl. BGH NJW 2012, 1570 Rn. 8.
[7] 参见本章边码 26。

减少。[1]

(3)返还清算

若已基于悖于善良风俗的合同而提供了给付,则其原则上可被要回(《德国民法典》第812条第1款第1句)。但是,如果给付人或者双方当事人均存在(故意的)[2]悖于善良风俗的行为,则返还请求权原则上依《德国民法典》第817条第2句的规定被排除[所谓的返还排除(Kondiktionssperre)]。不过在例外的情况下,无效制裁(Nichtigkeitssanktion)的原因和保护目的可能会要求对此条款不予适用。[3]

传销案(Schenkkreis):A与其他人建立了一个"传销链"。该传销链的组织形式为,每个人均应当招揽其他成员,这些被招揽的成员向招揽者支付一定数额的金钱,并同时取得自行招揽其他第三人的机会,而后,新被招揽的第三人也要向招揽者支付相应数额的金钱(从"给付链"晋级到"收入链")。A另外招揽了B,后者向其支付了1250欧元。B可以要求返还此等金额,因为基础性的约定依《德国民法典》第138条第1款的规定而无效。在这样一种"雪球体系"(Schneeballsystem)中,这些多为轻信和欠缺经验的参与者之多数会有不同于发起人的命运,他们势必无法再取得利润,反倒会丧失其投资。B基于《德国民法典》第812条第1款第1句的规定享有的不当得利返还请求权本来会被第817条第2句的返还排除所阻碍。可是,这将会促使那些发起人继续实施此等行为,因为他们得以保留那些以悖俗方式获取的金钱。如此,《德国民法典》第138条第1款的保护目的就会转向它的对立面。所以,在此种案型中,不应适用《德国民法典》第817条第2句。[4]从方法论的角度来看,这涉及目的性限缩的案型。[5]

在暴利行为的案型中,受害人可以要回其给付或者依《德国民法典》

---

[1] BGH NJW 1997, 860.

[2] BGH NJW 2005, 1490(1491).

[3] BGH NJW 2006, 45 Rn. 11; NJW 2009, 1942 Rn. 8;深入分析,参见 Klöhn, AcP 210(2010), 804。

[4] BGH NJW 2006, 45 Rn. 11, 12.

[5] 就此,参见本书第四章,边码24。

第818条第2款的规定要求价值补偿,而且差额理论(Saldotheorie)不会成为其障碍。[1] 换言之,不论其是否仍然因为暴利者所提供的给付而处于得利状态,他的请求权均存续。

(4)与一般交易条款控制的关系

34 在**一般交易条款**的领域,仍然承认《德国民法典》第307—309条规定的内容控制原则上应优先于《德国民法典》第138条第1款以适用。如此,对于合同效力及内容而言,便不适用《德国民法典》第139条,而是适用第306条。不过,如果一个条款并非由于给客户带来不利益,而是出于其他原因无效时,也许《德国民法典》第138条第1款能够介入并得到适用。

(5)受损方的赔偿请求权

35 如果负担行为无效,那么受损害的一方合同当事人既不能要求合同义务的履行,也不能要求替代给付的损害赔偿。但他也许能基于《德国民法典》第826条的规定或者缔约过失(《德国民法典》第311条第2款、第280条第1款),享有信赖损害的赔偿请求权。[2]

在前述"昂贵的土地案"中,买受人不能要求以当时的市场价转让土地所有权。因为这会导致合同被履行。如果他已经支付了买卖价款,而且土地所有权也已经让与给他,他亦不可要求赔偿过多支付的价款。因为这属于替代给付的损害赔偿请求权。但是,此案中以可谴责的主观状态而使对方吃亏的行为或许会构成对于前合同照顾义务的违反,亦即属于缔约过失(《德国民法典》第311条第2款、第241条第2款)。[3] 从而可以依《德国民法典》第280条第1款的规定产生赔偿那些因信赖合同有效而支出费用(比如,贷款费用)的义务。

---

〔1〕 BGH NJW 2006, 3054 Rn. 36.
〔2〕 BGH NJW 1996, 1204.
〔3〕 BGHZ 99, 101(106f.).

四、暴利行为（《德国民法典》第138条第2款）

1. 暴利行为的构成要件

按照《德国民法典》第138条第2款的规定，暴利行为"尤其"属于悖于善良风俗且应无效的行为。为此，暴利行为被专门从构成要件的角度进行了描述。

```
            暴利行为的构成要件（《德国民法典》第138条第2款）
                          │
            ┌─────────────┴─────────────┐
       客观前提                      主观前提
  给付与对待给付之间明显      对于《德国民法典》第138条
  不成比例，一般始于价值      第2款中所提及的情况之一加
  超过或低于100%。            以利用。
                              →于欠缺上述要件时，考虑类
                                暴利行为。[1]
```

（1）客观的前提条件

客观前提是给付与对待给付之间存在"明显不成比例的关系"。所以，暴利行为的构成要件适用于所有**双务合同**，而非仅针对借贷合同。换言之，诸如买卖合同、租赁合同或承揽合同均可适用；相反，保证合同则不能适用。[2] 明显不成比例的状况是否出现则需要通过将给付与对待给付的客观价值（市场价）进行比较的方式确定。一般而言，当对待给付超出或者低于给付的价值100%时，可认定出现了明显不成比例的状况。不过最后还是要取决于个别的合同类型。

据此，在分期贷款的案型中，如果合同约定的利率约两倍于市场利率（相对利率差），或者绝对的利率差至少达到12%，那么司法实践[3]会认

---

[1] 参见本章边码30。
[2] BGH NJW 1991, 2015(2017).
[3] BGH NJW 1990, 1595.

定出现了严重不成比例的关系。在租赁合同中,当约定的租金高于当地租金水平的50%时,即可认为已经出现了严重不成比例的关系。[1]

同样,也始终需要对个案的全部情势进行整体评价。

据此,在借贷合同中,不应当仅立足于利率,还要考虑给付借款的金额和其他信贷费用。从中可以计算出有效的年利率。在回答该利率是否过高的问题时,尤其应当顾及贷款的期限和风险的范围。其他条件(有一般交易条款)同样应当纳入评价中,比如关于迟延案型的规则。[2]

(2) 主观的前提条件

单是明显不成比例还不足以构成暴利行为。除此之外,该法律行为还必须是"通过利用相对人急迫(Zwangslage)、无经验、缺乏判断能力或者严重意志薄弱"的状况而成立。

当对暴利行为人的给付存在强制性的需求时,**急迫状态**便出现了,不论其是基于经济困境还是建立于其他因素之上,均无不同。

无经验是指欠缺生活或者交易经验的状态。不过,并非仅仅因为在某一特定生活领域或者经济领域没有经验和交易的知识,便可直接被认定为欠缺经验。[3] 故此,通常而言,仅未成年人或者精神状态受限之人才会认定为欠缺经验。

欠缺判断能力存在于如下情形,即当事人没有能力对法律行为的效果进行正确的理解和评估。行为人必须明显欠缺以理性动机引导自己行为的能力。[4] 如果行为人没有能力识别一个法律行为的支持理由和反对理由,并由此无法对双方的给付进行合理评价,则尤其应当属于上述案型。单纯不知某一合同的不利益尚不足以被认定为欠缺判断能力。而是还必须出现判断力的欠缺或者混乱,这可基于(也可能是当下的)理解力减损或者一般性的粗心大意而产生。

---

[1] BGH NJW 1997, 1845(1846).
[2] 参见 BGH NJW 1990, 1595;关于细节,参见 *Palandt/Ellenberger*, BGB § 138 Rn. 25ff。
[3] Vgl. BGH NJW 1979, 758.
[4] BGH NJW 2006, 3054 Rn. 28.

严重意志薄弱意味着,当事人虽然有能力理解法律行为本身的范围和意义,却由于精神上抵抗力的削弱而欠缺对自己行为进行相应控制的意志力(Willenskraft)。例如,于存在酒精和药物依赖性的案型中,即应予以肯定;反之,在因面对精巧设计的广告而存在内心不安定的场合,却并非如此,因为这里的意志薄弱必须是巨大的。所以,对所谓"精神上购物狂"之利用通常并不足以导致对严重意志薄弱的肯定。虽然对"精神上购物狂"之利用构成《德国反不正当竞争法》第 3 条、第 4 条第 1 项中所称的不正当交易行为,但从这一事实中也无法径直得出该合同具有《德国民法典》第 138 条第 1 款所称的悖俗性。[1]

当暴利行为人利用上述情况谋利,并且知悉给付与对待给付之间严重不成比例关系时,便属于对前述情形的**利用**。而该法律行为之发动,并非必须源自暴利行为人。

例如:18 岁的 A 继承了一幅画,他并不知道该画的价值,故以贱价将该画出售给古董商人 B。B 便以此价格购买取得了这幅画,尽管他知道此画的价值。这里的买卖合同应依《德国民法典》第 138 条第 2 款的规定无效(利用了判断能力之欠缺)。足球迷 F 没有买到欧洲杯总决赛的正常票,就从黑市以 2500 欧元的价格购买了门票。其后,他不可以从黑市商人 S 处要回买卖价款。因为,此处并非严重的意志薄弱,而仅仅是不理性的行为。[2]

2. 法律效果

(1) 负担行为

暴利性的负担行为完全无效,而且不能(比如经由《德国民法典》139 条)通过纠正给付与对待给付之间不成比例的关系而保持其效力。不过,在继续性债务关系中,若被暴利掠夺者(Bewucherte)仰赖给付的提供,前述完全无效的法律效果就会显得不妥。此时,必须对《德国民法典》

---

[1] 就此,参见 *Köhler*,BGB AT PdW,案例 82。
[2] Vgl. OLG Köln OLGZ 93, 193.

第138条第2款作目的性限缩,否则该条款就无法达成其对被暴利掠夺者加以保护的规范目的。在租赁暴利行为的情形中,司法实践会适用《经济刑法继续简化法》(WiStrG)第5条,以使租赁关系在其被允许的最高租金范围内保持有效[1]。在劳动报酬存在暴利关系的情形中,则会认定劳动者经由瑕疵劳动关系之基本原则的适用而享有获得通常报酬(《德国民法典》第612条第2款)的请求权。[2]

(2) 履行行为

39　　正如法律以"使给予……财产利益"之用语所表明的那样,被暴利掠夺者的履行行为(比如转让所有权的行为)也无效。[3] 相反,暴利行为人的履行行为则是有效的。

(3) 清算返还

40　　无效之暴利行为的返还清算按照《德国民法典》第812条及以下的规定来执行。被暴利掠夺者可依《德国民法典》第985条(由于履行行为也无效)以及第812条第1款第1句(某些情况下依第817条第1句)的规定,要求返还其所提供的物之给付。但是,暴利行为人基于《德国民法典》第812条第1款第1句的规定享有的不当得利返还请求权却可能遭遇第817条第2句的阻碍。在借贷合同存在暴利关系的场合,需要注意的是,暴利行为人的给付只不过是在一段时间内转移资金。所以,返还请求权之排除也仅仅会产生使暴利行为人不得在约定期间届满前要求返还的效果。暴利行为人既不能基于合同(因其无效),也不可依《德国民法典》第812条第1款、第818条第1款、第2款(因《德国民法典》第817条第2句成为障碍)的规定要求返还。于是,其结果是暴利行为人必须在约定的期间内将该资金无息地提供给借款人使用。[4]

参考文献: *Beater*, Der Gesetzesbegriff von § 134, AcP 197 (1997), 505;

---

[1] 参见本章边码13。
[2] *Palandt/Ellenberger* BGB § 138 Rn. 75.
[3] BGH NJW 1994, 1470.
[4] BGH NJW 1995, 1152(1153).

Canaris, Gesetzliches Verbot und Rechtsgeschäft, 1983; *Damm*, Kontrolle von Vertragsgerechtigkeit durch Rechtsfolgenbestimmung, JZ 1986, 913; *Diederichsen*, Das Bundesverfassungsgericht als oberstes Zivilgericht-ein Lehrstück der juristischen Methodenlehre, AcP 198 (1998), 171; *Fastrich*, Richterliche Inhaltskontrolle im Privatrecht, 1992; *Finkenauer*, Zur Renaissance der *laesio enormis* beim Kaufvertrag, FS H. P. Westermann, 2008, 183; *Hager*, Gesetzes-und sittenkonforme Auslegung und Aufrechterhaltung von Rechtsgeschäften, 1983; *Hönn*, Kompensation gestörter Vertragsparität; *Köhler*, Wettbewerbsvertoß und Vertragsnichtigkeit, JZ 2010, 767; *Petersen*, Gesetzliches Verbot und Rechtsgeschäft, Jura 2003, 532; *Petersen*, Der Verstoß gegen die guten Sitten, Jura 2006, 387; *Schurig*, Die Gesetzesumgehung im Privatrecht, FS Ferid, 1988, 375; *Tonner*, Neues zur Sittenwidrigkeit von Ehebürgschaften-BGHZ 151, 34 und BGH NJW 2002, 2230, JuS 2003, 325; *Wagner*, Die Sittenwidrigkeit von Angehörigenbürgschaften nach Einführung der Restschuldbefreiung und Kondifizierung der c. i. c. , NJW 2005, 2956.

第十四章　同意、条件和期限

1　　某一法律行为的生效可能依赖额外的前提条件。其中包括以第三人之同意为必要的案型,借以确保该第三人对法律行为之参与。另外,当事人借条件和期限之设置而为尚不清晰的发展变化采取预备措施,亦属之。

一、同意

1. 同意的概念和含义

2　　**贫穷的妻子案**:F 女士在经济上被她的丈夫约束得很拮据。为了得到钱,她便偷偷地将自己嫁妆中包含的一部分房屋设施出卖给旧货商人 T。她的丈夫在得知此事后便要求 T 返还该房屋设施。请问他是否有理由提此要求?

就某些特定的法律行为而言,法律规定其生效以第三人的同意为前提,其中就包括直接触及第三人利益,以致第三人的参与协力看上去是必要的法律行为。这些行为主要是无权代理人的行为(《德国民法典》第 177 条及以下)、无权处分行为(《德国民法典》第 185 条;也参见《德国民法典》第 362 条第 2 款)、债务承担行为(《德国民法典》第 415 条)和配偶一方的特定行为(《德国民法典》第 1365 条及以下)。相对其他行为而言,上述行为的特点是,第三人应当对法律行为的内容加以控制。此时的同意之要求乃服务于参与法律行为之人的保护。属于这一情形者,如限制行为能力人的法律行为(《德国民法典》第 107 条及以下、第 1643 条、第 1819 条及以下)。应与民法意义上的同意之要求区分开来的情形乃是为某些特定法律行为而规定的官方机构的"同意"（比如，《德国建筑法典》第 19 条及以下规定的分割许可）。它们的前提条件和效果依据公法来确定。

同意以需受领的意思表示的方式实施。按照《德国民法典》第 182 条第 1 款的规定，同意的授予和拒绝既可以向法律行为的一方当事人表示，也可以向另一方当事人表示。在法律行为实施之前授予的同意被称为**许可**(Einwilligung)（参见《德国民法典》第 183 条第 1 句），嗣后授予的同意则被称为**追认**(Genehmigung)（参见《德国民法典》第 184 条第 1 款）。经第三人同意而实施的法律行为立即生效。欠缺许可时，法律行为处于未决的不生效力状态。法律行为会随着追认的授予而生效，并且只要法律上并未作其他规定(《德国民法典》第 184 条第 1 款)，该生效会溯及既往。而对追认的拒绝会导致法律行为终局地归于无效。

在前述"贫穷的妻子案"中，妻子 F 缔结的买卖合同及其所有权让与之合意需要她丈夫的许可，因为此处涉及他们的"婚姻所需之家庭用具"（《德国民法典》第 1369 条第 1 款）。由于欠缺丈夫的许可，该两项法律行为皆依《德国民法典》第 1369 条第 3 款和第 1366 条第 1 款的规定而处于未决的不生效力状态。丈夫向 T 发出的返还要求应当同时被解释为对追认的拒绝。按照《德国民法典》第 182 条第 1 款的规定，该拒绝之意思可向 T 表示。由于买卖合同及让与所有权的合意均依《德国民法典》第 1369 条第 3 款和第 1366 条第 4 款的规定而终局不生效力，故 F 依《德国民法典》第 985 条的规定对 T 享有原物返还请求权。依《德国民法典》第 1368 条的规定，F 的丈夫亦可以自己的名义主张此项请求权。所以，他是可以这样做的。

2. 同意的具体细节

按照《德国民法典》第 182 条第 2 款的规定，同意并不需要满足为法律行为本身所规定的**形式**。这与《德国民法典》第 167 条第 2 款的规则相对应。当要式之要求具有警告功能时，此条规则便与第 167 条第 2 款一样是值得质疑的，因为这样将会使相关当事人无法受到形式要求的保护。

然而在此处,司法实践基于法律安定性之考量而拒绝目的性限缩之操作。据此,无权代理人所缔结的经过公证的土地买卖合同(参见《德国民法典》第313条)可由被代理人以非要式的方式加以追认。[1]

该同意亦可通过**可推断的行为**来完成。[2] 不过,其前提条件是,意思表示的相对人将该行为(Verhalten)理解为同意意思的向外表达,并且也允许他作此种理解。除此之外,很多情况下还要求表意人知悉法律行为需经同意的事实,或者至少意识到通过其行为来对某一法律行为加以追认的可能性。[3] 但在默示性意思表示(stillschweigende Willenserklärung)的场合,表示意识也并非必要[4],只要表意人在尽到应尽的注意义务时能够意识到其行为可能会被理解为同意,便已足够。

例如:V要求未成年人K的父母对K所缔结的一个买卖合同加以追认。K的父母则直接将价款转账给V。这一行为中即存在一个经由可推断的行为发出的同意。

如果同意权人将该法律行为作为有效对待,则其中蕴含着一个默示的同意行为。在此种案型中,同意权人是否知悉或者能够预估到该法律行为需经同意的属性则并不具有决定性。[5]

如果同意权人只是引发了同意的表象,那么,为相对人之保护的,应准用表见代理权的基本原则[6]。[7]

例如:父母向其未成年的儿子M交付一个书面文件,在该文件中,父母表示许可儿子缔结某一买卖合同,但嗣后又口头禁止M进行此项买卖。M并不管这些,依然通过出示前述书面许可函进行此项买卖活动。尽管该许可已经被有效撤回,此项买卖却仍可依《德国民法典》第172条的类

---

[1] BGH NJW 1994, 1344(1345).
[2] 就此,参见本书第六章,边码4。
[3] BGH NJW 2002, 2863(2864).
[4] BGHZ 109, 171(177); BGH NJW 2002, 2325(2327).
[5] BGH WM 1990, 1573(1575).
[6] 《德国民法典》第170条及以下;容忍代理权和表象代理权;参见本书第十一章,边码11及以下。
[7] Vgl. *Palandt/Ellenberger* BGB § 182 Rn. 3.

推适用而成立。

在法律行为实施之前,只要无法从基础性法律关系中得出其他结论,即可自由地撤回许可的意思(《德国民法典》第183条第1句)。前述例外性的规则可能会从法律中得出[1],或者从进行同意的义务中得出。于此,与意定代理权的平行关系(《德国民法典》第168条第2句)也明显地体现出来了。

相反,追认却是不可撤回的,追认之拒绝也一样不可撤回,否则法律交往的安定性就会受到侵害。相对人应当知道,他目前处于怎样的状态。

如果某一单方行为(比如终止、抵销)需经同意,那么,依《德国民法典》第182条第3款的规定,在第三人进行许可时,《德国民法典》第111条第2句、第3句可相应适用。换言之,如果想避免法律行为被拒绝的结果,许可的意思就要以书面的形式被授予。若未经许可,法律行为原则上应属无效(源自《德国民法典》第111条和第180条的一般性法理思想),因为对交易相对人来说,未决无效(schwebende Unwirksamkeit)的效力状态是难以忍受的。只是当相对人同意相应的法律行为在未经许可的状态下实施时,才应存在例外(《德国民法典》第180条第2句的类推适用)。但此时应排除追认的溯及效力。

3. 无权处分

巴洛克天使案:A从B处偷走一个巴洛克天使,并且将其出卖给善意的收藏家S。该买卖合同与让与所有权的合意是否有效?

债法上的负担行为并不承认非权利人(Nichtberechtigten)的存在:原则上每个人都可向任一他人负担给付义务,也包括负担使他人取得自己并不享有之权利的义务,并且应为自己的允诺负责(参见《德国民法典》第311a条)。

因而,在前述"巴洛克天使案"中,尽管A根本不是所有权人,买卖合

---

[1] 参见《德国民法典》第876条、第1071条、第1178条、第1245条、第1255条、第1516条及以下和第1748条。

同还是有效的。

反之,处分行为,即直接针对一个现存权利发生影响的法律行为[1],原则上只能由权利人有效地实施。权利人是指对权利享有处分权(Verfügungsmacht)之人,原则上是权利的享有者。若非权利人以自己的名义实施处分行为,那么只要善意保护的法律条款(比如,《德国民法典》第932条及以下)无法适用,该处分原则上就不生效力。无人应当越过他人之首而对其权利予以处分。

在前述"巴洛克天使案"中,A让与天使所有权的合意构成一项非权利人的处分行为。鉴于该天使属于脱手物(《德国民法典》第935条),《德国民法典》第932条善意取得规则的适用被排除,故该所有权让与的合意不生效力。

8　　不过,依《德国民法典》第185条第1款的规定,如果非权利人的处分行为取得了权利人的许可,则其自始有效。[2]于缺乏许可且从非权利人处善意取得的规则亦无法适用的场合,还存在权利人对该处分加以追认的可能性。借此,该处分行为可溯及既往(《德国民法典》第184条第1款)地生效。[3]

可见,在前述"巴洛克天使案"中,B也享有对让与所有权的合意加以追认的可能性。当A取得了高昂的买卖价款时,B也许会有兴趣加以追认。因为此时按照通说[4],B可依《德国民法典》第816条第1款第1句的规定要求A返还买卖价款。

9　　追认以追认人在处分行为实施的时点享有处分权能为前提。[5]他嗣后丧失了该处分权能则并无影响。[6]

肉猪案:A从农民B处偷走了一头猪,并将该猪以250欧元的价格卖

---

[1] 就此,参见本书第五章,边码13。
[2] 就此,参见*Köhler*, BGB AT PdW,**案例139**。
[3] 就此,参见*Köhler*, BGB AT PdW,**案例140**。
[4] BGHZ 29, 157.
[5] Finkenauer AcP 203 [2003], 283, 297ff.
[6] 有争议;不同观点,参见 BGHZ 107, 340(341):此一判决认为,应于追认的时点依然存在处分权能。

给了屠夫 M,屠夫 M 立即将该猪屠宰并加工了。在此案型中,虽然 B 并不会因为 A 的处分行为而丧失其所有权(《德国民法典》第 935 条!),但却会经由加工行为(《德国民法典》第 950 条)而丧失其所有权。尽管如此,B 依然可以对非权利人 A 的处分行为加以追认,并依《德国民法典》第 816 条第 1 款第 1 句的规定要求其返还取得的买卖价款。[1]

尽管对处分行为之追认原则上具有溯及性的效力(《德国民法典》第 184 条第 1 款),但该种溯及效力并不会使追认人在追认之前所作的处分行为或者"经由强制执行或假扣押(Arrestvollziehung)或破产管理人实施的处分行为"不生效力(《德国民法典》第 184 条第 2 款)。

企业家儿子案:企业家 A 的儿子 S 向银行 B 冒充新老板,并且为了取得银行贷款而将一台机床的所有权让与给银行,用于担保(《德国民法典》第 930 条)。不久之后,A 的债权人即将该机器扣押。此时,A 对 S 的处分行为予以追认。该扣押质权(《德国民事诉讼法》第 804 条)依《德国民法典》第 184 条第 2 款的规定而存续。换言之,银行只是取得了一个附有质押权负担的所有权而已。

若处分人嗣后取得了其所处分的标的物,则处分行为从该时刻起[面向未来(ex nunc)]即生效(《德国民法典》第 185 条第 2 款第 1 句第 2 种情况)。换言之,他必须遵守自己原来所作的处分,尽管当时他尚不具有处分权。当权利人嗣后继承了处分人,并且为遗产债务负无限责任时,上述相同规则同样适用(《德国民法典》第 185 条第 2 款第 1 句第 3 种情况)。亦即,继承人必须容许被继承人所实施的具有法律意义的行为对自己发生法律效力。

在互不相容的多个处分行为中,仅在先者发生效力(《德国民法典》第 185 条第 2 款第 2 句)。

如果前述企业家的儿子依《德国民法典》第 930 条的规定先后将该机床所有权转让给银行 B 和银行 C 用作担保,并且其后他继承了父亲的财产(《德国民法典》第 185 条第 2 款第 1 句第 2 种情况),则向 B 进行的所

---

[1] BGHZ 56,131 一案尽管使用了其他理由,其结论却是相同的。

有权让与作为在先行为发生效力。

4."授权"

12　　"授权"是许可的下位类型。其使被授权人以自己名义实施行为,且该行为可直接在授权人的权利范围发生效力。不过,该种授权并非一般性,而只是在部分领域才被认可。其仍在发展之中。

(1)处分授权

13　　授权他人以自己的名义处分授权人的权利(**处分授权**),无异于对非权利人的处分行为加以许可(《德国民法典》第185条第1款)。其于经济交往,尤其是动产和指示证券(汇票、支票)的处分中具有巨大意义。因为其使授权人得以停留于幕后,同时还不必向被授权人转让完全的权利。

举例来说,处分授权可存在于以所有权保留方式向转售商供应货物的案型中(《德国民法典》第449条第1款)。通过所有权保留,供货人可保护自己,以免转售商的债权人抢夺已经交付但尚未给付价款的货物。与此同时,供货人还授权转售商在正常的交易过程中对货物加以处分。借此,转售商在进行标的物所有权让与时不必以供货人之代理人的身份实施行为。

(2)行权授权,尤其是收债授权

14　　授权他人以自己的名义行使授权人的权利(**行权授权**)仍旧基于《德国民法典》第185条第1款的类推适用而被许可。一个重要的适用案型便是**收债授权**。[1] 通过该授权行为,被授权人取得了以自己的名义收取他人债权的权能,亦即要求向自己为给付。

收债授权(与处分授权的情形一样)在以所有权保留方式向转售商进行货物供应的案型中具有意义。通常而言,授权转售商实施转让行为的供货人同时会令产生于转让行为中的买卖价款债权提前让与给自己,以用作担保。如果转售商收取该买卖价款债权,他就是以非权利人的身份实施行为。而通过同时向其进行收债授权的方式,前述非权利人身份的

---

〔1〕 就此,参见BGH NJW 1982, 571 和 *Köhler*, BGB AT PdW, 案例143。

问题便可避免。

收债授权在程序法上的对应物是"**意定的诉讼担当**"(gewillkürte Prozessstandschaft),即授权以自己的名义通过诉讼的方式来主张实现他人的权利。[1] 在裁判实践中[2],只有当被授权人就债权的诉讼主张存在值得保护的自身利益时,前述"意定的诉讼担当"才会被允许。银行交易中所谓的"**收款授权**"(Einzugsermächtigung)也落入收债授权的问题领域内。[3]

(3) 负担授权?

学理文献也有尝试认可负担授权的企图,即借该制度使被授权人得以自己的名义直接向授权人施加负担,但始终未能成功。此一制度不符合交易相对人对于知悉谁是其债务人(公开性原则;参见《德国民法典》第164条第2款)所享有的利益,并且缺乏实践需求。[4]

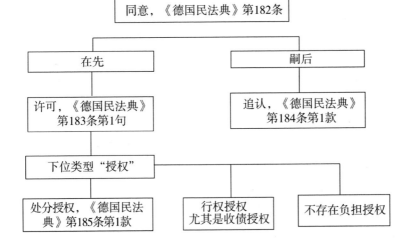

---

[1] 就此,参见 Pawlowski, JuS 1990, 378。
[2] Vgl. BGHZ 96, 151(152f.).
[3] 就此,参见 Lüke/Philippi, JuS 1978, 304; Hadding, WM 1978, 1366。
[4] BGH NJW-RR 2016, 1391 Rn. 27.

二、条件

1. 条件的概念和含义

16　　**条件行为案**:纺织品零售商 H 与其批发商 G 约定,只有当自己将交付的货物进行转卖时,才需要付款;并且如果卖不出去,过一段时间即可将标的物返还。[1] 此种合同形式在法律上应当如何进行体系划归?

(1)概述

当事人以某一法律行为追求特定目的,此种目的能否实现却常常依赖不确定的因素。为在规划之时即将此等不确定性纳入考量,当事人可以令法律行为的效力取决于一项**条件**。该条件是指法律行为的一项附款,其使法律行为的效力取决于**未来不确定事件**的出现。该事件本身同时被称为条件。就此,《德国民法典》区分了两种类型的条件:**停止条件**(《德国民法典》第 158 条第 1 款)和**解除条件**(《德国民法典》第 158 条第 2 款)。在停止条件的场合,只有当条件成就时,也就是说,未来不确定事件发生时,所欲的法律效果才会发生。在解除条件的场合,随着条件的成就,法律效力则会消灭。在个案当中,是否存在条件以及存在何种条件,应当通过解释的方式查明。

在前述"条件行为案"中,本身有多种法律构造(Rechtsgestaltung)可以想象。比如《德国商法典》第 383 条及以下意义上的行纪行为(Kommissionsgeschäft)之约定,在此法律关系中,零售商乃以自己的名义、为批发商之计算而进行货物转售。或者,为零售商保留了解除权(《德国民法典》第 346 条)的买卖之约定。最后,也还可以是一个附条件的买卖。为此,又可以是约定了停止条件,即该买卖只有在货物被成功转卖出去时才会发生效力。或者也可以约定解除条件,即当货物因为销售不出去而在一段时间之后予以返还的情况下,该买卖废止。其解释必须围绕法律

---

　　[1]　所谓的条件行为;参见 BGH NJW 1975, 776 和 *Köhler*, BGB AT PdW,**案例** 117.

行为的具体构造和利益格局展开。在上述案件中，德国联邦最高法院认为[1]属于附停止条件的买卖。

然而，条件的概念是多义的。举例来说，仅仅是对合同内容作进一步规定的**合同条件**或者**交易条件**(参见《德国民法典》第305条)并非《德国民法典》第158条及以下意义上的条件。所谓的**法定条件**同样不是《德国民法典》第158条及以下意义上的条件。当事人将某一法定的生效条件作为法律行为的条件时，即称之为法定条件。例如，一个未成年人购买了一辆自行车，但以其父母嗣后表示同意为"条件"。此时，也没有必要适用《德国民法典》第158条及以下的规定，因为就此已经存在特殊规定(《德国民法典》第108条)。条件还应当与**负担**(Auflage)相区分。[2] 此处的法律行为是完全有效的，但给付受领人却有义务进行一定的给付。

有争议的是，条件可否仅仅指向一个对于当事人来说尚不清晰的过去或现在事件(所谓的**不真正条件**或者**前提**)。按照《德国民法典》第158条第1款的文义，这并不可行，因为该条款以条件仅得在未来成就作为出发点。不过，在此范围内，可以准用《德国民法典》第158条以下[3]或者可得适用法律行为基础的规则。

例如：学生S出售自己的教科书，但以其通过考试为条件。如果在缔约之时结果已经确定，其便属于不真正条件。若其尚未确定，则属于真正的条件。对于法律上的处理，这不应当导致区别的产生。

(2)条件的类型

未来不确定事件的出现可以完全不依赖当事人的意志[所谓的**偶成条件**(Zufallsbedingung)]。

例如：以新款上市作为出卖一辆机动车的条件；以承租人找到职位作为缔结租赁合同的条件；以入境禁止取消作为旅游预订的条件；以出租人授予养狗之同意作为买狗之条件。

---

[1] NJW 1975, 776.
[2] 参见，比如向受赠人施加的负担(《德国民法典》第525条)或者向继承人施加的负担(《德国民法典》第1940条)。
[3] *Jauernig/Mansel* BGB § 158 Rn. 6.

但该事件也可能取决于一方当事人的意志。对此,如果意志之决定指涉法律行为之外的行为,则人们称之为**随意条件**(Potestativbedingung)。

例如:向酒鬼作赠与的允诺,但以其报名参加戒酒治疗为条件。以借款人表示同意接受信用调查为条件而授予信用。

所有权保留的规则也属于此种随意条件(《德国民法典》第 449 条)。据此,于有疑问时,应当认为所有权之转让附有买卖价款的完全支付这一停止条件。

相反,若一个合同的效力取决于一方当事人(表达的)意志,那么人们称之为**意愿条件**(Wollensbedingung)。有争议的是,在停止性意愿条件的场合合同究竟是否成立,因为合同以双方法律拘束意志之存在为前提。[1] 多数情况下,在此等案型中,通过解释会得出如下结论:此时只不过存在对一方当事人有拘束力的要约,并且附有延长的拘束效力。但正如**试用买卖**的法定规则(《德国民法典》第 454 条第 1 款)所展示的那样,该种条件也是允许的[2],因为试用买卖的案型中,同意购买与否即由买受人任意决定,而该买卖于有疑问时便认为其以附同意之停止条件的方式而订立。某商人销售货物若附有"不满意即退款"之标注,那么该合同或者以附意愿解除条件的方式成立,或者(更加妥当)以为客户约定了无条件解除权的方式成立。[3] 二者的区别在返还清算关系中会体现出来(即究竟适用《德国民法典》第 812 条及以下还是第 346 条及以下)。

2. 条件的许可性

18　　只要条件没有依法或者基于法律行为的特殊性质而被排除,那么原则上它在任何法律行为中都是被允许的。为此,具有决定性的乃是,社会公众或者交易相对人于法律清晰性和法律安定性上的利益应否享有优先性。

尤其在特定的家庭法上法律行为之案型中,比如在婚姻之缔结(《德

---

[1] 就此,参见 Jauernig/Mansel BGB § 158 Rn. 4。
[2] BGH NJW-RR 1996, 1167.
[3] Vgl. Lindacher FS Köhler, 2014, 445.

国民法典》第1303条及以下)以及收养子女情形中必要的许可(《德国民法典》第1750条第2款),条件之附加即依法不被允许。同样,土地所有权让与之合意(《德国民法典》第925条)以及继承的接受和放弃(《德国民法典》第1947条)也不能附有条件。

最后,**形成权**之行使原则上不得附条件(比如撤销、解除、终止、追认)。[1] 尽管法律上只是针对抵销的意思表示规定了不得附条件(《德国民法典》第388条第2句),但可从这一规则中提炼出一般性的法理思想。[2] 相对人就被形成之法律格局的清晰性所享有的利益原则上禁止附加条件所导致的不确定状态之出现。不过,如果相对人对此表示同意,或者条件之成就取决于受领人的行为,则可例外地允许条件的存在。[3] 以所谓的"**变更终止**"(Änderungskündigung)为例,在该表示的案型中,如果合同相对人不愿意进行合同变更,那么就对该合同加以终止,这种表示原则上是被允许的。[4] 但若以提高租金为目的而对租赁关系设置变更终止条件,则是不被允许的(《德国民法典》第573条第1款第2项)。

3. 条件的有效性(Wirksamkeit)

条件在法律上的有效性应与其许可性区分开来。如果一项停止条件在客观上不可能成就,则其不生效力。但主要是,当一项停止条件违反法律禁止性规定或者悖于善良风俗(《德国民法典》第134条、第138条)时,该条件及法律行为本身均应不生效力。相反,如果一项解除条件违反法律或者悖于善良风俗,则该法律行为的有效性应依《德国民法典》第139条加以判断。

例如:A与B签订了一个雇佣合同,但以B离婚作为停止条件。此时,该雇佣合同本身也不生效力。C与D签订了一个雇佣合同,但该合同

---

[1] 就此,参见*Köhler*, BGB AT PdW,**案例**118。
[2] BGHZ 97, 267; BGH NJW 2004, 284(285).
[3] BGHZ 97, 264(267).
[4] 参见《德国终止保护法》第2条;BAG NJW 1995, 1981(1982).

以D怀孕作为解除条件。此时,该条件不生效力,劳动合同本身却依然有效。

4. 条件的效力

(1)条件的成就

20　　条件的效力直接发生[依法自动发生(ipso iure)],也就是说,无须当事人实施其他行为。随着相应事件的发生,法律格局会自动按照约定的方式发生变化。在附停止条件的场合,法律行为的法律效力得以发生。

易言之,如果一个合同以附有停止条件的方式被缔结,则该合同会随着条件的成就而生效。即便一方当事人现在因成为无行为能力人而无法再有效地缔结合同,亦复如是。

而在解除条件的案型中,无须再作相应的意思表示(解除、终止),法律效力便会终结。

例如: V在一次事故中严重受伤,他便将自己的一匹马出买给K,但以他未来能够重新骑马作为解除条件。如此一来,随着条件的成就,买卖合同就会终结。K必须将马还给V,V也必须向K返还买卖价款。有争议的只不过是,这两种请求权是源自《德国民法典》第812条第1款第2句第1种情况(法律原因的丧失),还是源自附条件的法律行为本身。[1] 更正确的观点似乎是适用不当得利法,因为该法中包含了与返还清算相关问题的全面规则。如果**权利移转的合意**也是以附解除条件的方式实施的,则K的所有权也会随着条件的成就而丧失,并且所有权在此时点自动回归到V处。此种情况下,V可以根据《德国民法典》第985条的规定要求返还原物。

按照法律规定(参见《德国民法典》第158条的字面文义),条件的成就不具有溯及效力。不过,法律行为的当事人可以依《德国民法典》第159条的规定约定溯及效力,但此种约定仅能发生债法上的效力。换言之,并非终局性的法律效力被回溯性地重置,只不过是使当事人负担债法上的

---

[1] 就此,参见 Neuner, BGB AT § 52 Rn. 36; Medicus/Petersen, AT, BGB Rn. 840。

义务,以使相互处于如同条件早在法律行为缔结时便已经成就(或者不成就)的情况下,他们所本来应当处于的状态。

如果**条件之成就**被可能因此而遭受不利益的一方当事人以**违背诚实信用原则**的方式所**阻止**,那么《德国民法典》第162条拟制了条件的成就。与广泛流传的观点不一致的是,在前述情况下,并不取决于过错的有无。[1]但是,背信行为与条件的不成就之间必须存在因果关系。

举例来说,前述"条件行为案"中,如果零售商根本没有向客户提供交付的货物,那么就属于背信地阻止条件成就(货物的转售!)的一种案型。并且,无须关注零售商是想要以此损害批发商的利益,抑或他只是忘记从事转售行为。此时,条件依《德国民法典》第162条第1款的规定视为已成就,以致G可以要求H支付买卖价款。

若因条件而受益之人表示放弃,则其与条件之成就可等同视之。此种**放弃**可以单方且以非要式的形式加以表示。[2]

例如:在所有权保留买卖的场合,若出卖人放弃买卖价款完全支付这一停止条件(《德国民法典》第449条),那么买受人会自动取得标的物的所有权。

(2)条件的不成就

当被提升为条件的事件终局性地不再出现时,即属于条件的不成就。其法律效果是,附解除条件的法律行为会终局性地保持其有效性,附停止条件的法律行为则不可能再生效。 21

如果得因条件之成就而受利益的一方当事人以违背诚实信用原则的方式促成条件的成就,则依《德国民法典》第162条第2款的规定视为条件不成就。

(3)摇摆状态

一个完全有效的法律行为会随着附条件法律行为的缔结而出现。附条件者,只不过关乎法律行为的效力,而非法律行为之缔结本身。条件应 22

---

[1] *Neuner* BGB AT § 52 Rn. 41; *Staudinger/Bork* BGB § 162 Rn. 10.
[2] BGH NJW 1994, 3227(3228).

当与未决的不生效力法律行为清晰地区分开来。即便在条件成就之前，当事人也如同未附条件的法律行为一样，受其意思表示之拘束。处于摇摆未定状态的只不过是所欲的法律效力是否以及何时发生而已。

若在合同缔结后、条件成就前出现了给付不能的情况，则其始终属于嗣后履行不能的案型，在附停止条件的案型中更是如此。《德国民法典》第311a条于此不应适用。

同样，附停止条件的合同也会使当事人有义务在未定期间内以信守合同的方式实施行为，并且照顾对方当事人的利益。比如，物的出卖人即负有将该物妥善保管，并保护其免于灭失或者毁损的义务。这一基本原则能够在《德国民法典》第160条中找到法定印记。该条针对依赖条件的权利因过错而遭妨害或落空的情况，赋予本可受益之人在条件成就时的损害赔偿请求权。

例如：如果出卖人销售其机动车，但以新款车上市作为停止条件。而在摇摆未定的时间期间内，出卖人基于过错而将该车损坏，则当条件成就时，他须向买受人承担损害赔偿责任。

《德国民法典》第160条的规则也适用于附条件的处分行为，但多数情况下也会存在违反负担行为所产生义务的情况。

例如：假设一项债权被出卖，并且以附停止条件的方式被让与，如果让与人基于债务人对债权之让与不知情的事实而自行将该债权加以收取，那么受让人在条件成就时可依《德国民法典》第160条的规定要求损害赔偿，同时也可以基于违反合同义务（《德国民法典》第280条）要求损害赔偿。

如果摇摆未定状态的终结难以预见，则双方当事人针对他们是否以及在多长时间内必须继续保持着待给付状态之澄清会有利益。故此，双方当事人均有义务实施他们权力范围内之行为，以结束此种摇摆未定状态。

例如：如果签订的一个合同将买方的银行表示同意作为停止条件，则买受人有义务促使银行就同意与否进行表示，以终结摇摆不定的状态。如果买受人无动于衷，则出卖人可以设置（合适的）期限要求买受人从事该行为(《德国民法典》第146条、第148条的类推适用)。如果该期限无果徒过,则该条件不成就,合同不生效力。[1]

在条件成就之前,附条件的权利人享有一项所谓的**期待权**(Anwartschaft)。因为,参与该权利产生的其他当事人已不能通过单方意思表示的方式破坏期待权人的法律地位,故在此范围内,期待权人的法律地位是得到保障的。[2] 此种权利地位是可继承、可转让的,并且因而也是可抵押的和可扣押的。此种权利究竟是物权性质还是债权性质,则取决于附条件法律关系的类型。[3] 在**所有权保留**买卖的案型(《德国民法典》第449条)中,买受人基于附停止条件的所有权让与合意取得了一项物权性质的期待权[4],该期待权可通过完成买卖价款支付的方式而强化为一项完全的物上所有权。

在与交易相对人之间的关系上,附条件权利人的期待权可通过《德国民法典》第160条和第162条得到保护(参见上述),《德国民法典》第161条则在处分行为的场合就其与第三人的关系提供保护(详细阐释参见物权法)。

三、附期限 (Befristung)

当就一项法律行为之效力规定了始期或者终期时,人们称之为附期限。与条件相对,在附期限的场合法律行为的效力取决于一个未来确定的事件。界限的划定在个案中可能是困难的。举例来说,若法律行为的效力仰赖某个人死亡的时点,则其所追求者既可能是一项条件,也可能是一个期限(所有人都总有一天会死去)。具有决定性的乃是解释。[5] 若法律效力从某个特定的以日历计算的日开始发生或者消灭,则属于真正

---

[1] BGH NJW 1985, 1556(1557).
[2] BGHZ 125, 334(338f.).
[3] Vgl. *Staudinger/Bork* BGB Vor § § 158 ff. Rn. 58.
[4] 参见本书第十七章,边码17。
[5] 另参见《德国民法典》第2301条。

的附期限的案型。比如,为 4 月 1 日至 4 月 30 日期间缔结了一个劳动合同。

依《德国民法典》第 163 条的规定,适用于附条件法律行为的第 158 条、第 160 条和第 161 条亦可准用于附期限的法律行为。不得附条件的法律行为原则上也不得附期限。[1]

在提前履行的案型中区分**附始期**的债权与**尚未到期的债权**是有实践意义的。于(已经产生,但还)没到期债权的案型中,如果债务人在届期之前进行了给付,则其不得要求返还(《德国民法典》第 271 条第 2 款、第 813 条第 2 款)。反之,于附始期(并且因而尚未产生的)债权的场合,为其所作的给付可以要求返还。

例如:如果学生 S 在三月初不仅支付了三月的到期租金,还支付了四月的租金,则其可依《德国民法典》第 812 条第 1 款第 1 句的规定要求返还该等金额。因为,在继续性债务关系中,每一期给付义务均应被视为附始期的债权。[2]

四、附论:期间与期日的计算

24   就期间(时间段)和期日(时间点)之计算,《德国民法典》在第 186—193 条为法律清晰性之取得而设置了相应规则,不过,这些条款只是解释规则而已(《德国民法典》第 186 条)。

就期间之计算而言[3],当起点落入起始的那一天时,该起始日不会被计算在内。反之,若期间随着一天的开始而起算,或者在计算年龄时,起始日却会被计算在内(《德国民法典》第 187 条第 2 款)。

例如:如果 A 在 1 月 15 日中午为 B 设置了 5 天的宽限期,则 1 月 15 日当天不会被计算在内,亦即该期间在 1 月 20 日 24 点结束。相反,若 A

---

[1] BGH NJW 2004, 284(285).
[2] Vgl. *Neuner*, BGB AT § 53 Rn. 7; *Medicus/Petersen* AT BGB, Rn. 845.
[3] 就此,参见*Köhler*, BGB AT PdW,案例 145、146、147。

从6月1日开始租赁了一间房屋,则当天会被计算在内。B如果在1980年1月15日出生,则他会在1998年1月15日凌晨0点成年,并由此成为完全行为能力人。

于按日计算的期间场合,期间的最后一日会被计算进去。若为按周或者按月计算的期间,那么期间的最后一日便是该周或者该月的相应日;如果没有这一日或者存在《德国民法典》第187条第2款的情况,则期间最后一日便是相应日之前的那日(《德国民法典》第188条)。

例如:于周三设置的一周期间在下周三结束。

对于期间和期日而言,如果最后一日或者被确定的一日落入周六和周日或者国家承认的节日之中,则不予计算。此时,期间在下一个工作日终结,或者期日落在下一个工作日(《德国民法典》第193条)。可是,在期间延长时,该延长会直接承接至期满的那一日,即便期满的当日是周末或者法定节日也一样(《德国民法典》第190条)。

参考文献:

关于同意:*Finkenauer*, Rückwirkung der Genehmigung, Verfügungsmacht und Gutglaubensschutz, AcP 203 (2003), 282; *ders*, Konvaleszenz und Erbenhaftung in § 185 Abs. 2 S. 1 BGB, FS Picker, 2010, 201; *K. Schmidt*, Beseitigung der schwebenden Unwirksamkeit durch Verweigerung einer Genehmigung, AcP 189 (1989), 1.

关于条件:*Martens*, Grundfälle zu Bedingung und Befristung, JuS 2010, 481.

关于期限:*Ziegeltrum*, Grundfälle zur Berechnung von Fristen und Terminen gem. §§ 187ff. BGB, JuS 1986, 705; *Martens*, Grundfälle zu Bedingung und Befristung, JuS 2010, 481.

第十五章　不生效力的法律行为

1　　　　法律行为若不满足法律的要求,则不生效力。根据瑕疵的严重程度,法律为法律行为的有效性分别规定了不同效果,即无效、尚未终局的不生效力和相对不生效力。诸此,本章将作作体系化的阐释。

一、无效

1. 无效的概念和含义

2　　　　**狡猾的继承人案**:经其儿子 S 引诱,严重年老且精神耗弱的 V 在 S 在场的情况下将一块土地出让给 K。不久之后 S 继承了 V 的财产,并且起诉 K 要求返还这块土地,其主张因为 V 在当时已经处于欠缺行为能力的状态。在诉讼中查明,V 确实已经丧失了行为能力,并且 S 当时也已经知悉此种情况。[1] 此案应当如何判决?

　　　　法律将意思表示(比如,《德国民法典》第 105 条第 1 款、第 116 条第 2 句和第 117 条第 1 款)或法律行为(比如,《德国民法典》第 125 条、第 134 条和第 138 条)无效的法律效果与特别严重的瑕疵相连接。**无效**意味着,意思表示或法律行为自始即无法产生所意欲的法律效果。它是不生效力的最强形式,并且对任何人均有效力。不过,这并非毫无限制地予以适用,而是存在一系列法定例外规则,或者以法官法形式发展出来的例外

---

[1] 案例根据 BGHZ 44,367 改编。

规则。[1] 由此,在某些情况下,可以其他不生效力的形式来取代法律行为无效的形式(参见《德国民法典》第117条第2款、第140条)。一个逾越限度(übermäßig)并且因此本应无效的合同给付义务,可以通过"效力维持性限缩"(geltungserhaltende Reduktion)的方式被缩减到法律所允许或者合适的范围内,进而得以维持其效力。本来无效,但却已进入执行阶段的劳动合同或者合伙合同,在其经由终止的意思表示而被终止之前原则上保持有效。在形式瑕疵导致无效的案型中,法律在例外的情形规定了形式瑕疵的补正规则(参见《德国民法典》第311b条第1款第2句,第518条第2款和第766条第3句)。同样,当事人还可以对无效的法律行为进行确认(《德国民法典》第141条第1款)。除此之外,在个案当中,对法律行为无效性的主张还可能违反诚实信用原则(《德国民法典》第242条),其结果是该法律行为会被作为有效加以处理。[2]

在前述"狡猾的继承人案"中,尽管S作为V的权利继承人原则上可以依《德国民法典》第104条第2项、第105条第1款的规定主张让与行为无效。但考虑相关情况,S的行为有悖信义,并且K针对如下情况所产生的信赖是值得保护的,即S会将其所知悉V欠缺行为能力的状况加以公开,至少S作为V的权利继承人不会通过援引V欠缺行为能力的事实进行抗辩。[3] 所以,该行为应当被作为有效加以处理,并不存在返还请求权。

2. 部分无效(《德国民法典》第139条)

租金收入担保案:V与K就一个租赁公寓的买卖达成合意,并且在此过程中,V担保可以获得一定额度的年租金收入。但在通过公证员对合同进行公证时,他们却忘记将该租金担保条款纳入其中。

(1)概述

无效的原因可能仅仅局限于法律行为的某一部分。针对此种案

---

[1] Vgl. *Köhler*, JuS 2010, 665.
[2] BGHZ 176, 198 Rn. 12.
[3] BGHZ 44,357。

型,《德国民法典》第 139 条规定,如果无法认定即便欠缺该无效部分此法律行为依然会被实施,则整个法律行为均属无效。[1] 这种规则无疑是服务于私法自治之保护:没有哪一方当事人应当受一个内容非其所意欲之法律行为,即欠缺无效部分内容之法律行为的拘束。另一方面,《德国民法典》第 139 条旨在令一个部分无效的行为在可能时以剩下的部分维持其效力,只要这符合当事人事实上或可推知的意思。[2] 可是,当无效的原因依法律的保护目的仅局限于一个不被允许的条款时,《德国民法典》第 139 条不予适用。[3]《德国民法典》第 306 条第 1 款也包含了一个不同于第 139 条的规则:如果个别一般交易条款不生效力,则该合同剩下的部分保持有效状态。

(2) 法律行为的可分性

《德国民法典》第 139 条所规定的部分无效,必须以无效原因所未涉及的部分本身即能够作为独立的法律行为而存在为前提。换言之,**法律行为必须是可分的**。首先,《德国民法典》第 139 条意义上的法律行为可以是具体的法律行为类型(买卖、借贷等)。此时,若无效原因只是牵涉个别合同条款,而合同的剩余部分依然能够存在,那么《德国民法典》第 139 条可得适用。

在前述"租赁收入担保案"中,担保作为买卖合同的附加约定本来也应依《德国民法典》第 311b 条第 1 款第 1 句的规定通过公证员进行公证,因为应受公证强制之条款调整者,非唯导致土地所有权让与合意之义务产生的合同约定,也包括所有依当事人意志属于合同内容的附加性约定。[4] 租金收入担保条款由于形式瑕疵而依《德国民法典》第 125 条第 1 句的规定无效。按照《德国民法典》第 139 条的规定可以得出,该买卖合同整体也无效,因为不应当认为,K 在欠缺此种租金收入担保条款的情况下将会仍然愿意进入这一合同关系。

---

〔1〕 就此,参见 *Köhler*, BGB AT PdW,**案例 83**。
〔2〕 BGH NJW 2012, 2648 Rn. 13.
〔3〕 BGHZ 184, 209 Rn. 29.
〔4〕 Vgl. BGH NJW 1981, 222.

但是,《德国民法典》第139条意义上的法律行为也可能是由多个本身独立的法律行为组合而成的**"法律行为统一体"**(Geschäftseinheit),如果当事人在实施某一法律行为的时点具有一体化的意志,换言之,按照他们的主观预设,单个的法律行为相互之间应当**"共存亡"**(stehen und fallen)。[1] 不过,只要一方当事人具有此种主观预设,而另一方当事人对此表示同意或者接受,即为已足。[2] 此种意志的一个标志可能是将多个法律行为综合地纳入同一个统一的证书中去。反过来,将多个独立的合同录入不同的证书中则建立起如下可推翻的推断,即这些合同并不应当具有法律上的关联。

例如:把一个无效的啤酒供应合同与一个借贷合同结合在一起。多个共同保证人承担一项保证(《德国民法典》第769条),而其中一人为无行为能力人。

负担行为和**履行行为**是否也能构成法律行为的共同体是存在争议的。[3] 尽管为维持抽象性原则,应当以两个相互独立的法律行为作为出发点。但约定履行行为的有效性取决于负担行为的有效性这种条件(在法律允许的范围内,参见《德国民法典》第925条第2款)的情况也是可以想象的。[4] 就**代理权**与**基础行为**之间的关系而言,在个案当中同样也可能存在法律行为的统一体。[5]

即便"法律行为统一体"的前提条件并不具备,法律行为也还是可以通过一者的有效性构成另一者交易基础(《德国民法典》第313条)的方式被联系在一起。

(3)*法律效果*

依《德国民法典》第139条的规定,从部分无效之中并非绝对会得出整体无效的结论,法律只不过是为此规定了一个建立于被推测的当事人

---

[1] BGH NJW 2011, 2874 Rn. 24; 2012, 296 Rn. 55.
[2] BGH NJW 2009, 3295 Rn. 17.
[3] Vgl. BGHZ 31, 323; *Wiegand* AcP 190 [1990], 123.
[4] Vgl. *Palandt/Ellenberger* BGB § 139 Rn. 8.
[5] Vgl. BGH NJW 1990, 1721; 2002, 2325(2326); *Hartmann* ZGS 2005, 62.

意志上的可反驳的推定而已。[1] 相应地,如果"应当认定,即便欠缺无效部分该法律行为依然会被实施",那么该法律行为即保持有效。就此而言,决定性的(只要《德国民法典》第139条没有一开始就被合意排除)还是当事人在法律行为实施时点**被推测的意志**。换言之,应当追问的是,假设当事人在缔约当时便已知悉部分无效之事实,按照诚实信用原则并照顾交易习惯,他们将会作出何种决定。在此过程中通常应当认为,当事人将会意欲实现客观上理性的结果。[2] 尤其是,当不生效力的条款无足轻重或者对于合同的执行而言本来也毫无意义时,整体无效的结局也就不会出现。[3]

若可确定即便欠缺无效部分当事人依然会实施此项法律行为,则要继续追问的是应如何填补该合同漏洞(任意性法规范;补充性合同解释)。

再者,若导致法律行为部分无效的条款恰恰想要保护一方合同当事人,而合同完全不生效力的状况却会剥夺对该方当事人的保护,那么《德国民法典》第139条的推定也不应适用。[4] 此时,合同的漏洞又要通过补充性合同解释或者任意性法规范加以填补。

例如:A将一辆二手车出卖给B,并与之约定了瑕疵担保责任的排除条款,而该条款却由于A的恶意而依《德国民法典》第444条的规定不生效力。这一合同剩下的条款仍然有效。对于被隐瞒的瑕疵,适用相关法定规则(《德国民法典》第434条及以下)。

反过来,若不生效力的条款仅仅为了优待另一方当事人,而该受优待的一方当事人在此等条款废除的情况下依然想要坚守合同,则另一方当事人依据诚实信用原则不得主张《德国民法典》第139条规定的整体无效之法律效果。[5]

例如:借贷合同中所包含的贷款人针对借款人的企业经营享有广泛

---

[1] BGH NJW-RR 1997, 684.
[2] BGH NJW 2012, 2648 Rn. 13.
[3] BGHZ 112, 288(295f.).
[4] Vgl. BGH NJW 1977, 1058.
[5] BGH NJW 1993, 1587, 1589.

控制权的条款因过分束缚(借款人)而悖于善良风俗。当贷款人根本不想行使此种控制权,并且也表示了此种意思时,借款人不能主张合同整体无效。[1]

(4)当事人不同意志的优先性

由于《德国民法典》第139条只是规定了一种**推定**,所以在当事人意欲追求不同的效果时,这一条款自然不应适用。恰恰是在更加广泛的合同中常常会存在一个所谓的**效力维持条款**(salvatorische Klausel)。典型情况下它包含如下规则:

"如果本合同个别条款完全或者部分无效,则合同其他部分的有效性不因此而受影响。合同当事人反倒有义务以另一有效条款取代此无效条款,该有效条款应尽可能广泛地与无效条款的经济内容相吻合。"[2]

但是,按照司法实践的观点,此种条款并不排除《德国民法典》第139条之适用,只不过是导致(不同于《德国民法典》第139条的推定)主张合同整体无效之人需承担主张和证明的责任而已。[3] 不过,一个效力维持条款的范围指涉多广还是需要解释的[4],如此,这种效力维持条款即不包含那些重要的合同条款不生效力,并且合同的整体特质会基于部分无效而被改变的案型。对此,(仅仅具有债法上效力的)替代条款也并不会有所改变。[5] 只有效力维持条款的存在也不能使法律行为之维持符合当事人意志时,整个合同才会无效。[6]

如果效力维持条款被包含于一般交易条款或者消费者合同(《德国民法典》第310条第3款)中,则其中所包含的**替代条款**会因为违反《德国民法典》第306条第2款的规定而不生效力。因为,该条款系以任意性的法规范取代不生效之合同条款为内容。对此,仅可通过个别约定的方式进行偏离,而不可以借助一般交易条款。

---

[1] BGH NJW 1993, 1587 (1589).
[2] 案例根据 BGH NJW 1996,773 改编。
[3] BGHZ 184, 209 Rn. 30.
[4] BGH NJW 1992, 2696(2697).
[5] BGH NJW 1996, 773(774).
[6] BGH NJW 2010, 1660 Rn. 8.

3. 转换(《德国民法典》第 140 条)

9 **购物市场租金案**：B 基于声称的建筑瑕疵而将一个购物市场商店(Barzarladen)的租赁合同无期限地予以终止，并且将该商店清空了。出租人 C 一开始无动于衷，但嗣后却要求 B 继续支付租金，因为该终止是不正当的，因而不生效力。B 则回复说，不管怎样，租赁关系已经消灭了，因为该终止的意思同时也包含了协议解除租赁合同的要约，C 通过沉默的方式对该要约进行了承诺。[1]

(1) 概述

法律想要尽可能使当事人可推知的意志取得成功。即便当事人选择了一个法律上不生效力的形式，但为其目标基本能够达成，法律上被允许的可能性却依然存在，则被追求的经济效果也应当达成。为此而存在的法律上的路径便是**无效法律行为之转换**(转换 Konversion)：如果一个无效的法律行为符合另一个法律行为的要求，那么当可以认定当事人在知悉法律行为无效的场合会意欲追求后者的适用之时，则适用后一法律行为(《德国民法典》第 140 条)。另一个行为会出现在无效法律行为的位置上，即**替代行为**(Ersatzgeschäft)。

(2) 解释优先

10 不过，此种替代行为被当事人意欲当然已经通过对当事人意志的解释而得出。**解释优先于转换**。例如，在个案当中，基于恶意欺诈(《德国民法典》第 123 条第 1 款)而进行(未经论证并因此而不生效力)的撤销行为可以被解释为其中同时包含了(经论证的)错误撤销。[2] 相反，相应的转换却并非直接可行，因为错误撤销会导致撤销人承担《德国民法典》第 122 条规定的责任。但是，实践之中，解释与转换之间的界限是流动的。[3]

---

[1] 案例根据 BGH NJW 1981, 43 改编。
[2] BGHZ 78, 216(221)。
[3] 参见 BGH NJW 1975, 1700 关于将一个撤销的意思表示"解释或者转换成"一个不附期限的终止所作的判决。

(3) 转换的前提条件

转换以**无效法律行为**为前提。于部分无效的场合,只有当该法律行为依《德国民法典》第139条的规定完全无效时,才考虑转换。法律行为被撤销(理由参见《德国民法典》第142条第1款)或未决的不生效力法律行为终局不生效力的,与无效等同视之。

另外,转换还以无效的法律行为符合"**另一个法律行为的要求**"为前提。因此,替代法律行为的构成要件应当全部被满足。

在前述"购物市场租金案"中,将终止的意思转换为协议解除租赁合同的要约原则上是可能的,因为该要约是非要式的。

此外,只有在"**可以认定,于知悉行为无效时,当事人会欲求替代行为之有效**"的情况下,才应适用替代行为。换言之,如果通过解释可以确定(即便仅仅是)一方当事人并不想缔结替代行为,那么转换也应当在一开始便被排除。如果无法确定此种意志,则取决于无效法律行为实施时点**可被推知的当事人意志**,而当事人的此种意志又应依据经济目标的设定、利益格局和伴随性的情势加以查明。[1] 通常而言,仅当替代行为几乎全部或者部分符合当事人之经济目标设定时,才考虑转换。所以,当替代行为的法律效力溢出当事人的目标设定之外,或者无法达成当事人的目标设定时,转换便被排除。反之,若替代行为的法律效果落后于初始的目标设定,则通常并不影响。

据此,在将终止的意思转换为协议解除合同的要约时,应当谨慎。某些情况下,它会导致当事人之间的法律关系出现不清晰性。在前述"购物市场租金案"中,德国联邦最高法院[2]对此问题未作决定,因为无论如何,C 的沉默也不应被评价为承诺的意思表示。如下情形可以作为**被允许转换的例子**:将一个不生效力的公开商事合伙合同(OHG-Vertrag)转换为一个民法上的合伙合同[3];将一个建立住房所有权的合同转换为一个

11

12

---

[1] BGH NJW 1980, 2517f.; 1997, 521(522).
[2] NJW 1981, 43.
[3] BHGZ 19, 272.

创设永久居住权(Dauerwohnrecht)的合同[1];将一个继承合同转换为一个生前赠与承诺[2];将一个基于重大事由终止合同的意思表示转换为一个普通的终止意思[3];将一个终止期间过短的终止意思表示转换为于下一个被允许的时点终止合同的意思[4];将一个债权让与的意思转换为一个收债授权的意思[5];将一个出于形式原因而不生效力的诉讼和解转换为一个实体法上的和解[6];将一个不生效力的债务加入转换为一项保证[7]。[8] **不被允许**的例子如将一个因形式瑕疵而无效的保证合同(《德国民法典》第766条)转换为(无须满足形式要求即可生效的)担保合同(Garantievertrag),将一项普通的终止合同的意思转换为基于重大理由而终止合同的意思表示,或者将一个不生效力的票据接受行为(Wechselakzept)转换为抽象的债务允诺行为。[9]

(4)法律效果

13 转换的前提条件具备时,即可依法适用替代行为。换言之,法院必须主动[依职权(von Amts wegen)]检查,一项无效的法律行为是否可通过转换的方式维持其效力。

(5)转换的排除

14 原则上,因目标设定而无效的行为,尤其是被法律所禁止的行为及悖于善良风俗的行为(《德国民法典》第134条、第138条),均欠缺转换的能力(nicht umdeutungsfähig)。否则,转换将会与**无效条款的保护功能**相冲突:无效之威胁本应阻吓当事人实施此等法律行为,如果该等法律行为得以法律上尚允许的内容维持其效力,则这种效果便会落空。[10]

---

[1] BGH NJW 1963, 339.
[2] BGH NJW 1978, 423,但有争议。
[3] BGH NJW 1998, 76; 1998, 1551;就此,参见*Köhler* BGB AT PdW,**案例84**。
[4] BAG NJW 2010, 3740 Rn. 29.
[5] BGH NJW 1987, 3121(3122).
[6] BGH NJW 1985, 1962.
[7] BGH NJW 2007, 1070 Rn. 24ff.
[8] 其他例子可参见Lieder/Berneith, JuS 2015, 1063, 1065.
[9] BGH NJW 1994, 447.
[10] Vgl. BGHZ 68, 204(206).

4. 无效法律行为的确认(《德国民法典》第141条)

促销案：为刺激已建设的排屋(Reihenhaus)存量之销售，建筑企业经营者A与其友人B以虚伪意思表示的方式针对一个排屋缔结了一项经公证的买卖合同。嗣后，B却违背其预想而喜欢上了这个房子，且确实想要取得这个房屋。他以口头方式与A就此一买卖合同应被作为有效处理达成一致。嗣后，双方就买卖合同之有效性发生了争议。

(1) 概述

即便无效的原因嗣后消失了，无效的法律行为亦保持无效的状态。然而，当事人却可能存在想要坚守该法律行为的愿望。在此案型中，他们可以对该法律行为确认。也就是说，他们可以表示，想要将该法律行为视为有效，并且遵守该法律行为。[1] 依《德国民法典》第141条第1款的规定，此种就无效法律行为所作之确认应被评价为法律行为的重新实施。

(2) 前提条件

必须存在一个无效的法律行为。被撤销的法律行为与无效行为等同视之，这从《德国民法典》第142条第1款中即可得出。反之，若法律行为的构成要件都没有具备[2]，比如一个合同由于不合意而根本没有成立，行为之确认亦应排除。至于该法律行为究竟属单方抑或多方行为，则无关紧要。

当事人必须对无效的法律行为加以**确认**。此以(可识别的)**确认意志**之存在为前提。换言之，当事人必须知悉法律行为的无效性，或者至少对法律行为的有效性存在怀疑[3]，否则他们就没有理由进行确认。若当事人因错误地认为一项法律行为有效而遵守这一法律行为之约定，则此中便无确认之意思。不受形式拘束之法律行为的案型中，确认也可通过"可推断行为"的方式实现，通过合同变更或者合同履行。[4] 不过，必须

---

[1] 就此，参见*Köhler*, **BGB AT PdW**, 案例85。
[2] BGH NJW 1987, 1698(1699).
[3] BGH NJW 2012, 1570 Rn. 21.
[4] Vgl. BGH NJW 1982, 1981.

能够从相关情境当中毫无疑问地得出当事人想要进行确认的意志,若当事人的行为只能被解释为无效合同的纯粹履行行为,便缺乏此种确认的意志。

19 确认应被评价为法律行为的**重新实施**。这并非意味着,该法律行为的所有细节均要被重新实施。[1] 否则,确认的规则就是赘余。不过,待确认法律行为的全部生效前提必须均已满足。若法律行为违反法律禁止性规定或悖于善良风俗,则只有当法律禁止性规定被废除或法律行为的悖俗性如今(比如基于一项与之相关联的合同变更)应予否认时,法律行为之确认才是可能的。如果法律行为因形式瑕疵而无效(《德国民法典》第125条第1句),则其仅能在遵守形式要求的前提下被确认。假设要式行为尽管已经以合乎形式要求的方式被缔结,却出于其他原因(比如《德国民法典》第117条第1款)而无效,则同样只有在(重新)遵守此种形式要求的前提下才能实施确认行为。[2]

在前述"促销案"中,买卖合同因属通谋虚伪行为而依《德国民法典》第117条第1款的规定无效。如果当事人嗣后真正想要进行这一法律行为,那么仅仅是口头或者书面地对该合同进行确认,还不足够。按照通说,他们还必须通过公证员重新对该买卖合同进行公证。不过,在此过程中,他们可以援引旧合同。

(3)法律效果

20 因确认应被视为法律行为的重新实施,故其并无溯及效力。该法律行为仅从确认的时点起(面向未来)发生效力。但是,于有疑问时(解释规则!),当事人依《德国民法典》第141条第2款的规定相互负有"如合同自始有效之时,其本来所应当承担"的义务。

若在前述"促销案"中,根据合同约定,土地的负担和用益皆从合同缔结之日起即转移到买受人处。而嗣后,该合同通过新公证员公证的方式被确认,那么在有疑问时,A必须将其在此期间收取的用益返还给B,而B必须偿还已经支付的负担(土地税、费用等)。

---

[1] *Staudinger/Roth* BGB § 141 Rn. 13.

[2] BGH NJW 1985, 2579, 2580;不同观点,参见 *Staudinger/Roth*, BGB § 141 Rn. 16;批评性的观点,另参见 *Medicus/Petersen*, AT BGB, Rn. 532。

二、未决的不生效力

法律针对某些特定的法律行为规定,其生效必须有第三人的追认。就此而言,追认的要求可能具有保护或者控制功能。最重要的案型便是:未成年人缔结的合同(《德国民法典》第 108 条第 1 款);无权代理人缔结的合同(《德国民法典》第 177 条第 1 款);非权利人作的处分(《德国民法典》第 185 条第 2 款)以及家事法院的追认要求(比如,监护法院依《德国民法典》第 1829 条第 1 款的规定所作的追认)。

只要尚未被追认,该法律行为便处于未决的不生效力状态,换言之,其无法引致所追求的法律效果。为缩短不确定状态,在此种案型中,法律规定,相对人可以催告追认权人作出决定。如果该追认未在规定期限内作出,则视为拒绝追认(参见《德国民法典》第 108 条第 2 款;第 177 条第 2 款;第 1829 条第 2 款)。即便此种催告的可能性并未被依法规定下来(如在《德国民法典》第 185 条第 2 款),相对人催告权利人就追认进行表示也并不会毫无结果。追认权人如果没有即刻进行表示,则应认为追认权人丧失此项权利(verwirkt)。如果追认被拒绝或者视为被拒绝,则该法律行为会终局地不生效力。如果追认权人进行了追认,若无其他规定,则该法律行为会溯及既往地发生效力(《德国民法典》第 184 条第 1 款)。

三、相对不生效力

谨慎的硬币收集者案:V 向 K 出售了一套硬币藏品,但出于借口一直没有让与其所有权。嗣后,K 听说 V 想要将该藏品让与其他人。作为一个谨慎之人,K 想要知道可以如何保护自己。

若法律行为仅仅针对某一个特定人不生效力,而针对所有其他人是有效的,则称之为相对不生效力。相对不生效力被规定于处分行为违反以保护特定人为目的之让与禁止的案型(《德国民法典》第 135 条、第 136

条)以及几个其他案型中(参见《德国民法典》第 883 条第 2 款、第 888 条、第 1124 条第 2 款、第 1126 条第 3 句)。在相对让与禁止的情形,有实践意义的仅仅是《德国民法典》第 136 条意义上的官署的(behördlich)处分禁止[1],因为《德国民法典》第 135 条意义上法定出让禁止并保留《德国民法典》第 473 条之例外规范的情形并不存在。[2] 官署处分禁止的案型主要体现为强制执行中的扣押(Beschlagnahme)(参见《德国民事诉讼法》第 829 条、第 846 条、第 857 条第 1 款)和假处分(einstweilige Verfügung)(《德国民事诉讼法》第 935 条)。

在前述"谨慎的硬币收集者案"中,K 可依《德国民事诉讼法》第 935 条的规定取得主管法院的假处分,该假处分会禁止 V 出让该藏品。如果 V 在假处分发布之后依《德国民法典》第 930 条的规定将藏品出让给 B 用以担保,那么 B 取得所有权,但他不能在与 K 的关系中主张该所有权。这在 V 嗣后将该藏品的所有权让与给 K 时,便会产生影响。在此范围内,K 乃从权利人处取得所有权。换言之,不论 K 就担保让与之情事是否属于善意,均无影响。

23　不过,因处分禁止而受益之人所获得的保护被《德国民法典》第 135 条第 2 款所限定。据此,应当准用那些为利于从非权利人取得权利之人而设置的条款。这尤其是指《德国民法典》第 932 条及以下、第 892 条。

在前述"谨慎的硬币收集者案"中,如果 V 不顾处分禁止之存在,仍然依《德国民法典》第 929 条第 1 句的规定将该藏品所有权让与给古董商人 A。而 A 对这一禁令毫不知情,并且也不可能知悉,则依《德国民法典》第 135 条第 2 款结合第 932 条的规定,A 在相对于 K 的关系上也能取得所有权。

由于相对处分禁止仅仅旨在保护某一特定人,故该特定人完全有可能放弃此种保护,并且得从一开始即对某一处分表示许可,或者嗣后对其加以追认(《德国民法典》第 185 条)。

24　依《德国民法典》第 137 条第 1 句的规定,一项可让与权利上的处分

---

〔1〕　就此,参见 *Köhler*, BGB AT PdW,案例 78。

〔2〕　Vgl. BGHZ 40, 156(160).

权能不得经由法律行为被排除或者限制。[1] 这一条款服务于法律的安定性(更精确地说:对一个标的物可交易性之信赖[2])及私的处分权能之保护。不过,使他人负担不得对此种可让与权利加以处分的**义务**却是允许的(《德国民法典》第 137 条第 2 句)。违反此种义务仅仅会产生损害赔偿义务,但处分行为却是有效的。[3]

四、无效与形成权

即便法律行为是无效的,也并不排除一方合同当事人通过行使形成权(撤销权、撤回权、终止权或解除权)来消除合同拘束力。[4]

参考文献:

关于无效:*Canaris*, Gesamtunwirksamkeit und Teilnichtigkeit rechtsgeschäftlicher Regelungen, FS Steindorff, 1990, 519; *Köhler*, Einschränkungen der Nichtigkeit von Rechtsgeschäften, JuS 2010, 665; *Krampe*, Die Konversion des Rechtsgeschäfts, 1980; *Lieder/Berneith*, Die Umdeutung nach § 140 BGB, JuS 2015, 1063; *M. Müller*, Die Bestätigung nichtiger Rechtsgeschäfte, 1989; *Schreiber*, Nichtigkeit und Gestaltungsrechte, AcP 211 (2011), 35.

关于可撤销:*Coester-Waltjen*, Die Anfechtung von Willenserklärungen, Jura 2006, 348; *Grigoleit*, Abstraktion und Willensmängel – Die Anfechtbarkeit des Verfügungsgeschäfts, AcP 199 (1999), 379.

关于相对不生效力:*Bülow*, Grundfragen der Verfügungsverbote, JuS 1994, 1; *Kollhosser*, Die Verfügungsbefugnis bei sog. Sperrkonten, ZIP 1984, 389; *Ruhwedel*, Grundlagen und Rechtswirkungen sogenannter relativer Verfügungsverbote, JuS 1980, 161.

---

[1] 就此,参见本书第十三章,边码 4。
[2] Vgl. BGH NJW 1997, 861(862).
[3] 就此,参见*Köhler*, BGB AT PdW,案例 79。
[4] Vgl. BGH NJW 2010, 610 Rn. 14ff. ; *Schreiber* AcP 211 [2011], 35.

第十六章 一般交易条款的使用

一般交易条款的使用在教育中也扮演着重要角色。如果在考试中出现了一般交易条款,那么通常有多个点需要检测:存在一般交易条款吗?它们已经被有效地纳入合同中了吗?它们是意外条款(überraschende Klauseln)吗?这些条款应当如何解释?这些条款在内容上是有效的吗?当诸此条款没有被纳入合同或者不生效力时,会产生怎样的法律效果?所有这些问题均将在本章得到处理。

一、概论

1   在今天的经济生活中,已经无法不去考虑一般交易条款(AGB)。它为大众化的合同(Massenvertrag)创设了法律关系的统一化和具体化规则,并由此简化了交易往来(理性化的功能)。当对于某些具体的合同类型,任意性法规范或者根本不存在,或者并不充分,或者由于变迁的或特殊的经济条件而并不吻合时,一般交易条款就应得到使用(漏洞填补功能)。可是,经验告诉我们,一般交易条款的使用者会借此以牺牲合同相对人的利益为代价来追求自己单方利益的实现,或者利用合同自由排除本来合理的任意性法规范,并向相对人施加不利益。尤其是,企业在其与消费者的交易往来中几乎总是能执行其一般交易条款。这有两方面的原因:一方面,消费者常常不知道此种一般交易条款的存在,或者没有看清其射程范围(智识上的劣势地位);另一方面,他或者由于时间消耗而并不愿意对一般交易条款进行修改或删除,或者由于他仰赖企业经营者所提供的给付,或整个行业都在使用类似的一般交易条款(经济上的劣势地位)而根本不能对一般交易条款进行修改或删除。

不过,一般交易条款的法律控制并不以合同当事人在经济上或智识上的劣势地位为前提。同样,也并非必然有企业经营者参与合同之中。毋宁,一般交易条款之控制的连接点议为,一方合同当事人单方地行使合同条款形成之权能,而另一方合同当事人通常对于此等条款的形成欠缺施加影响的能力。[1] 合同条款的单方执行构成对合同自由的滥用。因为,只有当双方当事人至少原则上均享有使其利益得以体现的可能性时,合同自由才是正当的。 2

一般交易条款领域之弊端的法律控制发生得较为犹疑。起初,法院致力于对一般交易条款的内容进行控制,并且立足于《德国民法典》第138条、第242条、第315条的一般条款。直到《德国一般交易条款法》(AGBG)于1976年颁布,并于1977年4月1日起生效,立法者才介入此领域。通过欧盟发布的93/13/EWG这一指令(后来被2019/2161这一欧盟指令所变更《一般交易条款指令》),一个关于一般交易条款控制的欧盟法框架得以建立。所以,只要是涉及**消费者合同**的德国法条款,即应作合乎指令的解释。[2] 德国立法者利用债法现代化的契机,在作几处妥当修改的基础上将一般交易条款法的实体法条款(《德国一般交易条款法》第1—11条)纳入《德国民法典》。尽管就体系而言,一般交易条款法本应属于民法典的总则部分,但它目前却规定于《德国民法典》第305—310条之中。此外,一般交易条款法中宪法性的规范(《德国一般交易条款法》第13条及以下)则被纳入《德国不作为之诉法》。 2a

一般交易条款的概念界定体现于《德国民法典》第305条第1款第1句。《德国民法典》第305条第2款、第3款,第305a条和第305c条则规定了一般交易条款在何种前提下会成为合同的组成部分。《德国民法典》第305b条和第305条第2款设置了解释规则。以一般条款(《德国民法 2b

---

[1] BGH NJW 2010, 1131 Rn. 12; 2016, 1230 Rn. 24.
[2] 就此,参见 Palandt/Grüneberg, BGB § 310 Rn. 23ff。

典》第 307 条)以及一系列特殊条款禁令(《德国民法典》第 308 条、第 309 条)的形式存在的内容控制规则构成了一般交易条款法的核心板块。为了从根本上解决问题,《德国不作为之诉法》规定,特定的消费者团体和经济团体可以起诉不生效力之一般交易条款的使用者和推荐者,要求其不再使用此等条款(参见《德国不作为之诉法》第 1 条、第 3 条、第 5—11 条)。按照《德国反不正当竞争法》第 8 条第 1 款、第 3 款第 1 项,第 3 条第 1 款,第 3a 条结合《德国民法典》第 307—309 条规定,一般交易条款使用者的竞争者同样也可以提起不作为之诉。[1]

二、一般交易条款的概念

1. 法定概念(《德国民法典》第 305 条第 1 款第 1 句)

3　　**一般交易条款(AGB)**,是指"所有为多数合同而预先拟定,且由一方合同当事人(使用者)在缔约时向另一方合同当事人加以提供的合同条款"(《德国民法典》第 305 条第 1 款第 1 句)。

就细节而言,这一概念意味着:

(1) 合同条款(Vertragsbedingung)

4　必须存在一个"合同条款",也就是说,一项指向合同之缔结或其内容的规则。(所指并非《德国民法典》第 158 条意义上的条件)[2]。合同的类型和法律性质原则上不生影响(但参见《德国民法典》第 310 条第 4 款)。同样,由使用者预先拟定的客户之单方法律行为,只要其与一个合同联系在一起,也会落入这一概念的涵摄之下。[3] 如《德国民法典》第 305 条第 1 款第 2 句所示,合同条款的外在表现形式也并非决定性的。据

---

[1] Vgl. BGH NJW 2011, 76.
[2] BGH NJW 1996, 2574(2575); 2009, 1337 Rn. 11.
[3] Vgl. BGH NJW 2000, 2677.

此,该条款是从外观上构成与合同相独立的一个组成部分,还是本身也被纳入合同书中去,这些条款范围如何,它们以何种字体撰写以及该合同有着怎样的形式,均无关紧要。不过,在个案当中可能有疑问的是,究竟出现了一个法律行为意义上的意思表示,还是仅属于一个法律上无拘束力的表达。为此,相关表示在受领人处所引起的印象才是决定性的。

超市搜包条款案:在一个超市的入口处有一个告示牌要求顾客上交自己的包。紧接着是如下文本内容:"否则,我们特别礼貌地提示您,在收银台处,我们可能必须要对您所携带的包进行检查。"在本案中,尽管其语句表述非常礼貌,但依然属于一般交易条款。[1] 因为由此,普通顾客会产生该商家保留了对其所携带的包进行检查权利的印外用,并借此令一个(前)合同法律关系的内容得到调整。[2]

(2)预先拟定

该合同条款必须是预先拟定的,也就是说,早在缔约之前便已经完全拟好并且可以取用。其储存方式(书面文件、电脑储存,以及储存在记忆中)则无足轻重。[3] 即便以手写方式加入合同文本中的条款,只要其经常被使用并且"储藏在大脑之中",也可以是一般交易条款。[4]

(3)多数合同

该合同条款必须是为"多数合同"而拟定的(例外:《德国民法典》第310条第3款第2项)。换言之,其并非必须已经被多次使用。也可以说,只要使用者(或制定者)意图将其作多次使用,那么即便是第一次使用也已满足这个条件。[5] 此种意图可以从条款的内容和形式中得出。[6] 最低的限度是使用三次。[7]

格式租赁合同案:房屋所有权人H将其房子出租给承租人M,并且在

---

[1] BGH NJW 1996, 2574(2575).
[2] 另参见 BGH NJW 2011, 139 Rn. 23, 24。
[3] BGHZ 141, 108 = NJW 1999, 2180(2181).
[4] BGH NJW 2005, 2543(2544).
[5] BGH NJW 1997, 135.
[6] BGH NJW 2004, 502(503).
[7] BGH NJW 2002, 138.

此过程中使用了租赁法手册中的一个格式合同。当事人只需要在该格式合同中填上当姓名、租金和合同期限。本案情形属于一般交易条款(以"表格式合同"形式),因为该合同条款按照其制作者(手册撰写人)的意图应当被用于多数租赁合同之缔结。至于 H 自己只计划使用一次,则无关紧要。[1]

(4) 合同条款的提供

7　　就一般交易条款之存在而言,其他前提包括:一方当事人,即所谓的**"使用者"**,将该条款**"提供"**给另一方当事人。换言之,其必须表现为,一方当事人向另一方当事人提出以此种条件缔结一个合同。经济或智识上优势地位之利用或者压力之施加则并非必要。[2] 使用者作为企业经营者,而相对人是消费者的身份,也并非必要(但《德国民法典》第 310 条第 3 款是例外)。

举例来说,在前述"格式租赁合同案"中,如果承租人向出租人建议使用该表格,则他就成为该合同条款的"使用者"[3]。此时,《德国民法典》第 307 条的保护不应给他带来利益,因为该条款仅仅保护格式条款使用者的合同相对人。反之,若出租人向有意租房的承租人提出,利用"房屋与土地所有者联合会"的租赁格式合同(Mietvertragsformular)进行合同缔结,那么此种情况下就应当将出租人视为格式合同的使用者。[4]

但是,如果预先拟定的合同条款之纳入合同,乃是建立于建议使用一般交易条款者之相对人的自由决定,则并不存在合同条款之"提供"。为此,必要的是,其对进入视野之合同文本的选择是自由的,尤其是有机会在合同谈判的过程中提出自己的替代性合同文本建议,并且其建议确实有可能获得贯彻执行。[5] 同样,若双方当事人相互独立地要求特定合同条款的纳入[比如《工程采购与合同条例》(VOB/B)],则《德国民法典》

[1]　BGH NJW 2010, 1131 Rn. 10.
[2]　BGH NJW 2010, 1131 Rn. 12.
[3]　Vgl. BGH NJW 1995, 2034(2035f.).
[4]　BGH NJW-RR 2018, 843.
[5]　BGH NJW 2017, 2346 Rn. 9.

第305条第1款第1句的构成要件也没有得到满足。

若是**第三人**(比如公证员或居间人)建议利用预先拟好的合同条款,那么首先要注意《德国民法典》第310条第3款第1项设置的特殊规则。[1] 若前述规则无法适用,则取决于是否应将第三人的行为归属于某一方合同当事人。假如属于**中立**第三人的案型,那就不能将第三人的行为归属于某一方合同当事人[2];但如果第三人是受某一方合同当事人之委托或为某一方合同当事人之利益而实施行为,或许就要将该第三人所实施的行为归属于该方合同当事人。例如:房地产开发商(Bauträgergesellschaft)为大量私有住房(Eigentumswohnungen)之销售而加以利用的"私人公证员"(Hausnotar),即属其行为应当归属于房地产开发商的第三人。

7a

2. 与个别约定的界分(《德国民法典》第305条第1款第3句)

然而,根据《德国民法典》第305条第1款第3句的规定,"只要合同条款在当事人之间经过了个别谈判",那就不属于一般交易条款。由于此种情况中合同当事人已经利用了合同自由来保护其自身的利益,故不再需要通过法律向其赋予额外保护。"**谈判**"必须以条款之使用人具有一种清晰且严肃认真的变更意愿,而并非单纯一般化的变更意愿为前提。[3] 客户必须真正具有影响合同条款之内容的可能性。[4] 为此,他必须被告知了条款的内容及范围,除非他已经明显地知悉了条款的意义。[5] 另外,如果预先拟定的文本向客户提供了在多种合同条款之间进行选择的可能性,或者允许其进行修改或删除,也并不属于一般交易条款。[6] 另一方面,对于谈判而言,从概念上来看,内容上的修改变更也并非必

8

---

[1] 就此,参见本章边码11。
[2] Vgl. BGH NJW 2017, 1541 Rn. 11.
[3] BGH NJW 2018, 2950 Rn. 33.
[4] BGH NJW 2018, 2950 Rn. 33.
[5] BGH NJW 2005, 2543f.
[6] Vgl. BGHZ 98, 24 (28); BGH NJW-RR 2018(683).

要。[1]可是,如果相关条款以未经变更的方式被纳入合同,那么只是在例外的情况下,亦即当使用者或者在另外一个事项上(比如价款)作出让步,或者至少已经将自己接受修改变更的意愿以清晰可见且严肃认真的方式表达出来,并且合同相对人在细致地讨论之后,因认为该合同条款事实上是妥当的而对该规则表示同意之时,才能说进行了"谈判"[2]。其标志可能是,一个条款文本在很多核心事项上均经过修改变更。[3]条款的使用者应当承担如下事项的证明责任,即预先拟定的合同条款并非如同外观表象那样,而是经过详细的谈判。[4]仅是出示由顾客签名的、表示合同条款已经进行过详细的谈判的确认书,并不足以认定为履行了此种证明责任。甚至这种条款本身也根据《德国民法典》第309条第12b项的规定不生效力。[5]

在前述"格式租赁合同案"中,如果出租人H在承租人M的要求下,表示愿意修改关于房屋修缮的条款,则在此范围内便属于《德国民法典》第305条第1款第3句规定的"个别磋商条款"。虽然H坚守该条款,但在租金问题上向M作出了让步的,也适用上述相同规则。在某些情况下,虽然H表明了自己接受修改变更的意愿,但M却最终认为,这些条款是一般通行的,并且在内容上也属正当,此时亦可认为进行了谈判。然而,合同中未经谈判的其他剩余条款却仍应受一般交易条款的控制(理由:《德国民法典》第305条第1款第3句:"在此范围内")。

三、消费者合同的特殊规则

9 《德国民法典》第310条第3款就"消费者合同"设置了特殊规则,其

---

[1] BGHZ 153, 311(321); BGH NJW 2013, 2027 Rn. 20.
[2] BGHZ 206, 305 Rn. 23.
[3] BGH NJW 2013, 2027 Rn. 20;详细地说,这里还有很多争议,参见 *Habersack* FS *Köhler*, 2014, 209(212ff.).
[4] BGHZ 200, 326 Rn. 27.
[5] BGHZ 99, 374 (378).

为消费者之保护,在三个方面扩张了一般交易条款法的适用领域。

1."消费者合同"的概念

按照《德国民法典》第 310 条第 3 款的法定定义,消费者合同是"企业经营者与消费者之间缔结的"合同。[1] 而企业经营者与消费者的概念又规定于《德国民法典》第 14 条第 1 款和第 13 条。据此,企业经营者不单单是指工商业经营者,还包含自由职业者、手工业者和农民。必要的不过是,在一定期间内持续且以营利为目的的独立活动。属于消费者群体的,不仅有私人,还包含其合同的目的可归入私人领域(Privatsphäre)的企业经营者。不过,其应为此承担证明责任(《德国商法典》第 344 条的法理思想)。例如,一位手工业者购买一辆机动车,并且他想针对销售商主张《德国民法典》第 310 条第 3 款的适用,则其必须说明并证成,该车主要为私人目的使用(《德国民法典》第 13 条)。

10

2."第三人提供的合同条款"的控制(《德国民法典》第 310 条第 3 款第 1 项)

按照《德国民法典》第 305 条第 1 款第 1 句的规定,一般交易条款的控制本来以一方当事人(使用者)向另一方当事人提供特定合同条款为前提。《德国民法典》第 310 条第 3 款第 1 项主要规定,除由消费者纳入合同之外,一般交易条款乃是由企业经营者提出的。这意味着:即便是经**第三人建议**(比如公证员、居间人、协会)而被纳入合同的一般交易条款,也要受一般交易条款控制规则的调整。法律将此种由第三人提供的合同条款拟制为("视为")由企业经营者所提供。企业经营者若想摆脱此种推定,则其必须证明是消费者(或者由其所委托的第三人)建议了一般交易条款的使用。

11

---

[1] 更详细的内容,参见本书第五章,边码 20 及以下。

3. "一次性条款"的控制(《德国民法典》第310条第3款第2项)

12　　一般交易条款控制,本来以"为多数合同之缔结而预先拟定的合同条款"为前提。反之,在消费者合同的场合,预先拟定的合同条款只要为一次性的利用即为已足。不过,应当补充并加以限缩的是:在消费者由于合同条款预先拟定而无法对其内容施加影响的范围内。尤其是在长篇或者复杂合同条款的情况下,若有疑问,更应当认定消费者对条款内容无力施加影响。如果这些前提满足了,则此等合同条款便处于《德国民法典》第305c条第2款、第306—309条所规定控制性条款的调整之下。换言之,依法律文义,不应适用《德国民法典》第305条第2、3款和第305c条第1款。但可在《德国民法典》第307条所规定内容控制的框架内,可对此种规则瑕疵予以考虑。[1] 在此过程中,《德国民法典》第307条第1款第2项的透明性要求具有特别的意义。

4. 扩张的内容控制(《德国民法典》第310条第3款第3项)

13　　在进行内容控制时,原则上应设定一个一般性的客观标准。[2] 与之相对,《德国民法典》第310条第3款第3项规定,在判定第307条第1款、第2款所规定的不合理的不利益(unangemessene Benachteiligung)时,也应当兼顾与合同之缔结相伴随的相关情事。此种应当考虑的个别情况,可以是缔约情境的特殊性(利用时间紧迫性,或者反过来,利用消费者有很长检验时间的可能性),也可以是消费者人身上的特殊性(比如消费者特别有交易经验,或者特别缺乏经验)。易言之,各个不同的情况可能利于消费者,也可能不利于消费者。

---

〔1〕　*Eckert* ZIP 1996, 1238(1240).

〔2〕　Vgl. BGHZ 105, 24(31).

四、一般交易条款纳入合同

1. 纳入约定

为使一般交易条款成为合同的组成部分,条款纳入之约定乃是必要的。为此,《德国民法典》第 305 条第 2 款设置了三个前提条件。[1] 如果因为未能满足《德国民法典》第 305 条第 2 款的要求而使一般交易条款未能被纳入合同,那么该合同便以欠缺一般交易条款的状态成立。若要嗣后将一般交易条款纳入合同,则只得通过合同变更的方式实现。而此种嗣后的条款纳入仍应以合乎意义的方式适用《德国民法典》第 305 条第 2 款所设置的要求。[2]

(1) 缔约时明确提示一般交易条款

使用者必须在"**缔约时**"提示一般交易条款。换言之,如果在原先的缔约时点或者干脆只是在缔约之后才作提示,则并不足够。对于那些印刷在入场券或者类似东西上的一般交易条款,这是有意义的:如果直到合同缔结之后才完成此类东西的交付,则这些一般交易条款不会成为合同内容。另外,该提示还必须以"**明示**"的方式进行。换言之,该提示之清晰必须达到令普通客户无法忽视的程度。举例来说,如果使用者将其一般交易条款印在要约函件的背面,但在正面却并没有对此加以提示,便属于缺乏提示。如果明示的提示在技术上不可能或者很难实现,那么"**在缔约地点清晰可见的公告**"也可以被认为满足了提示的要求(《德国民法典》第 305 条第 2 款第 1 项第 2 种情况)。尤其是在利用缺乏亲自接触的自动化设备时,比如在停车房、自动洗衣机的案型,这是有意义的。

(2) 提供知悉其内容的可能性

除此之外,使用者还必须向另一方当事人创设以**可期待**的方式知悉一般交易条款内容的可能性,并且时间上同样是至迟在缔约时点。另

---

[1] 参见本章边码 15—17。就此,参见 *Köhler*, **BGB AT PdW**, **案例 109**。
[2] BGH NJW 2010, 864 Rn. 39.

一方当事人应当拥有在缔约时熟悉一般交易条款的机会,借以对合同缔结的法律效果与风险进行评估。[1] 为此,他必须能够**知悉**一般交易条款文本的内容。即便是对于广泛流行和惯用的一般交易条款,比如《建筑合同条例》(VOB/B)[2],只要无法认定相对人已经知悉其内容,则也适用上述规则。再者,该文本还必须是易读的。如果文本印刷太小或者不清晰,以致普通人不能毫无困难地加以阅读,则它就不是易读的。[3] 最后,该文本还必须是**可理解**的(透明性要求;另参见《德国民法典》第307条第1款第2句)。假如,尽管使用了一般人能够理解并且没有歧义的表述方式,但是该文本却依然被撰写得只有法学家才能够理解,那么它就没有满足可理解的要求。举例来说,若在一个租赁格式合同中写着"《德国民法典》第535条第1款第2句不可适用"的内容,那就未能符合可理解性的要求。

(3)相对人的同意

17　　最后,另一方合同相对人还必须对一般交易条款的使用表示同意。当前面两个前提条件都满足,并且相对人进入合同之缔结时,则通常可以认定存在此种同意。但如果是由相对人发出要约,而使用者只是在其承诺的意思表示中(所谓的订单确认函)提及其所提供的一般交易条款,那么,这原则上被视为《德国民法典》第150条第2款所规定的对要约之拒绝,并附加了一个新要约。相对人对此表示沉默时,原则上不应评价为同意。

2. 附论:冲突的一般交易条款

18　　在企业间的交易实践中,当各方当事人均想执行其自身提出的一般交易条款时,可能会出现一般交易条款之间的冲突。[4] 比如,当一个企业经营者在订购货物时援引其"一般购货条款"(Allgemeinen Einkaufsbe-

---

[1] BGH NJW 2010, 864 Rn. 38.
[2] BGHZ 109, 195.
[3] BGH WM 1986, 770.
[4] 就此,参见*Köhler*, BGB AT PdW,案例114。

dingungen),而相反,其合同相对人在进行"订单确认"时提及自己的"一般销售条款"(Allgemeinen Verkaufsbedingungen)时,便会发生此种情况。在此案型中,首先应当注意的是,在针对企业运用一般交易条款时,《德国民法典》第305条第2款、第3款无法适用(《德国民法典》第310条第1款第1句),即对于一般交易条款之纳入会提出更低的要求。其余方面,则应作如下区分。

若双方当事人均援引其自身的一般交易条款,则不应适用《德国民法典》第150条第2款。因为,这将会有悖于双方当事人不希望合同由于一般交易条款而失败的通常意图。在此范围内应适用如下规则(与《德国民法典》第154条第1款第1句的解释规则相反),即合同在事实上达成合意的范围内成立。这意味着,当事人合意约定的条款(比如关于买卖标的和买卖价款),以及他们的**一般交易条款**中**内容上相互覆盖**的部分,或者一般交易条款中可认为被另一方当事人所默示同意的部分(比如该条款只会给此方带来好处),应当予以适用。合同剩余的漏洞则应根据一般性的基本原则(任意性的法规范、补充性合同解释)加以填补。在承诺意思的受领人没有不加迟延地表示异议时,合同便已经以此种内容成立;而非直到当事人已经事实上开始履行合同时,合同才成立。[1] 即便双方合同当事人的一般交易条款中含有表明只应适用己方一般交易条款的所谓抵抗条款(Abwehrklauseln),上述基本原则也同样应当予以适用。

若一方或者双方**当事人明确地**(也就是说,并非仅仅在一般交易条款中)表示,他只有在自己提供的一般交易条款得以适用时才会缔约,那么情况就会有所不同。此时,便停留于《德国民法典》第150条第2款的基本原则。故此,只有当被变更之承诺意思的受领人对此表示同意,也就是说,表示接受时,合同才会成立。不过,尚不能将对被变更承诺的单纯沉默视为同意,而只有当该方不加反对地进行合同履行时,才能推定出此种同意。

19

---

[1] 但是,BGH NJW 1991,1606却持此种观点。

五、意外条款

20 多数情况下,合同相对人不会费心研究一般交易条款的全部细节。一般交易条款的使用者可能会利用此种情况,并在一般交易条款中"隐藏"一些相对人通常不会轻易接受和进入的条款。对此,《德国民法典》第305c条第1款把这扇门给堵上了。[1] 据此,如果一般交易条款中的规则根据事实情况是如此非同寻常,以致条款使用者的合同相对人不会预料到它的出现,那么该规则就不是合同的组成部分。根据司法实践的观点[2],如果规则中存在突袭或者意外效果,并且规则的内容与客户的期待之间存在明显分歧,则属于前述情形。客户的期待可以通过合同类型确定,并可能经由偏离于任意性规范或通常合同形式的程度而落空。就此而言,具有决定性的乃是潜在客户群的认知可能性。

例如:一台机器的买受人,并不必然直接预料到一个包含了长期委托修理和维护的条款(额外主义务的扩张或生成)。一个客栈与啤酒厂缔结"借贷预约"时,也不必预估到其中会包含一个即便其不取得借款时也必须承担啤酒购买义务的条款(排除合同的双务属性)。承租人亦不必在一般交易条款中"抵销、留置抗辩"的章节预料到,此处会存在一个针对租赁物自始瑕疵的担保责任排除条款(欠缺体系上的关联)。[3]

不过,客户的期待也可能通过缔约时个性化的附随情况确定,比如通过合同谈判的进程与内容,以及合同的外部样式来确定。[4]

案例:一个客户无须预料到包含如下内容的条款,即在具体发生的合同缔结之间并无关联时,仍在该条款中保证自己是商人。[5]

---

[1] 就此,参见 *Köhler*,BGB AT PdW,**案例** 111。
[2] Vgl. BGHZ 102, 152(158f.).
[3] BGH NJW 2010, 3152.
[4] BGHZ 102, 152(158f.); BGH NJW 1990, 576(577).
[5] BGHZ 84, 109(112f.).

六、一般交易条款的解释

一般交易条款之解释首先适用法律行为解释的一般性基本原则,包括关于补充性合同解释的基本原则。除此之外,还必须兼顾一般交易条款在经济生活中的特殊任务和风险。这需要额外的解释原则。[1]

1. 客观解释的基本原则

鉴于一般交易条款应可用于多数合同,并且其理性化的效果只有通过统一的解释才能够达成,故应对其作**客观**解释。[2] 这就是说,一般交易条款应当按照其客观内容和典型意义统一化地进行解释,正如在对通常参与该交易圈子的主体之利益进行衡量的基础上,理性且正直的合同相对人对相应的一般交易条款所采取的理解那样解释。[3] 解释的出发点首先是一般交易条款的字面文义。同样,对于那些虽然理论上可以想象,但在实践中不常见,并且也不应认真地予以考量的理解可能性,也不予考虑。[4]

2. 个别约定的优先性(《德国民法典》第 305b 条)

如果当事人作出了不同于一般交易条款内容的约定,则按照《德国民法典》第 305b 条的规定,此种个别化的约定优先于一般交易条款。[5] 因为,相较指向普遍适用的一般交易条款,个别化约定是更加特殊的规则,并且此外,一般交易条款应仅补充个别约定,而非将其架空。

交付日期案: A 在汽车销售商 B 处签署了一个新车买卖合同,其中将 2006 年 4 月 1 日确定为交付日期。B 应当受该交付日期的拘束,即便他

---

[1] 就此,参见 Köhler, BGB AT PdW, **案例** 112。
[2] BGH NJW 2009, 2671 Rn. 23.
[3] BGH NJW 2018, 2117 Rn. 18.
[4] BGH NJW 2018, 2117 Rn. 20.
[5] 就此,参见本章边码 8;Köhler, BGB AT PdW, **案例** 113。

所提供的一般交易条款中包含"交付日期无拘束力"的内容,亦复如此。因为,按照《德国民法典》第305b条的规定,个别约定具有优先效力。

即便个别约定仅仅是口头作出,而一般交易条款中包含了所谓的**书面形式条款**之要求(比如,"附加约定只有以书面形式作出,才有效")〔1〕,仍然适用个别约定优先的基本原则。因为,任何书面形式要求的条款均可由当事人以非要式的方式排除其效力。〔2〕如果一个以非要式方式作出的个别约定之适用为当事人所欲,则其可排除一般交易条款中的不同约定。〔3〕这亦适用于一般交易条款中约定的**双重书面形式条款**(doppelte Schriftformklausel),比如:"对本合同的任何变更或者补充仅当以书面形式约定时,方可生效。对于此处书面形式条款的变更,同样应以书面形式为之。"〔4〕至于当事人是否具有对条款加以变更的意志,或者他们甚至知悉条款之间的冲突,都并不重要。〔5〕不过,就不同约定之存在,却应由主张该约定存在之人负担证明责任。〔6〕

23a　　但在所谓确认条款(例如,"口头附加约定必须经书面确认方可生效")的场合,应予区分。它原则上应当如同书面形式条款那样被对待。不过,其意义也可能是,对一般交易条款使用者之工作人员的有限代理权加以提示。〔7〕由此,如果某一工作人员在欠缺足够代理权的情况下达成了口头的附加约定,那么可能(分别根据个案的情势)会出现《德国民法典》第171条、第172条所规定的表见代理权,又或者成立一项容忍代理权或表象代理权。该确认条款可能会导致,客户知道或者应当知道代理权的限制(参见《德国民法典》第173条;《德国商法典》第54条第3款),并因而不存在有效的代理。但这此亦不能一概而论,而应取决于相

---

〔1〕 就此,参见*Köhler*, BGB AT PdW,**案例75**。
〔2〕 参见本书第十二章,边码21。
〔3〕 BGH NJW 2006, 138(139).
〔4〕 BGH NJW 2017, 1017 Rn. 16, 18.
〔5〕 BGH NJW 2017, 1017 Rn. 19.
〔6〕 BGH NJW 2006, 138(139).
〔7〕 Vgl. BGH NJW 1982, 1389(1390).

关情事,比如借特殊的印刷技术而将条款加以强调。[1] 这也可以从《德国民法典》第305c条第2款关于不清晰的处理规则中得出。[2] 如果口头附加约定根据代理权的基本原则有效成立,则其根据《德国民法典》第305b条而优先于确认条款。若非如此,则适用《德国民法典》第177条及以下。

应当注意的是,书面形式要求条款和确认条款同样应受《德国民法典》第307条之控制。这对于《不作为之诉法》第1条所规定的不作为之诉尤其重要。因为此种情形中,无须考虑个别约定的存在,这些条款本身就应接受检验,故不考虑以《德国民法典》第305b条作为检验标准。这些条款若与《德国民法典》第305b条不相符,则其同样也违反《德国民法典》第307条。[3]

24

与书面形式要求条款应予区分的是**完整性条款**("未作口头附加约定")。按照司法实践的观点,此种条款是有效的,因为它们只是重复了对合同书完整性的一般性推定,并没有切断客户提出反面证据的可能性。[4] 不过,这并非全无疑问,因为客户可能会将该条款理解为,其不能有效地主张一个口头附加约定的内容。

25

3. 不清晰的处理规则(《德国民法典》第305c条第2款)

如果一般交易条款**客观上有多重含义**,亦即多种解释的可能性在法律上均属正当,那么按照《德国民法典》第305c条第2款的规定,此种解释疑问应导致不利于使用者的结果。[5] 因为是使用者将一般交易条款纳入合同,故他应当将条款清晰且无疑义地加以表述。如果他没有这样做,那风险则应由他自己承受。此时,适用对其合同相对人**更加有利**的解释方案。然而,在多种可能的解释方案之中,看上去似乎对客户最为不利

26

---

[1] Vgl. BGH NJW 1986, 1809(1810).
[2] *Medicus/Petersen* AT BGB Rn. 425.
[3] Vgl. BHG NJW 1986, 1809(1810); BB 1991, 1591; *Palandt/Grüneberg* BGB § 305b Rn. 5.
[4] BGHZ 93, 60; BGH NJW 1985, 2329(2331).
[5] *Köhler*, **BGB AT PdW,案例112**; BGH NJW 2017, 1018 Rn. 23。

的方案在结果上却通常是对客户更为有利的。因为,此种最为不利的方案将会导致相应条款不生效力。[1] 只有当该不清晰条款按照任一种可能的解释方案均属有效时,才应采纳对合同相对人最为有利的解释方案。[2] 不予考虑的仅仅是那些虽然理论上可以想象,但实践中却生僻罕见,并且典型的当事人多不会考量的理解可能性。[3]

酒店停车场案:一根掉落的腐烂树枝损坏了一个酒店顾客的车。该顾客要求酒店经营者承担损害赔偿责任。酒店经营者援引酒店停车场上设置的一个牌子所写"停车自担风险"进行抗辩。此处所涉乃《德国民法典》第305条第1款第1句意义上的一般交易条款。在停车人所需承担风险的方向,该条款存在多种客观的解释可能性。依《德国民法典》第305c条第2款的规定,此种解释疑义应导致不利于酒店经营者的结局。故此,该条款应作限缩解释,并且不应指涉源自停车场之条件的风险。[4]

27 但是,在依《不作为之诉法》第1条、第3条及以下的规定进行的诉讼程序中,为客户利益之保护,不应适用《德国民法典》第305c条第2款,而是应当从最不利于客户的解释方案出发。[5] 因为,此时乃是意在杜绝该种不清晰一般条款之继续使用(免于不清晰一般交易条款的预防性保护)。

七、一般交易条款的内容控制与规避禁止

1. 一般交易条款的内容控制

28 即便一般交易条款已经被有效地纳入合同,其也必须接受内容上的控制[6],目的在于检验该等条款在内容上的适当性。然而,按照《德国民法典》第307条第3款第1句的规定,受其调整者,仅仅是"一般交易条款

---

[1] BGH NJW 2016, 2947 Rn. 12.
[2] BGH NJW 2010, 2041 Rn. 26.
[3] BHG NJW 2018, 2117 Rn. 20.
[4] Vgl. BGHZ 63, 333.
[5] BGHZ 108, 52(56); BGH NJW 2003, 1237(1238).
[6] 就此,参见Köhler, BGB AT PdW,案例110。

中偏离于法定条款或者对法定条款加以补充之规则"。例如,合同中就给付之描述和价款之规定而设定的条款,即不受内容控制。不过,即便是此等条款也受《德国民法典》第 307 条第 1 款第 2 句透明性要求之调整,并且可能因此不生效力(《德国民法典》第 307 条第 3 款第 2 句)。内容控制的核心部分是《德国民法典》第 307 条第 1 款第 1 句的**一般规定**。据此,"**当一般交易条款中的规则以悖于诚实信用原则的方式,给其使用者的合同相对人带来不适当的损害时**",诸此规则不生效力。当使用者欲以牺牲其合同相对人为代价来实现自己的利益,却没有充分地顾及合同相对人的利益和给予合同相对人以合适的补偿时,此种一般交易条款便可视为不合适。〔1〕根据《德国民法典》第 307 条第 1 款第 2 句的规定,不合理的不公平对待可能源自一般交易条款的**不清晰**与**不可理解性**。所以,使用者在表述其一般交易条款时,必须令其合同相对人的权利和义务尽可能地清楚并且易于识别[**透明性要求(Transparenzgebot)**]。一般交易条款必须使经济上的不利益和负担如具体情势所要求的那样得以识别。〔2〕该一般规定在《德国民法典》第 307 条第 2 款中得到了进一步具体。为最大程度地实现清晰性和法律安定性,《德国民法典》第 308 条和第 309 条又举出了不被允许之条款的清单。是故,《德国民法典》第 308 条和第 309 条应当优先于第 307 条被检验。论述的细节则属于债法的任务了。

2. 规避禁止

为防止当事人通过选择其他看上去似乎被允许的合同形式来规避《德国民法典》第 305 条及以下的规则,《德国民法典》第 306a 条规定了**规避禁止**。若某一规则作为一般交易条款便会按照《德国民法典》第 307—309 条被认定为不生效力,而在利益格局保持相同的前提下可通过另一种形式达到这一规则的效果,且这种另外的形式只不过是为了规避法律禁

---

〔1〕 有争议的判决,参见 BGH NJW 2016, 1230 Rn. 33。
〔2〕 BGH NJW 2018, 1544 Rn. 8.

令而已,那么此时就有上述规避禁止规则介入的余地了。[1] 最后,上述规避禁止的规则还可以使一般交易条款内容控制的法律条款适用于如下案型,即在法律目的的考量之下,尽管相应案型事实的利益格局并无二致,却无法再通过常规法律解释的路径将此等案情涵摄于《德国民法典》第307—309条的禁令之下的案型。[2]

读书团案(Buchring):一个出版社以如下方式组织书籍销售:感兴趣的人必须成为一个以无权利能力社团之法律形式组建的"读书团"成员,并且以会费的形式支付买书的价款。对于此处以社团章程之法律形式而存在的一般交易条款,按照《德国民法典》第310条第4款的规定(会社法领域之合同被排除在外,社团法领域亦是如此),本来《德国民法典》第305条及以下是无法适用的。但是本案中,《德国民法典》第306a条的规避禁止可以介入,而该条又要求对《德国民法典》第310条第4款作目的性限缩。

八、一般条款未纳入及其不生效力的法律效果

30   **暂保单案**:H通过电报的方式为其摩托艇申请了一个V保险公司的临时保单。V保险公司电报回复:"兹即刻授予暂保单确认,申请表随后完成。"在最终的保险合同签订之前,该船便沉没了,原因是霜冻导致排气管爆裂之后,水由此没入船中。V对A要求赔偿损害的请求权表示异议。因为根据其一般保险条款(AVB),经由霜冻而导致的损害不予赔偿。[3] 该抗辩是否有理?

若某一一般交易条款违反了《德国民法典》第307—309条的规定,则其原则上全部(in vollem Umfang)不生效力。进行所谓的"效力维持性限缩"(geltungserhaltende Reduktion),亦即通过补充性合同解释的方式或者

---

[1] BGH NJW 2016, 2489 Rn. 21.
[2] 就此,参见 BGHZ 162, 294 (301); BGH NJW 2009, 1337 Rn. 20。
[3] 案例根据 BGH NJW 1982, 824 改编。

法律行为效力转换的路径,去寻得一个一方面对一般交易条款使用者尽可能有利,另一方面恰又是被法秩序所允许版本的条款,并非法院的任务。[1]否则,一般交易条款的使用者就可以毫无风险地纳入过分的一般交易条款,而其相对人至多也只能将该条款拉回恰好被法秩序所允许的程度。然而,这也有悖于法律保护交易并使之尽可能地免于不生效力的条款、保护消费者以及达致合同条款内容平衡的目的。不过,禁止"效力维持性限缩"的禁令[2]并不排斥将合同条款区分为生效的部分与不生效力的部分,只要该合同条款在语言及内容方面都能轻易地可分即可。[3]由此,即便一般交易条款本身不生效力,可是,按照《德国民法典》第306条第1款的规定,合同的剩余部分仍可生效。这与《德国民法典》第139条所规定的,部分无效在有疑问时会导致整个合同无效的内容不同,其目的在于保护客户,否则客户将完全无从享有合同上的权利。当一般交易条款中的规则全部或者部分由于《德国民法典》第305条第2款和第305c条第1款而未能成为合同之组成部分时,也适用相同规则。

依《德国民法典》第306条第2款的规定,未能成为合同之组成部分或者不生效力的一般交易条款之规则,由法定条款取代其位置。[4]此处所指法定条款,也包括《德国民法典》第133条、第157条就**补充性合同解释**所作之规定。[5]不过,仅当不生效力条款之废除而引致的法律漏洞无法通过任意性法规范予以填补,并且这会导致无法以合理的方式对双方当事人的利益予以兼顾,而是使合同之结构完全呈现出利于客户一方当事人的结局时,才应当考虑适用这两个条款。[6]可是,合同效力的维持也可能产生令人难以忍受的结果。所以,《德国民法典》第306条第3款规定了一项例外规则:如果在考虑该条第2款规定之变更的前提下,对于此合同的固守依然会形成令一方当事人难以接受的困境之时,该合同即

---

[1] BGH NJW 1986, 1610(1612); 2000, 1110(1113).
[2] 就此,参见*Köhler*, BGB AT PdW,**案例**116。
[3] Vgl. BGHZ 108, 1 (12).
[4] 就此,参见*Köhler*, BGB AT PdW,**案例**115。
[5] BGH NJW 2015, 1167 Rn. 24.
[6] BGHZ 186, 180 Rn. 50.

应不生效力。此种令人难以接受的困境较少发生在客户一边,而是更多地发生在使用者一边。

在前述"暂保单案"中,其一般保险条款由于未能依《德国一般交易条款法》第305条第2款被有效地纳入合同,故并未成为临时保险合同的组成部分。不过,按照《德国民法典》第306条第1款的规定,这并不损及合同剩余部分的有效性。合同内容应依《德国民法典》第306条第2款适用法定条款,而在船舶保险中应予适用的法定条款是指《德国保险合同法》(VVG)第129条第2款第1句。《德国民法典》第306条第3款的例外规则不应予以适用,因为此处并未出现令V无法接受的困境:该暂保单反正也只是适用于一个短期间,并且该责任符合任意性法规范。[1] 由于《德国保险合同法》第129条第2款第1句并未规定责任限制,故V应当承担赔偿责任。

参考文献:*Habersack*, Der Vorbehalt der Individualabrede（§ 305 Abs. 1 S. 3 BGB）, FS Köhler, 2014, 209; *Leyens/Schäfer*, Inhaltskontrolle allgemeiner Geschäftsbedingungen, AcP 210 (2010), 771; *Leuschner*, AGB-Kontrolle im unternehmerischen Verkehr, JZ 2010, 875; ders., Die Kontrollstrenge des AGB-Rechts, NJW 2016, 122; *Löhnig/Gietl*, Grundfälle zum Recht der Allgemeinen Geschäftsbedingungen, JuS 2012, 494; *Lorenz*, Grundwissen – Zivilrecht: Allgemeine Geschäftsbedingungen, JuS 2013, 199; *Miethaner*, AGB oder Individualvereinbarung- die gesetzliche Schlüsselstelle „im Einzelnen ausgehandelt", NJW 2010, 3121; *Oetker*, AGB – Kontrolle im Zivil – und Arbeitsrecht, AcP 212 (2012), 202; *Stoffels*, AGB-Recht, 2. Aufl. 2009; *von Westphalen*, Verbraucherschutz nach zwei Jahrzehnten Klauselrichtlinie, NJW 2013, 961.

---

[1] BGH NJW 1982, 821.

```
                    ┌──────────────────────────┐
                    │ 一般交易条款——检验顺序 │
                    └──────────────────────────┘
                                 │
┌─────────────────────────────────────────────────┐        ┌──────────────┐
│ I. 一般交易条款之存在（《德国民法典》第305条第  │        │《德国民法典》│
│    1款第1句、第2句）                            │        │第305条第1    │
│    ——合同条款                                 │◄──────►│款第3句个     │
│    ——"预先拟定"                               │        │别约定        │
│    ——为"多数合同"之订立（《德国民法典》第    │        └──────────────┘
│      310条第3款第2项）                          │
│    ——由使用者"提出"（《德国民法典》第310条第3 │
│      款第1项）                                  │
└─────────────────────────────────────────────────┘

┌─────────────────────────────────────────────────┐        ┌──────────────┐
│ II. 纳入合同之约定（《德国民法典》第305条第2款）│        │《德国民法典》│
│    ——以明示方式加以提示                       │◄──────►│第310条第1款  │
│    ——可期待相对人知悉其内容的可能性           │        └──────────────┘
│    ——对方当事人表示同意                       │
└─────────────────────────────────────────────────┘

┌─────────────────────────────────────────────────┐
│ III. 排除意外条款（《德国民法典》第305c条第1款）│
└─────────────────────────────────────────────────┘

┌─────────────────────────────────────────────────┐
│ IV. 一般交易条款之解释                          │
│    ——客观解释的基本原则（结合个案的解释）     │
│    ——个别约定优先                             │
│    ——有疑义时采不利于使用者的解释方案（《德   │
│      国民法典》第305c条第2款）                  │
└─────────────────────────────────────────────────┘

┌─────────────────────────────────────────────────┐
│ V. 内容控制                                     │
│ 1. 内容控制的适用领域已经开启？（《德国民法典》 │
│    第307条第3款）                               │
│ 2. 内容控制                                     │
│    ——《德国民法典》第308条、第309条的禁止清单 │
│    ——《德国民法典》第307条第1款、第2款的一般  │
│      规定不得进行效力维持性限缩                 │
└─────────────────────────────────────────────────┘

┌─────────────────────────────────────────────────┐
│ VI. 一般交易条款未纳入或者不生效力的法律效果    │
│ 《德国民法典》306条第1款——合同剩余部分有效   │
│ 《德国民法典》306条第2款——经由法定条款予以替换│
│ 《德国民法典》306条第3款——于可能产生令人难以  │
│   接受之困境时，例外地使整个合同无效            │
└─────────────────────────────────────────────────┘
```

第三编

权 利

第十七章　法律关系与主观权利

本章阐述"权利"与"义务"的结构，尤其是它们在法体系上的意义。

一、法律关系

1. 概念

私法的条文调整人与人之间的关系以及人与客体（Gegenstände）之间的关系。各个受法律调整的人与人或者人与客体之间的关系被称为**法律关系**。举例来说，人与人之间的法律关系可以是出卖人与买受人之间的法律关系、出租人与承租人之间的法律关系、配偶之间的法律关系以及合伙人之间的法律关系。人与客体之间的法律关系则可以是人对物的所有权关系、人在一项发明之上享有专利权的法律关系。

严格来说，人与客体之间的法律关系也将其他人与该客体之间法律关系的调整纳入其中。这在《德国民法典》第903条便清晰地体现出来：所有权人原则上可以"排除他人的任何干涉"。故此，很多情况下，人们称之为人与人之间基于物所形成的法律关系。不过，只有当一个人遇到干扰性侵入的威胁或者事实时，才会产生针对此人的具体法律关系。换言之，只有当所有权人的物被第三人所偷走时，在二者之间才会产生一项具体的法律关系，即所谓的"所有人—占有人法律关系"（《德国民法典》第985条以下）。

人们将调整一项法律关系的单个法律条款总括于**法律制度**的概念之下（比如租赁法律制度、婚姻法律制度、所有权法律制度）。

2. 内容

3　　就人与人以及人与客体之间法律关系的调整,最为重要的工具便是对(主观)权利的授予以及义务的施加。与此相应,**权利**和**义务**便构成了法律关系的重要内容;另外,还有风险的分配。其他内容可能是取得预期(Erwerbsaussicht)、主管权、不真正义务(Obliegenheit)和拘束力。

3. 产生、变更与终结

4　　法律关系存在于时间中:它产生并消灭。为此而应具备的前提条件由法秩序加以规定。不过在此过程中,很大程度上由当事人自行决定,他们是否进入法律关系、法律关系的内容如何以及时间持续多久(**私法自治**的基本原则)。

例如:A 为租赁合同之缔结而与 B 进行联系,此时便依法产生了一项法律关系,即所谓的**合同谈判的法律关系**(《德国民法典》第 311 条第 2 款第 1 项)。随着租赁合同的缔结,该项法律关系便终结。借此,又依当事人的意志而开始了一项新的法律关系,即**租赁法律关系**。随着约定时间的届至(《德国民法典》第 542 条第 2 款)或者终止意思的到达,该租赁法律关系又终结。但是,从中生发的个别义务却可能继续有效[所谓的**清算关系**(Abwicklungsverhältnis)]。

法律关系是可以变化的:单个的义务或权利可能会消灭或变化,其他权利和义务又可能再加入其中。

例如:V 向 K 出售了一辆摩托车。该摩托车在 K 取走之前便在一场大火之中被烧毁。由此,V 让与所有权并交付标的物的义务便依《德国民法典》第 275 条第 1 款的规定而消灭了。与此同时,K 的买卖价款给付义务也依《德国民法典》第 326 条第 1 款的规定而消灭。如果 K 已经支付了价款,那么其便依《德国民法典》第 326 条第 4 款的规定而享有返还请求权。

法律关系还可以具有变动的当事人:当事人的变动可以依法(比如,通过继承)或者依合同(比如,通过合同承担)而发生。

二、主观权利

1. 概念与含义

私法秩序的一个重要形成工具乃是主观权利之赋予。其旨在对个人于法律上值得保护的特定利益进行界分,并给予其自行保护此等利益的权能。从中,便得出了主观权利的概念。

> 主观权利乃是向个人授予的、满足其特定利益的法律权能。

单个的主观权利原则上归属于一个权利主体,亦即一个或者多个人。"无主体的权利"不可能存在。故此,随着权利主体的死亡,其权利只要不因性属"高度人身性的权利"而消灭,便会转移给继承人(《德国民法典》第 1922 条第 1 款)。法人消灭时,也适用类似规则(参见《德国民法典》第 45 条、第 88 条)。

2. 类型

根据单个主观权利的功能和结构,可作如下区分。

(1)绝对权

绝对权对**任何人**均有效力。它将人身领域或财产领域的特定自由空间,排他性地划归给个人,并针对第三人的违法侵害授予保护。此种保护尤其通过《德国民法典》第 823 条第 1 款来实现。所以,《德国民法典》第 823 条第 1 款中"其他权利"的概念仅仅是指绝对权。

属于绝对权的首先是**人格权**,亦即对人之尊重上的权利。人格权中第一位的便是**生命**、**身体**、**健康**和**自由**上的权利(参见《德国民法典》第 823 条)。另外,包含于其中的还有所谓的特殊人格权,比如**姓名权**(《德国民法典》第 12 条)或者**对自己肖像的权利**[《美术与摄影作品著作权法》(KunstUrhG)第22条及以下]。再者,司法实践[1]还发展出了**一般人格权**,其内容是"个人对于其人之尊严受尊重及其个人人格之发展所享有的权利"[2]。

电视播音员案:名为星星(Stern)的画报杂志的一篇报道,评论一位柏林的女电视播音员:她"只配在制绳工厂的二流流动剧团中",她看起来"像是一头奶水干涸的山羊",观众一看到她"奶就酸了"。当时她因为"一般人格权"被侵害而获得10000马克的赔偿金。[3]

与人格权相近的是**人身性的家庭权利**。比如,父母对孩子的照顾权(《德国民法典》第1626条第1款)和对婚姻生活共同体受尊重所享有的权利(参见《德国民法典》第1353条)。

情妇案:丈夫将其情妇接到夫妻婚姻住房中,并与情妇共用一个房间,而他妻子则与其女儿住在夫妻婚姻用的卧室中,并独立生活。居室中的剩余空间则共用。在妻子的起诉之下,情妇由于侵害了妻子针对婚姻生活共同体受尊重所享有的权利,而被判决搬离该房子。[4]

9   再者,属于绝对权的还有所谓的**支配权**(Herrschaftsrecht)。其是提供于一个客体上的控制权能的权利。可根据客体之不同而区分为物上支配权和非物质财产上的支配权。

物上概括性(umfassend)的支配权,即是**所有权**(《德国民法典》第903条)。为对第三人可能导致侵害的多样性充分地加以囊括,《德国民法典》提供了不同的请求权可供支配,这些请求权意在消除损害或者对损害加以填补。

房屋占用案:A度假归来,发现自己的房子"被占用"。A可依《德国民法典》第985条的规定向"房屋占用者"要求返还原物。也就是说,要求占用者腾退房屋。在占用者已经消耗燃料和食品的范围内,A可依《德国民法典》第812条第1款、第818条第2款的规定要求其作价值补偿。在

---

[1] 第一次出现是在BGHZ 13, 334"读者来信案"中。
[2] 就此,详细分析参见 *Larenz/Canaris*, SchuldR BT Ⅱ, § 80。
[3] BGHZ 39, 124(127).
[4] BGHZ 6, 360.

占用者损害房屋的范围内,A 可依《德国民法典》第 992 条、第 823 条第 1 款的规定要求其损害赔偿。

所有权人可以交出特定的权能,并将其提供给第三人,如此,第三人便取得了一项**限定物权**。其中包括使用权(比如用益权,《德国民法典》第 1030 条)、变价权(比如质权,《德国民法典》第 1204 条)和取得权(比如物权性的先买权,《德国民法典》第 1094 条)。

支配权也可以存在于非物质财产之上。它提供了(时间上受限的)对精神创作产物进行排他性利用或变价的权能。此种"非物质财产权"包括**著作权**、**发明专利权**、**实用新型权**(Gebrauchsmusterrecht)、**外观设计权**(Geschmacksmusterrecht)和**商标权**。

裸体妖妇画案:在未经其创作艺术家同意的情况下,擅自用颜料涂抹覆盖一幅内容为裸体妖妇的壁画,此时构成对艺术家著作权的侵害。[1]

(2)相对权

相对权指向一个特定的人,包括请求权、形成权和对抗权(Gegenrechte)。

请求权,是指要求另一人为或不为一定给付的权利(《德国民法典》第 194 条第 1 款)。[2] 请求权尤其服务于对某一绝对权之侵害加以防御或者赔偿的相关事项(参见上述)。但它自身却并非绝对权,所以无法获得《德国民法典》第 823 条第 1 款的保护。

例如:V 与 K 就一个物订立了买卖合同。但 K 不能借此尚取得物的所有权,只不过取得了要求让与所有权并交付标的物的请求权(《德国民法典》第 433 条第 1 款第 1 句)。如果 D 将该物毁损,则 K 的请求权丧失(《德国民法典》第 275 条第 1 款)。可是,他却并不能因此依《德国民法典》第 823 条第 1 款的规定向 D 要求损害赔偿,因为债权并非《德国民法典》第 823 条 1 款意义上的"其他权利"(只有作为所有权人的 V 才享有针对 D 的损害赔偿请求权;然而,V 却必须按照 K 的要求依《德国民法典》

---

[1] RGZ 79, 397.
[2] 就其细节,参见本书第十八章"请求权、抗辩与抗辩权"。

第 285 条的规定将该请求权让与给他）。

12　**形成权授予单方进行权利形成的权能**，亦即单方对一项法律关系加以建立、内容确定、变更或者取消的权能。其**行使**通常经由向"受拘束人"（Gebundenen）发出**意思表示**来实现。形成权可能建立于合同或者法律之上。具有特殊意义的是将法律关系加以消解（Aufhebung）的权利（撤销权、解除权、终止权和撤回权）。

例如：如果 V 在缔结买卖合同时对 K 进行了恶意欺诈，则从中可以产生 K 的撤销权（《德国民法典》第 123 条第 1 款）。K 可通过发出撤销之意思表示（《德国民法典》第 143 条）行使此权利。该撤销会使合同被视为自始无效（《德国民法典》第 142 条第 1 款）。

单方实现权利形成的可能性使"受拘束方"面临着不清晰的负担。所以，形成权的行使多受一定期限（"除斥期间"）之拘束（比如《德国民法典》第 121 条、第 124 条、第 355 条、第 626 条第 2 款）。相关当事人也应当能够适应变化了的法律格局。故形成权的行使原则上是不得附期限、不得附条件并且不可撤回的。

例如：受恶意欺诈之 K 表示："如果我在可预见的期间内无法将购入的车转卖出去，则我撤销此买卖合同。"此时，该表示因与不被容许的条件之附加相连接而不生效力。

当形成的效力具有巨大的射程范围时，如在家庭法和会社法的法律关系中，形成的权能被置于法官手中。在此案型中，权利人仅享有"形成诉权"，其法律形成随着"形成判决"的生效而出现。借此也可以排除任何关于权利形成之效力的争议。

例如：出于重大原因（《德国商法典》第 140 条），基于其他合伙人的申请，以法院判决的方式将公开商事合伙（OHG）的一个合伙人予以除名。通过配偶一方的申请，以法院判决的方式判决离婚。

13　**对抗权授予权利人对一项权利加以反驳的权能**，尤其是**抗辩权**（Einrede），其可提供一项（暂时的或者永久的）给付拒绝权。[1]

---

〔1〕　关于细节，参见本书第十八章"请求权、抗辩与抗辩权"。

(3) 其他类型

绝对权与相对权之间的界分无法严格贯彻。有些权利的特性无法借此得到涵括。

请求权,亦即相对权可能在某些前提下得以对第三人发生效力,并且由此接近绝对权。在此意义上,人们称之为**"债权的物权化"**。

例如:土地承租人的权利本来只对出租人发生效力,但根据《德国民法典》第 566 条的规定也可对被出租土地的取得人发生效力。要求让与土地所有权或者在土地上设定负担(Belastung)等的请求权可以通过在土地登记簿中进行预告登记的方式(《德国民法典》第 883 条)得到保障,以免因土地被作其他处分而招致落空的结果。基于债务关系而产生的占有上的权利被作为《德国民法典》第 823 条第 1 款规定的"其他权利"而获得绝对保护。

某些权利,即用益权和担保权,可以建立于其他可转让的权利之上(《德国民法典》第 1068 条第 1 款、第 1273 条第 1 款)。此种**"权利上的权利"**拥有着与被设定负担的权利相同的构造。换言之,债权上的质权是一种相对权,而发明专利权上的用益权则是一项绝对权。

一种在法律上得到保障,并且原则上无法再被剥夺的取得某一权利之期待,被称为**期待权**。[1] 期待权虽然是完整权(Vollrecht)的前一阶段,却在法律上广泛地被如同完整权那样加以对待,期待权也分享了完整权的结构。

例如:K 以所有权保留(《德国民法典》第 449 条)的方式从 V 处买得一个物。这意味着,该物所有权移转(《德国民法典》第 929 条)于他以买卖价款的完全支付这一停止条件(《德国民法典》第 158 条第 1 款)为前提。由此,K 尚非(完全的)所有权人,但他已经取得了一项所有权的期待权,因为是否会取得所有权完全取决于他自身(买卖价款支付)。此种所有权的期待权在法律上会被视为所有权本身那样被对待,并且作为"其他权利"而享受《德国民法典》第 823 条第 1 款的保护。

---

[1] Vgl. BGH NJW 1982, 1639(1640).

18   人合团体(社团、合伙)中的**成员身份**原则上要被作为主观权利加以对待,且对外享受绝对的保护。不过,与此同时,它也表现为一束权利(参与的权利,尤其是表决权等)和义务(协力配合的义务等)的集合。[1]

19   **先占权**授予通过取得先占的方式获得无主物上所有权的权能。不过,一般性先占权(《德国民法典》第 958 条第 1 款)劣后于所谓的排他性先占权(《德国民法典》第 958 条第 2 款)。

  例如:散步者在森林中固然可以先占一把被人扔掉的雨伞,却不得先占一个掉落的鹿角。因为,该鹿角处于狩猎权人的排他性先占之下(《联邦狩猎法》第 1 条)。

3. 取得与丧失

(1)取得

20   一项权利的取得或是原始取得,或是传来取得。

21   **原始取得**(originär),是指权利的取得不依赖该权利此前是否已经存在甚或属于他人。

  例如:无主物之先占(《德国民法典》第 958 条第 1 款);经由附合(Verbindung)、混合或加工的所有权取得(《德国民法典》第 946 条及以下);经由取得时效的所有权取得(《德国民法典》第 937 条);经由善意取得的所有权取得(《德国民法典》第 932 条及以下,第 892 条,有争议)。

22   **传来取得**(=继受取得),是指通过**权利的继受**,亦即权利从一个拥有者(权利前手)转移到另一个权利的拥有者(权利继受人)的方式来取得权利。在此过程中,权利取得的前提条件是,该权利属于权利前手并且该权利是可转让的。权利原则上均可转让。然而,权利的可转让性却可能依其性质、依法或者依法律行为而被排除或限制。

  不可转让的,就绝对权而言,如纯粹的人格权、著作权(《著作权法》第 29 条第 2 句)、限制人役权(《德国民法典》第 1092 条第 1 款第 1 句)。就请求权而言,如家庭法上的请求权,或者让与性通过合同被排除的债权

---

[1] 参见 BGHZ 110, 327;有争议。

(《德国民法典》第399条)。就形成权而言,应当区分如下情形:独立形成权,比如先占权或者买回权(Wiederkaufsrecht),原则上是可以转让的;非独立、受一项主权利或者作为合同相对人之法律地位拘束的形成权,比如贷款人的终止权(《德国民法典》第489条)或解除权,不能独立地加以转让。[1]

两种类型的权利继受应予区分。

个别继受[=单个继受(Singularsukzession)]指向单个权利。它构成了生者间(unter Lebenden)权利继受的通常情形,并且原则上经由法律行为来实现。

例如:V将一个企业出卖给K,则其必须将归属于企业的财产客体(土地、动产、货物、债权、发明专利权)单个地加以转让。换言之,土地要分别通过让与所有权的合意及登记(《德国民法典》第873条、第925条),动产要通过权利让与的合意及交付(《德国民法典》第929条),债权和发明专利权要通过让与合意(《德国民法典》第398条、第413条)来实现。简而言之:有多少个客体,便有多少个处分行为。

个别转让的要求[所谓的特定性原则(Spezialitätsprinzip)]服务于法律交易的清晰性和安全性。

整体继受[=概括继受(Universalsukzession)]指向权利的整体。其典型的情形是依法实现的。适用于个别权利之转让的条款于此无法适用。继承是整体继受的主要案型(《德国民法典》第1922条)。

例如:如果被继承人的遗产中包括一块土地,那么继承人在继承开始的时点便自动成为该土地的所有权人。将之登入土地登记簿只不过是在进行土地登记簿的更正。

不过,在生者之间也存在整体继受。

例如:配偶之间约定采用共同财产制(《德国民法典》第1416条)。

(2) 丧失

权利人于其权利移转给他人时丧失该项权利。但是,该权利也可以

---

[1] 就此,参见 *Palandt/Grüneberg* BGB § 413 Rn. 5ff。

消灭。具体而言：

26　依其性质而有时间限制的权利会随着**时间的届满**而消灭。如特定的非物质财产权(参见《发明专利法》第 16 条、《实用新型法》第 14 条、《著作权法》第 64 条)和行使须受除斥期间限制的形成权(参见《德国民法典》第 121 条、第 124 条、第 355 条、第 626 条第 2 款)。

27　支配权会随着客体的**灭失**而消灭。比如，物的灭失导致所有权的消灭。

28　高度人身性，亦即不可继承的权利会随着**权利人的死亡**而消灭。比如扶养请求权(《德国民法典》第 1615 条)、用益权(Nießbrauch)(《德国民法典》第 1061 条)和(死后人格权保护之外的)人格权。

29　权利亦可通过**放弃**的方式消灭，这通常经由单方意思表示实现(参见《德国民法典》第 959 条，所有权的放弃)。例外的情况下需要满足额外的要求(比如，《德国民法典》第 875 条、第 928 条)，债权的放弃以免除合同为前提(《德国民法典》第 397 条)。但并非任何权利均可放弃，比如人格权即不可放弃，扶养请求权则不可向未来放弃(《德国民法典》第 1614 条第 1 款)。

30　债权通过**履行**(《德国民法典》第 362 条)或者履行之替代而消灭(比如抵销，《德国民法典》第 389 条)。

4. 权利的行使

31　权利的行使是指权利之主张或权利之实现，更加准确地说，它是指将一项主观权利所赋予的权能加以主张和实现。此种权能的范围和内容在各个权利上都不相同，这可通过举例清晰地显示出来。

32　依《德国民法典》第 903 条的规定，**所有权**原则上包括"按自己的意愿处置物并排除他人任何干涉"的权能。其积极权能在于对物加以支配、利用并进行处分。

例如：农民可以将自己的牛屠宰、用作奶牛、出让或者设定质权。其消极权能则在于排除他人的任何干涉。为能够将诸此权能加以贯彻，法秩序也在所有权遭受侵害时向所有权人提供了"二次性的权利"：如果农民的牛被偷走,则其可依《德国民法典》第985条的规定向小偷要求返还,并且/或者依《德国民法典》第823条第1款的规定要求损害赔偿。如果该牛被第三人在违背所有权人意志的情况下挤去了奶,或者被宰杀,则所有权人可以要求用益之填补(比如,《德国民法典》第987条、第989条)或者价值之补偿(比如,《德国民法典》第812条、第818条第2款或者第989条、第990条)。

债权赋予其拥有者,即"债权人"向"债务人"要求给付,比如支付一定数额金钱的权利(《德国民法典》第241条第1款第1句)。另外,还存在其他与债权结合在一起的权能,比如向债务人加以催告,以使其从该时点起应给付迟延赔偿金的权能(《德国民法典》第280条第2款、第286条、第288条),或者利用该债权与债务人的一项反对债权进行抵销的权能(《德国民法典》第387条及以下)。 33

撤销权通过向撤销相对人作出意思表示来行使(《德国民法典》第143条),并且会因此而被用尽:由此,其取消一项意思表示的目的已经达成。 34

5. 权利行使的边界

任何权利在**内容上均是有边界**(inhaltlich begrenzt)的,并且权利人必须遵守这一界限。据此,所有权人对于其看上去似乎是概括性的支配权之行使,仅在"法律或者第三人的权利没有反对性内容的前提下"(《德国民法典》第903条)才被允许。此种限制可能包括于私法之中(比如《德国民法典》第904条、第905条第2句、第906条)。 35

猪饲料厂案:农民B在一片别墅区购得一块土地,并在那里建造了一个猪饲料厂,从该厂中散发出令人难以忍受的臭味。邻居起诉要求消除臭味带来的烦扰并取得成功,因为农民B已经逾越了《德国民法典》第906条所规定的界限。[1]

但是,该界限也可能源自公法。

---

[1] 案例根据BGHZ 48,31改编。

例如:A 想要在自己的一块土地上建设房屋。但是,只有当他取得了建筑法所规定的建筑许可(=法定的所有权限制)时,才被允许进行此等建造行为。

36 即便是在该界限之内,权利的行使也并非始终被允许。随着时间的推移,主观权利须**受义务拘束**的思想得到越来越多的贯彻,这在《德国基本法》第 14 条第 2 款第 1 句("所有权负有义务")中也得到表达。借此想要表达的是,权利的行使不能不顾主观权利的社会功能以及相关人的利益。从中发展出了禁止权利滥用的思想。不必关注滥用式的权利行使行为(missbräuchliche Rechtsausübung),相关人此时亦得主张抗辩(Einwendung)。具体而言,不被允许的权利行使行为可被区分为以下三种形式。[1]

(1)恶意伤人(Schikane)

37 依《德国民法典》第 266 条的规定,当权利的行使乃以损害他人为目的时,即属不被允许的权利行使行为。由于损害之施加乃行为的唯一目的,故其适用案型很少见。

仿烟囱案:A 在自己的土地上建造了一个巨大的仿烟囱物,但其目的只是破坏邻居的视野。邻居针对 A 享有《德国民法典》第 823 条第 2 款结合第 226 条(保护性法律!)的妨害除去请求权。

(2)悖于善良风俗的权利行使

38 禁止故意悖于善良风俗的加害行为(《德国民法典》第 826 条)同样适用于权利行使行为。除此之外,当权利行使客观上悖于善良风俗时,便已是不被允许的,不论是否已经发生了损害或者是否存有故意,均当如此(有争议)。

妓院建设案:A 在自己的土地上建造了一个妓院,想要借此把邻地的价值压下去。[2]

(3)悖于诚信的权利行使

39 如果是以悖于诚实信用原则的方式行使权利,则其也不被允许。这

---

[1] 就此,参见 *Köhler*,BGB AT PdW,案例 155。
[2] RGZ 57, 239.

个一般性原则乃由法院从《德国民法典》第 242 条中发展出来,并在《德国民法典》第 226 条、第 826 条之外进一步提高了权利行使的要求。但是,"诚实信用"的一般条款只是给出了一项一般化的指南,它还需要具体化。法官要进行检验,在顾及当事人利益以及个案因素的情况下,权利的行使是否有着法律上值得保护的利益作为基础。法官在进行利益衡量时不能将单纯的公平性权衡作为基础,而必须要围绕法律的评价标准展开。司法实践已经就此发展出几种典型的案型。

一个案型是**不正直的权利取得行为**。当权利人以不正直(背信)的行为取得权利时,该权利的行使便不被允许。 40

婚姻骗子案:A 娶了 B,并且将 B 的姓氏作为婚姻姓氏,想要在此名字之下不受干扰地实施诈骗行为。B 可以在离婚之后要求 A 不再使用其姓氏。[1]

第二个案型是**矛盾行为**。在个案中,如果权利人行使权利的行为会与自己的在先行为相矛盾,那么这种权利行使便是背信的〔禁止自我矛盾行为(venire contra factum proprium)〕。 41

受伤的足球运动员案:如果一个足球运动员因合乎规则的比赛方式而受伤,而他要求伤害他的球员承担损害赔偿责任,此时,他便使自己陷入与在先行为不被允许的相互矛盾之中。因为,他自己也共同引发了可能会导致无心之损害的情况,并且也可能会损害其他运动员。[2]

基于矛盾行为而不被允许的权利行使的一个下位案型是**失权**(Verwirkung)。其前提条件是[3],①权利人本来可以行使其权利,却很长时间内不行使(时间因素);②考虑权利人的整体行为,义务人被允许信赖并且也确实已经信赖该权利未来不会再被行使(情境因素)。 42

例如:若承租人自行承担了维修工作,在很长时间内也不主张自己的费用请求权(《德国民法典》第 539 条第 1 款),并且还毫无保留地支付租

---

[1] 案例根据 OLG Braunschweig NJW 1979, 1463 改编。
[2] BGH NJW 1975, 109(110).
[3] Vgl. BGHZ 212, 207 Rn. 30.

金,则他的请求权可能会失效。[1]

43 　　最后,在个案当中,如果权利行使行为违反了**禁止过度**(Übermaßverbot)的禁令,或其属于对轻微义务违反的过度反应,则同样可能是背信的。[2]

　　例如:在轻微拖欠使用费的场合,债权人便主张对方给付违约金。[3]

三、义务与不真正义务

1. 义务

44 　　（**法律**）**义务**是由法秩序所规定的**行为要求**(Verhaltensanforderungen),其被包裹于**命令**(为一定行为的义务)或者**禁令**(不作为义务)之中。不遵守该等义务会引发惩罚,并且多是损害赔偿义务。

　　通常来说,(主观)权利和义务是相互对应的:与一方当事人之权利相对应的是另一方当事人尊重并不得侵害此种权利的义务。由此,请求权(《德国民法典》第 194 条)便建立起一方当事人要求给付的权利,以及另一方当事人进行此种给付的义务。与绝对权(比如所有权)相对应的便是所有其他人不得侵害该物的义务。

　　不过,并非所有义务均与权利相对应。这尤其适用于那些以公共秩序和安全维护为宗旨的义务(比如道路交通安全义务)。在此种情形下,个体并无要求他人遵守此等义务的请求权。但是,当该义务亦为保护其利益而设置时,可能会从义务违反之中产生该个体所享有的损害赔偿请求权(参见《德国民法典》第 823 条第 2 款)。

　　例如:靠右行驶的命令[《德国道路交通条例》(StVO)第 2 条第 2 款第 1 句]意在保护纵向行驶的交通参与者(交通中的超车者和对向行驶

---

[1] BGH LM § 558 aF. Nr. 2.
[2] BGH NJW 1981, 2686(2687).
[3] LG Berlin NJW 1972, 1324.

者),但却并不保护迎面而来的左向拐弯的行驶者。[1] 换言之,当有人违反前述靠右行驶的义务时,只有纵向行驶的交通参与者才能依《德国民法典》第823条第2款的规定享有损害赔偿请求权。

2. 不真正义务

不真正义务是行为要求,不遵守该行为要求只会导致权利丧失或者其他**法律上的不利益**(因而也被称为"针对自己的义务")。

例如:依《德国商法典》第377条第1款的规定,于商事买卖的场合,买受人必须毫不迟延地对货物加以检验,并将发现的瑕疵进行告知。此种所谓的"检验和通知义务"是一种纯粹的不真正义务。如果买受人不遵守这种义务,则他会丧失可能的瑕疵请求权(《德国商法典》第377条第2款),但他却并不会因此而向出卖人承担损害赔偿责任。

参考文献:*Aicher*, Das Eigentum als subjektives Recht, 1975; *Bötticher*, Besinnung auf das Gestaltungsrecht und das Gestaltungsklagerecht, FS Dölle, Bd. I, 1963, 41; *Bucher*, Das subjektive Recht als Normsetzungsbefugnis, 1965; *Coing*, Zur Geschichte des Begriffs „subjektives Recht", in: Coing/Lawson/Crönfors (Hrsg.), Das subjektive Recht und der Rechtsschutz der Persönlichkeit, 1959, 7; ,*Fezer*, Teilhabe und Verantwortung, 1986; *Kasper*, Das subjektive Recht-Begriffsbildung und Bedeutungsmehrheit, 1967; *Larenz*, Zur Struktur „subjektiver Rechte", FG Sontis, 1977, 129; *L. Raiser*, Der Stand der Lehre vom subjektiven Recht im deutschen Zivilrecht, JZ 1961, 465; *Rebe*, Der Wandel des Mißbrauchsbegriffs als Ausdruck eines veränderten Rechtsdenkens, JA 1977, 6; *Schapp*, Das subjektive Recht im Prozeß der Rechtsgewinnung, 1977; *J. Schmidt*, Zur formalen Struktur des subjektiven Rechts, Rechtstheorie 1979, 71; *Siebert*, Vom Wesen des Rechtsmißbrauchs, 1935.

---

[1] BGH NJW 1981, 2301.

第十八章　请求权、抗辩与抗辩权

1　　　多数的法律争议均关涉一人可否向另一人有所要求,比如要求支付一定数额的金钱或者要求物之给付。以法律的术语加以表达,即当其享有一项"请求权",且该请求权未因"抗辩"和"抗辩权"而被驳回时,他便有权提出上述要求。本章将进一步阐述此种对于考试解题结构不可或缺的内容。就抗辩权而言,将会对实践中最为重要的抗辩权,即时效抗辩权进行详细叙述。

一、请求权

1. 请求权的概念与含义

2　　　**请求权**是向他人请求为或不为一定给付的(相对)权利(《德国民法典》第194条第1款)。此种权利原则上可通过给付之诉来执行。反过来,原告的给付请求("诉讼法意义上的请求权",《德国民事诉讼法》第253条第2款第2项)仅在存在相应请求权时才会被允许。经由请求权,将可在实体法上确定,**谁**("权利人")可**向谁**("义务人")**请求什么**("请求权的内容")。

2. 请求权的类型

3　　　请求权依据其所归属的法律领域,可以区分为债法上的请求权(= obligatorischen)、物权请求权、家庭法上的请求权和继承法上的请求权。债法上的请求权称为**债权**(=狭义的债务关系),其当事人被称为债权人和债务人(《德国民法典》第241条)。按照发生原因,其可以区分为法定请求权和法律行为性的请求权(rechtsgeschäftliche Ansprüche),尤其是合同上的请求权。

3. 请求权基础

任何请求权均以**请求权基础**为前提。其可以是法律行为或者赋予一项请求权的法律规范(请求权规范)。它们的构成要求确定了请求权产生的前提条件。

例如:《德国民法典》第985条规定,所有权人可以向占有人要求返还原物。此一规范乃是请求权规范。其规定的构成要件是,一方是所有权人,而另一方是物的占有人。

很多时候,请求权规范的构成要件只能通过援引辅助性规范的方式加以澄清。

例如:为明确某人是否为被要求返还之物的所有权人,某些情况下,还必须援引关于所有权取得的条款,比如《德国民法典》第929条及以下、第932条及以下,方为可行。

法律行为性的请求权以法律行为的有效实施为前提。在此情形下,请求权或者直接通过法律行为,或者基于补充性的法定(或者习惯法上的)规则建立起来。

例如:出卖人的买卖价款请求权直接源自合同本身,《德国民法典》第433条第2款的请求权规范仅仅具有宣誓的性质。买受人的迟延利息请求权则源自补充性的法定条款(《德国民法典》第288条),迟延的构成要件则规定于《德国民法典》第286条的辅助性规范中。

4. 一般规则

民法典的总则中只包含很少可以适用于所有请求权的规范(比如关于时效的条款,《德国民法典》第194条及以下;关于自助的条款,《德国民法典》第229条及以下)。相反,债法中却包含了关于债法上请求权(债权)的细致规则(比如,关于请求权的转移、消灭及不履行的效果)。在其特性不予禁止且没有特殊规则加以禁止时,诸此债法上的请求权可以被准用于其他请求权。

例如:对于《德国民法典》第985条规定的物权请求权,债法上关于债权人迟延的条款(《德国民法典》第293条及以下)可以不加限制地适用,关于债务人迟延的条款(《德国民法典》第280条第2款、第286条及以下)则可有限制地予以适用,关于债权让与的条款(《德国民法典》第398条及以下)则根本无法适用。

5. 多数请求权与请求权基础

8 从一个事实中可能产生多个请求权,而且此等请求权指向不同的给付内容。这些请求权可能由权利人同时享有或者选择性地享有。第一种情形被称为请求权聚合,第二种情形则被称为替代性的请求权(alternative Ansprüche)。

例如:在委托合同中(《德国民法典》第662条),委托人可依《德国民法典》第666条的规定要求受托人进行报告和提供资讯,并可依《德国民法典》第667条的规定要求返还取得的利益(请求权聚合)。

9 从一个事实中可能产生多个指向相同给付内容的请求权,以致其他请求权会随着一个请求权的履行而消灭。此案型被称为**请求权竞合**(但是部分学者也认为,此时仅存在一个建立于多个请求权基础之上的请求权,并且称之为请求权规范竞合)。原则上每一个请求权均遵循其自身的规则,尤其是诉讼时效期间的规则。不过,例外情况下,一项请求权的规范目的可能会要求此项规则具有优先地位。[1]

例如:在承租人损坏租赁物的情况下,出租人既可能享有基于义务违反(《德国民法典》第280条第1项=合同上的请求权)的请求权,也可能享有源自《德国民法典》第823条第1款(=侵权请求权)的请求权。换言之,此时出现了请求权竞合或请求权规范竞合。依《德国民法典》第548条第1款的规定,合同请求权的诉讼时效为6个月。本来依《德国民法

---

〔1〕 就此,参见 *Köhler*, BGB AT PdW, 案例150。

典》第195条、第199条的规定,侵权请求权的诉讼时效为3年。然而,《德国民法典》第548条第1款也会适用于侵权请求权,否则短期诉讼时效期间的规范目的便会落空。[1]

二、抗辩与抗辩权

1. 抗辩

当一项请求权未曾有效产生或者嗣后已经消灭,则其面临着一项抗辩。第一种情形被称为**权利阻却型抗辩**。

例如:一项合同请求权之产生以有效的合同为前提。合同如果因某种原因(参见《德国民法典》第117条、第118条、第134条、第138条)而无效,那么存在一个权利阻却型抗辩与该请求权相对抗。

第二种情形被称为**权利消灭型抗辩**。

例如:一项请求权可以嗣后基于履行(《德国民法典》第362条)、抵销(《德国民法典》第389条)、放弃(《德国民法典》第397条)或失效(Verwirkung)(《德国民法典》第242条)而消灭。此时,便出现了一个权利消灭型抗辩与请求权相对抗。

2. 抗辩权

当债务人享有**给付拒绝权**(Leistungsverweigerungsrecht)时,便存在一项**抗辩权**与请求权相对抗。债务人可以行使此种权利,但其并非必须行使此种权利。当债务人行使此种权利时,请求权并不消灭,只不过是它的执行受到阻碍。根据阻碍的类型可以将其作如下区分。

永久型[=排除性(peremptorische)]抗辩权赋予债务人永久拒绝给付的权利。典型的为**时效抗辩权**。[2]

延缓型[=延期性(dilatorische)]抗辩权赋予债务人暂时拒绝给付的

---

[1] BGHZ 66,315.
[2] 参见本章边码18及以下。

权利。其中包括**延期**(Stundung)抗辩权和**先诉**抗辩权(《德国民法典》第771条)。

14　　　**请求权限制型**抗辩权虽然并不阻碍法院对请求权的执行,但却对其加以限制。由此,**留置抗辩权**(《德国民法典》第273条)便导致同时履行的判决。

3. 诉讼程序中对抗辩及抗辩权的考虑

15　　　当通过诉讼的方式主张请求权时,抗辩与抗辩权的真实意义便显现出来了。这可以通过买卖价款之诉加以展示:原告有义务对支持诉讼的案情事实("诉讼事实")加以陈述,在买卖价款之诉的场合,即买卖合同缔结的事实。而对此加以辩驳就属于被告的事情了。为此,有两条路径可供他选择。

　　　(1)对诉讼事实的否认("诉讼否认")

16　　　被告可以对诉讼事实提出异议,比如在列举的案型中,可以主张根本还没有缔结合同,只不过是进行了合同谈判而已。而后,原告就必须对诉讼事实加以证明。如果他没能成功证明,他便要承担后果(Beweislast),亦即欠缺证据的后果,他的诉讼会被驳回。

　　　(2)提出反驳事实("诉讼法意义上的抗辩权")

17　　　被告为辩驳,还可以替代性地或者除此之外再自行陈述案情事实,比如在列举案型中,主张买卖价款已经支付或者买卖价款请求权罹于诉讼时效。此种陈述称为诉讼法意义上的抗辩权。其可以指涉**权利阻却型**的案情事实,即可令权利阻却型抗辩得以建立的事实;另外,其还可以指涉**权利消灭型**的案情事实,即可令权利消灭型抗辩得以建立的事实;最后,其还可以指涉**权利妨碍型**(rechtshemmend)的事实,即证明抗辩权存在并对此加以主张的事实。

　　　在有争议的案型中,被告所陈述的抗辩事实必须由其加以证明。若他不能证明,则在此范围内,他应当承担举证不能的后果。如果起诉事实因此而被认可(《德国民事诉讼法》第288条)、未被反驳(《德国民事诉讼法》第138条第3款)或者被证成,而抗辩事实则被反驳或者未得以证成,那么被告便应当被判败诉。

换言之,"诉讼法意义上的抗辩权"指的是**实体法意义上的抗辩或抗辩权**。产生抗辩(Einwendungsbegründend)的事实在诉讼中始终("依职权")应予考虑。相反,产生抗辩权的事实则仅当同时可得确定债务人对此抗辩权加以主张时,才应当予以考虑。故具有决定性的是,债务人(这由他自由决定)是否对此抗辩权加以主张。

三、时效抗辩权

1. 时效的概念和目的

罹于时效意味着,因时间经过而使一项请求权丧失可主张性。随着时效期间的届满,债务人即有权拒绝给付:他享有诉讼时效抗辩权(《德国民法典》第214条第1款)。诉讼时效意在促进对债务人的保护、交易安全与法律安宁。[1] 债权人越晚主张其请求权,法律情况的澄清就越困难。由此可能产生争议,而债务人可能陷入举证的困局(比如,收据无法找到或者证人死亡)。诉讼时效可旨在避免这种情况的发生,其强迫债权人及时地主张请求权。诉讼时效抗辩权规定于《德国民法典》第194—218条。

18

2. 时效的适用领域

受诉讼时效调整的只有**请求权**(《德国民法典》第194条第1款),**绝对权和形成权**不受诉讼时效调整。其区别在所有权的情形表现得很清晰:并非所有权,而只有从中产生的针对第三人的返还请求权适用诉讼时效(《德国民法典》第985条)。

19

例如:如果D偷窃了A的一个物,则A的返还请求权(《德国民法典》第985条)会在30年后(《德国民法典》第197条第1款第1项)罹于诉讼

---

[1] Vgl. BGHZ 59, 72 (74).

时效。在诉讼时效届满之后，D可以拒绝返还(《德国民法典》第214条第1款)。但他却并非由此成为所有权人。所以，如果嗣后E又在D处将该物偷走，则A可依《德国民法典》第985条的规定要求E返还。在此过程中，E不得援引在D处已经出现的诉讼时效届满的事实。可是，如果D将该物出让给E，就要另当别论了。此时，E作为权利的继受者，可依《德国民法典》第198条的规定主张D处已经出现的诉讼时效届满的事实。

形成权也不受诉讼时效调整。不过，对形成权可能会存在除斥期间(比如《德国民法典》第122条第1款、第124条就撤销权所作的规定)，该除斥期间经过之后形成权消灭。[1]《德国民法典》第218条也包含一个实践中有意义的特别规则。

某些个别请求权被排除于诉讼时效的调整范围之外，其中包括家庭法领域的特定请求权(《德国民法典》第194条第2款)、相邻关系法领域的请求权(《德国民法典》第924条)、团体法(Unionsrecht)领域的请求权(《德国民法典》第758条、第2042条)以及土地法领域的请求权(《德国民法典》第898条、第902条)。

3. 时效期间

(1) 基本原则

依《德国民法典》第195条的规定，**普通**诉讼时效期间为**3**年。一方面，这一期间适用于大多数合同请求权，并且既适用于给付请求权，又适用于损害赔偿请求权(《德国民法典》第280条及以下)；另一方面，这一期间也适用于法定债务关系中产生的请求权，比如源自侵权行为(《德国民法典》第823条及以下)、不当得利(《德国民法典》第812条及以下)或无因管理(《德国民法典》第677条及以下)的请求权。普通诉讼时效期间的**起算**(Beginn)规定于《德国民法典》第199条。[2]

(2) 特殊规则

法律为一系列请求权均制定了特殊规则。其中特别值得一提的，

---

[1] 就此，参见 Köhler, BGB AT PdW, 案例148。
[2] 就此，参见本章边码22。

包括：

源自土地交易的请求权。按照《德国民法典》第196条的规定，源自土地交易的债法请求权（比如土地买卖合同）适用10年的诉讼时效期间，并且不单单针对所有权转移的请求权（《德国民法典》第433条第1款第1句），还针对对待给付的请求权（《德国民法典》第433条第2款）。

所有权返还请求权。源自《德国民法典》第985条的物权返还请求权适用30年的诉讼时效期间（《德国民法典》第197条第1款第2项）。

瑕疵请求权。买卖与承揽合同中基于瑕疵给付而产生的请求权适用《德国民法典》第438条与第634a条规定的不同规则。举例来说，被出售的租赁公寓有瑕疵时，依《德国民法典》第438条第1款第2a项的规定适用5年的诉讼时效期间；反之，若被出售的机动车有瑕疵，则须依《德国民法典》第438条第1款第3项的规定适用2年的诉讼时效期间。

承租人的赔偿请求权与承租人的使用请求权。这两项请求权依《德国民法典》第548条的规定适用6个月的诉讼时效期间。

4. 时效的起算

（1）普通诉讼时效期间的起算

《德国民法典》第199条就3年普通诉讼时效期间的起算设置了复杂的规则。依《德国民法典》第199条第1款的规定，其基本原则是：请求权**产生**并且债权人**知悉**导致请求权成立的情事以及债务人其人，或者**若无重大过失**本应知悉上述事实，诉讼时效期间自那一年结束之时起算。请求权一旦可以被主张[1]，亦即在其到期的时点（《德国民法典》第271条），请求权便产生了。

汽车擦伤案：2016年1月3日，汽车驾驶员A在停车时因过失损坏了B的汽车。由于没有遇到B，A在B车的挡风玻璃上放了一个小纸条，在这个小纸条上，他写明发生了事故，并且给出了自己的地址。5天之后B度假归来发现了这个小纸条并把它拿走了。依《德国民法典》第195条的

---

[1] BGHZ 113, 188(193).

规定,B基于《德国民法典》第823条第1款的规定而针对A享有的损害赔偿请求权在3年后罹于诉讼时效。但是,按照《德国民法典》第199条第1款的规定,直到该请求权产生并且B知悉导致请求权成立的情事以及债务人其人或者若无重大过失即应当知悉上述事实的那一年终结时,该诉讼时效期间才起算。本案中,该请求权在事故发生的时点便已经产生,因为这一请求权会立刻到期(《德国民法典》第271条第1款)。B在5天之后才知悉该事故以及债务人其人。由此,该3年的诉讼时效期间自2016年12月31日24点开始计算,并且直到2019年12月31日终止。

可是,法律却对这一基本原则规定了多个例外(《德国民法典》第199条第2—5款)。如此,依《德国民法典》第199条第4款的规定,其他作为损害赔偿请求权的请求权自其产生之日起10年内罹于诉讼时效,无须考虑知悉抑或因重大过失而不知的情形。

被射伤的狗案:D在一次徒步旅行中发现了一只被射伤的狗。他将这条狗带到兽医处,并为治疗支付了费用。可是,谁是狗的饲养人却无法查明。直到10年之后,D才发现,这条狗属于客栈经营者G。本案中,尽管D基于《德国民法典》第683条第1句、第670条的规定针对动物饲养人G享有费用赔偿请求权。但是,该请求权已罹于诉讼时效,因为自该请求权产生以来已经过了10年。

(2)**其他时效期间的起算**

对于其他诉讼时效期间而言,只要没有特殊规则,请求权的诉讼时效便从其产生的时点开始计算。这各自均在法律中有规定。由此,就买卖法上的瑕疵请求权而言,若涉及土地,则诉讼时效自土地占有移转(Übergabe)时起算;而所有其他案型,尤其是在动产的案型中,诉讼时效在动产交付(Ablieferung)时起算(《德国民法典》第438条第2款)。动产交付必须满足如下条件,即出卖人将标的物从其处分力(Verfügungsgewalt)之下释放出去,并使之进入买方的控制领域,以便买方此后能够取代出卖人取得对该动产进行处分及检验的可能性。[1] 这并

---

[1] Vgl. BGH NJW 1995, 3381(3382).

不一定以占有的移转为前提,但随着占有的移转交付(Ablieferung)肯定已经完成了。

5. 时效的障碍

诉讼时效期间的正常完成可能会遭遇障碍,这些障碍可能会致使时效重新计算(Neubeginn)、停止(Hemmung)或者不完成(Ablaufhemmung)。

当债务人对请求权加以承认,或者法院或官署的执行措施被实施或被申请(《德国民法典》第212条)时,诉讼时效重新开始计算[**诉讼时效的重新计算**;原来被称为中断(Unterbrechung)]。当从债务人面向债权人实施的实际行为中能够毫无疑义地得出债务人知悉请求权的存在,而债权人也得以相信,债务人将不会援引诉讼时效进行抗辩之时,便存在前述**承认(Anerkenntnis)**。[1] 可以落入这一案型的情况,除了《德国民法典》第212条第1款第1项所列举的例子(部分清偿、支付利息、提供担保),还包括延期申请和(在瑕疵请求权的场合)消除瑕疵的意思。[2]

诉讼时效**停止**制度会使时效期间之计算停止进行:在停止事由消除之后,时效期间继续计算。换言之,仅是停止的时间段不被计算入时效期间(《德国民法典》第209条)。时效在《德国民法典》第203—208条规定的案型会停止计算。一种适用的案型便是,就请求权或者得导致请求权成立的情事**开始协商(Verhandlung)**(《德国民法典》第203条第1句)。司法实践中,上述协商的概念被理解得异常宽泛,只要义务不是立即并且清晰地被拒绝,当事人就请求权或者得使请求权成立的任何事实所作的观点交换均可被认定为协商。[3] 至于愿意达成和解的信号,则并非必要。在一方或者另一方当事人就协商之继续没有加以拒绝之前,诉讼时效便会一直处于停止状态。[4] 但是,诉讼时效最早会在停止状态终结之后3个月完成(《德国民法典》第203条第1款)。

23

24

25

---

[1] BGH NJW 1988, 1259(1260).
[2] BGH NJW 1988, 1259f.
[3] BGH NJW 2007, 587 Rn. 10.
[4] 关于时效之障碍因谈判进入"休眠"状态而终结的问题,参见 BGHZ 213, 213。

另外,诉讼时效还会因**权利追诉**(Rechtsverfolgung)行为而停止。但是,单纯《德国民法典》第 286 条意义上的催告还不属于权利追诉的行为。而必要的应当是以诉的方式主张权利。能够导致时效停止的单个权利追诉措施被列举于《德国民法典》第 204 条第 1 款。实践中重要的措施包括:①**提起给付之诉或者确认之诉**(《德国民法典》第 204 条第 1 款第 1 项)。当诉讼被提交至法院并且被送达被告时,诉讼便被提起了(《德国民事诉讼法》第 253 条)。如果诉讼被马上送达,那么诉讼之提交便足以产生诉讼时效停止的法律效果(《德国民事诉讼法》第 167 条)。②依催告程序**送达催告通知**(《德国民法典》第 204 条第 1 款第 3 项结合《德国民事诉讼法》第 693 条第 2 款)。③**送达假处分之申请**(《德国民法典》第 204 条第 1 款第 9 项)。前述时效停止进行的状态,于判决生效或者被发动的程序因其他事由而终止之后 6 个月结束(《德国民法典》第 204 条第 2 款第 1 句)。

再者,《德国民法典》第 205 条规定,在债务人基于其与债权人之间达成的协议而**暂时有权拒绝给付**[所谓的**保持停止协议**(Stillhalteabkommen)]的期间内,诉讼时效也会停止。不过,其并不像人们所想象的那样包括嗣后的延期约定,因为这已经构成《德国民法典》第 212 条第 1 款第 1 项意义上的承认了,这会导致诉讼时效的重新起算。其所指是当事人意欲等待另一项诉讼的判决结果或者观望损害发展状态的案型。[1]

26 **诉讼时效不完成**使诉讼时效的届满被推迟。这发生于起诉暂时不可能的请求权场合,欠缺法定代理人的非完全行为能力人的请求权的案型(《德国民法典》第 210 条)以及继承事项未明确时的请求权(《德国民法典》第 211 条),即是如此。在此案型中,诉讼时效期间原则上继续进行。但是,只有到时效完成障碍之事由消除后 6 个月,时效才会届满。借此,只不过是要提供一个了解请求权是否存在的可能性而已。

例如:未成年人 A 针对 B 享有一项请求权,该请求权的时效期间将在

---

[1] Vgl. *Palandt/Ellenberger* BGB § 205 Rn. 2.

2002年12月31日届满。A 在2002年12月20日因一场事故而失去了父母。在2003年1月5日为其设立了监护人。于此,诉讼时效在6个月之后才届满,亦即随着2003年7月5日结束时效才会届满(《德国民法典》第210条第1款第1句)。

有期限的时效利益放弃原则上是被允许的,但在有疑问时,应将其解释为,债权人在该期限结束之前可以通过诉讼的方式主张请求权。借此,不是使时效期间得到延长,而仅仅是在给定的时间段内排除债务人主张时效抗辩权的权能。[1]

26a

6. 时效的效力

(1)履行拒绝权的产生

在时效期间届满之后,债务人有权拒绝给付(《德国民法典》第214条第1款)。他享有时效抗辩权。是否行使该项抗辩权,则由他自己决定。他出于何种原因而不援引时效抗辩权,是无关紧要的。在诉讼中,只有当可以确定债务人主张时效抗辩权时,其才应当被考虑。如果该抗辩权没有被主张,则债务人就必须被判决给付,即便债权人自己对导致诉讼时效抗辩权成立的情事进行了陈述。[2]

27

例如:K 起诉要求 B 付款。但从其起诉理由中即可以得出,该项请求权已经罹于诉讼时效。如果 B 在法庭辩论中主张诉讼时效届满,则应驳回 K 的诉讼请求。如果 B 不提起诉讼时效抗辩,则他会被判决给付。

在例外的案型中,对诉讼时效抗辩权的主张属于不被允许的权利行使行为。此种例外案型,是指当债务人给了债权人正当的动机和理由,使其放弃经由提起诉讼来中断时效。[3] **不作为请求权**(参见《德国民法典》第12条、第1004条)也同样受诉讼时效(参见《德国民法典》第199条第5款、第200条第2句)调整。在诉讼时效期间届满之后,债务人却不得拒绝履行不作为义务,也就是说,债务人没有实施相反行为的权利。时效只

---

[1] BGH NJW 2009, 1598 Rn. 22; 2015, 2267 Rn. 18ff.
[2] BGH NJW 2010, 2422 Rn. 27.
[3] Vgl. BGH NJW 1988, 265(266).

不过会导致,债权人无法取得执行名义使其在债务人继续实施相反行为时对其判处法庭制裁措施。(《德国民事诉讼法》第 890 条)。[1]

实体法上(比如关于迟延),时效抗辩权的主张得回溯至时效届满的时点发生效力。[2]

(2)已履行者无返还请求权

28 　　即便在时效届满的情况下,请求权依然是可以履行的。如果债务人已经进行了履行,即便是在不知时效抗辩权存在的情况下进行履行,其亦不可要求返还已经进行的给付(参见《德国民法典》第 214 条第 2 款第 1 句、第 813 条第 1 款第 2 句)。[3]

(3)物的担保的存续

29 　　如果债权人取得了物的担保,则即便在时效届满之后,其也可以从该担保中要求受偿。对于质押权和抵押权而言,这从《德国民法典》第 216 条第 1 款中即可得出;而对于其他担保权,比如所有权让与担保、债权让与担保以及所有权保留,亦可从《德国民法典》第 216 条第 2 款中得出。

7. 经由法律行为对时效进行的约定

(1)合同自由原则

30 　　与合同自由的基本原则相应,就时效所作的非要式有效约定——有一定的界限——即时效的长度、起算、停止进行等,也是被允许的。反之,债权人单方放弃时效抗辩权的,原则上只有当时效期间确实已经届满时,才是被允许的。[4] 约定的界限应当根据约定的效果进行区分。

(2)使时效届满的难度加大(Erschwerung)

31 　　通过约定使时效届满的难度加大原则上是被允许的,但不得超过自法定时效起算点开始后 30 年(《德国民法典》第 202 条第 2 款)。实践中,在出卖人担保超出法定时效期间的案型中,这会发挥一定作用。

---

[1] Vgl. *Köhler*, GRUR 1996, 231(233).
[2] BGH NJW 2010, 2422 Rn. 29.
[3] 就此,参见*Köhler*, BGB AT PdW,案例 153。
[4] BGH NJW 1973, 1690.

(3) 使时效更易于(Erleichterung)届满

同样,使时效更易于届满,尤其是缩短诉讼时效的期间原则上同样是被允许的。不过,依《德国民法典》第 202 条第 1 款的规定,在故意行为所生责任的场合,不得预先实施此种行为,也就是说,不得在损害赔偿请求权产生之前这样做。另一个界限则源自《德国民法典》第 475 条第 2 款为消费品买卖瑕疵请求权所设置的规则。如果关于时效的约定包含于**一般交易条款**,则《德国民法典》第 309 条第 8b)ff)项就买卖及承揽合同的瑕疵请求权设置了界限。另外,《德国民法典》第 307 条的一般性控制标准也应予以适用。

32

参考文献:*Gröschler*, Zur Wirkungsweise und zur Frage der Geltendmachung von Einrede und Einwendung im materiellen Zivilrecht, AcP 201 (2001), 48; *Köhler*, Zur Geltendmachung und Verjährung von Unterlassungsansprüchen, JZ 2005, 489; *Mansel*, Die Neuregelung des Verjährungsrechts, NJW 2002, 89; *Medicus*, Anspruch und Einrede als Rückgrat einer zivilistischen Lehrmethode, AcP 174 (1974), 313; *Meller-Hannich*, Die Einrede der Verjährung, JZ 2005, 656; *Pohlmann*, Verjährung, Jura 2005, 1; *H. Roth*, Die Einrede des Bürgerlichen Rechts, 1988; *Schapp*, Das Zivilrecht als Anspruchssystem, JuS 1992, 537; *Thomale*, Die Einrede als materielles Gestaltungsrecht, AcP 212 (2012), 920; *Ulrici/Purrmann*, Einwendungen und Einreden, JuS 2011, 104; *Witt*, Schuldrechtsmodernisierung 2001/2002-Das neue Verjährungsrecht, JuS 2002, 105.

第十九章　权利的执行与权利的保护

1　　享有权利之人,也必须能够将其加以执行;否则,无人会尊重权利。但是,为法律安宁之利益计,法秩序原则上禁止自力执行一项真实或者想象的权利("自助防卫权")。法秩序代之以国家的法律保护,并给予个体主张此项保护的权利["司法处理请求权"(Justizgewährungs-anspruch)]。法秩序仅在例外的案型中允许个体自行对其权利加以执行。

一、国家的权利保护

国家的权利保护通常分为两个阶段,即确认程序和执行程序;另外,还有临时性权利保护程序。

1. 确认程序

2　　确认程序通过**起诉**(《德国民事诉讼法》第253条以下)而启动(eingeleitet),经由**判决**(《德国民事诉讼法》第300条及以下)终结。在这一程序中,法院会检验原告的请求是否有道理。

买卖价款之债案:V对慕尼黑的K享有一项3000欧元的买卖价款债权。当K不愿支付时,V不得以暴力征讨该价款。他必须依赖在地域上(örtlich)和事项上(sachlich)均适格的主管法院,本案中即慕尼黑地方法院[《德国民事诉讼法》第12条、第13条;《德国法院组织法》(GVG)第23条第1项]提起要求K支付价款的诉讼。在诉讼中,法院会检验债权是否存在,必要时还会通过证据调查,比如询问证人的方式进行检验。如果最终得出肯定结论,则法院会作出判令 K 进行支付的终局判决。

2. 执行程序

若被告在原告取得一项于己有利的判决之后并不履行该判决,则随后进入执行程序(《德国民事诉讼法》第 704 条及以下)。这种执行程序旨在通过国家强制的方式实现给付请求权。

例如: 在前述"买卖价款之债案"中,如果针对 K 的判决书具有法律效力或者暂时的可执行性(《德国民事诉讼法》第 704 条),且该判决书中附有执行条款(《德国民事诉讼法》第 724 条及以下)并已送达给 K(《德国民事诉讼法》第 750 条),那么强制执行便可以开始。为此目的,V 可以向主管的法院执行官授予执行委托(《德国民事诉讼法》第 753 条)。此后,法院执行官可以扣押 K 所有的物,并且可将之公开拍卖(《德国民事诉讼法》第 803 条及以下、第 814 条及以下),紧急情况下还可以使用暴力(Gewaltanwendung)(《德国民事诉讼法》第 758 条)。从拍卖所获得收益中扣除费用的剩余部分即可用于清偿 V 的债权。

判决并不是强制执行程序必不可少的前提条件,也存在其他执行名义,尤其是基于催告程序的执行通知(《德国民事诉讼法》第 688 条及以下)、诉讼和解以及有直接强制执行效力的证书(参见《德国民事诉讼法》第 794 条)。

3. 临时性权利保护程序

在权利受到紧急威胁时,债权人也可以利用临时性权利保护程序(《德国民事诉讼法》第 916 条及以下)。其旨在为债权人提供保障(Sicherung),而非债权之清偿(Befriedigung)。临时性权利保护程序措施包括**扣押**(Arrest)和**假处分**(einstweilige Verfügung)。

在前述"买卖价款之债案"中,如果存在 K 将其财产转移到国外,进而使针对其财产的强制执行落空的危险,那么 V 可以申请一项物上扣押,该扣押之执行要根据强制执行条款来进行(《德国民事诉讼法》第 917 条、第 928 条)。

二、自卫（正当防卫和紧急避险）和自助行为

1. 概览

5   在例外的案型中，法秩序允许个体使用暴力抵御侵害其权利或法益的行为。《德国民法典》的总则规定了针对攻击（正当防卫，《德国民法典》第227条）和危险（紧急避险，《德国民法典》第228条）的自卫，以及为自身权利之执行或保障的自助（《德国民法典》第229条及以下）。另外，还有一些关于暴力使用权能的特别规定条款（参见《德国民法典》第562b条第1款、第859条、第860条、第904条、第910条、第962条；《德国刑法典》第34条）。

2. 正当防卫

(1) 概念和前提条件

6   "正当防卫，是指为排除自身或者他人正在遭受的不法攻击所必要的防卫行为。（《德国民法典》第227条第2款=《德国刑法典》第32条第2款）"为他人利益而实施的正当防卫行为又被称为紧急救助（Nothilfe）。正当防卫以防卫情状（Notwehrlage）及防卫行为（Notwehrhandlung）之存在为前提。

7   **防卫情状**则以正在进行中的不法攻击为前提。**攻击**是对他人受法律保护的利益加以侵害或者有导致侵害之威胁的人的行为。纯粹的不作为并不满足这一要求，即便存在所谓担保人地位的场合，亦复如此（有争议）。就源自动物的威胁而言，只要该动物并未被用作攻击的工具（比如，挑逗一条狗去袭击他人），则其应落入《德国民法典》第228条的调整之下。

该攻击必须是**正在进行中的**。换言之，攻击必须已经开始，并且尚未结束。这一时间幅度从法益遭受具体危险时起[1]，延续到该危险最终结

---

[1] 比如抽出枪，参见 BGH NJW 1973, 255。

束之时。[1]

该攻击必须是**违法**的,这通常要依据**结果不法理论**(Lehre vom Erfolgsunrecht)加以判断。据此,当没有特别的正当性基础时,该攻击便是违法的。攻击者的过错则并非必要。因此,针对孩子、醉酒人或者精神病人实施正当防卫也是可能的。

攻击必须指向**他人**,也就是说,指向他人受法律保护的利益。由此,具有正当防卫能力的不单单是身体和生命,也包括个体的所有权与人格。同样,为法人的法益保护,甚至为国家法益之保护而实施正当防卫,也是可能的。不过,公共秩序并不具有正当防卫的能力。[2]

防卫行为是为抵抗攻击而必要的防御行为(Verteidigungshandlung)。防卫行为必须被防卫的意志所承载(有争议),而这又以对防卫情状的知悉为前提。

防卫行为必须是**必要的**。[3] 换言之,被允许的仅仅是(还)能够产生立即且终局性危险排除效果的最温和措施。但是,被攻击人也不必将自己限定于那些在效果上存有疑问的防卫手段。相反,法律并未要求在防卫与供给之间存在合比例性(Verhältnismäßigkeit)。故而,即便防卫导致的损害远超过攻击导致的损害,原则上也是可能实施防卫行为的:正义不必避让不法。但是,正当防卫也适用禁止权利滥用的原则。[4] 所以,尤其在明显无过错的攻击者(比如孩子、醉酒人)或者挑拨导致攻击的案型中,会要求防卫人进行某种程度的关照,直至对其提出逃避攻击的要求。

(2)法律效果

防卫行为是合法的(《德国民法典》第227条第1款)。因而,攻击者必须容忍防卫行为(不得针对正当防卫进行"正当防卫"!)。防卫人也不

---

[1] 比如保留赃物;RGZ 111,371。
[2] 参见 BGHZ 64, 178:此案关涉一位神学家为反对色情书籍的销售而实施介入行为。
[3] 就此,参见*Köhler*, BGB AT PdW,**案例 156**。
[4] 《德国民法典》第242条;BGH NJW 2008, 571 Rn. 17。

负损害赔偿义务。但这在与非当事人却遭受损害之第三人的关系上并不适用。只要没有其他正当性基础，防卫人即须依一般性原则(《德国民法典》第 823 条及以下)向该第三人承担责任。

枪击肚子案：迪斯科舞厅经营者在与闯入的飞车族团伙进行斗殴的过程中首先打了一枪进行警告，但没有效果。其后，他朝着团伙头目开火。一颗子弹穿过团伙头目的肚子，从地面弹回，并进入一位没有参与斗殴的顾客的肚子中。在与该顾客的关系中，该行为既不能通过正当防卫，也不能通过其他方式被正当化。因为该经营者基于案件的特殊情事而本来可以避免与这些飞车族团伙碰面，并且由于不可避免地存在伤及其他顾客的危险，从而本来应避免使用枪械，故经营者的行为是有过错的。所以，他被判令承担损害赔偿责任。[1]

10　　反之，若行为人超越了必要防卫行为的界限(**防卫过当**)或者错误地认为存在防卫情状(**假想防卫**)，则其行为**具有违法性**。可是，《德国民法典》第 823 条及以下所规定的损害赔偿义务仅仅在有过错时才会产生。[2] 为此，只要错误建立于过失之上，即为已足。[3] 行为人必须证明其自身欠缺过错的状态。而在受害人方面，则可考虑与有过错(《德国民法典》第 254 条)的适用。

3. 紧急避险

(1) 紧急避险的概念和类型

11　　紧急状态是一种人们在某些特定前提条件下可以通过侵害他人法益的方式加以排除的危险情境。这些前提条件有不同规定。比如，在《德国民法典》中，有第 228 条所规定的可导致防御型紧急避险的危险情境和第 904 条规定的可导致进攻型紧急避险的危险情境。另外，还有《德国刑法

---

〔1〕　BGH NJW 1978, 2028.
〔2〕　不同观点，参见 *Kuchinke*, FS Krause, 1990, 327：这一文献认为，在假想防卫的案型中，可准用《德国民法典》第 231 条，使行为人承担无过错责任。
〔3〕　Vgl. BGH NJW 1987, 2509.

典》第 34 条可赋予行为正当性的紧急避险。[1] 此种所涉乃是行为正当化的基础。它们共同的基础是法益衡量思想(Gedanke der Güterabwägung)这一共同原则。应当与此相区分的是排除过错的紧急避险(entschuldigender Notstand)(《德国刑法典》第 35 条),其对于民法并没有直接的意义,因为民法中的过错系根据其他标准加以判定的。[2]

(2)防御型紧急避险(《德国民法典》第 228 条)

当行为人或第三人因他人之物(或者他人的动物,《德国民法典》第 90a 条)而遭受危险的威胁时,便出现了**防御型紧急避险的情境**。该物必须是从自身发出危险的威胁(否则就适用《德国民法典》第 227 条或者第 904 条)。另外,该危险还必须威胁到一个人。就其所指,不单单是对身体或者生命的威胁,而是对任何法益的威胁(财产亦可)均可。最后,必须存在危险的威胁,即危险不必是正在进行中的,而只要存在发生损害的可能性,便已足够。

12

避险行为体现为对导致危险之物的损害或毁灭。正如在正当防卫中的情形一样,该行为必须被一个防卫意志所承载[3],并且是危险之排除所必要的。换言之,不得存在更加温和的手段可供使用。除此之外,此处的损害不得与危险处于不成比例的关系。[4] 为此,应当设置一个客观规范性的标准,但在此过程中也应当兼顾感情利益(Affektionsinteresse)。

13

例如:一只纯种狗正在攻击一只猫,则当无法通过其他方法来挽救猫时,猫的主人可以杀死狗。此处导致的损害并没有与危险处于不成比例的关系。因为,可能这只猫客观上并没有财产价值,但所有权人的感情利益也应当予以考虑(也参见《德国民法典》第 251 条第 2 款第 2 句)。

避险行为是**合法的**(《德国民法典》第 228 条第 1 句),亦即物的所有权人针对该避险行为所作的防卫是不被允许的。行为人不承担损害赔偿责任,但他对危险的发生有过错的除外(《德国民法典》第 228 条第 2 句)。

14

---

[1] 就此,参见 *Köhler*, BGB AT PdW,**案例** 157。
[2] Vgl. *Palandt/Ellenberger* BGB § 228 Rn. 2a.
[3] BGHZ 92, 359.
[4] 就此,参见 *Köhler*, BGB AT PdW,**案例** 158。

15　　　行为人如果错误地认为出现了避险情境(**假想避险**)或者超越允许的防御界限(**避险过度**),则其行为是**具有违法性的**,但只有当其对错误存在过失时,才承担损害赔偿责任。

(3)进攻型紧急避险

16　　　**进攻型紧急避险**以对他人"正在进行中的危险"为前提。换言之,他人的某种法益(身体、生命、所有权等)必须遭受威胁。该危险源于何处以及其是否基于违法攻击,并无影响。但是,该危险不得从行为人施加影响的物中源出,因为此时便属于防御型紧急避险了。

17　　　**避险行为**表现为对他人之物(或者他人的动物,《德国民法典》第90a条)的"介入",这种介入可以通过使用、损害、毁灭或者处分来实施。这种影响必须是为危险之抵御所"**必不可少的**"。行为人必须意在排除自己或者第三人所面临的危险(紧急救助),并且不得存在更加温和的方式可供使用。最后,"产生威胁的损害相较因介入而给所有权人带来的损害必须是不合比例地更大"。

例如:A被一条龙纹蛇咬伤。B前来并发现A必须马上被送到医院。B便"征用"C的车将A送到医院。这里对C的所有权的侵害乃为危险之排除而必不可少,并且A所面临的损害之威胁(生命危险)相较C所遭受的损害(纯粹的财产损害)是不合比例地更大的。

18　　　所有权人无权禁止此种介入,亦即该介入是**合法的**。这意味着,所有权人针对介入所作的反抗不被正当防卫所涵盖(《德国民法典》第227条),而介入人却有权进行正当防卫。

例如:在上述例子中,如果C为了抵抗车被取走而以暴力对付B,则此种行为不被正当防卫所涵盖,因为此时欠缺违法的进攻。相反,B可以针对该使用暴力的行为进行防卫。

但是,所有权人可依《德国民法典》第904条第2句的规定要求损害赔偿(牺牲请求权的思想!)。负有赔偿义务的不是受益人,而是介入者[1],尤其是介入者通常更为容易确定。

---

〔1〕 BGHZ 6,102;很有争议。

例如:C 不可以要求受益人 A,而只能要求介入人 B 赔偿因车被取走而产生的损害。但是,B 依《德国民法典》第 683 条、第 670 条的规定对 A 享有追索请求权。

4. 自助行为(《德国民法典》第 229—231 条)

(1) 自助的概念

自助,是指以暴力方式执行或者保障自己的请求权。 19

(2) 自助的前提条件

自助仅在严格的前提条件限定之下才是被允许的,且这些前提条件 20
不能通过合同的方式加以扩张[1]:行为人必须享有一项自己的、可依诉执行的**请求权**。换言之,若为想象的、第三人的不可诉的(参见《德国民法典》第 762 条)、已罹诉讼时效或者不具有执行能力(参见《德国民事诉讼法》第 888 条)的请求权,则自助是不被允许的。此外,还需要**当局的救济**无法及时取得。此种当局的救济,首先可以考虑扣押和假处分,警察行为也可能纳入其中。最后,请求权的实现还必须被危及。为此,支付不能的危险尚不足够。

(3) 自助的手段

自助的手段之一是物的取走、毁灭或者损坏。但是,正如从《德国民 21
法典》第 230 条第 2 款中间接得出的那样,得被取走的仅仅是可以执行的物而已。

例如:针对想要诈骗酒菜钱并逃跑的顾客,店主虽然可以为自己价款债权的保障而将该顾客的钻戒取走,却不得将其结婚钻戒取走(参见《德国民事诉讼法》第 811 条第 11 项)。如果该顾客已经坐进车里,则店主可以将车的轮胎刺破,借以阻止顾客逃跑。

自助手段之二是义务人有逃跑嫌疑时,将其拘押。

例如:店主可以将有逃跑危险的顾客暂时锁在一间屋子里。

自助手段之三是,在容忍义务的范围内排除反抗。

---

[1] 就此,参见 *Köhler*, BGB AT PdW,案例 159。

例如：顾客针对拘押而进行抵抗时，店主可以暴力方式压制其反抗。也参见 BGH NJW 1994, 188：超市中，于有具体的盗窃嫌疑时，允许进行搜包。

(4) 自助的界限

22　　自助不得超过排除危险所必要的范围(《德国民法典》第 230 条第 1 款)。在取走物或者拘押义务人的场合，行为人还必须另外申请(《德国民法典》第 230 条第 2 款、第 3 款)物上扣押或者人身扣押(参见《德国民事诉讼法》第 916—918 条)。如果扣押申请拖延或者被驳回，则应当返还被取走的物或者释放义务人(《德国民法典》第 230 条第 4 款)。换言之，自助只能作为**暂时**措施而被允许。

(5) 法律效果

23　　自助行为在《德国民法典》第 229 条、第 230 条的前提条件下是**合法的**，亦即针对其进行防卫是不被允许的。如果这些前提条件并不具备(假想自助或者自助过限的案型)，则行为人即便对其错误没有过失，亦须承担损害赔偿责任(《德国民法典》第 231 条：实施自助行为之人亦须为自己的行为承担风险；危险责任的案型)。[1]

参考文献：

关于正当防卫：*Adomeit*, Wahrnehmung berechtigter Interessen und Notwehrrecht, JZ 1970, 495; *Hoyer*, Das Rechtsinstitut der Notwehr, JuS 1988, 89; *Kuchinke*, Verantwortlichkeit und Haftung eines Täters bei Notwehrüberschreitung und Putativnotwehr, FS Krause, 1990, 327; *Schwabe*, Grenzen des Notwehrrechts, NJW 1974, 670; *Schröder*, Notwehr bei schuldhaftem Vorverhalten, JuS 1973, 157.

关于紧急避险：*Canaris*, Notstand und „Selbstaufopferung" im Straßenverkehr, zugleich ein Beitrag zur allgemeinen Problematik des Notstands im Zivilrechts, JZ 1963, 655; *ders*., Geschäfts-und Verschuldensfähigkeit bei der Haftung aus „culpa in contrahendo", Gefährdung und Aufopferung, NJW 1964, 1987;

---

〔1〕　就此，参见*Köhler*, BGB AT PdW,案例 160。

Konzen, Aufopferung im Zivilrecht, 1969; *Kraffert*, Der Ersatzpflichtige im Falle des § 904 BGB, AcP 165 (1965), 453; *Küper*, Zum rechtfertigenden Notstand bei Kollision von Vermögenswerten, JZ 1976, 515; *Lampe*, Defensiver und aggressiver übergesetzlicher Notstand, NJW 1968, 88.

关于自助行为:*Schünemann*, Selbsthilfe im Rechtssystem, 1985.

第四编

权利主体

第二十章 自然人

一、人作为权利主体

按照《德国民法典》的规定,权利主体即权利与义务的承担者,仅指自然人和法人以及有权利能力的人合会社(Personengesellschaften)(《德国民法典》第14条第2款)。**自然人**是指人类(Mensch)。

例如:如果A以遗嘱的方式将他的猫"贝茨"(Betzi)设立为唯一的继承者,则该遗嘱不生效力。因为,继承人(《德国民法典》第1922条)以及基于遗产而成为权利义务承担者的只能是人,而非动物(参见《德国民法典》第90a条)。

二、人的权利能力

1. 权利能力的概念和含义

权利能力一般是指成为权利义务承担者的能力(通说),只能由权利主体享有。权利能力应与广义的法律行为能力(Handlungsfähigkeit)区分开来。[1]

一种少数派观点认为,权利能力是指实施具有法律上重要意义之行为的能力,也可经由代理人或机关实施此等行为。不过,此种观点太过狭窄。因为即便没有自己或者他人的行为,一个人也可以取得权利或者义

---

[1] 参见本章边码6。

务,比如通过继承。另外,当自然人暂时没有法定代理人或者法人暂时没有机关时,此种观点便会陷入困境。

首先一点,人是具有权利能力的(参见《德国民法典》第1条),并且任何人均有权利能力,不分性别、种族、出身等。立于其背后者,乃是作为长期历史发展结晶的私法中所有人皆自由与平等的思想。

2. 权利能力的开始

3　　人的权利能力开始于**出生之完成**(《德国民法典》第1条)。为此,完全脱离于母体且此后有生命征象乃是必要的。据此,一个孩子究竟是在分娩过程中死亡,还是在娩出之后死亡,是有区别的。

例如:若在分娩的过程中,母亲与孩子均死亡,则孩子的死便无继承法上的意义。若孩子在出生之后还存活了短暂的时间,则其已经成为母亲的继承人(《德国民法典》第1923条第2款),并且他又反过来会被继承。由此,相较于第一种情形而言,在后一情形中母亲的财产会全部或者部分归属于其他人。

尚未出生的孩子[胎儿(nasciturus)]没有权利能力。但胎儿出生为活体的,为保护其利益,即便尚未出生,很多时候也会如同已出生那样对待他。

在继承法中,于继承开始时已经孕育但尚未出生的孩子被视为于继承开始之前即已出生(《德国民法典》第1923条第2款)。换言之,孩子的父亲在其出生前即已死亡,但随着这个孩子的出生,其便会成为其父亲的继承人。

在家庭法中,在孩子出生之前,便已可为其设立保佐人(《德国民法典》第1708条)或者监护人(《德国民法典》第1774条第2句)。为保障未来之生计,可以在孩子出生之前即申请针对其父亲采取假处分措施,并要求其支付抚养费(《德国民法典》第1615o条*第1款第2句)。

在侵权法中,胎儿也同样受到保护。这一方面适用于对抚养义务人之所享有未来抚养请求权的丧失:比如,一个尚未出生的孩子的父亲被杀

---

* 该条文现已删除。——译者注

害,则这个孩子在出生时便取得了针对犯罪行为人的损害赔偿请求权(《德国民法典》第844条第2款第2句)。若胎儿在母体中被侵害,则这个孩子出生时便基于出生前的损害而取得针对加害人的损害赔偿请求权(胎儿也是《德国民法典》第823条第1款意义上的"其他人")。[1] 当侵害行为早在怀孕之前便已实施,但直到后来才导致最初的胎儿以及嗣后的孩子遭受损害时,也适用上述相同规则对其加以保护。[2]

3. 权利能力的终结

人的权利能力终于**死亡**。其权利义务若没有转移给继承人,则会消灭。死亡的决定性时点乃是医学问题。按照今天的观点,这并非取决于呼吸或者心脏死亡,而是取决于脑死亡。

4

4. 证据问题与死亡宣告

一个人的出生和死亡应在户籍册(出生登记册和死亡登记册)中登记。此种登记减轻了法律交易中,比如在继承事务、抚养事务或者保险业务中,就一个人的出生或死亡提供证据的困难[《德国户籍法》(PStG)第60条]。

5

失踪之人可被宣告死亡。[3] **死亡宣告**的前提条件及其程序规定于《德国失踪法》(Verschollenheitsgesetz)。法院的死亡宣告可以导致失踪人在某一特定时间已经死亡的推定(《德国失踪法》第9条)。这主要为其亲属利益之维护,而对一人之死亡与否的不清晰状态加以排除。不过,此种推定是可以被推翻的,即被宣告死亡者可能仍然生存,并且重新出现。

例如:环球航行者A自从1999年便失踪了。经由其妻子申请,2001年A被宣告死亡。其后,妻子作为A的法定继承人出具了一张继承证书,占有了A的财产,并且再次结婚。2002年,A出乎意料地回来了,并且

---

[1] BGHZ 58, 48; 93, 351.
[2] BGHZ 8, 243:将一个梅毒病患者的血通过输血的方式输入母体,感染最后转移到出生的孩子身上。
[3] 就此,参见*Köhler*, BGB AT PdW,**案例** 18。

要求妻子回到他身边,将财产也一并归还。第一个请求已经被排除,因为按照《德国民法典》第1319条第2款的规定,旧的婚姻已经随着新婚姻的缔结而消灭。后一请求则是正当的(《德国民法典》第2031条)。

5. 权利能力与广义的法律行为能力(Handlungsfähigkeit)

6　　应与权利能力相区分的是**广义的法律行为能力**,后者是指一个人从事法律相关行为的能力。这一概念包括了**行为能力**(Geschäftsfähigkeit)与**侵权能力**。这里,行为能力乃是有效地实施法律行为的能力(参见《德国民法典》第104条、第105条);而侵权能力则是基于自己的过错行为而为其负责的能力(参见《德国民法典》第827条、第828条;另外,参见《德国民法典》第276条第1款第2句)。

　　例如:一个6岁的小孩尽管有权利能力,却既无行为能力(《德国民法典》第104条第1项),也无侵权能力(《德国民法典》第828条第1款)。换言之,他既不能有效地缔结一个针对棒棒糖的买卖合同,也不会因为打碎一个窗户而承担损害赔偿义务(参见《德国民法典》第829条)。

6. 权利能力和当事人能力(Parteifähigkeit)

7　　**当事人能力**,是指在民事诉讼中成为当事人(原告或者被告)的能力。有权利能力之人,亦即自然人和法人,均有当事人能力(《德国民事诉讼法》第50条第1款);除此之外,某些特定的人合团体也有当事人能力。[1] 行为能力在诉讼法上的对应物乃是**诉讼能力**(Prozessfähigkeit),其是指有效实施诉讼行为的能力。能够通过合同使自己负担义务之人均具有诉讼能力(《德国民事诉讼法》第52条第1款)。

　　例如:A如果不为其1岁的非婚生子支付抚养费,则其可被起诉要求支付。在此过程中,孩子是原告,但因其欠缺诉讼能力(《德国民事诉讼法》第52条第1款结合《德国民法典》第104条第1项),应由母亲(《德国

---

[1] 参见《德国民事诉讼法》第50条第2款:无权利能力社团;《德国商法典》第124条:公开商事合伙和两合公司;关于民法上的合伙,参见BGHZ 146, 341(347ff.)。

民法典》第1626a条第2款、第1629条第1款第2句）在诉讼程序中代理其实施行为。

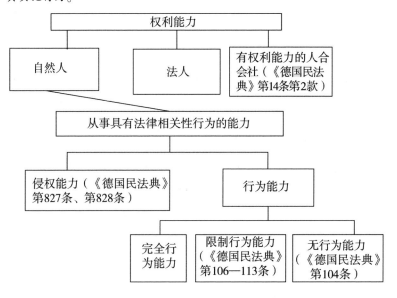

三、住所

1. 概念和意义

人的住所，是指其生活关系的空间重心［法人有住所（Sitz），参见《德国民法典》第55条］。鉴于一个人大多在此地点活动并且可以联系得上，故住所既是与他人法律关系的连接点，又是法律执行的连接点。

例如：慕尼黑的V卖给纽伦堡的K一辆老爷车，但未就交付加以约定。此时，依《德国民法典》第269条第1款的规定，给付地点是V的住所地，即慕尼黑，故K必须自行取走这辆老爷车。如果V拒绝交付该车，则K必须在地域上具有主管权的法院起诉V。这是指慕尼黑的法院，因为V的住所在慕尼黑的行政区划(《德国民事诉讼法》第12条、第13条)，并且合同履行同样也应在慕尼黑完成(《德国民事诉讼法》第29条结合《德国民法典》第 269 条第 1 款)。

一个人可能有一个、多个(《德国民法典》第 7 条第 2 款)住所或者(比如流浪者)没有住所。一方面,应当将住所与居住地(Wohnung)相区分,另一方面也应将其与居留地(Aufenthalt)相区分。住所地是一个人在其中居住的最小政治单位[通常是社区(Gemeinde)]。一个人暂时或者永久居留的地域(Ort)(**居留地**,参见《德国民法典》第 132 条第 2 款第 2 句;《德国民事诉讼法》第 20 条)并不必然同时是其住所地。

2. 自择住所和法定住所

9　　住所可以自由选择(自择住所)或者由法律规定(法定住所)。

10　　(**自择**)住所之设定,必须包括持续性地在某一地点定居并且具有将此地点作为生活关系重心的意志(《德国民法典》第 7 条第 1 款)。当以放弃的意思废止一处居住地时,该住所也会被废止(《德国民法典》第 7 条第 3 款)。换言之,住所之设定及废止以一项事实行为与一项意思行为(但并非法律行为!)为前提。

例如:20 岁的学生 A 来自慕尼黑,他在波恩租赁了一处配备家具的房间,用于在那里读大学。此时,不应认为 A 在波恩设定了住所,因为在波恩的居留从一开始便属于暂时性的。可是,如果 A 具有持续性地在波恩定居的意志,那么波恩便会(某些情况下成为第二个)成为住所地。

因其意义重大,故《德国民法典》要求,住所地之设定及废止原则上以具备完全行为能力为前提(《德国民法典》第 8 条)。

例如:17 岁的 A 从位于慕尼黑的其父母的房子中离家出走,并搬入纽伦堡的一处合租房中,则其住所地仍停留在慕尼黑(《德国民法典》第 11 条第 1 句)。因为,其自身仅具限制行为能力(《德国民法典》第 106 条),故按照《德国民法典》第 8 条的规定,在未经其父母同意的情况下,他既无法放弃在慕尼黑的住所地,也不能在纽伦堡设定住所地。

11　　**未成年的孩子拥有法定住所地**:他共享父母的住所地(《德国民法典》第 11 条第 1 句),直至其能够有效地放弃该住所地为止(《德国民法典》第 11 条第 3 句)。如果父母分开居住,则孩子拥有双重住所地。若仅父母一方或者第三人享有监护权,则孩子共享该拥有监护权之父母或第三人的住所地(《德国民法典》第 11 条第 1 句第 2 半句,第 2 句)。军人以驻地为其法定住所地(《德国民法典》第 9 条第 1 款第 1 句)。但这不适用于仅为履行兵役义务而服役的军人或者未成年的军人(《德国民法典》第 9 条第 2 款)。除法定住所地外,还可以存在一个自择住所地。[1]

四、姓名与姓名的保护

1. 姓名的概念与类型

人之**姓名**乃是将其与他人区分开来之语言标记。[2] 公民的姓名由姓氏(Familienname)以及至少一个名(Vorname)组成。姓氏之取得规定于家庭法(《德国民法典》第 1355 条、第 1616 条及以下、第 1720 条、第 1737 条、第 1757 条)。名则由监护权人(通常是父母,《德国民法典》第 1626 条)赋予孩子。姓名的变更可在提出重要理由的情况下由行政机关依申请进行(1938 年《姓名变更法》)。**笔名(Pseudonym)**,正如其常为艺术家和作家使用之情况所展示的那样,并不会排斥本来的真实姓名,不过当有一定知名度时,笔名可经申请而登入登记簿以及护照或者身份证件中。**商号(Firma)**乃是商人用于在商业中开展交易活动并进行签署的名称(《德国商法典》第 17 条第 1 款),其可以与商人本人的名称相同,但非必须如此(参见《德国商法典》第 22 条)。**域名**乃是作为网络地址而为一个人登记的名称。[3]

12

2. 姓名权

姓名拥有者享有**利用其姓名的主观权利**(《德国民法典》第 12 条)。姓名权属于(具体)人格权[4],随着姓名拥有者的死亡而消灭。[5] 不

13

---

[1] 就此,参见 *Köhler*, **BGB AT PdW**,**案例 15**。
[2] BGH NJW 1959, 525.
[3] 就此,参见 BGH NJW 2009,1756。
[4] BGH NJW 2000, 2195(2197).
[5] BGH NJW 2007, 684 Rn. 8.

过,在此范围内,还应考虑人死亡后的人格保护。[1] 但某一姓名若在交易往来中具有广告的功能,则姓名权就接近非物质财产权了。如此,即便商号或商标中包含了公民的姓名,此种商号或者商标上的权利依然是可以转让的。但是,此种商号不得在其所属营业不加转让的情况下进行让与(《德国商法典》第22条、第23条)。

例如:雅科布·穆勒(Jakob Müller)是"雅科布·穆勒(Jakob Müller)商号"的拥有者,他可将其营业连同商号一起转让给艾伯特·胡博(Albert Huber)。此后,胡博便可在商事交往中以雅科布·穆勒(Jakob Müller)商号的名义实施行为。

3. 姓名的保护

14   使用姓名之权利可能会因姓名争议和姓名之冒用(Namensanmaßung)而受侵害。

(1) 姓名的争议

15   当第三人对姓名拥有者使用姓名的权利表示异议时,即出现了姓名争议(《德国民法典》第12条第1句第1种情况)。

例如:A四处宣扬,冯·B(von B)先生无权使用其贵族名号(=姓名组成部分)(明示异议)。雇主S不知其工作人员T因结婚而进行了姓名变更,还一直称呼其为T(默示的争议)。

就姓名权之侵害而言,单纯的争议即为已足,并非必须出现姓名拥有者的特别利益被侵害的状况。

(2) 姓名的冒用

16   当姓名权人的利益由于其他非权利人使用与之相同的姓名而遭受侵害时,便出现了姓名之冒用(《德国民法典》第12条第1句第2种情况)。部分情况下,这一条款的适用会引发复杂的问题。

17   并非对姓名的任何利用均构成**姓名使用**(Namensgebrauch)。还必须

---

[1] 就此,参见本章边码24。

存在造成"姓名上归属混淆"的危险。[1] 为自己或第三人而使用他人姓名即属此种情形。[2]

例如：冒充者 A 在旅馆中假冒知名的电影演员 F。商人 G 带着他的女秘书 S 一起出差,并且在出差地,秘书 S 冒充他的妻子。[3] 企业经营者 U 将演员 K 的姓名作为域名申请登记。[4]

当姓名拥有者被与某些特定机构、货物或者产品相联系,而他实际与这些机构、货物或产品并无关系时,姓名使用的前提条件也得以满足。[5]

例如：不成功的画家 M 将自己的画作签上知名画家 S 的姓名,借以将该画卖出更好的价格。[6] 此处即存在姓名的冒用(并且同时属于证件伪造),因为该画作在交易中会被认为出自 S 之手。

甚至,在交易实践中产生姓名拥有者已经对于其姓名之利用表示了同意(姓名许可)的印象时,前述姓名使用的要求亦得以满足。

例如：商人 G 销售印有"超级巨星鲍里斯·贝克(Boris Becker)"字样的 T 恤,却并未经鲍里斯·贝克同意。[7]

反之,单纯提及第三人的姓名却并非前述姓名的冒用意义上的姓名使用,比如在一则新闻报道中提及,即便该报道对被提及者来说是令人不快的,亦不影响。此时,至多会存在"一般人格权"[8]之侵害。

姓名的冒用还必须使用了**相同**的姓名。在指向的范围内存在**混淆的危险**,即为已足。因而,与姓名一字不差地完全一致并非必要。 18

例如：不太成功的作家 S 使用"Gunter Grass"的笔名,这就是对 Günter Grass 的姓名的冒用,因为在一部分公众当中会存在混淆的危险。

该姓名之使用必须是**无权**的。在未经许可的情形下,始终是无权的。 19

---

［1］ BGH NJW 2007, 682 Rn. 14; 2007, 2633 Rn. 11.
［2］ 就此,参见 *Köhler*, **BGB AT PdW**, **案例 17**。
［3］ 案例根据 RGZ 108,230 改编。
［4］ BGH NJW 2007, 682 Rn. 14.
［5］ BGHZ 119, 237(245).
［6］ 参见案例 BGHZ 107, 384.
［7］ 案例根据 BGHZ 110,196 改编。
［8］ 就此,参见本章边码 24 及以下。

但在**同名**(Gleichnamigkeit)且会出现混淆危险的情形下,却会出现问题。此时,应当区别对待。不论是在私人交往还是公务往来之中,对自己的姓名的使用均非无权。相反,在交易往来中,后出现之人原则上应在其姓名附加上一个具有区分效力的附属标记(也参见《德国商法典》第 30 条),以防止在竞争中出现混淆的危险。[1] 将姓名登记为网络域名亦有特殊之处。[2]

20　　此种姓名使用行为必须侵害了**权利人的利益**。为此,应考虑任何**值得保护的利益**,即便感情利益亦应考虑。[3] 当姓名之使用可能产生姓名的拥有者与姓名的使用者之间似乎存在某种(比如家庭上或者交易上)关系的印象时,姓名的拥有者的利益便被侵害了。[4]

　　(3)侵害的法律效果

21　　受害人可要求**消除**侵害(《德国民法典》第 12 条第 1 句)。此种排除请求权不以过错为前提,也不会导致损害赔偿。

　　例如:公开就他人之姓名表示异议之人,亦必须公开撤回其言论。若行为人在其信纸上不当地使用他人姓名,则其必须使该姓名无法辨认。若行为人在画作上签署第三人之姓名,则其必须将该签名移除。[5] 若某人将非其所有之姓名注册为网络域名,则其必须按照他人之要求重新将该域名撤销。[6]

　　若存在继续侵害之虞[所谓的**重复危险**(Wiederholungsgefahr)],则受害人亦可提起**不作为**之诉(《德国民法典》第 12 条第 2 句)。也就是说,此时他还享有不作为请求权。

22　　姓名权是《德国民法典》第 823 条第 1 款意义上的"其他权利"。因而,过错侵害姓名权的行为会产生**损害赔偿**义务。就此,受害人拥有**三种损害计算**的可能性,即所失利益之赔偿(《德国民法典》第 252 条)、适当许

---

〔1〕 BGHZ 14, 155(161)——关于粗谷粉(Farina)的判决。
〔2〕 Vgl. BGH NJW 2007, 682 Rn. 24.
〔3〕 Vgl. BGH NJW 1994, 245(247).
〔4〕 BGH NJW 1994, 245(247).
〔5〕 BGHZ 107, 384(394).
〔6〕 BGH NJW 2007, 684 Rn. 7:本案关涉"kinski-klaus.de"域名之争议。

可费的支付或者加害人所获利润的返还,三者择其一。[1] 若加害人通过侵害姓名权中具有财产价值的部分,即通过商业化利用的方式,以牺牲姓名拥有者的利益为代价使自己增益,则受害人享有不当得利返还请求权(《德国民法典》第812条第1款第1句第2种情况,即所谓的侵害权益型不当得利),该请求权指向价值补偿,并且以支付适当许可费为表现形式。[2]

4. 姓名保护的扩张

《德国民法典》第12条本身仅仅指涉私人本来的真实姓名。[3] 但在时间演进过程中,司法实践扩张了姓名的保护。受保护的包括:已取得使用知名度(Verkehrsgeltung)的**别名**(**Deckname**)[4];私法法人及公法法人的**名称**[5];**域名**(网络地址);**无权利能力社团**的**名称**[6];商人与商事合伙的**商号**[7];**交易标志**[8];已产生使用知名度的**关键词式标志**或者**缩写**[9];标志物、徽章和**图章**[10]。

五、一般人格权的保护

姓名权(《德国民法典》第12条)与著作人格权(《著作权法》第11条及以下)以及自己肖像上的权利一起(《摄影与绘画作品著作权法》第22

---

[1] 参见 BGHZ 60, 206:本案关涉"Miss Petite"商号使用权之争议。
[2] BGH WRP 2008, 1524 Rn. 11:关涉弄皱的烟盒。
[3] 参见与之相对的《德国商法典》第37条;《商标法》第14条、第15条。
[4] 参见 BGH NJW 2007, 684 Rn. 8:本案关涉"kinski-klaus.de"域名之争议。
[5] 参见 RGZ 74, 114:关涉德国狼狗协会的名称权保护;BGH NJW 2007, 682 Rn. 14:关涉 solingen.info 域名之争的案子。
[6] 参见 BGHZ 43, 245:关涉"GdP"作为社团名称。
[7] RGZ 114, 90:关涉"Neuerburg"商号名称。
[8] 企业名称或者货物名称;参见 BGH GRUR 1977, 165:关于以"Parkhotel"作为一个实际上并非在公园旁边的酒店的名称的案子;BGH GRUR 1959, 25:关涉"胜利"(Triumph)作为货物名称的判决。
[9] BGHZ 15, 107:本案关涉企业将其商号通过提取关键词的方式缩写成 Koma,并在交易实践中产生知名度,进而得以享受名称权的保护。
[10] BGHZ 119, 237(245):关于大学标志的案子;BGHZ 126, 291:关涉红十字的案子。

条及以下)属于所谓的**具体人格权**。[1] 它们保护人格的部分方面,却并未给出完整的保护。全面的保护由"**一般人格权**"来实现。然而,此种一般人格权并未规定于《德国民法典》。人们对于人格保护是否可被精确界分存在疑虑,故拒绝以金钱的方式填补非物质损害(参见《德国民法典》第253条)。然而,鉴于私人领域被侵入的可能性正日益增加,更加全面的人格保护已经不可或缺。因此,德国联邦最高法院[2]在法官的法之续造中,以《德国基本法》第1条第1款(人的尊严)和第2条第1款(行为自由)为支撑,创造了一般人格权。如今,其已得到一般性的认可。[3] 人格权也被承认包含具有财产价值的部分。[4] 人格权在人死之后也会得到保护。尽管这并非从《德国基本法》第2条第1款中得出,但大概可以从《德国基本法》第1条第1款中得出。不过,在这种**死后人格权保护**的案型中,应当区分人格保护中的精神部分和财产价值部分。若为有精神价值的部分遭受侵害,则仅具备感知可能性之人(亲属)享有请求权,并且只是防御型请求权,而非损害赔偿请求权。若为有财产价值的部分遭受侵害(比如,通过对逝者的姓名进行市场化运作),则仅继承人享有请求权,并且可以是损害赔偿的请求权,但此种保护在权利人死后10年会终结(《摄影与绘画作品著作权法》第22条第3句的类推适用)。是否存在对死后人格权的不法侵害,应分别在个案中基于法益和利益衡量,并且兼顾《德国基本法》第5条第1款和第3款所规定基本权的前提下,加以判定。[5]

参 考 文 献:*Götting*, Persönlichkeitsrechte als Vermögensrechte, 1995; *Petersen*, Namensrecht und Domain‑Namen, Jura 2007, 175; Schirmer, Von Mäusen, Menschen und Maschinen‑Autonome Systeme in der Architektur der Rechtsfähigkeit, JZ 2019, 711; *Staake/von Bressensdorf*, Grundfälle zum deliktischen Schutz des allgemeinen Persönlichkeitsrechts, JuS 2015, 683, 687.

---

[1] BGH NJW 2007, 684 Rn. 8:本案关涉"kinski‑klaus.de"域名之争议。
[2] BGHZ 13, 334:读者来信案。
[3] 参见 BVerfG NJW 1971, 1645:关于小说《墨菲斯托》(Mephisto)出版的案子。
[4] BGHZ 143, 214(227ff.); BGH NJW 2013, 793.
[5] Vgl. BGH NJW 2007, 684 Rn. 9ff.

第二十一章 法　人

《德国民法典》从人这一上位概念出发进行划分,并区分了两种类型:　1
自然人和法人。尽管自然人意指人类是很清楚的,但法人的概念却并没
有得到进一步界定。本章即以此为任,并主要致力于对社团的阐述。

一、概论

1. 概念与含义

《德国民法典》仅列举了法人的两种表现形式:**社团**和**财团**。当这些
组织被称为"人"时,是要表达,它们自己——正如个体的自然人一样——
是权利主体,并因而可以成为权利与义务的承载者。换言之,法人是**法律
上独立的组织**,它应与立于其背后的人(社团成员、财团捐赠者)区分
开来。

法人的"发明"是法技术上的重大成果。亦即,组织在法律上的独立　2
化,使其取代立于组织背后的人而参与法律交往成为可能。这简化了法
律交易并且符合所有人的利益。另外,财产与责任的区分也借此成为
可能。

高尔夫俱乐部案:如果一个高尔夫俱乐部被设立成社团,并在社团登
记簿注册,则其作为经登记的社团,属于法人(《德国民法典》第21条)。
若董事会为该高尔夫俱乐部取得一块土地,则应将该社团作为所有权人
登入土地登记簿,而非单个的俱乐部成员。而买卖价款也只是俱乐部以
其(社团)财产来承担,而非俱乐部的成员以其私人财产来承担。

2. 法人的类型与产生

(1) 私法法人

3   如所述及,民法提供了两种组织形式:社团和财团。另外,还有作为社团特殊形式的资合公司,即股份公司(《德国股份法》第 1 条第 1 款第 1 句)与有限责任公司(《德国有限责任公司法》第 13 条第 1 款),股份两合公司(Kommanditgesellschaft auf Aktien)(《德国股份法》第 278 条)以及欧洲股份公司(SE)。再者,还有经登记合作社(《德国合作社法》第 17 条)与相互保险社团[《德国保险监管法》(VAG)第 15 条]。典型情况下,这些法人服务于私目的。但是,在公法未作阻止的范围内,国家与社区也可以利用这些法律形式履行公共任务。比如,一个城市的交通运营即可以通过有限责任公司的方式来组织。

4   私法上法人的产生有不同的调整模式。自古以来,人们即区分许可主义体制(Konzessionssystem)、准则主义体制(System der Normativbestimmungen)以及社团组建自由主义体制(System der freien Körperschaftsbildung)。①依许可主义体制,法人经由国家许可(授予许可、追认)而产生,该许可之授予取决于主管机关的本职裁量。此种体制适用于经济社团(《德国民法典》第 22 条)、相互保险社团以及财团(《德国民法典》第 80 条)。②依准则主义体制,组织必须满足特定的法定最低条件,并登入公共簿册(社团登记簿、商事登记簿等)。检验与登记由为此而确定的国家机关进行。这一体制适用于资合公司(股份公司、有限公司、股份两合公司)以及非营利社团(《德国民法典》第 21 条、第 55 条及以下)。③依社团组建自由主义体制,法人于其满足规定的法定条件时,无须国家参与即可成立,如瑞士非营利社团的组建。不过,就具体设置何种要求而言,立法者并非完全自由。其不能对结社自由的基本权(《德国基本法》第 9 条第 1 款)进行超越必要限度的限制。[1]

(2) 公法法人

5   与私法法人相并列的是公法法人。正如从《德国民法典》第 89 条所

---

[1] BVerfG NJW 1979, 699(706).

能得出的那样,它们是**公法团体**(Körperschaften)、**公法财团**(Stiftung)和**公法机构**(Anstalten)。典型情况下,这些组织是为履行直接国家管理或者间接国家管理的任务而设立的。只要这些组织尚未被习惯法所承认,它们便只能通过法律或行政行为而产生。前述公法团体以有成员为其特点。在此意义上,人们区分**区域性团体**(联邦、州和地方政府)和**其他团体**(比如,律师协会、医师协会)。前述公法财团(比如,普鲁士文化基金会)乃为履行特定财团目的而存在。前述公法机构(比如,联邦劳动行政机构、广播机构、储蓄银行)则服务于某一特定公共任务。

3. 法人的相对化

(1) 社团与合伙作为组织模型

人合社团原则上可通过"社团"或"合伙"的方式进行组织。社团具备组织体的(körperschaftlich)结构:它是独立于成员而长期存在的组织,其存在原则上不受成员变动之影响。应当与此相区分的,乃是作为多个为追求某一特定目的之人单纯结合的合伙。此一意义上的合伙乃是民法上的合伙(《德国民法典》第705条及以下)。公开商事合伙(《德国商法典》第105条及以下)、两合公司(《德国商法典》第161条及以下)、隐名合伙(stille Gesellschaft)(《德国商法典》第230条及以下)以及欧洲经济利益联合体(EWIV)和自由职业者合伙(Partnerschaftsgesellschaft)[《合营合伙法》(PartGG)第1条及以下]均为其特殊形式。当然,立法者也将合伙(Gesellschaft)的概念用于以组织体方式组建的组织,比如有限责任公司和股份公司,即所谓的资合公司。该两者虽在名称上与合伙一致,但其结构上却属于社团。 6

社团与合伙之间的结构性区分连接着一个特定的立法理念:仅仅社团,而非合伙应当取得(私法)法人地位。换言之,一个人合组织体如果想要取得此种地位,原则上必须利用法律中所规定的一种社团形式。可是,社团与合伙之间的结构性区分仅仅在理想中是典型的,在法律现实中存在着过渡状态(Übergänge)。 7

(2)"有权利能力的人合合伙"

7a   如果人们立足于如下法律效果,即法人只不过是赋予组织以权利能力的法技术手段而已(比如《德国民法典》第21—23条、第81条;《德国有限责任公司法》第13条第1款),那么社团与合伙之间的区别就会变得模糊。举例来说,就公开商事合伙和两合公司而言,它们被规定为,得于自己商号的表征之下取得权利和承担债务、提起诉讼并且被起诉(《德国商法典》第124条、第161条)。故在法律效力方面,它们也无论如何已经接近法人了。顺理成章地,"有权利能力的人合合伙"(《德国民法典》第14条第2款、第1059a条第2款)可与法人等同视之。这尤其是指公开商事合伙与两合公司(但也可以包括合营合伙和欧洲经济利益联合体)。若认为赋予权利能力的目的在于简化交易往来,那就不应当反对赋予民法上的合伙以部分权利能力。这一步已经由德国联邦最高法院在一个引起轰动的判决[1]中迈出。据此,民法上的(外部)合伙在其通过参与法律交往而建立起自身权利义务的范围内享有权利能力。至于是否要再进一步将有权利能力的人合合伙也视为法人,则基本上属于术语问题。

二、有权利能力社团

1. 产生

(1)设立合同

8   社团随着第一批成员缔结**设立合同**而成立。设立合同指向一个以特定目的达成为宗旨之组织的创设,并且该组织的存续不依赖各个成员存续的状态。因而,若设立合同中的瑕疵存在于某一设立者个人(比如,无行为能力或者意思瑕疵),则这并不影响设立合同对于其他人的有效性。

(2)权利能力的获得

8a   权利能力的获得应依社团目的进行区分。若其目的"指向经济性的

---

[1] BGHZ 146, 341.

营业之经营"(经济社团),则该社团通过国家授予而取得权利能力(《德国民法典》第22条),这是一种权利形成性的行政行为。若其目的"并非指向经济上的营业之经营"(非营利性社团),则该社团通过[设权性(konstitutiv)]在社团登记簿进行登记而取得权利能力(《德国民法典》第21条)。

经济性社团通过国家授予而取得权利能力(《德国民法典》第22条)。 9
针对国家之授予,并无法律上的请求权。而当为此种经济营业之经营存在其他合适的法律形式(比如,有限责任公司、股份公司、合作社)可供使用时,行政机关必须拒绝授予。否则便可能通过逃往社团这一法律形式的方式规避那些为其他法人而设置的,以债权人及成员保护为宗旨、更加严格的设立、责任与公示条款。[1]

故此,查明社团是否追求"**经济营业之经营**"便具有重要意义。此种界分在细节上很困难并且有争议。[2] 简言之:当社团在外部市场上(也就是说,针对非成员之人)按计划并持续性地提供有偿给付时[比如,文字作品管理协会(VG Wort)],便属于经济性的营业经营。利润之取得并非决定性的。即便社团只是在内部市场(也就是说,针对其成员)按计划并且持续性地提供有偿给付,同样也属于经济营业之经营。不过,此时的前提条件是,社团承担了本来属于其成员的职业活动(成员企业的部分功能转移至社团,比如无线电出租车中心)。成员的单纯间接资助并不足够,即便其属企业亦不影响。房屋与土地所有人协会的活动或者劳动者与雇主协会的活动则属于其中。该经济营业之经营必须是社团的主要目的。若其仅是非营利性主要目的的附属性目的,比如体育协会经营协会的客栈,则该社团即属非营利性社团(《德国民法典》第21条)。[3] 可是,若社团的经济活动占据了更大的范围,则附属目的特权规则便不应适用,比如在联邦足球联赛协会的情形。

非营利性社团(比如,体育社团、音乐社团、动物保护社团)通过登入 10

---

[1] Vgl. BVerwG NJW 1979, 2261, 2265; BGH NJW 1983, 569(570).
[2] Vgl. K. *Schmidt* AcP 182 [1982], 1.
[3] 所谓**附属目的特权**;就此,参见 BGH NJW 1983, 569(570).

主管法院**社团登记簿**的方式取得权利能力(《德国民法典》第 21 条结合第 55 条用以下)。当关于章程、成员数和申请(《德国民法典》第 55 条用以下)等特定最低条件满足时,登记即可成功。而随着登记完成,社团的名称中便获得了"经登记社团"(eV)的附款(《德国民法典》第 65 条)。

(3) 设立中的社团(Vorverein)

11　　在社团设立与取得权利能力之间可能会存在一段灰色的时间。社团在这一时段仅属**无权利能力**的社团(《德国民法典》第 54 条)。但是,其作为所谓的设立中社团,与嗣后的有权利能力社团的身份是同一的。因而,嗣后的有权利能力社团会自动成为前社团状态中所产生权利义务的承担者。社团成员以及为设立中社团实施行为的人可能承担的个人责任(《德国民法典》第 54 条第 2 句)消灭,因为其后由有权利能力社团来承担责任。[1]

2. 成员资格

(1) 成立与终止

12　　社团的成员可以是自然人或法人,甚至也可以是共同共有的共同体。[2] 成员资格可通过参与社团的设立或嗣后加入(Beitritt)而取得。[3] **加入通过社团与成员之间的合同来实现**[4],或者在章程中有规定时通过单方的加入之意思表示来实现。于社团成员的设立或加入之意思表示有瑕疵时,应区分对待:对行为能力之欠缺,成员始终可以主张;相反,因错误以及因恶意欺诈的撤销之主张,却仅能产生面向未来的效力(对《德国民法典》第 142 条第 1 款的限制)(通说)。因为,在此范围内,社团及其债权人就返还清算效力之排除所享有的利益更加重要。[5]

例如:当欠缺法定代理人的同意时,未成年人加入社团的意思表示处

---

〔1〕 参见 BGHZ 80, 182;关于设立中的有限责任公司,细节有争议。
〔2〕 BGH WM 1981, 1286.
〔3〕 就此,参见 *Köhler*, BGB AT PdW,**案例 20**。
〔4〕 BGHZ 101, 193(196).
〔5〕 瑕疵合伙之基本原则的对应制度,参见 BGHZ 55, 8。

于未决不生效力的状态(《德国民法典》第 107 条、第 108 条)。他可以要求返还已经支付的会费(《德国民法典》第 812 条第 1 款)。若一位成员因受恶意欺诈而加入社团,尽管其可以撤销加入社团的意思表示,但这仅具有面向未来的效力。所以,他只是未来不再需要继续交纳会费,却不能要求返还已经支付的会费。

仅当社团章程中规定了接纳某一会员的义务[1],或者社团在经济或社会领域具有垄断地位或突出的支配地位,并且拒绝接纳该会员将会在相对于其他已经被接纳的会员的关系上构成事理上不正当的不平等对待或者不公平阻碍时,方存在接纳某一会员的义务(所谓的**接纳强制**)。[2]

会员资格因死亡、退出(《德国民法典》第 39 条)、除名或者其他合乎章程规定的案型而**终止**。若章程未作规定,则除名只能于存在重要原因(《德国民法典》第 737 条)时被允许。

13

(2)内容

成员资格在成员与社团之间建立起一种人法上的(personnenrechtlich)法律关系。该法律关系以成员的信义义务及其要求平等对待的权利为特征。对外而言,成员资格作为《德国民法典》第 823 条第 1 款意义上的"**其他权利**"而享受保护。[3] 从该成员资格中,可生发出单个的成员权利和成员义务。**成员权利**包括参与权(Organschaftsrechte)(尤其是,在成员大会中的参与权和表决权)、受益权(尤其是利用社团设备和给付的权利),以及要求依社团法上的规范被对待的权利。[4] 若董事会侵害成员权,则社团应依义务违反的基本原则(《德国民法典》第 280 条)向成员承担损害赔偿责任。成员的特别权利[比如,优先表决权(qualifiziertes Stimmrecht);会费自由]不能未经其同意即被排除(《德国民法典》第 35 条)。**成员义务**则主要包括支付会员费的

14

――――――――

[1] BGH NJW 1985, 1214.
[2] 《德国民法典》第 826 条以及《德国反限制竞争法》第 20 条第 6 款的法理思想;参见 BGHZ 63, 282; 93, 151; 政党则适用不同规则,参见 BGHZ 101, 193(201)。
[3] BGHZ 110, 323(327).
[4] BGH NJW 1990, 2877(2878).

义务和信义义务。成员的特别义务(比如,更高的会员费)只能经其同意而建立(《德国民法典》第35条的类推适用)。

(3)社团罚

15　　针对某一成员的社团罚(比如,罚款、剥夺名誉职位、除名)若在章程中被规定下来,则是被允许的。随着对章程的认可,成员便将自己置于"社团暴力"之下,此乃社团自治的延伸,并且服务于社团内部秩序的维持。只要存在重大原因,除名始终是被允许的,即便章程中并未规定,亦无不同(《德国民法典》第737条的类推适用)。

社团罚一方面应当与国家的刑事罚金相区分,另一方面也应与合同罚(Vertragsstrafe)(《德国民法典》第339条)相区分。其区别体现在如下方面:成员可径借退出社团之方式免于可能的社团罚,因退出后其便不再归属于该社团。[1]

如果章程未规定由其他机关(比如,名誉法庭)决定(《德国民法典》第40条),则社团罚由成员大会判处(《德国民法典》第32条),但相关成员可以起诉要求确认此种决议无效。[2] **法院检查**的范围则适用如下规则。

16　　**事实认定**完全处于法院的控制之下[3],并且该控制指向如下方向,即考察事实认定是否客观且符合法治国家的基本原则。否则,法院将无法阻止一个成员因其本来并未实施的行为而遭受处罚。

家鸽协会除名案:T家鸽协会的成员A、B和C被指责在一场家鸽飞行竞赛中进行人为操纵,并借此篡改了结果。该协会章程中规定,可基于"重大不友善行为"将会员除名。于是,成员大会以章程中此规定为支撑,以决议的方式将这三人从协会中除名。A起诉要求确认该决议无效,因为他根本没有实施被指责的行为。此时,法院必须就此取证,并在无法证明A存在不当行为时支持A的诉讼请求。

法律适用(涵摄)仅受**法院的有限控制**。要检验的仅仅是:①被宣告

―――――――
〔1〕　BGH MDR 1980, 737.
〔2〕　就此,参见*Köhler*, BGB AT PdW,案例21。
〔3〕　BGHZ 87, 337(345).

采取的措施在法律或者章程中是否有其基础;②正当的程序,尤其是章程中所规定的程序是否得到遵守;③是否存在其他违反法律禁止性规定或者悖于善良风俗的情况;④该措施是否严重不公平或者过分恣意。[1]

例如:在上述"家鸽协会除名案"中,如果成员大会仅仅是将 A 除名,B 和 C 则因为有势力很大的朋友而仅接受斥责便从除名之罚中逃脱。那么,A 可以针对该决议成功地提起诉讼。因为,该决议违背平等对待的基本原则,属于"明显不公正"。

法院有限控制的正当性基础源自社团自治,而成员亦通过社团加入的行为自愿地将自己置于该社团自治之下。所以,当成员出于职业、经济或者社会性原因而依赖该社团,以致社团成员资格取得上的自愿性只不过是表面现象时,便应当进行无限制的法律控制。在司法实践中,会检验那些调整成员资格的章程规则[2]和垄断性团体以及在经济或社会领域占据显著主导地位之社团或团体(比如,工会)所作之除名决定。此种检验旨在查明,前述章程规则或除名决定是否基于实质性的理由得以正当化,因而并非不公正的。[3] 不过,在司法实践承认有限裁量和判断空间的范围内,也尊重社团自治。[4]

3. 组织与意思形成

(1) 社团的组织

社团的组织通过**章程**以及对章程加以**补充的民法典条款**来建构(《德国民法典》第 25 条)。章程不得违反法律禁令(《德国民法典》第 134 条)或者悖于善良风俗(《德国民法典》第 138 条第 1 款)。法律就其内容规定了一些条款,并且部分是强制性条款(参见《德国民法典》第 57 条及以下)。章程必须包含全部得决定社团生命的关于组织、活动及成员资格

---

[1] BGH NJW 1997, 3368.
[2] 根据《德国民法典》第 242 条进行内容控制;BGH NJW 1989, 1724(1726)。
[3] BGH NJW 1997, 3368(3370)。
[4] BGHZ 102, 265(276f.)。

方面的基本判断规则。[1] 这是由《德国民法典》第 33 条第 1 款第 1 句的规范保护目的所决定的(少数人保护)。章程之**解释**适用特殊的基本原则:章程的解释应从其本身出发,并照顾社团目的和成员的利益,而不取决于设立者或单个成员的观念,因为社团不受单个成员变动之影响。[2] 然而,一直以来的惯习是应予考虑的。[3]

(2)社团的机关

19　　任何社团均应有两个机关:董事会(《德国民法典》第 26 条)和成员大会(《德国民法典》第 32 条)。但也可能有其他机关。

　　①**董事会**

20　　**董事会**可由一人或多人组成(《德国民法典》第 26 条第 2 款第 1 句),组成董事会之人并非必然具备社团成员资格。通常而言,董事会由成员大会选任(《德国民法典》第 27 条第 1 款)。在紧急情况下,地方法院可依申请组建紧急董事会(《德国民法典》第 29 条)。章程可就某些业务规定特别代表(《德国民法典》第 30 条)。前述对董事会的选任得随时撤回,该撤回也可通过章程而被限定于存在重要原因的案型(《德国民法典》第 27 条第 2 款)。

21　　董事会在法院内外均代表社团,其具有**法定代理人**的地位(《德国民法典》第 26 条第 1 款第 2 句)。其代理权的范围原则上是不可被限制的。但是,若董事会实施了一项完全超出社团目的范围的行为,则其构成代理权之滥用,此时适用代理权滥用的基本原则。[4] 章程可以对代理权的范围加以限制,并且可使此种限制对第三人产生效力(《德国民法典》第 26 条第 1 款第 3 句),比如章程可以排除董事会进行土地交易的代理权。

为保护社团的交易相对人,董事会的成员、董事会可能的变动以及代理权的范围均须登入社团登记簿(参见《德国民法典》第 64 条、第 67 条)。第三人可以依据社团登记簿来了解该社团中的代理关系。为保护第三

---

[1] 参见 BHG NJW 1989, 1724(1725);有争议。
[2] BGH NJW 1994, 51(52)。
[3] Vgl. BGHZ 47, 179; 63, 282.
[4] 参见本书第十一章,边码 49。

人,社团登记簿具有所谓的消极公示效力(《德国民法典》第 68 条、第 70 条),这表达了两方面的内容。

如果代理关系中发生了变动,但该变动尚未登记,则只有在第三人于实施法律行为时知悉此种变动的情况下,社团才能以该变动对抗第三人。

例如:通过章程的修改将土地交易从董事会的代理权中排除。如果在章程中的变动尚未被登记在社团登记簿时,董事会又从 G 处购买了一块土地,则该买卖合同本来会因为代理权之欠缺而处于未决不生效力的状态(《德国民法典》第 177 条第 1 款)。只有当该社团能够证明 G 已经知道了 V 的代理权受到限制时,才能以此对抗第三人 G(《德国民法典》第 68 条第 1 句、第 70 条)。

如果代理关系中发生的变动已经进行了登记,但第三人无过错地不知这一变动,则社团依然不能以该变动对抗第三人(《德国民法典》第 68 条第 2 句、第 70 条)。

案例续编:案情如上所述,但该变动已经在社团登记簿中进行了登记。只要 D 无法证明,其无过错而不知该变动,社团即可以合同不生效力进行抗辩。不过,此种证据在实践中几乎是不可能的,因为未对社团登记簿进行可能的查阅便意味着过错已经存在。

于存在多个董事会成员的情形,应当区分**积极代理**和**消极代理**。对于消极代理(意思表示的受领),每一名董事会成员均有权进行(《德国民法典》第 26 条第 2 款第 2 句)。而对积极代理(意思表示的发出),则首先由章程决定。例如,章程可以规定每一名董事会成员的单独代理权。这种情况下,法律行为实施之前是否已经存在董事会决议,并无影响(《德国民法典》第 28 条第 1 款)。若章程就此未作规定,那么并不适用共同代理,而适用多数原则(《德国民法典》第 26 条第 2 款第 1 句)。

业务执行(Geschäftsführung)包含所有服务于社团目的之措施,不论这些措施针对谁而采取。若诸如此类的措施性质为法律行为,则同时还存在代理行为。业务执行同样由董事会承担,不过,章程可以将业务执行的任务转移给其他机关。[1] 只要章程未作其他规定,则业务执行权限的范围与代理权限相吻合。[2] 若章程没有不同规定,那么按照《德国民法典》第 27 条第 3 款的规定,业务执行行为适用**委托**的规则(《德国民法典》第 40 条)。换言之,董事会垫付的费用可以得到偿还(《德国民法典》第 670 条),但也负有计算义务(《德国民法典》第 666 条),并且当其过失违反此种义务时,应依《德国民法典》第 280 条第 1 款承担损害赔偿义务。[3] 不过,《德国民法典》第 31a 条也规定了责任限制。[4]

②成员大会

26 **成员大会**乃是社团的最高机关。那些未分配给董事会或其他机关的事宜,由成员大会决定(《德国民法典》第 32 条第 1 款第 1 句)。

成员大会的召集必须在章程中清晰地加以规定。当社团利益要求(《德国民法典》第 36 条)或者当 1/10 的社团成员附加理由提出要求(《德国民法典》第 37 条第 1 款)时,必须召集成员大会。即便成员大会的权利受到限制,其亦享有所谓的"授权权限"(Kompetenzkompetenz):其可通过决议的方式重新使自己的权利得到增强,董事会则不可从事此等行为。只要章程未作其他规定,则由成员大会负责董事会的选任和罢免(《德国民法典》第 27 条第 1 款、第 2 款)以及新成员的接纳。

27 成员大会通过**决议**的方式作出决定(《德国民法典》第 32 条第 1 款第 1 句)。决议之有效以召集时(即在日程中)指明标的事项(Gegenstand)为必要(《德国民法典》第 32 条第 1 款第 2 句)。在决议时,以所投票之**多数**为决定(《德国民法典》第 32 条第 1 款第 3 句)。换言之,多数仅按所投出票中赞成票和否定票的数量进行计算,**弃权票**(Enthaltungen)不计入其中。也可作出不同规定,但其必须能从章程中清晰得出。[5] 只要章程未作不同规定(《德国民法典》第 40 条),则章程之修改必须经 3/4 多数表决通

---

[1] BGHZ 69, 250.
[2] BGH NJW 1993, 191(192).
[3] BGH NJW 2008, 1589 Rn. 9.
[4] 就此,参见本章边码 34b。
[5] BGH NJW 1987, 2430.

过,社团目的之变更则需要所有成员一致同意(《德国民法典》第33条第1款)。

章程未作不同规定时,每一位成员在决议时均有一票的表决权。当决议涉及与成员从事法律行为,开始或结束一场社团与成员之间的法律争议时,该成员无表决权(《德国民法典》第34条;理由:利益冲突的危险)。投票是一种意思表示。只有当结果依赖某一意思表示时,该意思表示的不生效力(比如,由于无行为能力或者撤销)才会影响决议的有效性。决议违反法律、悖于善良风俗或者违背章程时,无效。[1] 依《德国民法典》第32条第1款第2句的规定,决议之有效以成员大会于召集时标明其标的事项为必要。假如标的事项未被确定或者未被精确确定,以致成员无法为大会作妥当准备,或者无法就是否参加大会作出决定,则在大会中所作决议应依《德国民法典》第32条第1款第2句的规定归于无效。[2]

4. 代理与责任

社团尽管有权利能力,但欠缺从事具有法律上相关性行为的能力。社团由其机关或者机关委托之人实施行为。就社团应在多大范围内使其机关以及其他人之行为归属于自己的问题,应作如下区分。 28

(1)代理实施法律行为

董事会或其他代理人在其代理权范围内(参见《德国民法典》第26条第1款第2、3句,第30条)以社团之名义缔结法律行为者,仅从中产生社团的义务。 29

狂欢节舞会案:T网球协会的董事会V为一场狂欢节舞会租赁了客栈经营者G的厅堂。支付租金的义务(《德国民法典》第535条第2句)由T承担。仅由社团以其财产为此债务承担责任。

(2)社团的责任

在社团事务中实施的行为可能会导致第三人遭受损害。此时,便会 30

---

[1] BGHZ 59, 369(372).
[2] BGH NJW 2008, 69 Rn. 38.

出现社团应否为此损害负责的问题？

足球锦标赛案：在 S 体育协会举办的足球锦标赛中，由于协会自有的停车位不足，停车场管理员 P 指挥访客将车停放到邻居 N 的土地之上，却并未取得 N 的许可。由此，邻居土地上的草皮被严重损坏。N 想向 S 要求损害赔偿。

《德国民法典》第 278 条和第 831 条中包含为第三人之行为承担责任的一般规则，它们原则上也适用于社团为其所委托之人的行为承担责任的案型。但是，若涉及社团中处于领导地位之人，则在此范围内适用《德国民法典》第 31 条的特殊规则。该条规定了不受限制的责任，比《德国民法典》第 278 条和第 831 条更加严格。因为，《德国民法典》第 278 条第 2 句尚允许责任排除，第 831 条第 1 款第 2 句也允许借免责证据之提供而摆脱责任承担。

在前述"足球锦标赛案"中，S 应为 P 的行为承担责任，其依据可能是《德国民法典》第 831 条第 1 款第 1 句，但此时存在依《德国民法典》第 831 条第 1 款第 2 句的规定免责的可能性；其依据也可能是《德国民法典》第 31 条，但此时没有免责的可能性。具有决定性的是 P 是否属于那些会导致《德国民法典》第 31 条所规定的社团更严格责任的人群。

①机关责任与代表人责任（《德国民法典》第 31 条）

30a

依《德国民法典》第 31 条的规定，董事会、董事或其他依章程选任之代表人，因执行其所负责之业务而给他人造成损害时，由社团负其责任。

《德国民法典》第 31 条为之规定了社团责任的**人群**（Personenkreis），包括董事会或董事以及"依章程而被选任之代表人"。这些人被称作社团的**机关**，社团为此承担的责任相应地被称作**机关责任**。其中，"依章程选任"意味着，该选任已经规定于章程之中（参见《德国民法典》第 30 条）。

为限制《德国民法典》第 831 条的适用范围，司法实践将《德国民法典》第 31 条规定的机关责任扩张至**代表人责任**。社团应依《德国民法典》第 31 条之类推适用，为那些尽管并非机关，却"经由一般性的经营规则和操作得以独立、自我负责的方式行使那些本属法人的主要并合乎其本质的功能,以致能够在法律交往中代表法人"承担责任。[1] 立于其后的乃是如下考量,即社团不应自行决定,其为哪些人的行为承担不可摆脱的责任。换言之,这仅取决于行为人事实上所具有的地位,而非其是否被固定于章程之中。

换言之,在前述"足球锦标赛案"中,取决于P是仅属于《德国民法典》第831条意义上的社团事务辅助人(Verrichtungsgehilfe),还是属于社团的机关或者代表人。从体育协会的角度来讲,协会场地之管理以及与此相关的组织问题之决定属于重要的、关键性的社团任务。如果此等任务基于一般性的经营规则和操作得由P以独立、自主负责的方式加以履行,则其应被视为"代表人"。

《德国民法典》第31条本身并未建立损害赔偿请求权,而是以机关(或代表人)导致损害赔偿义务之行为为前提。[2] 此种行为首先包括所有合同外责任或者类合同责任,尤其是侵权责任(《德国民法典》第823条及以下),危险责任(比如,《德国民法典》第833条第1句、《道路交通法》第7条)和基于无因管理产生的责任(《德国民法典》第677条、第678条)。

换言之,在前述"足球锦标赛案"中,只有当P的行为满足了侵权行为的构成要件时,S才会依《德国民法典》第31条的规定为其承担责任。本案应对此作肯定回答,因为P的行为违法且过失地引发了草皮损害的原因。

除此之外,《德国民法典》第31条还可以适用于社团的合同责任(比如,源自《德国民法典》第280条第1款)以及类合同责任(比如,源自缔约过失;《德国民法典》第311条第2款、第280条第1款),并在此范围内排除《德国民法典》第278条的适用。尽管依《德国民法典》第278条的规定,债务人亦须为其法定代理人的过错负责。然而,根据正确的观点,这并非意指法人的机关。[3] 否则社团便可依《德国民法典》第278条第2

---

[1] BGH NJW 1998, 1854(1856);另参见 BGH NJW 2007, 2490 Rn. 16。
[2] BGHZ 99, 298 (302)。
[3] *Palandt/Grüneberg*, BGB § 278 Rn. 6;有争议。

句的规定排除为其机关的故意行为承担责任，这是令人无法忍受的。

故此，在前述"狂欢节舞会案"中，如果董事会并未如约进行随后的装饰清除和厅堂清洁工作，则T网球协会应依《德国民法典》第31条结合《德国民法典》第280条第1款的规定为董事会的违约行为承担责任。

31 机关(或者代表人)必须是**"在执行其所负责的事务过程中"**实施了该行为。换言之，在机关(或代表人)的任务范围与致害行为之间必须具有**事理上的内在关联**(sachlicher, innerer Zusammenhang)。

即便机关逾越其代理权[1]，甚至故意滥用自己的地位[2]，也还是可能存在此种关联。应与此相区分的是(正如《德国民法典》第278条和第831条)所谓的"借机实施的"(bei Gelegenheit)行为。《德国民法典》第31条同样也不适用于机关的单纯准备(嗣后放弃的)行为。[3]

32 在前述条件具备的情况下，社团就给第三人造成的损害承担责任，且无须考虑除此之外，机关(或代表人)本身是否亦应承担责任且无免责之可能。

例如：依章程之规定，T网球协会的董事会V仅在取得成员大会同意的前提下，才被允许获取银行贷款。该董事会通过出具伪造的成员大会决议从B银行处骗取了一笔贷款，而后不予归还。B对T并没有合同上的返还请求权，因为V的行为并没有被其代理权所覆盖(《德国民法典》第26条第2款第2句)，B对伪造的决议产生的信赖不被保护。然而，B却可对T享有源自《德国民法典》第31条结合《德国民法典》第823条第2款、《德国刑法典》第263条(欺诈)的请求权。因为，V所实施的欺诈行为仍然与其作为董事会的"职务活动"存在内在关联，即便其滥用了自己的地位，亦不产生影响。[4]

《德国民法典》第31条还被类推适用于所有其他公法法人(《德国民法典》第89条)和私法法人(比如，股份公司、有限责任公司)，此外还被类

---

[1] Vgl. BGHZ 98, 148(151ff.).
[2] BGH NJW 1980, 115.
[3] BGHZ 99, 298(302).
[4] Vgl. BGH NJW 1980, 115.

推适用于无权利能力社团、公开商事合伙、两合公司以及民法上的合伙。[1]

②辅助人责任

非机关(或代表人),却为**债务之履行**从事行为之人的过错,应依《德国民法典》第 278 条的规定归属于社团。

就非机关(或代表人),却被社团选任执行一定事务之人("**事务辅助人**"),社团应依《德国民法典》第 831 条第 1 款第 1 句的规定为其承担责任。该责任之承担,同样以"执行事务过程中实施的"行为,亦即其与被选任从事的活动之间具有事理上的内在关联为前提。不过,社团可通过证明已对辅助人作精心挑选和细致监管而免于承担责任(所谓的免责证据;《德国民法典》第 831 条第 1 款第 2 句)。

例如:T 网球协会的门卫 H 从球员脱下的衣服中偷走了钱包。T 无须依《德国民法典》第 31 条的规定为此损害承担责任,因为 H 并非社团的机关。而《德国民法典》第 831 条所规定责任的承担又要求该致害行为系在 H 为社团"执行职务的过程中"实施,而非单单是"借其为协会从事活动之机(bei Gelegenheit)"实施。本案中,这一前提之满足存疑。无论如何,若 T 证明,其已对 H 进行精心挑选和监管,则其无须承担责任。

即便社团得以举证免责,但在某些情况下,它仍然须基于免责义务之承担(Freistellungsverpflichtung)为其成员造成的损害负责。

冰川旅行案:A 社团的成员 M 接受社团之委托,承担为其组织一次冰川旅行的义务。在此过程中,M 的过失行为导致了一场事故,参与者 T 在事故中受重伤。T 向 M 要求损害赔偿,M 则向 A 主张使自己免于赔偿义务的请求权(Freistellung von der Schadenersatzpflicht),因为他是接受社团的委托而实施行为。[2]

若社团委托成员无偿地执行一项符合章程规定的任务,而在任务执行过程中,一种与此相关联的典型危险现实化了,则该成员可基于公平考

---

[1] BGHZ 172, 169 Rn. 9.
[2] 案例根据 BGH NJW 2005, 981 改编。

量而要求社团给予赔偿,或者向社团主张免于从任务执行中产生的、非自愿遭受的不利益。[1] 这可通过《德国民法典》第 670 条的类推适用(此外,也可借助为他人利益实施行为时风险归属的一般原则)加以论证。当成员存在故意或者重大过失时,前述赔偿义务或者免责义务消灭。[2]

在前述"冰川旅行案"中,M 可依《德国民法典》第 670 条之类推适用,向 A 主张使自己免于向 T 承担损害赔偿义务。因为,他是接受社团之委托而执行一项任务,该任务典型地会伴随着对他自己以及由他所照管的旅行参与者的身体和生命的巨大危险。A 的责任也没有被排除,因为 M 在行为过程中只是具有轻过失。

③组织瑕疵责任

34　　法人不仅有权利,而且有义务为那些需以独立且自我负责的方式执行的任务选任数量充足的董事会成员,或者选任《德国民法典》第 30 条意义上的"特别代表人"。否则,法人就可以通过不选任机关的方式摆脱《德国民法典》第 31 条所规定的责任。所以,如果法人本来应当依《德国民法典》第 31 条的规定为该代表人之行为无限制地负责,却未选任代表人,则法人应基于组织瑕疵而承担责任。[3]

例如:S 体育协会的成员大会没有为已退出董事会的董事 V 确定继任者,董事 V 在退出之前是负责照管体育设备的。他的任务在过渡期间由工作人员 A 来完成。假设 A 实施了一项针对第三人的侵权行为,比如因交往安全义务之违反而侵权,则 S 依《德国民法典》第 831 条第 1 款第 1 句的规定应为 A 的行为承担的责任,可能会基于《德国民法典》第 831 条第 1 款第 2 句所规定之免责证据的提供而被排除。但是,在本案中,S 须依《德国民法典》第 31 条之类推适用,因组织过失而为 A 的行为承担责任。

④社团成员的责任?

34a　　通常而言,已登记社团之债务仅由社团自身承担,立于社团背后的社

---

[1] BGHZ 89, 153(156ff.); BGH NJW 2005, 981.
[2] 就此,参见 BGH NZG 2012, 113。
[3] Vgl. BGH NJW 1980, 2810(2811); NJW 1982, 1144(1145).

团成员无须为此负责(区分原则)。仅当存在对法人与立于法人背后的自然人之间的法律区分的滥用时,才应考虑所谓的"**直索责任**"(Durchgriffshaftung)[1]。

5. 董事会成员的责任

因社团应依《德国民法典》第31条的规定为其董事致生损害赔偿义务的行为负责,故当董事行为存在过失时,社团原则上可依《德国民法典》第27条第3款、第664条和第280条第1款的规定向董事追偿(Regress)。[2] 此种风险会给义务执行职务活动的董事带来不当的负担,并且可能会阻吓其承担此种职务之执行。因此,《德国民法典》第31a条第1款第1句为那些**无偿执行职务**,或者就其职务活动每年获得不超过500欧元报酬的董事,规定了责任减轻的规则。仅当他们的行为存在故意或重大过失时,其才向社团承担责任。这也适用于社团成员的责任(《德国民法典》第31a条第1款第2句)。如果他们自己被受害人要求承担责任,则其可向社团主张免责请求权(《德国民法典》第31a条第2款第1句),但他们故意或重大过失地造成损害发生的除外。换言之,最终还是与司法实践为受委托社团成员之责任发展出的基本原则相一致。[3]

34b

6. 消灭、解散与社团权利能力的丧失

(1) 消灭和解散

当社团的全部成员(比如,因死亡或者退社)均退出,或者社团被禁止,并且其财产被征收(《社团法》第3条及以下)时,社团消灭。当社团成员决议解散(《德国民法典》第41条)或者破产程序开启(《德国民法典》第42条)时,社团解散。

35

(2) 权利能力的丧失

社团之权利能力可因剥夺(《德国民法典》第43条、第73条)和放弃

36

---

[1] BGHZ 175, 12 Rn. 15.
[2] 参见本章边码25。
[3] 就此,参见本章边码33。

而丧失。但是,它还会(先)作为无权利能力社团而存在,并产生社团成员从此刻起须依《德国民法典》第 54 条承担个人责任的结果。[1]

(3) 清算

37　　随着社团的解散或其权利能力的丧失,社团财产归于章程中确定之人,否则归于国库(《德国民法典》第 45 条)。若社团财产不归于国库,则必须进行清算(《德国民法典》第 47 条)。为此,必须了结现务、收取债权、变换剩余财产为金钱、清偿债务并移交剩余财产于应得者(《德国民法典》第 49 条第 1 款)。在清算之目的需要的范围内,社团在清算结束前视为存续(《德国民法典》第 49 条第 2 款)。由行政机关解散之社团的财产可被没收(《德国社团法》第 11 条)。

三、无权利能力社团

1. 概述

38　　法律实践中,**无权利能力社团**大多是小社团(比如,九柱戏俱乐部、合唱俱乐部)或者作为有权利能力社团的分支。[2] 不过,工会、政党、雇主和劳动者协会也是以这种法律形式组织的。依《德国民法典》第 54 条第 1 句的规定,无权利能力社团适用**合伙的法律规则**(《德国民法典》第 705 条及以下)。这本身是违背无权利能力社团之组织结构的,但立法者却意欲借此规则追求政治目的的达成。

根据《德国民法典》最初版本的规定,以经登记社团之法律形式组建有影响力的政治、宗教或社会政治团体的难度被提升:行政机关可依《德国民法典》旧版本第 61 条第 2 款的规定对于有前述目标设定的团体不予登记,或者于上述情形依《德国民法典》旧版本第 42 条第 2 款的规定剥夺该社团的权利能力。此等团体遁入无权利能力社团之法律形式后,可通过将其置于(粗陋的)合伙法之下予以调整的方式,阻止这些团体取得大

---

[1] BGHZ 175, 12 Rn. 19.
[2] BGHZ 90, 331(333); NJW 2008, 69 Rn. 50.

量财产,并缩小其社会影响力。[1]

这一目标设定已被废除,另外其本身也不符合《德国基本法》第9条第1款、第3款(结社自由)的规定。所以,无权利能力的社团不应如《德国民法典》第54条第1句所规定的那样进行规则适用,而是应当适用**社团法**的规则,只要该相应规则的适用不以权利能力之存在为前提即可。

例如:无权利能力社团中成员的自愿退出并非以终止的意思表示(Kündigung)(《德国民法典》第723条)来实现,而是通过社团法上退社的方式来实现(《德国民法典》第39条)。已退出的成员也不会因其于社团财产上持有份额而得主张补偿请求权(《德国民法典》第738条第1款第2句)。

当一个团体既具有组织体的结构特征(körperschaftliche Strukturmerkmale),又具有人合性的结构特征(personalistische Strukturmerkmale)时,在规则适用过程中就要分别检验,究竟是适用社团法还是合伙法的规范更加妥当一些。[2]

2. 参与法律交易

无权利能力社团本身并非权利主体,但其却可以在参与私法交往时成为权利和义务的归属主体,尤其是可以成为合同当事人。[3] 如果董事会或者其他被选任的代理人以社团名义缔结合同,那么不单单是社团本身会成为债务人,其成员也会作为连带债务人而负担义务。[4] 已经取得的财产由成员**共同共有**(zur gesamten Hand)。

这在取得土地的案型中尤其会导致困难的出现:作为所有权人而登入土地登记簿的将必须是全部社团成员[《德国土地登记簿条例》(GBO)第47条],而这对于成员状态处于变动之中的大社团来说,实践中

---

[1] Vgl. BGHZ 50, 325(328).
[2] BGH NJW 1979, 2304;另参见 BGHZ 146, 190。
[3] BGHZ 146, 190(196).
[4] 《德国民法典》第54条第1句、第714条、第427条;就其责任之限制,参见本章边码42。

是无法执行的。因而,很多时候,人们会通过纳入信托或者建立一个有限责任公司,并以之作为财产名义持有人的方式来加以应对。按照正确的观点,当——比如,在设立中的有限责任公司或者政党的情形——团体的统一性具有充分的确定性时,至少应当允许借助社团名称这一集体指代实现将成员登入土地登记簿的效果。[1]

3. 针对社团进行的法律追索以及穿透社团的法律追索(Rechtsverfolgung gegen und durch den Verein)

41 为社团债权人之保护,无权利能力社团被宣告**具有消极的当事人能力**(《德国民事诉讼法》第50条第2款)。因而,社团本身既可以被起诉,也可以被执行(《德国民事诉讼法》第735条)。在此过程中,社团成员作为连带债务共同体(Gesamthandsgemeinschaft)而被囊括于社团名称之下。在此范围内,该社团由其董事会依法代理。

相反,立法者却并未赋予无权利能力社团**积极的当事人能力**。而是在司法实践中,通过法官之法律续造的路径——正如在民法上(外部)合伙中已经做的那样——赋予了无权利能力社团积极的当事人能力。[2]

4. 责任

(1)社团成员的责任

42 依法律之文义,成员本身作为连带债务人为社团的**法律行为性**债务负责(《德国民法典》第54条第1句、第714条、第427条)。但是,于无权利能力之非营利社团的场合,令成员以其个人财产承担责任既不符合成员的意志,也不合乎交易相对人的期待。因而,该责任被限制在作为成员共同共有财产的**社团财产**之上。[3] 这可经由默示或者从社团之组织体结构中得出的董事会或其他代理人的代理权限制来加以论证[4],或者以

---

[1] Vgl. *Konzen* JuS 1989, 20.
[2] BGH NJW 2008, 69 Rn. 55.
[3] 就此,参见*Köhler*, **BGB AT PdW**,**案例22**。
[4] 参见 BGH NJW 1985, 619 就《德国民法典》第714条所作的判决。

默示约定的责任限制进行论证。无权利能力的经济性社团应当依据公开商事合伙的基本原则来对待。依据《德国商法典》第128条之准用,前述无权利能力之经济性社团的成员应负无限责任。[1]

对于无权利能力社团机关的**侵权**(以及其他导致损害赔偿义务的)**行为**,可类推适用《德国民法典》第31条,但还只是以社团的财产向债权人承担责任。

(2)行为人的责任(《德国民法典》第54条第2句)

以无权利能力社团之名义实施行为之人,应基于与第三人所实施的法律行为承担个人责任;若多人从事上述行为,则他们作为连带债务人承担责任(《德国民法典》第54条第2句)。此种责任并不取决于,除此之外社团成员作为一个整体是否也要同时承担义务(参见上述)。[2]

例如:和谐爱乐团(Liedertafel Harmonie)是一个无权利能力社团,它策划了一场狂欢节舞会,并且委托成员A租赁一个厅堂,并且聘请了一个舞蹈乐队。结果当晚该社团在经济上损失惨重。除了成员以社团财产为该债务负责之外,作为"行为人"的A也可能会被要求承担责任。

借此,应可促使成员追求取得社团的权利能力。如今已经无法再直接赞同此种目标设定。不过,从中可以得出,当社团取得权利能力并由此自动进入已经存在的债务时,具体行为人的责任便会消失。[3]

四、财团

1. 概念与意义

财团是一个有权利能力的组织(财团组织),其持续性地服务于某一特定目的(财团目的)。财团并非人的联合体,而是一个法律上独立的目的财产。应与私法上财团[比如,商品检验基金会(Stifutung Waren-

---

〔1〕 Vgl. BGHZ 146, 190(201).
〔2〕 就此,参见*Köhler*,**BGB AT PdW**,**案例22**。
〔3〕 参见本章"二、1(3)"之论述。

test)]相区分的,乃是公法财团(比如,普鲁士文化基金会)。

财团的法律形式可被用于公益或非公益的目的。公益(并因而享受税收优惠)财团大量存在。它们多以服务于宗教、世界观、科学、社会、文化或者国民为目的,具体服务方式如通过组织的运营、项目的资助或奖学金的设立来实现。举例来说,著名的公益财团有"大众基金会"和"共决基金会"(Stiftung Mitbestimmung)。非公益财团则包括所谓的家庭财团。在这种财团形式中,创立人及其亲属、后裔是财团财产的受益人(Destinatäre)。家庭财团主要用于使特定财产能够超越世代得以传承维系。将财产投入财团防止因继承人过多而导致财产碎片化,或者因继承人无能而导致财产被浪费(关于课税问题,参见《德国继承税法》第1条第1款第4项、第9条第1款第4项、第15条第2款第3项)。关于财团是否可成为企业拥有者,是存在争议的,因为(不同于在股份公司和有限责任公司的情形)于此缺乏债权人保护之条款。当财团仅拥有某一企业所经营资合公司的股份时,此种疑虑自然就消失了。

应与独立财团相区分的,乃是所谓的"**非独立(信托)财团**":捐助者将一定财产转移给第二人,该第三人则应当将此财产用于规定的目的(比如,基于一项委托或者附负担之遗赠)。为一定目通过公共募捐而聚合的财产,即所谓的**募捐财产**,并非财团。在此情形下,当该已募集的金额被用于所意欲的目的之前,首先居于捐赠人共同体(Spendergemeinschaft)的共同所有权之下(有争议)。如果为该财产之管理和使用而被选任之人不能执行职务,则可依《德国民法典》第1914条的规定设立保佐人(Pfleger)。

2. 财团的产生、组织与消灭

(1)财团的产生

财团的建立需要捐助人的单方法律行为,即**财团行为**(Stiftungsgeschäft)。财团行为必须具备一定的形式和特定的最低内容(Mindestinhalt)。财团行为可依《德国民法典》第81条第1款的规定在生前以简单书面意思表示的方式实施,或者依《德国民法典》第83条的规定作为死因处分(遗嘱、继承合同)加以实施。在内容上,至少可以通过解释的方式从财团中提取出设立一个独立财团的意志,以及关于财团目的与机关以及财产捐助之确定的内容。财团通过国家**许可**的方式取得权利能力(《德国民法典》第 80 条第 1 句;许可主义体制)。是否以及在何种条件下授予此种许可被规定于各个联邦州的财团法之中。获得许可之后,捐助人必须将财团行为中承诺的**财产**转移到财团之中(《德国民法典》第 82 条第 1 句)。可让与的权利,尤其是债权,在有疑问时会依《德国民法典》第 82 条第 2 句的规定自动转移给财团。经由死因处分设立财团者[1],适用《德国民法典》第 1922 条结合《德国民法典》第 84 条的规定。这些条款应当确保财团的财产取得,以使财团能够实现其目的。

(2) 财团的组织

财团的**组织**调整其名称、住所、目的、财产、财团的机关以及财团收入的使用。诸此事项,首先通过强行性的联邦法和州法规定,其次通过财团行为(章程)加以确定(《德国民法典》第 85 条)。财团行为的规则漏洞通过解释予以填补,此外可通过任意性的联邦法和州法予以填补。**财团机关**及其从事的活动主要适用社团法(《德国民法典》第 86 条),即财团必须有为其实施行为的董事会。捐助人亦可规定由某一公共机关(比如,将一个奖学金财团交由大学管理)管理该财团。机关的行为由财团依《德国民法典》第 31 条的规定予以负责。财团机关的控制则通过**国家的财团监管**来实现,这被规定于各个联邦州的财团法之中。监管机关仅得进行法律监管。[2]

(3) 财团的消灭

财团因破产程序之开启(《德国民法典》第 86 条、第 42 条)或行政机关之废止(《德国民法典》第 87 条)而消灭。除此之外,财团行为也可以规定,财团得因时间届至或条件成就而消灭。财团财产随着财团消灭而归于章程中指定之人(《德国民法典》第 88 条第 1 句)。只要财产并不归于

---

[1] Vgl. BGHZ 70(322).
[2] 存在监管不作为时,须承担责任,参见 BGHZ 68, 142。

国库,便须进行清算(《德国民法典》第88条第2句、第46条及以下)。

参 考 文 献: *Damm*, Personenrecht, Klassik und Moderne der Rechtsperson, AcP 2002 (202), 841; *Grunewald*, Vereinsaufnahme und Kontrahierungszwang, AcP 1982 (1982), 181; *Habersack*, Die Anerkennung der Rechts- und Parteifähigkeit der GbR und der akzessorischen Gesellschafterhatung durch den BGH, BB 2001, 477; *Lehmann*, Der Begriff der Rechtsfähigkeit, AcP 207 (2007), 225; *Lettl*, Der vermögensrechtliche Zuweisungsgehalt der Mitgliedschaft beim Idealverein, AcP 2003 (203), 149; *van Look*, Vereinsstrafen, 1990; *Martinek*, Repräsentantenhaftung, 1979; *Mummenhoff*, Gründungssysteme und Rechtsfähigkeit, 1979; *Oetker*, Der Wandel vom Ideal-zum Wirtschaftsverein, NJW 1991, 385; *Petersen*, Das Stiftungsrecht des BGB, Jura 2007, 277; *Reuter*, Grenzen der Verbandsstrafgewalt, ZGR 1980, 101; *ders.*, Stiftungsform, Stiftungsstruktur und Stiftungszweck, AcP 207 (2007), 1; *ders.*, Rechtsfähigkeit und Rechtspersönlichkeit, AcP 207 (2007), 673; *K. Schmidt*, Die BGB-Außengesellschaft: rechts-und parteifähig, NJW 2001, 993; *Timme/Hülk*, Rechts-und Parteifähigkeit der Gesellschaft bürgerlichen Rechts, NJW 2001, 993, JuS 2001, 536; *H. P. Westermann*, Erste Folgerungen aus der Anerkennung der Rechtsfähigkeit der BGB-Gesellschaft, NZG 2001, 289.

第五编

权利客体

第二十二章 权利客体、财产与企业

一、权利客体

1. 概念与含义

任何人均可占有、取得和出让财产,比如土地、机动车、股份和银行存款。为能将这些财产和涉及此等财产的利用与变现权能在法律上加以涵括,并可对其归属于某一人以及移转至另一人作法律上的调整,需要概念上的划分和区别。为此,法学发展出了"权利客体"(Rechtsobjekt)的概念作为"权利主体"的对应物。对此,《德国民法典》则使用了**"客体"(Gegenstand)**(参见《德国民法典》第 90 条、第 260 条)的概念,却也在其他意义关联上使用"客体"(Gegenstand)这一概念(参见《德国民法典》第 611 条、第 631 条第 2 款)。可位于人之法律支配下的财产被称为权利客体。这里,法律支配指的是该财产的利用和变现。具体而言,包含如下内容。 1

依《德国民法典》第 90 条的规定,**物**是指"有体的客体"(关于动物,参见《德国民法典》第 90a 条)。在其之上,可建立人的支配权,比如所有权或担保权。支配权乃将物上的特定用益和使用权能赋予一个人的法技术手段,此等权能本身又可通过前述支配权的"处分"而被转移、变更或废止。 2

例如: 土地(= 不动产),机动车(= 动产)。在它们之上,可以建立所有权。此种所有权可通过处分的方式("转让")被转让给其他人。

非物质财产乃是精神性财产,在其之上可建立(限定范围内的)支配权。 3

例如:在一项发明之上(非物质财产)可以赋予专利权(支配权)。

4　　除了有形客体和精神性财产,**权利**本身——在法律允许的范围内——也可位于人的法律支配之下,并因而同样可以被利用和变现。

例如:股份(=化体于证书之上的权利)和银行存款(=债权)便是权利客体,因为它们可以被利用和变现。

2. 界分

5　　不会落入"权利客体"概念之下的,则包括:

人不是权利客体,因为按照当今的观点,在人之上不能设立支配权(而在罗马法中就不同,罗马法将奴隶如同物一样对待)。换言之,职业运动中所谓的"运动员买卖",也不应按照物之买卖的规则处理。[1] 不过,在器官移植和尸体的处理上,会出现一些问题。

例如:一个人的尸体属于谁?一个人的尸体可由他自身在有生之年或者由其亲属在该人死后加以处分吗?人体器官交易是被允许的吗?[2]

6　　按照当今的观点,**人格权**并非人对其自身的支配权。同样,家庭法上的权利,比如父母的监护权,也并非针对家庭亲属的支配权。

例如:父亲不能将对其儿子的监护权转移给叔叔,至多可将该权利的"行使"让与叔叔。

7　　尽管**给付行为**可以是债务合同的"客体"(参见《德国民法典》第611条第2款、第631条第2款),但它本身并非权利客体。只有针对此种给付行为的请求权,因其属权利,故可成为权利客体。

8　　**财产**(**Vermögen**)并非权利客体,而只是属于一人之权利和财产的集合体。企业作为特定权利和财产的功能性集合,同样不是权利客体。于财产或企业之上,并无可被处分的支配权。[3]

---

[1] 就此,参见 *Wertenbruch*, NJW 1993, 179。

[2] 就此等问题,参见本书第二十章"物、成分、从物与用益"。

[3] 参见本章边码15和边码17。

二、财产

1. 概念

《德国民法典》在很多地方,并且在不同的意义脉络下使用财产的概念,却并未对其进行界定。最终,各个财产概念的内容和范围均源自各个规范的功能。一般来说,人们将一个人具有货币价值的权利和财物的集合称为财产。物上的所有权和其他物权(而非物本身!)、债权、非物质财产权和成员权均属财产。前提条件是,它们具有货币价值,即或可出让换取货币,或能提供得以货币形式表现的利益。另外,还有其他具有货币价值的财物,尤其是专有知识(Konw-how)(技术秘密)和企业的客户群。它们并非权利,因为就它们的变现并不存在法律上固定的形式,如此亦不能作法律意义上的处分。人格权、家庭法上的权利以及人的劳动力(Arbeitskraft)亦不属于财产。

9

2. 意义

人的财产构成了人除其劳动力之外的**生存基础**(Existenzgrundlage)。为防止财产被不加深虑地予以处理,《德国民法典》第311b条第3款要求,如果合同中某人负有转移其现有财产或者现有财产之一部分的义务,则该合同必须经公证员公证。而按照《德国民法典》第311b条第2款的规定,若前述合同涉及未来财产,则应归于无效。

10

再者,一个人的财产还构成向其债权人**承担责任的基础**。债权人可对债务人的财产标的采取**强制执行**措施,借以使其债权得到清偿。

11

于动产场合,强制执行通过扣押和拍卖(《德国民事诉讼法》第803条及以下)来实现;对于土地来说,则通过强制管理、强制拍卖或登记担保抵押权(《德国民事诉讼法》第866条)来实现;若为债权和其他权利,则通过扣押和划转来实现(《德国民事诉讼法》第829条及以下、第857条)。

若债务人陷入破产,则可启动**破产程序**。该破产程序的目的在于,将债务人的财产变现,并用于全部债权人的平等清偿。不过,于债务人财产中个别标的之上为自己设立担保权的债权人享有优先受偿权。他们可以直接从该等财产中受偿,而无须考虑其他债权人。

动产上的担保工具是动产质权(《德国民法典》第1204条及以下)和动产让与担保(《德国民法典》第930条)。土地上的担保工具则是土地担保物权(抵押权,《德国民法典》第1113条及以下;土地债务,《德国民法典》第1191条及以下;定期土地债务,《德国民法典》第1199条及以下)。债权和其他权利上的担保工具是权利质权(《德国民法典》第1273条及以下)和债权让与担保(《德国民法典》第398条、第413条)。

如果一个人的财产作为整体转移给另一个人,则在某些情况下,法律为保护债权人并防止作为责任基础之财产的流失,便规定财产的**承受者亦应为既存的债务负责**。但同时,也为财产的承受者提供了将其责任限定于所承受财产范围的可能性。

如此,按照《德国民法典》第1922条的规定,一个人的财产随着其死亡而整体转移至其继承人处。结果,《德国民法典》第1967条令继承人亦应为被继承人的债务负责。但是,继承人可依《德国民法典》第1975条及以下的规定将其责任限定于所继承遗产的范围内。另参见《德国商法典》第25条。

12 一个人的财产还是损害赔偿法中的**保护客体**。在此意义上,人们称之为"财产损害"(参见《德国民法典》第253条)。在此意义脉络下,财产应当被理解为,一个人包括未来之取得期待在内的(参见《德国民法典》第252条)全部有货币价值的权利和财物的整体,但应扣除债务。换言之,即便仅是获益之期待被毁灭或者债务被提高,也构成财产损害。

13 财产中的一部分财团(Vermögensmassen)可能会位于某种特别法的调整之下(**特别财产**)。此种特别规则大多旨在保护财产的拥有者或者第三人,并基于此而排除或限制财产拥有者对该特定财团的管理和处分权能。

本身应以其全部财产为遗产债务负责之继承人(《德国民法典》第1967条),于遗产遭遇支付不能或债务超过遗产之案型,可申请启动遗产破产程序(《德国民法典》第1980条)。另外,继承人可申请遗产之管理(《德国民法典》第1981条)。由此,尽管为遗产债权人之保护,继承人本身丧失遗产的管理和处分权能(《德国民法典》第1984条)。但另一方面,他也借此达到了将自己的责任限定于遗产范围内的效果。此时,该遗产便构成了一项特别财产。

某一特定财团可能由多个人以共同共有的方式共同享有。此种**共同共有财产**(Gesamthandsvermögen)存在于人合合伙之中(《德国民法典》第718条;《德国商法典》第105条第2款、第161条第2款)、婚姻财产共同体之中(《德国民法典》第1415条)和继承共同体之中(《德国民法典》第2032条)。相较一个人的其他财产而言,此种共同共有财产构成一项特别财产。单个的共同共有人不得处分其于共同体财产的客体上所享有的份额,亦不得(例外:《德国民法典》第2033条第1款)处分其于共有财产上所享有的份额(《德国民法典》第719条第1款、第1419条第1款)。

14

一人财产向他人之**转移**适用如下规则:财产或财产之部分可**依法**(kraft Gesetzes)转移至另一人或人群。在继承(《德国民法典》第1922条)、约定共同财产制(《德国民法典》第1415条)和公司合并(《欧盟指令转化法》第2条及以下)的情形下,均如此。相反,**以法律行为的方式**对财产之整体加以**处分**却是不可能实现的。为财货归属秩序之清晰性与公开性的实现,必须分别处分财产中的个别客体(特定性原则,也参见《德国民法典》第1085条)。但是,将财产之整体加以转移的债法上的**义务负担**却是被允许的(《德国民法典》第311b条第3款:以经公证员之公证为必要)。

15

三、企业

1. 概念

一般而言,人们把为了达成某一经济目的而形成的人与物之工具的组织统一体称为企业(=营业经营=商事营业)。企业的组成部分可以是:

16

土地,机器,货品,专利,商标,技术或商事方面的专有知识(Know-how),从中可衍生出良好商誉("good will")的与员工、客户、供货人和贷款提供者之间的法律关系,债权。换言之,企业乃是"财产客体的集合"。应与作为财产的企业相区分的,乃是企业的拥有者,即企业经营者(参见《德国民法典》第14条第1款)。

2. 意义

17　　**动物小友案**:H艺术出版有限责任公司经营一个杂志企业,该企业另外出版一份名为《动物小友》的杂志。H出版公司将该杂志企业作为一个整体,为担保之目的而让与城市M。在一个破产法律争议中产生了如下问题,即企业本身究竟可否为担保之目的而被让与。[1]

　　企业既非支配权,亦非支配权的客体。因而,对作为一个整体的企业实施处分行为(权利让与、让与担保、用益权之设立、设定质权等)在法律上是不可能实现的。如果一个企业基于买卖合同或者担保合同而被让与,则归属于企业的全部财产均应依适用于其的个别规则进行让与。此时适用特定性原则。因而,动产应依《德国民法典》第929条及以下的规定进行所有权转移,土地应依《德国民法典》第873条、第925条的规定进行所有权转移,债权则根据《德国民法典》第398条的规定进行让与,如此等等。

　　换言之,在前述"动物小友案"中,通过杂志企业本身进行让与担保在法律上是不可能的,因而也不会发生担保的效力。[2]

18　　企业可以成为买卖或者许可使用合同的标的(参见《德国民法典》第453条第1款;《德国商法典》第22条、第23条、第25条)。企业可依《德国民法典》第823条第1款的规定而被保护免于第三人的某些干扰性侵害。[3] 除此之外,企业还是康采恩法(参见《德国股份法》第15条及以

---

〔1〕 案例根据涉及《德国民法典》第413条的BGH LM Nr. 2改编。
〔2〕 参见BGH LM Nr. 2就《德国民法典》第413条所作的判决。
〔3〕 "就已设立且运行中的营业经营之上享有的权利"作为《德国民法典》第823条第1款意义上的"其他权利";参见,比如BHGZ 45, 296; 86, 152。

下)与卡特尔法(参见《德国反限制竞争法》第 1 条及以下)之规则的调整对象。但是,这些规范中的企业概念,要根据它们各自的保护目的来确定。比如卡特尔法即适用功能性的企业概念,该概念要通过"法律行为往来中的各个行为"加以填补。[1]

---

[1] Vgl. BGHZ 67, 81(84).

第二十三章　物、成分、从物与用益

1　　物、成分、从物与用益的概念在《德国民法典》很多条文中都发挥一定作用。比如,《德国民法典》第 433 条及以下即指涉物之买卖;转让物之所有权的义务,于有疑问时,便应依《德国民法典》第 311c 条的规定延伸于从物;按照《德国民法典》第 818 条第 1 款的规定,返还义务便延伸于收取的用益。民法典总则对于这些概念有一些界定和解释。关于成分(《德国民法典》第 93 条及以下)和从物(《德国民法典》第 97 条、第 98 条)的规则承载着如下意图,即经济上的统一体在法律上也尽可能地作为统一体加以对待。

一、物

1. 概念和界分

2　　法律意义上的物仅仅指有体物(《德国民法典》第 90 条)。当一个客体可以看得见、空间上可得界分并且事实上可被支配时,其便属于"有体物"。具有决定性的乃是交易观念,判断标准是占有创设的可能性。界分是必不可少的,因为只有在物上才可能存在所有权和限定物权。公式化地表达则可以说:物是有形的东西。

　　在法律意义上,植物也是物,但电流、热量、声波却并非物。原则上并不取决于物态,但液体和气体只有当能够具体地被储存(比如,在器皿中)或者可储存时,才是物。电脑软件当被存储于数据载体上时,便是物。

3　　**动物**不是物(《德国民法典》第 90a 条第 1 句),而是人的同类

(Mitgeschöpfe)。但是,若无其他规定,适用于物的规则亦可准用于动物之上(《德国民法典》第 90 条第 3 句)。另外,《德国民法典》第 251 条第 2 款第 2 句和第 903 条第 2 句包含特殊规则。[1]

人的身体不是物,因为按照当今的法律观点,人不能成为法律交易的客体;相反,从人体分离的身体部分却可能成为物(比如,捐献的血液、剪下来的头发、拔下来的牙)。反过来,物如果被永久性地嵌入人体之中(比如,镶牙用的金质填充料、心脏起搏器),则又会丧失其作为物的属性,并以后皆受人对其自己身体所享有之人格权的调整。尸体究竟属于无主物还是人格残留物(Rückstand der Persönlichkeit),是有争议的。但不管怎样,出于人格保护之原因,不应将其视为法律交易的客体。以人体部分之分离和转让为内容的负担合同(Verpflichtungsverträge)(比如,献血义务、捐献器官的义务),在善良风俗的界限内(《德国民法典》第 138 条第 1 款)是被允许的。死者或其近亲属对尸体或者尸体之部分所作的处分行为(器官移植!)也适用相同规则。上述有些内容在细节上仍有一些争议,这应由立法者在器官移植法之中予以澄清。[2]

4

2. 类型

(1)不动产与动产

为使针对土地和地面之法律交易成为可能且清晰化,遂将其分割成单个的小块土地[=不动产(Immobilien)=地产(Liegenschaften)],并登入土地登记簿(参见《土地登记条例》第 3 条)。因而,不动产或**土地**是指已登入土地登记簿并可界分的地球表面的一部分。所谓的重要成分也属于土地(比如,建于其上的建筑物,《德国民法典》第 94 条)。

5

动产(=Mobilien=Fahrnis)是指所有既非土地、亦非土地之成分的物。

这一区分在负担合同(参见《德国民法典》第 311b 条第 1 款)、处分行为(参见《德国民法典》第 873 条及以下就土地之处分行为所作的规定和

---

[1] 就此,参见 *Braun*, JuS 1992, 758。
[2] Vgl. *Taupitz* JuS 1997, 203.

第929条及以下就动产之处分所作的规定)和强制执行(参见《德国民事诉讼法》第803条及以下就动产强制执行所作的规定和第864条及以下就土地强制执行所作的规定)中尤其有意义。

例如:土地买卖合同必须经公证员作成公证证书(《德国民法典》第311b条第1款第1句),土地所有权的转移以所有权让与之合意及其登入土地登记簿为前提(《德国民法典》第873条、第925条)。动产买卖合同则属非要式行为,其所有权移转通过权利让与之合意及交付行为(《德国民法典》第929条及以下)来实现。动产之强制执行通过扣押(《德国民事诉讼法》第803条),土地之强制执行则通过担保抵押权之登记、强制拍卖或强制管理来实现(《德国民事诉讼法》第866条)。

(2)可替代物与种类物

6　　可替代物是指交易中通常依其数量、尺寸或重量加以确定的动产(《德国民法典》第91条)。从经济的角度来看,可替代物是可相互替代的,故对其适用一些特殊规则(参见《德国民法典》第607条、第651条、第700条、第706条、第783条)。

例如:属于可替代物的有:自然产品(比如鸡蛋、土豆、煤炭、酒)[1],现金和有价证券,批量化生产的工业产品(比如机动车)。反之,依定作人特殊愿望而完成,并因而无法或很难投入其他用处的物,则属于不可替代物。[2]

种类物应与可替代物相区分,种类物同样适用一些特殊规则(参见《德国民法典》第243条)。可替代性按照交易观念来判断,种类归属则依赖当事人之确定。这两个概念常常重合。但是,不可替代物也可按照当事人的意志而以种类来确定。

例如:如果一位艺术家将一幅木版画制作成50件逐个编号并且签名的成品,则其属不可替代物。但是,若其与一个艺术品交易商达成合意,交付此系列木版画中的三个,则这50件印刷品构成一个种类,此买卖

---

[1] BGH NJW 1985, 2403.
[2] 这在《德国民法典》第651条很重要;参见BGH NJW 1971, 1793(1794)。

属于《德国民法典》第 243 条意义上的种类买卖。

反过来,可替代物也不一定就是种类物。其亦可基于当事人意志而成为特定物,从而不能与其他物进行替换。

(3)消耗物

消耗物是指以消费或让与为其基本用途之动产(《德国民法典》第 92 条第 1 款);另外,亦可指堆藏于仓库或组成其他集合物,并以让与为其基本用途之动产(《德国民法典》第 92 条第 2 款)。此一区分尤其对用益权有意义(《德国民法典》第 1067 条、1075 条)。

例如:食品、煤炭、汽油专用于消费,那些通过使用逐渐磨损消耗的物则不是,比如机器。硬币、纸币、有价证券则是用于出让的。

(4)可分物

可分物是指可等分为多个部分却不至使其价值减损之物(参见《德国民法典》第 752 条第 1 句)。这里的可分性在法律共同体解散时是有意义的(参见《德国民法典》第 752 条以及第 731 条第 2 句、第 1477 条第 1 款、第 2042 条第 2 款)。

例如:组成共同财产共同体而一起生活的夫妻离婚了。该夫妻共同体的共同财产中包括现金、股份和一块土地。依《德国民法典》第 1477 条第 1 款、第 752 条的规定,只要在可能的情况下,此等财产便应进行实物分割。就现金而言,这(通过换算)是简便易行的,股份则并非如此(《德国股份法》第 8 条第 3 款)。对于土地来说,若分割成小块土地之后的价值不会低于整块土地,则土地的分割就是可能的。

二、单一物与集合物

《德国民法典》意义上的"物",是指单个的物,但该物也可能由多个部分组成(合成物)。应当与此相区分的是物的集合体(参见《德国民法典》第 92 条第 2 款:"物的集合"(Sachinbegriff)"仓库";《德国民法典》第 586 条第 1 款、第 1048 条:"财产清单"(Inventar))。它是多个单一物在经济视角下所组成的。其区分依交易观念为之。

例如：纸牌游戏中各个单张纸牌依交易观念组成一个统一的物，相反，图书馆中的各个单册书籍则组成集合物。

这里的区分是必要的，因为依照物权法的规定，处分行为应当针对每个物分别实施（特定性原则！）。与此相应，每个单独的物也可能有不同的法律命运。但是，负担行为却可针对集合物实施。再者，集合物也享有《德国民法典》第823条第1款的保护。[1]

例如：V 想要将其由200册图书组成的图书馆出卖给K，并移转其所有权。为实现这一目标，单单一个买卖合同便已足够，但在法律意义上却需要200个让与所有权的合意（不过，这200个让与所有权的合意实际上可以在一个行为中完成）。每一个单册的书籍可能会有不同的法律命运：如果有两册书是偷来的，那么即便 K 是善意的，其也无法取得这两册书的所有权（参见《德国民法典》第935条）。

三、成分

1. 概念

10   成分是非独立、形体上可界分的物的部分。通过附合于他物的方式，单个的物丧失其物之属性，并成为该他物的成分，或者成为一个新产生之物的成分。至于实际是否如此，首先则应依照交易观念加以确定，此外根据物之结合的经济功能来确定。

例如：一个滑雪手杖虽然被螺栓固定于机动车顶，却依然保持着独立物的地位。如果玻璃和窗框被结合成一个窗户，则它们都成为一个新物，即窗户的成分。如果窗户被嵌入房子中，则其成为房子的成分。

2. 类型

11   应当区分重要成分和非重要（简单）成分。《德国民法典》仅就重要

---

〔1〕 Vgl. BGHZ 76, 216(219).

成分设置了规则(《德国民法典》第93条),但具体地确定了土地的可能成分(《德国民法典》第94—96条)。

(1)物之重要成分的一般性规则(《德国民法典》第93条)

重要成分是指非毁损物之一部或变更其本质而不能分离的物之成分(《德国民法典》第93条)。换言之,这并非取决于分离对整个物的影响,而是要考虑对成分的影响。具有决定性的是被分离的成分和剩余的物是否可以继续如同此前的状态那样具有经济上的利用价值,即便需要先通过与其他物附合的方式,亦可。[1]

例如:一个批量化生产的发动机不会因为置入机动车之中便成为其重要成分。因为,该发动机还能再被重新取出,而其自身或者(剩下的)机动车却并不会被毁损,同样也不会出现性质的变更。因为,即便在取出之后,发动机和机动车也都能继续以相同方式作经济上的利用;还可以在机动车中再装入另一个发动机,而该发动机也可以被置入另一辆机动车中。[2]

除了《德国民法典》第93条的文义,当分离或者作其他结合的费用超越了被分离部分的价值时,亦应认为其属重要成分。因为,此种情况下,分离在经济上也是不理性的。

(2)针对土地的规则(《德国民法典》第94—96条)

针对土地和建筑物,《德国民法典》第94条为法律清晰性之利益计,对重要成分的概念加以扩张。与土地和地面紧密结合之物,尤其是建筑物,乃属土地之重要成分(《德国民法典》第94条第1款第1句)。当分离会导致不合比例的高昂费用,或者结合的部分在此过程中会被毁损或者严重损坏时,即应认定为紧密结合。[3]

例如:一个牢固地浇筑到地下的油罐构成土地的重要成分,相反,一个可运输的活动车库只不过是被放置于地面上而已,不能径直认其为

---

〔1〕 BGHZ 61, 81.
〔2〕 Vgl. BGHZ 61, 81.
〔3〕 Vgl. RGZ 158, 362(374f.).

土地的重要成分。[1]

为建筑物之建设而嵌入之物(《德国民法典》第94条第2款),亦即该建筑物若欠缺这些物将会按照交易观点被视为尚未完成时,这些物便属于建筑物的重要成分。[2]

例如:服务于建筑体建造(或更新)的物,比如砖瓦、窗户、门,始终是为建设而嵌入之物。那些使建筑体之预定使用成为可能的物,比如取暖设备、炉灶,同样是被嵌入的物。相反,单纯的家具设备则不是被嵌入建筑之物,除非它们是专门为该建筑配备的[3],或者可赋予该建筑某一特征。

物必须已被嵌入,换言之,与建筑物之间规定(并非必须紧密)的结合必须已经完成。

例如:如果锅炉起初被置于土地之上,但却尚未被安装于规定的地点,则其也还没有成为重要成分。[4]

当建筑物本身也是土地的重要成分时,建筑物的重要成分同时也是土地的(间接)重要成分。

14　仅为临时性目的而与土地或建筑物结合或者被嵌入之物(**物之表见成分**,《德国民法典》第95条),并非土地或建筑物(也不属于不重要)之成分。若在结合或者嵌入之时便已存在嗣后加以分离之意图,即应认定物之表见成分的成立。当物之结合或嵌入措施乃基于一个附期限合同而采取时,便可推定——但是可推翻的——物之表见成分的存在。[5] 这并非取决于物的经济生命之长短。[6] 此等表见成分所有权的移转依《德国民法典》第929条及以下的规定完成。

例如:土地承租人建设一座花园内的小亭子。

在"行使于他人土地上之权利"时,若出现建筑物或其他工作物与该

---

[1]　BFH NJW 1979, 392 对此持肯定观点;*MükoBGB/Holch*, §94 Rn. 6 对此持否定观点。

[2]　Vgl. BGH NJW 1987, 3178.

[3]　比如,内置式厨房;BGH NJW-RR, 1990, 587.

[4]　Vgl. BGH NJW 1979, 712.

[5]　Vgl. BGHZ 104, 298(301).

[6]　BGH NJW 2017, 2099 Rn. 14ff.

土地之结合,亦适用上述相同规则(《德国民法典》第95条第1款第2句)。此处的"于他人土地上之权利"是指物权,比如用益权(《德国民法典》第1030条)和越界建筑权(《德国民法典》第912条)。

与土地所有权相结合的权利视为土地的成分(《德国民法典》第96条)。这些权利主要是指地役权(《德国民法典》第1018条)、必要通行权(《德国民法典》第917条)和越界建筑权(《德国民法典》第912条)。再者,这些权利还是重要成分,因为它们无法与土地所有权相分离。

3. 法律意义与经济意义

(1) 法律意义

物的重要成分不能成为一项个别权利的客体(《德国民法典》第93条)。换言之,其与整体(Hauptsache)共享相同的法律命运。《德国民法典》第946条、第947条考虑了添附场合的此种规则。

例如:L以所有权保留的方式向B(《德国民法典》第449条)供应了门和窗,B则为建造自己的房子使用了这些门窗。这些门窗因此而成为建筑物的重要成分(《德国民法典》第94条第2款),并同时成为土地的重要成分(《德国民法典》第94条第1款第1句)。依《德国民法典》第946条的规定,土地的所有权延伸于这些物上。这意味着,L依法丧失了这些门窗的所有权。

物的所有权人仅得统一地进行处分。就重要成分所作的专门处分,比如将此种成分进行让与担保,是被排除的:该物仅能整体地转让,或者不作转让。但相反,针对成分之分离及其让与的负担行为却是可行的(比如,就尚待砍伐之树木缔结的买卖合同)。

非重要成分并不适用《德国民法典》第93条的规定,因而在非重要成分上可以存在物权。不过,若实际上并没有物权存于其上,则该非重要成分将与整体共享相同的法律命运。

例如:U将一个批量化生产的替换发动机装入B的机动车之中,U在该发动机上保留了所有权,此时该发动机并不是机动车的重要成分。故此,《德国民法典》第947条不得适用,U还保持着发动机所有权人的地位。如果 B 不付钱,则 U 可依《德国民法典》第 985 条的规定要求返还,即要求 B 将该发动机取出并返还。

"表见成分"(《德国民法典》第 95 条)保持着独立物的地位。其所有权让与应适用《德国民法典》第 929 条及以下的规定。

(2) 经济意义

17   《德国民法典》第 93—96 条就物之成分所设置的规则服务于经济价值及(《德国民法典》第 94 条的案型)法律清晰性的维持。以所有权保留(《德国民法典》第 449 条)方式供应货物之给付人的利益,必须劣后于就物之价值维持上的一般性利益(《德国民法典》第 946 条、第 947 条)。有物上担保的金钱信贷给予者(gesicherter Geldkreditgeber)常常会由此而受益,因为伴随着货物信贷给予者(Warenkreditgeber)所有权的丧失,债务人责任财产的价值会相应地升高。

四、从物

18   一个物可能有从物,该从物使主物之经济利用成为可能或者更加方便。客栈或餐馆中的家具,即如此。鉴于从物与主物构成了一个经济上的统一体,故从物应尽可能地与主物共享相同的命运。

1. 概念

19   从物是指虽非主物之成分,但服务于主物经济目的之达成,并且为该经济目的之实现而与主物发生相当的空间上关系之物(《德国民法典》第 97 条第 1 款第 1 句)。具体而言,这意味着:

(1) 独立的动产

20   从物只能是一个动产("附属性的物"),且非主物之成分,即其应具有独立性。主物可以是一块土地、土地之成分(建筑物)或者一个动产[1],但不能是一个企业(参见《德国民法典》第 98 条)。

---

[1] BGHZ 62, 49(51).

(2) 功能性联系

该附属性的物必须服务于主物经济目的之达成。为此,主物必须有一特定经济目的,而附属性的物则服务于这种目的[所谓**隶属关系**(Unterordnungsverhältnis)]。

例如:如果工厂的厂房尚处于毛坯房的状态,则其还不能被用于预定的目的。换言之,已经交付的机器尚不构成从物。相反,已经交付,但尚未被置入建筑之中的建筑材料,已经构成了建设土地的从物。[1]

另外,附属性的物还必须已经被投入用于此种目的,就此,可推断的行为(schlüssige Handlung)即为已足。其标志为从物被实际用于此种目的,不过仅仅暂时性的利用并不足够(《德国民法典》第97条第2款第1句)。因而,如果附属物变为只是暂时性地服务于主物之目的,则其作为从物的属性丧失。[2] 依《德国民法典》第98条的规定,商业上及农业经济上之附属物,始终是服务于主物之经济目的的。不过,此时还必须具备《德国民法典》第97条规定的其他前提条件。

例如:工厂的机器原则上是其从物(《德国民法典》第98条第1项)。但是,只是被租赁的机器就并非从物了,因为此时只不过是想暂时性地利用该物而已。与此相反,运输企业的车队却并不应被视为企业所属土地的从物。[3]

(3) 空间上的联系

附属物还必须为上述目的之达成而与主物之间存在相当的空间上的联系。与主物之间暂时性的空间分离并不影响从物属性的判断(《德国民法典》第97条第2款第2句)。

例如:工厂用于运送产品的载重汽车,即便处于在途的状态,也依然保持着工厂从物的法律属性。[4]

(4) 交易观念(Verkehrsauffassung)的优先性

当一个物在交易中不被视为从物时,其并非从物(《德国民法典》第

---

[1] BGHZ 58, 309.
[2] BGH NJW 1984, 2278.
[3] BGHZ 85, 234(238).
[4] BGH 85, 234 (238).

97 条第 1 款第 2 句）。

2. 法律意义

24　　尽管从物是法律上独立的物，并且可以成为个别权利的客体，尤其是从物和主物的所有权可能处于分离状态。然而，由于从物与主物在经济上的结合性，它们在法律上应当尽可能地具有一体化的命运。多个法律条款均服务于此种效果之达成。就一物之让与或在其上设定负担的义务，于有疑问时，应当延伸于从物，即体现了此种目的追求（《德国民法典》第 314 条）。土地所有权的让与在有疑问时，亦延伸于从物（《德国民法典》第 926 条第 1 款第 2 句）。担保责任亦延伸于从物（《德国民法典》第 1120 条）。

例如：若 A 将一块工厂土地出卖给 B，那么在有疑问时，其机器作为从物亦随之出卖（《德国民法典》第 311c 条）。土地所有权之让与，在有疑问时同样延伸于从物（《德国民法典》第 926 条第 1 款第 2 句）。此时，没有必要再专门对机器进行《德国民法典》第 929 条所规定的所有权让与（《德国民法典》第 926 条第 1 款第 1 句）。如果在土地之上设立了一项抵押权，则抵押权人可通过强制拍卖的方式从该土地及其从物中受偿。如此，其他债权人针对从物进行扣押的行为即被排除（参见《德国民事诉讼法》第 865 条第 2 款第 1 句）。尽管 B 可依《德国民法典》第 930 条的规定将该机器的所有权让与第三人以用于担保之目的，但从物上的抵押责任并不会因此而消灭。[1]

五、收益、孳息与负担

25　　一个物或一项权利可能产出收益，但其上也可能出现负担（比如，一个房屋的租金为其收益，土地税则为负担）。如果该收益可由多人享有，或者负担应由多人承受，则法律必须对其进行分配。为此，《德国民法

---

[1] 整体参见 *Kollhosser*, JA 1984, 196。

典》第 99 条、第 100 条进行了概念的确定,《德国民法典》第 101—103 条则设置了几个一般化的补偿规则。

1. 概念

收益(Nutzungen)是指物或权利之孳息,以及因物或权利之利用而产生之利益(《德国民法典》第 100 条)。换言之,收益乃是孳息和使用利益的上位概念。

就**孳息**而言,应区分物之孳息和权利之孳息。物之孳息是指物的出产物及依物之用法而取得的其他收获物(《德国民法典》第 99 条第 1 款,所谓的物的直接孳息)。另外,物依法律关系而取得之收益亦为物之孳息(《德国民法典》第 99 条第 3 款,所谓的物的间接孳息)。

例如:物的出产物包括动物产品,比如牛奶、母牛的牛犊,和土地产品,比如树木和土豆。依物之用法而取得的其他收获物则包括无机产品,比如土地中的石子、沙子、煤炭和泥炭。物的间接孳息可以是基于采石场之许可使用而取得的使用费。

权利之孳息是指依权利用法而取得之收益(《德国民法典》第 99 条第 2 款,所谓的权利的直接孳息)。另外,依权利之法律关系而取得之收益,亦属权利之孳息(《德国民法典》第 99 条第 3 款,所谓的权利的间接孳息)。

例如:债券的收益即利息,采石场使用权的收益即被开采的沙子,狩猎权的收益即猎物。[1] 换言之,从许可人的视角来看,沙子乃是物的间接孳息;而从被许可人的角度来看,则属于权利孳息。为专利之使用而缴纳的许可费乃是权利的间接孳息。

使用利益是指物之占有或权利之拥有所能带来的任何利益。

例如:机动车的使用利益即在于其使用;股份的使用利益体现为其投票权,而非从股份出卖中取得的股票利润。[2]

---

[1] BGHZ 112, 398.
[2] Vgl. OLG Bremen DB 1970, 1436.

29 **负担**是物的所有权人(权利拥有者)的给付义务。法律艺术性地称之为"附着于物上的负担"(参见《德国民法典》第 1047 条)。

例如:抵押利息(=私法负担);土地税(=公法负担)。

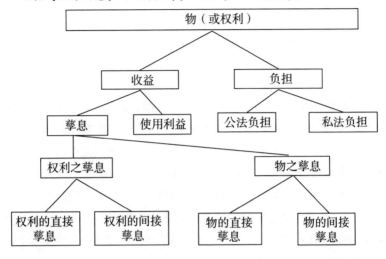

2. 意义

30 收益、孳息、负担等概念会在不同的意义脉络下被使用。《德国民法典》第 953 条及以下即调整物之收益所有权的取得;依《德国民法典》第 581 条的规定,许可人必须允许被许可人进行物之使用并享受其孳息。特别有意义的是关于收益的规则:按照《德国民法典》第 446 条第 1 款第 2 句的规定,风险转移后,买受人取得物之收益,并负担物之风险;根据《德国民法典》第 818 条第 1 款的规定,基于不当得利的返还义务延伸于已收取的用益(另参见《德国民法典》第 987 条、第 988 条、第 989 条、第 993 条、第 2020 条)。

例如:V 向 K 出卖一辆机动车并移转其所有权。在 K 驾驶该车一年半之后,V 基于恶意欺诈(《德国民法典》第 123 条)而撤销买卖合同。此后,K 可依《德国民法典》第 812 条第 1 款、第 818 条第 1 款的规定要求 V 返还买卖价款以及从中收取的用益(利息),这应与机动车及其已收取的用益(使用利益)之返还同时执行。在此过程中,应依《德国民法典》第

818条第2款的规定对使用利益的价值进行补偿。

除此之外,《德国民法典》第101—103条还提供了一些债法上的规则,它们主要是关于孳息的分配、孳息收取费用之填补和权利人或义务人变更情况下的负担分配。

例如: 若一个关于农场的许可使用合同嗣后归于无效,则被许可人须依《德国民法典》第812条第1款、第818条第1款的规定返还在此期间收取的粮食。但是,他可依《德国民法典》第102条的规定要求对方填补自己为种子与劳动力而支付的费用。

附录 案例解析的技术

1   法律人在法律争议中展示自己。若法律人无法将知识运用于"案例"之上,则他的知识是"死"知识。初学者通常会感觉案例解析很困难。这里同样适用如下规律:大师并非从天而降!考试书写要练习。就此,存在一系列应当注意的规则。

一、书面稿的准备

2   撰写者被要求完成一个案例的解答。就此,真正的书面稿起草只是最后一步。思维上的准备工作也是同等重要的。为此,要按照如下规则来进行。

规则1:仔细通读案例!

3   通常情况下,考试案例会由案情事实的描述,即一个真实或虚构生活事件的描述,以及一个或多个案例问题组成。案例解析的第一步便是,用心领会案情事实。为此,应当投入时间并至少将案例文本阅读两遍。即便认为是已经知悉的案例,也同样应当如此。事实上,恰恰是此时要特别细心。

规则2:准确地注意提问!

4   第二步便是,精准地领会提问。案情事实通常具备多个可从法律上进行论述的方面。但是,作答者只被允许回答出题人提出的问题。如果他不遵守这一规则,比如他认为,他必须证明自己知识丰富,也并不会得到额外的加分。

从提问中也能得出,案情中的哪些信息对于案例的解答是有意义的,哪些仅仅是修饰性的附属信息。因而,要从提问的视角来看待案情。必须如其所载那样接受案情事实。即便认为案情不够完整,也不得按照自己的想象进行补充或变更。当然,出题者也可能忽略某一个点,或者表述得不清晰。但在如此认定之前,应当再次检验自己的想法。若有疑问,则应从与通常和典型的事件发展相符合的案情事实组织出发。

例如,若没有说明当事人的年龄,则应当认为,当事人是成年人。若是在未成年人实施行为时没有提及父母是否对此表示了同意,则必须认为欠缺许可。

通常,在所谓的"请求权考试"中,案例解答者应当检验,特定的人之间是否存在特定的请求权。其案例问题大多会表述得非常具体。

比如,其可能表述为:"A 可以要求 B 支付买卖价款吗?"

但是,案例问题也可能更加一般化或者更加不确定。有些时候甚至会提问,"法律格局(Rechtslage)"如何。此时,作答者就必须首先查明当事人之间可能出现的全部请求权,而后进行检验。仅在少数情况下,才会不就请求权的存在与否,而是就权利状态进行提问(比如,X 是否已经成为所有权人?或者,Y 是否已经成为继承人?)。

规则 3:完成一个提纲!

写一个提纲(至少在更加复杂的案例中)是值得推荐的。为此,可以通过图像方式描绘当事人及其关系并形成提纲。如果案情事实中包含了很多日期和事件,则还应当制作一个时间表。

规则 4:静心思考!

在任何案例中,都会存在一些需要作答者识别并解决的法律问题。很多情况下,作答者在第一次通读时并不能明晰其究竟涉及何种问题。如此,对于这个案例就无从"开始"。此时应保持镇定并思考,便可消除此种"不安",多数情况下,通过将案例进行分解并一步一步地推进,便可发现问题所在。

规则5:形成一个解题草稿!

7　　在撰写解答书面稿之前,应当形成一个解题草稿。这可通过写出关键词和简单划分段落的方式来实现。在此过程中,重要的是认识到,其仅属嗣后形成解答书面稿时的思维辅助。换言之,不要写出句子!这只会消耗时间。

规则6:为解答书面稿预留充足的时间!

8　　很多学生会陷入时间紧迫的困境,主要是因为他们考虑太久,并且太晚才开始撰写书面稿。所以,必须要对可支配的时间进行分配(某些情况下,将手表放置在书桌上),并且为解答书面稿的撰写预留充足的时间。一个经验法则是,至少要留出一半的给定时间来撰写书面稿。有些时候,即便解答思路还没有(完全)清晰化,也要开始撰写书面稿。而恰恰是在书写过程中,常常会出现"救场性的想法"(rettender Einfall)。

二、书面稿的结构和设计

9　　对于案例解答的结构,应尽极大的注意。虽然知道考试解题的技巧并不能够弥补知识的欠缺,但知道这种技巧却有助于避免犯错,并时常会指引发现案例问题之所在的路径。

规则7:确立一个体系化的结构!

10　　在撰写书面稿时,必须体系化地推进。对于与案例解答的相关方面,必须一点一点地予以论述。材料的"内在"结构划分必须在论述的外部形式上反映出来。这意味着,案例问题应当依其顺序进行处理。在各个请求权的内部,应当按照请求权基础进行结构划分。此时适用如下口诀:"谁得向谁依据什么请求什么?"

每一个重要的点均应通过一个段落和(无论如何在家庭作业中应当有)一个标题加以识别。这有助于自行检查是否遗忘了某些点。但更重要的是,这也可以使阅卷人更易于获得一个概览。

规则8:每一个请求权基础均作体系化的检索!

当找到一个请求权基础,即其法律效果符合请求权提出人之要求的法律规范时,首先应当明确指出其**构成要件的要素**(请求权成立的前提条件)。

11

一个请求权基础有哪些前提条件通常可从相关规范中得出。比如,源自《德国民法典》第812条第1款第1句第1种情况的请求权即包含如下前提条件:①相对人"有所"取得;②该取得是基于请求权主张人的"给付行为";③该给付"欠缺法律原因"。

多数情况下,就构成要件的要素,存在一个在法律中已经包含的,或者由司法实践或学说发展出的定义。此时,即应陈述该定义。

比如,"给付"是指有意识、有目的地增益他人财产的行为。

就事实构成的前提条件在具体案件中是否已经满足而进行的检验是通过所谓<u>涵摄</u>[1]的方式来进行的。此即法律适用的任务,而这在个案当中可能会非常难。

根据请求权的前提条件,在案情事实给出相关线索时,即应检索,是否存在对立于该请求权,并且可能会阻止该请求权产生,或者使其嗣后消灭的**抗辩**,或者请求权相对人是否享有**抗辩权**。[2]

举例来说,如果《德国民法典》第812条第1款第1句第1种情况所规定的不当得利请求权的全部前提条件均已得到肯定,那么在某些情况下,可能还要继续检验,该请求权是否已由于得利的嗣后丧失,进而依《德国民法典》第818条第3款(权利消灭型抗辩)的规定归于消灭,或者该请求权是否已经根据《德国民法典》第195条、第199条的规定罹于诉讼时

---

[1] 就此,参见本书第四章,边码3。
[2] 就此,可阅读本书第十八章"请求权、抗辩与抗辩权"进行复习。

效(永久性抗辩权)。

规则9:也观察其他请求权基础!

12　　如果已经找到一个"合适"的请求权基础,并且进行了检索,那么还必须进一步追问,是否还应该考虑其他请求权基础并进行检索。在此意义上,鉴定体与判决体存在区别:法官可以满足于找到了一个得以使起诉请求权正当化的请求权基础,鉴定人则必须对所有进入视野的请求权基础进行检索。

若涉及返还请求权,则除了源自不当得利法的请求权(《德国民法典》第812条及以下),可能还要考虑源自所有权(《德国民法典》第985条)、占有(《德国民法典》第861条、第1007条)或者侵权(《德国民法典》第823条及以下)的请求权。

最为重要的请求权基础必须为作答者所知悉,这属于根本性的知识储备。就此,也有所谓的请求权公式,这无疑是有帮助的,这样可以免于遗忘一些请求权基础(但是不能在考试中使用)。若有多个请求权基础进入视野,那么原则上应当首先检查合同上的请求权。这是从合目的性考量的角度来确定的,否则在检查另一请求权基础时,于其内部还是必须首先对合同上的请求权进行检查,而这将会使论述缺乏条理。在合同与准合同(《德国民法典》第280条第1款、第311条)的请求权之后,则要检索类合同的请求权(《德国民法典》第179条,无因管理)。其后,再检索物权请求权,随后是不当得利请求权,最后才是侵权请求权。

规则10:对重要的与不重要的加以区分!

13　　优秀的法律人以能将重要与不重要加以区分为其特质。这也适用于考试试卷的撰写,并且首先可以适用于此。出题人将一个或多个法律问题打包置入案例之中。解题的重点也正在于对这些法律问题的精细处理。不应把笔墨浪费在那些不言自明的问题上。

举例来说,如果案例中已经说明合同已缔结,那么就不应停止于论述合同经由要约与承诺的方式而成立。

如果某一规范构成要件之要素的涵摄并无问题,则无须再进行赘余的论证。

举例来说,若案例中写着,A"疏忽地"打翻一个花瓶,则可径直认为,其行为有过失。

很多时候,就某一特定法律问题会存在多个观点。应当论述这些观点的主要论据。接着,作答者必须作出自己的决定,且必须要对该决定——很重要——加以论证。通常而言,作答者要追随某一个观点。

比如,可以表示通说应予赞同,因相较少数派观点,其更好地照顾了法律安定性的思想。

在考试中,不用为法律观点附加引注;但相反,在家庭作业中,却要对引用的法律观点添加引注。

规则 11:以"鉴定体"进行撰写!

若未作其他说明,则要求作答者以"鉴定体"进行撰写。换言之,提问必须立于开头,而结论必须置于结尾处(反之,在判决中,结论立于开头,而后再具体论证)。

举例来说,如果案例问题的内容是,V 可否向 K 要求买卖价款的支付,那么解答便可以如下句子开始:"当 V 与 K 之间买卖合同已经有效成立时,V 即可依《德国民法典》第 433 条第 2 款项的规定对 K 要求买卖价款的支付。"

鉴定体以不断提出新问题并针对其作出解答为特征。与此相应,其中经常提到"所以"(daher),"换言之"(also),"因此"(infolgedessen),"因而"(somit)等。每一个亚项目均应以"有待检验的是……"或者"为此,必须具备……"的表述来导入。但此时也应当分别作一个(中间)结论!换言之,原则上在构成要件的每一单个要素之下,均应贯彻鉴定体的撰写模式。

如此,在先前的例子中应当继续撰写:"价款支付请求权的其他前提条件是,该买卖合同并未因依《德国民法典》第 142 条第 1 款之有效撤销而归于无效。"

但是,这不应被死板地贯彻。如果案情可以毫无问题地涵摄于某些构成要件的要素之下,则可放心地使用"判决体"。

比如,当检验源自积极侵害债权(positive Vertragsverletzung)的请求权时,众所周知,该请求权以过错为前提,那么对于过错,下面这一句便已足够:"A 因疏忽打翻花瓶,故其行为有过失。"

规则 12:完整地引用法律规范

15　　一个法律条款大多由多个款和句组成。此时,引用必须精确。

换言之,不应当如下面这个例子这样引用规范:"A 依《德国民法典》第 812 条的规定针对 B 享有返还请求权。"而是应当如"A 依《德国民法典》第 812 条第 1 款第 1 句第 1 种情况(给付型不当得利)针对 B 享有返还请求权"这般引用规范。

引用法律条款的不精确大多也会导致论述的不精确。

规则 13:使用清楚并简短的表述!

16　　鉴定书不必成为语言上的艺术品。但是,作答者应致力于以清楚、简短的语言进行写作。这首先意味着:避免烦琐的表述并追求精确性。

换言之,不应当如下面这样进行书写:"需要追问的是,在本案中,K 是否针对 V 享有交付买卖标的物的请求权,而该买卖标的物在本案中可能会表现为一辆自行车。作为请求权基础,可以考虑《德国民法典》第 433 条。为此,如下应当检查,是否已经成立一个买卖合同。"而应当作如下书写,"当买卖合同已经成立时,K 可能依《德国民法典》第 433 条第 1 款的规定享有要求交付一辆自行车的请求权"。

规则 14:检查结果

17　　作答者应当始终自问,取得的结果是否"理性"。这应置于两个方面进行追问:其一,该结果看上去是否公正;其二(考试战术方面),在此种结果的情形下,是否所有与案件相关的观点均被提及。若非如此,那就要再次检查自己的解答了。如果无法发现错误,那么值得推荐的是再制作一个辅助鉴定书,在其中对其他方面进行处理。如果该案例还有一个变形,则可推测,在该案例变形中可能有不同结果。

三、一个附解答的案例模板

1. 案例

17岁的M因为需要钱而想将他的山地自行车出售。他同年纪的朋友V以善于经商而闻名,他遂请求V为自己"执行这一事务",并把自行车交给他。V表示同意,而后找到学生D,并告诉他,自己受M之"委托"出售一辆山地车。D查验了该自行车,经过长时间的谈判之后,他们以650欧元的买卖价格达成合意。由于D手边没有那么多钱,他们便约定,D次日付款并取车。V在傍晚将这笔幸运的交易告知M,而M又告知了自己的父母。父母大怒,并要求M"立即将东西取回来"。

(1)M可否要求V返还自行车?

(2)当V无法使D取得自行车时,D可否向V主张替代给付的损害赔偿请求权?

2. 解答

(1)M要求V返还自行车的请求权

①源自《德国民法典》第667条

M可能依《德国民法典》第667条的规定享有要求V返还自行车的请求权。为此,其前提条件是存在《德国民法典》第662条意义上的委托。委托是一个合同。因而,应当检查,M与V之间是否已经成立一个合同,抑或仅属好意施惠之约定而已。具有决定性的乃是法律拘束意志的存在。由于此处涉及高价值物之出卖,并且明显与M的财产利益关系密切,故应肯定法律拘束意志的存在,并将该合意视为合同之缔结。其他前提条件乃是合同的有效性。本案中,《德国民法典》第108条第1款可能会成为合同效力的障碍。鉴于17岁的M尚属未成年人(《德国民法典》

第 2 条、第 106 条),故其仅具有限制行为能力。按照《德国民法典》第 107 条的规定,其意思表示若并非使其纯获法律上利益,则需经法定代理人,即其父母(《德国民法典》第 1626 条第 1 款、第 1629 条第 1 款)之许可。由于委托合同会给委托人建立义务(比如《德国民法典》第 670 条),故该合同之缔结对于 M 来说并非纯获法律上利益之行为。因 M 并未取得其父母之许可,故其所缔结之合同依《德国民法典》第 108 条第 1 款处于未决的不生效力状态。在父母"立刻将东西取回来"的要求中,可以看见他们对于追认的拒绝。由此,委托合同便终局性地不生效力(换言之,后面不会再取决于 V 是未成年人及其父母授予或者拒绝追认的可能性)。由于欠缺有效的委托合同,所以 M 并不享有《德国民法典》第 667 条的请求权。

②源自《德国民法典》第 985 条

M 可能基于《德国民法典》第 985 条享有返还请求权。其前提条件是,M 是自行车的所有权人,而 V 是占有人。另外,V 还不能享有占有的权利(《德国民法典》第 986 条)。

a)最初,该自行车处于 M 的所有权之下。不过,他可能会因将自行车交给 V 而丧失了所有权人的地位。但由于 V 仅仅是受 M 之"委托"出卖该自行车,故所欲者,不过是占有之转移(交付),而非同时追求《德国民法典》第 929 条第 1 句意义上就所有权之移转达成的合意。

M 可能因 V 以他的名义与 D 达成所有权让与的合意而丧失了所有权。尽管 V 与 D 缔结了一项买卖合同,但所有权的移转并未与之结合在一起(区分原则!)。《德国民法典》第 929 条及以下规定的所有权让与的合意乃必不可少。所有权移转之合意的欠缺即已与此不相吻合。另外,《德国民法典》第 929 条第 1 句意义上的交付也未完成。

所以,M 依然保持着自行车所有权人的地位。

b)V 是自行车的占有人。

c)V 的占有权至多可能从委托合同中得出。但如前所述,委托合同不生效力,故 V 没有占有权。

d)因而,M 享有针对 V 的返还请求权。

③源自《德国民法典》第812条第1款第1句第1种情况(给付型不当得利)

M还可能依《德国民法典》第812条第1款第1句第1种情况享有要求V返还自行车的请求权。其前提条件是,V基于M的给付而在欠缺法律原因的前提下有所取得。V首先必须"有所取得"。这里的"有所取得"可以是任何有财产价值的财物。V取得了自行车的占有,故取得了有财产价值的财物。V可能是基于M的"给付行为"而取得了该占有。这里的给付,是指有意识、有目的增益他人财产的行为。M向V交付了自行车,以便其可执行受托事务。其中,正存在一个有目的的加利(Zuwendung)行为。其结果是,V是基于M的给付行为而取得了自行车的占有。最后,该给付还必须"欠缺法律原因"。本案中,可作为法律原因者,唯委托合同之一端而已。而如前所述,该合同不生效力。

所以,M可依《德国民法典》第812条第1款第1句第1种情况向V要求自行车的返还。

④源自《德国民法典》第861条第1款

基于《德国民法典》第861条第1款要求返还自行车的请求权无法成立,因为V并非通过《德国民法典》第858条第1款意义上的非法暴力(verbotene Eigenmacht)方式取得占有。

⑤源自《德国民法典》第1007条第1款

最后,M可能依《德国民法典》第1007条第1款的规定享有针对V的返还请求权。* 为此,前提条件是,V在取得占有时并非善意。此处所说的善意,乃指涉一项可对M发挥效力的占有权之存在。然而,V对其占有权是否属于善意,无法从案情事实中得出。如果认定V是善意的,那么M基于《德国民法典》第1007条第1款的请求权便落空了。

即使V是善意的,M也不能基于《德国民法典》第1007条第2款要求返还,因为该自行车并非脱手物,而是他自己自愿将该车交付给V的。

---

* 原著中误写成"V针对M的返还请求权"。——译者注

(2) D 针对 V 的损害赔偿请求权

①源自《德国民法典》第 280 条第 3 款、第 281 条

当 D 与 V 之间存在一个有效的买卖合同时,D 可能享有向 V 要求替代给付之损害赔偿的请求权。然而,V 在缔结买卖合同时,明确地表示自己乃是受"M 之委托"而实施行为。从中即可显见,他是以 M 代理人的身份从事行为。D 与 V 之间并未成立买卖合同。

据此,D 针对 V 并不享有源自《德国民法典》第 280 条第 3 款、第 281 条的请求权。

②源自《德国民法典》第 179 条第 1 款

D 可能依《德国民法典》第 179 条第 1 款的规定享有针对 V 的损害赔偿请求权。

a)这一请求权的前提条件是,V 以无权代理人的身份缔结了一个合同。

V 乃以 M 代理人的身份实施行为。尽管 M 为了出售其山地自行车,而依《德国民法典》第 167 条第 1 款第 1 种情况向 V 授予代理权。然而,鉴于《德国民法典》第 111 条第 1 句的规定,尚应检验该授权是否无效,因为此授权乃属单方法律行为。M 依《德国民法典》第 2 条、第 106 条的规定属于限制行为能力人。因该授权乃以买卖合同之缔结为其指向,而买卖合同会使 M 负担法律义务,所以,该授权行为并非《德国民法典》第 107 条意义上纯获法律上利益的行为。此时,又欠缺 M 父母必要的许可(《德国民法典》第 1626 条第 1 款、第 1629 条第 1 款)。故此,该授权行为依《德国民法典》第 111 条第 1 句的规定自始处于不生效力的状态。

虽然,在学理文献中也有部分观点认为,为缔结合同而授予代理权之行为不应适用《德国民法典》第 111 条,而应适用《德国民法典》第 108 条第 1 款,因为授权行为与被缔结的合同本身不应区分开来,否则代理人所缔结的合同便不可能被追认。然而,这一观点忽视了,当适用《德国民法典》第 111 条第 1 句时,代理人的行为构成无权代理,这便出现了《德国民法典》第 177 条第 1 款规定的情形,此时很可能出现对代理行为的追认。

本案并不取决于上述争议问题,因为 M 的父母表示,M 要"立即将东西取

回来"。这意味着,就 V 所缔结的买卖合同而言,不论《德国民法典》第 108 条第 1 款还是《德国民法典》第 177 条第 1 款所规定的追认行为均被拒绝。

b) 如此一来,V 便以无权代理人的身份缔结了一个买卖合同,而 M 或其法定代理人均已拒绝依《德国民法典》第 177 条第 1 款的规定对该买卖合同追认。

c) 可见,V 原则上应依《德国民法典》第 179 条第 1 款的规定向 D 承担损害赔偿责任。

d) 然而,当 V 属于限制行为能力人,并且其行为并未经过法定代理人同意时,D 对 V 的损害赔偿请求权应当依《德国民法典》第 179 条第 3 款第 2 句的规定被排除。鉴于 V 是未成年人,而案情事实中也并未提及其父母的同意,据此,V 的责任被排除。

D 并不享有依《德国民法典》第 179 条第 1 款的规定向 V 主张损害赔偿的请求权。

参考文献:*Brox*, Zur Methode der Bearbeitung eines zivilrechtlichen Falles, JA 1987, 169; *Diederichsen*, Die Zwischenprüfung im Bürgerlichen Recht, 4. Aufl. 2011; *Diederichsen/Wagner*, Die BGB-Klausur, 9. Aufl. 1997; *Fahse/Hansen*, Übungen für Anfänger im Zivil-und Strafrecht, 9. Aufl. 2001; *Fritzsche*, Technik der zivilrechtlichen Fallbearbeitung, JuS 1993, 57; *Köbler*, Die Anfängerübung im bürgerlichen Recht, Strafrecht und öffentlichen Recht, 7. Aufl. 1995; *Kornblum/Schünemann*, Privatrecht für den Bachelor, 12. Aufl. 2013; *Medicus/Petersen*, Bürgerliches Recht, 25. Aufl. 2015, Rn. 1ff.; *Schimmel*, Juristische Klausuren und Hausarbeiten richtig formulieren, 11. Aufl. 2014; *E. Schneider*, Zivilrechtliche Klausuren, 4. Aufl. 1984; *Tettinger*, Einführung in die juristische Arbeitstechnik, 4. Aufl. 2009; *Teubner*, Die Examens - und Übungsklausur im Bürgerlichen, Straf - und Öffentlichen Recht, 4. Aufl. 1995; *Werner/Saenger*, Fälle mit Lösungen für Anfänger im Bürgerlichen Recht, Bd. 2: Vertiefung, 3. Aufl. 2007; *Wieser*, Übungen im Bürgerlichen Recht für Anfänger, 4. Aufl. 1991; *Wörlen*, Anleitung zur Lösung von Zivilrechtsfällen, 9. Aufl. 2009.

缩略语表

aA	anderer Ansicht	
	其他观点	
aaO	am angegebenen Ort	
	见前注	
aE	am Ende	
	末尾,到底	
a. F	alte Fassung	
	旧版本	
Abs.	Absatz	
	(法律条文的)款	
AcP	Archiv für die civilistische Praxis	
	《民法实务档案》	
AEUV	Vertrag über die Arbeitsweisc der Europäischen Union	
	《欧盟运作方式条约》	
AG	Aktiengesellschaft, Amtsgericht	
	股份公司,基层法院	
AGB	Allgemeine Geschäftsbedingungen	
	一般交易条款	
AGBGB	Ausführungsgesetz zum Bürgerlichen Gesetzbuch	
	(德国各个联邦州的)《民法典施行法》	
AGG	Allgemeines Gleichbehandlungsgesetz	
	《德国一般平等对待法》	
AktG	Aktiengesetz	
	《德国股份法》	

allg. M	allgemeine Meinung	
	一般性的观点	
AT	Allgemeiner Teil	
	总则	
Aufl.	Auflage	
	版本	
BAG	Bundesarbeitsgericht	
	德意志联邦劳动法院	
BauGB	Baugesetzbuch	
	《德国建筑法典》	
BayObLGZ	Entscheidungen des Bayerischen Obersten Landesgerichts in Zivilsachen	
	拜仁州最高法院民事判例集	
BB	Betriebs-Berater	
	《企业咨询师》	
Bd	Band	
	卷	
BeurkG	Beurkundungsgesetz	
	《德国公证法》	
BGB	Bürgerliches Gesetzbuch	
	《德国民法典》	
BGH	Bundesgerichtshof	
	德意志联邦最高法院	
BGHZ	Entscheidungen des Bundesgerichtshofs in Zivilsachen	
	德意志联邦最高法院民事判例集	
BJagdG	Bundesjagdgesetz	
	《德意志联邦狩猎法》	
BVerfG	Bundesverfassungsgericht	
	德意志联邦宪法法院	
BVerfGE	Entscheidungen des Bundesverfassungsgerichts	
	德意志联邦宪法法院判例集	

bzw	beziehungsweise	
	或者	
c. i. c	culpa in contrahendo	
	缔约过失	
CISG	Übereinkommen der Vereinten Nationen v. 23. 10. 1990 über Verträge über den internationalen Warenkauf (Convention on Contracts for the International Sales of Goods)	
	《联合国国际货物买卖合同公约》	
DB	Der Betrieb	
	《企业》	
DDR	Deutsche Demokratische Republik	
	德意志民主共和国	
ders	derselbe	
	相同，同样	
d. h	das heißt	
	也就是说	
DNotZ	Deutsche Notar-Zeitschrift	
	《德国公证人杂志》	
DVBl	Deutsches Verwaltungsblatt	
	《德国行政公报》	
e. G	eingetragene Genossenschaft	
	登记合作社	
e. V	eingetragener Verein	
	登记协会	
EGBGB	Einführungsgesetz zum Bürgerlichen Gesetzbuch	
	《德国民法典施行法》	
EuZW	Europäische Zeitschrift für Wirtschaftsrecht	
	《欧洲经济法杂志》	
EVO	Eisenbahn-Verkehrsordnung	
	《德国铁路交通条例》	
f., ff	folgende, fortfolgende	
	及以下	

FS	Festschrift	
	祝贺文集	
GBO	Grundbuchordnung	
	《德国土地登记簿条例》	
GebrMG	Gebrauchsmustergesetz	
	《德国实用新型法》	
gem.	gemäß	
	依据，根据	
GenG	Genossenschaftsgesetz	
	《德国营业与经济合作社法》	
GG	Grundgesetz für die Bundesrepublik Deutschland	
	《德意志联邦共和国基本法》	
GmbH	Gesellschaft mit beschränkter Haftung	
	有限责任公司	
GmbHG	Gesetz betreffend die Gesellschaften mit beschränkter Haftung	
	《德国有限责任公司法》	
GRUR	Gewerblicher Rechtsschutz und Urheberrecht	
	《工商业权利保护与著作权法杂志》	
GVG	Gerichtsverfassungsgesetz	
	《德国法院组织法》	
GWB	Gesetz gegen Wettbewerbsbeschränkungen	
	《德国反限制竞争法》	
h. M.	herrschende Meinung	
	通说	
HGB	Handelsgeserzbuch	
	《德国商法典》	
Hs	Halbsatz	
	半句	
i. Allg.	im Allgemeinen	
	总体上，总的来说	
IBR	Immobilien & Baurecht	
	《不动产与建筑法杂志》	

i. d. R.	in der Regel	大多、惯常
InsO	Insolvenzordnung	《德国破产条例》
IPR	Internationales Privatrecht	国际私法
i. S. d.	im Sinne der/des	广义上
i. S. v.	im Sinne von	……意义上
i. V. m.	in Verbindung mit	结合……
i. Zw.	im Zweifel	于有疑问时
JA	Juristische Arbeitsblätter	《法律工作者报》
Jh.	Jahrhundert	世纪
JR	Juristische Rundschau	《法律环视》
Jura	Juristische Ausbildung	《法学教育》
JuS	Juristische Schulung	《法律教学》
JZ	Juristenzeitung	《法学家报》
KG	Kammergericht bzw. Kommanditgesellschaft	（中世纪）皇家最高法院/柏林高等法院或者两合合伙/两合公司

LadSchlG	Gesetz über den Ladenschluss 《德国商店歇业法》	
LG	Landgericht 地方法院	
LM	Lindenmaier-Möhring, Nachschlagewerk des Bundesgerichtshofs 林登迈尔-莫林主编:《德意志联邦最高法院工具书》	
LuftVG	Luftverkehrsgesetz 《德国航空交通法》	
LZ	Leipziger Zeitschrift 《莱比锡杂志》	
m. a. W.	mit anderen Worten 换句话说	
m. E.	meines Erachtens 我的观点	
MDR	Monatsschrift für deutsches Recht 《德国法月刊》	
Mot.	Motive zum Entwurf eines BGB 《德国民法典草案立法动议书》	
m. w. N.	mit weiteren Nachweisen 其他论据	
NJW	Neue Juristische Wochenschrift 《新法学周刊》	
NJW-RR	Neue Juristische Wochenschrift, Rechtsprechungsreport 《新法学周刊—判例》	
NZA	Neue Zeitschrift für Arbeitsrecht 《新劳动法杂志》	
NZG	Neue Zeitschrift für Gesellschaftsrecht 《新公司法杂志》	
o.	oben 上,上面	
o. Ä.	oder Ähnliche(s) 或者类似	

OHG	Offene Handelsgesellschaft 普通商事合伙/公开商事合伙
OLG	Oberlandesgericht 地方高等法院
OLGZ	Entscheidungen der Oberlandesgerichte in Zivilsachen 《地方高等法院民事判例集》
PartG	Partnerschaftsgesellschaft 自由职业者合伙
PatG	Patentgesetz 《德国专利法》
PBefG	Personenbeförderungsgesetz 《德国客运法》
ProstG	Gesetz zur Regelung der Rechtsverhältnisse der Prostituierten 《德国性服务工作者法律关系规制法》
PStG	Personenstandsgesetz 《德国户籍法》
R	Recht 法
RDG	Gesetz über außergerichtliche Rechtsdienstleistung 《德国诉讼外法律服务法》
RG	Reichsgericht 帝国法院
RGBl.	Reichsgesetzblatt 《帝国法律公报》
RGZ	Entscheidungen des Reichsgerichts in Zivilsachen 《帝国法院民事判例集》
Rn.	Randnummer 边码
Rspr.	Rechtsprechung 司法裁判
S.	Satz, Seite （法律条文的）句，页

s.	siehe	
	参见	
s. a.	siehe auch	
	也参见	
s. o.	siehe oben	
	见上/参见上述	
s. u.	siehe unten	
	见下/参见下述	
sog.	sogenannt	
	所谓的	
StGB	Strafgesetzbuch	
	《德国刑法典》	
StPO	Strafprozessordnung	
	《德国刑事诉讼法》	
str.	streitig	
	有争议	
StVG	Straßenverkehrsgesetz	
	《德国道路交通法》	
u. a.	unter anderem	
	此外,另外	
u. U.	unter Umständen	
	某些情况下	
UKlaG	Gesetz über Unterlassungsklagen bei Verbraucherrechts- und anderen Verstößen	
	《德国关于消费者权利及其他权利侵害案型中的不作为之诉法》	
UrhG	Gesetz über Urheberrecht und verwandte Schutzrechte (Urheberrechtsgesetz)	
	《德国著作权与邻接权法》(《德国著作权法》)	
UWG	Gesetz gegen den unlauteren Wettbewerb	
	《德国反不正当竞争法》	
VerschG	Verschollenheitsgesetz	
	《德国失踪法》	

vgl.	vergleiche	
	比较	
VO	Verordnung	
	行政法规,条例,法令	
VVG	Gesetz über den Versicherungsvertrag	
	《德国保险合同法》	
VwGO	Verwaltungsgerichtsordnung	
	《德国行政法院条例》	
WiStrG	Gesetz zur weiteren Vereinfachung des Wirtschaftsstrafrechts	
	《德国经济刑法继续简化法》	
WM	Wertpapiermitteilungen	
	《经济法与银行杂志》	
WRP	Wettbewerb in Recht und Praxis	
	《法律与实践中的竞争》	
WuW/E	Entscheidungssammlung der Zeitschrift Wirtschaft und Wettbewerb	
	《经济与竞争杂志裁判汇编》	
ZfA	Zeitschrift für Arbeitsrecht	
	《劳动法杂志》	
ZGB	Zivilgesetzbuch der Deutschen Demokratischen Republik	
	《德意志民主共和国民法典》	
ZGR	Zeitschrift für Unternehmens-und Gesellschaftsrecht	
	《企业法与公司法杂志》	
ZGS	Zeitschrift für Vertragsgestaltung, Schuld-und Haftungsrecht	
	《合同设计、债法和责任法杂志》	
ZIP	Zeitschrift für Wirtschaftsrecht	
	《经济法杂志》	
ZPO	Zivilprozessordnung	
	《德国民事诉讼法》	
zutr.	zutreffend	
	妥当的,合理的	
ZVG	Gesetz über die Zwangsversteigerung und die Zwangsverwaltung	
	《德国强制执行和强制管理法》	

所引文献的缩略用语表

Bork, BGB AT······*Bork*, Allgemeiner Teil des BGB, 4. Aufl. 2016

Brox/Walker, BGB AT ······ *Brox/Walker*, Allgemeiner Teil des BGB, 43. Aufl. 2019

Canaris, HandelsR ······*Canaris*, Handelsrecht, 24. Aufl. 2006

Jauernig/*Bearbeiter* ······*Jauernig*, BGB, Kommentar, 17. Aufl. 2018

Köhler, BGB AT PdW ······*Köhler*, Prüfe dein Wissen (Bd. 1)-BGB Allgemeiner Teil, 28. Aufl. 2018

Larenz, SchuldR AT ······*Larenz*, Lehrbuch des Schuldrechts, Bd. 1: Allgemeiner Teil, 14. Aufl. 1987

Larenz/Canaris, Schuldr BT II ······ *Larenz/Canaris*, Lehrbuch des Schuldrechts, Bd. 2: Besonderer Teil, Teilbd. 2, 13. Aufl. 1994

Leenen, BGB AT ······ *Leenen*, BGB, Allgemeiner Teil: Rechtsgeschäftslehre, 2. Aufl. 2015

Medicus/Petersen, AT BGB ······ *Medicus/Petersen*, Allgemeiner Teil des BGB, 11. Aufl. 2016

MüKoBGB/*Bearbeiter* ······Münchener Kommentar zum BGB, 8. Aufl. 2018

Neuner, BGB AT ······ *Neuner*, Allgemeiner Teil des Bürgerlichen Rechts, 12. Aufl. 2020

Palandt/*Bearbeiter* ······*Palandt*, Bürgerliches Gesetzbuch, 79. Aufl. 2020

Stadler, BGB AT······*Stadler*, Allgemeiner Teil des BGB, 19. Aufl. 2017

Schack ······*Schack*, BGB-Allgemeiner Teil, 16. Aufl. 2019

Staudinger/*Bearbeiter*······*v. Staudinger*, Kommentar zum Bürgerlichen Gesetzbuch, 14. Aufl. 2013

参考文献

一、法律评注

BeckOGK, *Gsell/Krüger/Lorenz/Reymann*, beck-online. GROSSKOMMENTAR; Stand: 1. 4. 2020; *BeckOK BGB, Dauner-Lieb/Heidel/Ring, Nomos Kommentar BGB*, 3. Aufl. 2018; *Erman*, Handkommentar zum Bürgerlichen Gesetzbuch, 15. Aufl. 2017; *Jauernig*, Bürgerliches Gesetzbuch, 17. Aufl. 2018; *Hau/Poseck*, Kommentar zum Bürgerlichen Gesetzbuch, 54 Ed. Stand 01. 05. 2020; 2018; *Kropholler*, Studienkommentar zum BGB, 15. Aufl. 2015; *Münchener Kommentar zum BGB*, 8. Aufl. 2018; *Palandt*, Bürgerliches Gesetzbuch, 79. Aufl. 2020; *Prütting/Weinreich*, BGB, 15. Aufl 2020; *Soergel*, Bürgerliches Gesetzbuch, 13. Aufl. ab 2000; *Schulze/Dörner/Ebert*, BGB, 10. Aufl. 2019; *Staudinger*, Kommentar zum BGB, 14. Aufl. 2013.

二、教材

Bitter/Röder,BGB Allgemeiner Teil, 4. Aufl. 2018; *Boehmkel/Ulrich*, BGB Allgemeiner Teil, 2. Aufl. 2014; *Bork*, Allgemeiner Teil des Bürgerlichen Gesetzbuchs, 4. Aufl. 2016; *Brehm*, Allgemeiner Teil des BGB, 6. Aufl. 2008; *Brox/Walker*, Allgemeiner Teil des BGB, 43. Aufl. 2019; *Einsenhardt*, Einführung in das Bürgerliche Recht, 6. Aufl. 2010; *Faust*, Bürgerliches Gesetzbuch Allgemeiner Teil, 7. Aufl. 2018; *Flume*, Allgemeiner Teil des Bürgerlichen Rechts, Bd. 1, Teilband. 1: Die Personengesellschaft, 1977; Teilband. 2: Die juristische Person. 1983; Bd. 2: Das Rechtsgeschäft, 4. Aufl. 1992; *Grunewald,* Bürgerliches Recht, 9. Aufl. 2014; *Hirsch,* BGB Allgemeiner Teil, 9. Aufl., 2016; *Köhler,* BGB AT jura Kompakt, 6. Aufl. 2019; *Leenen,* BGB Allgemeiner Teil: Rechtsgeschäftslehre, 2. Aufl., 2015; *Leipold,* BGB I, Einführung und Allgemeiner Teil, 9. Aufl., 2017; *Medicus/Petersen,* Allgemeiner Teil des BGB, 11. Aufl. 2016; *Medicus/Petersen,* Bürgerliches Recht, 26. Aufl. 2017; *Musielak/Hau,* Grundkurs BGB, 16. Aufl. 2019; *Neuner,* Allgemeiner Teil des Bürgerliches Recht, *12. Aufl. 2020; Schack,* BGB-Allgemeiner Teil, 16. Aufl. 2019; *Schwab/Löhnig,* Einführung in das Zivilrecht, 20. Aufl. 2016; *Stadler,* Allgemeiner Teil des BGB, 19. Aufl. 2017; *Wertenbruch,* BGB Allgemeiner Teil, 4. Aufl. 2017; *H. Westermann,* Grundbegriffe des BGB; 17. Aufl. 2013; *Wertenbruch,* BGB Allgemeiner Teil, 4. Aufl. 2017; *Wörlen/Metzler-Müller,* BGB AT-Einführung in das Recht und Allgemeiner Teil des Bürgerlichen Rechts, 14. Aufl. 2016.

三、案例集

Fezer/Obergfell, Klausurenkurs zum BGB, Allgemeiner Teil, 10. Aufl. 2018; *Fritzsche,* Fälle zum BGB Allgemeiner Teil, 7. Aufl. 2019; *Gottwald/ Würdinger,* Examens-Repetitorium, BGB-Allgemeiner Teil, 4. Aufl. 2016; *Grigoleit/Herresthal,* BGB Allgemeiner Teil, 4. Aufl. 2020; *Köhler,* Prüfe dein Wissen-BGB Allgemeiner Teil, 28. Aufl. 2018; *Lindacher/Hau,* Fälle zum Allgemeinen Teil des BGB, 5. Aufl. 2010; *Riehm,* Examinatorium BGB Allgemeiner Teil, 2015; *Werner,* Fälle für Anfänger im Bürgerlichen Rechts, 13. Aufl. 2017.

关键词索引

以下**加粗**的数字指代本书所在的章,未加粗的数字指代页边码。

A		
Abgabe der Erklärung	意思表示的发出	**6** 11f.
Ablaufhemmung	诉讼时效不完成	**18** 26
Abschlussfreiheit	缔约自由	**5** 1
Absolute Rechte	绝对权	**17** 7
Abstrakte Rechtsgeschäfte	抽象法律行为	**5** 16
Abstraktionsprinzip	抽象原则	**5** 15
Abwehrklausel	抵抗条款	**16** 18
Abzahlungsgesetz	分期付款法	**3** 9
Allgemeine Geschäftsbedingungen	一般交易条款	**16**
-Auslegung	-一般交易条款解释	**16** 21ff.
-Begriff	-一般交易条款的概念	**16** 3ff.
-Einbeziehung	-一般交易条款的纳入	**16** 14ff.
-geltungserhaltende Reduktion	-效力维持性限缩	**16** 29
-Inhaltskontrolle	-内容控制	**16** 28
-kollidierende	-冲突的一般交易条款	**16** 18 19

（续表）

-Schriftformklausel	-书面形式条款	16 23ff.
-überraschende	-意外条款	16 20
Allgemeines Gleichbehandlungsgesetz	一般平等对待法	2 2；8 47a
Allgemeines Persönlichkeitsrecht	一般人格权	17 8；22 6
Analogie	类推适用	4 23
Andeutungstheorie	暗示理论	9 14
Aneignungsrecht	先占权	17 19
Anfechtbarkeit	可撤销性	7 29ff.，59ff.，68
Anfechtung	撤销	7 36，59，68 ff.
Anfechtungserklärung	撤销的意思表示	7 76
Anfechtungsfrist	撤销的期限	7 30，62，74
Anfechtungsgegner	撤销相对人	7 30，77
Anfechtungsgrund	撤销的基础	7 73，76
Anfechtungsrecht	撤销权	7 15ff.，37ff.，75
Angebot	要约	8 7ff.
Angriff, rechtswidriger	攻击，不法的	19 6f.
Annahme	承诺	8 21ff.
Anscheinsvollmacht	表象代理权	6 17；11 44
Anspruch	请求权	18 2f.
Anspruchsgrundlage	请求权基础	18 4ff.
Anspruchshäufung	请求权聚合	18 8
Anspruchskonkurrenz	请求权竞合	18 9
Anwartschaftsrecht	期待权	17 17

(续表)

Arbeitsmündigkeit	劳动成年	10 36
Arbeitsrecht	劳动法	2 9
Arglist	恶意	7 43
Arrest	扣押	19 4
Aufnahmezwang	接纳强制	21 13
Auftragsbestätigung	订单确认函	8 30
Auslegung s. *Gesetzesauslegung und Rechtsgeschäftsauslegung*	解释,参见法律解释和法律行为解释	(无)
Auslegungsregeln	解释规则	3 22ff.
Ausschlussfrist	除斥期间	17 12
B		
Bedingung	条件	14 16ff.
Befristung	附期限	14 23ff.
Beglaubigung, öffentlich	经由公共机关的公证	12 10
Begriffsjurisprudenz	概念法学	3 27
Beiderseitiger Motivirrtum	双方动机错误	7 25f.
Beitritt	加入	21 12
Benachteiligungsverbot	歧视禁止	5 2; 13 12a
Beschluss	决议	5 9; 21 27
Beschränkt dingliche Rechte	限定物权	17 9
Beschränkte Geschäftsfähigkeit	限制行为能力	10 5
Besonderer Vertreter	特别代表	21 20
Bestandteil	成分	23 10ff.
-Arten	-成分的类型	23 11
-Begriff	-成分的概念	23 10

(续表)

-Grundstücksbestandteil	-土地的成分	23 13
-Scheinbestandteil	-表见成分	23 14
-wesentlicher	-重要成分	23 12
Bestätigung	确认	
-des anfechtbaren Rechtsgeschäfts	-可撤销行为的确认	7 82
-des nichtigen Rechtsgeschäfts	-无效法律行为的确认	15 15ff.
Bestätigungsschreiben, kaufmännisches	确认函,商事的	6 7; 8 30ff.
Betreuung	照管	10 6f.
Beurkundung	公证	12 11ff.
Bevollmächtigung	授权	11 24
Bewegliche Sachen	动产	23 5
Beweisaufnahme	证据交换	4 10
Beweislast	证明责任	3 17
Bierlieferungsvertrag	啤酒供应合同	13 27
Blankettausfüllung	空白单据的填写	7 28
Bürgerliches Gesetzbuch	《德国民法典》	3
-Aufbau und Inhalt	-《德国民法典》的结构和内容	3 11
-Entstehung	-《德国民法典》的产生	3 2
-geistige Grundlagen	-《德国民法典》的精神基础	3 7 ff.
-räumlicher Geltungsbereich	-《德国民法典》空间适用范围	3 47ff.

(续表)

-sachlicher Geltungsbereich	-《德国民法典》物的适用范围	3 45
-Sprache und Regelungstechnik	-《德国民法典》语言及规则技术	3 12ff.
-zeitlicher Geltungsbereich	-《德国民法典》的时间适用范围	3 46
Bürgerliches Recht	民法	2 8
-Fortentwicklung	-民法的继续发展	3 27 ff.
C		
Case law	判例法	1 12
Code Civil	《法国民法典》	3 2
Culpa in contrahendo	缔约过失	8 5
D		
DDR	民主德国	3 31
Deckname	别名	20 23
Deliktsfähigkeit	侵权能力	20 6
Destinatär	受益人	21 44
Diskriminierung	歧视	2 5; 8 47a
Diskriminierungsverbot	歧视禁止	8 47
Dispositives Recht	任意法	3 23ff.; 16 1, 23
Dissens	不合意	8 37 ff.
Drittwirkung	第三人效力	3 33
Drohung, widerrechtliche	胁迫，不法的	7 49ff.
Duldungsvollmacht	容忍代理权	6 17; 11 43
Durchgriff	直索,穿透	21 2

关键词索引 537

E		
Ehe	婚姻	3 11；11 6
Eigenschaftsirrtum	性质错误	7 18f.
Eigentum	所有权	17 9
Eigentumsfreiheit	所有权自由	3 8
Eigentumsvorbehalt	所有权保留	14 17
Einigungsmangel s. *Dissens*	合意瑕疵，参见：不合意	（无）
Einrede	抗辩权	
-aufschiebende	-延缓型抗辩权	18 13
-dauernde	-永久型抗辩权	18 12
-der Verjährung	-时效抗辩权	18 18ff.
-im prozessrechtlichen Sinn	-诉讼法意义上的抗辩权	18 17
Einstweilige Verfügung	假处分	19 4
Einstweiliger Rechtsschutz	临时性权利保护	19 4
Einwendung	抗辩	18 10
-rechtshindernde	-权利阻却型抗辩	18 10
-rechtsvernichtende	-权利消灭型抗辩	18 10
Einwilligung	许可，同意	10 21 ff.；14 3
-in Operation	-对手术的同意	5 7
Einwilligungsvorbehalt	同意保留	6 24；10 7
Einzelnachfolge	个别继受	17 23
Einziehungsermächtigung	收债授权	14 14
Elterliche Sorge	父母照护权	10 11

		(续表)
E-Mail	电子邮件	6 13, 18；8 18
Empfangsbote	受领使者	6 15f.；7 22
Empfangszuständigkeit	受领权限	10 18
Erbrecht	继承法	3 11
Erfüllung	履行	10 25
Erfüllungsgeschäft	履行行为	13 14, 32, 39；15 6
Erkenntnisverfahren	确认程序	19 2f.
Erklärung, nichternstliche	表示，非诚意的	7 13
Erklärungsbewusstsein	表示意识	6 3；7 5
Erklärungsbote	表意使者	6 15；7 22
Erklärungsirrtum	表示错误	7 16
Erklärungstheorie	表示理论	7 1
Erlassvertrag	免除合同	17 29
Ersatzgeschäft	替代行为	15 9 ff.
Erwerb von Rechten	权利的取得	17 20 ff.
−abgeleiteter	−传来/继受取得	17 22
−ursprünglicher	−原始取得	17 21
Erzeugnisse	出产物	23 27
Essentialia negotii	合同要素	8 8
Europäische Union	欧洲联盟(欧盟)	3 37
F		
Fahrlässigkeit	过失	7 36
Falsa demonstratio	误载不害真意	7 25；8 37；9 13f.

(续表)

Familienname	姓氏	20 12
Familienrecht	家庭法	3 11
Familienrechte, persönliche	家庭权利, 人身性的	17 8
Festofferte	固定要约	8 56
Fiktion	拟制	3 16; 6 4
Firma	商号	20 12f.
Fiskus	国库	2 5
Forderung	债权	17 33; 18 3
Forderungsabtretung	债权让与	5 13; 13 14
Form des Rechtsgeschäfts	法律行为的形式	12 1ff.
−elektronische	−法律行为的电子形式	12 9a
−Formfreiheit	−法律行为的形式自由	12 1
−Formmangel	−法律行为的形式瑕疵	12 14ff.
−Formnichtigkeit	−法律行为因形式瑕疵而无效	12 14
−Formzwecke	−形式要求的目的	12 3f.
−gesetzliche	−法律行为的法定形式	12 2
−gewillkürte	−法律行为的意定形式	12 2
−schriftliche	−法律行为的书面形式	12 6ff.
−Textform	−法律行为的文本形式	12 9b
Frist	期间	14 23f.

(续表)

Früchte	孳息	23 27
Fund	拾得	5 7
G		
Gattungsvollmacht	种类代理权	11 59
Gebäude	建筑	23 13
Gebrauchsvorteile	使用利益	23 28
Gefälligkeit(-szusage)	施惠(表示)	6 2
Gegenrechte	对抗权	17 13
Gegenstand	客体	22 1
Geheimer Vorbehalt	真意保留	7 7f.
Geltungserhaltende Reduktion	效力维持性限缩	13 31, 16, 29
Genehmigung	追认	10 30ff.；14 3
Generaleinwilligung	概括许可	10 23
Generalklause	一般条款	3 21, 28
Generalvollmacht	概括代理权	11 59
Gesamtvertretung	共同代理	11 62
Geschäft für den, den es angeht	不具名代理	11 21
Geschäftsähnliche Handlung	准法律行为	5 7
Geschäftseinheit	法律行为的统一体	15 5
Geschäftsfähigkeit	行为能力	10 1
-beschränkte	-限制行为能力	10 5
Geschäftsgrundlage	交易基础	3 28；7 26；8 20；9 21
Geschäftsunfähigkeit	无行为能力	10 2 ff.

(续表)

-Rechtsfolgen der-	-无行为能力的法律效果	10 8 f.
Gesetz	法律	1 6
Gesetzesauslegung	法律解释	4 12 ff.
-enge	-严格的法律解释	4 19
-Methoden	-法律解释的方法	4 14ff.
-richtlinienkonforme	-合乎指令的法律解释	3 40；4 21
-verfassungskonforme	-合宪的法律解释	4 21
-weite	-宽泛的法律解释	4 19
-Ziele	-法律解释的目标	4 13
Gesetzeslücke	法律漏洞	4 22
Gesetzesumgehung	法律规避	13 17；16 29
Gesetzlicher Vertreter	法定代理人	10 8, 10
Gesetzliches Verbot	法律禁令	13 10
Gestaltungsklagerechte	形成诉权	17 12
Gestaltungsrecht	形成权	17 12
Gewerkschaften	工会	21 38
Gewohnheitsrecht	习惯法	1 7ff.
Gläubigergefährdung	危及债权人	13 32
Grundgesetz	基本法	3 32f.
Grundstück	土地	23 5, 13
Gründungsvertrag	设立合同	21 8
Gute Sitten	善良风俗	1 1f.；13 18ff.
H		
Handeln in fremdem Namen	以他人名义实施行为	11 16ff.

(续表)

Handeln unter fremdem Namen	冒用他人名义实施行为(冒名行为)	11 23
Handelsbrauch	商事习惯	1 14
Handelsmündigkeit	经商成年	10 35
Handelsrecht	商法	2 9
Handlungsfähigkeit	广义的法律行为能力	20 6
Handlungsvollmacht	行为代理权	11 3
Heilung von Formmängeln	形式瑕疵的补正	12 15
Herrschaftsrechte	支配权	17 9
Hypothetischer Parteiwille	假设的当事人意志	9 19b
I		
Idealverein	非营利性社团	21 10
Immaterialgüterrechte	非物质财产权	17 10
Individualvereinbarung	个别约定	16 4f., 15 8
Inhaltsfreiheit	内容自由	5 1
Inhaltsirrtum	内容错误	7 17
Innenverhältnis	内部关系	11 25
Insichgeschäft	自我行为	11 64
Interessenjurisprudenz	利益法学	3 27
Internet	互联网	6 13, 18; 8 9, 57ff.
Invitatio ad offerendum	要约邀请	8 9ff.
Irrtum	错误	7 15ff.
—über Rechtsfolgen	法律效果错误	7 24
Ius aequum	衡平规范	3 20

(续表)

Ius cogens	强行法	3 23
Ius dispositivum	任意法	3 23
Ius strictum	严法规范	3 20
J		
Juristische Personen	法人	21 1 ff.
Justizgewährungsanspruch	司法处理请求权	19 1
K		
Kaiserreich	帝国	3 27
Kalkulationsirrtum	计算错误	7 25f.
Kaufmännisches Bestätigungsschreiben s. Bestätigungsschreiben, kaufmännisches	商事确认函,参见:确认函,商事的	(无)
Kausalgeschäft	原因行为	5 16f.
Klageerhebung	起诉	4 8
Klageleugnen	诉讼否认	18 16
Knebelungsvertrag	奴役合同	13 27
Kollisionsnormen	冲突规范	3 47
Kollusion	串通行为	11 63
Kommissionär	行纪人	11 22
Konsens	合意	8 21
Kontrahierungszwang	缔约强制	8 44ff.
Kontrollratsgesetze	管制委员会法	3 30
Konversion s. Umdeutung	转换,参见:Umdeutung 转换	(无)
Konzessionssystem	许可主义体制	21 5

(续表)

Körper, menschlicher	身体，人的	23 4
L		
Landesprivatrecht	联邦州的私法	3 45
Lasten	负担	23 29
Legaldefinition	法律定义	3 13
Leichnam	尸体，遗体	23 4
Leitbildfunktion	示范性功能	3 25
Liquidation	清算	21 37
Lucida intervalla	清醒的时刻	10 3
M		
Machtmissbrauch	权力滥用	13 39
Mehrvertretung	多方代理	11 64
Mietwucher	租赁暴利行为	13 25
Minderjährigenschutz	未成年人保护	1 4；10 11
Missverständnis	误解	8 41
Mitgliederversammlung	成员大会	21 26f.
Mitgliedschaft	成员资格	21 12ff.
Mitgliedschaftsrecht	成员权	17 18；21 14
Monopolstellung	垄断地位	8 45ff.
Motivirrtum	动机错误	7 18, 26
N		
Nachgiebiges Recht s. *Dispositives Recht*	任意法，参见：*Dispositives Recht* 任意法	（无）
Name	姓名	20 12
Namensanmaßung	姓名的僭用	20 16

(续表)

Namensbestreitung	姓名的争议	20 15
Namensschutz	姓名的保护	20 14ff.
Nascirurus	胎儿	20 3
Nationalsozialismus	纳粹主义	3 29
Natürliche Person	自然人	20 1ff.
Nebensache	附属性的物(从物)	23 20
Nichtigkeit	无效	15 2ff.
Nichtrechtsfähiger Verein	无权利能力社团	21 38ff.
Normativsystem	准则主义体制	21 4
Notstand	紧急避险	19 11ff.
Notwehr	正当防卫	19 6ff.
Notwehrexzess	防卫过当	19 10
Nutzungen	用益	23 26
O		
Obliegenheit	不真正义务	17 45
Offene Handelsgesellschaft	公开(普通)商事合伙	21 6
Offener Dissens	明显的不合意	8 38ff.
Offenkundigkeitsprinzip	显名原则	11 18ff.
Öffentliche Beglaubigung	公式公证;经由公权机关的公证	12 10
Öffentiches Recht	公法	2 12
Ökonomische Analyse des Rechts	法律的经济分析	4 20
Optionsvertrag	选择权合同	8 53ff.
Organ	机关	21 19ff.
Organhaftung	机关责任	21 30a

(续表)

Organisationsmangel	组织瑕疵	21 34
Organschaftsrechte	参与权	21 14
P		
Pandektensystem	潘德克顿体系	3 11
Parteifähigkeit	当事人能力	20 7
Partnerschaftsgesellschaft	自由职业者合伙	21 6
Persönlichkeitsrecht	人格权	
–allgemeines	――般人格权	17 8；20 24 ff.；22 6
–besonderes	–具体人格权	20 24
Persönlichkeitsschutz	人格权保护	20 24
–postmortaler	–死后人格权保护	17 28
Pflichten	义务	17 44
Politische Parteien	政党	21 38
Potestativbedingung	随意条件	14 17
Preußisches Allgemeines Landrecht	普鲁士一般邦法	3 2
Privatautonomie	私法自治	2 2；5 1f.；13 1ff.
Privatrecht	私法	2 1ff.
Prokura	经理权	11 33
Protestatio facta contraria	与实际行为不相吻合的保留	8 28
Prozess	程序	4 5ff.
–Prozessfähigkeit	–诉讼能力	20 7
–Prozessstandschaft	–诉讼担当	14 14
–Prozessvollmacht	–诉讼代理权	11 59

(续表)

Pseudonym	笔名	20 12
Putativnotwehr	假想防卫	19 10
Realakt	事实行为	5 7
Realofferte	现物要约	8 27
Recht	法,权利	1 1ff.
−absolutes	−绝对权	17 7ff.
−Aufgabe	−法的任务	1 3
−Rechtsprinzip	法律原则	1 4
−Rechtsquellen	−法律渊源	1 4ff.
−Rechtssatz	法律规则	1 4
−relatives	−相对权	17 11f.
−Struktur	−法的结构	1 1f.
−subjektives	−主观权利	17 5ff.
Rechte an Rechten	权利上的权利	17 16
Rechtsanwendung	法律适用	4 1ff.
Rechtsbedingung	法定条件	14 16
Rechtsfähigkeit	权利能力	20 2ff.
Rechtsfolgenverweisung	法律效果援引	3 15
Rechtsfolgewille	法效意志	6 2
Rechtsfortbildung	法的续造	4 22ff.
Rechtsgeschäft	法律行为	5 3f.
−abstraktes	−抽象行为	5 16f.
−Begriff	−法律行为的概念	5 5
−einseitiges	−单方行为	5 9
−fiduziarisches	−信托行为	5 18

(续表)

-kausales	-原因行为	5 16f.
-mehrseitiges	-多方行为	5 9
-personenrechtliches	-人法上的行为	5 11
-unter Lebenden	-生前行为	5 10
-vermögensrechtliches	-财产法上的行为	5 11
-von Todes wegen	-死因行为	5 10
-zustimmungsbedürftiges	-须经同意的法律行为	10 11ff.；14 2ff.
-zustimmungsfreies	-无须同意的法律行为	10 11ff.
Rechtsgeschäftsähnliche Handlung	准法律行为	5 7
Rechtsgeschäftsauslegung	法律行为的解释	9 1ff.
-Auslegungsgegenstand	-法律行为解释标的	9 2f.
-Auslegungsgrundsätze	-法律行为解释的基本原则	9 10ff.
-Auslegungsmittel	-法律行为解释工具	9 2ff.
-Auslegungsziele	-法律行为解释目标	9 4ff.
-Begriff	-法律行为解释的概念	9 1
-ergänzende Vertragsauslegung	-补充性合同解释	9 17ff.
Rechtsgrundverweisung	法律原因援引	3 15
Rechtsinstitut	法律制度	17 2
Rechtsmissbrauch	权利滥用	17 36ff.
Rechtsobjekt	权利客体	22 1ff.
Rechtsscheinhaftung	权利外观责任	5 4；7 28；8 31；11 35ff.

关键词索引 | 549

（续表）

Rechtsscheinvollmacht	表见代理权、基于权利外观产生的意定代理权	11 3, 35ff.；14 4
Rechtssubjekt	权利主体	20 1ff.
Rechtsverhältnis	法律关系	17 1ff.
Rechtsverordnung	行政法规	1 6
Rechtsweg	法律路径	2 6f.
Richterrecht	法官法	1 11f.
Rückwirkung	溯及效力	
-der Genehmigung	-追认的溯及效力	14 3
S		
Sache	物	23 2ff.
-Arten	-物的类型	23 5ff.
-Begriff	-物的概念	23 2ff.
-bewegliche	-动产	23 5
-Einzelsache	-单一物	23 9
-Gattungssache	-种类物	23 6
-Sachgesamtheit	-集合物	23 9
-teilbare	-可分物	23 8
-unbewegliche	-不动产	23 5
-verbrauchbare	-消耗物	23 7
-vertretbare	-可替代物	23 6
Sachenrecht	物权法	3 11
Sachstatut	准据法规范	3 47
Salvatorische Klausel	效力维持条款	15 8

(续表)

Sammelvermögen	募捐财产	21 44
Satzung	章程	1 6; 21 18
Scheingeschäft	虚伪行为	7 9ff., 14
Scherzerklärung	非诚意表示	7 13
Schikane	恶意伤人	17 37
Schlüssiges Verhalten	默示(可推断)的行为	6 4; 14 4
Schriftform	书面形式	12 6ff.
Schriftformklausel	书面形式条款	12 2; 16 23
Schuldrecht	债法	3 11
Schuldverhältnis aus Vertragsverhandlungen	从缔约磋商中产生的债务关系	8 4f.
Schwarzarbeit	黑工	13 10ff.
Schwarzkauf	黑色买卖	7 12
Schwebezustand	摇摆状态	14 22
Schweigen als Willenserklärung	沉默作为意思表示	6 5ff.
Selbstbedienung	(自助商店中的)自助	8 11
Selbsthilfe	(作为权利保护手段的)自助行为	19 19ff.
Selbstkontrahieren	自我缔约	11 64
Selbstverteidigung	自卫	19 5ff.
Sicherungstreuhand	担保信托	5 18
Sicherungsübereignung	(动产)让与担保	5 18
Singularsukzession	个别/单个继受	17 23
Sitte	风俗	1 1f.
Sittenwidrigkeit	悖于善良风俗	13 18ff.

(续表)

Sittlichkeit	道德	1 1
Sonderprivarrecht	特别私法	2 9
Sondervermögen	特别财产	22 13
Sorge, elterliche	照护权,父母的	10 11
Soziale Frage	社会问题	3 9
Sozialtypisches Verhalten	社会典型行为	8 26ff.
Spezialitätsprinzip	特定性原则	5 13
Stellvertretung s. a. *Vertretung*	代理,参见:Vertretung 代理	
-mittelbare	-间接代理	11 22
Strohmann	稻草人(假手)	7 10
Subjektionstheorie	从属性理论	2 4
Subjektives Recht s. *Recht*	主观权利,参见:Recht 权利	(无)
Subjektstheorie	主体学说	2 4
Subsumtion	涵摄	4 3
T		
Taschengeld	零花钱,零用钱	10 24ff.
Täuschung, arglistige	欺诈,恶意的	7 38ff.
Teilgeschäftsfähigkeit	部分行为能力	10 34
Teilnichtigkeit	部分无效	15 3ff.
Telefax	传真	6 18; 12 8
Teleologische Reduktion	目的性限缩	4 24
Termin	期日	14 23
Testament	遗嘱	9 6

(续表)

Testierfähigkeit	遗嘱能力	10 1
Testierfreiheit	遗嘱自由	3 8
Textform	文本形式	12 9b
Todeserklärung	死亡宣告	20 5
Treu und Glauben	诚实信用	3 21；15 2
Treuhandgeschäft	信托行为	5 18f.；7 10
Treuwidrige Rechtsausübung	悖于诚信的权利行使	17 39ff.
Typenzwang	类型强制	13 2f.
	U	
Übermaßverbot	过度禁止	17 43
Übermittlungsirrtum	传递错误	7 22
Umdeutung	转换	15 9ff.
Umgehungsgeschäft	规避行为	7 10；13 17
Unerfahrenheit	无经验	13 37
Unionsrecht	欧盟法	3 37
Universalsukzession	概括继受	17 24
Unklarheitenregel	不清晰的处理规则	16 26f.
Unternehmen	企业	22 16ff.
Unterschreiben einer ungelesenen Urkunde	未经阅读证书之签署	7 23
Unterschrift	签名	12 6ff.
Untervollmacht	次代理权	11 58, 73
Unwirksamkeit	不生效力	
-absolute	-绝对不生效力	15 2
-relative	-相对不生效力	15 22ff.

(续表)

-schwebende	-未决的不生效力	15 21
Urheberrecht	著作权	17 10
Urteil	判决	4 11
Urteilsvermögen	判断能力	13 37
V		
Veräußerungsverbot	让与禁止	13 4; 15 22f.
Verbotsgesetz	禁止性法律	13 10ff.
Verbrauchervertrag	消费者合同	5 20ff.; 16 2, 9ff.
Verdecktes Geschäft	隐藏行为	7 12
Verein, nichtrechtsfähiger	社团,无权利能力的	21 38ff.
Vereinsstrafe	社团罚	21 15ff.
Verfassungskonforme Auslegung	合宪性解释	3 33
Verfassungsrecht	宪法	2 12; 3 32f.
Verfügung	处分	5 13; 14 7ff.
-Verfügungsermächtigung	-处分授权	14 13
-Verfügungsgeschäft	-处分行为	5 13ff.
-Verfügungsmacht	-处分权	14 7ff.
Verhältnismäßigkeit	合比例性	19 8, 13
Verjährung	时效	18 18ff.
-Ablaufhemmung	-时效不完成	18 26
-Beginn	-时效的起算	18 22
-Begriff	-时效的概念	18 18
-Fristen	-时效的期间	18 20f.
-Hemmung	-时效的停止	18 25

（续表）

-Neubeginn	-时效的重新计算	18 24
-von Unterlassungsansprüchen	-不作为请求权的诉讼时效	18 27
-vertragliche Regelung	-诉讼时效的合同调整	18 30ff.
-Verzicht	-时效利益的放弃	18 26a
-Wirkung	-时效的效力	18 27ff.
Verkehrssitte	交易习惯	1 2，13ff.；9 12
Vermögen	财产	22 9ff.
Vermutung	推定	3 16
Vernehmungstheorie	理解可能性理论	6 19
Verpflichtungsermächtigung	负担授权	14 15
Verpflichtungsgeschäft	负担行为	5 12；15 6
Verschollenheit	失踪	20 5
Versteigerung	拍卖	8 12a
-im Internet	-网上拍卖	8 62f.
Vertrag	合同	8 1ff.
Vertragsauslegung	合同解释	9 1ff.
-ergänzende	-补充性合同解释	9 17ff.
Vertragsfreiheit	合同自由	5 1f.
Vertragsgerechtigkeit	合同正义	5 2；20 9
Vertragsparität, gestörte	合同对等性，遭遇阻碍	13 9
Vertrauenshaftung	信赖责任	5 3f.
Vertrauensschaden	信赖损害	7 36
Vertretergeschäft	代理行为	11 27

(续表)

Vertretung	代理	11 1ff.
-Vertretungsmacht	-代理权	11 5, 24 ff.
-ohne Vertretungsmacht	-无权代理	11 65ff.
Verwirkung	失权	17 42
Verzicht	放弃	17 29
Vis absoluta	直接强制	7 51
Vis compulsiva	间接强制	7 51
Volljährigkeit	成年	10 5
Vollmacht	意定代理权	11 24ff.
-Anscheinsvollmacht	-表象代理权	11 44*
-Außenvollmacht	-外部代理权	11 24
-Duldungsvollmacht	-容忍代理权	11 43
-Erlöschen	-意定代理权的消灭	11 29f.
-Erteilung	-意定代理权的授予	11 24
-Innenvollmacht	内部代理权	11 24ff.
-kraft Rechtsscheins	基于权利外观的意定代理权	11 36ff.
-postmortale	-死后代理权	11 60
-transmortale	-跨越死亡代理权	11 60
-und Willensmängel	-意定代理权和意思瑕疵	11 28
-und Innenverhältnis	-意定代理权和内部关系	11 25f.

---

* 原著中误写成第一章边码44(1 44),但本书第一章并没有边码44,而恰好本书第十一章为代理法的内容,其边码44刚好是就"表象代理权(Anscheinvollmacht)"展开的论述,故正确的标注应当是第十一章边码44(11 44)。——译者注

(续表)

-Vollmachtsurkunde	-意定代理权和代理权证书	11 39
Vollstreckungsverfahren	执行程序	19 3
Vorstand	董事会	21 19 ff.
Vorverein	设立中的社团	21 11
Vorvertrag	预约	8 50f.
W		
Wertungsjurisprudenz	评价法学	3 27
Wettbewerbsverbot	竞业禁止	13 28
Widerruf	撤回	6 23；11 32
-der Vollmacht	-意定代理权的撤回	11 29
Widerrufsrechte	撤回权	8 35ff.
Willenserklärung	意思表示	5 5；6 1ff.
-Abgabe	-意思表示的发出	6 11f.
-Arten	-意思表示的类型	6 4ff.
-ausdrückliche	明示的意思表示	6 4
-automatisierte	-自动化的意思表示	6 8；7 27
-Begriff	-意思表示的概念	6 1ff.
-durch Schweigen	-沉默作为意思表示	6 5ff.
-empfangsbedürftige	-须受领的意思表示	6 10
-konkludente	-默示的（可得推断）的意思表示	6 4
-nichtempfangsbedürftige	-无须受领的意思表示	6 10
-Zugang	-意思表示的到达	6 13ff.
Willensmängel	意思瑕疵	7 1ff.

(续表)

Willensschwäche	意志薄弱	13 37
Willenstheorie	意思理论	7 1
Wissenszurechnung	知情的归属	11 49 ff.
Wohnsitz	住所	20 8ff.
Wucher	暴利行为	13 36ff.
Wucherähnliches Geschäft	类暴利行为	13 30
	Z	
Zivilgesetzbuch（DDR）	（民主德国）民法典	3 31
Zivilprozess	民事诉讼	4 5ff.
Zivilrecht	民法	2 8
Zubehör	从物	23 18ff.
Zufallsbedingung	偶成条件	14 17
Zugang	到达	6 13ff.
Zugangsvereitelung	到达的落空	6 30
Zuschlag	中标，拍定	8 12a
Zustellung	送达	6 29
Zustimmung	同意	14 2ff.
Zwingendes Recht	强行法	3 23ff.

法律人进阶译丛

⊙ 法学启蒙

《法律研习的方法：作业、考试和论文写作（第9版）》，〔德〕托马斯·M.J.默勒斯 著，2019年出版
《如何高效学习法律（第8版）》，〔德〕芭芭拉·朗格 著，2020年出版
《如何解答法律题：解题三段论、正确的表达和格式（第11版增补本）》，〔德〕罗兰德·史梅尔 著，2019年出版
《法律职业成长：训练机构、机遇与申请（第2版增补本）》，〔德〕托尔斯滕·维斯拉格 等著，2021年出版
《法学之门：学会思考与说理（第4版）》，〔日〕道垣内正人 著，2021年出版

⊙ 法学基础

《法律解释（第6版）》，〔德〕罗尔夫·旺克 著，2020年出版
《法理学：主题与概念（第3版）》，〔英〕斯科特·维奇 等著
《基本权利（第6版）》，〔德〕福尔克尔·埃平 著
《德国刑法基础课（第6版）》，〔德〕乌韦·穆尔曼 著
《刑法分则I：针对财产的犯罪（第21版）》，〔德〕伦吉尔 著
《刑法分则II：针对人身与国家的犯罪（第20版）》，〔德〕伦吉尔 著
《民法学入门：民法总则讲义·序论（第2版增订本）》，〔日〕河上正二 著，2019年出版
《民法的基本概念（第2版）》，〔德〕汉斯·哈腾豪尔 著
《民法总论》，〔意〕弗朗切斯科·桑多罗·帕萨雷里 著
《德国民法总论（第44版）》，〔德〕赫尔穆特·科勒 著，2022年出版
《德国物权法（第32版）》，〔德〕曼弗雷德·沃尔夫 等著
《德国债法各论（第17版）》，〔德〕迪尔克·罗歇尔德斯 著

⊙ 法学拓展

《奥地利民法概论：与德国法相比较》，〔奥〕伽布里菈·库齐奥 等著，2019年出版
《所有权的终结：数字时代的财产保护》，〔美〕亚伦·普赞诺斯基 等著，2022年出版
《合同设计方法与实务（第3版）》，〔德〕阿德霍尔德 等著，2022年出版
《合同的完美设计（第5版）》，〔德〕苏达贝·卡玛纳布罗 著，2022年出版

《民事诉讼法（第4版）》，〔德〕彼得拉·波尔曼 著
《消费者保护法》，〔德〕克里斯蒂安·亚历山大 著
《日本典型担保法》，〔日〕道垣内弘人 著，2022年出版
《日本非典型担保法》，〔日〕道垣内弘人 著
《担保物权法（第4版）》，〔日〕道垣内弘人 著
《信托法》，〔日〕道垣内弘人 著
《公司法的精神：欧陆公司法的核心原则》，〔德〕根特·H. 罗斯 等著

⊙ 案例研习

《德国大学刑法案例辅导（新生卷·第三版）》，〔德〕埃里克·希尔根多夫著，2019年出版
《德国大学刑法案例辅导（进阶卷·第二版）》，〔德〕埃里克·希尔根多夫著，2019年出版
《德国大学刑法案例辅导（司法考试备考卷·第二版）》，〔德〕埃里克·希尔根多夫著，2019年出版
《德国民法总则案例研习（第5版）》，〔德〕尤科·弗里茨舍 著，2022年出版
《德国法定之债案例研习（第3版）》，〔德〕尤科·弗里茨舍 著
《德国意定之债案例研习（第6版）》，〔德〕尤科·弗里茨舍 著
《德国物权法案例研习（第4版）》，〔德〕延斯·科赫、马丁·洛尼希著，2020年出版
《德国家庭法案例研习（第13版）》，〔德〕施瓦布 著
《德国劳动法案例研习（第4版）》，〔德〕阿博·容克尔 著
《德国商法案例研习（第3版）》，〔德〕托比亚斯·勒特 著，2021年出版

⊙ 经典阅读

《法学方法论（第4版）》，〔德〕托马斯·M. J. 默勒斯 著，2022年出版
《法学中的体系思维和体系概念》，〔德〕克劳斯-威廉·卡纳里斯 著
《法律漏洞的发现（第2版）》，〔德〕克劳斯-威廉·卡纳里斯 著
《欧洲民法的一般原则》，〔德〕诺伯特·赖希 著
《欧洲合同法（第2版）》，〔德〕海因·克茨 著
《德国民法总论（第4版）》，〔德〕莱因哈德·博克 著
《合同法基础原理》，〔美〕麦尔文·艾森伯格 著
《日本新债法总论（上下卷）》，〔日〕潮见佳男 著
《法政策学（第2版）》，〔日〕平井宜雄 著